积墨远思

——邓大松文集

· 第三辑 ·

中国社会科学出版社

第二篇　养老保险

我国人口死亡率与最优退休年龄的动态变化关系 / 287
中国社会养老保险的替代率及其敏感性分析 / 296
中国大陆养老保险改革回顾与眺望
　　——基于三支柱养老保险模式的视角 / 310
新疆生产建设兵团养老保险运行机制分析 / 323
新型农村社会养老保险替代率精算模型及其实证分析 / 335
新型农村社会养老保险制度推行中的难点分析
　　——兼析个人、集体和政府的筹资能力 / 348
"高龄津贴"制度探析与我国普惠型福利模式的选择 / 364
社会保障制度风险：以新型农村养老保险为例 / 375
老吾老以及人之老
　　——《居家养老服务保障研究》系列丛书评介 / 386
农民养老：支付更需公平 / 389
新型农村社会养老保险参保行为影响因素分析
　　——基于湖北省实地调研数据 / 392
"新农保"中农民缴费能力评估与影响因素分析
　　——基于湖北省试点地区的调研数据 / 403

第三篇　医疗保险与卫生经济

我国医疗保障制度现存问题与改革思路
　　——医疗保障制度改革的一个建议方案 / 421
基于固定资产和教育程度的农户家庭健康状况分析 / 440
农户健康、保险决策与家庭资产规模 / 448

社会保障风险管理与政府责任
　　——以农村合作医疗为例 / 464
当前中国社区健康教育的政策执行过程
　　——基于史密斯模型的分析 / 476
全民医保与公共卫生服务体系 / 490
医疗卫生保障满意度调查研究
　　——以辽宁省沈阳市为例 / 496
自利性与公益性：公立医院改革的困境与突破
　　——基于相关文献的内容分析 / 509
《国民健康公平程度测量、因素分析与保障体系研究》评介 / 524
全民医保的路径选择 / 526

第四篇　特殊人群社会保障

困境与选择——对我国农民工养老保险制度的反思与构建 / 531
我国农村低保制度存在的问题及其探讨
　　——以现存农村"低保"制度存在的问题为视角 / 543
进城农民教育和工作经验对收入倒"U"形影响的检验 / 550
返乡农民工社会保障问题探析
　　——基于武汉市返乡青年农民工的调研数据 / 559
进城农民工人力资本对劳动收入影响的性别偏向检验 / 569
城市化进程中失地农民福利水平的调查 / 579
突破农民工医疗保险缺失困局——基于社会排斥理论的视阈 / 587

第五篇　社会保障基金管理

企业年金资产配置模式研究及相关政策建议 / 597

论我国社会保险基金的运用 / 637
论政府的养老基金监管职责 / 646
中国企业年金基金治理研究 / 654
建立有效的中国养老基金监管制度
　　——来自国外监管实践的启示 / 666
对重构我国现行社会保障基金制度的思考 / 673
协同管理：对企业年金基金风险监管的探讨 / 682
企业年金基金管理费模型的优化选择 / 689
关于加强我国社会保障基金监管的几点理论思考 / 697

第一篇

社会保障理论与政策

中国社会主义新农村社会保障制度研究

一 构建中国特色农村社会保障体系

农业、农村和农民问题，始终是关系我国经济和社会发展全局的重大问题。2005年10月，党的十六届五中全会通过的《中共中央关于制定国民经济和社会发展第十一个五年规划的建议》指出，"建设社会主义新农村是我国现代化进程中的重大历史任务"。2006年1月25日，胡锦涛主席在中共中央政治局集体学习时强调：全面建设小康社会，最艰巨、最繁重的任务在农村。2006年2月21日公布的《中共中央国务院关于推进社会主义新农村建设的若干意见》明确指出："要加快建立有利于逐步改变城乡二元结构的体制，实行城乡劳动者平等就业的制度，建立健全与经济发展水平相适应的多种形式的农村社会保障制度。"至此，建立适应我国社会主义新农村建设时期需要的完善的农村社会保障制度已经成为保障农民生活、维护农村稳定和促进农业发展的重要战略。

（一）农村家庭风险的内涵

风险是客观存在的事物，是可以用客观尺度加以衡量的。Trieschmann, Gustavson 和 Hoyt 在著作《风险管理与保险》中将风险定义为"风险是在给定条件下一段特殊时间内所发生的可变动的结果"。[1] 风险虽然具有不确定性，但却是可管理的和可以处置的。风险管理的实质就是人们对各种风险的认识、控制和处理的主动行为，其要求人们研究风险发生和变

---

[1] James S. Tfieschmann, Sandra G. Gustavson, Robert E. Hoyt：《风险管理和保险》（英文第11版），北京大学出版社2003年版。

化规律，测算风险对社会经济生活可能造成损害的程度，并选择有效的手段，有选择、有目的地处理风险，以便用最小的成本代价获得最大的安全保障。而风险处置则是通过采取不同的措施和手段，以最小的成本获得最大的安全保障的经济过程，常用的处置方式有避免、自留、预防、抑制和转嫁。

根据风险发生的类型，我们将农村家庭风险分为农业风险、养老保障风险、医疗风险和流动性风险。

1. 农业风险分析

农业风险是指在农业生产和经营过程中灾害或损失发生的可能性。在农村，家庭是基本的农业生产经营单位，而分散耕种的形式以及农业生产本身的特点决定了农业风险的特殊性。农业风险不同于一般风险的特殊性表现在：第一，脆弱性。由于自然灾害对农业生产产生的影响是普遍存在的，而农村家庭对自然条件的依赖性比较强，这决定了农业生产经营活动具有脆弱性。第二，突发性。市场经济条件下瞬息变化的市场信息与交易环境，在对信息掌握不充分的前提下，进一步助长了农业风险发生的突发性和随机性。第三，不对称性。通常情况下，高风险与高收益是对称的，而作为基础性产业，农业风险带来的后果往往难以弥补，市场机制本身难以提供相应的补偿机制。

当前我国农村居民面临的主要农业风险源于以下几个方面：

（1）资源风险。资源风险是指农业资源的稀缺性与社会对农业资源的无限渴求性之间的矛盾，给农产品的安全供给带来的危害。此处的"资源"特指农业自然资源，也即为了满足人类生产生活而从自然环境中获取的各种自然成分，主要包括土地、土壤、水、森林、草地、湿地、海域、原生动植物、微生物等。农业作为资源密集型产业，各种资源的有效供给是农业安全的前提，而我国的农业生产自然资源非常有限。水、耕地、森林和草地等资源的人均拥有量分别仅为世界人均的28%、32%、14%和32%，并且这些资源的人均占有量正在逐年降低。到2010年，水将是限制我国粮食和农业发展的最大因素。另外，这些资源在分布上十分不均匀。如90%的水资源分布在我国东部，但其耕地面积仅占全国面积的30%。[①]

---

① 顾明：《农业生产与自然资源的可持续利用》，《贵州大学学报》（社会科学版）2004年第5期，第100页。

（2）自然风险。自然风险是指恶劣的自然环境对农业生产造成的损害。农业对自然条件有着很强的依赖性，但自然因素的不可控性、不可抗拒性、差异性、高变动性等特点，使得农业生产在地区、季节、年度间存在巨大反差，给农业带来风险。中国在历史上就是农业自然灾害多发的国家，中国素有"三岁一饥、六岁一衰、十二岁一荒"之说。新中国成立50多年来，各种自然灾害造成的直接经济损失总计25000多亿元。仅1998年长江和东北地区遭受的特大洪涝灾害，经济损失就超过2600亿元。2004年全国各种自然灾害造成直接经济损失也达1602.3亿元。这不仅给农业生产带来巨大的损失，使国家财政背上沉重的负担，也给整个国民经济的快速、健康发展蒙上了一层阴影。①

（3）市场风险。市场经济条件下，自然风险与市场风险的共同压制，使得农业作为独立的产业部门难以实现与其他产业的有效抗衡，处于典型的弱势地位。农产品具有价格需求弹性低和收入需求弹性低的特征，随着国民经济条件的不断提高，居民的恩格尔系数中农产品特别是粮食等基本农产品的购买支出所占比重自然会下降。此外，农产品之间也具有一定的替代性。这表明在市场经济下，农业发展到一定时期，必然会受到需求的约束，实际上是受到资源供给与产品需求的双重约束，农业对国民经济的影响也将从供给约束为主转向市场需求约束为主。随着农业科技的进步，农业部门将日益依赖于非农业部门的物质技术投入。这种趋势使得农业部门的发展可能落后于非农业部门的发展。特别地，随着我国加入世界贸易组织（WTO）后农产品市场的逐步开放，中国农业生产和农民生活将会面临一定程度的冲击和挑战。

2. 养老保障风险分析

谈到人口老龄化问题，人们往往关注和重视的是城镇人口的老龄化，而事实上，农村人口老龄化问题远比城市严重。从总量来说，农村老龄人口远多于城市。第五次全国人口普查公告显示，祖国大陆31个省、自治区、直辖市（不包括福建省的金门、马祖等岛屿）和现役军人的人口共126583万。居住在城镇的人口45594万，占总人口的36.09%；居住在乡村的人口80739万，占总人口的63.91%。65岁及以上的人口为8811万

---

① 王国敏：《农业自然灾害与农村贫困问题研究》，《经济学家》2005年第3期，第56页。

人，占总人口的 6.96%。按照城镇和农村人口占总人口的比例推算，城镇老年人口约为 3180 万，农村则大约为 5631 万，其绝对数是城镇的 1.7 倍；从增长速度来看，农村老龄化的增长速度快于城市。特别是随着青壮年农村剩余劳动力向城市的转移，农村老年人口占农村总人口的比例将持续上升，老年抚养比（老年人口/劳动人口）也将逐渐攀升。①

（1）家庭养老仍然是我国农村居民老年供养的主要方式。老年人口经济保障的主渠道不外乎社会保障、家庭保障和劳动自保。而在农村，由于一直延续的"养儿防老"的传统观念和生育子女的低直接成本和机会成本，加之在农村建立正式养老保障制度的巨大的社会成本和经济成本，农村养老保障一直都是以子女供养为主、以老人自养为辅的传统养老保障方式。

从客观结果来看，家庭养老仍然是农村养老保障体系的主要形式

资料显示②，从老年人居住状况来看，当前老年人中 63.5% 与子女生活在一起，30.5% 的老年人单独生活；从老年人经济来源来看，60.6% 的老年人依靠子女补贴生活，36.6% 的老年人通过自己劳动生活，而仅有 2.1% 的老年人靠养老金生活；从代际经济流动来看，在农村表现为净供养（赡养减抚养），即子女对老年人的赡养支出超过老年人对子女的抚养支出 299.68 元。

从主观愿望来看，家庭养老方式将在相当长的一段时期内处于主导地位

资料显示③，从青年人希望的养老保障方式来看，77.2% 的青年人希望将来依靠子女养老，10.4% 的青年人希望利用年轻时的积累养老，而青年人中仅有 0.8% 希望依靠社会养老保险方式养老；从青年人希望的养老地点来看，94% 的青年人希望在家中养老，仅有 2.1% 的青年人希望在社会保险机构养老；从青年人所希望养老的照料者来看，51.8% 的青年人希

---

① 刘昌平：《城市化：解决中国农村养老问题的关键》，《中国农村经济》2001 年第 8 期，第 61 页。

② 本节所用资料系武汉大学人口研究所于 2000 年对湖北、浙江、广东、吉林、甘肃五省农村的社会调查资料，被调查户共 5139 户，合法案例都在 90% 以上，上述结果由笔者根据该数据计算而得。

③ 同上。

望将来由子女来照料自己,33.8%的青年人希望将来自己照料自己。

(2) 传统的家庭养老保障方式正面临严峻挑战。当前,我国正处于社会转型时期,这种转型涵盖了人口、家庭、经济、社会文化、制度结构等各个方面,在此过程中,家庭养老资源的需求与供给间的缺口正在扩大,传统的农村家庭养老面临前所未有的挑战。

第一,人口预期寿命延长、老年人口高龄化导致老年人口扶养比扩大。随着生育率的下降和人均预期寿命的延长,老年人口占总人口的比例将持续上升,老年扶养比也将逐渐增大。由于人口老化趋势和计划生育在城镇和农村具有普遍意义,所以可以用全国总水平来粗略说明农村老年人口扶养比增大的趋势,我国从1992年就已步入老年型社会,未来30年,城镇60岁及以上人口将从13.5%升至22.5%,劳动年龄段人口比例却由67.3%降至58.1%。直接的影响就是抚养比持续攀升,养老保障的负担愈加沉重,2004年我国的抚养比为35.6%,2033年将升至47.1%。

第二,家庭规模小型化趋势。由于出生率下降使子女减少和居住方式的代际分离,使得家庭户的平均规模正在缩小,核心家庭增多,家庭规模趋向小型化。1982—1990年,两次人口普查之间,家庭户规模从4.3人/户降到3.97人/户,到2000年第五次人口普查,平均每个家庭户的人口降至3.44人/户。中国家庭结构正趋向核心化和小型化已是不争之事实。[①] 家庭规模趋于小型化产生的问题是子女的赡养负担加重。

第三,农村贫困和农民收入水平低下削弱家庭养老功能。迄今为止,我国的二元经济结构特征仍十分突出,城市化水平低下。虽然前期已经转移到乡镇企业、其他非农产业和进城打工的农村剩余劳动力达2.3亿人,但目前还有约1.2亿绝对剩余劳动力仍滞留在农村。[②] 大量农村剩余劳动力的存在,一方面,使农民不能通过到城市就业而享受到工业发展的成果;另一方面,在农业收入的"蛋糕"有限,或者增长缓慢的前提下,相对降低了农民的收入水平。

3. 医疗风险分析

(1) 农村家庭医疗风险分析。农村合作医疗制度的衰退使得90%左

---

① 穆光中:《家庭养老面临的挑战以及社会对策问题》,《中州学刊》1999年第1期,第66页。

② 王风云:《对目前我国农村剩余劳动力数量的估计》,2002年4月5日,www.drcnet.Com.Cn。

右的农村人口成为游离于社会医疗保障体系之外的自费医疗群体。在农村地区,"小病挨、大病拖、重病才往医院抬"的情况司空见惯,因病致贫返贫的现象相当突出。

第一,农村医疗水平落后。从政府对农村卫生投入比例来看,呈逐年下降趋势。根据全国卫生总费用测算结果,1993年农村卫生费用占全国卫生总费用的34.9%,1998年为24.9%,5年下降了10个百分点,平均每年以2个百分点的速度递减。1998年,全国卫生总费用为3776亿元,其中政府投入为587.2亿元,用于农村卫生费用仅为92.5亿元,占政府投入的15.9%。① 政府对农村卫生投入的减少,直接导致了一部分农村居民尤其是贫困农村居民健康状况的恶化。

第二,社会医疗保障制度缺失。自20世纪90年代以来,中国政府一直把建立城镇职工医疗保险体系和改革公务员及事业单位工作人员的公费医疗制度作为工作的重点,取得了很大的成就。但对于是否需要建立和如何建立农村医疗保险体系,解决农村地区人口及外来人口等弱势群体的医疗保障问题,至今缺乏统一的认识和明确的思路与政策。

(2)农村公共卫生安全体系脆弱。农村家庭医疗风险直接导致了农村地区的公共卫生风险。尤其是在2003年4月"非典"病魔肆虐后,我们不得不重新审视社会公共卫生问题。按照财政理论,防治"非典"只是公共卫生的一种,而公共卫生是一种社会公共需要。社会公共需要是政府存在的依据,是政府服务的标的。因此,农村公共卫生问题值得社会重视,应该采取有效的措施防范风险。

4. 流动性风险——农民工与失地农民的保障问题

20世纪80年代末和90年代初期,中国出现了波澜壮阔的民工潮。民工潮的兴起,一方面为发达地区和城市建设提供了大量的廉价劳动力,为国家的经济建设和发展作出了巨大贡献;另一方面缓解了欠发达地区富余劳动力就业的压力,成为农民增收的重要组成部分。当历史进入21世纪,党的十六大明确提出了"农村富余劳动力向非农产业和城镇转移,是工业化和现代化的必然趋势",这意味着还有约1.2亿仍滞留在农村的

---

① 周雁翎:《差异悬殊:中国卫生保健事业面临严峻挑战》,《中国改革》2002年第4期,第7页。

绝对剩余劳动力在未来将转移出来，如果加上前期已经转移到乡镇企业、其他非农产业和进城打工的2.3亿人，总计为3.5亿农村剩余劳动力。①而这么大一部分人却长期处在社会保障的"真空"状态。建立农民工社会保障是中国社会结构转型的需要，它兼顾了公平与效率，也是社会保障制度改革的长期目标的必然。

（1）失业风险高。农民工的受教育程度普遍较低，绝大多数都是小学和初中文化程度。这就使得他们在进入劳动力市场时处于一个非常不利的地位，只能在次级劳动力市场上寻找工作。因此他们的劳动条件一般较差，劳动报酬也较少。在下岗、失业现象日趋严重的情况下，出于保护城市就业者的考虑，政府劳动管理部门，特别是一些大中城市，一些具有相对优势的企业大多限制农民工的进入。

（2）工作环境恶劣。大多数农民工受雇于个体私营业主、包工头或"三资"企业。他们所干的大多数是苦、脏、累、险的活，劳动时间长、劳动强度大、劳动及生活条件相当恶劣，受工伤、职业病、疾病困扰的可能性非常大，而且常常冒着生命的危险。近几年来，随着安全生产工作的深入开展，不少国有企业、"三资"企业和具有一定规模的私营企业对安全生产工作的重视程度有了一定的提高，企业三级安全教育和生产场所劳动安全卫生条件有了一定程度的加强和改善。但许多企业往往只重视对正式职工的安全教育与管理，而对农民工有所忽视。

（3）收入风险大。大多数农村流动人口都处于劳动力市场的底层，女性流动人口更是如此，因为她们处于身为移民和女性的"双重困境"中。与当地居民相比，农村流动人口的收入相当低，而城市流动人口却与当地家庭的收入相当。与当地人口的贫困率相比，农村流动人口贫困率最高。

（4）农民工缺乏保障。在城市中，享受社会服务和社会保障和程度与户口状态紧密相连，正式工作单位为职工的疾病和养老提供了主要的保障安全网。而对于流动人口来说，他们很少能够享受医疗和养老保障。一方面，大量流动人口在私营或非正式部门工作；另一方面，即使在国有部门就业，流动人口仍然没有被医疗和养老保障覆盖，只有极少数的流动人

---

① 王凤云：《对目前我国农村剩余劳动力数量的估计》，2002年4月5日，www.drcnet.com.cn。

口能够在城市中获得社会保障服务。

（二）农村家庭风险的特征与产生的原因

1. 农村家庭风险的特征

（1）长期性——经济转型过程中的必然现象。总的来看，农村家庭风险的强化过程是与中国经济、社会结构转型的特殊历史背景相联系的，从宏观背景看，这种现象是社会结构转型和经济体制转轨的伴生物。进入20世纪90年代以来，中国农村正经历着一场深刻的变革，这种变革不仅涉及经济结构的转变，同时也涉及社会生活方式的转变。

第一，市场经济中的竞争机制不可避免地产生"优胜劣汰"效应。市场竞争的结果是一部分人——一般情况下是社会精英，成为胜利者和富裕者，又使一部分人——通常情况下是社会大众，沦为竞争的失败者和贫困者。

首先，中国正处在工业化发展的中期和城市化加速推进的阶段上，在此出现农村劳动力大规模流动，是农村发展内在矛盾运动和区域发展不平衡的结果。从今后一个时期看，由于决定劳动力大规模流动的主要因素不会有根本性变化，因此这种现象和状态在短期内是不可能消除的。

其次，农业和农村经济发展到目前这一阶段，单纯依靠增加农产品供给总量和提高农产品价格，已不能支撑农民收入的继续增长，同时难以解决农业发展内在动力不足问题。而唯有加速劳动力的转移，才能有效地提高农业的比较效益，解决农业发展动力问题，真正提高农业生产率，确保农民收入的持续增长。

第二，城乡收入差距拉大。改革开放以来，我国居民的平均收入水平显著提高，人民群众的物质生活水平明显改善，同时，居民收入分配的不均等状况也达到了相当高的程度。中国城市居民可支配收入基尼系数从1978年的0.16上升到2000年的0.32；农村居民纯收入基尼系数从1978年的0.21上升到2000年的0.35；城乡居民收入基尼系数从1995年的0.389上升到2000年的0.417。目前，我国收入差距扩大的趋势已经趋缓，但在一段时间内，收入差距仍将继续扩大。在城市，分配差距问题直接表现在就业与失业、简单劳动与复杂劳动、要素收入与非要素收入、垄断和非规范收入与非垄断和规范收入之间的差别上。在农村，收入差距的背后是工业部门的就业权问题，因为缺少到工业部门就业的机会，收入就难以提高。① 与此同时，1985年以后城乡收入差距进一步扩大，1992年超过1978年的水平，达到1:2.59，1994年曾一度高达1:2.86，1999年依然是1:2.59，城乡收入差距超过2，已属不太正常了。② 地区收入差距拉大也对社会稳定构成了潜在影响和威胁。应当承认，包含地区差距在内的中国收入分配不平等程度恶化的速度是比较快的，世界银行的研究表明，中国整体不平等"是所有资料国家中恶化最快的"③。而这种"伴随着改革与发展的不断扩大的不平等，使人们无法分享经济增长成果，贫富差距就会变得让人难以接受，政府的道义基础就会削弱，它的合法性就会遭到怀疑"④。

（2）广泛性——影响经济持续发展。农业在国民经济中占举足轻重的地位，但是长期存在的二元社会结构已成为造成农村家庭风险的重要原因之一。新中国成立以来，由于历史原因，农村社会保障事业发展缓慢，主要表现为覆盖面小、保障水平低和资金不足，且没有形成一个统一的体系和制度。尤其农村实行家庭联产承包责任制后，使得一些原有的社会保障项目受到削弱，而新的制度却还未建立起来，这种社会发展事业滞后于社会经济增长的状况，无疑对整个农业的发展和农村的稳定带来一定的影响。

（3）深刻性——社会分配的不公，农民基本生活缺乏保障。"三农"问题是困扰中国农村现代化和国民经济协调发展的关键因素之一。可以说，"三农"问题已经成为制约国家进一步发展的"瓶颈"。农民的切身利益是否得到保障，直接关系到整个农业的进步与发展，关系到中国实现四个现代化的进程和社会的稳定。农村发展水平决定着中国经济的总体发展水平，农村问题得不到较好的解决，国民经济发展就不可能实现大跨越式发展。

---

① 中国社会科学院经济研究所收入分配课题组：《我国居民收入分配趋势与对策》，《人民日报》2002年7月9日第9版。

② 权衡、徐净：《收入分配差距的增长效应分析：转型期中国经验》，《管理世界》2002年第5期，第50、51页。

③ World Bank, *Sharing Rising Income*, pp. 7-8.

④ 王绍光、胡鞍钢：《中国：不平衡发展的政治经济学》，中国计划出版社1999年版，第225、226、8页。

从20世纪50年代一直到七八十年代，在中国推进工业化和城镇化的过程中，农村成为提供积累资金的一个重要方面。从利益对等原则来看，城镇居民通过上缴税费为国家积累了大量资金，国家为其提供了相应的公共服务——社会保障制度；同样，农村居民通过上缴农业税、其他各种形式的税费以及工农业产品价格"剪刀差"的形式为国家积累了大量的财政资金。陈锡文同志指出，"可以这么说，中国如今有一个比较完整的工业体系，有一批比较漂亮也比较现代化的城市，它和中国广大农民作出的巨大贡献是密不可分的"。[①]

通过对四川、江西、山东、浙江等地的农村家庭经营、农村养老、农村医疗、农民外出务工及农村救济五个方面进行的入户访谈和实地考察后，在看到东部农村改革开放取得的成果和发生巨大变化的同时，中西部地区农民生产生活质量低、缺乏保障是不争的现实。中国农民依然缺乏保障。农村社会保障仍然停留在最基本的土地保障功能阶段，即土地是农民生产生活最基本的也是最后的保障。农村农民面临着巨大的风险隐患。

2. 农村家庭风险产生的原因

（1）城乡二元经济结构分析。城乡二元经济结构是发展中国家从传统农业社会向工业化和现代化必经的过渡阶段，是指发展中国家广泛存在的城乡生产和组织的不对称性，也就是落后的传统农业部门和先进的现代经济部门并存、差距明显的一种社会经济状态。新中国成立后，中国走过的是一条与众不同的工业化道路，中国在特殊的历史背景下快速推进工业化，长期实行优先发展重工业的方针，确立严格的城乡分割政策、人民公社制度和计划经济体制。这一系列政策强化了城乡二元经济结构，延缓了社会转型过程，突出的表现是城市化滞后于工业化，过多的牺牲了农民利益，削弱了农业资本积累、技术革新的实力，降低了农业发展的后劲。反过来，户籍制度和城乡壁垒又使城乡差别进一步扩大，城乡差别扩大则依赖更严格的城乡壁垒。这种恶性循环最终使中国城乡关系达到了一度"隔绝"的严重境地。

在城乡存在巨大差异的情况下，社会保障制度必然存在城乡间的二元性。对于城市职工而言，社会保障制度是由国家举办和实施的保障政策。

---

① 《新闻办就推进社会主义新农村建设举行发布会》，www.gov.cn，2006年2月22日。

无论对企业职工的劳动保险制度，还是对机关、事业单位职工的单位保障制度，均是由国家财政负担的。而对于不具有城镇户籍的农民，实行的是以家庭保障为主，国家与集体救济为辅的保障模式。事实上，城乡社会保障的差异，根源在于中国的"二元经济结构"。

（2）竞争性因素分析。随着市场化进程的推进和分配制度的改革，社会成员的收入状况已由原来主要取决于计划分配转向主要依据市场选择机制。在激烈的市场竞争中，因人们的禀赋、竞争能力等存在很多差距，收入差距的形成及其扩大也是必然的，作为一种制度安排的结果无疑也是合理的。竞争性差距不仅表现在个人之间，也表现在群体之间。

（3）体制原因分析。由于现阶段很多改革尚不到位，新旧体制严重摩擦，致使很多收入差距的形成不是取决于市场竞争，而是取决于某些制度因素。这种影响基本上表现为两个方面：一是造成不平等的竞争条件与环境，如在城乡之间、不同地域的农村之间、同一地域的不同行业之间和不同所有制企业之间具有差别性的税收、信贷、价格政策以及各种具有差别性的分配体制等都造成了竞争机会与条件的不平等分割，进而使不同群体间的收入差距全面扩大。二是直接形成结果差异，这里最突出的表现是在不同群体间极具差别性的非货币（如住房、医疗、就业）福利分配方式。这一问题不仅长期有之，随着近几年各种形式的福利扩张，其对收入分配的影响也越来越大。总的来讲，非竞争性的体制因素对收入差距的影响是群体性的而非个体性的。对一个具体的劳动者来讲，其收入状况往往更多地取决于其所归属的群体、部门或具体单位。

（4）农村社会和家庭结构的迅速变化也造成了家庭风险的增大。核心家庭的出现，人口流动的加剧，都给照料老人带来了越来越多的困难。众所周知，家庭养老应当包括物质供养、生活照料和精神慰藉三个方面的内容，尤其是物质供养有了保障后，生活照料和精神慰藉就显得特别重要，这也是儒家养老文化的核心内容。然而，自20世纪80年代以来，中国大力推进计划生育政策，家庭平均人口数逐年下降。核心家庭的出现，意味着"4—2—1"、"6—2—1"家庭结构模式开始形成，一对青年夫妇可能要同时照顾4—6位老人，今后甚至要同时照顾8位老人。从理论上讲，生活照料和精神慰藉难以保证。与传统社会相比，现在的大多数已婚妇女都有自己的工作或劳作安排，小孩均要接受教育。因此，老年人的生活照料失去了家庭人员保证。

（三）社会主义新农村社会保障体系的基本框架

1. 构建社会主义新农村社会保障制度的基本思路

2006年2月21日公布的《中共中央国务院关于推进社会主义新农村建设的若干意见》明确指出了构建中国特色农村社会保障制度的基本思路：

（1）加强扶贫开发工作。要因地制宜地实行整村推进的扶贫开发方式，加大力度改善贫困地区的生产生活条件，抓好贫困地区劳动力的转移培训，扶持龙头企业带动贫困地区调整结构，拓宽贫困农户增收渠道。对缺乏生存条件地区的贫困人口实行易地扶贫。继续增加扶贫投入，完善管理机制，提高使用效益。继续动员中央和国家机关、沿海发达地区和社会各界参与扶贫开发事业。切实做好贫困缺粮地区的粮食供应工作。

（2）积极发展农村卫生事业。积极推进新型农村合作医疗制度试点工作，从2006年起，中央和地方财政较大幅度提高补助标准，到2008年，在全国农村基本普及新型农村合作医疗制度。各级政府要不断增加投入，加强以乡镇卫生院为重点的农村卫生基础设施建设，健全农村三级医疗卫生服务和医疗救助体系。有条件的地方，可对乡村医生实行补助制度。建立与农民收入水平相适应的农村药品供应和监管体系，规范农村医疗服务，加大农村地方病、传染病和人畜共患疾病的防治力度。增加农村卫生人才培养的经费预算，组织城镇医疗机构和人员对口支持农村，鼓励各种社会力量参与发展农村卫生事业。加强农村计划生育服务设施建设，继续稳定农村低生育水平。

（3）保障务工农民的合法权益。进一步清理和取消各种针对务工农民流动和进城就业的歧视性规定和不合理限制。建立健全城乡就业公共服务网络，为外出务工农民免费提供法律政策咨询、就业信息、就业指导和职业介绍。严格执行最低工资制度，建立工资保障金等制度，切实解决务工农民工资偏低和拖欠问题。完善劳动合同制度，加强务工农民的职业安全卫生保护。逐步建立务工农民社会保障制度，依法将务工农民全部纳入工伤保险范围，探索适合务工农民特点的大病医疗保障和养老保险办法。认真解决务工农民的子女上学问题。

（4）逐步建立农村社会保障制度。按照城乡统筹发展的要求，逐步加大公共财政对农村社会保障制度建设的投入。进一步完善农村"五保户"供养、特困户生活救助、灾民补助等社会救助体系。探索建立与农村经济发展水平相适应、与其他保障措施相配套的农村社会养老保险制度。落实军烈属优抚政策。积极扩大对农村部分计划生育家庭实行奖励扶助制度试点和西部地区计划生育"少生快富"扶贫工程实施范围。有条件的地方，要积极探索建立农村最低生活保障制度。

2. 中国特色农村社会保障制度的基本框架

中国特色农村社会保障制度的基本框架大致可以用图1来表示。

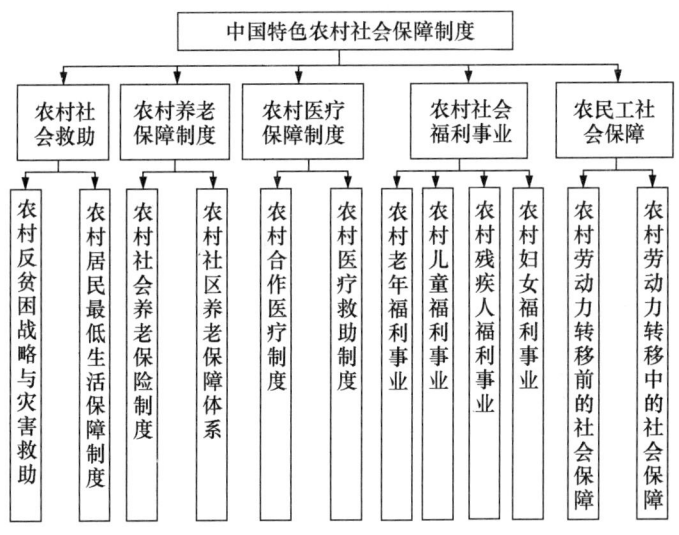

图 1　中国特色农村社会保障制度的基本框架

中国特色农村社会保障制度包括农村社会救助、农村养老保障制度、农村医疗保障制度、农村社会福利事业和农民工社会保障。

（1）农村社会救助。农村社会救助属于社会救助的范畴，主要针对因自然的和社会的各种原因导致贫困的农村社会居民，向他们提供基本的社会保障和灾害救助，维持其基本生存权利，并帮助他们恢复生产。农村社会救助包括农村反贫困战略与灾害救助、农村居民最低生活保障制度两项制度。农村反贫困战略与灾害救助主要针对因各类自然的和社会的灾害导致的区域性贫困群体，这种形式对贫困群体和受灾群体的救助是一种临时性或阶段性的；农村居民最低生活保障制度类似于城镇居民最低生活保障制度，主要针对个体性贫困者，向其提供生活所需的基本资料和资金。

（2）农村养老保障制度。包括农村社会养老保险制度和农村社区养老保障体系。党的十六大报告提出，"在有条件的地方，探索建立农村养老、医疗保险和最低生活保障制度"。目前，我国农村在短期内还只是小部分地区有条件，大部分地区条件不够成熟，短期内将继续发挥家庭养老的功能，完善原有的社区养老，有条件的地区可建立类似于城镇职工基本养老保险的制度；从长期发展来看，积极创造条件建立健全农村社会养老保险制度。

（3）农村医疗保障制度。新时期农村医疗保障制度采取新型农村合作医疗制度和医疗救助制度相结合的形式。一方面，建立健全农村医疗救助制度，对所有贫困农民提供最基本的医疗保障；另一方面，在广大农村地区广泛建立新型农村合作医疗制度，保障大多数农民的基本医疗需求。

（4）农村社会福利事业。包括老年福利、儿童福利、妇女福利、残疾人福利。

（5）农民工社会保障问题。农民工社会保障涉及农村剩余劳动转移的两个环节，即农村剩余劳动力转移前的社会保障和农村剩余劳动力转移中的社会保障，前者的目的在于保障农村剩余劳动力的生活并且解除其转移的后顾之忧，使他们轻装上阵；后者的目的在于对农村剩余劳动力在转移后的切实保障，使得其能够在转移后获得合理的社会支持，真正实现成功转移、成功稳定。

二 建立和完善农村居民最低生活保障制度

（一）农村反贫困的重点：建立和完善农村最低生活保障制度

1. 当前我国农村反贫困工作面临的严峻挑战

（1）我国农村仍有相当数量的人口没有解决温饱问题。国家"八七扶贫攻坚计划"实施以来，全国的反贫困工作取得了巨大成就，贫困人口下降迅速，但仍有约2300万人生活在贫困线以下，没有解决温饱问题。

这仅是官方公布的剩余贫困人口数量，而实际的贫困人口远大于这个数字。这是因为，一是有的地方领导出于政绩的考虑，可能有少报贫困人口的现象。二是被忽视的贫困人口未加以统计，这主要是有些非贫困县由于未列入国家或省的扶贫对象县的范围，得不到国家和省的扶助，而自身的财力十分有限，无法增加扶贫投入，因此就降低上报贫困人口比率。三是已脱贫又返贫人口少报或不报，各地返贫率达到 15% 左右，西南、西北有些地方返贫率高达 20%。

（2）剩余贫困人口脱贫更加艰难。我国剩余贫困人口大多分布在自然资源条件较为恶劣的山区，一些老、少、边、穷地区和西部地区，所处的地方土质贫瘠，水资源匮乏，农业生产条件差，基础设施薄弱，交通不便，信息闭塞，经济发展缓慢且主要以种植业为主。据国家统计局农调队发布的数据，2002 年我国西部 12 省的贫困人口是 1742 万人，占我国农村贫困人口的 61.8%；粮食主产区贫困人口总数为 1554 万人，占我国农村贫困人口的 55.1%。贫困户主要以种植业为主，而且越是贫困的农户，种植业所占的比例就越高，如贵州省非贫困户纯收入中种植业的比重为 50%，贫困户中种植业收入的比重是 61%，河南省非贫困户和贫困户种植业收入的比重分别为 55% 和 70%，[①] 再加上剩余的贫困人口大多数是一些素质较低的人群，不仅文化科技水平低，而且身体素质低，劳动能力差。因此，要使剩余贫困人口摆脱贫困是一个很大的难题。

（3）反贫困工作难度加大。一方面，我国加入世界贸易组织后，开放国内市场，逐步取消商品进口配额，取消农产品出口补贴，这将给农业带来挑战。贫困地区多以农业生产为主，国家确定的贫困县农户收入有 80% 来自第一产业，其中 60% 来自种植业。加入世界贸易组织后，粮食等大宗农产品的进口肯定会大幅度增加，而国内粮食、棉花的价格水平已高出国际市场水平，这势必对国内农业生产尤其是贫困地区农业生产产生巨大冲击，导致贫困农民收入状况更加恶化，加大贫困人口的脱贫难度。另一方面，农业和农村经济发展环境的变化增大了反贫困工作的难度。一是国内市场对农产品需求普遍不足，农产品价格继续下降，特别是"大

---

① 赵卫华：《农村贫困的新特点与扶贫战略的调整》，《吉林广播电视大学学报》2005 年第 1 期，第 5 页。

路货"价格下降幅度更大；二是相对于中西部地区或贫困农户，在调整农业结构发展优质农产品方面，中东部地区或相对富裕农民有着许多先发优势，例如他们筹措资金、学习新技术的能力强，市场信息灵通，交通方便。由于贫困人口经济基础差，自身素质较低，适应环境变化能力也就弱，因此要使贫困人口在农业和农村经济发展环境变化了的背景下，得到较多益处就更不容易，势必增大反贫困难度。

(4) 巩固和发展反贫困成果任务繁重。前期卓有成效的反贫困工作使得大量的贫困人口解决了温饱，摆脱贫困。但是，有相当多的初步解决温饱问题的贫困人口，由于生产生活条件尚未得到根本改观，抗御自然灾害的能力还不强，适应千变万化市场的能力低，他们的脱贫是不稳定的，一遇到自然灾害和大的市场风险极易返贫，巩固温饱成果的任务十分艰巨。另外，已基本解决了温饱的贫困人口，由于温饱的标准还很低，要在这个基础上实现小康，进而过上比较宽裕的生活，需要一个长期的奋斗过程，还需要对他们进行扶持。事实上，要从根本上改变贫困地区社会经济的落后状况，使贫困人口真正摆脱贫困，缩小收入差距，将贯穿于社会主义初级阶段的整个历史过程。

2. 建立和完善农村居民最低生活保障制度是实施反贫困战略的重点

毋庸置疑，贫困的消除从根本上说要靠发展生产力，但生产力的发展只是消除贫困的前提条件而非充分条件，要更有成效的消除贫困，还必须通过制度的创新，建立和完善适合我国国情的社会保障体系，为贫困居民提供有效的基本保障与救助。当前，最需完善的是农村最低生活保障制度，必须尽快建设与完善城乡贫困指标监测管理体系，加大最低生活保障资金的投入，扩大最低生活保障覆盖范围，推进城乡基本社会保障制度的规范化、制度化建设。

(1) 建立农村居民最低生活保障制度是健全和完善农村社会保障体系的基础工程。现阶段，中国农村社会保障制度尚处在救助型的发展阶段，以保障基本生活为宗旨的社会救助、"五保"供养和抚恤补助等制度，是农村社会保障制度的基础和主干。这种低层次的、基础性的制度供给，与农村社会生产力发展水平是基本相适应的。农村养老保险是养老问题，不能解决农民眼前的困难，而且必须具备一定的社会经济条件，即农民只有在温饱问题基本解决后，才有可能投保参加。社会福利制度是为了提高生活质量，优抚安置制度是一种褒扬和补偿性质的特殊社会保障制度，二者都是以一部分特殊社会群体为保障对象的。在整个农村社会保障制度中，其他各项制度都不能直接、及时、最大限度地解决广大农民的生活困难问题，只有农村最低生活保障制度才能做到这一点。它是农村社会保障中涉及面最广，也是最后的一道安全网，可以把其他社会保障项目无法保障的各类对象尽收其中。缺少这张网，部分贫困农民的基本生活就无法得到保证，农村社会保障制度也难以健全。总而言之，建立农村居民最低生活保障制度是各项制度的重中之重，是农村社会保障制度的一项基础工程。

（2）建立农村居民最低生活保障制度是体现社会主义本质和优越性、维护农村贫困人口基本生存权利的重要机制。我国是社会主义国家，社会主义的本质就是解放生产力、发展生产力、消灭剥削、消除两极分化，最终实现共同富裕。共同富裕是我们长期奋斗的目标，现在我们既要用政策鼓励一部分人先富起来，又要用政策扶持在竞争中处于劣势的那一部分人，为他们提供最基本的生活保障。因为社会主义制度比资本主义制度更重视和强调人道主义和人权。讲人权首先是人的生存权，生存得不到保障，其他一切人权都是空话。贫困尤其是绝对贫困首先危及的就是人的生存权，以保障贫困居民最低生活需求为目标的最低生活保障制度实质上就是一条"生命线"。缺少了这条"生命线"，特困居民的生存就失去了保障。在中国，农村的贫困问题将是一个长期且比较突出的社会问题。同时，城乡居民收入差距不断拉大。自 1996 年以来，中国农村居民人均收入的增长速度连续四年下降，1996 年为 9%，1997—2000 年分别为 4.6%、4.3%、3.8%、2.1%。2003 年和 2004 年农民收入增长虽超过 5%，出现了回升，但同期城镇居民增长收入却超过 8%，也就是说，城乡居民收入差距还在进一步扩大。[1] 这一严峻的现实迫使我们必须对农村贫困问题保持清醒的头脑。因此，在农村建立最低生活保障制度是维护农村社会稳定和长治久安必不可少的重要机制。

（3）建立农村居民最低生活保障制度是对传统农村社会救助制度的改革和创新。传统的农村社会救助制度存在着救助对象有限、标准太低、

---

[1] 《2005：中国经济喜中有忧！》，www.chinal89.net，2006 年 4 月 3 日。

工作随意性大等缺陷,在社会经济形势急剧变化的今天,传统的农村社会救助已经走到尽头。目前我国城乡最低生活保障制度还没有完全建立,但从国务院 1999 年颁布的《城市居民最低生活保障条例》来看,已经初步建立的城市居民最低生活保障制度是对传统的城镇救助的改革和创新,它克服了传统的城镇救助制度的缺陷,使社会救助制度开始向规范化、制度化方向发展,从而实现传统农村社会救助制度的现代化。

(4) 建立农村居民最低生活保障制度是避免农村产生两极分化现象、缓释社会风险的有效途径。在我国社会经济的高速发展中,社会矛盾和社会风险逐步地积累。随着改革进一步深化,一些深层次的矛盾开始突现,社会矛盾的激化,有可能导致社会动荡。其中,社会贫富差距不断扩大就是影响社会稳定的一大因素。农村居民收入分配的基尼系数持续上升,已经进入差距偏大阶段;农村相对富裕人口和相对贫困人口的数量同时都在增长,高、低收入群体的收入差距越来越大。应该说,在农村社会发展过程中出现贫富分化和阶层分化现象具有一定的必然性和合理性,是坚持"效率优先"原则的客观结果。但是,我们不能任凭贫富分化现象自发地持续下去,那结果只能是两极分化,从而使社会矛盾激化。为了避免在农村产生两极分化现象,稳定农村社会形势,确保改革的顺利进行。一方面需要从政策、法律和税收的角度对农村的收入状况进行调节;另一方面需要建立最低生活保障制度,通过再分配或转移支付的机制为农村贫困者的基本生活提供保障,帮助他们摆脱贫困,逐步走向富裕。

(二) 农村最低生活保障制度试点情况与问题

1. 农村居民最低生活保障制度试点情况

(1) 农村居民最低生活保障制度的试点及推广过程。为克服传统农村社会救助存在的弊端,从 20 世纪 80 年代开始,一些地方开始了农村社会救助工作改革的探索。一是实行农村定期定量救助,以保证农村救助经费的正常使用,加大对贫困对象的保障力度;二是探索实行乡镇统筹困难补助经费,这两项措施,是对我国农村传统社会救助工作的改革,虽然还是初步的,却也为后来探索农村居民最低生活保障制度的思路提供了启发。

1994 年国务院召开了第十次全国民政工作会议,会议提出,到 20 世纪末,"在农村初步建立起与经济发展水平相适应的层次不同、标准有别的社会保障制度"。按照该次会议确定的农村社会保障的发展目标，山西、山东、浙江、河北、湖南、河南、广东等省率先开展了农村社会保障体系建设试点运作。

1994年，山西省在阳泉市开展了建立农村社会保障制度的试点，于当年6月颁布实施了《阳泉市农村社会保障试行办法》，其中规定，县、乡、村根据各自经济发展的不同状况，确定基本保障线，对生活在基本保障线以下的贫困户，以户建档，逐年核定，实行救助，使其生活水平达到基本保障线。1994年9月，山西省民政厅下发了《关于加快建立和完善农村社会保障制度的通知》，并转发了《阳泉市农村社会保障试行办法》。

1995年12月11日，广西壮族自治区武鸣县颁布了《武鸣县农村最低生活保障线救济暂行办法》，规定从1996年1月1日起正式实施。这是我国出台的第一个县级农村最低生活保障制度的文件。该办法规定，凡该县农村户口的孤老、孤残、孤幼或因病、因灾等特殊情况造成家庭经济收入达不到最低生活保障线标准的村民，即为保障对象。保障线的标准是贫困对象每人每月40元，"五保"对象每人每月65元。保障资金采取县和乡镇分级负担，其中，县财政负担65%，乡镇财政负担35%。这个办法现在看来当然还是初步的，需要进一步完善和细化，但是，就它的基本内容来看，已经包括保障对象、保障标准、保障资金、保障办法和资金管理等农村居民最低生活保障制度的要点。办法实施后，全县共有农村家庭人均收入低于保障标准的3347名贫困对象领取了保障金。每年县、乡镇两级财政需要列支救济经费120万元。

1996年1月召开的全国民政厅局长会议，首次明确提出了改革农村社会救助制度，积极探索农村居民最低生活保障制度的任务。会议提出，在经济发达的农村地区要开始研究探索建立农村最低生活保障制度的问题，有条件的地方要通过试点摸索经验，并把做好这项工作列入了当年的工作要点。会后，民政部开始在全国部分地方开展农村社会保障体系建设的试点工作，并确定了山东省烟台市、河北省平泉市、四川省彭州市和甘肃省永昌县等发达、中等发达和欠发达三种不同类型的农村社会保障体系建设的试点县市。烟台市以政府令形式出台了《农村社会保障暂行规定》，平泉市制定了《农村社会保障制度建设基本方案》，都规定了建立农村居民最低生活保障制度的内容。这两个文件先后由民政部办公厅转发全国，用于指导各地的工作。彭州市向全市下发了《关于建立农村最低生活保障制度的通知》，指出建立农村居民最低生活保障制度，是对农村传统救助工作的重大改革，是建立农村社会保障体系的重要措施，并确定彭州市农村最低生活保障标准为每人每年600元，要求各乡镇和各部门认真贯彻执行。

为交流总结试点工作的经验，1996年9月，民政部在山西省太原市召开了部分省区市农村社会保障制度建设经验交流会。在农村社会保障制度建设探索中，各个试点县市都形成了自己鲜明的特点：如山西省阳泉市的保障标准有高有低，重在制度建设；山东省烟台市的各项保障项目齐全，立法力度大；河北省平泉市是从建章立制起步，党政联手推动，工作扎实细致，做到了量力而行，尽力而为。会议认为，农村社会保障制度建设的试点工作是健康的，也是基本成功的，应积极而稳妥地推进。

1996年年底，民政部正式印发了《关于加快农村社会保障体系建设的意见》（以下简称《意见》），制定了《农村社会保障体系建设指导方案》（以下简称《方案》）。《意见》要求积极稳妥地建立农村居民最低生活保障制度，提出，"各地要积极试点，稳步推进。凡开展农村社会保障体系建设的地方，都应该把建立最低生活保障制度作为重点，即使标准低一点，也要把这项制度建立起来"。《方案》则就这项新的制度建设提出了几条原则性指导意见：保障标准要根据当地农村居民最基本的生活需求、经济发展水平和财政承受能力来确定和调整；保障资金由地方各级财政和村集体分担，分担比例根据各地实际确定；各级财政分担的经费列入财政预算，村集体分担的经费从公益金中列支；各地应根据实际情况，对保障对象在生产、生活、医疗、教育等方面给予适当的优惠政策等。《意见》和《方案》的下发，进一步加强了民政部对各地农村社会保障体系建设的规范和指导，全国试点范围也扩大到了256个县市。山西、河南、湖南、广西、河北等省份以省政府名义出台了全省的方案或办法。广西出台的《农村社会保障制度管理办法》是全国第一个省级政府出台的农村社会保障制度管理办法，民政部以参阅文件的形式转发各地。该办法提出，社会救助是自治区农村社会保障建设的重点，它包括"五保户"的定期定量救济、重灾民的临时救济和贫困农民的最低生活救助，各市、县都要积极探索建立农村社会保障制度，制定最低生活保障办法。至此，全国所有的省、市、自治区都开展了农村社会保障体系建设的试点工作。

然而，由于经济、社会发展水平的差异和对这项工作认识程度的不同，各地的农村居民最低生活保障制度建设也存在着发展不平衡的现象。究其原因，主要还是认识不到位，进一步统一思想，提高认识的问题亟待解决。为此，从1997年5月开始，民政部就提出了按照巩固、扩大东部试点，积极启动西部试点，抓两头、带中间、因地制宜、稳步推进的总体要求，并分别在东部、北部、西部召开了三个片会，作了专题研究和安排。1997年接连召开的这三个会议，更进一步推动了农村居民最低生活保障制度建设的试点工作。

（2）制度建设现状。截至2006年7月底，全国有18个省、自治区、直辖市全面建立了农村低保制度，全国农村低保对象958万人，比上年年底增加200多万人；低保补助水平逐步提高，1—7月累计支出17.9亿元，比上年同期增长53%。[1] 此项工作正在全国积极稳步地推进。

第一，保障对象。建立农村居民最低生活保障制度后，对家庭成员人均收入低于当地最低生活保障标准的农村居民，由国家和乡村集体给予差额救助。农村最低生活保障对象主要包括以下人员：家庭成员无劳动能力或基本丧失劳动能力的无劳力户；家庭主要成员虽在劳动年龄段，但因严重残疾而丧失劳动能力，家庭生活困难者；家庭成员在劳动年龄段，因长年有病基本或大部分丧失劳动能力，家庭生活困难者；家庭主要成员因病、灾死亡，其子女不到劳动年龄或是在校学生，生活特别困难者。建立农村最低生活保障制度后，保障人数大大增加，据民政部统计，截止到2005年1月底，在已开展农村居民最低生活保障工作的地区，有473.3万村民得到了最低生活保障，比上年同期增长35%，家庭得到最低生活保障的多达228.7万户，比上年同期增长39.4%，农村居民最低生活保障覆盖人数逐渐增多。[2]

第二，保障标准。在制定保障标准时，各地主要根据当地经济发展水平、财政承受能力和农民的实际生活水平，本着"低标准起步"的原则

---

[1] 《全国农村五保排查定标暨农村低保工作会议召开》，国家民政部网站（www.mca.gov.cn），2006年8月。

[2] 《中国着手在农村建立最低生活保障制度》，www.chinaembassy.org，2005年5月3日。

制定。按照这一原则，一般由县（市）区政府确定一个保障标准的幅度，各乡镇再根据当地情况确定本地标准，并随当地情况的变化不断调整；有些地方由县人民政府统一制定保障标准，各乡镇按统一标准实施。在具体制定保障标准时主要参考以下几点：一是维持农民基本生活的物质需要；二是当地经济水平和财政承受能力；三是当地物价水平；四是农民自我保障能力。

第三，保障资金。各地在实施农村居民最低生活保障制度时，都将保障资金的筹措与落实作为工作重点，加大资金的投入，采取地方财政和乡村集体共同负担。分担比例的确定主要依据当地具体情况，乡村经济条件好的地方由乡村集体负担的比重大一些，乡村经济条件较差的地方由县一级财政负担的比重大一些。此外，许多地方通过吸收一些社会捐助来补充保障资金，有的省从省财政列支农村最低生活保障资金。在保障资金的管理上，辽宁省的沈阳、鞍山、朝阳等市实行保障金专户管理，建立了县级保障金专户，财政部门将保障资金于年初一次性拨入民政专户，由民政部门按标准发放。

第四，保障方式。现阶段保障方式有两种：一种是以现金和实物救助相结合；另一种是经济条件比较好的地方全部发放现金。保障资金一般每季或每半年由乡镇通过村发放，实物由村来发放；个别地方按每月或每年发放一次。各地在实施农村最低生活保障制度的同时，还相继出台了一些优惠政策，对保障对象减免提留款、统筹款和各种集资款，减免医疗费、子女上学的学杂费等，以减轻他们的负担。此外，很多地方发动社会力量普遍开展多种形式的社会互助活动，通过亲帮亲、邻帮邻、户帮户、富帮穷、单位和个人与保障对象"结对子"等多种形式进行帮扶，形成了社会各界都来积极扶助保障对象的良好社会风气，使保障对象的基本生活得到了较好保障。

2. 农村最低生活保障制度建立过程中面临的问题

全国农村居民最低生活保障工作虽然取得了一些成绩，但由于这项工作是一项全新的工作，没有现成的经验可供参考，在运行过程中，也出现了一些困难和问题。

（1）开展农村居民最低生活保障工作缺乏有力的政策依据。目前，全国农村居民最低生活保障工作较为规范的政策依据只有民政部《关于加快农村社会保障体系建设的意见》(民办发[1996]28号)一个文件。该文件权威性不够,指导性不强,很难适应新时期农村最低生活保障工作的要求。由于国务院和民政部没有出台关于农村最低生活保障工作的规范性文件,国家也没有关于这方面的法律、法规,仅靠地方政府出台政策建立制度,这就使得我国农村最低生活保障工作长期处于无法可依的状态,落实起来难度大,使少数地方领导对此项工作重视不够,认识滞后,工作带有随意性,缺乏必要的手段,特别在基层工作中推动阻力较大,个别财政困难地区难以推进,从而制约了农村最低生活保障制度的建设和完善。

(2) 农村最低生活保障资金筹措难度较大。资金是建立农村居民最低生活保障制度最重要,也是最难解决的问题。到目前为止,中央财政还没有就农村最低生活保障制度建设设立专门资金,全国农村最低生活保障资金大部分采取县、乡、村三级负担,每年列入财政预算,但由于缺乏相关的政策法规依据和约束手段,在一些地方存在保障金列而不支、列而少支的现象。许多地方尤其是中西部地区的农村,当地政府面临着双重任务,既要拿出资金救助,又要拿出资金解决贫困人口的脱贫致富,财政难堪重负。因此,许多地方虽有政策保障,却无财政供款能力,最低生活保障成为一句空话,事实上,越是经济条件不好的地方,农民生活越贫困,开展低保工作的意义越重大。资金不足已严重影响了此项制度的推行,个别地方已出现滑坡现象。

(3) 农村低保对象和最低生活标准的确定存在一定的难度。目前,最低生活保障对象要经过村、乡、县逐级确定。首先由个人向村民委员会提出申请,经核实后提交村民委员会讨论通过,再交乡镇人民政府审定,最后报县级民政局批准。但在实际认定和操作中存在一定的难度。许多地方只是把传统的农村社会救助对象和个别贫困户作为低保对象,而对由于农产品市场竞争生产经营不善陷入困境的农民,由于企业不景气陷入困境的乡镇企业职工,因超生罚款、赌博欠债或好吃懒做使生活陷入困境的农民是否列入低保对象则存有争议。另外,和城镇居民相比,农村居民收入有其自身特点,使得在收入界定上存在一定困难:一是收入难以货币化。由于农村居民收入中粮食等实物收入占相当比重,在价值转化过程中,存在较大的随意性。二是收入的不稳定性。除农作物收成的季节性及受自然灾害的影响较大等因素外，外出务工人员的增加，也增大了收入的不稳定性。三是由于农村养老保险制度远未普及，那些丧失劳动能力和经济来源的老年人口的生活、就医、子女求学等方面的困难加大。

(4) 基层组织力量薄弱。目前，民政部门具体负责农村居民最低生活保障工作的操作和运行。然而，在许多市、县民政局都没有设立专门的低保科，低保工作均是由救灾救济科统一负责。农村低保大量的工作（如低保对象的调查审核、金额的发放）都由乡、镇、村来完成，由于基层任务重，在目前人员少，组织力量薄弱，缺少工作经费的情况下，工作处于超负荷运转状态，有的采取消极应付的工作方式，造成农村最低生活保障制度的管理运行不规范，难以保证工作的客观、公正和细致，从而影响于此项工作的开展。

(三) 建立和完善农村居民最低生活保障制度的政策选择

目前，我国许多地区已开始实施农民最低生活保障制度。尤其是浙江省从2001年10月1日正式实施的《浙江省最低生活保障办法》，在全国率先将全省农民纳入保障范围。它以法律形式对最低生活保障制度实施城乡一体化规范，这在全国尚属首例。各地在实施农村居民最低生活保障制度的过程中，都有一些成功的经验。我们应借鉴这些经验，立足于中国目前的国情，在全国范围内建立农村最低生活保障制度。

1. 严格规范保障对象和操作程序

建立农村居民最低生活保障制度，首先要确定谁应该享受最低生活保障，即保障对象。农村低保涉及人员多，且居住分散，家庭收入复杂且变动大，这就要求我们必须进行艰苦细致的调查研究，对农村贫困人口进行全面的排查和摸底，并在此基础上准确界定保障对象，这是做好农村低保工作的前提和基础。享受最低生活保障待遇的，只能是那些生活水平一时或永久地低于或等于国家公布的最低生活水平的人群。例如，在农村没有依靠、没有生活来源的老年人、残疾人等；由突发性自然灾害造成生活一时困难的农村居民；由于农产品市场的激烈竞争生产经营不善而面临困境的农村居民；由于某些乡镇企业经营困难而倒闭，在乡镇企业工作且生活暂时出现困难的农村居民；有一定的收入来源，但是生活水平低于或等于国家规定的最低生活水平标准的农村居民。同时也要规定不能享受最低生活保障的情况，如家庭有就业能力的成员，不自食其力的；家庭拥有闲置的生产性设施或除住房等基本生活必需品外的非生产性物品的;家庭实际生活水平明显高于当地最低生活标准的。

农村居民最低生活保障制度实施程序一般应设计为:保障对象向村委会提出申请,填写申请表;村委会认真核实申请人的家庭全年收入情况,提交村民大会或村民代表会议讨论通过,并张榜公布,报乡镇政府审核;乡镇政府审定保障对象资格和补助金额,签署意见后报县(市)民政部门审批;县(市)民政部门对材料进行复核,符合保障条件的对象发给最低生活保障金领取证件,并下拨保障金,以村为单位发放保障金,并通过乡镇政府或村委会张榜公布;乡镇政府每半年或一年对保障对象的家庭收入情况进行一次审核,实行动态管理。对不符合救济条件的停发保障金。

2. 科学确定保障标准

最低生活保障制度能否发挥其应有的功能,关键在于能否正确地制定最低生活标准。最低生活标准是指在社会发展的某一时期,由政府制定的,与社会经济发展相适应的,在衣、食、住、行等方面保障维持一个人生存的最低限度的基本生活标准。从理论上讲,最低生活标准一般根据19世纪德国统计学家恩格尔(Robert F. Engle)的"恩格尔定律"制定。从具体实践来看,世界各国都以恩格尔定律为依据制定各自的最低生活标准。例如,美国在20世纪60年代制定的"贫困线"是:凡用收入的1/3和1/3以上购买食物的家庭,均列为贫困家庭,有权享受最低生活保障。

除此之外,国际上确定最低生活保障线的方法还有:国际贫困标准法、生活形态法、生活需求法等。国际贫困标准法是以一个国家和地区社会中收入或平均收入的50%—60%,作为这个国家和地区的贫困线,即最低生活保障线;生活形态法从人们的生活方式、消费行为等方面入手,来确定最低生活保障线,这种方法比较抽象;生活需求法,又称"市场菜篮法",它是根据当地维持最低生活所需的物品和服务列出一张清单,然后根据市场价格来计算拥有这些物品和服务要多少现金,以此确定的现金金额即为最低生活保障线。

我国是一个发展中国家,从总体讲,我国的生产力水平比较低,人们的生活水平处于温饱型向小康型过渡阶段,还有相当一部分公民(特别是一部分农村居民)尚未达到温饱;同时我国地域辽阔,各地区社会经济发展极不平衡，生活水平差异较大，这种状况使得难以制定适合全国的最低保障标准，也难以提出一个人均收入为基数的相对标准，目前，我国各城市均确定了其居民最低生活保障制度的标准，鉴于各城市经济发展状况和生活水平的不同，各城市所制定的标准并不一样。

城市贫困户主要是由于失去劳动机会，而农村贫困户主要是由于失去劳动能力、子女教育费用和疾病。故在确定农村居民最低生活保障标准时，不能完全照搬城市的。另外，同样是农村，由于其经济发展水平的不平衡，不同地区农村居民的最低生活保障标准也可能不一样。所以，在确定最低生活标准线时，一定要考虑我国的国情，按照既要保障贫困居民基本生活，又要克服其依赖思想的原则，从各地区农村居民的最基本生活需求、地区经济发展水平、物价水平、消费水平和财政承受能力出发，确定和调整最低生活保障线。

3. 积极建立农村居民最低生活保障制度的资金筹措机制

资金问题是建立农村居民最低生活保障制度的核心问题。我国农村居民最低生活保障资金在中央财政没有设立预算科目，是由地方财政和乡镇、村民委员会及集体经济共同负担的。就我国乡镇财政体制的现状来看，许多地方财政是赤字财政，而财政赤字一般依赖于收费等一些预算外收入来弥补。随着国家对乡镇费改税政策的试行及逐步推广，乡镇财政预算外收入将越来越少，乡镇财政的负担也越来越重，一些乡镇负担的保障金实际上难以落实。而且在资金的筹集上，存在着一个矛盾的现象：在经济比较发达的地区，地方财政和村集体的财力都比较强，需要救助的人数也不是太多，救助资金和物资到位一般没有问题；但是在经济不发达地区，地方财政薄弱，有的集体经济几乎等于零，保障资金的筹集和到位十分困难，而且，越是经济不发达、财政困难的地方，贫困人口越多，救济面越大，需要使用的资金越多。因此，完全由地方财政来负责资金筹集，贫困地区的农村最低生活保障制度就很难真正落到实处。我们认为，在制度建设中，中央财政应发挥更大的作用，另外可以考虑在县级以上政府建立调剂资金，倾斜投入经济落后、集体财力不足、救济对象众多的地方。

为了确保最低生活保障对象都能享受或领取到足额的保障金，可以通过征收统一的社会保障税，以及建立最低生活保障基金会，解决最低生活保障资金筹集难的问题。需要说明的是，征收社会保障税不会增加农民负担,因为征收社会保障税有一定的起征点,收入低于起征点的农民不在征收范围,而这些农民有很多是享受最低生活保障的。同时,征收社会保障税也是收入再分配的重要手段。未来中国社会保障的重点和难点在农村,农村经济的发展和人民生活水平的提高也为农民缴纳社会保障税提供了物质基础。农村费改税是大势所趋,为了解决农村最低生活保障经费不足的问题,应该将农民纳入社会保障税的征收范围。

4. 建立与农村居民最低生活保障制度相配套的改革措施

建立农村居民最低生活保障制度是一项系统工程,需要一系列的改革措施相配套。

(1) 加强最低生活保障制度的法制建设,实现最低生活保障的法制化、规范化管理。目前,农村居民最低生活保障制度由于立法的滞后,已经不能适应其建设的需要,造成了工作上和管理上的许多不规范现象。因此,最终需要通过制定《最低生活保障法》的方式加以确认。只有这样,才能从根本上保证最低生活保障制度的权威性和连续性,才能使最低生活保障工作步入有法可依的法制化轨道,从而确保每一个公民的基本生活权益不受侵害。

(2) 建立健全负责基层低保工作的有关工作机构和工作人员。这项制度本质上是面对千家万户的社会工作,要搞好工作,必须依靠基层政权和基层自治组织。如保障对象的审查、复核及保障金的发放、管理等,都需要乡镇一级来承担。保障对象的申请、核查、组织村民评议、造册建卡、发证到户,都需要村一级来承担。因此,建立农村居民最低生活保障制度要与农村基层政权和群众自治组织建设紧密结合,尤其是同村务公开、民主管理相结合。

(3) 制定与最低生活保障制度相配套的优惠政策。列入保障范围的对象生活十分困难,即便对其实施了最低生活保障,也仅能使其维持基本生活,故此,必须要制定相应的配套政策加以保护,使保障金全部用于生活。所以,应有以下配套措施:享受农村最低生活保障的农民,可凭县级民政部门出具的证明,同时享受免去义务工;在就医、就学、居住等方面的有关费用给予减免照顾;对有劳动能力的农村经营者实行减免税金和工商管理费等优惠政策。采取多种措施保障其基本生活、改善其生活条件。

(4) 救助与扶贫相结合,切实增加农民收入,从根本上消除农村居民的贫困问题在建立农村居民最低生活保障制度时,一方面是"输血",即对陷入贫困的保障对象给予资金和物质帮助,以保障其基本生活;另一方面是"造血",即以市场为导向调整和优化农业结构,积极推进农业产业化经营,大力拓展农产品的国内外市场,减轻农民负担,加强农村基础设施建设等。另外通过政策、科技、服务等多种形式扶持有劳动能力的保障对象发展生产,促进其自食其力,有效地提高保障对象自助、自救的能力,使他们的收入增加,实现脱贫致富。

三 重构农村社会养老保险制度

(一)《县级农村社会养老保险基本方案(试行)》评价与反思

1.《县级农村社会养老保险基本方案(试行)》的主要内容

(1) 农村社会养老保险发展历程。党和政府在经济体制改革中逐渐意识到农村社会养老保险的重要性,于"七五"计划首先提出建立农村社会养老保险制度。随后,"八五"计划又进一步指出:"建立健全养老保险和待业保险制度,逐步完善社会保障体系。这是现代化社会的重要标志,也是推动企业改革、适应人口老龄化和促进计划生育的一项重要措施。……在农村采取积极引导的方针,逐步建立不同形式的老年保障制度。"

1986年10月,民政部和国务院有关部委在江苏省沙洲县召开了"全国农村基层社会保障工作座谈会"。在总结经验的基础上,国务院决定指定民政部开展农村社会养老保险试点工作。1990年7月,国务院总理办公会议专题研究了社会保险制度改革问题,会议明确了农村社会养老保险由民政部负责的精神。1991年1月,国务院决定选择一批有条件的地区开展建立县级农村社会养老保险制度的试点。1991年6月,国务院发布《关于城镇职工养老保险制度改革的决定》(国发[1991]33号文件),进一步明确了农村养老保险(含乡镇企业)由民政部负责。同时,民政部农村养老保险办公室制定了《县级农村社会养老保险基本方案(试行)》(以下简称《基本方案》),确定了以县为单位开展社会养老保险的原则。这个基本方案后来成为大部分农村开展社会养老保险试点工作的指导方针和规范。到1992年年底，全国已有170个县基本建立起了面向全体农民的农村社会养老保险制度，有3500多万农民参加了社会养老保险，共积累保费10亿多元。① 随后，民政部在江苏省张家港市召开的"全国农村社会养老保险工作会议"，标志着农村社会养老保险在全国范围内进入全面推广阶段。

1995年10月，国务院办公厅转发了民政部《关于进一步做好农村社会养老保险工作的意见》，并指出："……逐步建立农村社会养老保险制度，是建立健全农村社会保障体系的重要措施，对于深化农村改革、保障农民利益、解除农民后顾之忧和落实计划生育基本国策、促进农村经济发展和社会稳定，都具有深远意义，各级政府要切实加强领导，高度重视对农村养老保险基金的管理和监督，积极稳妥地推进这项工作。"到1998年年底，全国有31个省、自治区、直辖市的2123个县（市）和65%的乡镇开展了农村社会养老保险工作，参加社会养老保险的农村人口有8025万人，积累基金166.2亿元。②

1998年政府机构改革，农村社会养老保险由民政部门移交给劳动和社会保障部。1999年7月，《国务院批转整顿保险业工作小组整顿与改革方案的通知》提出，对已经开展的"农村社会养老保险"要进行整顿规范、区别情况、妥善处理。随后，劳动和社会保障部先后提出两个整顿规范的方案：第一个方案是继续在有条件的地区进行农村养老保险的探索，不具备条件的地区暂不开展；第二个方案是政府定政策、市场化运营，政府转变职能，业务经办商业化。至此，农村社会养老保险作为一项统一的制度安排已不复存在，只是在北京、上海等经济发达地区的郊区农村有所开展。

（2）《基本方案》的主要内容。

第一，制度模式。《基本方案》指出："农村社会养老保险是国家保障全体农民老年基本生活的制度，是政府的一项重要社会政策。"要"坚持社会养老保险与家庭养老相结合"，明确农村社会养老保险在政府行为中的定位，是区别于商业保险的、由集体和国家共同参与的、以保障农民

---

① 刘贵平：《现行农村养老保险方案的优势与不足》，《人口与经济》1998年第2期，第26页。
② 《中国劳动和社会保障年鉴》（1999），中国劳动社会保障出版社2000年版，第5页。

老年基本生活为目的的政府行为。根据《基本方案》的规定，农村社会养老保险采取完全基金积累制和个人账户模式。"个人的缴费和集体的补助（含国家让利），分别记账在个人名下"，个人账户属于个人所有，基金实行积累制，并根据一定的记账利率进行计息。

第二，实施范围及受益人。一是保险对象。《基本方案》指出保险对象为非城镇户口、不由国家供应商品粮的农村人口。一般包括以种地为生的农民和农村中非农产业人员，如乡镇企业职工、民办教师等。此外，《基本方案》还坚持农村务农、务工、经商等各类人员社会养老保险制度一体化的方向。二是参保年龄与受益年龄。《基本方案》规定："交纳保险年龄不分性别、职业，为20周岁至60周岁。"《基本方案》还规定："领取养老保险金的年龄一般在60周岁以后。"即一般60岁为领取的起始年龄。

第三，基金筹集。农村社会养老保险制度坚持以"个人缴纳为主，集体补助为辅，国家给予政策扶持"三方相结合的原则。在三者关系中，以个人为主，个人缴纳部分要占一定比例，一般不得低于保险费的50%。集体补助的数额和比例一般由参保人所在的乡镇或村企业根据自身的情况和经济条件确定。集体补助主要体现在从乡镇企业利润和集体积累中拿出一部分来用于农村养老，国家的政策扶持则主要是通过对乡镇企业支付集体补助予以税前列支体现。

第四，缴费与给付。一是缴费标准与方式。根据《基本方案》，农村社会养老保险月交费标准设2元、4元、6元、8元、10元、12元、14元、16元、18元、20元十个档次，保险对象可根据自身经济承受能力灵活选择；在缴费方式上可按全年、半年、季或月缴纳，遇到具体情况还可以预缴和补缴。同时，《基本方案》还规定，保险关系可随保险对象的迁移而迁移。若迁入地尚未建立该制度的，由原所在地的社保机构将个人所缴的保费按有关规定如数退还。属于"农转非"的，可将其保险关系及保险资金一并转入相应的养老保险制度。二是保费收取。根据《基本方案》，在乡镇一级设代办站或招聘代办员，负责收取；村由会计、出纳代办，负责收取保费、发放养老金等工作。三是领取标准与计发办法。根据《农村社会养老保险养老金计发办法（试行）》的规定，保险基金按一定的增值率增值，保险对象开始领取养老金，须先计算出个人积累总额，再由积累总额确定其领取标准。即《基本方案》采取以预定利率的方式确定领取标准。此外,一般农民达到60周岁即可领取养老金,养老金数额可根据个人积累的资金总额和一定的预期领取年限确定,可按月或季领取。领取养老金的保证期为10年。对于不到60岁就死亡的,按有关规定将其保险费退还法定继承人或指定受益人;对于领取年限不到10年就死亡的,其法定继承人或指定受益人可继续领取10年期满为止,或一次性继承;对于领取年限超过10年的长寿者,可以继续领取,直至死亡。

第五,基金管理。一是管理层次。《基本方案》规定,基金以县为单位统一管理,实行县(市)、乡(镇)、村三级管理相结合。各县市可根据自己的实情灵活制定具体管理办法。机构设置上主要分为基金保管和基金监管两个机构。监管机构由县级以上人民政府设立,主要对养老保险基金实行指导和监督。县(市)成立非营利性的基金保管机构,负责经办农村社会养老保险的具体业务。另外,在乡(镇)和村一级分别设立专人负责养老金的收取和发放工作及其他日常工作等。二是基金运用。为使基金能保值增值,《基本方案》规定基金的运用要采取比较谨慎的态度,农村社会养老保险基金主要是购买国家财政发行的高利率债券和存入银行,不能直接用于投资。

2. 农村社会养老保险制度设计本身的缺陷

民政部于1995年对《基本方案》进行过论证。论证报告认为该方案"符合中国国情和农村实际;技术先进,符合保险精算原则;充分体现了经济学上的效率原则;在组织管理上具有一定的优越性等。方案的实施对于农村家庭关系的改善、农村基层组织建设和农村经济的发展都有积极的影响"。但由于制度设计欠妥,在实施过程中政府行为扭曲,《基本方案》更多的是遭到批判,以致最后被停办。

(1) 未体现社会保障的性质。社会保险一般具有互济性和公平性。《基本方案》规定的保险对象的参保年龄不分性别和职业,为20—60岁,对于目前超过60岁的农村老年人并没有像城镇职工养老保险那样予以补偿,他们成了制度的"真空"人群,缺乏公平性。同时,《基本方案》规定个人缴费比例不低于50%,这种模式实行的是个人的自我平衡,养老金既不能实现代际调剂,也不能实现代内收入再分配,缺乏社会保障应有的互济性。如果运用集体补助的方式加以调节,对低收入者进行补贴,则又会挫伤农民的积极性，造成了一个两难选择的局面。

（2）基金保值增值难。基金积累制的理论前提是基金投资收益率大于工资增长率或经济增长率，只要选择了基金积累制就必须有相应的投资手段。《基本方案》规定农村社会养老保险基金主要是购买国家财政发行的高利率债券和存入银行，不能直接用于投资。且由于以县级为统筹管理单位，缺乏专门的人才和技术，有关部门一般选择的是存入银行。因此，这种严格的基金投资管理政策不仅不符合完全积累制养老金制度改革的本质要求，而且使农村社会养老保险基金面临巨大的通货膨胀风险和经济增长风险。

（3）保障水平低。《基本方案》设立了月缴费标准 2—20 元 10 个不同的档次。而在实践中，农民一般选择最低的一档，也就是每月缴 2 元。假设一人从 20 岁开始按此标准缴费，根据民政部制定的《农村社会养老保险交费、领取标准》来算，到 60 岁时他每月能领取 70 元；如果他选择最高档次——每月交 20 元，则 60 岁时能领取 700 元。70 元显然是不足以保障老年生活的；而 700 元对于现在来说还可以，但是考虑到通货膨胀的因素，以 40 年后通货膨胀率为 5% 计算，它的现值将不足 100 元。总之，制度设计上没有将未来的养老金支付与通货膨胀、物价等因素挂钩，导致农民实际的保障水平过低。

（4）制度的软化与不稳定。《基本方案》在性质上只能算是一个部门文件或法规，所以在实际执行中没有多大的法律效力。由于制度的非强制性，导致制度的覆盖面非常小。另外，该方案只是对一些重大的内容作了统一规定，具体的地方有关这一政策的建立、撤销、保险金的筹集、运用以及养老金的发放由地方政府部门来制定，在具体执行中多数带有某些行政长官的意愿，不是农民与政府的一种持久性契约，具有很大的不稳定性。再者，政府对农村社会养老保险的态度也时常发生动摇，导致了本来就心存疑虑的农民更加不愿投保。这也是缺乏法律保障的结果。

3. 农村社会养老保险制度在执行过程中的问题

（1）管理体制未完全理顺，基金管理上不够规范。1998 年以前，农村社会养老保险由民政部负责。从保费的收取到基金的保管、运营和发放，由该部一家管理，没有形成良好的制衡机制，造成了基金管理上的漏洞。同时，地方民政部门受制于地方政府，更使得管理带有官僚色彩。

1998年以后，农村社会养老保险工作由民政部转到新成立的劳动和社会保障部管理。但是由于该项工作的复杂性，其管理体制并没有完全理顺。目前农村社会养老保险的主要业务工作由县及县以下的机构承担，县级机构也是从收到支一条龙服务，不利于对其工作的监管。此外，县级机构还普遍存在管理经费不足、人员编制落实不好的突出问题，经费的挤占、挪用以及非法占用等经常发生，基金安全得不到很好的保障。

（2）制度执行成本较高。第一，管理成本。基层农保机构属于经济独立核算、自负盈亏的事业单位，根据民政部的有关规定，农保机构可以从其管理的基金中提取3%的管理费。近几年来，由于银行利率较低，参保人数呈下降趋势，基层农保机构按3%提取的管理费越来越少，常常是入不敷出。为了调动工作人员的积极性，更好地普及农村养老保险工作，地方政府有必要对基层农保机构予以补贴，这就不可避免地加大了财政负担。第二，宣传成本。由于少数领导和相当一部分群众对农村养老保险的性质、意义及作用缺乏足够正确的认识，导致其在行动上不积极，工作中不支持。为了更好地开展此项工作，就有必要对这部分人进行宣传教育，都要花费一定的人力、物力和财力。第三，由基金贬值所带来的财政补贴成本，加重财政负担。

（3）保障水平不平等。不平等之一来源于制度设计，表现为地区水平的不平衡和农民个体的差异。劳动者由于个人能力不同，收入有高有低；集体补助主要依靠当地乡镇企业的发展，不同经济发展水平地区的乡镇企业经营状况有好有坏；同时，制度也未对乡镇企业补助多少做出明确的规定，而对于不补助的集体也没有任何惩罚的措施。所以，在集体补助方面存在很大的弹性。另外，《基本方案》规定："同一投保单位，投保对象平等享受集体补助。"但是，制度在具体的执行过程中产生了变异。各地方政府制定的具体工作办法缺乏统一性和规范性，基层干部在实际操作中往往以权谋私，干部和群众的给付差距很大。"同一个行政村的干部和群众却不平等享受集体补助。参加投保的绝大多数村和乡镇是补干部，不补群众；少数村都补的，也是干部补得多，群众补得少。群众一般一年仅补助3—5元，而干部补助少则几百元，多则数千元、上万元。"[①]

[①] 彭希哲、宋韬：《农村社会养老保险研究综述》，《人口学刊》2002年第5期，第45页。

（二）农村社会养老保险制度改革的基本思路与模式构建

对于农村社会养老保险来说，影响其制度模式选择的因素主要有：一是人口因素，包括人口年龄结构、就业结构以及人口老龄化程度等。二是经济因素，包括一国的财政实力和农村地区的经济发展水平。三是政策因素，包括就业政策、户籍政策、农业政策等。四是城镇社会养老保险的实施状况以及农村其他社会保障制度安排的发展情况。

1. 农村社会养老保险制度改革的基本思路

（1）制度的性质。农村社会养老制度属于基本养老保险范畴，是我国农村社会保障体系的重要组成部分。在现阶段，农村土地保障依然是农民养老保障的基础，农村社会养老保险的个人账户是对农民收入的补充；农保与家庭和土地养老保障相结合，共同达到保障农民老年基本生活的目标。农村社会养老保险制度改革应在分析养老保险制度一般原理和借鉴国外农村养老保险实践经验的基础上，结合我国的政治体制、经济实力、文化背景和传统习俗构建适合我国国情的农村社会养老保险制度。

（2）分阶段实施。如果说把农村地区划分为"发达地区农村、较发达地区农村、欠发达地区农村"的话，在时间阶段上，与国务院研究中心报告提出的未来5—15年的基本任务同步[①]，可拟定分两步走的农村社会养老保险发展规划：第一步，到2010年，在经济发达地区所有县和较发达地区大部分县以及欠发达地区具备条件的县建立农村社会养老保险制度，农民参保率达到30%；第二步，到2020年，较发达地区绝大多数县和欠发达地区具备条件的部分县建立农村社会养老保险制度，农民参保率争取达到80%。

（3）制定统一的制度模式。当前要做的工作主要有两点：一是制定符合当前国情的、有生命力的、为农民所接受的农村社会养老保险制度安排；二是要明确界定"条件"的具体内容，并以此为标准，在切实具备条件的地区和群体中建立农村社会养老保险制度。

2. 农村社会养老保险制度改革的模式构建

综观国外农村社会养老保险发展，一个非常重要的特点就是政府补助

---

① 国务院研究中心研究报告：《"十一五"规划基本思路和2020年远景目标研究》，国研网，2005年5月9日。

占农村社会养老保险资金来源的比重很大。国外典型国家的政府在农村社会养老保险上，一般把对农民的补贴作为一项专门的财政预算，而且保费缴纳以政府补贴为主。从总体上看，我国现阶段对农民的补助主要是救济性质的，带有很大的随意性，不可能像国外那样，对农民进行大规模补贴。所以，在确定农村社会养老保险模式时，有必要将其划分为几个部分，分阶段、分步骤地实施。

我们认为，现阶段农村养老保障应该是多层次的，一个完整的养老保障体系应该包括：

（1）最低生活保障制度。指国家或政府对处于贫困线以下的特困户进行生活补助的制度，包括由于各种原因一直没有参加社会保险的农民、享受了社会保险之后仍然生活在贫困线以下的农民。这是最低层次的保障，针对的仅仅是困难群体，保障的水平也仅仅是基本生活的维持。

（2）农村社会养老保险制度。基本特征是：缴费确定型（DC）、完全积累制、个人账户养老金。该制度要求每一个符合条件的农村居民强制参与，制度为其提供基本的经济生活保障。

（3）鼓励有一定经济能力的以及有更高保障需求的农村居民进行个人储蓄养老，这属于一种补充性的商业养老保险行为。

上述农村养老保障体系符合党和政府"在有条件的地区探索建立农村社会养老保险制度"的指导方针。按照经济发展水平，对于一些不发达地区，目前关键是要建立健全农村最低生活保障制度，在这些地区国家救助养老应该占主要地位。另外，通过家庭和社区的相互扶助，来解决老年人的保障问题；对一些经济比较发达的农村地区，坚持"强制投保为主、自愿投保为辅"的原则，凡达到全国农村平均收入水平以上的农民必须投保，体现强制性原则；同时，考虑到全国各地经济发展水平的差异，对收入在全国平均水平以下、贫困线以上者采取自愿的态度，鼓励其投保。

随着农村经济的发展，当人均 GDP 跨入中等收入国家的门槛，低水平、不全面、发展很不平衡的小康状况得到显著改变时，可以考虑建立城乡统一的社会保障体系，把全部农村人口纳入城镇养老保障制度体系中，现阶段的强制性农村社会养老保险制度经过慢慢摸索，逐步成熟，最终与城镇养老保险制度相衔接，形成城乡统一的养老保障制度。

(三)农村养老保险制度方案设计

凡年满 20 周岁的未参加城镇企业职工基本养老保险的农民,按规定须参加农民社会养老保险,包括在农村工作或居住的未参加城镇企业职工基本养老保险的非农产业者,"三资"企业、私营企业里工作的农民以及个体工商户农民都属于参保范围之列。

1. 农村社会养老保险费的征缴与个人账户管理

(1) 缴费基数。缴费基数可以为定额和浮动两种形式。定额形式是以一个相对固定的值作为基数,比如以统计部门公布的上年度当地人均纯收入为基数。有的地方规定以每月多少元固定为缴费基数,每年有一个递增比例(如东莞)。浮动形式是指在一个给定的范围内缴费,比如可以在统计部门公布的上年度当地人均纯收入 100%—300% 之间选择缴费基数。缴费基数一旦确定就必须统一,保持稳定。

(2) 缴费费率。这里做了一个测算:以本人 60 岁时的工资作为基数计算替代率,假定所有的参保对象都能从 20 岁活到 60 岁。保费缴纳方式为年缴,以年金的形式发放。如果参保对象在 20—60 岁期间死亡,其个人账户上的基金要么一次性退还其继承人或指定受益人;要么将资金转入其继承人或指定受益人的个人账户。

缴费率公式[①]:

$$C = \left[\sum_{t=\beta}^{\theta} {}_{t-\beta}P_{\beta} b(1+g)^{\beta-\alpha-1} \left(\frac{1}{1+i}\right)^{t-\beta} \right] \Big/ \left[\sum_{t=\alpha}^{\beta-1} (1+g)^{t-\alpha}(1+r)s \right]^{\beta-1-t}$$

按照有关规定,我国基本养老保险中,职工缴费满 15 年的个人账户养老金的目标工资替代率为 20%,由于农村社会养老保险完全采取个人账户形式,与城镇基本养老保险一致,所以我们选取了 20% 作为参数值。式中 α 为开始工作年龄,规定农村居民从 20 岁时开始缴费。β 为退休年龄,模式中规定农村居民 60 岁时退休,即农民领取养老金的年龄为 60 岁。θ 为生命表中最高死亡年龄[②]。g 为货币工资增长率,假定与近几年

---

① 本公式参照邓大松、刘昌平《中国企业年金制度研究》(修订版),人民出版社 2005 年版,第 108 页。

② 本模型中采用《中国人寿保险业经验生命表(男女混合表)(1990—1993 年)》中给出的生存概率。

来的 GDP 平均增长率同步约为 8%。i 为年利率（贴现率），模式中设计了两种：2.25% 是目前中国的短期银行存款利率，6% 为成熟的市场经济国家利率上限的平均值，适合中国未来的经济发展状况。r 为基金预期投资收益率，按照 2004 年中国社保基金收益率 3.32% 计算。

根据上述公式可以计算出 20 岁的缴费率约为 17%（利率为 2.25%）、12%（利率为 6%）。结合城镇基本养老保险费率 18% 的改革目标，在当前情况下，我们选择 17% 的费率比较合适。

雇主按 17% 为自己缴纳养老保险费，雇员按 8% 为自己缴纳养老保险费，企业式雇主按 9% 为参保雇员补助缴纳养老保险费。企业缴纳的农村社会养老保险费在税前列支，个人缴纳的养老保险费不计征个人所得税。农村社会养老保险基金发生困难时，由同级财政予以支持。

（3）农村社会养老保险个人账户的管理。农村社会养老保险由社会保险经办机构负责管理，按照国家技术监督局发布的社会保障号码或居民身份证号码，为参加农村社会养老保险的人员每人建立一个终身不变的农村社会养老保险个人账户。

第一，个人账户的转移。政府为每位参保人员建立农民养老保险档案。被保险人在省内迁移户口时，只转移养老保险关系，不转移基金；户口迁移省外的，一次性退回个人账户储存额，终止农民养老保险关系；被保险人在"农保"与"城保"之间发生养老保险关系转换时，将农村社会养老保险个人账户储存额转入城镇企业基本养老保险个人账户。

第二，农村社会养老保险个人账户的储存额，只能用于本人达到一定年龄后按月支付养老金，不能挪作他用。被保险人在领取年龄前死亡的，其个人账户尚未领取的储存额中的个人缴费部分，按照规定发给指定的受益人或法定继承人。

第三，农村社会养老金的计发办法。男性年满 60 周岁，女性年满 55 周岁，按月领取农民养老金，直至终老。个人账户养老金月标准为个人账户储存额（含利息）除以 120。

2. 农村社会养老保险基金管理

（1）基金征缴。农村社会养老保险费由县级社保经办机构负责按月征收，根据各地的实际情况可以分派代办员到各乡镇督促征缴，并且对养老保险的办理工作予以指导。首先由符合条件的参保人到村民委员会办理农民养老保险登记，再由村民委员会送所在乡镇的管理部门备案，经核实汇总后，统一上报县社会保障局办理。

（2）基金保管。县级社保经办机构征收上来的农村社会养老保险基金，必须列入财政专户，实行"收支两条线"管理。县级收入户基金应及时全额上汇设区市基金专户，不得留存本级；设区市的基金专户将归集起来的基金再及时全额上汇省基金专户集中运营管理，不得留存于该设区市。省级经办机构应及时将集中的基金存入托管银行进行保管。托管银行一般为大型商业银行，由省级经办机构通过竞争选定。

（3）基金运营。一般来说，政府拥有对个人账户基金管理和投资的决策权，社会保险经办机构作为政府的特定职能部门，往往由其具体负责基金管理各项职能。从基金的运营效果来看，运营的层次越高，效果越好。因为越高层次的运营，拥有的基金规模越大，可以有更多的投资选择，同时高层级意味着较高的管理能力，可以保持基金管理的相对独立。劳动和社会保障部关于"个人账户基金监督管理办法"草拟稿中明确表示："……个人账户基金由省级社会保险经办机构统一管理，制定投资运营策略，选择托管机构和投资机构，进行委托投资管理。"所以，由省级社会保险经办机构来具体负责基金投资运营是比较合适的。

在基金投资运营方式的选择上，宜采用信托型的管理模式，即将基金托管人职能向外委托，对外委托基金托管人是保证资产独立性的最重要的制度安排[①]。在这种运作方式下，社会保险经办机构负责选择投资管理人和基金托管人。基金托管人主要负责基金资产的保管，监督投资管理人的投资运营行为；投资管理人主要负责基金投资管理，具有基金运营职责，投资管理人可以是基金管理公司、大型证券公司等。社会保险经办机构作为账户管理人，主要负责记录缴费情况和个人账户资产变化情况，并监督养老金的征收与给付。

（4）基金监管。基金监管包括政府监督、社会监督以及内部审计稽核等。政府监督主要是指劳动保障部门进行监督管理，审计部门依法对社会保险基金的收支情况进行监督等。同时，社会团体、参保群众还可以组成社会保险基金监督委员会，通过定期听取汇报和实地检查实施监督。此

---

① 邓大松、刘昌平：《中国企业年金制度研究》，人民出版社2004年版，第199页。

外，还可以通过加强经办机构内部的审计稽核来加强基金监管。

四 农村医疗保障制度

(一) 农村医疗保障现状及问题分析

1. 城乡医疗保险制度的公平性比较分析

20世纪80年代以来，我国城乡由于医疗保障制度的不完善，自费医疗和失去医疗保险保护人群增加，健康公平性显著下降。

(1) 筹资公平：城乡医疗保障制度分析。新中国成立后，中央非常重视城乡医疗保障制度的建设。在城镇建立了公费医疗、劳保医疗形式的医疗保险制度，在乡村建立了合作医疗制度。从城乡比较的角度看，20世纪80年代以前，中国卫生服务筹资的公平性较好，90%的城镇人口可以享受公费和劳保医疗制度，还有数量巨大的职工家属享受半费医疗待遇，而农村人口中的大部分也能够得到合作医疗制度的庇护，自费医疗的人口仅占少数。这对于一个收入水平低下的发展中国家而言，是非常难得的。

1984年开始，城镇公费和劳保医疗制度开始进行自发的改革。1988年以后，国家开始对公费和劳保医疗制度进行有组织的改革，并提出了公费医疗费用由财政与个人共同负担、劳保医疗费用由企业与个人共同负担的改革原则。1994年以后国家进一步开始医疗保险"统账结合"模式的试点，并最终于1998年11月颁布《国务院关于建立城镇职工基本医疗保险制度的决定》，开始了建立新制度的进程。新制度建立的基本原则是"低水平、广覆盖、双方负担、统账结合"，新的支付结构更强调个人责任，强调个人缴费与医疗费用支付之间的对应关系，更多地体现了按照个人支付能力而非医疗服务需要支付医疗费用，可以说新制度在公平与效率的天平上远离了公平。在新制度建立之初的1998年，调查发现城市中自费医疗比重达到了44.13%，表明城市医疗卫生服务筹资体系整体的公平性降低。[1] 这一制度设计决定了城镇基本医疗保险覆盖面的狭小和由此必

---

[1] 《家庭健康询问调查——调查人口医疗保障制度构成》，《1998年第二次国家卫生服务调查分析报告》，www.mob.gov.cn，2002年7月3日。

然带来的筹资不公平性。

不过，换一个角度来看，会发现问题的严重性远不止于此，农村健康筹资状况要糟糕得多。20世纪80年代以来，随着农村家庭联产承包责任制改革，乡村集体经济组织也开始走向衰落，合作医疗赖以存在的经济基础走向了瓦解。根据卫生部门的调查，1985年全国实行合作医疗的行政村由20世纪70年代的90%猛降到了5%，1989年又进一步下降到4.8%。到20世纪90年代初全国仅存的合作医疗主要分布在集体经济组织发展势头较好的上海和苏南地区[1]。而农民中自费医疗的比例接近90%。由此导致中国农村医疗卫生服务筹资的公平性一泻千里，从非常公平变为极不公平。

国家统计局调查表明[2]，2001年城市居民人均医疗保健支出是农村居民的2.46倍。有资料显示[3]，占总人口60%的农村人口仅花费了约1/3的卫生总费用。而且，这有限的卫生总费用的90%还是由农民个人支付的！政府和社会对农民支出的卫生费用加起来还不到10%！

（2）供给公平：城乡卫生服务公平性分析。城乡比较而言，医疗卫生事业投资和发展方面的差距表现得更为明显。新中国成立初期，城市卫生机构床位数多于农村，但1965年后农村卫生机构床位数量增加速度明显快于城镇，并在20世纪60年代后期超过城镇。1985年以后，在全国卫生机构床位总量增加的条件下，城市卫生机构床位数增加速度加快，而农村卫生机构床位数不升反降，结果在20世纪80年代后期城镇卫生机构床位数超过了农村。城乡卫生技术人员的发展也显示了这一趋势。自新中国成立初，农村卫生技术人员数都是多于城市的。但是，1985年以后，在全国卫生人员总量增加的条件下，农村卫生技术人员数量持续减少。同样是在20世纪80年代后期，城镇卫生技术人员数量超过了农村。2001年，占总人口60%的农村人口拥有全国1/3左右的病床，不到40%的医务人员。城乡之间医疗卫生资源数量差距进一步加大，卫生资源配置的公平性降低。

---

[1] 鼎鸣：《关注农民健康》，《人民日报》2001年10月30日。
[2] 胡琳琳、胡鞍钢：《从不公平到更加公平的卫生发展：中国城乡疾病模式差距分析与建议》，《管理世界》2003年第1期，第87页。
[3] 李卫平、石光等：《我国农村卫生保健的历史、现状与问题》，《管理世界》2003年第4期，第36页。

表1　　　　　　　　　农村卫生资金投入评价

	1991年	1995年	1999年	2000年
农村卫生事业费占全国卫生事业费（%）	36.94	35.75	33.64	32.73
农村人均卫生事业费（元）	4.06	7.36	10.42	12.00
城市人均卫生事业费（元）	19.35	32.31	45.99	43.44
城市/农村	4.77	4.39	4.41	3.62

资料来源：李卫平、石光、赵琨：《我国农村卫生保健的历史、现状与问题》，《管理世界》2003年第4期，第36页。

公共卫生支出在总量不足的同时，结构也很不合理。由此进一步加剧了城乡卫生资源配置的不公平。在中国卫生总费用表中[①]，政府卫生投入占农村卫生总费用的比重由1991年的12.54%下降到了2000年的6.59%，而农民个人卫生支出占农村卫生总费用的比重由1991年的80.73%上升到了2000年的90.15%。农村卫生资金投入评价表进一步表明，拥有全国60%人口的农村，仅仅享有国家卫生事业费投入的1/3。在20世纪90年代得到改善的基础上，2000年城镇与农村人均卫生事业费的比例仍然达到了3.62。这种卫生经费的不公平不可避免地转化为卫生资源供给的不公平，对农村人口健康状况的改善造成了不良影响。

（3）结果公平：城乡健康公平性分析。医疗卫生服务筹资和供给分别从单个侧面对健康公平性进行了衡量。而健康状况的公平性则是二者公平性的综合反映，是衡量一国健康公平最重要、最关键、最有说服力的指标。

20世纪80年代以来，城乡医疗卫生服务筹资和供给不公平累积的结果导致了城乡健康水平的不公平和疾病模式转变的差异。城市地区人口的疾病模式已经接近发达国家的水平。而大部分农村地区，尤其经济落后的地区，还处于发展中国家的水平。

第一，人口死亡率。如表2所示，20世纪80年代后，城乡人口死亡

---

① 李卫平、石光等：《我国农村卫生保健的历史、现状与问题》，《管理世界》2003年第4期，第36页。

率差距又呈现增大趋势，1990年为1.3个千分点，1998年继续扩大到1.7个千分点。差距扩大的原因在于20世纪90年代以来县级人口死亡率下降的停滞，5岁以下儿童死亡率数据更能说明问题。表3表明，无论是婴儿死亡率还是5岁以下儿童死亡率数据，中国城市均接近于OECD国家的水平，而农村仍然停留在发展中国家的行列，与东亚和太平洋地区的水平相当，城乡差距显著。

表2　　　　　　　中国城乡历年人口死亡率

单位:‰

	20世纪30年代	1952年	1957年	1965年	1975年	1980年	1990年	1998年
全国	25.00	17.00	10.80	9.50	7.32	6.34	6.67	6.50
市镇	—	—	8.47	5.69	5.39	5.48	5.71	5.31
县	—	—	11.07	10.06	7.59	6.47	7.01	7.01

资料来源：陈佳贵等：《中国社会保障发展报告（1997—2001）》，社会科学文献出版社2001年版，第275页。

表3　　　2000年中国城乡与世界各国5岁以下儿童死亡率比较

单位:‰

	发展中国家	欠发达国家	东亚和太平洋地区	中东欧、独联体国家	OECD国家	高收入OECD国家	中国城市	中国农村
婴儿死亡率	61	98	33	20	12	6	11.8	37
5岁以下儿童死亡率	89	155	43	25	14	6	13.8	45.7

资料来源：联合国开发计划署：《2002年人类发展报告》，中国财政经济出版社2002年版，第240页；《中国农村贫困监测报告》（2003），中国统计出版社2003年版，第89页。

第二，疾病谱与死因谱。如表4所示，2001年城乡前5位死亡原因是相同的，然而，农村地区死亡原因中高居首位的依然是呼吸系统疾病。城乡第6—10位死亡原因中，有两项不同。城市中精神病和神经病等与现代社会生活方式、生活压力有关的疾病榜上有名，而新生儿病、肺结核等由于医疗卫生条件落后和营养不良导致的疾病则赫然列在农村死因谱上。由此表明，城市人口的疾病谱与死因谱以慢性非传染性疾病为主，农村人口在慢性非传染性疾病上升的同时，传染性疾病和营养不良症仍然占据重要的位置。城乡之间的疾病谱仍然存在不小的差距。

表4　2001年部分市、县前十位主要疾病死亡率及死亡原因构成

单位:‰

顺位	城市			农村		
	死亡原因	死亡率（1/10万）	占死亡总人数的%	死亡原因	死亡专率（1/10万）	占死亡总人数的%
1	恶性肿瘤	135.59	24.93	呼吸系病	133.42	22.46
2	脑血管病	111.01	20.41	脑血管病	112.60	18.95
3	心脏病	95.77	17.61	恶性肿瘤	105.36	17.73
4	呼吸系病	72.64	13.36	心脏病	77.72	13.08
5	损伤和中毒	31.92	5.87	损伤和中毒	63.69	10.72
6	内分泌、营养、代谢及免疫疾病	17.18	3.16	消化系病	24.14	4.06
7	消化系病	17.06	3.14	泌尿、生殖系病	9.09	1.53
8	泌尿、生殖系病	8.55	1.57	新生儿病	791.21	1.26
9	精神病	5.37	0.99	肺结核	7.38	1.24
10	神经病	5.20	0.96	内分泌、营养、代谢及免疫疾病	6.59	1.11
	十种死因合计		92.00	十种死因合计		92.14

说明：统计范围包括北京等36个市全市或部分市区及北京等90个县的资料。

资料来源：《2001年部分市前十位主要疾病死亡率及死亡原因构成》、《2001年部分县前十位主要疾病死亡率及死亡原因构成》，国研网，2003年9月3日。

2. SARS对农村医疗保障体制的挑战

突如其来的一场"非典"（SARS），给中国社会各方面带来了巨大冲击，而薄弱的农村卫生与医疗保障事业更是遭受了严峻的挑战，SARS的挑战主要来自两个方面：一是农民预防疾病意识淡薄和相关知识缺乏致使非典的预防与控制非常困难；二是即使医疗机构具备良好的医疗设备和技术条件，收入低下的农民也无法利用，因为他们根本没有能力承受非典的

高治疗成本。应对非典的仓促的应急措施暴露了农村卫生与医疗保障事业的极度脆弱,让人们看到了市场失灵和政府失灵综合作用的结果。

(1) 农村医疗服务市场:市场失灵与政府失灵的产物。由于医疗产品的异质性、供给的垄断性、产品的外部性和广泛存在的信息不对称,导致医疗服务市场存在严重的信息不对称现象,需要政府进行适当干预,保证市场的顺利运行。遗憾的是,政府并没有采取措施弥补市场作用的空缺,导致农村医疗市场出现了"市场失灵"与"政府失灵"并存的后果。

第一,增加的医疗需要与严重不足的医疗需求。20世纪80年代以来,我国出现了快速的老龄化。由于剩余劳动力的转移,农村老龄化进程进一步加快,农村老年人总量和比重的提高导致了农民医疗服务需要的增加。另外,医疗技术的进步和医疗质量的提高使得人类对疾病的认知和治疗能力提高,许多以前无法治疗的疾病变得可以治疗,由此也推动了人们医疗需求的增加。再加上农村生活环境差、卫生条件差、劳动保护不足等因素的作用,农民医疗需要呈增加态势。1993年与1985年相比,我国农民的两周患病率由69.0‰提高到了128.2‰,慢性病患病率从86.0‰提高到130.7‰,因病休工天数从5.4天提高到6.8天,因病卧床天数从2.4天提高到3.2天[1]。1998年第二次国家卫生服务调查结果显示[2],农村居民的两周患病率进一步提高到了137.11‰,比1993年第一次国家卫生服务调查时增加了6.94‰。农民两周患病率的增加,反映了其医疗服务需要量的增加。

然而,在既定的收入分配格局下,农民的医疗需要受经济条件的限制,难以顺利转化为医疗有效需求。统计数据表明[3],1990—1999年,农民平均纯收入由686.31元增加到2210.34元,增长了2.2倍;同期卫生部门统计的每人次平均门诊费用和住院费用,分别由10.9元和473.3元增加到79元和2891元,增长了6.2倍和5.1倍。政府既没有改变不合理的收入分配格局,又没能采取有效措施减轻农民的医疗费用负担,结果导

---

[1] 骆勤:《我国医疗保险制度改革的政策选择》,《财经论丛》1999年第6期。
[2] 《1998年国家卫生服务调查分析报告》,www.moh.gov.cn,2002年7月3日。
[3] 王延中:《论新世纪中国农民医疗保障问题》,国研网,2002年4月21日。

致农民医疗服务需要难以顺利转化为有效医疗需求。调查结果显示①,农民生病无钱就诊的比例由1985年的4%上升到1993年的7%,需要住院而未能住院的原因中,经济困难所占比重由1993年的60.63%上升到1998年的63.69%。15年内全国农村的医疗有效需求相对萎缩了50%—70%,20%的人明确表示已经看不起病。

第二,总量不足与效率低下的医疗供给。"非典"(SARS)让我们看到了一个极端脆弱、残缺不全的农村医疗供给体系。20世纪80年代以来,伴随整个经济体制改革的进行,医疗卫生体制也逐步走向了市场化。政府的指导思想是希望通过市场竞争提高医疗机构的效率,解决医疗卫生服务筹资和医疗成本控制问题。因而,政府将医疗机构部分地推向市场,逐步减少对医疗机构的拨款。同时,政府进行了分权制财政体制改革,将医疗机构逐级下放给基层政府。分权制改革后基层政府财力很弱,只好把筹资的主要任务推给了卫生机构,实质上是把难题交给了原本就失灵的市场。这种政策固然在短期内部分地解决了卫生机构资金不足的困难,促进了卫生服务供给的扩大,长期来看却留下了巨大的隐患。

问题之一是虚高的药价。国家规定医疗机构销售药品可以提取一定的供销差价作为补偿。在追逐利润目标的驱动下,这一权利逐步被医疗机构滥用,销售高价药品成为许多医疗机构创收的有效手段,药品销售收入也逐步成为医疗机构收入的主要甚至是最大组成部分。药品价格也从此开始扶摇直上,涨幅远远超过城乡居民收入的增长速度。1989—2001年间,城镇居民人均收入增长了544%,农村居民人均收入增长了393%,而同时期,诊疗费和住院费分别增长965%和998%②。可以说政府职能定位的不适当导致了医疗费用的不合理上涨,间接导致了农民医疗需求受抑制。

问题之二是政府卫生投入的减少导致农村公共卫生体系残缺不全。1991—2000年,农村卫生投入占财政支出的比重一直呈下降趋势。农村卫生事业费只占全国卫生事业费的1/3左右,也一直呈下降趋势。全国新增卫生经费投入中只有14%投入到农村,而14%中的89%又成了"人头

---

① 根据《1993年国家卫生服务调查分析报告》和《1998年国家卫生服务调查分析报告》整理所得。两个调查报告可以在卫生部网站查阅:www.moh.mob.gov.cn,2002年7月3日。
② 王绍光:《中国公共卫生的危机与转机》,国研网,2003年10月21日。

费",真正专项的农村卫生经费只有1.3%。① 在总量缺乏的同时,农村医疗供给体系还存在结构失衡和质量低下的问题。县、乡两级医疗和计划生育服务机构各成系统,造成了资源的重复配置与浪费。医疗机构内部冗员和非卫生技术人员充斥,卫生技术人员学历水平不高,服务质量难以保证。农村乡镇卫生院中大专及以上学历的仅占10%,而村级卫生人员中相当多的人只在30年前合作医疗高潮期接受过短期培训。医疗机构内部补偿机制也不合理。乡镇医院的业务收入以卖药为主,药品收入占收入的比重平均为65.7%,而村级高达89.1%。这种补偿极大加重了农民的负担,抑制了农民的医疗需求,也对医疗机构自身的发展带来了不利影响。在农村居民总人数增加5000万的情况下,全国乡镇卫生院的门诊人次由1984年的12.6亿下降到1995年的9.38亿,下降了34%;病床使用率由1985年的46%下降到1995年的40%②。

(2)结论:必须建立农村医疗保障制度。在为"非典"没有大面积冲击农村地区感到庆幸的同时,我们必须要清醒地认识到,农民对疾病的经济承受能力仍然很弱,农村卫生的薄弱现状仍然没有根本的改善,农民的医疗并没有得到很好的保障。农民在各种各样的疾病风险面前仍然十分脆弱,看不起病、因病致贫、因病返贫问题仍然很严重。农民是发展、繁荣农村经济的最大财富,而农民的最大财富就是劳动能力,倘若农民医疗保障薄弱现状不能尽快改善,农民健康得不到保证,农村经济也就失去了发展的引擎。据亚洲开发银行(ADB)统计,"非典"导致中国内地经济的总损失额为179亿美元,占中国GDP的1.3%,2003年第二季度中国农民纯收入损失达到600亿人民币,平均每人损失76元③。如果说"非典"对农民收入和国民经济的影响是确定的话,长期缺乏医疗保障对农民健康、农村经济乃至整个国民经济的不利影响则是不可估量的。国外研

---

① 李卫平、石光等:《我国农村卫生保健的历史、现状与问题》,《管理世界》2003年第4期,第36页。

② 陈佳贵等:《中国社会保障发展报告(1997—2001)》,社会科学文献出版社2001年版,第296页。

③ 孙宇挺:《内地经济因非典损失179亿美元》,《中国青年报》2003年11月11日。

究已经表明,健康水平的降低、卫生部门的低生产力最终将使经济增长消失①。"非典"向我们敲响了警钟。它表明,要想实现农村经济、社会的顺利发展,政府必须转变职能,从单一的优先发展经济的目标转向社会经济协调发展的目标上。为此,政府要在农村卫生和医疗保障等市场失灵的领域,合理界定新的职能,提供公共产品,发展农村公共卫生和医疗保障事业,为经济的持续增长提供良好的社会环境,为经济可持续发展提供坚实的基础和动力。

(二) 重构新型农村合作医疗制度

合作医疗制度是农村健康保健制度的有效形式。在农村经济状况十分困难的20世纪六七十年代,它对于保障农民的基本医疗需求,提高农民的健康水平发挥了至关重要的作用。合作医疗与农村三级医疗预防保健网和"赤脚医生"一起,并称为解决我国广大农村缺医少药的三件"法宝",被世界银行和世界卫生组织誉为"发展中国家解决卫生经费的唯一范例"。

1. 农村合作医疗制度变迁

进入20世纪80年代后,随着家庭联产承包责任制的实行和农村集体经济组织的衰落,农村合作医疗制度也大面积解体。虽经中央和地方各级政府屡次努力,重建合作医疗制度的目标却始终难以实现。失去"法宝"保护的结果是大多数农民成为自费医疗群体,农民看不起病、因病致贫、因病返贫问题突出。这一问题也日益成为妨碍农村劳动力素质提高和农村社会稳定的隐患。对此,中央非常重视,决定从2003年起开始在全国范围内开展新型农村合作医疗制度的试点,到2010年在全国农村基本建立起适应社会主义市场经济体制要求和农村经济社会发展水平的农村卫生服务体系和合作医疗制度。然而,在以往重建合作医疗的努力屡次受挫之后,人们不禁要问:合作医疗制度为何在曾经辉煌之后一蹶不振?新型合作医疗制度如何能够吸取前车之鉴,使其再现辉煌?

(1) 经济体制改革前的农村合作医疗制度。改革前的农村合作医疗制度是"人民公社社员依靠集体力量,在自愿互助基础上建立起来的一

---

① Adriaan Ban Zona, Joan Muysken, Health and endogenous growth, *Journal of Health Economics*, Vol. 20, 2001, pp. 169–185.

种社会主义性质的医疗制度,是社员群众的集体福利事业"。① 通过在农村建立三级医疗预防保健网和积极开展合作医疗制度,有效地保障了农民的基本医疗服务需求,促进了农村卫生条件的改善和居民健康状况的提高。统计数据表明,中国的婴儿死亡率由新中国成立前的200‰下降到了1980年的34.7‰,人口预期寿命由新中国成立前的35岁增长到了1982年的67.9岁,成为该时期世界上人均寿命增长最快的国家之一。这些成就与在总人口中占据80%比例的农村人口健康状况的改善不无关系。②

综观这一时期的农村合作医疗制度,可以看出其成功与以下几个条件的具备不无关系:

第一,农民愿望与政府支持的有力结合使合作医疗的产生具备了广泛的群众基础和建立的政治、组织基础。这一时期合作医疗制度的建立主要是一种由自下而上到自上面下的政策形成过程,它充分反映了农民群众的意愿,使合作医疗制度具有广泛的需求。同时,合作医疗制度还得到了中央及地方各级政府的大力支持。社队基层组织直接承担了合作医疗制度的管理、监督职能,如生产队一般在每年年终个人收入分配前,从社员应得收入中扣除合作医疗制度应该上缴费用额,从而有效地解决了个人筹资问题。

第二,集体经济组织的有力支持为合作医疗制度提供了可靠的经济基础。《农村合作医疗章程(试行草案)》第六条规定,"合作医疗基金由参加合作医疗的个人和集体(公益金)筹集","随着集体经济的不断发展逐步扩大集体负担部分"。实践中,集体经济一般承担了直接向合作医疗制度提供资金补助和资助合作医疗供方的职责。公社卫生院的运行在很大程度上依赖于社队财务的支持,大队卫生室则几乎完全靠集体经济维持。

第三,农村三级医疗预防保健网的发展和赤脚医生的培养有力地保障了医疗供给,为合作医疗提供了医疗供方基础。到1965年,农村绝大多数地区的县、公社和生产大队都已建立起医疗卫生机构,形成了较为完善的三级预防保健网。"赤脚医生"遍布祖国的大江南北,他们的医术并不

---

① 卫生部:《农村合作医疗章程(试行草案)》,www.drcnet.com.cn,1979年12月15日。
② 陈佳贵等:《中国社会保障发展报告(1997—2001)》,社会科学文献出版社2001年版,第275页。

高明，但较好地适应了合作医疗实行"三土"（土医、土药、土洋结合）、"四自"（自采、自种、自制、自用中草药）的医疗办法，保证了合作医疗"预防为主，群防群治"目标的实现。

(2) 经济体制改革后的农村合作医疗制度。20世纪80年代以来，随着家庭联产承包责任制的推行，农村集体经济组织力量的弱化，合作医疗制度失去了赖以存在的经济基础。根据卫生部门的调查，1985年全国实行合作医疗的行政村由20世纪70年代的90%猛降到了5%，1989年又进一步下降到4.8%。到20世纪90年代初全国仅存的合作医疗主要分布在上海和苏南地区[①]。全国绝大部分农民沦为自费医疗群体。

进入20世纪90年代以来，政府认识到了农民健康与农村医疗保健制度的重要性，1993年中共中央在《关于建立社会主义市场经济体制若干问题的决定》中提出，要发展和完善农村合作医疗制度。1997年1月，中共中央、国务院在《关于卫生改革与发展的决定》中提出要积极稳妥地发展和完善合作医疗制度，力争到2000年在农村多数地区建立起各种形式的合作医疗制度。至此，恢复和重建合作医疗制度的努力达到了高潮。但政府的目标并没有实现：1997年合作医疗的覆盖率仅占全国行政村的17%，农村居民参加合作医疗的比例仅为9.6%。而1998年的调查则显示，农村居民中享有某种程度医疗保障的人口有12.56%，其中合作医疗的比重仅6.5%。这与20世纪70年代合作医疗90%的覆盖率相比，差距仍然相当大。造成这种结果有很多原因，但政府政策不统一是关键所在。

第一，政府政策不统一。20世纪90年代以来，各地恢复与重建合作医疗的努力时常被中央相互矛盾的政策打断。农业部等五部委关于减轻农民负担的通知中明确将合作医疗列为不合理负担，禁止征收。这就导致农村基层合作医疗工作陷入进退两难的境地。武汉大学社会保障研究中心课题组2003年暑期对兰德公司健康保险项目试点地区四川简阳、眉山两县进行了实地调查。发现简阳县贾家镇的合作医疗曾经"三起三落"，"三起"源于兰德公司试点和上级政府的指示，"三落"则主要源于上级政府对合作医疗加重农民负担的质疑。频繁起落的后果是非常严重的。这大大

---

① 鼎鸣：《关注农民健康》，《人民日报》2001年10月30日。

打击了干部群众的积极性，影响了广大农民对合作医疗制度的信心，使合作医疗重建之路越走越窄。

第二，缺乏群众基础。自上而下制定合作医疗制度的模式具有一定的优点，但也容易产生不一定真正反映农民需求和制度设计不合理等问题。结果往往导致基层组织和农民对建立合作医疗制度不支持，从而使制度从根本上失去存在基础。贾家镇合作医疗三次持续的时间分别为四年半、一年和八个月，时间越来越短。合作医疗越来越难以持续的原因就在于，兴办合作医疗不是源于保障农民群众医疗需求的目的，不是源于农民群众对合作医疗的巨大需求，而是为了完成"政治任务"。缺乏群众信任和支持的合作医疗制度可以在政府命令下建立起来，但这样的制度注定是短命的。另外，有些地方合作医疗制度中出现了干部不正之风的问题。如"群众交钱、干部吃药"，"干部吃好药、群众吃草药"等，大大影响了群众对合作医疗制度的信心。

第三，缺乏经济和组织基础。20世纪80年代以来，乡村集体经济组织力量的弱化使合作医疗在很大程度上丧失了集体资助，资金变为个人缴纳为主。而中西部地区农民收入水平的低下导致合作医疗筹资难以保证。而且，筹资形式由集体拨付变为挨家挨户收取后，基层干部筹资的难度和管理成本是巨大的。

第四，完全自愿参加导致了"逆选择"。合作医疗制度自愿参加的原则为"逆选择"行为打开了方便之门。既然是"自愿"，健康农民的不参保和生病农民的参保行为都是堂堂正正、无可厚非的，违背保险规律的行为必然受到规律的惩罚。"自愿"的结果是制度收不抵支，难以为继。

第五，农村医疗卫生外部环境的变化也影响了合作医疗的顺利进行。一方面，合作医疗制度是在缺医少药的背景下发展起来的。人们最初对合作医疗的定位仅仅是小伤小病的防治，因此制度筹资标准比较低。20世纪80年代以来，医疗机构以药养医现象的出现和药品费用的大幅上涨，对合作医疗的财务平衡带来巨大挑战。另一方面，农民收入的增加和医疗卫生技术的进步使农民的医疗需求逐步由低层次、单一化向高层次、多元化发展。而农民收入的低水平和不平衡决定了合作医疗只能是低水平筹资、低偿付比例、保障基本医疗需求。结果使得合作医疗大问题解决不了，小问题没有它也能解决，制度的吸引力下降。

2. 完善农村新型合作医疗制度的设想

（1）新型农村合作医疗制度试点现状考察。按照《关于卫生改革与发展的决定》和《关于发展和完善农村合作医疗的若干意见》要求，全国新型农村合作医疗制度试点工作已经全面展开。在中央和地方各级政府及人民群众的共同努力下，新型农村合作医疗试点取得了初步成功。国务院还决定，从2006年开始，提高财政补助标准，中央财政对中西部参合农民的补助在原有人均10元的基础上再增加10元，地方财政也要相应增加10元，农民个人缴费标准保持不变。逐步扩大试点覆盖面，争取2008年将这一制度在全国基本推行，确保2010年实现基本覆盖农村居民的总体目标。据卫生部统计，截至2006年3月底，全国开展新型农村合作医疗覆盖的农村人口是4.7亿人，占我国农业人口的53.44%；参加合作医疗的人口是3.7亿人，占全国农村人口的42.25%。从合作医疗的筹资情况看，截至2006年3月底，全国新型农村合作医疗当年已筹资88亿元。其中，地方财政筹资是35亿元，个人的缴费是48亿元，其他资金来源是15亿元。按照现在试点的方案，中央财政资金拨付地方财政政府的补助到位后才拨付。

与此同时，试点工作中也暴露出了很多问题：①

第一，"套资冲动"与"钓鱼工程"。为了能得到中央政府的补助资金，很多地方政府对于新型农村合作医疗试点的申请都非常积极。然而，试点地区很快发现，补助款项并不是那么容易就可以得到。中央政府的补助资金是以农民缴费和地方政府的补助资金到位为前提的。要想得到中央政府大笔的补助款项，必须保证农民的大量参与。然而，由于种种原因，即使在各省政府都对试点县市农户参保率下达行政性"死命令"的情况下，很多试点地区农民实际上参保的效果并不理想，农民缴纳的新型农村合作医疗保险费有限。为完成农民参保率任务，基层执行部门出现了大量的垫资行为，使新型农村合作医疗政策在执行中大打折扣。例如，试点地区多数乡镇将任务指标分摊到了乡镇干部和卫生院，许多乡镇因不能完成规定的指标，采取了未完成指标的部分由乡镇干部与定点医院垫资上缴的做法。尤为严重的是，一些县市在垫付资金时没有具体指定是为哪一个农

---

① 《中国新型农村合作医疗覆盖的农村人口已达4.7亿》，中新网，2006年7月10日。

户垫付的，这样一旦发生医疗费用时，合作医疗开支就存在很大的随意性，农民能否得到医疗费用报销就取决于乡镇政府和卫生院或认可或否认为其垫资的一句话。"垫资"的影响远不止于此。资金是不会白白垫付的。垫资的人肯定会想方设法把钱再收回来。这些垫资者在套到中央政府的补助资金后，"极有可能把垫资抽回，而不落实到农民身上"。他们甚至还要赚取一定的"利润"，结果导致套资行为难免发生。一些地方已经出现了垫资人利用假药费单据套取合作医疗资金的行为。

更有甚者，有的基层试点地区竟然公开采取不正当手段"钓取"中央政府的资金。如湖南省桂阳县政府曾于2003年7月30日使用大额借贷资金转入该县合作医疗基金账户作为农民个人筹资上报，以套取上级财政资金。据湖南省卫生厅核实，到2003年9月20日止，在桂阳县各乡镇上缴县合作医疗基金账户的资金中，有29个乡镇共垫资2629930元；截至2003年10月22日，仍有28个乡镇垫资1968340元，核减垫资后参加合作医疗的农民实际人数应为168615人，比桂阳县政府2003年9月20日上报的人数少98417人。[①]

第二，"保大"的困惑。根据保险原则和农民的实际医疗保险需求，新型农村合作医疗制度实行以大病为主的原则。然而，在实际执行中，这一原则也出现了一些问题。

其一，大病为主导致试点第一年补偿受益农民范围很窄。农民是很讲求实惠的。由此引出一个很突出的问题，在第一年缴费后没有得到大病医疗费用报销的农民还会继续参加制度吗？调查结果显示，很难。

其二，提法容易使人产生错觉：大病为主就是"治疗为主"，资金向医疗倾斜，预防保健在新型农村合作医疗制度中没有地位，加之预防保健资金一直短缺，操作总是向资金的优势方倾斜，从而可能偏离农村卫生工作的总方向。在实际操作中，大病为主过分强化卫生机构地位，容易误导资源配置方向，形成资金向公办机构转移支付，甚至保护落后。同时，新型农村合作医疗的补助政策将卫生机构的注意力引向以医疗为中心，导致卫生机构为创收而进行医疗竞争，忽视改善服务和预防保健。

[①] 范利祥：《"套资冲动"与"钓鱼工程"——新型农村合作医疗暗流》，《21世纪经济报道》2004年3月22日。

其三，以大病为主的界限不好掌握。各地试点在把握政策时犯难：多大比例的资金用于大病符合"为主"？据调查，一般认为需要在80%以上。然而，调查显示，90%以上的农民坚持将自己的缴费用于预防保健、常见病和多发病，政府的补贴用于大病。因此，将农民的缴费大多用于大病，会因违背大多数农民的意愿而得不到农民的拥护。

第三，医疗质量与价格问题。许多新型农村合作医疗试点地区医疗秩序混乱，部分个体医疗户进次药，甚至假药以假充好，导致医疗质量差，药品收费混乱。而乡镇卫生院医疗设施缺乏，设备简陋，医务人员的医务水平不高，许多疑难病无法医治。此外，由于卫生院的药品是按国家规定进货销售，绝大部分医生又属于自收自支的事业单位人员，其收费标准比个体医疗户要高。县级医院收费标准更高，加上报销比例的偏低，导致农民报销的金额可能还抵不上医疗机构之间的价差。由此限制了农民大病得到高质量的医治。凡此种种都容易导致农民对新型农村合作医疗制度的不满意。另外，农村地域的广阔、医疗机构数量的繁多导致定点医疗机构的确定与监管很困难。乡村医务人员开"人情方"、"假处方"的现象时有发生，这加大了农村合作医疗收支平衡的风险，加重了有限资金的管理成本。

第四，贫困农民筹资难。在一些贫困地区，由于贫困面大，贫困程度深，农民收入低，可支配现金少，农民筹资困难。尤其是贫困农民，虽然安排了贫困医疗救助资金，但远远不能解决贫困人群参加合作医疗的问题。如属国家级贫困县之一的云南省墨江县，为了让贫困农民也能享受新型农村合作医疗带来的好处，采取了让挂钩扶贫单位的干部职工捐款的方式为贫困农民缴了费，但这毕竟不是长久之计。[①]

（2）完善新型农村合作医疗制度的相关政策建议。鉴于新型农村合作医疗理论准备的不足和实践中出现的相关问题，我们应当采取相关措施完善这一制度：

第一，重新界定新型农村合作医疗制度的性质。1979年，卫生部、农业部、财政部等颁布的《农村合作医疗章程》中将传统农村合作医疗

[①] 云南省统计局：《云南省新型农村合作医疗试点工作情况及存在的问题》，国家统计局网站，2004年5月19日。

定位于"人民公社社员依靠集体力量，在自愿互助的基础上建立起来的一种社会主义性质的医疗制度，是社员群众的集体福利事业"。事实上，传统合作医疗制度客观上成为一种强制性的社会保险制度，这也是制度走向辉煌的原因之一。

重建农村合作医疗制度时期的1997年，中共中央、国务院《关于卫生改革与发展的决定》中提出，"举办合作医疗，要在政府的组织和领导下，坚持民办公助和自愿参加的原则"。按照这一原则，在《关于发展和完善农村合作医疗的若干意见》中，合作医疗的属性被表述为"农民通过互助共济，共同抵御疾病风险的制度"。在"互助"的政策定位和自愿参加原则下，农民作为制度的主体并没有能够使制度顺利重建，农村合作医疗低迷的状态一直持续到新型农村合作医疗制度建立前夕的2002年。

2003年，《关于发展和完善农村合作医疗的若干意见》将新型农村合作医疗制度定义为"政府组织、引导、支持，农民自愿参加，个人、集体和政府多方筹资，以大病统筹为主的农民医疗互助共济制度"。它明确了政府组织、引导、支持和出资的责任，比以前是一个巨大的进步。然而，在最关键的制度性质问题上，它并没有走出过去的窠臼，依然将制度定位于"互助共济制度"而非"社会保险制度"。而这两个制度间存在巨大差异。其一，实施主体不同。前者的实施主体是农民，政府只是给予适当支持；而后者的实施主体是政府，办好办不好体现着政府的职能。其二，资金性质不同。政府在"互助共济制度"下的投入，只是一种具有较大随意性的资助；而作为"医疗保障制度"，政府的投入则属于规范性很强的再分配，是一种义不容辞的法定职责。把新型农村合作医疗制度依旧定位于"互助共济制度"而没有上升为"医疗保障制度"，原因无非是使政府的责任最小化。①

鉴于此，必须将合作医疗的性质由"互助共济制度"改为"社会保险制度"。明确政府在制度中的主体地位和相关职责。考虑到经济发展水平较低和政府财政能力较弱的现实，可以坚持"循序渐进"原则，实行保障范围由小到大，保障标准由低到高的发展策略。

---

① 徐杰：《农村合作医疗应由互助共济向社会统筹转变》，《卫生经济研究》2004年第3期，第27页。

第二，实行"适度强制"原则。从前文的分析可以看出，只有实行"适度强制"原则，才能从根本上杜绝"逆选择"行为，消除各级政府与农民之间的"博弈"困境，满足"大数法则"的要求，达到市场均衡和合作医疗制度的全面覆盖。农村合作医疗制度是一项庞大的系统工程，涉及方方面面的利益，受到多种因素的制约，很难一蹴而就，需要全面贯彻强制性原则。在一些农民对旧合作医疗失去信心、对政府缺乏足够信任的情况下，强制原则只能策略性、渐进性实施。例如，对经济发展水平达到规定标准应该强制实行农村合作医疗制度的地区，可以采取向参保农户免费提供儿童免疫接种、妇女孕产期和产后保健等服务，对未参保农户适当收取费用等形式，鼓励农户参保。通过试点地区的农村合作医疗实践，让农民真正体会到参保的实惠，在农民理解的基础上达到强制参保的目标。

第三，积极探索不同的保障形式。新型农村合作医疗试点可以根据各地经济发展水平和实际情况的差异，采取不同的具体保障形式，在实践中解决"保大"或"保小"的难题，然后在广大农村地区推广。其中，一些试点地区采取的家庭账户与大病统筹相结合、"保大"又"保小"的形式符合我国农村的实际情况，值得推广。一是家庭整体入保、家庭账户的形式可以有效避免"逆选择"现象的发生。二是它利用了家庭作为基本经济单位的作用，与"家庭承包经营为基础，统分结合的双层经营体制"相适应。三是它利用了中国农村的家庭观念，采用家庭间互助共济的形式容易受到农民的拥护。四是家庭账户的形式与农民消费观念和心理承受能力相适应，能够提高医疗卫生服务的利用水平，户户都能够受益，农民不感到吃亏。五是大病统筹能够利用风险分担机制切实减轻农民的大病医疗风险，减少因病致贫等现象的发生。六是与农村地区之间、农户之间不同的经济发展水平相适应，统账间不同的结合比例、统筹的起付线、封顶线及不同补偿比例，可以满足不同地区不同保障水平的需要。七是以县级为单位统筹，有利于打破城乡二元结构，为将来城乡建立统一的医疗保险制度打下基础。统账结合的具体形式，可以在实践中逐步探索确定。根据试点地区的经验，农民个人缴费的大部分应该进入家庭账户，供家庭门诊或小病费用支付；而农民剩余的缴费和各级政府、其他组织补贴部分全部进入社会统筹，用于应对农民的大病医疗风险。家庭账户资金归农户所有，可以继承，但不可提前支取。通过这种方式既兼顾了制度的受益面，又保障了农户的大病医疗需求。不过，对于经济发展水平有限、资金筹集能力低的地区，家庭账户可能会分解统筹资金，降低统筹资金抗大病风险的能力。因此，大病统筹之外是否设家庭账户应该根据各地区具体情况而定，原则上要首先保证大病统筹的实现。

第四，采用多样化运行方式。在实行政府机构管理、运营的同时，应该积极探索多样化运行方式。发达农村地区对农村医疗保险采取的灵活的运行形式值得新型农村合作医疗制度学习和借鉴。它们将医疗保险基金的筹集与管理分离，交由专业的保险机构来运营。如江苏江阴、福建厦门的农村医疗保险基金由商业保险公司来负责运作，而广东顺德则成立专业的保险公司统一对城镇企业与农业人口医疗保险基金进行运作。这些运作方式体现了专业分工思想，可以充分利用政府的筹资优势和保险公司的管理优势，有利于设计科学的筹资与补偿标准，并提高制度的运行效率，降低制度的管理成本。新型农村合作医疗制度也可以在试点地区探索建立征管分离、管理与监督机构分设的制度。由保险公司负责制度的管理和基金的运营，政府机构或医疗机构负责资金的收缴，政府部门人员和农民、医务人员等相关利益主体共同负责制度的监督。从而利用专业分工和相互制衡原理促进制度的有效运转。

第五，加强制度的技术测算。一是各省、自治区、直辖市要组织有关专家，制订统一的基线调查方案，对试点县（市）的经济发展水平、医疗卫生机构服务现状、农民疾病发生状况、就医用药及费用情况、农民对参加新型农村合作医疗的意愿等进行摸底调查。掌握各疾病发病率、平均就诊费用、平均住院费用等基础数据。二是各试点县（市）要坚持以收定支、量入为出、保障适度等原则，根据基线调查数据和筹资总额，合理确定补偿标准。要对合作医疗制度可能对农民医疗服务需求产生的刺激作用加以充分考虑，科学合理地确定大额或住院医药费用补助的起付线、封顶线和补助比例，并根据实际及时调整，既要防止补助比例过高而透支，又不能因支付比例太低使基金沉淀过多，影响农民受益。在基本条件相似、筹资水平相同的条件下，同一省（自治区、直辖市）内试点县（市）的起付线、封顶线和补助比例差距不宜过大。三是设计级差型报销比例制度，对县、乡、村不同等级医疗机构实行不同的报销比例。原则上医疗机构等级越高，报销比例越低。以促进病人在县、乡、村不同等级医疗机构之间分流，实现"小病不出村，大病不出乡"的目标。

第六，以群众参与促制度监管。一是筹资监管。针对各种"套资"、"钓鱼"等违规现象，中央提出要"严禁硬性规定农民参加合作医疗的指标、向乡村干部搞任务包干摊派、强迫乡（镇）卫生院和乡村医生代缴以及强迫农民贷款缴纳经费等简单粗暴、强迫命令的错误做法。各地区要加强督查，发现这些问题，必须及时严肃查处，坚决予以纠正"。严格的制裁措施固然可以控制此类现象，但并不能消除其产生的根源，"治标不治本"。要根治这一现象，必须借助于农民的参与加强制度的监管。首先，要通过深入、细致的宣传工作，使农民认识到参加制度监管遵循个人自愿原则。其次，在各县（市）政府组织建立的合作医疗监督委员会中要吸纳农民代表，使农民得以对制度的管理、运行状况和相关问题有充分的了解，对制度建设和问题的解决有发言权。再次，将经办机构对合作医疗账务的公开作为农村政务公开的一部分，定期将合作医疗资金收缴、中央及地方政府补贴状况、报销、基金节余等情况向广大群众公布，接受其监督。最后，对合作医疗报销实行严格审核。加强对报销工作管理人员的培训，提高他们的业务能力，增强他们识别假医疗费用单据的能力，并实行定期比例抽查和不定期抽查制度，对漏审的不合格单据除追回报销资金外还要追究报销管理人员的责任，使"套资"行为难以得逞。二是道德风险控制。在社会统筹与家庭账户相结合的制度结构下，大病医疗费用是最有可能产生道德风险并且对制度收支平衡的影响最大。就道德风险的控制而言，对大病医疗费用比分散的小额医疗费用的控制更有效率。因此，新型农村合作医疗中道德风险的控制重在大病医疗费用。研究表明，县医院是大病治疗的重点，按照疾病种类分类的每种大病在县及县以上治疗过的比例几乎为100%，其中在县以上医疗机构治疗过的比例平均在20%以上。[①] 因此，要重点对县医院进行控制，由合作医疗管理机构派遣专门的管理人员对发生在县级医疗机构的医疗费用进行审核，遏制"医患合谋"、"诱导需求"等道德风险行为的发生，使"大处方"、"人情方"无法蒙混过关。

第七，加强医疗供方建设。2002年，《中共中央、国务院关于进一步

[①] 海闻等：《"大病"风险对农户影响深远》，《社会保障制度》2002年第4期。

加强农村卫生工作的决定》明确指出，乡（镇）卫生院以公共卫生服务为主，综合提供预防、保健和基本医疗等服务，受县级卫生行政部门委托承担公共卫生管理职能，一般不得向医院模式发展。在乡（镇）行政区划调整后，原则上每个乡（镇）应有一所卫生院，调整后的卫生院由政府举办。其余的乡镇卫生院可以进行资源重组或改制。然而，有些地区的农村卫生改革却走向了另一个极端，出现了过度市场化问题，将乡镇卫生院大量实施"企业化转制改革"，有的甚至一卖了之。这些卫生院在实行企业化改制以后，自然将盈利视为主要目标，其本身具有的公益目标则大都被放弃。出现这一矛盾一方面是地方卫生部门对乡镇卫生院的事业性质、职能以及政府和市场各自功能特点认识不清，尤其是对市场的缺陷认识不足，认为市场可以解决一切。理论和实践早已表明，医疗卫生服务是一个市场严重失灵的领域，放弃必要的政府职能、过度市场化将会危及医疗卫生服务的公平性，影响人群健康状况的提高，并反过来影响卫生服务的效率。部分地区传染病、地方病重新抬头的现象已经给予我们警示：当前放弃必要的卫生投资的结果是将来不得不付出更大的代价。只要设计一个良好的财政分担机制，使中央转移支付与地方财政有机结合起来，每个乡镇建立一个公立卫生院的目标一定可以实现。

第八，大力发展农村公共卫生服务。农村公共卫生服务对于防止各类传染病的流行，降低妇女、儿童等医学敏感人群的发病率，预防各种常见疾病的发生，提高农民的健康水平，减少新型农村合作医疗的费用支出起着重要作用。因此，要大力发展农村公共卫生服务，促进农村合作医疗制度的顺利运行。鉴于其公共产品的性质，农村公共卫生服务应该由公办医疗机构来提供或由政府购买。政府可以将公共卫生服务的提供与农村合作医疗制度建设结合起来，在开展农村合作医疗的地区实行参保农民免费享受公共卫生服务，非参保农民适当付费的方式，推动合作医疗的开展和公共卫生服务的享受。同时，可以从合作医疗基金中拨付专款，用于开展公共卫生服务。医疗机构承担公共卫生服务就可以得到此专门补贴，从而提高医疗机构开展预防保健、健康教育等公共卫生服务的积极性，促进合作医疗预防为主方针的贯彻执行。当然，强化预防为主方针最根本的方法是将合作医疗费用支付方式由后付制改为预付制，预先给医疗机构一定数额的资金，要求村级医疗卫生机构保证全村人基本的小病医疗需求，县、乡医疗机构保证一定范围内农民一定的大病医疗服务需求，节余留用，超支不补。使医疗机构的收入直接取决于农民的无病率，农民越健康，发病率越低，大病越少，医疗机构收入就越多。由此从根本上调动医疗机构实行预防为主的方针、开展公共卫生服务的积极性。在无条件开展合作医疗的低收入农村地区，国家应该免费提供公共卫生服务，使收入的低下不会成为影响其享受服务的障碍。以保证其最基本的健康水平，为今后开展合作医疗奠定基础。

第九，加强法律、法规制度建设。目前，开展新型农村合作医疗的决定是以通知和意见的形式印发实施，没有规定法律责任，缺乏国家强制力、统一性和严肃性。作为为广大农民提供基本医疗保障的重要措施，新型农村合作医疗制度需要借助于国家立法的形式加以确认和推广，以得到有效的贯彻执行，产生最大的社会效益、持久的作用。而且，合作医疗的配套工程农村卫生体系建设和公共卫生服务的开展，同样需要适当的法律法规提供规范。因此，要加强法律法规制度建设。首先，要制定《农村合作医疗制度条例》，对新型农村合作医疗制度的基本用药目录、基本医疗服务范围、定点医疗机构管理办法、住院及转诊办法等内容加以规定，做到有法可依。其次，要完善农村卫生事业的相关法律法规。如出台《农村初级卫生保健法》，修订《乡镇卫生院基本标准》、《村卫生室基本标准》，制定《农村公共卫生管理条例》、《农村卫生事业补助管理办法》、《农村卫生监督管理办法》、《农村中医药管理办法》等卫生法律、法规、规章，结合已出台的《乡村医生从业管理条例》，共同对农村卫生事业的发展加以规范，促进与新型农村合作医疗配套的合格的农村卫生服务体系的建立。

第十，制定新型农村合作医疗评价指标体系。新型合作医疗制度的发展是一个循序渐进的过程，我们需要在实践中随时对制度进行科学评价，在此基础上总结经验教训，推动制度的进一步完善。因此，建立一套科学的评价指标体系至关重要。合作医疗评价指标体系首先必须满足综合性的要求，能够对制度筹资、运行、支付等各个环节，政府、农民、医疗机构、合作医疗管理机构等各个主体，经济效益、社会效益等各个方面进行评价。其次还应该满足实用性原则，在定性分析的同时，采用一定的定量指标。这些指标要力求简明，易于收集、整理，便于在实践中具体应用。

最后要遵循国际惯例原则。指标体系必须符合国际规则，与国际接轨，以便与国外相关制度进行比较。

(三) 完善农村医疗救助制度

1. 建立独立的农村医疗救助制度的必要性

社会医疗救助制度是政府和社会向一部分生活处于低收入甚至贫困状态的社会弱势群体提供最基本的医疗支持，以缓解其因病而无经济能力进行医治造成的困难，防止因病致贫、因病返贫，增强自我保障和生存能力。它是多层次医疗保障体系中的最后一道保护屏障。

建立独立的农村医疗救助体系的必要性得到了中央的认同。2002年，《中共中央、国务院关于进一步加强农村卫生工作的决定》指出，到2010年，在全国农村基本建立起适应社会主义市场经济体制要求和农村经济社会发展要求的农村卫生服务体系和农村合作医疗制度。其中包括建立以大病统筹为主的新型合作医疗制度和医疗救助制度。由此可以看出，在中央的制度设计中农村医疗保障体系主要体现在新型合作医疗制度上，农村医疗救助并非与合作医疗制度并列的独立的制度体系，而是从属于合作医疗制度的。这种制度设计在很大程度上是在传统合作医疗制度的影响下确定的。然而，在当前农村形势已发生巨大变化的背景下，我们的策略也必须发生相应的改变。

(1) 农村医疗救助制度与合作医疗制度不能相互替代。第一，从概念来看，农村医疗救助制度是在政府主导下，利用社会多方力量广泛参与的一项面向农村弱势群体的医疗救助行为；而新型农村合作医疗制度则是政府组织、引导、支持，农民自愿参加，个人、集体和政府多方筹资，以大病统筹为主的农民医疗互助共济制度。第二，两个制度的主体不同。农村医疗救助制度是政府建立的社会保障制度，其主体是政府，政府要承担建立制度、提供资金、监督、管理等一系列责任，并要承担制度的相关风险；而新型农村合作医疗制度是农民间的医疗互助共济制度，农民是制度的主体，要缴纳保险费，并承担制度的风险。第三，从权利义务关系来看，医疗救助制度是政府对农民应当承担的责任和义务，享受救助是农民的权利，二者的权利义务并不对等；而合作医疗制度中农民享受保障的权利是以缴纳保费的义务为前提的，二者的权利与义务是对等的。第四，从保障标准来看，医疗救助只能是"雪中送炭"，救助标准相对较低，以维持其基本生存能力为目的；而合作医疗致力于保持与促进农民的健康水平，保障标准相对更高。第五，从保障方式和程序来看，医疗救助要遵循社会救助的一般原则，在进行家庭经济状况调查后向贫困人口提供免费医疗服务；而合作医疗则没有家庭经济状况调查的程序，农民只要缴纳了保险费，在发生规定范围内的医疗费用时都可以得到制度提供的一定比例的报销。

（2）新的社会经济形势要求建立农村医疗救助制度。当前，我国的社会经济环境与传统农村合作医疗制度时期相比已经发生了巨大变化，新型农村合作医疗制度的内涵与传统制度更是有着巨大差异，这些因素决定了模仿传统农村合作医疗制度设计、放弃独立的农村医疗救助制度不具备可行性。首先，新型农村合作医疗是自愿参保的，那些无力负担保险费的低收入农村贫困人口享受不到制度的保障。因为小病医疗费用不属于合作医疗保障范围，大病医疗费用农民先要自付一定数额，达到起付线以后还要自付一定比例。对贫困农民而言，可能小病都无力医治，更不用说自付大病医疗费用至起付线。结果贫困农民仍然是看不起病，医疗需求也得不到保障。而传统农村合作医疗制度则根本不存在这种现象。集体经济组织代表农民承担出资的责任，集体内所有农民生病时都可以得到近乎免费的医疗服务。可以说传统农村合作医疗制度已经涵盖了医疗救助制度的功能，所有人的医疗需求都得到了保障，因而不需要再建立独立的医疗救助制度了。其次，新型农村合作医疗实践决定了必须建立独立的医疗救助制度。试点中，一些贫困地区贫困农民参加合作医疗的费用没有可靠保证，只有暂时依靠财政或社会捐助来解决。这显然并非很好的解决办法。农村合作医疗作为农村的一项基本保障制度要长期坚持，而贫困地区地方财政的捉襟见肘和社会捐助的不稳定性将直接影响制度的资金来源，危及制度的长期稳定发展。因此，建立农村医疗救助制度势在必行。

（3）社会保障制度的发展规律要求建立独立的农村医疗救助制度。从社会保障制度的发展规律来看，制度是随着经济基础的发展而逐步发展完善的。在最初经济发展水平低，经济基础薄弱时，社会救助成为国家社会保障制度的主体部分，保障公民最基本的生存需求成为社会保障制度的主要目标。当经济发展水平有了一定提高，社会保险成为国家社会保障制度的主体；待国民经济发展水平很高，物资资料很丰富时，社会福利就成为一国社会保障制度的主体。当前我国中部、西部一些地方仍处于绝对贫困阶段，没有足够的经济基础支持农村合作医疗制度的建立和运行，没有能力对所有人口提供基本的医疗保障。对这些地区而言，勉强建立农村合作医疗制度只能保障部分人口，大量贫困人口可能仍然得不到医疗保障。而建立医疗救助制度，可以以有限资源保障所有人口最基本的医疗需求。因而可能是有限资源约束条件下最经济有效的保障方式。

2. 建立独立的农村医疗救助制度的难点

（1）救助资金筹集难。农村医疗救助的规模、水平和有效性，取决于救助资金能否得到保障。然而，转型时期的中国农村，医疗救助资金筹集问题非常突出。一方面，农村存在大量需要接受医疗救助的人。农村特困户大多是无法靠"造血"性扶贫而脱贫的老孤病残者，农村落后的医疗卫生条件，使不少贫困人口处于病贫交加状态。而且，中国农村缺乏有效的医疗保险制度对农民的疾病需求实施保障，使医疗救助成为唯一的医疗保障方式，加重了对"最后一道防线"的压力。另一方面，巨大的医疗费用难以筹集，这笔资金无论对于中央还是地方财政，都是很大一笔负担。尤其是中西部地区的地方财政，大多是"吃饭财政"，公务员和教师工资都勉强承担，更不用说大额的医疗救助资金。

（2）救助对象选定难。如何选出最需要帮助的人群，是农村医疗救助制度中的一个关键性问题。一般地，人们采用客观经济指标作为衡量标准，如人均收入。然而，农民拿的不是固定工资，其人均收入水平是非常难以调查、确定、比较、衡量的。此外，人们常用人均粮食产量作为替代性衡量指标。然而，某年人均粮食产量只能代表该年某些方面收入的水平，且较易受自然灾害的影响。而且，纯粹利用经济指标作出的选择，仅从救助者的角度出发，往往没有考虑被救助者的观点和意见，不能准确反映他们最迫切的需求，不利于救助资金发挥最大的效果。因此，如何准确地界定和选择贫困对象成为农村医疗救助的一个难点。

（3）救助内容确定难。人群对服务的需要是多层次、全方位的，但资源却永远是稀缺的，特别是在贫困地区，有限资源与人群的需要之间存在着巨大的差异，救助行为不可能同时满足所有的需要。所以，只能先满足那些最基本的、最重要的需要。然而，并不是所有的医疗保健服务都具有同等的效果。有的服务成本低，效果好；有的服务成本高，效果也好；而有的服务成本高，效果却不佳。所以，从有效利用资源的角度出发，也应优先满足那些对成本低、效果好的服务的需要。这就要求在众多的需要当中，筛选出应该优先满足的需要，作为医疗救助的内容。然而，优先需要并非一个纯客观的概念，它具有一定的主观性，不同的人、采用不同的标准和不同的方法所确定的优先需要的结果会有所不同。传统上一直以医学的标准为依据，由卫生部门管理者决定资源的分配和服务提供。决策者对救助内容的确定理所当然地反映了他们认定的优先需要。然而，救助服务涉及提供与利用两个方面。由提供一方所确定的优先需要并不一定能代表利用一方的意见。所以，在确定优先的需要时是仅仅由提供者一方决定，还是应该考虑利用者的意见，抑或是综合考虑双方的意见，是一个值得重视的问题。国际上已经开始实践综合考虑提供者与利用者的意见来确定优先需要。然而，中国农村由于农民文化水平和参与意识等各方面条件的限制，这种实践还难以真正得到实施。

（4）救助标准规定难。对贫困人口的医疗救助应该到什么程度和什么水平，是一直以来存在很大争议的问题。基于经济学考虑的有限的救助能力与基于伦理学考虑的宽厚的道德规范之间存在巨大的差距。从道德意义上讲，患病的人只有严重程度之分，而没有贫困与非贫困人口之分。贫困人口与其他非贫困人口是平等的，他们有权和他人一样得到基于所患疾病的严重程度所需得到的必要的医疗服务，而不应该因为个人的贫困而丧失它。国家和社会有义务保障贫困公民享有必需的医疗服务。然而，从经济学意义上讲，资源是稀缺的、有限的，有限的资源应该配置到最需要的地方去。贫困人群所能得到的医疗救助资源只能以救助所能产生的经济和社会效益大小为标准确定，并以此资源约束为前提，依据资源多少、财力大小而不是病人的医疗需求作为救助标准。包括医疗救助在内的中国农村社会保障制度建立与否的争论在很大程度上是由于这种思考角度的不同引起的。即政府的道义责任与政府的财政负担能力，哪个更应该着重考虑。

3. 建立独立的农村医疗救助制度的设想

（1）农村医疗救助制度的基本原则。农村医疗救助制度应该坚持"多渠道、低水平、广覆盖、基本服务、因地制宜、灵活发展"的思路，根据制度筹资能力的可能性，灵活确定筹资对象，克服困难，走上健康发展的轨道。

第一，多渠道筹资。农村的医疗救助应该从多方面筹资，调动全社会方方面面的力量。资金来源的主渠道是财政性资金，辅之以社会捐助资金。其中财政性资金应当根据各地方财政实力的不同，实现中央财政与地方财政不同比例的结合。财政负担能力强的东部地区，应该以地方财政负担为主；对于财政负担能力较弱的中、西部农村地区，中央财政要加强转移支付的力度。此外，还可以利用其他的筹资方式，如民政部门发行福利彩票收入的一部分可用于农村医疗救助。同时，要大力宣传、积极倡导社会各界对农村医疗救助事业进行捐赠，捐赠资金给予免征个人所得税的优惠。鉴于救助制度建立初期民间捐赠行为的不发达和捐赠资金来源的不稳定性，要确保较高比例的财政筹资，待今后其他渠道筹集的资金较丰富时可以考虑降低财政筹资的比例。

第二，灵活地选定对象。根据有关规定，农村医疗救助主要应包括以下几类对象：一是农村"五保户"和享受各类特殊救济对象。二是享受农村居民最低生活保障的农户家庭成员。在此基础上，地方政府可以根据本地救助能力的具体情况将救助范围扩大到农村所有家庭成员。三是患大病重病，经各种互助帮困措施后，个人自负医疗费仍有困难的农村居民。为保证对象确定的公正性，县政府要对救助对象的选定建立公开的选定程序、民主监督制度及定期审核制度，以确保最需救助的人员得到必需的医疗救助。救助对象的选定首先要考虑救助资金的数量。如果筹资水平高，救助对象数量就可以多一些，比例大一些。各地可以根据实际情况灵活确定。实践中可由村委会对本村需得到医疗救助的贫困农民进行调查摸底，按照贫困程度和救助必要性排队，根据可救助贫困人口数量提出拟救助的人员名单，提交群众民主评议，综合考虑客观经济情况与村民的主观意见后确定，然后报乡、县政府审核批准。

第三，基本的防治服务。综合考虑农民医疗需要的重要性和相关成本、效果，建议将救助内容确定为如下基本的防治服务：一是传染病、地方病防治。传染病、地方病是威胁农民身体健康的重要杀手，具有很大的破坏性后果。而传染性、地方病预防是非常有成本效益的医疗服务项目，它可以以很少的投入避免疾病流行造成的巨大损失，取得很好的经济和社会效益。因此，传染病、地方病预防应该列为首要的医疗救助服务内容。考虑到其公共物品的性质和巨大的社会效益，预防资金应该全部由救助方承担。二是妇幼保健。产褥期疾病是威胁农民身体健康的又一主要疾病。

它影响大，持续时间长，可能危及患病农民一生，引起巨大的医疗费用支出。而妇幼保健可以有效地控制避免产褥期疾病的发生，具有巨大的社会效益，并且成本低廉。作为一项基本的卫生服务项目，同样应该由农村医疗救助机构免费向救助对象提供。三是常见病住院和门诊服务。普通常见疾病威胁农村贫困人口健康，但其发生与农村个体的行为有很大关系。疾病防治具有一定的社会效益，但更直接、更主要地体现为被医治人口的个人效益，对其进行的医疗救助只是准公共产品。而且，防治成本相对较高。因此，应该实行救助对象与救助机构共同承担费用的方式，即救助金只是医疗费用的一部分。

第四，可能性标准。鉴于我国经济发展水平有限和需要救助的农村人口数量庞大的国情，必须将农村医疗救助定位于一种救危性救助而非康复性救助。它只能提供最基本的医疗服务，以低水平保证较大数量的贫困人口被纳入救助范围，实现救助效果的最大化。实践中，救助制度应采用可能性标准，即依据财政支付情况来设定政府医疗救助的标准。它与根据病人医疗需要确定的应该救助到什么程度这个客观要求之间存在一定的差距。这一差距反映了一个地区医疗救助水平和能力，它会随着经济的发展、救助能力的提高而逐步缩小。否则，不考虑政府财政状况片面"按需"分配医疗救助资源的结果只能导致救助制度的破产和引发不公平，即后到的救助对象由于救助资金的有限而得不到应有的补助。由于农村各地的经济社会发展水平，特别是财政收入状况的差异，不可能制定一个全国、全省统一的医疗救助标准。各地应该结合中央财政补贴和本地区财政支付能力的大小确定适当的医疗救助标准。经济条件相似的地区应尽量提供相似的救助标准，经济条件不同的地区医疗救助标准的差异应能够体现经济水平的差异，以实现横向公平和纵向公平。

（2）必要的完善措施。包括：

第一，科学的测算。医疗救助的技术测算是医疗救助制度方案设计与实施的核心环节，是决定制度运行成败的重要因素，是确定救助水平的重要依据。县级民政部门作为制度的管理方应该组织相关技术人员，综合考虑制度筹资总量与救助目标人群数量、救助服务内容、当地贫困人口平均发病率、平均医疗费用、门诊与住院需求弹性系数、医疗服务价格等因素，对制度进行严格的测算，并先组织小范围试点，在总结试点经验、完善制度技术设计的基础上再逐步推广，以保证制度运行的稳定与有效。

第二，规范的程序。医疗救助制度是整个医疗保障制度的最后一道防线。为确保救助制度的公平有效，建立规范的救助程序至关重要。其中，最为关键的是救助对象的确定程序。救助制度区别于其他保障项目的一个重要特点是它必须经过经济状况调查的程序。医疗救助同样如此，获得救助必须经过严格的本人申请和管理机关审查的程序。符合救助范围的农民看病时先自付医疗费，之后可持相关的医疗诊断证明、收入证明、接受相关救助情况证明等相关材料向村委会提出申请。村委会初步确定并张榜公示无异议后，上报乡、县级管理机构批准。之后，再由乡级救助管理机构向其发放救助金。

第三，严密的管理。农村医疗救助的管理同新型农村合作医疗的管理有很多相通之处。因此，各级民政部门可以借鉴新型合作医疗的管理方法对农村医疗救助制度进行管理。比如，会同财政部门制定医疗救助基金管理办法，在银行设立救助基金财政专户，实行收支两条线管理；会同卫生机构制定定点医疗机构、诊疗项目目录、药品目录，确定制度的具体支付范围、支付标准和额度，要求定点医疗机构做好被救助对象的医疗和救助档案；加强对医疗机构和被救助者双方行为的管理和约束，控制供方"诱导需求"、"供需合谋"等道德风险行为的发生，使救助资金发挥最大作用。民政部等三部委发布的《关于实施农村医疗救助的意见》中将救助制度定点医疗机构的范围确定为新型农村合作医疗的定点医疗机构或当地乡镇卫生院和县级医院。我们认为应该根据救助的具体内容将村级医疗机构纳入定点医疗机构的范围。因为倘若救助的内容包括常见小病、门诊医疗费用，救助对象每次都必须到乡镇卫生院就诊势必增加其路费等就诊成本，给就诊对象带来不便，尤其是那些老、残、幼等救助对象。此外，民政部门要领导乡村基层组织严格做好医疗救助对象的审核确定及医疗单据的审核报销工作，确保救助制度各环节协调有序运行。

第四，有效的监督。农村医疗救助制度要建立包括财政、审计部门监督，卫生管理机构监督，社会公众监督等在内的多层次监督体系。财政部门应随时监督救助资金是否被合理使用，审计部门应当定期对救助资金拨付和使用状况进行审计，对于违反规定挤占挪用救助资金的现象予以披露，建议政府追回不合理使用的救助资金，并对相关责任人进行查处。卫生管理机构要加强对提供医疗救助服务的医疗卫生机构的监督,规范行医行为,督促其提高服务质量和效率。此外,还需要通过医疗救助公示制度,将救助对象、救助数额、救助资金筹集、使用和节余等情况向社会公布,接受社会公众监督。

第五,紧密的衔接。在建立医疗救助制度过程中一定要注意与新型农村合作医疗制度的衔接问题。新型农村合作医疗制度与医疗救助制度是农村医疗保障制度的两个重要组成部分。一方面,二者具有不同的保障目标、保障人群、保障主体、管理主体、资金来源和保障作用,不可相互替代,因此应该建立两个不同的制度,而不能将医疗救助杂糅在新型农村合作医疗制度中。暂不具备条件同时建立两种制度的地区要以建立医疗救助制度为主,先满足农民最基本的医疗服务需求,以后随经济水平的提高再逐步建立农村合作医疗制度。另一方面,二者存在紧密的互补关系。新型农村合作医疗制度的建立有利于减轻医疗救助制度的压力,而医疗救助制度则可以弥补新型合作医疗制度对贫困人口保障不足的缺陷,二者联动组成双层保障网,使农民的医疗需求更有保障。在建立两种制度的农村地区,两个制度间要在保障对象、保障内容、保障金额和比例的确定等问题上避免交叉,相互补充;在定点医疗机构的确定和监管等问题上相互合作。只建立医疗救助制度的农村地区要在对最基本医疗服务提供救助的基础上,逐步考虑发展对大病医疗服务的救助,创造条件建立新型合作医疗制度。

五 农村社会福利事业

(一)社会福利概述

1. 社会福利的含义

(1)社会福利的概念。社会福利是一个内涵丰富、外延广泛的概念,有着广义与狭义之分。《大美百科全书》对社会福利的定义是:社会福利最常指分门别类的制度与服务,其主要目的在于维护和提高人们身体的、社会的、智力的或感情的福祉;同时亦指大学的、政府的或私人的方案,这些方案涉及社会服务、社会工作和人群服务等领域以达到助人的专业目标。① 这个概念从广义上表明了社会福利的范畴，界定了社会福利的本质、目的、实现形式和提供者。按照这个定义，作为一种制度安排，社会福利的目的在于：首先是帮助有特殊困难的社会成员维持其基本的物质和精神文化生活，其次是在此基础之上提高全体社会成员的生活水平和生活质量；社会福利的实现形式既可以是提供物品、资金等实物性保障，也可以由专业人士提供劳务性保障；社会福利的提供者也具有多元性，可以是政府、慈善机构或社团、非营利组织、社区甚至是私人。

在发达国家，社会福利是一个范围很广的概念，泛指国家和社会为改善和提高全体社会成员的物质和精神生活而采取的一系列政策措施，通过提供福利设施和相关服务，保证全体社会成员获得更高的生活水平和生活质量。② 从这个意义上讲，广义社会福利包括政府举办的文化、教育和医疗卫生事业、城市住房事业、各种服务事业以及各项福利性财政补贴。概括地说，广义社会福利包括了社会救助、社会保险及全民福利。我们所界定的福利国家的社会福利正是这一概念。

狭义的社会福利，仅指国家出资或给予税收优惠照顾而兴办的、以低费或免费形式向一部分需要特殊照顾的社会成员提供物质帮助或服务的制度，通常包括老人、儿童、残疾人等特殊群体的福利津贴或福利设施。③ 即狭义社会福利的举办主体是国家，是为了满足特殊人群的特殊需要而服务的。

（2）中国社会福利的概念。"社会福利"一词在当代中国不是作为理性概念逐渐形成的，而是应政府行政实践需要建立起来的。④ 在1955年第三次全国民政工作会议之后，原内务部首次设立了专门的社会福利业务和相应的管理机构。新中国成立初期的社会福利在本质上与社会救济没有什么差别，名称上也统称为救济福利事业，它的主要任务是解决社会上大量流离失所、无依无靠、饥寒交迫的各类人员的收容安置问题，主要的工作是救济、教育和劳动改造，因而这类福利机构多数被称为生产教养院。

---

① 转引自陈红霞《社会福利思想》，社会科学文献出版社2002年版，第1页。
② 同上书，第3页。
③ 同上。
④ 孙炳耀、常宗虎：《中国社会福利概论》，中国社会科学出版社2002年版，第7页。

后来生产教养院的收容对象明确为无依无靠、无法维持生活的孤老残幼，机构名称也逐步演变成为养老院、儿童福利院、精神病人疗养院等，主要工作内容是救济和教育。1978年，国家成立独立部门管理民政业务，社会福利成为其中主要业务之一。这时的社会福利与社会救济分离，社会福利机构的性质转向以福利服务为主。1984年，在民政部门召开的漳州会议上提出了社会福利事业发展的"三个转变"思想，社会福利开始由国家包办型向国家、集体、个人一起办的体制转变，由救济型向福利型转变，由供养型向供养康复型转变，我国社会福利事业开始走向社会化。随后，1987年提出了社区服务概念，2000年指出，要构建居家供养、社区福利服务和社会福利机构相结合的社会福利服务体系，2001年进一步把社会福利机构的宗旨确定为"保障服务对象的基本权益，帮助服务对象适应社会，促进服务对象自身发展"等，至此，我国社会福利事业走上了规范化、规模化、市场化和社会化发展的轨道。

我国社会福利实践的过程也是我国社会福利概念科学化的历程，社会福利隶属于社会保障大体系，属于狭义的社会福利概念。权威的社会福利黄皮书认为："社会福利是国家和社会为增进与完善社会成员尤其是困难者的社会生活而实施的一种社会制度，旨在通过提供资金和服务，保证社会成员一定的生活水平并尽可能提高他们的生活质量。"[1] 在我国，主要由民政部门负责社会福利事业，民政部门对社会福利主要业务的界定反映在由民政部财务和机关事务司编写的《中国民政统计年鉴》中，它也具体反映了政府所界定的社会福利主要业务的范围，概括起来，这些业务可分为两类：一类是各种社会福利服务机构，即院舍服务，包括敬老院、老人院、老人护理院、儿童福利院、综合性福利院等，其中还包括"五保户"福利，即为孤老、孤儿等无劳动能力、无赡养人、无生活来源的困难群体提供食、衣、住、医、葬等福利；另一类是通过社会福利企业安排残疾人就业。

前民政部部长多吉才让曾对目前使用的"社会福利"概念进行了系统的分类和概括，认为对"社会福利"一词有五种不同的理解：一是

---

[1] 时正新：《中国社会福利与社会进步报告》（2000），社会科学文献出版社2000年版，第137页。

"社会政策"研究中的社会福利概念，大致与社会资源同义，包括一切有形无形的收入、财产、安全、地位、权力等，而所谓社会政策是"将我们在社会福利的生产、分配与消费中的社会的、政治的、思想的和制度的内容，放入到一个我们所期望达到的具有活力的道德与政治结合的标准框架中进行的探索"。这种对社会福利的界定是各种理解中意义最为宽泛的。二是针对市场经济带来的不公正采取的一切维护社会公平的制度和措施，大致与我们目前使用的"社会保障"一词或者西方福利国家所使用的"社会福利"一词同义。三是一切形式的由政府、社会、单位和他人等提供的高于基本生活水平的经济、政策和服务保障，在词义上与社会救助、社会保险相对应，指享受型而非生存型的社会利益。四是由政府和社会提供的一切低于或高于基本生活水平的经济收入、政策扶持和服务保障等。以我国目前的政策为例，除了指通过民政部门提供的针对老年人、残疾人、孤儿、优抚对象的收入保障、政策优惠、福利服务外，也包括建设、教育、卫生、司法部门提供的住房、教育、医疗、司法方面的救助，以及工会、妇联、共青团等社会团体采取的保护弱势群体的各种措施和服务等。五是民政部门代表国家针对弱势老年人、残疾人、孤儿和优抚对象提供的收入和服务保障，保障标准主要是基本生活。近年来，随着社会福利社会化的推进，也提供高出基本生活水平以上的个人付费的服务保障。这种社会福利定义在含义上是最为狭隘的，因此也称它为民政社会福利。①

我们倾向于使用上述社会福利概念中的第四种概念，即由政府和社会提供的一切低于或高于基本生活水平的经济收入、政策扶持和服务保障等。

2. 社会福利的制度模式

社会福利制度模式是指社会福利的对象、保障标准、政策的制度化水平等相关因素的内在规定性。按此定义，国际上将社会福利制度模式分为两类：补救模式和机制模式。

（1）补救模式。补救模式又称为剩余福利模式，是指只有家庭、市场、慈善机构等正常的社会供给渠道不畅，供给机制发生障碍时，由国家

---

① 引自多吉才让为《中国社会福利丛书》写的总序。

出面补偿,提供最后的帮助。剩余福利政策产生于英国。当时英国正处在从农业社会向工业社会转型的初期,工业化的进程使农民不断地变成自由劳动者,形成社会剩余劳动力,并迫使他们向传统居住地以外的地区流动。为了防止他们沦为"乞丐",刚刚形成民族国家的英国开始动用国家机器,对大量出现的社会问题采取"补救"措施。"补救"措施的要点是将贫困者区分为无助的贫困者、非自愿失业造成的贫困者和游手好闲的贫困者三种,然后针对这三类贫困者的特点采取相应的解决措施。政府将那些由于年老、残疾和丧失父母而被迫生活在贫困中的人定义为"无助的"、"有资格"的贫困者,认定他们有资格享受国家的救助。而认为其他的贫困者可以在市场上找到他们的劳动价值,因而没有资格享受国家的救助,并以惩罚和劳动改造的方式对待身体健康的流浪者,以强迫就业和苦役来对待失业者。

在补救模式下,政府处在市场、社会、个人之后,是公民社会保障的最后责任人,所提供的保障水平只是维持基本生活,并尽可能地减少直接参与社会福利服务。

(2)机制模式。机制模式又称为制度福利模式,它将社会福利的支付制度化,是一种再分配的模式,目的在于预防贫困,保障公民适当的生活标准,促进人的发展,它是现代工业社会整个经济运行机器中不可分割的一部分。机制模式以需求为原则,以普及性的福利和服务为特征,国家是这些福利的主要提供者,享受福利是公民的基本权利,目的是通过资源再分配维护社会公平。

(3)其他制度模式。从社会福利服务提供的角度看,社会福利可分为全民性(或普遍性)福利与选择性福利。全民性福利是指社会福利资源在分配过程中,社会成员不论贫富皆有资格享受。选择性福利是指通过社会福利机构把社会福利资源分配给真正需要的特殊困难者。

世界各国在实践中,一般会同时选择几种模式,既有全民性的制度福利,如北欧的"福利国家",也有全民性剩余福利,如我国发生特大自然灾害时的紧急救助;既有选择性的剩余福利,如英国早期实行的《济贫法》,也有选择性的制度福利,如工伤等各种保险制度等。

考虑到我国国情,政府目前应选择补救性的福利模式,即充分承担起对最困难的社会群体进行救助和提供福利服务的责任,兼顾收入安全和社会公平的政策目标，采用能以最低的经济成本来保障社会安定的福利政策，从而确保实现社会经济的和谐发展。

3. 政府与社会福利的发展

（1）社会福利的特征分析。哈维·S. 罗森（Harvey S. Rosen）在《财政学》中对纯公共产品是这样定义的：纯公共产品一旦被提供，消费该物品的另一个人的额外资源成本为零，即消费是非竞争性的；要阻止任何人消费这种物品，要么代价非常大，要么就是不可能的，即消费是非排他的。[①] 按照公共产品具有消费非竞争性和非排他性的特征来衡量，社会福利也是一种公共产品。进一步分析，社会福利有以下特点：

第一，保障对象具有全民性。社会福利保障没有特定的对象，凡属于国家法定范围内的公民都有权享受福利待遇。社会福利提供的保障项目对于每一个公民来说，都是一致的，不受职业、年龄、性别、民族和信仰的限制。如政府开办的学校、医院、福利企业，社区修建的各种福利设施等，人人都可以享受。

第二，权利和义务具有不对等性。享受社会福利的受益人不需要为此而付费，也不需要为此而承担任何义务，社会福利所需的经费来源于国家拨款、社区自筹、社会捐赠等。也就是说社会福利享受的权利和义务是脱节的，具有不对等性。

第三，保障方式侧重服务性。在保障方式上，社会福利也会提供一定数量的货币，但更多的是提供福利设施和服务。比如特殊社会福利主要是提供院舍服务满足老年人、失去依靠的儿童、残疾人等特殊人群的吃、穿、住等基本生活需求；又比如社区福利通过提供一系列如老人活动中心、社会体育运动器材等福利设施及上门包户等福利服务满足社区居民享受和发展的需要。

第四，保障待遇具有刚性。社会福利水平虽然受制于一定的生产力发展水平和各国的财政状况，但是社会福利的待遇标准一旦确定，由于受到人们"保利护权"心理的影响，很难再降下来。因而社会福利待遇具有很强的刚性，对经济水平缺少弹性。

（2）政府在社会福利发展中的职责。社会福利作为一种公共产品，

---

① 哈维·S. 罗森：《财政学》第六版，中国人民大学出版社 2003 年版，第 54 页。

由于公共产品的非排他性和非竞争性使得社会福利产品的提供需要政府干预或提供。但一种物品的公共提供并不一定由公共部门生产，也可以由私人部门生产。有的时候私人部门生产的效率更高。

斯蒂格利茨（Joseph E. Stiglitz）在其著作《经济学》中提出了"政府如何才能够最有效地完成社会目标"的基本途径。他认为："政府有四种选择：它可以直接做某件事；它可以提供激励让私人部门去做某件事；它可以强令私人部门去做某件事；或者它将前三种办法进行某种组合。"[①] 对于我们这样一个人口众多的发展中国家，由于各地经济和社会发展水平不平衡，政府财力相对有限，要办好福利事业，必须要坚持有所为、有所不为。因此，政府在社会福利事业的发展中，要把"管"和"办"两方面的职能区分开来。

针对政府在社会福利管理职能上的"错位"和"缺位"问题，在政府职能转变的过程中，需要重新界定政府应承担的社会福利职责，既要彻底打破政府具体包办社会福利事业的格局，又要增强政府从全局上管理社会福利事业的职能。尤其是要增强政府在农村社会福利事业中的职责，改变城乡二元的社会福利结构。近年来，我国提出了社会福利社会化的发展战略，这项政策将有助于转变我国政府在社会福利事业中的职责。具体而言，就是将能充分实现社会化的福利服务和项目转由社会化经营和举办，而由政府下大力气举办难以实现社会化的福利服务和项目。同时，要注意在提供社会福利这样的公共产品的过程中也存在"政府失灵"的问题，为了保证公平，政府只能把社会福利水平定位在平均水平上，超出这一水平之上的特殊的或过高的需求，仅仅依靠政府提供是难以满足的。

（二）中国社会福利事业的发展演变

我国现行的福利制度是自20世纪50年代开始在计划经济体制下形成和发展起来的，是以城镇职工福利为核心的一套相互分割、封闭运行的福利制度。按照社会福利服务的对象，我国社会福利主要由三个部分组成：一是以普通人群为服务对象的城镇职工集体福利，包括生活服务、文化娱乐和福利补贴，其提供者和管理者是企事业单位和机关，部分资金来源于财政；二是以城镇无经济收入和无生活照料的老年人、残疾人和孤儿等特

---

① 斯蒂格利茨：《经济学》第二版上册，中国人民大学出版社2000年版，第144页。

殊群体为服务对象的特殊社会福利，包括生活供养、疾病康复和文化教育等，由各级政府提供资助和管理；三是面向农村孤寡老人、孤儿等特殊人群的农村社会福利，即"五保户"福利，主要由集体筹资、管理，政府给予少量补贴。长期以来，无论哪种形式内容的社会福利制度，其基本特征都是纯公益性的，由国家和企事业单位、农村集体组织统包统管，不进行成本核算，不讲求效率，所有制形式单一。这种社会福利制度模式与当时的经济社会发展水平相适应，在低收入水平下保证群众的基本生活和满足必要的福利需求中发挥了重要作用。

1. 城市社会福利事业的发展演变

我国城市社会福利制度由三部分组成，即企事业单位提供的职工集体福利、民政部门主管的特殊福利、街道或居委会举办的社区社会福利服务。①

随着我国社会经济的迅速发展和社会文明的进步，全国出现了多种多样的社会化发展社会福利服务的形式，社会福利事业发展呈现以下几方面特征：

第一，社会福利事业单位的服务对象扩大化、社会化。目前的社会福利机构已普遍由供养传统的"三无"老人转为向全社会开放，即收养社会老人。2005年国有福利事业单位自费收养人数已达到40%以上。

第二，民间社会力量举办的社会福利单位不断涌现。据不完全统计，2004年全国除国家和集体举办的收养性社会福利事业单位之外，其他多种社会力量举办的收养性社会福利事业单位达1403家，床位10万余张，实际收养人员6.4万多人。②

第三，利用社区现有资源积极开展社区居家养老，如把社区内闲置托儿所、幼儿园、企业等置换为社区养老、为老服务机构。社区居家养老是一个比较新的概念，它是一种以居家养老为基础，以社区为依托，充分利用社区服务网络资源与现代化的信息手段，为老年人提供质量标准化与多

---

① 时正新：《中国社会福利与社会进步报告》（1998），社会科学文献出版社1998年版，第3页。
② 《中国统计年鉴》（2005），《收养性社会福利事业单位基本情况》，国家统计局网站（www.Stats.gov.cn）。

功能的社区助老服务,实现居家养老与社区服务有效结合的现代化养老模式。近几年来,民政部部署了由福利彩票资金资助、在全国统一实施的"星光计划"。该计划在城市的主要任务就是,以社区居委会为重点,新建和改扩建一大批社区老年人福利服务设施和活动场所,逐步形成社区居委会有站点、街道有服务中心的社区老年人福利服务设施网络。目前在各大城市都纷纷启动了"星光计划"。同时,不少城市以社区为依托,开展了各种形式的社区互助活动。

第四,资金来源多元化。兴办社会福利事业的资金从单纯靠政府投入逐步向多元化发展,国家、集体、社团、外资、个人等共同出资,共同兴建。

2. 农村社会福利事业的发展演变

农村社会福利事业起源于农业合作化运动时期。1956年全国人大通过的《高级农业生产合作社示范章程》规定:"农业生产合作社对于缺乏劳动力或完全丧失劳动力、生活没有依靠的老、弱、孤、寡、残疾的社员,在生产上和生活上给予适当的安排和照顾,保证他们的吃穿和柴火的供应,保证年幼的受到教育和年老的死后安葬,使他们生养死葬都有依靠。"1958年,中共中央发布《关于人民公社若干问题的决议》,进一步提出,"要办好敬老院,为那些无子女依靠的老年人(五保户)提供一个较好的生活场所"。1960年,全国人大通过《一九五六年到一九七六年全国农业发展纲要》,再次重申对于缺乏劳动力、生活没有依靠的鳏寡孤独的社员,做到保吃、保穿、保烧(燃料)、保教(儿童和少年)、保葬,使他们的生养死葬都有依靠。1979年,《中共中央关于加快农业发展若干问题的决议》明确指出:随着集体经济的发展,要逐步办好集体福利事业,使老弱、孤寡、残疾社员、残疾军人和烈军属的生活得到更好的保障。这一制度于1994年在国务院颁布《农村五保供养工作条例》后走上了法制化和规范化的轨道,为处在特殊困境中的农村居民的合法权益提供了法律保障。

从上述政策法规来看,农村社会福利是以孤老残幼为对象,以敬老院、福利院等福利事业单位为基地,提供无偿供养和服务的福利保障。具体而言,保障对象是:无劳动能力、无经济收入和无法定义务抚养人的老年人、未成年人以及生活无人照顾的老复员退伍军人等社会成员。保障的内容有：保吃、保穿、保住、保医、保葬，对未成年人还要保教，通称为"五保"制度，其保障对象称为"五保户"。保障的方式有集中供养和分散供养两种：集中供养是在每一个乡（镇）建一所敬老院，集中供养"五保户"；分散供养是把"五保户"就地安排在村里供养，并指定专人为其提供生活服务。保障经费来源：根据以支定收原则，在全乡（镇）范围内统一筹集，政府财政给予少量补助。保障的标准：不低于当地居民的平均生活水平。截至 2004 年年底，城镇和农村老年性福利机构 34995 家，年末共收养老年人 87.4 万余人，农村老年性福利机构的覆盖率达到 68%。①

3. 新时期发展农村社会福利事业的意义

（1）发展农村社会福利事业是全面建设小康社会的必然要求。《中共中央关于制定国民经济和社会发展第十个五年计划的建议》明确指出，完善的社会保障制度是社会主义市场经济体制的重要支柱，关系改革、发展、稳定的全局。作为社会保障体系重要组成部分的社会福利制度建设，也将在完善社会保障体系的过程中面临新的发展机遇和新的任务，在"十五"期间要加快改革的步伐，以适应社会主义市场经济体制的要求，更好地满足广大群众和特殊群体的基本福利需求，充分发挥促进经济发展和维护社会稳定的作用。

党的十六大明确提出全面建设小康社会的宏伟目标，并且把"统筹城乡经济社会发展，解决'三农'问题"作为"全面建设小康社会的重大任务"加以明确。江泽民同志曾指出，没有农村的稳定和全面进步，就不可能有整个社会的稳定和全面进步；没有农民的小康，就不可能有全国人民的小康；没有农业的现代化就不可能有整个国民经济的现代化。农村社会福利是我国社会福利制度的重要组成部分，农村社会福利服务对象作为农村人口中，更是我国人口中的最弱势群体，在我国总人口中占有较大比例，这部分人由于自身能力的限制，不能完全依靠自己生活，需要国家和社会加以帮助，如果他们的生活水平不能提高，他们必需的特别需求不能满足，就不能说我们建立了全面的小康社会。因此全面建设小康社会

---

① 《中国统计年鉴》（2005），《收养性社会福利事业单位基本情况》，国家统计局网站（www.Stats.gov.cn）。

要求建立和健全农村的社会福利事业。

(2) 发展农村社会福利事业具有广阔空间。农村社会福利事业随着农村经济和社会的发展，人民生活水平的提高，具有广阔的发展空间和前景。

第一，农村人口老龄化速度加快，老年人对社会福利的需求将迅速膨胀。据统计，2004年我国老龄人口1.42亿，占总人口的11%以上，已步入老龄化国家的行列；2015年老年人口将突破2亿，到2044年前后将达到4亿左右，占总人口的1/4以上。而农村老年人在全国老年人口中的比重高达77%左右，显然农村老年人口将迅速增加，需要政府抚养的"五保"老人也会增加，由此将带来对社会福利机构和服务的需求膨胀。

第二，随着农村工业化、城镇化进程加快，农村小城镇快速增加，农民的生活水平也随着经济的发展不断提高，农村对社会福利的要求将提高，需要条件更好的社会福利机构和服务。而且小城镇的形成将带来农村社区的更加紧密，对社区福利的需求也将增加。

第三，随着农村劳动力向城市的转移，农村家庭出现小型化和"空巢化"，越来越多的老年人留在农村居住，身边失去子女的照顾，传统的家庭赡养和生活照料功能受到削弱，现有的以"五保户"福利为主的社会福利事业将受到严重挑战，农村社会福利事业将迫切需要扩展服务对象，将无人照顾的老年人纳入其中。并且可以预见，随着经济的不断发展，农村社会将老年人送入当地敬老院养老的现象会越来越多，因此现有的敬老院等社会福利机构需要有长远规划，来满足日益增长的社会福利服务和设施需求。

(三) 农村社会福利事业发展的总体思路

1. 农村社会福利事业发展的基本原则

农村社会福利事业的发展应该遵循以下一些基本原则：

(1) 公平性原则。社会福利的目标是追求社会进步和社会公平，其手段就是通过再分配和提供服务，满足市场和家庭无法提供的需要，它不应该只提供给社会的一部分人。公平性原则强调的是机会公平，即所有公民享受社会福利的机会是均等的，但不是绝对意义上的平均。所有有社会福利需求的公民可以以无偿、低费或有偿的形式，获得公平享受社会福利的机会。

（2）以人为本原则。保障广大劳动者的基本权益和基本生活，一直是我国政府的根本宗旨和出发点。2004年中共中央明确提出"坚持以人为本，树立全面、协调、可持续的发展观"，以人为本原则成为我国政府根据新形势新任务的要求提出的一个重要执政理念，是我国经济社会发展长远的指导方针，也是实际工作中必须落实的重要原则。以人为本，就是一切从人民群众的需要出发，促进人的全面发展，实现人民群众的根本利益。建立农村社会福利事业要以人为本，就是要把农村居民的社会福利需求放在首位，切实从农村居民的利益出发，建立与农村社会经济相适应的社会福利事业。以人为本，同时也意味着，针对不同的群体要提供不同的服务，因为老年人、儿童、残疾人、妇女等各类人群对社会福利都有自己独特的需求，社会福利应对不同的群体制定不同的政策，建立相应的福利设施，提供专门的服务。

（3）与经济发展水平相适应原则。社会福利项目和水平一经设定，就具有刚性和相对稳定性，对经济水平缺少弹性。我国仍然处于社会主义初级阶段，还是一个人口众多、经济不发达的发展中国家，特别是地区之间、城乡之间社会经济发展存在较大差异。因而在考虑农村社会福利项目设置和社会福利给付水平、建立社会福利服务体系的时候，必须要与基本国情，与国家、各地区的经济发展水平相适应，不能超越发展阶段，把社会福利理想化，对其进行盲目的扩张。因为社会福利的刚性本质会引起人们对社会福利制度的过分依赖，造成国家财政的巨大开支，从而会降低社会经济效率，阻碍我国经济的发展。目前可先将社会福利的水平确定在解决人民群众的基本福利需求和维护社会稳定的层面上，随着我国社会经济的不断发展再逐步提高待遇水平。

（4）社会化原则。发展农村社会福利事业是政府重要的职责之一，必须充分发挥政府的主导作用，加强各级政府相应的调控管理能力。同时农村社会福利的提供也要引入社会化的机制。首先，社会福利的责任主体要社会化。要改变过去农村社会福利由集体经济独立负担的局面，使社会各界都能参与提供农村社会福利，即要重视政府、社会团体、自治组织、个人、家庭在社会福利中的作用。其次，服务对象要社会化，即要从传统的"五保"对象向广大农村居民扩展。再次，筹资渠道要多元化或者社会化。除了政府财政拨款外，还可以通过社会捐助、慈善救济、福利彩票等方式筹集资金。最后，福利设施要社会化，要逐步对所有人群开放。

（5）适度市场化原则。尽管社会福利的特殊性质决定了它不可能完全走市场化的道路，但是社会福利不等于社会救济，可以进行适度市场化。世界范围内社会福利制度改革的经历和经验表明：适度市场化的运行机制是社会福利制度改革的方向。市场化和福利化并不是对立的，在一定的尺度和制约下，可以相得益彰，它不仅可以刺激社会福利质和量的发展，还可以调节公平原则下事实上的不平等。市场机制的引入不仅可以促进社会福利的多样化提供，满足不同人群的不同需求，而且能增强社会福利组织和团体的服务效率，增进社会福利的内在活力，发挥最佳的经济效益和社会效益。

2. 政府在农村社会福利事业中的职责

我国长期存在着城乡二元经济结构，在农村社会福利事业领域也不例外，因此政府在农村社会福利事业中的职责尤其值得研究。概括地说，政府在农村社会福利事业发展中应履行政策扶持、资金支持、社会动员三大职责。

（1）政策扶持职责。在实际操作中，我国政府在城市社会福利的发展中一直承担主要责任，而对农村社会福利事业的发展却一直支持不够，处于辅助地位。政府在农村社会事务、社会福利工作中的"缺位"现象普遍存在。农村社会福利在经历人民公社时期的辉煌之后，在改革开放的新时期一直处于缓慢发展阶段，以个人自助和家庭保障为主，且呈现出明显的地区差异性。政府在农村社会福利事业发展中的首要职责就是要加强农村社会福利事业的立法，切实维护农村社会福利对象的合法权益。各级政府要因地制宜地制定相应的实施细则，从政策上扶持农村社会福利事业的发展。具体而言，就是要把农村社会福利制度建设纳入各地国民经济和社会发展的总体规划；把社会福利设施建设纳入各地农村建设的规划；对社会力量兴办的社会福利事业，从规划、用地、税收等方面给予政策优惠；采取切实有效的政策如减免捐赠资金的个人所得税，加大宣传力度，鼓励社会力量和个人捐赠、赞助和参与社会福利事业，充分调动和运用各种社会福利资源。

（2）资金支持职责。在建立健全社会福利制度的进程中，财政支持的重要性不言而喻。从理论上讲，社会福利属于广义的财政分配范畴，是政府财政分配的重要组成部分。各级财政支持是社会福利事业发展的有力保障。从世界上所有福利国家的情况来看,无一不是通过财政资金来建立各种福利服务计划。

我国是一个非常典型的二元经济结构国家,城市社会福利的主要资金来源是国家财政,而广大农村的社会保障基本上以社会救助为主,政府对农村社会福利的资金支持非常有限。这种在我国长期存在的二元福利结构,需要由政府主导进行扭转,加快工业反哺农业、城市反哺农村的进程,使为新中国的建立和发展做出过巨大贡献的老一辈农民,也就是现在的社会福利受益者早日得到应有的补偿。同时,政府将城乡社会福利事业统筹规划,承担起对农村社会福利事业发展的投资、管理责任,无疑会真正减轻农民的负担,不但有利于农民更好地投入再生产,而且对于发展农村经济和稳定农村社会乃至全国大局都有好处。

(3) 社会动员职责。在社会福利领域强调政府责任的同时,不能排斥市场和其他方面的作用。现在国际上十分强调发挥"第三部门"的作用,即由民间公益组织弥补政府在提供公共物品时存在的"失灵"问题,形成政府、企业(营利组织)、非营利组织共同发挥作用的状态。政府在动员社会力量参与社会福利事业方面具有天然的优势。目前我国的公益组织尚处于起步阶段,多数仍然隶属于政府,仅仅是经营方式做了改变,还没能发挥出应有的积极作用。随着社会福利制度改革的不断深化,我国要在制度安排上通过相关政策措施为"第三部门"的发展壮大提供更加广阔的空间。政府可按照"小政府、大社会"的发展方向,把过去由政府职能部门直接管理的社会福利慈善业务,只要民间社会福利团体能够管理,均转给民间社会福利团体管理。要热情鼓励和积极支持民间创办的社会福利团体。凡自愿组织成立社会福利团体的,只要符合我国宪法及有关法律、法规的规定并有利于提高人民的生活质量,有利于社会稳定,有利于经济发展,国家和社会都应该积极支持。

3. 农村社会福利事业的社会化

我国社会福利事业的社会化开始于1979年11月召开的全国城市社会救济福利工作会议,以后不断发展。1983年的第八次全国民政会议、1984年的漳州会议均有提及,1986年首次明确提出"社会福利社会办"概念,1987年社会福利有奖募捐启动,1991年内地与香港举办的社会福利研讨会首次阐释了"社会福利社会化"的概念。2000年，在全国社会福利社会化工作会议上对社会福利社会化内涵进行了系统解说，目前，社会福利社会化从理论上已经形成了比较完善的体系，在实践中正在逐步探索和完善，2000年2月13日，经国务院批准，国务院办公厅转发了民政部、国家计委等11部门提交的《关于加快实现社会福利社会化意见》（国发办〔2000〕19号）。在该《意见》中阐述了社会福利社会化的基本含义：立足于我国社会主义初级阶段的基本国情，以邓小平理论和党的十五大精神为指导，在供养方式上坚持以居家为基础、以社区为依托、以社会福利机构为补充的发展方向，探索出一条国家倡导资助、社会各方面力量积极兴办社会福利事业的新路子，建立与社会主义市场经济体制和社会发展相适应的社会福利事业管理体制和运行机制，促进社会福利事业健康有序地发展。具体而言，社会福利社会化包括：投资主体多元化、服务对象公众化、服务方式多样化、运行机制市场化、服务队伍专业化和志愿者相结合。

（1）投资主体多元化。即改变过去投资主体单一的状况，开辟国家、集体、社会组织和个人多元化的投资渠道，以多种所有制形式发展农村社会福利事业。

（2）服务对象公众化。即改变过去农村社会福利机构仅仅面对"五保户"、孤儿等传统服务对象的观念和做法，采取有偿、低偿和无偿相结合的方式，向农村老年人、残疾人、孤儿以及有需求的居民提供福利服务。

（3）服务方式多样化。即充分利用家庭、社区福利服务网络和社会福利机构等载体，因地制宜地开展集中、分散、上门包户等多种形式的福利服务，形成社会福利服务的完整体系，满足不同人群不同层次的需求。

（4）运行机制市场化。即按照产业化思路和市场规律发展社会福利事业，建立市场化的运行机制，在注重社会效益的同时注重经济效益。

（5）服务队伍专业化和志愿者相结合。即通过专业教育和职业培训，逐步建立起一支政治强、业务精、作风正的福利服务专业化队伍；通过倡议、发动、引导志愿者服务活动和建立"劳务储蓄"制度等，不断壮大志愿者队伍，使志愿者服务制度化、经常化，建立起专业人员和志愿者相结合的福利服务队伍。

六　农民工社会保障

（一）农村剩余劳动力转移的现状分析

我国长期存在农村剩余劳动力群体，特别是1978年党的十一届三中全会后，随着农村经济体制改革的持续深入以及我国农村生产力的提高，越来越多的农民从农业生产中脱离出来加入农村剩余劳动力大军。对当前农村剩余劳动力群体进行研究，有助于合理构建社会保障体制，促进我国人力资源的合理配置，加快我国经济社会的发展。

1. 改革开放后我国农村剩余劳动力转移的历史回顾

1979—1988年，农村正经历经济体制改革，农民的生产能力得到充分调动，农业生产出现良好的态势，从而驱动农村剩余劳动力第一次大规模的向农村中的非农产业转移，其转移的主要目的地为乡镇企业。这期间的农村剩余劳动力的转移规模达到了年均540余万人，年平均增长10%左右，农村非农产业劳动力占农村劳动力总数的比重达到了21.5%。[1]

1989—1991年，受全国通货膨胀、经济过热的大环境影响，农村剩余劳动力的转移速度明显下降。同时，农村新成长的劳动力又大量进入农村就业，使得非农产业劳动力占农村总劳动力的比重进一步下降。

1992—1996年，经济体制改革的阶段性成功抑制了经济过热。乡镇企业以及城市对农村剩余劳动力的吸纳能力增强，农村中出现了新的打工潮。

从1996年开始，出现经济过热现象，工业品和农业产品受到冲击，国家开始实施经济软着陆，实施战略性结构调整加之城市国有企业改造步履维艰，大量职工下岗，城市对农村剩余劳动力的吸纳能力下降。同时，乡镇企业遇到了自身发展的"瓶颈"，发展受到了结构性的冲击，处于结构调整的目的，乡镇企业的吸纳能力被削弱。

---

[1]　国家统计局农村社会经济调查总队社区处：《农村剩余劳动力定量研究》，《调研世界》2002年第3期，第18页。

2. 我国农村劳动力剩余构成的理论分析

从理论上分析，中国农村剩余劳动力的构成主要分为三个方面:①

(1) 沉淀性剩余。新中国成立后宏观人口政策的失误，使得以农村为典型的人口增长超出了同期工业化对劳动力的需求。而同一时期确立的城乡分割的二元结构管理模式，则进一步限制了农村剩余劳动力向城市的转移，由此造就了中国庞大的农村剩余劳动力队伍。改革开放以来，大量农村剩余劳动力已经通过各种形式转变为非农业产业从业人员，但从长远发展来看，仍有大量的农村剩余劳动力人口需要及时转移。作为我国农村剩余劳动力转移主渠道的乡镇企业，则由于技术进步和产业结构的升级、资本和技术密集型企业增加的原因，吸纳农村劳动力的能力下降。同时，由于城市下岗人员增多等诸多因素的影响，大量原本可以进城务工的农民被迫滞留于农村，出现新的沉淀剩余。

(2) 替代性剩余。劳动力的就业和转移过程实质就是与其他资源重新配置的过程。其他资源对劳动力资源的排斥会在资源重组过程中体现出来，导致新的剩余的产生。在行业竞争加剧的情况下，企业会改进生产技术、提高设备水平和劳动生产率。而由于技术、资本对劳动力存在替代作用，因此导致劳动力在企业资源构成中的比例不断减小，企业对农村剩余劳动力的吸纳能力下降，最终导致农民失业，称之为替代性剩余。目前，我国农村劳动力的替代性剩余，主要分为农业生产调整中出现的剩余农民、企业（主要是乡镇企业最典型）裁撤的劳动技能较低的农民工和因土地减少而被挤出的失地农民三个部分。

(3) 结构性剩余。农村剩余劳动力的低文化水平和工业劳动技能的缺失，导致了大量农村剩余劳动力难以获取工作，而与此同时，部分对技术要求高的行业和工种则出现了用工不足的情况。这种结构性剩余的情况，使得一旦出现大的经济波动和其他影响因素，进城农民工中的大部分只能被迫回乡，而当前理论界谈论的沿海部分地区的"民工荒"现象就是结构性剩余随着周期性波动的后果。

(二) 农村剩余劳动力转移的社会保障困境分析

1. 农村剩余劳动力转移面临的社会保障困境

---

① 张金生：《我国农村剩余劳动力构成分析》，《兰州学刊》2003年第5期，第72页。

改革开放以来,我国农村劳动力突破了传统体制的束缚,从农业转移到非农产业,从农村转移到城市,从中西部地区转移到东部地区。从宏观层面来看,这种劳动力流动现象是十分积极的。劳动力从低生产率部门(农业)向高生产率部门(如工业)的转移,是我国改革开放以来经济增长的一个重要源泉。其次,实现了转移的农村劳动力及其家庭从流动中受益匪浅。

但是,目前不少城市采取的保护本地劳动力、排斥外地劳动力的政策,实际上是人为设置障碍,限制农村剩余劳动力的合理流动。为此,需要社会保障从制度上对农村剩余劳动力的转移提供支持。

(1) 乡镇企业劳动力的社会保障困境。改革开放以来,我国社会结构发生的最引人注目的变化是乡镇企业的发展与小城镇的兴起,而与城市化相伴生的社会保障制度却在小城镇中进展不大,在一定时期内难以覆盖到乡镇企业(小城镇)的从业人员。只有极少数规模较大、效益较好、发展时间较长的乡办或镇办企业对职工提供社会保障。就全国范围而言,除小部分沿海发达地区外,农村社会保障普遍存在着覆盖面窄、受益水平低、不规范与区别对待等方面的问题。究其原因在于:其一,逐利的乡镇企业主缺乏主动为职工提供社会保障待遇的动机;其二,乡镇企业从业人员一般年轻力壮,离开土地来到乡镇企业,主要的动机是赚钱,而对老年及疾病的忧患意识不很强烈;其三,乡镇企业社会保障也缺乏可行的、透明度大的执行与监督机构,基金运作风险较大,使企业以及职工个人对此都缺乏足够的信心。

(2) 农村非农产业群体的社会保障困境。农村中的非农经营户群体,主要包括农村中直接对农业生产起辅助作用的农村经营户以及农村中的支持性行业群体。农村中为数众多的辅助性农村经营户从事着与农业生产有关的农业活动,例如农药喷洒、农作物收割辅助等,其生产活动是与农业直接相关的,该部分群体也多由农村农业生产技术员、排灌站人员等组成。农村中的支持性行业群体大多由专业运输户、民办教师、专业从事加工采购人员、农村卫生医疗人员以及农村行政编制外的合同制、临时制人员组成。农村中的支持性行业群体的人员,除了农村行政编制中的合同制、临时制人员有较好的保障以外(农村中的县乡村各级行政单位中的人员经费一直以来通过国家财政和行政事业性收费取得,所以在一定程度上其有着为在编人员提供较为良好的社会保障经费的便利条件),其他群体则存在着保障不足的问题。与农村农业生产养殖户相比,非农产业群体缺少土地作为自身保障的依托基础,其主要通过为农业生产提供服务而获取相应劳动收益并因此而积累自身的保障性经费,实现自我保障。总的来说,在现阶段以土地为基本社会保障方式的农村社会结构中,非农产业群体是缺乏足够的社会保障的。具体来说:首先,农村农民存在着整体收入不高且增收趋势不明显的问题。因此,农村中以农民收入为依托的通过从事辅助性行业获得收入的非农产业群体难以获取较高的收入。由此使得其能够用于生活以外的保障性支出也非常有限,难以拿出富余的资金参加社会保障计划。其次,这个群体缺乏基础性的土地保障。我国的农村社会保障主要是以农村农民自有土地为基础的,而非农产业群体中的部分成员缺少土地的支撑(如农村专业农技师、初级农村医疗站中的医疗人员),其保障的能力比较脆弱。最后,该群体与农村农业种植养殖户的划分存在一定程度的边界模糊,由此将会使得一部分人群失去合理的保障机会或者被遗漏。

(3)失地农民的社会保障困境。国家在土地福利性均分的原则框架下,将土地作为农民基本生活需要的保障手段,并且通过出台一系列的土地政策来积极协调农村土地,保障农民的生产生活,推进农村经济发展。因此,土地成为在改革开放后农民生活的基本保障,同时也是当前条件下农村社会保障制度实施改革完善的基石。然而,随着我国城市化进程的不断加快,农村集体土地被大量征用,城市的范围在不断扩大,圈入其中的农民成为失地农民。对农民而言,土地承载着生产资料和社会保障双重功能。一旦土地被征用,他们的养老保障便成了后顾之忧。而目前普遍实行的货币补偿办法没有很好地解决这一问题。首先,货币安置只是为失地农民提供必要的生活补偿,就业机会则要到新环境中的劳动力市场上去竞争,而他们的养老需求也没有被考虑;其次,现行征地价格满足不了建立失地农民养老保障制度的需要;再次,一次性货币补偿金直接发到失地农民手中则可能因他们只注重眼前利益或使用不当,对解决养老保障反倒成为一个不利因素。虽然从短期看,失地又失业的农民尚可靠一次性安置费维持生计,实际生活水平不致明显下降。但从长远讲,随着安置费用逐渐用完,失地农民的就业和社会保障问题势必凸显。因此,农村失地农民的社会保障应成为关注的重点。

(4) 进城农民工的社会保障困境。作为一个特殊群体，城市农民工（简称"农民工"）是指在城镇中务工的具有农村户口身份的劳动者。他们为我国城市现代化建设做出了巨大的贡献，但是他们却游离在城市和农村的边缘，得不到基本的身份认同。农民工的出现并迅速走向大规模化，是中国经济社会持续发展进步的一个非常重要的标志。同时，进城务工的农村劳动者之所以被称为农民工，则是他们在现行制度框架下不能取得与拥有城镇户口身份的劳动者平等地位并享受相应权益的标记，它揭示着传统户籍制度及附加在这种制度之上的其他相关政策所具有的非公平性乃至歧视性。尽管这种非公平性是计划经济时代典型的二元社会经济结构的一种延续，但在市场经济条件下却显得格外引人注目。在现阶段，农民工队伍规模庞大、身份特殊、地位尴尬、流动性强、未来发展的不确定性明显，是必须给予高度重视和关注的社会群体。

在社会保障方面，作为农村剩余劳动力的一部分，农民工群体长期以来被无情地拒于社会保障的大门之外。从失业保障方面看，城市居民在失业期间有失业补助，而农民工却没有，他们在失业期间多是靠积蓄或向他人借钱维持生计，也有一部分人不得不重回农村老家。从医疗方面看，很多农民工生病以后仗着年轻、身体好、硬挺着不去医院看病；遇到不得不看的病，绝大部分也只能是自费，用工单位通常在不得已的情形下只垫付很小一部分费用。另外，像养老保险、工伤保险、最低生活保障等就更不必提及。从某种程度上说，目前城市农民工的社会保障是近乎缺失的。一方面，农民工在城镇就业与生活，大多会遭遇到城镇居民可能遭遇的各种生活风险，如工伤事故风险、疾病风险、失业风险、其他意外生活风险以及生活贫困等。另一方面，因户籍制度的制约，农民工处于被边缘化的境地。他们遭遇的上述风险只能依靠自己去解决，国家既没有相应的制度安排来提供援助，也缺乏必要的途径来化解。农民工对社会保障权益的诉求不仅是客观的，而且是正当的、迫切的。

2. 构建相关社会保障制度应遵循的基本原则

农村剩余劳动力群体是随着我国经济发展和城市化进程不断演进和壮大的，农村剩余劳动力群体规模巨大，该群体能否顺利实现合理有序的转移势必关系到我国经济社会的发展。同时，农村剩余劳动力群体与城市化、"三农"问题等相联系。由此，我们必须建立合理的社会保障体系来实现农村剩余劳动力群体的顺利转移并且确保转移后的保障。构建有利于农村剩余劳动力转移的社会保障制度和相关政策措施应当遵循以下基本原则：

(1) 与经济社会发展水平相适应的原则。社会主义市场经济的发展和劳动力资源的合理流动，迫切要求改革只保障部分社会成员的不完善的社会保障体系，建立覆盖城乡全体公民的新社会保障制度体系。但我国目前还处于社会主义初级阶段，生产力发展水平还有待进一步提高，国家财政也处于并不充裕的阶段。政府对社会保障建设的有限资金投入多流向城市，对农村的投入则相对薄弱，而农村社会保障制度的完善已经到了刻不容缓的紧迫时期，特别是其发展程度已经事关农村剩余劳动力能否得到有效的市场配置，这样的现实条件和迫切要求决定了农村社会保障制度体系的建设必须以解决包括农村剩余劳动力人口在内的农村居民的基本生活为基准，从有限的财力出发，构建合理适度的有益于农村剩余劳动力转移的农村社会保障体系。这也决定了我们不能在制度建立的初期就以福利型为保障的出发点，从而有效避免其他国家在经济欠发达阶段因高福利政策而导致沉重经济负担的不利局面的出现。

(2) 公平与效率兼顾的原则。在对农村剩余劳动力转移的保障制度的设计上，公平优先是第一位的；而在对剩余劳动力群体实施保障时，效率是优先考虑的。保障农村剩余劳动力的成功转移和稳定，最基本的原则是确保他们的基本生活，从而维护农业生产、农村和城市的稳定；目的是维护公平，以利于促进效率。因此，应从注重维护公平的角度出发，绝不能以经济效益、效率的指标来衡量保障制度设计的成功与否、计划运行的兴衰成败。在农村剩余劳动力转移保障措施的构建和完善的过程中，尤其是起步和长期规划阶段，必须把握好二者的统一。以公平为基准开展工作，在维护公平的同时，促进效率的提高，尤其需要确保社会保障制度运行的效率。就我国目前农村社会保障制度改革和发展的实际情况看，因受人力、物力、财力的严重限制，以及出于鼓励有劳动能力农民积极劳动的目的，各项保障项目的设置必须符合：以确保基本生活为底线，部分扫除农村剩余劳动力转移障碍，真正起到稳定农村居民生活和促进农村剩余劳动力积极转移的目的。

(3) 制度设计的前瞻性。随着我国农村产业结构的优化调整、城市化进程的加快，将会有数以亿计的农村农民从农业中走出，成为剩余劳动力。因此，在事关农村剩余劳动力转移的农村社会保障制度的设计上必须要具有前瞻性，制度的设计需要具有延续性，即不仅能够满足当前剩余劳动力的转移保障，还应当发挥对转移后的剩余劳动力的稳定作用。同时，在对农村剩余劳动力转移保障的制度设计上应当在前瞻性的前提下允许制度具有过渡性和分层次、分类性的特点，切实保障各地区、各层次农村剩余劳动力转移的社会保障问题。前瞻性不等于脱离实际，必须注意到我国农村剩余劳动力的实际情况，认识到我国是一个人口大国，农村剩余劳动力转移具有长期性和艰巨性。此外，剩余劳动力转移的社会保障制度设计必然会受到诸多制度外因素的影响，因此在设计时还应当考虑这些因素，使社会保障制度能够在不断变化的社会环境中保持相对稳定性。

(4) 保障对象的普遍性和差异性原则。普遍性是指对农村剩余劳动力转移人口保障的普遍性，同时包含保障对象、保障内容的全面性和保障水平的稳定性。而由于我国农村剩余劳动力人口存在地域、经济发展水平、农业发展水平、人口年龄构成等差异，农村剩余劳动力所涉及的类型和层面也很多，各个不同层面的具体群体对社会保障的要求将会因各自所处的环境和自身的差异而有所不同。所以，差异性原则是指根据农村剩余劳动力人口中有差异性的群体的各自特点，结合农村社会保障制度的实际，在总的标准不变的情况下，对具体措施进行相应的调节，从而既保证了对农村剩余劳动力人口的广泛覆盖，又注重加强对具体人群的差异性保障，有利于农村社会保障制度对保障对象的针对性。

(5) 利于农村剩余劳动力转移的原则。社会保障制度建立的初衷在于稳定社会，促进经济发展，保障公平与效率的实现。就我国而言，建立有利于农村剩余劳动力转移的社会保障制度将能够更好地确保农村剩余劳动力在从农村向城市转移的各个环节中享受到基本的社会保障权利，能够起到对该群体稳定的作用。同时，对于劳动力转移的转入地而言，可以使农村剩余劳动力有更多的精力为转入地工作。既稳定了农村和城市两个大环境，又确保了转移群体的稳定和保障。对农村剩余劳动力转移实施保障，其实是付出了相对较小的代价而取得了促进农村剩余劳动力的转移和劳动力资源稳定的良好效果。因此，农村社会保障制度设计上应当从经济发展、社会稳定的全局出发，付出一定的代价以利于农村剩余劳动力的转移。

（三）解决农民工社会保障问题的政策思路：有条件地纳入城镇社会保障体系

1. 乡镇企业职工、农村非农行业劳动力的社会保障解决思路

乡镇企业从业人员和城市企业从业者一样，其所遭遇的风险内容与农村农民已显著不同，是一种与市场经济、商品流通相伴生的风险，因此必须将其纳入和城市企业职工相同的城市社会保障体系中。在实施的基本原则、经费来源（各方比例）、保险金给付（具体标准）、保险金的管理与运营、基本项目设置等方面，都应实行相同的制度。

就统一的标准而言，过去的城市企业职工所实施的社会保障体系问题很多，直至今日，该体系仍处于改革之中，不能作为乡镇企业职工和农村非农业劳动力参加社会保障的依据。当前乡镇企业职工和农村非农业劳动力参加社会保障的难点在于：个人、企业主与国家对职工的社会保障义务应如何做出合理的划分。因此，乡镇企业职工和农村非农业劳动力参加社会保障的缴费义务方面应直接与现行的城市企业职工社会保障的做法相通，明确企业职工和乡镇企业雇主的缴费等义务，量化其权利。

2. 完善失地农民社会保障制度的思考

随着我国城市化进程的加快，土地征用情况的出现，以及在征用过程中对征用对象的土地征用和补偿方式的不当，引发了一时难以妥善处理的失地农民安置问题。造成失地农民既丧失了拥有土地而获得的基本保障，同时又因其身份的限制使得失地农民难以享受到与城镇居民同等的城镇社会保障权利。失地农民成为既有别于农村有地农民又不同于城镇户籍常住居民的"种地无田、就业无岗、社保无证"的潜在的弱势边缘群体，该群体将会是我国社会保障体系新的保障盲点。目前我国除部分省市试点以外，大部分地区仍未启动相应应对农村失地农民的社会保障体系，大量失地农民存在着基本生活困难的问题。

（1）对象的确定。尽可能扩大城镇社会保障的覆盖面，对被征地的所有在册农业人口均纳入城镇社会保障的范围，保障重点是劳动年龄段内和劳动年龄段以上人员。具体保障人员经村集体经济组织成员会议或村民大会讨论，由乡、镇政府核准后确定。

（2）资金来源。将失地农民纳入城镇社会保障制度的关键是落实保障资金。我国目前还处于社会主义市场经济的发展初期，经济发展水平低，资金短缺，由国家财政全部负担失地农民社会保障是不现实的。必须进一步完善资金筹措机制，采取政府、集体、个人共同承担的方式筹集社会保障资金，即"政府出一点、集体补一点、个人缴一点"予以筹集。其中政府出资部分从土地出让收入中列支，集体承担部分从土地补偿费中列支，个人承担部分从征地安置补助费中抵缴。在社会保险费的构成比例上，目前土地市场上还存在明显的"土地剪刀差"，因此政府出资部分应保持相对较高比例。

（3）实施方式的选择。要实施失地农民最低生活保障、养老保障、医疗保障等社会保障制度的改革，并根据不同年龄段保障对象的特征和要求，实行不同的基本生活保障。其一，对征地时已处于劳动年龄段以上的人员，可以直接实行养老保障，并建立个人账户与社会统筹相结合的制度。其二，征地时未达到劳动年龄段人员，可按征地补偿规定一次性发给征地安置补助费。当他们到达就业年龄后，即可作为城镇新人劳动力，参加相关的社会保障计划。其三，对征地时处于劳动年龄段的人员，按当地测算标准予以趸缴或不分年龄实行统一的缴费标准，也可按年龄分档缴纳基本生活保障费用，为其个人账户筹资。在失地农民尚未就业的一段时期内，可从征地调节资金中发放生活补助费给予失地农民，也可从征地安置补助费留存中解决；补助期满后仍未就业并符合城市居民最低生活保障条件的，纳入城市最低生活保障范畴；就业后按规定参加职工基本养老保险的，其个人账户储存额按职工基本养老保险的政策规定进行衔接和折算；就业后又失业的，可将其纳入失业保险渠道，不再享受生活费补助；因年龄偏大或其他原因不能实现就业人员，凡到达退休年龄的，均可享受与劳动年龄段以上人员相同的养老保障待遇，其个人账户亦与之相衔接。

（4）促进失地农民再就业。对失地农民来说，就业依然是最好的基本生活保障。当前促进失地农民再就业的做法，最重要的是提高失地农民的职业技能，积极为他们拓展就业渠道。一方面，加大对失地农民的再就业培训力度，尤其注重强化对青壮年劳动力的职业技能培训，提高失地农民职业技能，适应竞争上岗就业需求，各级政府部门在职业培训工作中，应努力构建市场为主、网络调节、政府引导、相关机构合作的一体化社会化职业培训机构。在继续保护失地劳动力实际利益的前提下，及时转变该群体的再就业观念，使他们确立起依靠市场而不依赖政府的意识，建立正确的市场就业观。另一方面，各级政府应当努力探索失地农民安置的有效办法，以安置求稳定、以效率求发展，在此基础上实现创造性转换，充分调动全社会力量多渠道创造就业机会。

3. 农民工社会保障方案的配套机制建设

我国长期存在城乡分割的二元社会保障结构，现阶段流入城镇从业的大批农村人口不仅无法享受城镇居民最低生活保障待遇，而且至今绝大部分仍被排除在城镇职工基本养老保险、基本医疗保险和生育保险等社会保险制度以外。到2010年及21世纪中叶我国城市化水平将分别达到45%和65%，若没有建立相应的农民工社会保障方案计划，这些目标是很难顺利实现的。目前劳动和社会保障部针对农民工的社会保障问题已经出台了《关于开展农民工参加医疗保险专项扩面行动的通知》（劳社厅发〔2006〕11号）、《关于实施农民工"平安计划"加快推进农民工参加工伤保险工作的通知》（劳社部发〔2006〕19号）等，这些政策对于农民工参加城镇社会保险制度作了具体规定，对于保障农民基本权利起到了重要作用。下一步，我们应尽快出台农民工参加养老保险、失业保险和生育保险以及城镇最低生活保障制度的相关政策措施，彻底消除农民工参加城镇社会保障的制度障碍。

（1）农民工参加社会保障的基金筹集机制。资金短缺是农民工社会保障同城镇劳动者社会保障同样面临的课题。特别是农民工社会保障起步晚，基金缺口更大，必须合理设计基金的筹集渠道，不能超越缴费者的承受能力。首先，运用税收优惠政策激励和支持用人单位为农民工缴纳社会保险费。规定企事业单位为农民工缴纳社会保险费可享受税前列支优惠，还可按其缴费额度确定减免税的年限和比例。对完全城市化的农民工，实行承包土地转让制度，将其收入的全部或部分纳入农民工社会保险基金，并折算为一定年限的个人账户积累额。此外，可以在农民工输入城市与农民工输出地区建立一种横向的财政支付制度，此种财政转移支付占该市财政收入的比例应当依来源于财政转移支付接受地的农民工总数占该市总劳动力的比例来确定，对于这种财政转移支付的资金，应当全部进入财政支付接受地区的农村社会保障基金和农民工社会保障基金。

(2) 农民工社会保障的异地转移机制。农民工流动性大，因此农民工社会保险的异地转移成为一大操作难题。在目前农村社会保障体系尚未完全建立的情形下，农民工的保险无法向农村转移。如果不转移，农民工社会保障就无法连续，农民工只能在终止、解除劳动关系或离开原就业地时，用一次性领取的方式来享受其社会保障待遇。这实际上根本起不到社会保障作用，所以现阶段建立农民工社会保障的异地转移机制是必要的。初步设想城乡间的转移由农民工工作城市社保机构与农民工原农村住所地的县级或乡镇级社会保障机构共同操作。但这种农民工社会保障的异地转移机制只是暂时的、过渡性的，其必将被一元化的社会保障制度所替代。

参考文献

1. 邓大松、刘昌平：《中国企业年金制度研究》，人民出版社2004年版。
2. 王绍光、胡鞍钢：《中国：不平衡发展的政治经济学》，中国计划出版社1999年版。
3. 《中国劳动和社会保障年鉴》(1999)，中国劳动社会保障出版社2000年版。
4. 陈佳贵等：《中国社会保障发展报告（1997—2001）》，社会科学文献出版社2001年版。
5. 陈红霞：《社会福利思想》，社会科学文献出版社2002年版。
6. 孙炳耀、常宗虎：《中国社会福利概论》，中国社会科学出版社2002年版。
7. 时正新：《中国社会福利与社会进步报告》(2000)，社会科学文献出版社2000年版。
8. 哈维·S.罗森：《财政学》第六版，中国人民大学出版社2003年版。
9. 斯蒂格利茨：《经济学》第二版上册，中国人民大学出版社2000年版。
10. 时正新：《中国社会福利与社会进步报告》(1998)，社会科学文献出版社1998年版。
11. 刘昌平：《城市化：解决中国农村养老问题的关键》，《中国农村经济》2001年第8期。
12. 顾明：《农业生产与自然资源的可持续利用》，《贵州大学学报》（社会科学版）2004年第5期。
13. 王国敏：《农业自然灾害与农村贫困问题研究》，《经济学家》2005年第3期。
14. 穆光中：《家庭养老面临的挑战以及社会对策问题》，《中州学刊》1999年第1期。
15. 王风云：《对目前我国农村剩余劳动力数量的估计》，www.Drcnet.com.cn，

2002年4月5日。

　　16. 周雁翎：《差异悬殊：中国卫生保健事业面临严峻挑战》，《中国改革》2002年第4期。

　　17. 中国社会科学院经济研究所收入分配课题组：《我国居民收入分配趋势与对策》，《人民日报》2002年7月9日第9版。

　　18. 权衡、徐玲：《收入分配差距的增长效应分析：转型期中国经验》，《管理世界》2002年第5期。

　　19. 《新闻办就推进社会主义新农村建设举行发布会》，www.gov.cn，2006年2月22日。

　　20. 赵卫华：《农村贫困的新特点与扶贫战略的调整》，《吉林广播电视大学学报》2005年第1期。

　　21. 韩琳：《农村最低生活保障制度建设为何进展缓慢》，《调研世界》2005年第5期。

　　22. 余学珍：《转型期农村居民最低生活保障制度初探》，《湖南人文科技学院学报》2004年第5期。

　　23. 刘贵平：《现行农村养老保险方案的优势与不足》，《人口与经济》1998年第2期。

　　24. 彭希哲、宋韬：《农村社会养老保险研究综述》，《人口学刊》2002年第5期。

　　25. 国务院研究中心研究报告：《"十一五"规划基本思路和2020年远景目标研究》，国研网，2005年5月9日。

　　26. 《家庭健康询问调查——调查人口医疗保障制度构成》，《1998年第二次国家卫生服务调查分析报告》，www.moh.gov.cn，2002年7月3日。

　　27. 鼎鸣：《关注农民健康》，《人民日报》2001年10月30日。

　　28. 胡琳琳、胡鞍钢：《从不公平到更加公平的卫生发展：中国城乡疾病模式差距分析与建议》，《管理世界》2003年第1期。

　　29. 李卫平、石光等：《我国农村卫生保健的历史、现状与问题》，《管理世界》2003年第4期。

　　30. 骆勤：《我国医疗保险制度改革的政策选择》，《财经论丛》1999年第6期。

　　31. 王延中：《论新世纪中国农民医疗保障问题》，国研网，2002年4月21日。

　　32. 《1998年国家卫生服务调查分析报告》，www.moh.gov.cn，2002年7月3日。

　　33. 王绍光：《中国公共卫生的危机与转机》，国研网，2003年10月21日。

　　34. 孙宇挺：《内地经济因非典损失179亿美元》，《中国青年报》2003年11月11日。

　　35. 卫生部：《农村合作医疗章程（试行草案）》，www.drcnet.com.cn，1979年12

月 15 日。

36. 《中国新型农村合作医疗覆盖的农村人口已达 4.7 亿》，中新网，2006 年 7 月 10 日。

37. 范利祥：《"套资冲动"与"钓鱼工程"——新型农村合作医疗暗流》，《21 世纪经济报道》2004 年 3 月 22 日。

38. 云南省统计局：《云南省新型农村合作医疗试点工作情况及存在的问题》，国家统计局网站，2004 年 5 月 19 日。

39. 徐杰：《农村合作医疗应由互助共济向社会统筹转变》，《卫生经济研究》2004 年第 3 期。

40. 海闻等：《"大病"风险对农户影响深远》，《社会保障制度》2002 年第 4 期。

41. 国家统计局农村社会经济调查总队社区处：《农村剩余劳动力定量研究》，《调研世界》2002 年第 3 期。

42. 张金生：《我国农村剩余劳动力构成分析》，《兰州学刊》2003 年第 5 期。

（原载《2005—2006 年中国社会保障改革与发展报告》 作者：邓大松 刘昌平 杨红燕）

社会保障风险及其管理

作为现代国家普遍采用的一种正式的社会经济制度，社会保障制度自建立伊始就承担着规避个人风险、防范社会风险的重要职能。社会保障制度是国家依法通过强制手段对暂时或永久失去劳动能力或因各种原因导致生活困难的社会成员提供基本生活保障的社会安全制度，其目的是通过对国民收入的再分配，帮助社会成员分散并抵御各种社会风险。可以说，社会保障制度本身就是作为现代国家应对社会风险的最有效工具之一而存在的。但是，正如市场机制与政府机制都不可避免地存在着"失灵"现象一样，由政府主导的社会保障制度同样也存在"失灵"或"失效"的问题，而这正是我们要讨论的社会保障的风险问题。

作为现代国家应对社会风险的管理工具，社会保障制度自身也存在风险。现代社会保障制度从确立到运行的一系列过程中都充斥着各种类型的风险。一个国家社会保障制度的建立初期存在着建制理念选择的风险，比如，制度理念是否符合本国实际情况？制度设计是否科学、合理？制度目标是否明确、公正等；社会保障制度的运行过程中也存在着各类风险，比如，保障对象的"道德"风险、制度的管理风险，以及至关重要的社会保障基金的运营风险等。毫无疑问，在不断发展完善的现代社会保障制度建设中，这些风险无处不在。那么，如何有效地应对社会保障风险？通过哪些科学的手段能够合理地预测、规避社会保障风险？显然，厘定社会保障风险的概念内涵，理清社会保障风险的类型及其分类，并对社会保障制度中存在的各种可能的风险加以分析、研究及预测其发生概率，进而提出有效可行的防范、规避措施，对于一个国家社会保障制度的健康、可持续发展具有重要的理论与实践意义。

一　社会保障风险的基本范畴与本质

（一）风险与社会保障风险

"风险"一词是外来语的意译，在中国各类传统典籍中无从寻觅。"风险"的英文对等词是"risk"，而该词的首要释义是"danger"，相当于中文中的"危险"一词。但从中国词汇学对"危险"与"风险"的基本释义来看，两者并非同义，那么，什么是风险？通俗地讲，风险就是可能发生的一切损失，也即对需要完成某项工作的特定主体（个人或集团）而言，发生不利情况的一切可能性。例如，对于一个企业的经营管理者而言，面对的风险是无法保证完成股东期望的利润指标或者无法增加企业的资产的可能性；对于投资人或股东而言，风险则是可能实现不了预期的经济效果而无法到期收回投资的可能性等。严格来说，"风险"不能等同于"危险"，因为风险不仅包括主体（个人或集团）本身存在的财产、人身、活动等一般行为的不安全性，而且侧重强调完成某项任务过程中可能遭遇到的各种不利情况的概率。因而，风险也具有四大基本特性，即客观性、普遍性、不确定性及不利性。

社会保障风险是指社会保障制度未来可能发生的一切损失的总称，它包括由各类社会保障事件发生所造成的可预测的与不可预测的损失。比如，由人口老龄化所带来的养老保险制度的支付风险；受通货膨胀率影响带来的社会保障基金贬值风险；由政党更迭带来的社会保障制度设计理念的变化等。对于目前正处于经济转轨与体制转型时期的中国而言，社会保障制度在运行过程中必将会面临比其他国家更多、更特殊的风险威胁。人口老龄化的加速、"未富先老"的尴尬、养老金"空账运营"等所带来的社会养老保险的支付风险，管办不分离、监督不力所带来的社会保障基金安全风险，城乡二元社会保障结构，以及社会保障立法滞后所带来的制度风险等都是当前中国社会保障制度可能存在的风险。

作为现实社会诸多社会风险中的一类特殊风险，社会保障风险也具有一般风险的四个基本特性：客观性、普遍性、不确定性及不利性，社会保障风险的这四个特性也决定了我们必须采取各种有效的措施应对、规避社会保障制度运行过程中潜在的、可能发生的各种不利事件。

(二) 社会保障风险的主要分类

风险的识别可以根据风险来源的不同划分出不同的类别，比如，"主观风险"与"客观风险"、"内生风险"与"外生风险"、"政治风险"、"经济风险"、"社会风险"、"文化风险"等。社会保障风险也可以根据不同的划分标的区别为不同的风险类型，常见的有以下几种：

根据风险的来源不同可以将社会保障风险分为"内部风险"与"外部风险"、"客观风险"与"主观风险"；根据风险的促成因素不同可以将社会保障风险分为"自然风险"、"社会风险"、"经济风险"、"道德风险"和"制度风险"；根据风险的标的不同可以将社会保障风险分为"养老风险"、"医疗风险"、"失业风险"、"工伤风险"、"生育风险"；根据风险的影响范围不同，可以将社会保障风险分为"财务风险"、"管理风险"、"社会风险"；根据风险的影响程度不同，可以将社会保障风险分为"高风险"、"中等风险"、"低风险"、"可忽略风险"；根据制度管理流程的不同，可以将社会保障风险分为制度"设计风险"、"执行风险"、"监督风险"、"管理风险"；根据社会保障基金的运作过程不同，可以将社会保障风险分为"筹资风险"、"投资风险"、"管理风险"、"给付风险"；等等。

总的来说，我们可以依据不同的标准可将社会保障风险进行不同的分类，这里我们借鉴英国政府精算部精算师克里斯托弗·德肯的观点[①]，同时结合自己的观点，将社会保障风险分为制度设计风险、营运风险、资产流动风险、投资风险、偿付能力风险、财政风险、经济风险、灾难风险和政治风险九大类（见表1）。

---

① 克里斯托弗·德肯：《社会保障财务监管和风险管理》，《国际社会保障协会第28届全球大会会议报告》，http://www.lm.gov.cn/gb/zt/2004-09/17/content_47531.htm。

表1　　　　　　　　　　　社会保障风险的分类

风险类别	具体解释
制度设计风险	是指由于社会保障制度设计缺陷而造成的风险。由于实际情况的复杂性，事先的设计并不一定能够保证完全正确
营运风险	是指由于各种潜在的管理失败引发的风险，包括由于制度不适应、管理中出现的错误、无效的控制机制以及欺诈、资产挪用或其他人为错误所导致的风险
资产流动风险	是指由于缺乏市场容量、不能找到买主或不能根据短期通知进行销售，致使不能按现行市场价格完成交易而引发的风险
投资风险	是指由于系统性市场不景气、不良的投资战略或者对某项投资的选择不当，使投资没有产生预期回报所带来的风险。包括信用风险、缺乏足够的投资多样化所导致的风险、资产及其预期支付债务之间的不匹配引发的风险、由于行政干预将基金投向没有经济回报或有大量风险的资产而产生的风险等
偿付能力风险	又称为债务风险或给付风险。对于养老保险而言，偿付能力风险包括长寿风险、通货膨胀风险、残疾或疾病退休风险、年金风险、费用开支风险、立法或监管风险。对于医疗保险而言，包括人口老龄化风险、医疗费用上涨风险、设施陈旧风险、传染病风险、疾病流行风险、道德风险等
财政风险	作为社会保障制度的直接或间接参与人，国家财政部门也会存在风险。一般解决养老保险转制成本、社会保障水平过高、社会保障收支失衡、经济衰退带来失业率增加、大的灾害带来社会救助支出增加都会造成财政风险
经济风险	包括经济周期变化对收入水平和就业带来的冲击，以及通货膨胀造成的影响等。经济形势也有可能对计划的债务责任带来巨大影响，当经济滑坡时，失业保险待遇的申领都会呈现出上升趋势
灾难风险	如地震、火山爆发、暴风雨和洪水、泥石流、干旱等重大风险。灾难性事件可能在赔偿责任方面对计划造成重大冲击，包括导致大量的疾病、残疾待遇申领和对卫生保健需求的大量增加，以及引发大量的遗属待遇支付等
政治风险	社会保障体系会由于某些政治举措而产生经常性的变化。通常情况下这些政治举措的用意是好的，但却往往导致计划营运的中断，某些情况下甚至会导致一些不良后果或使整个社会保障系统过于复杂化

资料来源：参见邓大松等《社会保障风险管理国际比较分析》，《学习与实践》2011年第2期。

（三）社会保障风险的基本特征①

社会保障风险作为风险的一种，必然同其他风险尤其是保险风险有着千丝万缕的联系。认识风险之间的共性，把握社会保障风险所固有的特性，对于有效防范风险、加强风险管理有着十分重要的意义。

1. 社会保障风险同其他风险的共性

（1）不确定性。风险基本上是一种随机现象，就个别单位而言是不可预知的。主要表现在三个方面：一是发生的时间和地点的不确定。对每一个人而言，何时死亡、何时生病、何时会失业、何时会因工受伤等，都是难以准确预测的。二是风险发生的概率不确定。三是一旦发生，其损害程度不确定。比如人总是要生病的，但治病的医疗费用会花费多少，会花多长的时间恢复健康，这些是不可预知的。

（2）客观性。虽然风险什么时候发生，在哪里发生，发生的概率及其发生后的损失程度如何都不确定，但风险又是客观存在的。随着科学技术的进步和识别、管理和控制风险能力的加强，人们在经济社会活动中虽可部分地控制和规避所面临的自然灾害、人为事故以及经济决策失误等风险，但总体而言，风险作为一种客观存在，是不以人的意志而改变的，人们可以经过主观努力，在一定范围内改变风险形成的条件，减少风险事故的发生，而不能彻底消除。比如市场经济条件下的失业风险、生产过程中的工伤风险、社会生活中的疾病风险，以及由于人口老龄化、世界金融危机带来的养老保险基金支付风险等都是客观存在的。

（3）突发性。虽然风险具有客观性，但风险的发生又往往表现出意外和偶然。这也是由风险的不确定性引起。世界万物都处在不断地变化、发展过程中，风险也是如此。由于风险因素的不断变化导致风险的发生与预测上的偏离，有量的变化，也有质的变化；有旧风险的消亡，也有新风险的不断产生。风险这种意外的变化，往往表现为突发性，并带来意外的损失，甚至表现为紧急的危险，导致灾害性的后果。比如，由于人类生态环境的恶化，或者地壳运动的改变，在特定的时间往往发生一些意料之外的自然灾害，比如地震、火山爆发，带来的财产的损失和人员伤亡，造成社会保障支出的意外增加。

---

① 参见邓大松等《社会保障风险及其防范的几点理论认识》，《求实》2011年第4期。

（4）损害性。无损害，也就无风险。风险事故发生后，必然直接和间接给人们的生命财产造成损失。事故造成的损失有大有小，损失范围有所不同，有的损失是经济上的，可以用货币进行衡量，有的损害是精神层面的，无法估量。风险事故一旦发生，往往会给人们的生产生活带来负面的影响，甚至是巨大的灾难。因而需要识别和规避风险，将损害减少到最小。

（5）投机性。风险具有两面性，一方面风险可能会造成损失，因而多数人厌恶风险；另一方面冒风险可能会给冒险者带来利益。由于获利机会的存在，会激励人们去奋斗，冒着高风险获取高利润；对于企业，风险的存在会促使其进行风险投资，不断改进技术，提高经营管理水平，从而达到促进生产发展的目的。就社会保障而言，将基金投放金融市场，虽有失败风险，但如果成功，可获得丰厚回报，增强社会保障偿付能力。可见，风险的投机性使其也具有积极的一面。

2. 社会保障风险的特性

（1）风险发生的可测性与不可测性并存。社会保障制度从建立、运行到发展过程中，既存在制度设计是否科学合理的风险，又有制度运行过程中道德风险、基金运营风险，此外，还有制度之外由于自然规律或意外事故导致的风险。这些风险类型各异，有着各自不同的性质与特征，有的可以预测，而有的是无法预测。如养老风险、失业风险和医疗风险都是事先可以为人预知的，人口老龄化、经济危机和瘟疫扩散都可能导致以上风险发生。但是自然灾害和某些人为过失造成的风险，比如工伤风险、生育风险，包括一些医疗事故或者诸如"非典"等流行病暴发引起的风险，什么时候发生或者在哪里发生，事先不可预知，引起社会保障基金支出意外增加可能。

（2）风险发生单位的普遍性。社会保障风险一旦发生，涉及的通常不是个别单位或少数人，而是为数众多的亿万参保人。根据大数定律和社会保障制度的公共性，社会保障覆盖全体社会成员，时间跨度上有的长达几十年，涉及几代劳动者的收入及福利待遇，与人们的生活息息相关，一旦风险事件发生，造成的损失将是巨大的，不仅会带来社会福利的损失，还会影响社会稳定，甚至波及全球。比如，经济萧条或金融危机导致的企业倒闭，生产下降，造成大量的甚至全世界范围内劳动者失业。又如流行病的扩散而引发的医疗风险，超越了个体、超越了地区，涉及的范围小至一省一国，大至一洲或全世界。

（3）风险补偿或给付具有弹性。社会保障作为一种社会公共政策与经济制度，是公共选择的结果，是国家通过立法强制举办的，其目的在于保障人们的基本生活。由于社会保障风险的不确定性，其造成的损失也有不同。以维持社会成员基本生活条件为初衷，风险事件发生后，社会保障部门组织的风险补偿或给付金额不是固定不变的，而是根据经济发展情况和物价指数的变动适时做出必要的调整。

（4）风险补偿或给付的连续性。完善社会保障制度，抵御社会保障风险已成为现代社会文明的一个重要标志和公民的一项基本权利。与纯粹的商业性保险不同，社会保障风险事件一旦发生（除个别险种外），多数险种的补偿或给付是长期的、连续的。如医疗保险补偿直至病人恢复健康，养老金给付直至被保险人亡故。正因为风险补偿的连续性，因而在应对诸如人口老龄化的养老金支付风险时，需要政府做出长期的预算安排与风险防范措施。

（5）风险补偿或给付的有限性。社会保障风险补偿或给付以满足被保险人最基本的生活需要为原则，它是由社会保障具有福利性和救助性，以及政府慎防"动力真空"现象决定的。如果某被保险人希望保险事件发生后，过上更富裕和更体面的生活，就只有再投保商业保险。

（6）风险补偿或给付的政治意义大于经济意义。生存保障是社会稳定的逻辑起点，这是社会管理和社会伦理价值判断的共同结果。国家作为社会保障的主办方，其实现对社会保障待遇的给付及其风险的补偿有着特殊的政治意义。一是主要体现在社会保障事业经办或进行社会保障立法都不是政府当局的自觉行为，而是经济社会发展到一定阶段，社会矛盾加剧，政府当局不得已而为之。二是为了保障社会和谐和政局稳定，现代政府都想方设法改善和调整生产关系，改进分配方式，甚至不惜斥巨资建立和完善社会保障体系。三是多数国家在总统乃至议员选举中，为多拉选票，都或多或少的为选民的民生权利做出一些承诺，从政后为了兑现承诺，在社会保障事业发展方面都不同程度地给予支持和增加投入，从而导致社会保障的财政负担如滚雪球式的越滚越大。

（四）社会保障风险的本质

1. 国内学者关于社会保障风险范畴的认识

（1）宏观层面的社会保障风险认识。结合我国社会保障风险管理的发展实践，学者们对于当前我国社会保障体系中蕴含的各种类型的风险进行了较为深入的探讨。

杨仁君（2004）[①]将社会保障风险分为社会保障制度风险、社会保障财政风险、社会保障管理风险和社会保障的社会风险四类，并指出，社会保障制度风险是社会保障风险存在的根源，社会保障财政风险是社会保障风险存在的表象，社会保障管理风险是社会保障风险存在的催化剂，社会保障社会风险是社会保障风险存在的结果。

曹信邦、王建伟（2004）[②]认为，我国社会保障风险主要由社会保障收支风险、社会保障制度风险和社会保障社会风险三个方面组成，并进一步指出，其中的社会保障收支风险主要是由于人口老龄化、高失业率、基金管理不善以及财政风险造成的；制度风险主要表现为养老社会保险制度的安排缺陷、城乡二元社会保障制度设计、社会保障事权划分不明晰以及社会保障立法的滞后等；社会风险主要体现在政府信誉危机以及居民信赖危机等，并指出三者具有以下关系：社会保障收支风险是社会保障风险存在的表象，社会保障制度风险是社会保障风险存在的根源，社会保障社会风险是社会保障风险的结果。

朱安（2006）认为，社会保障风险是一种客观存在的风险，它包括社会保障制度收支风险和社会保障制度本身的风险和社会保障制度社会风险，他基于主成分分析法对社会保障制度的运行风险进行了综合评价，并基于此建立了社会保障制度风险的预警机制。

刘丹丹、李成超（2008）[③]认为，在社会主义市场经济的大背景下，包括体制融合成本风险、行政性资源配置引发的风险在内的体制风险和市场风险是目前威胁我国社会保障体系的主要风险，其中市场风险包括劳资矛盾加剧带来失业保险、社会救助压力增大的风险、市场经济的盲目性带来社保基金筹集困难、社保资源和基金浪费的风险、收入差距拉大增加了财政风险等。

---

① 杨仁君：《中国社会保障风险研究》，《技术经济》2004年第6期。
② 曹信邦、王建伟：《风险：我国社会保障面临的挑战》，《税务与经济》（长春税务学院学报）2004年第1期。
③ 刘丹丹、李成超：《我国社会保障体系面临的风险及对策分析》，《中国集体经济》2008年第15期。

车咏梅（2008）[①]将社会保障风险分为内生风险、外生风险和社会风险三大类，她指出，内生风险包括社会保障基金筹集风险、社会保障基金运营风险和社会保障基金发放风险中的道德风险等；外生风险包括人口老龄化、高失业率、自然灾害频发给社会保障带来的风险等；社会风险包括由于社会保障制度的不完善所引发的社会不安定因素、劳动力供给带来的风险、对储蓄和消费的不利影响以及可能引发的金融市场风险等外部效应。

林毓铭（2010）[②]通过社会保障面临的主要问题将社会保障风险归纳为财力不足、管理能力基础薄弱，并指出，社会保障中公共风险发生的主要领域在于群体性失业、重大自然灾害、养老金社会化发放、政策危机以及公共医疗等问题。童星（2010）[③]把社会保障界定为"内部风险"与"外部风险"，并指出内部风险，即社会保障子系统在社会系统环境因素的影响和干扰下出现的风险。与此相对应，外部风险则指社会保障子系统自身的运行与完善过程会对社会系统造成的某些损失和不确定性，包括社会保障设施建设的风险和社会保障待遇承诺风险等。邓大松、薛惠元（2011）将社会保障风险定义为未来社会保障事件发生及事件发生造成损失的不确定性，它包括制度设计风险、营运风险、资产流动风险、投资风险、偿付能力风险、财政风险、经济风险、灾难风险和政治风险九大类。

（2）微观层面的社会保障风险认识。除了基于宏观层面、对社会保障风险进行一般意义上的分析之外，也有学者从更为微观的角度，细致地探讨了社会保障制度内部各子制度之间，以及具体运行环节之中可能存在的风险。

其一，社会保障子制度存在的相关风险。关于社会保险风险的认识，李涛（2005）[④]将社会保险面临的风险总结为自然风险、社会风险、经济风险、道德风险和制度风险，并指出自然性风险的损失频率低，损失幅度中大；社会风险的损失频率低，损失幅度大，经济风险的损失频率高，损失幅度中小；道德风险的损失频率中高，损失幅度中小；制度风险的损失

[①] 车咏梅：《社会保障风险的监管机制与手段研究》，博士学位论文，青岛大学，2008年。
[②] 林毓铭：《社会保障领域突发事件应急管理的情景研究》，《中共福建省委党校学报》2011年第7期。
[③] 童星：《社会保障的外部风险探析》，《社会保障研究》2010年第11期。
[④] 李涛：《社会保险营运风险管理》，《吉林广播电视大学学报》2005年第2期。

频率低，损失幅度极大。程乐华（2009）①认为，社会保险领域需要重点研究和防范社会保险政策风险、社会保险操作风险、社会保险基金管理风险、社会保险信息风险和社会保险道德风险。

关于养老保险风险的认识，郭席四（2002）②认为，养老保险制度运行的风险主要有以下五类：个人账户"空账"运行风险，养老保险资金来源的可持续性风险，统筹层次偏低制约基金调剂功能的制度风险，人口老龄化潜伏的支付风险及基金保值增值风险等。何琳③（2010）采用实证的分析方法探讨了我国现行养老保险现收现付制度可持续发展的经济学基础，他指出从生产力、工资和人口结构三者的角度来看，我们可以通过探讨合理的工作和退休年限、调整人口比例结构及寻找最佳的缴费替代率来满足养老保险的风险规避要求。高李④（2006）认为，我国养老保险个人账户面临宏观风险、制度风险、管理风险和投资运营风险，并指出一方面，创造一个稳定发展的环境，并努力将经济周期控制在最小的波动范围内；努力提高产出，增加消费总供给，将人口老化引起的消费总需求对总供给的压力减到最小；合理确定个人账户制度在整个老年人养老保障制度中的权重是应对宏观风险的有效举措；另一方面，做实"空账"，并提高养老保险的筹资能力；通过个人账户的宏观管理和微观管理两方面来控制个人账户的管理风险；通过防范投资风险、规避和控制委托代理风险来降低个人账户的投资运营风险是应对制度风险的有效举措。

张军⑤（2004）认为，由于人口老龄化、制度设计缺陷、管理不善等原因，我国现行统账结合的养老保险制度面临着基金缺口、制度可持续性以及社会信任危机等风险，他认为，由于我国特殊的国情，人口老龄化并不是威胁养老保险的最大因素，由于初次收入分配失衡、国有单位"历

---

① 程乐华：《社保经办应重点防范五大风险》，《中国社会保障》2009年第12期。
② 郭席四：《基本养老保险基金进入资本市场的障碍及对策》，《计划与市场》2002年第3期。
③ 何琳：《现收现付制养老保险风险量化及应对策略》，《保险研究》2010年第8期。
④ 高李：《我国社会基本养老保险个人账户风险》，博士学位论文，东北财经大学，2006年。
⑤ 张军：《统账结合养老保险模式风险分析及对策建议》，《辽宁行政学院学报》2004年第12期。

史债务"问题和基金保值风险的存在，基金贬值风险才是中国养老保险的持久风险来源，并提出转变观念，增强风险意识；加强管理，开源节流；建立养老保险的预警系统等防范风险措施。

如关于医疗保险风险的认识，曹阳、陈洁等（2003）[①]认为，医疗保险制度中的风险管理策略应包括对疾病风险的识别态度，估测和度量疾病风险的技术，选择疾病风险的管理方式，以及对疾病风险管理效果的评价和认识，它对于促进卫生资源的公平分配和有效利用有重要的意义。赵曼（2003）[②]指出，要建立社会医疗保险费用约束机制，包括正确界定社会医疗保险领域参与各方的责、权、利关系。史文璧、黄丞（2005）[③]认为，道德风险的表现形式，一是被保险人的过度消费，即患者在投保之后由于实际承担的医疗费用下降而导致其对医疗服务的需求上升的现象；二是医疗机构（或医生）在提供服务中的诱导需求，医疗机构（或医生）具有实现诱导需求的内在动力和专业优势，因为他们的收入与医疗费用的高低呈正相关关系，因此从自身效用最大化角度出发，有动力促使费用上升。同时，医生又具有诱导需求的专业优势，医疗服务中存在着严重的信息不对称和患者对于病情的不了解和对于医生的信赖使得这种诱导需求得以实现。

温小霓[④]（2006）在比较了各国医疗费用控制研究的基础上，根据我国医疗保险的特点以及医疗费用的支出情况提出：年龄结构、生态环境、工伤与意外伤害、经济因素、医疗技术水平、医疗保险市场的信息不对称与道德风险是目前威胁我国社会医疗保险运行的主要风险因素。张晖、许琳（2007）[⑤]认为，我国城镇居民医疗保险制度的风险来自两个方面：一个是系统外部的风险，即社会经济和人口变化而带来的风险；另一个是系统内风险，主要是由于供需双方信息不对称而导致的过度服务所引起的医

---

① 曹阳、陈洁：《医疗保险中的风险管理》，《解放军医院杂志》2003年第10期。
② 赵曼：《社会医疗保险费用约束机制与道德风险规避》，《财贸经济》2003年第2期。
③ 史文璧、黄丞：《道德风险与医疗保险控制经济问题探索》，《经济问题与探索》2005年第2期。
④ 温小霓：《社会医疗保险风险研究》，博士学位论文，西安电子科技大学，2006年。
⑤ 张晖、许琳：《城镇居民医疗保险制度的风险及规避》，《卫生经济研究》2007年第12期。

疗费用上涨的风险。此外，还面临着制度内部存在的系统内风险。李雯[①]（2006）认为，医疗保险统筹基金积累过程中存在制度设计风险、制度环境风险和制度实施风险。

　　王晓红[②]认为，参保人员老龄化趋势与疾病谱变化；参保职工住院率明显偏高且呈逐年上升趋势；对定点医疗机构监管不到位或力度不够，支付机制不完善，医院医疗行为不规范，受利益驱动使得供方诱导需求行为的发生；高新技术的普遍应用、物价上涨、通货膨胀等因素都导致医疗保险风险的加大，并指出调整医保政策，有效降低住院率；制定临床路径，规范医生诊疗行为；实施按病种付费或病种限价付费制度，增强住院医师的费用意识或控制费用超支风险；加强基层卫生服务机构能力建设，提高服务质量，增加吸引力等是可能的改善政策。李冰水、李玉娇[③]（2010）分析了我国医疗保险道德风险的现状及成因，认为应从制度设计、医疗机构的补偿机制、医疗服务信息系统、"医保"覆盖面和医院信誉机制五方面进行控制和监督。刘慧彩[④]（2007）比较了传统风险管理内部控制措施和医疗保险制度内部控制机制的差异。学者钟邃[⑤]（2006）运用德尔菲专家咨询法和模糊层次分析法构建了我国城镇企业职工基本医疗保险统筹基金风险预警指标体系。在基金风险方面，齐齐[⑥]（2008）提出，我国现行基本医疗保险制度在保障广大职工基本医疗的同时，其面临的来自内部、外部等各种风险也随之加大，尤其是保险基金安全形势日益严峻，他认为，应通过建立健全基本医疗保险自身机制，防范医疗保险基金风险和优化外部环境，来防范风险，促进医疗保险制度的健康发展。

---

　　① 李雯：《社会医疗保险基金的风险管理研究》，博士学位论文，西安电子科技大学，2006年。
　　② 王晓红：《浅析医疗保险基金运行状况及风险》，《才智》2009年第2期。
　　③ 李冰水、李玉娇：《中国社会医疗保险中的道德风险及控制机制研究》，《广西经济管理干部学院学报》2010年第10期。
　　④ 刘慧彩：《基于风险管理的医疗机构内部控制研究》，博士学位论文，西南财经大学，2007年。
　　⑤ 钟邃：《城镇职工基本医疗保险统筹基金风险预警系统的探索性研究》，博士学位论文，四川大学，2006年。
　　⑥ 齐齐：《基本医疗保险基金风险及其防范》，《北京劳动保障职业学院学报》2008年第12期。

关于失业保险风险的认识，肖雅娟（2004）[①]认为，失业保险主要面临失业保险基金保值、增值风险，保险覆盖率较低、救济金的支付能力弱，失业人数波动较大，市场经济条件下的再就业风险等，我们必须从风险管理、统筹监控、扩大失业保险制度覆盖面、提高统筹层次、扩大失业经费救助面等几方面来应对风险。陈仲常[②]（1998）认为，需要建立一套可行的事业风险监测预警指标体系及预警机制来有效地控制失业风险。柏灵[③]（2009）从道德风险的角度提出了应对失业保险道德风险相关举措，认为可以通过增加决定失业保险金水平的参数，适当提高失业保险金替代率；确定一个更为短暂的失业保险金给付期限；改变单调递减的失业保险金发放方式；建立失业保险个人账户；加强失业保险制度落实的监督与惩罚等方面来规避失业道德风险的发生。如关于社会救助风险的识别：张丽娜（2007）[④]认为，空间流动、"脱域机制"[⑤]和信任缺失对风险社会下的传统社会救助带来了挑战。

关于企业年金风险的认识，孙克金（2002）[⑥]基于企业年金制度运行的财务流程将其风险分为外部风险和内部风险，其中，外部风险包括市场风险和法律风险，市场风险包括利率风险、汇率风险、股价风险、通胀风险和流动性风险等，法律风险来自政府管理部门，包括限制投资的种类和比例，限定缴款的比例；内部风险包括内部治理风险和实施风险，包括基金的理事会、内部组织成员、外部服务提供者（外部顾问、审计、货币经理、法律顾问）的故意或非故意行为，给基金造成的财务上的失败。刘瑞霞、刘瑞萍认为，我国企业年金运营面临的主要风险是信用风险、投资风险和关联交易风险。李寒（2008）[⑦]认为，企业年金风险主要由企业

---

① 肖雅娟：《我国失业保险制度的风险研究》，《邵阳学院学报》2004年第5期。
② 陈仲常：《失业风险监测预警指标体系考察》，《统计研究》1999年第2期。
③ 柏灵：《中国失业保险制度中道德风险的控制机制研究》，博士学位论文，武汉科技大学，2009年。
④ 张丽娜：《现代风险社会视野下的社会救助体系构建》，《山西青年管理干部学院学报》2007年第3期。
⑤ 脱域是指把社会关系从彼此面对面互动的地域性关联中抽离出来，并通过"象征符号"和"专家系统"进行重构。脱域机制使得人们脱离了原来的生活圈子之后又形成了新的圈子。
⑥ 孙克金：《企业年金的风险识别与管理》，博士学位论文，浙江大学，2002年。
⑦ 李寒：《企业年金的风险控制研究》，博士学位论文，首都经济贸易大学，2008年。

年金治理风险（包括信用风险和道德风险）、投资管理风险（包括市场风险、利率风险、通货膨胀风险、企业年金基金的通货膨胀风险、政策性风险、集中风险、汇率风险、关联交易风险）、操作风险（包括制度风险、人员风险、独立性风险、技术风险、财务风险等）、长寿风险和一种特殊的风险——企业年金理事会受托模式的风险（包括法律地位不清晰的风险、委托人越位与缺位的风险、受托业务管理不专业的风险和损害赔偿能力不足的风险）等构成。陆解芬（2010）[1]认为，企业年金为了扩大投资范围，提高投资收益，必须进一步扩大投资渠道，但是，由于市场机制存在的各种不确定因素，要求我们对企业年金投资时，必须对其风险进行有效防范和管理，从而有效地保证企业年金的安全运作，企业年金投资面临的风险按其是否可以通过投资多元化加以回避及消除，分为系统风险和非系统风险。

其二，社会保障运行中存在的相关风险。邵伟钰（2003）[2]认为，自1998年以来，我国实行积极的财政政策，对扩大内需、保证国民经济持续稳定增长起到了巨大的作用，但大量举借债务给财政带来了巨大风险，引起了世人瞩目。目前社会保障蕴藏着巨大支付风险，成为我国公共财政风险的巨大隐患。王小军（2005）认为，不稳定、不足额的社保收入会最终增加财政负担，社保资金一旦入不敷出，财政就必须增加相应支出，社会保障在"收"、"支"两个方面都可能导致财政风险，我国公共财政体系必须切实防范对社会保障的"兜底机制"型风险。宋倩、郭超（2006）[3]认为，公共财政作为社会保障制度的最后"兜底者"，不可避免地成为社会保障责任的最终承担者，这也构成了我国社会保障的财政风险。

杨轶华、关向红（2009）[4]认为，我国已步入了未富先老的行列，相应的社会保障基金的支付能力面临严峻挑战，为了社会保障基金的保值增值，社会保障基金进入资本市场已成为大势所趋，但是，社保基金进入资

---

[1] 陆解芬：《企业年金投资风险研究》，《统计与决策》2010年第6期。
[2] 邵伟钰：《社会保障财政风险及其防范》，《经济问题探索》2003年第4期。
[3] 宋倩、郭超：《公共财政下的社会保障财政风险防范》，《西部财会》2006年第4期。
[4] 杨轶华、关向红：《我国社会保障基金投资运营的风险管理与控制》，《经济纵横》2009年第11期。

本市场面临高收益的同时也面临着高风险,社会保障基金投资风险按照是否可分散,可以分为系统性风险和非系统性风险。尹建军(2008)[①]认为,社会风险是社会发展中始终存在的问题,既关乎国家的稳定和繁荣,也关乎个人的生活和命运。黄松涛(2005)[②]认为,社会风险管理能够从综合、动态的角度分析社会风险,通过公共政策来帮助个人、家庭和社会团体管理自身面临的风险,从而降低社会损失,维护社会稳定,促进社会公平。

2. 社会保障风险的本质分析

依据社会保障系统面临的主要问题对社会保障风险进行全面的分析和精准识别是对整个社会保障制度风险管理系统整体把握的基本前提。对社会保障风险进行判别以及清晰地认识社会保障风险的本质,能够更加准确地判断、识别社会保障系统可能面临的风险,从而有针对性地积极应对。如前所述,理论与实践的分析表明,社会保障制度内部及制度运行过程中均存在着各种类型的风险,那么,在如此众多的社会保障风险类别中,究竟哪一项是社会保障的核心风险呢?或者换句话来说,社会保障风险的本质什么呢?

我们认为,社会保障制度向人们提供的基本生活保障,其主要形式是经济保障,从社会保障制度本身的运行机制来看,社会保障制度的整个运行过程可以分为社会保障基金的筹集、社会保障基金的投资运营、社会保障待遇的给付、社会保障基金的监管四个主要环节,不难发现,社会保障制度的整个运行机制是围绕着社会保障基金的收缴—发放两个核心部分而展开的,进一步探究,社会保障运行机制的每一个环节都与社会保障基金密不可分。毫无疑问,社会保障基金管理是社会保障制度得以健康、平稳运行的核心与关键部分,因此,社会保障基金风险管理中所涉及的核心风险——财务风险便应当成为社会保障风险中的最核心风险。

从社会保障制度的参与主体来看,参保个人、参保单位及制度制定与管理者——政府在社会保障制度的运行中都受到财务风险的影响,以制度

---

① 尹建军:《社会风险及其治理研究》,博士学位论文,中共中央党校,2008年。
② 黄松涛:《构建我国"社会风险管理框架"的设想》,博士学位论文,西南财经大学,2005年。

的制定与管理者——政府部门为例。作为社会保障制度的直接或间接参与人，社会保障给付水平过高、社会保障基金收支难以保持平衡、社会保险制度的"巨额"转制成本、经济衰退带来的失业率增加、突发性自然灾害带来的社会救助支出增加等各种非人为不可抗因素都可能造成社会保障制度的"最后责任人"——政府部门的财政风险。

从社会保障制度的具体保障项目来看，任何一个社会保障项目的运转无法脱离财务管理的风险，以社会保障制度中的核心组成部分——社会保险制度中的养老保险、医疗保险为例。对于社会养老保险制度而言，无论是现收现付制模式，还是基金积累制模式，抑或混合制模式，任何一种模式的社会养老保险制度自建立伊始就必然受到债务风险或偿付能力风险的威胁，社会养老保险制度的偿付能力风险包括：人口结构的变动风险、人类预期寿命延长带来的长寿风险、通货膨胀风险、残疾或疾病、退休风险、年金风险、监管风险……这些风险要么与财务风险直接相关，要么本身就属于财务风险；对于社会医疗保险制度而言，它也时时刻刻面临着包括：人口老龄化风险、医疗费用上涨风险、医疗设施陈旧风险、突发性公共卫生疾疫传染风险、医患双方行为中的道德风险与逆选择风险等，这些风险也都与财务给付风险有关。

综上所述，财务风险是社会保障风险中的最本质风险，财务风险管理是社会保障风险管理中最核心、最关键的部分，理应在社会保障风险识别、评估、控制与预警环节中占据核心地位。一般来说，社会保障财务风险主要是对社会保障基金的资金筹集、资金运作以及资金给付风险进行有效的识别、评估、控制与预警，其主要内容是对社会保障制度财务的相关信息进行收集和分类整理，并对社会保障的财务风险进行评估和分析，最后对财务风险的发生概率制定预控方案的过程。

一个国家应该根据自己的实际情况，建立适合本国国情的社会保障财务风险管理制度，同时也需要确立相关的法律保障制度，确保社会保障财务风险的严格、有效控制。从世界范围内来看，随着各国社会保障规模的日益扩大，社会保障制度所面临的财务风险也与日俱增，加强对社会保障财务风险的防范和控制，建立完善的社会保障财务风险管理预警机制，对提高社会保障制度的运营效率有着极为重要的意义。

二 社会保障风险管理的意义与功能

（一）社会保障风险管理的基本含义

社会保障风险管理即是指对以上风险的科学化管理过程，一般地，它是指通过识别社会保障风险体系中存在的各类潜在或显性风险，建立相应的风险评估与预警机制，并通过实施有效的风险规避措施以保证社会保障制度健康、有序运行的管理过程。社会保障风险管理是社会保障制度管理各环节中最为重要且关键的环节之一，社会保障风险管理效果的优劣是社会保障管理部门工作内容的基础和重中之重，关系着社会保障其他各个环节的正常、良好运行，关系着整个社会保障事业发展的成败，对整个社会保障制度的健康发展具有长远的战略性意义。因此，社会保障风险管理作为一个新兴的理论研究领域正得到越来越多的专家、学者的关注，也作为一项重要的实务工作，得到了各级社会保障管理部门的极大重视。

（二）社会保障风险管理的理论意义

相对人类社会漫长的文明史而言，诞生于19世纪80年代初期德国的现代社会保障制度的历史并不悠久，但由于它在各项国家制度中的特殊地位与功能，经过百余年的发展，其目前已经成为世界各国普遍建立的重要社会制度之一。对改革发展中的中国而言更是如此，尽管早在中国的古代社会就出现了社会保障的各种萌芽形式，但现代意义上的社会保障制度的确立在中国也只有几十年的历史。从国际、国内学者关于社会保障制度的现有理论研究成果来看，多集中在两个层面，其一，实际层面。在这一层面，学者们多关心两个方面的问题。一是社会保障制度运行中出现的各种问题。如政府与市场哪个机制更能有效地促进社会成员福利水平的提高？如何扩大制度覆盖面，提高保障水平？如何确保社保基金的保值、增值？如何建立、健全制度的管理机制？等等。二是社会保障制度各保障项目自身存在的缺陷与不足。如选择何种养老制度模式更能保障人们的"老有所养"？以什么样的原则及运作模式建立第二支柱的养老年金制度？怎样才能有效实现医疗制度的社会目标？如何规范、加强失业、工伤保险的实际操作性？等等。其二，理论层面。在这一层面，大量的学者论述了社会保障制度的建立意义与应囊括的基本制度框架，总结了社会保障制度发展的历史与国际、国内的阶段特征，阐述了现代社会保障制度中各保障项目的基本定义与制度内容等问题。

从上述两个层面来看，国际、国内学者的研究重点多集中于社会保障制度微观层面的内容，多注重考察社会保障制度实际操作中存在的问题，对于社会保障风险管理的关注，虽然在部分学者的研究成果中有所涉及，但目前还未有系统的、全面的、完整的关于社会保障风险管理的论述。

如前所述，社会保障制度本身就是为了防范、规避社会化大生产中人们可能遭遇到的各种风险而建立的，其运行过程中更是存在着各种类型的风险，因此，对社会保障制度存在的风险加以研究，不仅具有更好地推动社会保障制度的发展、维护社会稳定的实践意义，更具有重要的学术与理论价值。

从学术价值来看，研究社会保障风险管理的意义至少有以下几点：

第一，社会保障风险管理的研究有益于完善社会保障理论体系的建设，弥补国内关于社会保障风险管理的研究不足。

第二，社会保障风险管理的研究有益于开创社会保障理论研究的新方向，社会保障风险管理的方向一旦确立，其后续将有很多的研究子方向可以开发，具有重要的理论价值。

第三，社会保障风险管理的研究有益于将社会保障理论与风险管理相结合，实现了管理学与经济学，以及管理学不同学科分支间的交叉与融合，具有创新性。

综上所述，无论是从实践意义上，还是学术、理论价值上看，社会保障风险管理理论研究都具有重要的研究意义。社会保障风险管理理论的研究不仅能够完善社会保障理论体系的建设，实现研究方法上的创新，更能够实际推动中国社会保障制度建设的发展，从而为改革的纵深发展提供良好的制度空间

（三）社会保障风险管理的实践意义

社会保障制度从建立到运行的一系列过程中都存在着各种类型的风险。社会保障制度的建立初期存在着制度设计是否科学、合理的风险，制度目标是否明确公正的风险等；社会保障制度的运行过程中，存在着保障对象的道德风险、制度管理是否规范的风险，以及至关重要的社会保障基

金运行风险等。在不断发展着的现代社会保障制度中,这些风险无处不在,它们有着各自不同的性质与特征,有的可以预测的,有的是无法预测,我们要做的就是对社会保障制度中存在的各种可能的风险加以分析、研究,进而提出防范、规避的措施,以保证社会保障制度的健康、可持续发展。

从实践意义上看,研究社会保障风险管理的意义至少有以下几点:

第一,社会保障风险管理的研究有益于防范、规避社会保障制度本身存在的各种风险,有益于社会保障制度内部各种机制的协调与稳定,促进制度的健康、可持续发展。

第二,社会保障风险管理的研究有益于削弱、消减社会保障可能面临来自外部的社会风险,减少不稳定因素,有益于整个社会的安定团结,为改革的纵深发展提供良好的社会环境。

第三,社会保障风险管理的研究有益于防范、规避社会保障制度内部各保障项目自身存在的风险,如养老、医疗、失业、工伤、生育等,有益于各保障项目良好运转,实现制度的建制初衷,切实提高社会成员的福利水平。

众所周知,社会转型中面临的社会风险主要来自政治风险与社会风险两个方面。来源于党内、政府内的政治风险可能引发社会成员的不满,进而影响安定团结局面,阻碍社会改革的发展与进步;来源于生产发展中的经济风险可能由于人民生活水平的长久不能提高或物价的持续上涨危及社会成员的基本生存,进而引发社会不安定因素。社会保障制度是维系经济改革与社会发展的不可替代的重要制度,对当代中国而言更是如此,刚刚起步的社会保障事业发展中还存在着诸多不尽如人意的地方,从风险管理的角度,审视、反思、归纳社会保障制度存在的问题及改进对策,无论是对中国社会保障制度的自身发展,还是纵深发展的改革大业都将具有重要的实践意义。

(四) 社会保障风险管理的功能

马克思主义关于管理的二重性原则,同样也适用于社会保障风险管理本质的分析。从社会经济功能上来看,建立在工业社会化大生产基础之上的现代社会保障制度,主要由政府举办和管理,政府作为制度的设计者与管理者贯穿社会保障制度从建立到运行的各个环节。社会保障风险管理的客观性、普遍性、不确定性与不利性决定了政府必须科学、高效组织社会保障风险预警、识别、防范、处理等各个环节的工作，规避社会保障不确定风险的发生，并将已经发生和可以预测的社会保障风险损失范围控制在最小范围之内。这就要求社会保障风险管理必须按照社会保障风险发生的客观规律，组织、指挥与调节社会保障风险管理过程中的各种协作关系，确保社会保障制度与其他社会、经济制度之间、社会保障项目与社会保障宏观体系之间、社会保障项目与项目之间、社会保障参保主体与制度责任人——政府之间、社会保障参保主体之间，平等、合理地分担社会保障风险。

同时，还要通过社会保障风险管理的加强，推动社会保障制度的健康、可持续发展，推动社会保障事业的迅速发展，使广大劳动者及其家属在任何情况下，都能够通过社会保障制度，保持最基本的生活条件，保证全体社会成员的"老有所终，壮有所用，幼有所长，病有所医，鳏、寡、孤、独、废疾者皆有所养"。

从政治功能上来看，通过建立社会保障风险管理制度，可以保障国家各项社会保障政策，如社会基本养老保险制度、社会基本医疗保险制度、补充养老保险制度、补充医疗保险制度、工伤保险制度、失业保险制度、生育保险制度等得以顺利实施，可持续发展，并保证国家各种宏观社会福利政策，如教育福利政策、卫生福利政策、社会福利政策、社会救助政策、国家安全政策等得以顺利贯彻，维持社会稳定。这反映出生产力发展要求的社会保障风险管理的自然属性。

事实上，在资本主义制度下，生产资料和劳动成果归资本家所有，资本家和工人的关系时剥削与被剥削、压迫与被压迫的阶级对立关系。为了笼络劳动者，缓和阶级矛盾，维持垄断资本统治，资产阶级不得不改变策略，放弃强制高压手段，代之以建立社会保障制度，加强社会保障风险管理，发展社会保障事业来安抚广大劳动群众。可见，资本主义的社会保障风险管理是资产阶级奴役和统治劳动者的另一种手段，其目的是通过规避社会保障风险，保证社会保障制度的正常运行，保障劳动者必要的生活水平，缓和劳资关系，以便榨取更多的剩余价值，这反映出资本主义生产关系性质的社会保障风险管理的社会属性。

而在社会主义制度下，社会保障是以社会主义生产资料所有制和按劳分配占主导地位的经济制度和分配制度为基础，加强社会保障风险管理的目的是保证社会保障制度的良性、健康运行，保障社会保障待遇能够足额按时地支付，并随着社会主义社会经济水平的发展而相应提高，这同人民的利益是一致的。同时，在社会保障风险管理活动中，领导和群众之间的关系，管理人员、技术人员和直接劳动者之间的关系是平等和互助互利的合作关系，因而不存在资本主义社会那样的剥削性。但是，在社会主义社会保障经济关系中还存在着中央与地方、国家与个人、社会保障机构与用人单位及个人之间的不同的经济利益关系，正确处理诸方面的经济利益关系必须在党和国家的领导下，按照客观经济规律，通过加强社会保障风险管理和监督，调动企业和个人的积极性，把人和物两个要素有机地结合起来，组织现实的社会保障活动，使之形成现实的社会保障生产力。这反映出社会主义生产关系性质的社会保障风险管理的社会属性。

三 社会保障风险管理的基本原则

（一）客观公正原则

客观公正是社会保障风险管理必须遵守的最基本原则。客观公正原则一方面要求社会保障风险管理主体在对社会保障风险进行管理时，应当根据科学、合理、明晰的风险管理与规避标准，运用科学的方法对相关风险发生概率进行评估、预测与规避，这一过程要求严格遵守客观原则，真实地反映、描述风险事实，绝不能主观臆断，无中生有，或捏造事实。另一方面，客观公正原则还要求社会保障风险管理主体必须严格地按照科学的标准与程序对每一个风险环节、每一项风险项目进行评价、考核。

遵循客观公正原则既是社会保障风险管理工作的基础，也是社会保障风险管理工作落实的保证，如果风险管理工作违背了客观公正原则，不仅导致不能客观、准确地反映社会保障制度所面临的风险的实际情况，还会影响到财政政策、金融政策、福利政策等一系列社会、经济政策的政策方向，致使整个经济发展形势受到干扰，后果非常严重。因此，社会保障风险管理必须坚持客观、公正的原则，排除某一个人或某一个集体的主观意志与偏见，这样才能保证社会保障风险管理工作的顺利进行，才能保障风险管理受到良好的执行效果。

（二）全面性原则

全面性原则是指风险管理主体要从不同角度、不同着眼点出发，全面、综合地评价社会保障制度所面临的各种风险。社会保障制度涉及政府、市场、企事业单位、职工个人、伤残弱势群体等众多主体，社会保障制度本身又包括医疗、养老、失业、工伤、生育等诸多方面内容，制度涵盖主体的广泛性与制度内容的多样化使得社会保障风险无处不在，防不胜防，这就要求社会保障风险管理工作必须坚持全面性原则，综合考虑、管理社会保障制度所面临的来自各方主体、各个环节的各种风险，以及其发生的概率和可能造成的后果。社会保障风险的预测不只是通过对单个风险项目或程序的历史回溯来提炼、总结风险发生的规律，而应是对社会保障制度内部各保障项目之间、制度参与主体之间的全面性考察。同时，社会保障风险管理不仅要考虑社会保障制度本身存在的风险，还应关注社会保障制度与宏观经济环境、社会环境之间可能存在的风险，如政治风险、社会风险、道德风险等。

（三）系统化原则

社会保障制度涉及众多制度主体，政府行政部门、用人单位、家庭与个人共同参与到这一制度当中，因此，其面临的风险也是一个复杂的系统，其中包括不同类型、不同性质、不同损失程度、由不同主体引起、对不同主体造成影响程度迥异的各种风险。由于复杂风险系统的存在，使得某一种独立的分析方法难以有效地全面分析风险事件，因此必须综合使用多种分析方法系统化考察。

为了保证每一项社会保障风险最初分析的准确程度，应该对其进行全面系统的调查分析，将风险进行综合归类，揭示其性质、类型及后果。运用科学系统的方法来识别和衡量社会保障风险可以使我们对风险有一个总体的综合认识，进而确定风险发生的概率，较合理地选择控制和处置的方法，这是风险管理的系统化原则。同时，由于社会保障风险随时存在于社会保障制度发展与完善的任何过程之中，因此，风险的识别和管理也必须是一个连续不断的、系统化的过程。

（四）事前管理原则

事前管理原则在一般风险管理理论中占有重要地位，对于社会保障风险管理而言也一样。要防止社会保障风险的发生，就要在社会保障风险事件发生之前建立起相对应的规避程序与应对措施,对可能发生的风险进行识别与追踪。事前风险管理与"问题式"风险管理是社会保障风险管理的两类常见管理方式。"问题式"风险管理的特点在于哪里发生问题,哪个环节产生了风险,就到哪里解决问题,其属于典型的事后纠错式管理方式,这种管理只能解决已经发生的风险,而不能很好地预防没有发生的风险。事前风险管理的特点在于在风险发生之前就已经预测到风险可能发生的时间、地点、程度等,并已经采取了相应的措施预防风险的产生。

社会保障制度满足因为各种原因导致的社会成员收入中断或减少后的基本生活需要,保障每一个社会成员能够老有所养、病有所医、幼有所教、壮有所用、鳏寡孤独残障者皆有所依。社会保障制度与老百姓的生活息息相关,对促进社会发展、维护社会稳定具有重要意义,因此,做到事前预防、事前管理的风险管理原则尤为重要。

(五)动态性原则

社会保障风险管理要求管理主体在进行社会保障风险管理时,既要考虑每一项社会保障风险当前的情况,还应当考虑不断变化发展着的社会环境以及社会环境变化趋势对社会保障风险的影响。由于社会保障管理风险的多变性与不确定性,对其的风险预测并不是一次性的,在社会保障制度各保障项目实施、制度运行的整个过程中都要进行风险预测。社会保障风险管理制度在设计时不仅应保持风险管理指标内涵、数量及结构上的相对稳定性,同时还要考虑社会政治、经济环境的变化趋势,力求对宏观环境有所预测,并将这种动态地变化反映在指标体系设计上。社会保障基金的筹集、发放、投资运营无时无刻不是处在动态的环境之中,这就要求风险估计主体对其所面临的风险能够及时做出反应,对过去的决策进行适时调整并修正有关预测。因此,良好的社会保障风险管理系统应该对制度的内外部环境变化及其他相关因素非常敏感,要随着社会保障制度内、外部环境的变化而及时进行相应的修改和完善,所采取的风险规避手段必须与国家的法律、法规、政策制度和发展方向相一致,必须着眼于社会保障制度未来长期稳定的发展。具有连续动态性是因为社会保障制度本身及其所处的周边环境都是在不断发展和变化。

(六)可操作原则

社会保障风险管理的可操作原则,着重强调的是风险管理方法的实用性与简便性。无论一个风险管理系统多么科学和完善,关键还在于它能否在实际的风险管理工作中为风险控制主体有效地掌握和操作,如果所设计的风险管理系统不具有可操作性或可操作性不强,不能被管理者接受并运用,那么整个风险管理的流程必然运行不畅,其结果必然是不准确、不客观的,进而无法发挥出管理体系应有的作用。

社会保障风险管理的特殊性要求对社会保障风险实施管理应当熟练运用操作起来简便、易行且具有代表性的风险管控方法,要求不仅要有效地完成风险评估、管控工作,而且还应尽可能缩短对社会保障风险信息的处理过程乃至整个评价过程,提高社会保障风险管理工作的效率。因此,在实际工作中,社会保障风险管理主体在选择风险管控方法时,不应该为了盲目追求高难度和过度专业化,而将风险管控体系设计得过于复杂,这样,既不利于风险管控主体进行操作,也不利于对风险预测结果的处理。同时,社会保障风险管理体系的设计者还应尽可能地运用可操作性的评价方法和技术进行评价工作,所得出的评价结果也便于非专业使用者和风险管理决策者所接受。

四 社会保障风险管理的主要流程与方法

社会保障风险管理方法体系是从社会保障风险管理全局的角度出发,对社会保障风险管理过程中的各个环节所涉及的方法进行统筹安排,以实现协调、高效地进行风险管理。一般来说,社会保障风险管理主要包括风险识别、风险评估、风险规避、风险预警等主要环节。

(一) 社会保障风险管理的主要流程

1. 社会保障风险的识别

社会保障风险识别是社会保障风险管理的首要环节,社会保障风险的识别是进行社会保障风险管理的前提和基础,识别的准确与否在很大程度上决定风险管理效果的好坏,只有在全面了解社会保障制度存在的各种风险的基础上,才能够预测风险发生的时间、阶段及其可能带来的危害,从而选择防范、规避风险的有效手段。一般来说,社会保障风险识别的内容包括:用风险清单分析法详细列出社会保障制度实施过程及过程中可能涉及的主体及可能存在的风险，并且分析各项社会保障风险的产生原因和影响后果。

需要注意的是，首先，社会保障的风险识别涉及整个制度实施全部阶段的各种风险，包括政治、经济、文化、社会、自然环境等方面，对社会保障风险的识别必须有全方位的认识，注重从整体角度分析社会保障制度运行过程中可能存在的风险。其次，社会保障风险识别还具有周期性，必须与其他制度的实施同步进行。最后，社会保障风险识别的过程不是一蹴而就的，它要求配合社会保障制度的实施过程，不断定期修正总结，以实现动态化、最优化。

2. 社会保障风险的评估

社会保障风险评估是社会保障风险管理体系中的核心和基础。社会保障风险评估是指明确社会保障风险评估的目的，描述社会保障风险的特征及危害程度，确定社会保障风险的危害程度及风险概率，公开风险评估结果，并通过相关定量分析方法对社会保障风险进行定级的过程。社会保障风险评估是社会保障风险识别之后的第二个环节，它要为下一步的风险控制奠定基础，是社会保障风险管理的重点与难点。

一般来说，社会保障风险评估的流程包括以下几个步骤：

第一，确定风险评估目标。目标设定是风险识别、风险评价和风险应对的前提，在进行社会保障风险评估之前，评估小组应事先确定风险评价的目标，这对于此后的评价分析具有指导作用。

第二，建立风险评估指标体系。社会保障风险评价指标体系的设置是建立社会保障风险管理系统的重要内容，它是一系列相互联系的能够敏感地反映风险状态及其存在问题的指标所构成的整体。评估指标体系的设置是否科学、合理，对于社会保障风险评价的效果至关重要，指标体系应当遵循相关性、灵敏性、可比性、系统性和预见性等原则，在符合目的性、同一性的基础上建立，还要尽可能地考虑指标的覆盖面，做到有重点地选择，同时兼顾定性指标的量化分析，从而保证指标体系的系统、全面和科学。

第三，选择风险评估方法与模型。风险评估方法包括事故树分析法、成本效益分析法、AHP层次分析法、风险效益分析法、SWOT分析法、因子分析法、德尔菲分析法、财务报表分析法、综合分析法等。评估应当在取得风险估计结果的基础上，综合考虑社会保障内涵的复杂性、丰富性以及其他特性，结合本国社会保障体系的发展趋势及目标要求，研究各个风险的性质，寻求最适合社会保障风险评价的方法，从而合理地规范其所能承受的风险程度。

第四，综合评价。这一环节具体包括收集指标体系数据、确定风险评价基准、进行社会保障风险等级评定。

最后，在风险评估环节还应在社会保障风险等级确定之后，对评估结果进行检验，以判别所选评价模型、有关标准、有关权值，甚至指标体系的合理与否，对不合理的结果进行修改，并最终形成评价结果分析报告。

3. 社会保障风险的控制

风险控制是整个社会保障风险管理工作中的最重要环节，也是风险管理工作的终极目标，社会保障风险控制的方法与流程大致可以分为以下三个步骤：

第一，制定规避、控制措施。社会保障风险控制的目的是确定社会保障风险行为的应对目标与措施，我们应根据社会保障风险水平、各项风险发生概率及风险管理的成本收益分析来综合考虑，根据每一项社会保障风险的现状制定有出针对性的、切实可行的规避、控制措施。其中，社会保障风险控制的具体措施主要有风险规避、风险转移、风险降低和风险接受四种类型。

第二，形成控制计划。针对第一步设计好的社会保障风险控制措施，制订一个结合社会保障风险情况的风险控制计划，并将其作为社会保障制度发展实际的一部分，严格按照计划实施执行。

第三，实施控制计划。实施风险控制计划是社会保障风险管理的具体化、常态化工作，通过控制计划的实施，达到对社会保障风险进行控制的目的。在实施过程中要注意与控制计划的有效衔接和互补性，避免计划仅仅停留在纸面；同时要注意来自实践的反馈：实施控制计划的过程中如果有新的社会保障风险类型出现或现有的控制措施难以实现控制的目的时，要及时修正、更改控制计划，以保证风险管理工作的正常运转。

4. 社会保障风险的预警

风险预警是对可能存在的风险的估计与测量，并建立相应的预警机制，以实现有效的风险防范于规避的目的，也是风险管理中的重要环节。

社会保障风险预警是指在对影响社会保障风险监测和评估的基础上，对社会保障风险发生的程度所做出的提前预报，其实质是预测社会保障安全运行的稳定性程度，从而达到示警防患、事先预防控制的目的。在社会保障风险管理过程中的具体操作流程是由社会保障风险管理者——社会保障相关管理部门（包括专家顾问小组）运用系统、科学的方法，对其所掌握的统计资料、风险信息及风险的性质进行综合分析与研究，进而确定各项风险发生的频度与强度，并提出预警。

社会保障风险预警机制的建立是一个系统工程，应遵循科学性原则、系统性原则和可操作性原则。一般来说，一个完整的社会保障风险预警机制应该包括以下五个子系统：

第一，信息管理子系统——负责信息的采集、整理、统计、存储等工作。

第二，指标子系统——按照科学性、全面性与代表性、灵活性、可操作性、可比性等原则来设计一套能够正确反映社会保障风险状况的指标体系。

第三，预警子系统——通过建立预警模型，确定"警限"等级，并发布预警结果。

第四，对策子系统——根据预警结果，提供相应的防范对策，当然这是一种辅助决策，其目的在于为决策部门提供参考建议，不能代替决策部门的最终决策。

第五，自警子系统——预留一个自警子系统，对预警机制的缺陷和不足进行监控，最大限度地减少漏警、误警和虚警的发生，提高整个预警机制的有效性。

社会保障风险预警机制的建立对制度建设本身而言，有利于监控社会保障制度运行风险，从源头控制风险的发生，完善我国社会保障制度的管理工作，降低制度运行成本，确保社会保障制度的平稳运行；对社会发展而言，有利于提高人们对社会保障风险的认识，强化公众的道德观念，稳定社会秩序。

（二）社会保障风险管理的基本方法

社会保障风险管理就是通过定性与定量相结合的分析方法用经验判断识别社会保障系统存在的危险源、危险类型、可能的危险程度，并进而通过评估、控制、预警的方法确定需要规避的主要风险源的过程。一般来说，在社会保障风险管理主要可能用到以下方法：

1. 定性分析法

（1）事故树分析法。事故树分析法在社会保障风险管理中的运用主要是遵循演绎逻辑路径，从社会保障风险事件的发生结果出发，层层推理进行原因分解，直到找出风险发生的最根本原因为止，这种方法通常借用一定的符号、标识，将整个演绎逻辑推理的过程绘制成图示，形成"事故树"。事故树法能够将导致社会保障风险发生结果的诸多因素及其因果关系通过图示清晰地演绎出来，表现形式直观明了，对风险产生原因的整个追踪过程一目了然。作为一种演绎分析工具，在实践中，事故树分析法往往被用于对大型复杂系统安全性和可靠性的分析，用以系统地描述导致某一项社会保障风险的某一特定危险状态的所有可能影响因素，这一方法也尤其适用于对特定社会保障风险发生原因的典型、深入剖析。

应用事故树分析法须先将复杂的社会保障风险系统分解为比较简单的、容易识别的子系统。当运用这一方法对某一项社会保障风险进行识别时，一方面它既可以通过对导致风险发生影响因素的追踪为社会保障风险发生概率识别及其风险影响程度大小下一步进行量化研究奠定基础，另一方面其本身也可以通过计算各个风险因素发生的可能性及概率，而推测出风险系统整体发生的可能性。

（2）德尔菲分析法。德尔菲分析法是风险识别与评估实践中常用的分析方法，它采用背对背的通信方式征询专家小组成员对风险的预测意见，经过多轮征询，使专家小组的预测意见趋于集中，最后做出符合市场未来发展趋势的预测结论。德尔菲分析法在实践中一直被应用于社会保障风险识别领域，它采用匿名发表意见的方式，通过对社会保障专业领域专家的轮回反馈沟通，对目前及未来社会保障制度发展中可能存在的各种风险及发生概率做出前景判断。这种方法突破了传统的数量分析限制，是意见和价值判断领域内的一种延伸，其执行过程中对受访专家不能互相讨论、不发生横向联系、反复多轮沟通、评价结果具有统计学意义等原则有助于消除专家的多种心理因素干扰，达到互相启发和对结果定量化处理的目的，能够为更合理地制定决策开阔思路。事实上，在缺乏客观数据和资料时，运用这种方法能够对明确可能产生社会保障风险的因素，比如市场因素、政治因素、自然环境因素、技术性因素等，对社会保障某一风险的发生及其时间做出主观定量预测。

（3）SWOT分析法。SWOT是英文strength（优势）、weakness（劣势）、opportunity（机遇）和threat（挑战）的简写，这一方法最早被应用于管理学相关领域。SWOT分析方法的关键在于对事物内部环境的优势、劣势做出客观评价，在此基础之上通过对外部环境的分析来判断事物本身发展面临的机遇与挑战，并进而形成相关对策。将SWOT分析方法运用到社会保障风险管理领域的一般操作流程是：先由社会保障专业领域的专家、制度设计者等专业人士组成顾问小组，对某一项或整个社会保障风险系统进行风险优劣势及面临的机遇与挑战进行系统分析。采用这一做法往往会用事先设计与制作好的社会保障风险清单对涉及的责任主体可能面临的风险进行对照调查，并据此构建SWOT分析的基本风险框架。

与其他定量分析方法相比，SWOT分析方法一开始就具有明显的系统化和结构化的优点。运用这一方法对社会保障风险的识别，就形式上而言，其所构造出的社会保障风险SWOT结构矩阵在形式上实现了社会保障风险的结构化、体系化呈现；就内容而言，其从社会保障风险发生的内部诱因和外部环境出发进行分析，实现了内容上的全面化和系统化。同时，其对社会保障风险发生环境内部优劣势和外部面临的机遇与威胁的识别不是孤立的，而是将这些孤立的因素通过SWOT分析框架系统地相互匹配、组合起来，从而使得社会保障风险管理计划的制定更加科学、全面与合理。

（4）"3E"、"3D"理论方法。"3E"、"3D"理论方法是当前国际上较为流行的公共组织风险评估理论方法。"3E"理论于20世纪80年代初，由英国人力资源管理效率研究小组在对财务管理风险评估时所创立，"3E"即指经济（Economy）、效率（Efficiency）与效果（Effectiveness）。从传统"3E"理论方法的角度出发对社会保障风险进行评估与管理，有助于从宏观层面更好地把握社会保障风险发生的可能性，降低风险发生率，但这一方法对于在微观层面更细微地识别、评估社会保障风险以及提高社会保障风险的管理效率存在一定的局限性。由此，对公共组织的风险评估方法开始从"3E"理论转向"3D"理论，"3D"即指诊断（Diagnosis）、设计（Design）与发展（Development）。"3D"风险评估理论的优势在于它强调提升组织的综合风险管理能力，注重从制度流程上综合识别社会保障风险。

2. 定量分析法

（1）因子分析法。因子分析法是用少数几个因子去描述多个指标或因素之间联系的分析方法，其将具有错综复杂关系的影响因素即变量，综合为较少数量的几个因子，以较少的几个因子再现原始变量与因子之间的相互关系，对分析影响事物发生的相关因素及其影响概率非常适用。同时，由于每一个因子身上携带了能够反映原始资料的多种信息，在计算过程中还可以根据不同因子，对这些变量进行分类。对社会保障风险而言，依据不同的标准可将社会保障风险进行不同的分类，比如，从社会保障基金运作过程来看，分为筹资风险、投资风险、管理风险、给付风险；从金融角度来看，分为市场风险、信用风险、流动性风险、营运风险、政治风险等；风险的种类繁多、数量庞大，影响社会保障风险的因素也错综复杂，运用因子分析技术，我们可以方便地找出某一项社会保障风险发生的主要影响因素有哪些，以及这些影响因素在整个系统中的权重比例，从而将众多可能导致社会保障风险发生的影响因素一一归纳出来，并划分为一定的类别，这对于更加科学、合理地管理社会保障风险具有积极意义。

（2）AHP层次分析法。层次分析法是将与最终决策有关的元素分解成影响目标、基本准则、方案等层次，并在此基础之上进行定性和定量分析的决策方法。这一方法运用在社会保障风险管理领域，是将社会保障风险识别——这一复杂的多目标决策问题作为一个系统，将其总体目标分解成若干个子目标或准则，进而分解为多指标的若干层次，并通过定性指标模糊量化方法计算出层次权数和总排序，形成一个多层次的分析结构模型，进而识别出社会保障风险的过程。

层次分析法将社会保障风险作为一个完整的系统，按照因素分解、比较判断、综合考量的思维方式进行决策，它没有影响可能导致社会保障风险产生的各种因素之间的相互作用，这种系统化处理的主导思想对于更加科学、客观地识别出社会保障风险具有重要意义。同时，在层次分析法中每一层次中的每一个因素的影响程度都被量化，其对这一因素诱导风险发生的概率清晰、明了，而每一个层次的权重设置又会直接或间接影响到最终结果，这一处理方法对于无明显结构特性的社会保障风险评估系统尤为重要。

（3）财务报表分析法。财务分析是运用财务报表数据对财务主体过去的财务状况和经营成果及未来前景的一种评价。作为反映一个风险管理单位财务状况的最直观、最便捷工具，财务报表中基于偿债能力分析、资本结构分析（或长期偿债能力分析）、经营效率分析、盈利能力分析、投资收益分析、现金保障能力分析、利润构成分析等方面的分析，能够为识别该单位的财务风险提供可靠、客观的数据。

社会保障制度的经济活动及其经济效果直接反映了该制度的运行状况，财务报表分析法通过分析社会保障基金投资、盈利、损益以及财务状况变动等情况，能够及时了解、预测社会保障收支盈亏风险的来源及发生概率，识别社会保障财务管理中的潜在风险，防患于未然。同时，社会保障管理部门所建立的财务数据一般均是客观、真实的，依据此数据预测出的社会保障财务风险也具有客观性、真实性，而且从管理成本角度来看，社会保障财务数据的获得相对较为容易、便捷，能够节省社会保障风险识别的管理成本。当然，这一制度也有缺点，它通常只是对社会保障财务类风险的单项预测，无法同时将管理风险、制度转型风险等外界因素包含其中。

3. 小结

社会保障风险的发生实践经验告诉我们，由于社会保障制度在政治、经济、社会环境中的重要地位及制度本身的特殊性，我们不能单一地采用某一种或某一类风险识别方法来预测社会保障风险，而应基于一个国家的基本国情、社会保障制度的发展阶段及其他可能的影响因素，选择不同的风险识别方法，或者同时将若干种风险识别方法进行组合来操作，以获得更加科学、客观、真实的风险预测结果。

五 社会保障风险管理的国际经验及其启示[①]

（一）发达国家的社会保障风险管理

1. 美国社会保障的风险管理

在西方发达国家中，美国的社会保障体系虽然起步较晚，但却是世界上最早实行系统的社会保障法制的国家。美国的社会保障制度包括社会保

---

① 参见邓大松等《社会保障风险管理国际比较分析》，《学习与实践》2011年第2期。

险、社会福利和收入补贴三大部分。其中社会保险包括 OASDI、失业保险、工伤保险和健康保险。美国的社会养老保障制度始于 20 世纪 30 年代美国经济大萧条时期，其主要目的是使就业者退休后能够"老有所养"，目前该制度由公共养老保险、企业年金和个人储蓄三部分组成。其资金来源主要是在职人员把工资所得的一部分作为"社会保障税"（社保税）上交给政府，用于发放给已退休者、残疾人以及他们的家属，在职者退休之后便可以从社会保障制度中享有相应的福利。美国社会保障制度覆盖面广，涉及社会生活的各个方面，是美国规模最大、影响最广泛的社会养老机制。

美国社会保障风险管理的主体主要有社会保障局（SSA）、健康筹资委员会（HCFA）。社会保障局负责管理老年、幸存者和伤残保险计划，以及其他几个社会保障计划。健康筹资委员会管理医疗方案，包括住院保险和补充医疗保险。国内税收机构为社会保障局和健康筹资委员会出具津贴证明，向社会保障信托基金的受托管人发行津贴支票。美国社会保障风险管理的内容有：

（1）公共养老金偿付能力风险管理。现行美国的公共养老金制度是以现收现付制为基础的。随着人口老龄化的加剧，养老基金将会收不抵支。据专家预计，如果不进行改革，2018 年前后，美国养老基金年支出将会超过年收入，而到 2042 年前后，美国养老基金将无力支付养老金[①]。针对该问题，20 世纪 80 年代初，里根总统指定成立了"蓝带工作组"，也称"格林斯潘委员会"，专门研究美国公共养老金的财务问题并提出法律修正议案。1983 年颁布的《社会保障法》修正案，对公共养老金制度做出了重大修订，主要涉及社会保障税，所有联邦雇员必须参加公共养老金，自 21 世纪起延长退休年龄等。1983 年修正案颁布的结果是，公共养老金财务计划由现收现付制逐步向部分积累制转变。

（2）医疗费用过快上涨带来的财政风险管理。人口老龄化趋势、药品价格的垄断、医生收入上涨过快以及医疗保险范围的扩大等原因导致医疗保险支出增长了 60%[②]。医疗费用的暴涨导致了医疗保险费的高速膨

[①]《美国可吸取中国等国社保改革经验》，《国际金融报》2004 年 11 月 24 日。
[②] 吕学静：《现代各国社会保障制度》，中国劳动社会保障出版社 2006 年版，第 65 页。

胀，导致财政不堪重负，已经成为阻碍经济增长的重要因素。为遏制医疗费用过快上涨，1992年美国推出了"管理式医疗"的改革方案。所谓"管理式医疗"，就是把经营管理的思想与方法注入医疗保险的整个过程，不论健康医疗的价格、健康品质，以及得到的医疗途径，统统加以经营式的管理。于是，不必要的昂贵的治疗或手术就会被严格控制并且减少，而消费者的医疗保险费也就会随之降低。

（3）社会保障基金投资风险管理。1985年开始联邦社会保险基金开始逐渐进行积累。目前老年及遗属保险信托基金方面已有较大盈余，约5000亿美元。由于社会保险基金主要以社会保险税的形式筹集和支付，所以基金积累部分全部由财政部运营，社会保险基金投资只限于购买联邦政府发行的债券，不允许进入资本市场。

美国现行的企业年金制度，主要架构为1974年由福特总统签署的《雇员退休收入保障法》（ERISA），其后，1978年的《税收法》、1984年的《退休公平法》、1986年的《税制改革法》等都进一步对企业年金的具体做法和规则进行了修改、说明和规定。美国企业年金基金的风险管理状况为：第一，采取的是审慎性监管模式。第二，建立了年金待遇保证公司，当待遇确定型年金计划出现财务问题时，由该公司支付年金待遇。第三，要求受托人对基金进行多元化投资，对企业年金基金受托人在对基金的投资工具和每种投资工具的比例限额方面没有强制的规定。第四，设定最低收益率要求。即要求受托人就基金的投资必须要达到和投资市场收益率相符合的投资收益。第五，信息披露要求，即企业年金计划管理人必须将计划的有关情况和信息向计划参加者和政府进行披露和报告。

（4）经济风险管理。2008年由美国次贷危机引发的金融危机席卷全球。由于美国联邦社保信托基金（即联邦老年、遗属和伤残人信托保险基金）在投资领域非常保守，坚持远离资本市场，因此避免了这次金融危机的巨大冲击。金融危机美国企业年金计划造成巨大冲击：第一，从全球股票市场糟糕的表现估算，美国企业年金在这次金融危机中的投资损失大约在1万亿美元以上，投资收益率应为负20%左右。第二，美国企业年金资产市值持续大幅缩水，而企业年金计划所承诺的预期退休金负债一直维持高位攀升的趋势，企业年金基金缺口持续扩大，从2008年1月的20亿美元扩大到了2009年1月的3100亿美元，一年经历了156倍的放大,这是基金的财务状况无法承受的。第三,由于资产市值的缩水以及年金计划负债现值的增加,企业年金基金的基金化率由2008年1月的99.8%下降为2009年1月的74.9%,企业年金计划的偿付能力下降明显,已经无法满足当前的偿付要求[1]。

美国雇主和民众对金融危机的反应为:第一,从DB计划来看,42%的雇主改变了资产配置,并重新考虑是否为雇员提供退休金计划;第二,从DC计划来看,雇主改变了提供给雇员的投资产品结构,并对雇主匹配的比例进行了调整;第三,雇员的供款总量在减少,向DC计划的困难提款和贷款也在增加[2]。从美国私营养老金体系在金融危机中的表现可以得到一些重要的启示:第一,多元化的养老金体系既能帮助雇员从多项养老金计划中受益,也能在面临危机时分散风险,提高保障水平。第二,美国养老金体系所具有的弹性减轻了危机的冲击程度,最明显的是弹性退休年龄和灵活的养老金支付方式,它帮助临近退休者在面临巨额资产损失时能够采取主动措施——延迟退休或分期领取养老金来减轻进一步的损失;多元化投资与适时改变投资风险结构相结合,即随着退休年龄的临近,适时调整退休金资产的整体风险结构。

2. 瑞典社会保障的风险管理

瑞典是世界公认的社会保障体系比较完善的福利国家的典型,在西方素有"福利国家的橱窗"、"第三条道路的楷模"之誉。瑞典社民党是瑞典长期以来的执政党,一贯采取"实现充分就业,收入公正分配,共同富裕,人人价值平等"的社会政策,以这一政策为基础,瑞典对全体国民实行普遍、全面的福利保障。瑞典社会保障体系主要包括社会保险、社会福利和医疗保健三部分。瑞典社会保障制度具有覆盖面宽,内容广,保障水平高;公平优先,兼顾效率;以福利水平为基础的保障;主要采取现收现付制;雇主是社会保障基金支付的主体;政府是社会保障的支配主体等特点。

目前,瑞典也已经建起了完善的社会保障管理体系,社会保障风险管

---

[1] 殷俊、许晓辉:《论美国企业年金计划在金融危机中的风险管理与政府责任》,《新疆社会科学》2009年第4期。

[2] 周志凯:《金融危机下的美国私营养老金及其启示》,《财政研究》2009年第9期。

理的主体主要有税务机关、财政机关、社保部门。税务机关主要负责征收社会保险费和登记征缴者的有关信息，并将征收的社会保险费按规定拨付给中央和地方，由它们通过财政预算用于社会保障事业；财政机关主要负责拟订社会保障金预算计划，并负责将财政资金拨付给社会保障各部门；社会保障各部门则负责将财政机关拨付的保险金发放到社保金领取者的手中。另外，瑞典社会保障风险管理的主体还有：个人账户养老金管理局、清算所、国家审计署、金融监管局、社会保险监管局。瑞典社会保障风险管理的内容有：

（1）社会保障财政风险管理。瑞典在第二次世界大战后作为"全民福利国家"，一度成绩骄人，声名显赫。但瑞典实施的高福利是以高税收、高公共开支为代价的。20世纪70年代中期以后，瑞典国库入不敷出，财政赤字迅速扩大。1950年瑞典的财政赤字是3.1亿克朗，1981年增加到了662.7亿克朗，30年增长了210多倍，即使扣除物价上涨因素，增加速度也是十分惊人的[1]。为弥补财政赤字，降低财政风险，瑞典社会保障制度进行了改革：第一，紧缩社会保障开支。包括降低健康保险津贴；将退休年龄提高到65—66岁；降低失业保险津贴的标准，并延长领取失业保险的等待期；降低父母保险津贴的标准等。第二，实施社会保障制度地方化改革。1983年颁布实施的《瑞典保健法》规定，瑞典各郡政府应该承担起规划所有保健服务的主要责任；1990年瑞典政府提出法案，规定地方政府必须承担起各种有关老年和残疾人长期性健康关怀和社会服务的责任。这一改革划清了中央政府与地方政府的责任。第三，实施社会保障竞争机制与私营化改革。

（2）养老基金投资风险管理。瑞典的养老金制度包括公共养老金、职业养老金和私人养老金三部分。其中公共养老金包括为中低收入的退休者提供基本保障的国家保证养老金和收入关联养老金。其中收入关联养老金包括名义账户确定缴费型养老金（NDC）和强制性的个人账户确定缴费型养老金（FDC）。职工的名义个人账户上是没钱的，因为他们所缴的税款都按现收现付的形式支付给退休人员了，所以才冠以"名义个人账户"之名。也就是说，瑞典的名义账户养老基金不能直接用于投资，能

---

[1] 吕学静：《现代各国社会保障制度》，中国劳动社会保障出版社2006年版，第91页。

直接投资的是强制性个人账户养老基金。瑞典强制性个人账户养老基金吸收了智利、澳大利亚和英国的强制性个人账户的优缺点，其特点为：其一，成立了专门的个人账户养老金管理局（Premium Pension Authority, PPA），在投资阶段发挥结算中心的功能，在保险阶段，它成为年金唯一的提供者。其二，个人账户养老金分积累投资期和保险期，在积累期进行养老金缴费和投资，在保险期内进行养老金给付或领取。其三，个人账户的养老金投资体现出投资者的投资意愿。其四，为降低投资管理方面的交易费用，设立了清算所。其五，无最低投资收益保证制度的规定。

3. 日本社会保障的风险管理

20世纪20年代，日本社会保障制度基本形成，并在战后取得更大的发展。日本社会保障制度的体系庞大复杂，主要包括养老保险制度、医疗保险制度（国民健康保险、健康保险、为老年人保健制度设置的医疗保险制度）、工伤保险制度以及失业保险制度等。失业保险制度的被保险人包括全国各行业职工，不分行业和规模，所有企业都必须参加该项保险。工伤事故保险制度分为业务灾难保险和通勤灾难保险。

日本社会保障风险管理的主体是中央政府和地方政府，中央和地方分工明确，各司其职。中央主要负责出台计划、设定方案、调整政策或者对社会保障风险具体的运营管理。具体而言，厚生省下的保险局负责制定医疗保险的有关政策，年金局负责制定养老保险的有关政策。厚生省下属的社会保险厅则负责医疗以及年金保险的具体业务。地方政府是社会保险工作的具体实施机构，也是执行机关。各个地方政府下属主管部门都设有保险机构和国民年金机构。保险机构主要负责厚生年金、健康保险和船员保险，同时指导和监督厚生年金、各保险组合，以及医疗机构。国民年金机构主要负责指导监督国民年金的具体运作，以及指导所属市县、区、村的社会保险事业。

日本社会保障风险管理的机构有五大类：立法机构、行政管理机构、经办机构、营运机构和监督机构。这五大机构的权利是分开的，参议院和众议院属于立法机构；中央政府属于行政管理机构，由厚生省和劳动省负责，只负责监督，具体的工作由地方政府或者共同法人机构承担；所属中央的社会保障中心和所属地方的社会保障事务所是经办机构；全国各地的保险公司属于营运机构。

日本社会保障风险管理从立法、行政管理、执行、基金的管理和监督，每一个环节都有相应的机构负责，职责分工明确。其中立法由国会的参议院负责；行政分为中央和地方的两级管理体制，中央由厚生省负责，地方则由各府道县负责；执行也是分为中央和地方的两级管理体制，中央由社会保障中心负责，地方则由各府道县的社会保险事务所和主管民生的部门，以及一些公共法人组织负责。基金的管理由中央银行和大藏省负责，中央银行主要负责保险资金的出纳，大藏省负责养老和医疗保险金的担保和预算编制，而基金的具体运营则由分布在全国的保险公司负责。监督机构由专设的社会保险基金联合会以及大藏省等机构负责。这种多元化的管理模式，各部门分工明确，相互制约，能够使得社会保险业务更加清晰、严密、高效的运行，从而保证日本社会保障制度的长足健康发展。

(1) 养老保险偿付能力风险管理。20世纪70年代末，日本老龄化速度进一步加快。1950年，65岁以上老年人口的比重只有5%，到1990年就增加了2倍，到2025年将达到25%。与此同时，20—59岁的劳动人口将从1990年56%下降到2025年的48%。从未来趋势看，劳动人口的负担将会进一步加重，每一个劳动人口将要负担一个或一个以上的养老金领取者。而在公共养老金计划中，一个人缴费40年后领取的全额养老金大约相当于劳动人口工资的70%，两相对照，给付超过缴费，日本养老保险制度面临的财务危机可以想象。[1] 为此，自20世纪80年代开始，日本养老保险制度便开始了改革，其改革的主要措施为：推迟享受养老金的年龄；控制养老金的给付额；奖金部分纳入养老保险费缴纳的基数之中；设立青年学生保险费补缴制度等。

(2) 社会保障财政风险管理。首先，经济低迷加剧了社会保障的压力，增加了财政负担。20世纪90年代"泡沫经济"崩溃后，日本经济形势空前低迷，财政收入恶化，难以承受巨额的社会保障支出。日本参加养老保险的被保险人有7000多万人，而退休后领取养老金的约有1800万人；到2012年，日本的养老金体系可能出现519万亿日元的缺口[2]。其次，伴随人口老龄化速度加快、程度提高，达到法定年龄领取年金者的数

---

[1] 吕学静：《现代各国社会保障制度》，中国劳动社会保障出版社2006年版，第203页。
[2] 同上书，第223页。

目日趋庞大，领取养老保险金、医疗保险金的数额急剧增加，从而造成了日本政府日趋严重的财政负担。为解决财政薄弱的年金部门负担过重的问题，除采取国库重点帮助和调整各年金体系间的财政加以解决外，政府还谋求实现年金制度的一体化。此外，在考虑国民承受能力的前提下，逐步提高保险金缴费率，引进"受益者负担"的原则，实行费用征收多元化。

（3）养老基金投资风险管理。日本的养老保险制度主要由"国民养老金"、"厚生养老金"和"公务员共济养老金"等组成，厚生劳动省下属特殊法人"养老资金运用基金"对由这三种养老金构成的公共养老金统一进行管理和投资运作，投资方式主要是购买日本政府和外国政府发行的国债，以及委托一些信托银行等投资机构在股市进行投资，所获利润用来支付养老金。日本2002年财政年度养老基金的收益率为-8.46％，已连续三年出现赤字；截至2003年3月，养老基金亏损总额已高达60617亿日元①。投资连续出现巨额亏损已经开始影响养老保险金的正常支付。因此，日本政府从2002年开始制定了《物价联动型养老金支付办法》，即根据物价跌幅减少养老金的支付额。

（4）社会保障营运风险管理。2007年6月初，日本厚生省社会保险厅爆出丑闻，在由日本社会保险厅负责管理的年金中，超过5000万份的养老金保险记录存在信息缺失，媒体称之为"不着边际的缴款"。这意味着许多已经缴纳保险费的日本国民可能无法按期领取养老保险金。同时又发现早在1987年日本就有1430万例年金缴纳没有输入电脑中去②。日本公众对此义愤填膺。2007年7月29日举行的日本国会参议院选举中，执政的日本自民党遭到惨败，而最大的在野党民主党则取得了胜利，接着安倍晋三于9月12日宣布辞职与此不无关联。

这次出现问题主要是制度和管理上的原因。1996年前，日本国民一个人可能拥有多个养老金账号，在工作调动或者结婚时，养老金账号可能发生变更，管理非常复杂且效率极差。为此，日本于1997年1月开始实施基础年金账号制度，统一了各种养老金账号，实行每人一个账号，由社会保险厅统一管理。统一账号的原则是把按姓名、出生日期、性别和住所

---

① 吴谷丰：《日本：社会保障制度面临严峻挑战》，新华网，2004年10月8日。
② 吕学静：《年金丢了日本乱了》，《中国社会保障》2007年第10期。

一致的多种养老金账号归并。如果这些信息对应不上，则相关的各类养老金账号就无法合成一个账号，且无从查证。一方面，由于日本人的姓名中使用的汉字有多种读音，在录入记录的过程中，缴费者姓名很容易出现错误；另一方由于录入记录的工作量大，仅靠社会保险厅的工作人员忙不过来，于是就聘用了许多临时工。因此，纰漏就出现在这一环节上。那些当时对应不上的年金账号至今也未合成一个账号，而相关部门实际上在10年当中故意掩盖了这种情况。

日本采取的应对措施有：第一，政府向公众道歉；第二，交罚款。日本官房长官盐崎恭久表示，已经要求社会保险厅的所有职员交出2007年夏季的一部分奖金，作为对年金记录糊涂账的罚款；第三，捐奖金。对年金记录问题负责，日本内阁官员决定把夏季奖金中法律上可以归还的部分，全额退回国库；第四，采取紧急措施。首先紧急制定两项法案。一是《年金时效停止特别措施法案》，主要内容是就无法查证的5000多万份年金保险遗漏记录，在当事人要求领取年金保险的差额部分时，废除目前超过5年就无法要求领取的时效规定。二是《社会保险厅改革关联法案》，主要内容是准备解散目前丑闻缠身的社会保险厅，新成立一个由公务员组成的"日本养老金机构"进行管理。其次抓紧核实年金数据。

4. 澳大利亚超级年金的风险管理①

目前，澳大利亚已建成了一个相当完善的社会福利网，其覆盖面遍及全国各地。澳大利亚社会保障制度主要是帮助经济上有困难的人，如果他们因失业、年老、丧失工作能力、抚养小孩或其他原因而无法工作，便可以得到一定的收入补助，对于有小孩的低、中收入家庭也可以得到额外的补助。概括地说，澳大利亚社会保障基本制度主要有养老金、失业和疾病救济金、残疾人抚恤金、寡妇抚恤金、健康医疗保险、产妇津贴、家庭津贴、残疾儿童津贴等。

澳大利亚的超级年金由信托机构管理。在监管模式上，属于审慎监管，并由审慎监管局（Australian Prudential Regulation Authority，APRA）承担主要的监管职责。澳大利亚超级年金监管机制的最大特点是风险管理

---

① G. Thompson, Risk – based Supervision of Pension Funds in Australia, World Bank, Policy Research Working Paper, No. 4539, Feb. 2008.

贯穿整个监管活动，并围绕受托人展开。由于澳大利亚强制年金基金如何投资是受托人的责任，政府并不参与投资，也就不为投资回报提供任何保证。

第一，有关法律要求受托人必须像"谨慎人"所具有的诚实、谨慎、技能和勤勉来运作超级年金，并确保一切为了受益人的最大利益。

第二，在投资选择上，监管机构对超级年金并没有施加具体的限制。只是一般地要求受托人在制定投资战略时应考虑其风险与收益，以及投资组合的分散化和流动性。这种宽松的投资政策，有利于受托人充分实行分散化的资产组合策略，减少超级年金投资的资产组合风险。

当然，也有几项原则性的规定以防止基金被违规使用的风险。如禁止受托人或投资管理人将基金借给超级年金计划的成员或借给雇主的贷款超出规定的限额；所有投资都必须遵守隔离原则。如果受托人将投资委托给投资管理人，则需要知道投资及其绩效的具体信息。

第三，对机构风险的控制主要从以下几个方面进行：

（1）执照与注册制度。所有的受托人都必须获得澳大利亚审慎监管局颁发的执照，而所有由获得执照的受托人管理的超级年金计划都必须注册。实行执照和注册制，有利于审慎监管局识别那些存在问题的受托人，并将其排除在外。

（2）合规性标准。受托人在获得执照之前，必须满足合规性标准的要求。包括受托人必须具备基本的投资能力，熟悉主要的管制规定，制定合规性规章，懂得如何处理利益冲突。

（3）风险管理标准。获得执照的受托人必须制定识别、度量、监督和管理风险的措施与程序（基于规范的方法，且以书面的形式清楚地陈述），并在获得审慎监管局通过后，才能获得执照。受托人必须至少每年进行一次检查，报告任何物理变化和违规情况。同时，外部审计师必须每年都审计受托人的风险管理战略和计划，并向审慎监管局报告风险管理战略是否被执行，以及是否有效。

（4）外包标准。受托人可能将业务外包给账户管理人、投资管理人和托管人，由此带来很多风险。此时，受托人必须与这些服务商签订规范的、可执行的合同，且制定一套选择、监督它们的程序。其中的"终止与违约条款"，可以允许取消合同而不损害受益人的权益。

（5）受托人的资源标准。该标准要求受托人必须具有充足的资源来谨慎地管理超级年金基金。当受托人的成本由管理费或投资收益来弥补时，就必须准备经营预算以符合足够的偿付能力和流动性。当成本由雇主承担时，就必须确保雇主偿付的持续性。如果服务外包，还要确保外包机构具有足够的资源。

（6）真实的净资本标准。被颁发公共执照的受托人必须具有至少500万澳元的真实净资本或者担保。这个资本要求可以实现四个目的：其一，作为操作风险的缓冲；其二，受托人管理年金业务的承诺表示；其三，受托人很好地管理业务的激励；其四，当赔偿保险不够偿付时，来补偿受托人的负债。

（7）审计。外部审计师必须每年都审计受托人向审慎监管局提交的统计报表、机构的风险管理战略与计划及其执行情况，报告机构的缺陷与违规行为。当审计师发现受托人有违规行为或财务状态不稳定时，必须提醒机构，并向审慎监管局报告。

除了通过上述规定来事先预防和控制风险之外，澳大利亚审慎监管局还积极地通过非现场分析与现场审查这两种方式来监管超级年金，包括风险识别、监管行动和基金反应三个环节的循环过程。

某一超级年金基金的风险被定义为：

总风险＝内部风险－管理与控制而减少的风险－资本准备金

审慎监管局首先通过风险概率与影响评级系统（Probability and Impact Rating System，PAIRS）来评估基金的风险。基金的内部风险包括参与方的违约风险、资产负债与市场风险、保险风险、操作风险、流动性风险、违规风险、战略风险、关联方风险。

可以被用来减少部分风险的管理与控制措施包括受托人或管委会的质量、高管层的质量、操作管理的有效性、基金的信息系统与财务状况、风险管理系统、基金的合规文化与程序、独立检查的充分性等。

在冲抵了部分内部风险之后，PAIRS再来评估一个基金的风险概率及其影响指数。首先计算风险概率指数与风险影响指数的几何平均数，得到一个监管关注指数。然后根据监管关注指数的得分来引发"监管行动与反应系统"（Supervisory Oversight and Response System，SOARS）的四种监管态度和行动计划，包括正常、照管、强制改进、重组。

澳大利亚审慎监管局对超级年金基金风险的整个监管程序如图1所示：

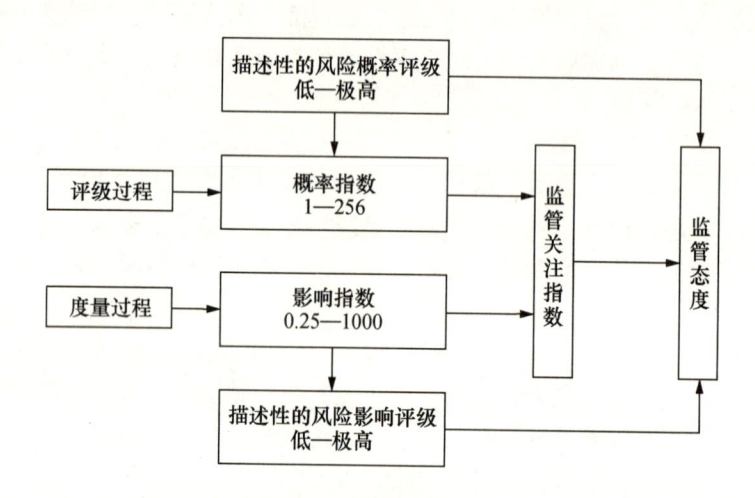

图1 澳大利亚超级年金的风险概率/影响评级的运营框架

（二）发展中国家的社会保障风险管理

1. 韩国社会保障的风险管理

到目前为止，韩国已建立起了包括医疗、就业、养老、贫困救济等在内的较完善的社会保障体系。虽然韩国现行的社会保障制度与其收入水平同市场经济发达国家相比还有很大差距，但其社会保障风险管理的经验也值得我们借鉴。

（1）养老保险制度设计风险管理。据《商业周刊》报道，由于制度设计上的缺陷，韩国养老金体系已经开始发出危险信号。按1988年正式启用的养老基金规定，职员与雇主只需按月存入工资的1.5%（这个比例后来上升至3%，目前为4.5%），当他们在60岁退休时每月便可领到退休前工资的70%[①]。养老基金之所以如此慷慨，是因为在制度设计时，假定的经济增长率为两位数。然而，近年来由于经济增长速度放缓，失业率上升，养老基金吸收到的资金远低于预期。政府有关部门预计，养老体系

---

① 《韩国养老金体系设计有缺陷已发出危险信号》，《证券时报》2002年11月25日。

自 2034 年将开始出现亏损,到 2048 年资金将耗尽。

为保证养老金财务的长期稳定运行,韩国的应对策略为:其一,降低养老金的工资替代率。从 1999 年开始对投保 40 年的受益人的平均工资替代率从原来的 70% 下调到 60%。其二,延长退休年龄。规定退休年龄从原来的 60 岁提高到 2013 年的 61 岁,然后每 5 年提高 1 岁,2033 年提高到 65 岁。[①]

(2)社会保障营运风险管理。韩国社会保障项目多,管理体制过于分散,各项基金统筹层次低,调剂面小,管理成本高。例如,仅养老保险就分为四个部分;医疗保险只搞地区统筹或企业统筹,统筹层次低,基金调剂余地小,一些机构已出现赤字,而另一些机构还有结余。为降低社会保障营运风险,近年来韩国的改革措施为:加强各项社会保障制度之间的衔接与协调,以避免因参与不同制度、不同项目而产生不公平想象;改革国民养老金管理体制,提高养老金的管理效率,逐步实现商业公司的私营化运作等。

(3)国民年金基金投资风险管理。韩国 1986 年开始建立国民年金制度,在 2000 年前实现了"全民养老金"。韩国国民年金基金是年金计划现收现付收支余额形成的积累基金,是一支"缴费型"的国家主权养老基金。国民年金基金投资的特点为:

首先,从性质上分析,韩国的国民年金基金是由负责国民年金征缴和待遇发放的社保经办机构直接管理运营。"国民年金管理公团"(National Pension Service,NPS)是基金的管理主体,它是卫生福利部下属的一个非营利性独立法人机构,其职责是负责国民年金的征缴和待遇支付工作,进行国民年金基金的投资运营。从总体上看韩国国民年金基金取的是政府行政控制下的市场化投资策略,政府对于社保基金的控制和直接参与成分较多。

其次,韩国曾采取多元化"社会投资"方式。韩国国民年金基金在成立之初的 10 年内,投资于社会公共部门和福利设施的做法,在很大程度上是效仿了日本的年金投资模式。1998 年韩国国民年金基金投向社会

---

① 姜向群:《韩国养老保险制度的发展、特点、问题及与中国的比较分析》,《东北亚论坛》2003 年第 9 期。

公共部门和福利部门的资金曾高达70%[①]。尽管国民年金法规定,这些投资的一个原则是不能影响到国民年金财政的可持续性,但从历史回报率上可以看出,公共部门和福利设施投资效率是低于金融市场投资的。

第三,进入21世纪后,韩国转向资本市场投资。在世界范围内,现收现付制下的"缴费型"社保基金采取市场化投资策略的国家并不多而韩国则是一个采取市场化"积极"投资策略的典型例子。从社保基金的资产配置上看,股票投资和境外证券投资的份额越来越高,社保基金涉足风险类投资,这说明韩国社保基金的投资风格在逐步向趋利性和风险性转变。韩国是从国民年金制度建立伊始就开始追求基金的营利性目标。社保基金投资资本市场是对传统现收现付制社保基金投资理念的一种挑战,从韩国的实践历程看,其初步效果已得到一定的体现,但要下定论还为时尚早。

第四,从投资表现来看,韩国国民年金基金的投资回报率是相对较高的。在1988—2005年的18年间,基金平均回报率为10.5%。[②]

2. 智利养老基金的风险管理[③]

智利是拉美国家中最早采纳社会保险政策的国家之一,也是拉美地区最先进行养老保险制度改革的国家。在进行社会保障制度改革以前,智利的社会保障制度存在着许多突出的矛盾:由于没有一个总体的政府政策,智利的社会保障管理机构和政策制度缺乏统一性;旧制度将独立工作者和农村劳动力排斥在制度之外,地区和部门的差异造成社会保障基金的筹集和给付标准不一,缺乏公平性;制度成本高,政府和企业负担重。1973年智利发生政变以后,皮诺切将军领导的军政府对原有的社会保障制度进行了大刀阔斧的改革。与旧制度相比,新制度的改革主要体现在以下几个方面:第一,智利养老保险制度的筹资模式由现收现付制转向完全积累制,管理模式也变成了商业化经营模式;第二,建立雇主责任制的工伤保险制度;第三,智利建立起了一套以个人权利为导向的医疗保险体系;第

---

① Korea National Pension Service, http://www.nps.or.kr/.
② 房连泉、郑延慧:《韩国国民年金基金投资的经验教训》,《天津社会保险》2008年第5期。
③ 智利养老金基金监管局网站, The Chilean Pension System (fourth edition), http://www.safp.cl/573/article-3523.html。

四，以失业保险制度取代失业救济制度来缓解政府沉重的经济压力；第五，社会救助从社会保险中剥离出来，形成一个相对独立的系统，NGO组织在其中扮演着重要角色；第六，智利政府组建了住房和城市规划管理局（MINVU），使住房政策更有效地惠及贫困人群。

智利十分重视社会保险基金的保值增值，只允许对实行个人账户制度的养老保险基金进行投资，对于实行现收现付制的医疗保险和工伤保险的结余资金只能用于购买国债。智利的社会保障制度对各险种实行相对分散管理、单项目实行集中监管的办法，而社会保障监督机构保持了相对独立性。在社会保障风险的治理结构上，智利属于私有私营的管理模式。在监管上，政府设立养老基金管理公司监管局（ASFP），实施严格监管。

（1）对养老金管理公司的市场准入进行严格限制。智利养老基金管理公司监管局对养老金基金的风险防范首先从对养老金管理公司的市场准入开始，包括对基金管理公司设立的核准，最低资本金和法定准备金的要求等。

（2）对养老金基金的投资进行了比较严格的限制。

其一，合格的投资工具。养老金基金只能投资于被法律或智利中央银行明确批准的投资工具。这样做是为了确保养老金基金投资于安全、稳定的投资工具。

其二，风险评级。智利资本市场上由私人机构发行的债券、股票必须经政府认可的风险评估公司进行风险分类后，才能成为养老基金管理公司的投资对象，而且养老金的具体投资项目还要经过政府养老金投资风险委员会的最终审定。其目的有二：一是对投资工具进行筛选；二是根据各个工具的风险评级，对养老金基金的投资组合构成设置相应的限制。

其三，投资限制。一是单一投资工具的限制。其目的是养老金基金投资组合的分散化，减少集中度风险。二是单一发行人的限制。包括投资额不能超过基金资产的某一比例和投资额不能超过发行人资产或净资产的某一比例两个方面。这样做是为了防止基金过分影响发行人的决策。三是某一组投资工具的限制。其目的是限制养老金基金投资于某一组投资工具的最大比例。四是对发行人与基金管理人之间关联的限制。如果发行人与基金管理人有关联，则对发行人的限制还要大大降低。

其四，投资市场限制。养老金基金投资的金融工具的交易必须在规定的市场上进行，并且要符合最低要求，即买卖双方价格面议、信息公开、具备完善的基础设施和内部规章等。这样做主要是为了确保交易的公平与透明。

其五，投资证券的安全保管。如果证券投资超过了养老金基金资产的90%，则这些证券必须被保管于智利中央银行、由智利中央银行授权的外资机构或私人的证券保管公司。

其六，最低收益保证。每个月，养老金管理公司都要保证在过去的36个月里，其管理的养老金基金的实际年回报率不得低于以下两者之中的最低者：一是如果基金属于A、B类，则是同期同类基金实际的平均年回报率减去4个百分点；如果基金属于C、D、E类，则是同期同类基金实际的平均年回报率减去2个百分点。二是同期同类基金实际的平均年回报率，减去该回报率的50%。

为了确保养老金基金投资的最低收益，养老金基金公司需要设立收益波动准备金和法定准备金制。如果养老金基金管理公司的投资收益率低于最低收益标准时，可用收益波动准备金和法定准备金予以弥补。

(3) 智利养老金制度对风险的控制，对参保人利益的保护还体现在政府提供了最后的担保职能。

其一，担保最低养老金的给付。退休员工养老金过低，政府将为其提供最低限额的养老金。

其二，担保最低投资收益率，承担最终风险。如果养老基金管理公司投资收益较差，收益波动准备金和法定准备金均不能保证最低收益率，且没有其他额外的财产来源时，政府财政予以补贴。

其三，在养老基金管理公司和保险公司收不抵支时，政府补足差额。同时保证承担所有额外的保险费用，如平衡残疾保险金及意外事故保险金的收支，或在保险公司破产后保证支付投保人的养老金。

(三) 国外社会保障风险管理对中国的启示

1. 适时延长退休年龄，实行弹性退休制度

为应对人口老龄化风险，很多国家采取延长退休年龄的办法，如美国、瑞典、日本、韩国等。我国"男年满60周岁，女工人年满50周岁，女干部年满55周岁"的退休年龄规定，可以追溯到20世纪50年代。中国退休年龄几十年来未有变化，这与中国当前人口寿命及老龄化的形势相

比明显偏低。2010年9月10日，人力资源和社会保障部副部长王晓初在出席《中国的人力资源状况》白皮书新闻发布会时表示，我国延长劳动者退休年龄的问题还在研究中。这也从侧面表明，从长期来看，延长退休年龄是必然的事情。为了我国养老保险制度的可持续发展，同时考虑到延长退休年龄对劳动力市场的巨大冲击，建议实行弹性退休制度。根据国际惯例做法，弹性退休制度必须设置三档"退休年龄"：法定最早退休年龄、法定正常退休年龄、法定最迟退休年龄。至于这三档"退休年龄"如何确定，需要综合考虑中国人口结构变化情况、就业情况，进一步研究才能确定。

2. 尽快做实养老保险个人账户，实现基金积累

为应对人口老龄化带来的偿付能力风险，很多国家的养老金制度纷纷由现收现付制转向部分积累制或完全积累制，建立个人账户，如美国、瑞典等。我国企业职工基本养老保险制度采取统账相结合的部分积累制，并建立了养老保险个人账户。但由于历史债务、社会统筹基金与个人账户基金混账管理等原因，养老保险个人账户空账运行，因此，从表面上看来，我国的企业基本养老保险制度实行的是部分积累制，但实质上还是现收现付制。截至2009年年末，只有辽宁、吉林、黑龙江、天津、山西、上海、江苏、浙江、山东、河南、湖北、湖南、新疆13个省份做实了企业职工基本养老保险个人账户①。为了真正实现基金积累，建议尽快做实养老保险个人账户。

3. 养老保险个人账户基金适时进入资本市场

目前，我国的全国社会保障基金和企业年金基金已经进入资本市场，进行市场化投资运营，而企业职工基本养老保险基金"除预留相当于二个月的支付费用外，全部购买国家债券和存入专户，严格禁止投入其他金融和经营性事业"。在我国的养老保险个人账户做实之后，将会形成一笔庞大的资金。据人保部《2009年度人力资源和社会保障事业发展统计公报》的数据，2010年年末，13个做实企业职工基本养老保险个人账户的试点省份共积累基本养老保险个人账户基金1569亿元。为避免通货膨胀

---

① 《2009年度人力资源和社会保障事业发展统计公报》，中国人力资源与社会保障部网站（http://w1.mohrss.gov.cn/）。

风险（贬值风险），借鉴瑞典、韩国的经验，可以考虑养老保险个人账户基金进入资本市场，进行市场化运营。其进入资本市场的方式，可以由省级社会保险经办机构作为委托人，实行委托投资的方式来实现。

4. 采取多种方式防范投资风险

不论是全国社会保障基金、企业年金基金，还是企业职工基本养老保险个人账户基金，在进行市场化运营时，要坚持安全性、收益性、流动性的原则，采取多种方式防范投资风险。

（1）加强社保基金①市场化运营的监管。在审慎监管和严格监管这两种监管模式中，目前我国社保基金市场化运营的监管适宜采取严格监管模式。监管内容可以考虑从以下几个方面展开：第一，严格执行市场准入与退出机制。将不合资质的管理机构排除在外，减少机构风险等。第二，严格执行基金投资管理的限制性条款。限制社保基金的投资范围、投资比例等。第三，完善信息披露制度。社保经办机构、托管机构和投资管理机构应当按照规定向有关监管部门报告个人账户基金管理情况，并对所披露信息内容的真实性、完整性负责。

（2）建立投资管理机构的内部控制机制。内部控制制度是一种基础性的风险管理制度。它的有效运行可以在很大程度上发现和化解管理机构本身遇到的外部风险，阻断风险传递链条，从而降低基金运营的整体风险。投资管理机构必须具备完善的内部稽核监控制度和风险控制制度，有效防范和控制投资风险，确保基金安全。

（3）设立最低投资收益率和风险准备金制度。借鉴智利经验，按照行业平均投资收益的一定比例（通常为50%—70%）设立最低投资收益保障条款，投资管理机构要按照管理资产的一定比例（通常为1%—2%）提取风险准备金。这样，既有利于以对基金管理机构形成一定的约束作用，促使其提高运营效率，又可以熨平社保基金的投资收益波动过大的风险。

（4）设置最低担保养老金。我国的个人账户养老金属于基本养老保险制度的组成部分，是整个养老金体系的第一层次。并且，个人账户养老

---

① 这里的社保基金包括全国社会保障基金、企业年金基金和企业职工基本养老保险个人账户基金。

金基金由政府机构代行投资选择权。从维护参保者的利益出发，非常有必要建立相应的担保机制，由政府向受益人提供最低养老金等保证。从国际经验来看，实行严格监管的国家或地区，如智利，政府一般都承担了最后的担保责任，为防范风险提供最后一道屏障。我国企业职工基本养老保险个人账户基金市场化运营的政府担保机制，可以考虑两个方面：一是政府担保的最低养老金。如果退休职工的养老金过低，政府将差额补足其个人账户提供的养老金与最低养老金的缺口。二是对长寿退休职工的养老金担保。如果退休职工的余命超过了根据城镇职工平均预期寿命计算的计发月数，政府应继续为其提供养老金，直至其去世。

5. 做大做强全国社会保障基金

全国社会保障基金是中央政府集中的社会保障战略储备，主要用于弥补今后人口老龄化高峰时期的社会保障需要和其他社会保障需要。也就是说，这部分资金不仅可以用来应对社会保障偿付能力风险，还可以应对灾难风险。例如，在"5·12"汶川大地震爆发后，针对四川省工伤保险基金因灾出现的收支缺口，为了保证因灾参保工伤职工及家属待遇的及时支付，国务院决定，在地方尽快实行市级或省级统筹、动用历年结余、加大基金调剂力度解决的基础上，仍有不足的，可动用部分全国社会保障基金。据此，2009年1月，财政部会同人力资源和社会保障部从全国社会保障基金中调回资金6.8亿元下达四川省，用于弥补德阳、绵阳、广元和阿坝四个重灾市州工伤保险基金缺口[①]。因此笔者建议，继续做大做强全国社会保障基金，为重大风险储备好基金。

6. 建立社会保险经办机构内控机制

日本养老金保险记录信息缺失一案为我国社会保险经办管理敲响了警钟。到目前为止，我国社会保险经办机构仍然没有建立起一套规范有效的内控体系：一缺内控制度体系；二缺内控组织保证；三缺内控专业队伍。正因为内控体系不完善，所以在社会保险系统也曾发生过许多违规案件。为此笔者建议，建立社会保险经办机构内控机制，以降低营运风险。社保经办机构具体实施内控管理，首先，必须抓好内控制度建设这项基础性工

---

① 《社会保障司汶川地震抗震救灾工作一周年回顾》，财政部网站（http://www.mof.gov.cn/pub/shehuibaozhangsi/zhengwuxinxi/gongzuodongtai/200905/t20090514_157248.html）。

作；其次，内控要提升内控管理水平，还必须下力气狠抓专业队伍建设工作；最后，内控建设在实际开展内控管理中，还要建立起三种有机联系的工作机制，即常规防控与专项防控相结合、事前防控与事后防控相结合、专业防控与全员防控相结合①。

7. 建立社会保障风险预警系统

社会保障是以经济手段来解决社会问题，社会保障风险一旦发生，必然波及整个社会，因而建立一个科学灵敏的社会保障风险预警系统是防范社会保障风险的重要措施。科学、灵敏的社会保障预警系统包括：设置合理的社会保障预警指标，建立迅捷的信息资料收集与传导机制，开展人口老龄化、失业规模、社会保障支出的中长期趋势预测，定期发布社会保障运行情况的有关信息等。社会保障风险预警指标应该主要包括人口老龄化指标、失业率指标、基尼系数、社会保障基金增值率、社会保障基金收支比、养老保险替代率、社会保障水平等预警指标。社会保障预警系统组织结构可以设计成：资料收集→总结分析→预警反馈→国家调控→正常运行。对社会保障运行中的非正常现象，通过社会保障预警指标及时反映出来，国家应采取积极措施进行调控，使风险得到消除。

（四）全球社会保障风险管理的发展趋势

从全球范围内来看，对社会保障制度实施风险管理的意识已经逐步渗透到每一个国家社会保障制度的设计理念当中，从制度设计到政策运行，各国的社会保障制度建设越来越关注于对社会保障风险管理的控制与规避。事实上，从全球各国的社会保障制度发展历程来看，其本质上就是一部社会保障风险管理与其他社会经济制度不断协调融合的发展演变历史。在这一发展进程中，受各国既有的文化传统、社会资源、制度基础等因素的影响，社会保障风险管理的国际发展趋势呈现出以下特点：

1. 信息化

推进社会保障风险管理的信息化建设，建立健全信息披露制度。社会保障风险管理存在的最突出问题就是信息不对称。一方面，由于缺乏有效率的信息获取和传导机制，社会保障基金的所有者无法了解到基金管理的

---

① 程乐华：《内控是经办管理的第一要务》，《中国社会保障》2009年第11期。

准确信息，上级监管部门也不了解下级管理部门的真实情况。另一方面，由于风险的多样性和分散性，一些管理部门甚至对自己的职责范围内的详细情况都不了解，零散和不完整的数据使社会保障体系内的管理监督变得非常的困难。为了推进社会保障风险管理的信息化建设，国家应尽快建立起劳动与社会保障、财政、税收、企业和银行等之间横向以及上下部门之间纵向的统一规范的信息管理系统。

2. 多元化

分权化管理是社会保障风险管理的大势所趋。在分权化管理下，社会保障体系里的行政管理权与经营权相分离，资产管理权也和负债管理权相分离，统筹账户与个人账户的资产负债管理权同样也分离了。而从权利所属的机构来看，劳动与社会保障部门享有社会保障基金的行政管理权，劳动与社会保障部门下属的社会保障经办机构负责除基金管理以外的其他社保事务，独立的社会保障基金管理委员会享有统筹账户和个人账户资产的经营权。

3. 制度化

政府应该创造第三方监督的有效实施机制，使社会保障风险监管切实起到作用。所谓监督第三方，是指社会大众，以及代表社会公众利益的非政府组织和独立机构。为避免监督权利过于分散，社会公众必须借助组织和机构的力量去行使集体监督权，而这些第三方组织和机构应该是以社会公共利益为导向的非政府组织。

一般而言，非政府组织凝聚了分散的社会力量，使单个的社会思想，变成了统一的集体意识；同时，许多钻研社会保障，关心社会公共利益的法律、财经、审计、公共管理方面的专家、学者和新闻记者的加入，也为非政府组织履行监督职能提供了条件。因而，国家必须在法律上给予这类组织相应的法律地位，使其免受行政机关的不当干涉。法律应该规定，凡涉及社会保障管理和监督的公共部门，必须尽量满足非政府组织要求提供相关信息资料的要求；对于此类组织提供的政策建言，应当给予认真对待。如果对于该类组织提出的违法、违规行为不及时作出整改，第三方组织可以向上级监督机构提出举报，并代表社会公共向人民法院提起行政诉讼，维护公共利益。

4. 法制化

与社会保障风险管理相关的法律制度包括三套相承的法律：一是社会保障基本法；二是社会保障风险管理的专门法律；三是与社会保障风险管理相关的其他配套的法律法规。

社会保障基本法应该明文规定社会保障风险管理与监督的最高准则，包括社会保障风险管理体制与监督机构的规定、劳动与社会保障部门及下属各级机构的权限、社会保障风险管理委员会的法律地位和职责及社保基金的投资比例、方向和权限等内容。

社会保障风险管理的专门法律是对社会保障基本法有关社会保障风险管理内容的详细化和具体化，它包括社会保障风险管理机构的产生方式、职能权限、考核方式和标准，相应的监督机构，以及对有损社会保障基金安全的行为的具体规定和处罚等内容。

整体而言，全球经济局势瞬息万变，各国都处于各种风险的频发期，给社会保障带来的影响不断加深，政府社会保障管理的难度也在不断扩大。在社会保障的常规性管理中贯穿风险意识、忧患意识、可持续发展意识，建立社会保障风险管理的核心价值观，是引领社会保障管理走向理性化、科学化的必要之路。社会保障风险管理要以各国国情作为研究背景，探讨应对各种社会经济风险、自然灾害下的社会保障功能与政府职能问题，也要从长期发展考虑，研究社会保障的战略发展模式，尤其是如何应对人口老龄化加速势态下的养老保险与医疗保险基金支付危机问题，促使社会保障事业健康地向前发展。

六　全面提高我国社会保障风险管理水平[①]

与世界上其他国家和地区一样，当代中国也正处在一个现代化社会变迁和体制转型的高风险时期，各种风险都在不断积聚、加大，并在一定程度上显现出来。社会保障作为国家解决其社会成员可能遭遇的各种自然风险（年老、疾病、生育等）与社会风险（工伤、失业等）而采取的规避、

---

① 参见邓大松等《社会保障风险及其防范的几点理论认识》，《求实》2011年第4期。

补救措施，其保障能力本身也面临着很大的不确定性。社会保障风险作为一种公共危机，最终是以政府承担支付兜底责任的，风险事件一旦发生将造成公共财政支出的增加，势必造成对公共利益的损害，甚至导致社会动荡、制度崩溃。因此，我们必须通过积极探索社会保障风险的防范措施，创新社会保障风险管理方法，不断完善中国社会保障风险管理体系的建设，并以此推动中国社会保障制度的完善与发展。那么，如何全面提高我国社会保障风险管理水平呢？

（一）提高全民社会保障风险及其防范意识

提高全民社会保障风险意识，有利于更好的防范风险。正如劳伦斯·巴顿所说："那些能够预防'危机'的都只能称之为问题，只有那些无法预知的、被忽视的，且具有颠覆力的意外事故，才能算得上真正的危机。"[1] 因此，只有当公众真正意识到社会保障风险及其可能产生的重大消极影响后，才有可能主动配合社会保障风险防范计划的实施，把社会保障风险解决在萌芽状态。有效地防范社会保障风险，提高全民社会保障风险及防范意识，可从以下几个方面入手：

1. 加大社会保障政策宣传力度，普及社会保障知识

社会保障的风险承受能力和风险处理能力与社会成员的知识水平及认知程度密切相关。因此加强社会保障政策宣传，通过互联网、电视节目等各种途径宣传社会保障政策，增强公众对社会保障风险的认识和了解，有益于普及社会保障相关知识，提高人们的风险意识，引导人们普遍参保，并为自己的风险保障进行预防性储蓄，规避社会保障风险。公众对制度运行的原则予以充分的理解和积极参与，是制度健康运行的重要保证。

2. 增强公众对社会保障改革的关注，构建管理部门风险文化

社会保障制度的运行不仅受到宏观经济的运行状况、政策演变的历史进程、金融市场的发育程度等客观因素影响，还受社会心理及制度文化因素的制约。在中国，长期的国有制基础上的计划经济，淡化了人们的风险意识，再加上公众对社会保障的预期普遍较低，参与的积极性及制度覆盖面也受到影响。根据大数法则以及社会保障风险补偿的有限性，只有全民参与社会保障制度，才有助于形成良好的社会信用。因此，应进一步加强

---

[1] 劳伦斯·巴顿：《组织危机管理》，符彩霞译，清华大学出版社2002年版，第3页。

社会保障管理部门的风险意识，提高服务水平，营造积极防范社会保障风险的文化氛围，以增强公众对政府应急管理系统的了解，把风险研究与潜在能力研究相互渗透融合，[①] 提高人们对社会保障制度改革的关注度。

3. 借鉴商业风险管理经验，提升民众风险防范方法和技巧

防范社会风险的解决办法之一即给公众提供关于风险本身更多的、客观的（技术上）的信息，用理性的可演示的科学数据来减少那些没有充分信息的人们的不理智。首先，立足中国国情，认真学习借鉴国外社会保障风险防范经验和商业保险风险管理方法，提高社会保障风险管理水平。其次，采取有效措施，使公众了解更多的社会保障常识，获得更详细的社会保障信息，掌握科学的社会保障手段尤其是社会保障基金运营技术，以利公众在社会保障项目选择和自有保障基金配置上作出理性选择。

（二）建立有效的社会保障风险预防与应对机制

社会保障风险预防与应对机制作为防范社会保障风险的重要手段，可使社会保障风险管理常态化，从而从制度上维护涉及上万亿社会成员的切身利益。

1. 建立严格内控制度

严格有效的内部控制是社会保障风险预防和应对的重要环节，通过建立一套职责分明、规章健全、运作有序的内控制度，加强社会保障财务管理，完善内部稽查，进行详细、全面和系统的内部信息披露，增进社会保障管理及相关部门自律行为，最后达到内部监督制约的动态控制效果。

构建风险管理组织架构，积极引进人才。建立职责明确、分工合理、相互制衡的风险管理组织架构，积极培养和引进涉及财政、经济、金融、证券、保险多个领域的高素质专业复合型人才，加强社会保障风险管理队伍建设。同时，各级社会保障管理部门应定期向同级人民代表大会及其常务委员会报告社会保障基金及相关经办管理情况。

2. 建立可行的社会保障风险分散机制

第一，与商保共存，分散风险。据欧盟10个成员国的实证研究，社会保障支出与寿险保费收入之间存在着显著的负相关，证明寿险在分担政

---

① ［日］成懒龙夫：《社会保障与风险管理》，崔万有译，《东北财经大学学报》2004年第3期。

府社会保障职能中扮演了重要的角色，减轻了社会和政府在解决人口老龄化问题上的压力。进一步强化市场机制的作用，积极发展保险市场，培养商业保险个体，按照相对集中和有限竞争原则对多元的金融单位、保险公司实行科学管理；完善社会保障经办机构民营化经营管理，按照预定的规则自主经营、自我管理，确保其经营管理的独立性；针对补充层次的社会保险基金，选择相对集中、有较高社会公信力度的金融单位参与运作，以分散风险，增进制度整体运行透明度和绩效。

第二，社会保障风险社会化。社会保障的基石是强调相互支持这一核心理念。从国际经验来看，没有任何一个国家政府可以为其公民提供全部保障。社会保障风险因素既有政府方面的原因，也有企业等各种社会主体和社会公众等各方面的原因，因此政府不应是社会保障风险管理的唯一主体，它除了需要各种社会主体参加、明确政府、企业、个人各方责任，实行风险分担机制以外，还必须要求金融管理部门和从业单位，利用经济市场优势，借助各种投资平台和金融工具，使社会保障负债证券化，最终实现风险社会化。

第三，成立社会保险基金公司。专业化的基金营运是防范社会保障风险的重要手段。由政府委托相对独立的专业机构，成立社会保险基金公司，并利用基金公司的专业人才和技术优势，对基金进行相对独立的专业化营运，实现社会保障基金增值目标，增强社会保障风险分散的经济实力。

第四，组建社会保障基金监督管理委员会。我国现有的基金监管机构包括：人力资源和社会保障部、财政部、国家税务总局、中国证券监督委员会和中国保险监督委员会，在此基础上组建直属国务院领导的社会保障基金监督管理委员会，专门规划和监管社会保障基金运作。社会保障基金监督管理委员会代表国家政府行使社会保障基金监管权力，具有业内其他机构所没有的权威和功能，保障其在优化社会保障基金配置、调动全国相关力量防范社会保障基金风险中发挥关键作用。

3. 加强社会保障基金管理，确保社会保障偿付能力

社会保障基金作为社会保障制度的物质基础和经济保障，探索其保值增值方法是社会保障风险管理的重要内容和关键环节。应按照现代投资组合理论与技术，建立基金的筹集、运营、支付及监督机制，实施资产负

管理，体现基金投资形式多样化和风险分散的投资理念，实现安全营运原则下的较高收益，有效预防和应对社会保障支付风险。

首先，做实基金进口管理。从社会保障基金的个人缴费、企业缴费、财政补贴以及基金的投资收益四个筹资渠道完善社会保障基金筹资管理，建立健全社会保障基金筹资财务管理制度，规范社会保障基金筹资的方式。切实执行《社会保险费征缴暂行条例》，进一步做实缴费基数，规范个人和企业的缴费行为，防止基金漏损；落实国家财政对社会保障的预算制度，实行税前列支，规范财政投入机制，解决好历史欠债问题；加强基金收益管理，建立社会保障个人账户基金的管理和投资运营机制，保障个人账户投资回报率高于记账利率，确保社会保障制度稳健、持续运行。

其次，规范基金支付环节。规范领取行为，防范乃至杜绝道德风险；提高经办管理能力、服务质量和态度，规范统一经办流程；全面推进"金保工程"建设，把各类社会保障项目信息纳入统一的社会保障信息管理系统，实现信息共享；推行资产负债匹配管理，促进社会保障基金向资本转化，改进风险管理方式。

最后，加强基金投资运营。不同类型的基金有不同的安全性要求，因而需选择有区别的投资运营方式，探索社会保障基金的多样化投资模式，在基金的安全性与收益性之间探索一个平衡点。对于基础性社会保障基金，采取存入银行、购买国债、有价证券、投资不动产等相对安全的方式；对于补充性社会保障基金，可尽量提高基金的灵活性和流动性，考虑进入二级公开市场，自主选择投资方向，这也是社会保障风险的投机性特征所决定的。

4. 建立社会保障风险管理信息系统

将社会保障风险防范及制度安排落到实处，管理信息系统是一种重要的载体和辅助手段。当今的信息化时代，对各种信息的判断力度和识别难度越来越大，要加强社会保障风险管理的专业化、系统化和综合化，就应不断更新管理手段和方式，积极引入网络技术、通信技术和计算机技术，构建社会保障风险管理的社会和技术的综合系统，即社会保障风险管理信息系统。

社会保障风险管理信息系统由人和计算机组成，核心功能是强化风险监测，实现社会保障风险管理扁平化，进行高效的风险识别、风险分类及风险处理。相应的系统可分为风险识别子系统、风险分类子系统和风险处理子系统。其中，风险识别子系统利用居民身份证，形成全国统一的居民社会保障信息平台，结合各种保障业务数据和市场信息数据，并利用各种组合分析应用软件，进行数据比对和风险识别。

风险分类子系统对数据来源进行模型检验与修正。利用风险因素、损失数据，合理构造数学模型或者采用其他方式对风险评级、量化，将经济风险、自然风险、责任风险等不同种类进行风险等级划分及大小排序，采用不同的综合方式实现风险信息的集成，提供基于不同风险管理目标的综合信息。

风险处理子系统则基于网络技术，由风险管理信息系统具体操作人员通过网络浏览器及金保工程网络系统，将分类的风险信息、风险预测提示形成风险报告，提供给社会保障各个相关部门和分支机构业务管理负责人，安排风险控制任务，进行风险处理。

社会保障风险管理信息系统的建立，一方面需要软件信息技术的支持，以保证信息的公开共享，提高数据的兼容性和一致性，减少数据的冗余度；另一方面需要制订出系统的全局计划，确定合理的系统目标，创造实现目标所需要的硬件和软件条件。此外，还要定期进行系统升级和更新，随着系统数据库中保存的个人信息记录越来越多，社会保障机构必须在保证数据安全的同时，进一步提高社会保障机构的服务水平。目前金保工程建设中存在的各地区数据和应用软件的不统一、数据和指标的标准化程度不高等问题也应随着信息管理系统的建设与完善予以解决。

（三）建立社会保险精算制度

精算是适应寿险业发展的需要而产生和发展起来，已广泛运用于保险、金融、投资领域，是利用现代数学方法，对各种经济活动及未来的风险进行分析、估价和管理的有效工具。建立社会保险精算制度，使精算技术的运用在社会保险管理中规范化、常规化，是一项重要的社会保障风险防范手段。

建立社会保险精算制度对于促进社会保障制度健康发展，有效防范社会保障风险有着极其重要的意义。通过精算可实现对各类社会保险计划的风险状况、损失规律、长短期财务状况、成本及债务水平和偿付能力进行数量分析，并通过估计社会保险的总成本和分摊在每个职工身上的成本来确定适度的社会保险缴费率；通过实施精算制度，发现中国在社会保障精算中存在的问题，并采取积极措施，不断提高中国社会保险的精算水平。目前，虽然精算工作已逐渐得到政府部门重视，但从总体上看，社会保险精算事业的发展远远不能满足实践需要，尤其是中国的社会保险精算事业刚刚起步，保险精算基础数据缺乏，精算师和专业人才较少，基金的管理营运仍较为粗放。为此，我们建议：

第一，建立社会保险精算专业人才培养机制。在社会保险领域引入精算师制度，完善精算师教育体系，建立系统、严格的精算师资格培训和考试制度，加强继续教育。加强精算师自律制度建设并建立职业指导体系，发展壮大保险精算师队伍，从根本上推动社会保险精算事业发展。

第二，完善专业的社会保险精算组织。到目前为止，国际上一些发达国家及相关国际组织都建立了专门的形式不一精算机构。如美国、日本建有专门的精算机构；英国、澳大利亚设立了独立于政府的精算机构；韩国、法国由专门的研究机构提供社会保障精算。中国应借鉴国际经验，积极组建社会保险精算机构，使社会保险精算事业又好又快发展在组织上得到保证。

第三，发展社会保险精算报告制度。借鉴商业保险的经验，建立一套行之有效的社会保险精算报告体系，对社会保障机构财政状况进行经常性精算审核，及时反映社会保险基金负债和财务状况，为社会保险管理机构提供真实可靠的精算信息以供决策参考。社会保险精算报告应发挥对社会保险风险精算的监督作用，定期预测社会保障基金的支撑能力并做好预警，以常规性的年度精算报告为主体，加强基金运行风险的监测和披露，纳入社会保险立法，强制实施。每年开展精算评估，以及时监测和报告风险。

（四）建立健全社会保障法规制度，加强社会保障监管

完备的监管法律制度是社会保障健康运行的基础，是社会保障基金投资安全的重要保证。由于各种原因，中国的社会保障法制建设十分落后，为规范社会保障主体行为，及时化解社会保障风险，保证社会保障制度可持续发展，建立健全社会保障法律法规体系势在必行。

1. 加快立法进度，加强法律监管

尽快出台《社会保险法》，确定社会保险以及社会保障管理的基本制度框架，确保社会保障风险管理的权威性和科学性，针对当前一些违法、冒领、骗取社会保险金的问题实施法律监管和法律制裁；制定《社会保障风险实施管理条例》，为社会保障基金管理、社会保障精算管理的开展奠定法律法规基础，使基金的筹集、投资、发放与管理等在法律框架下有效进行；适时修订专门的法规制度，保证社会保障行为的合法性和严肃性，维护基金费用征缴的权威性；制定社会保障基金监督管理条例，完善社会保险基金管理中的首席精算师或总精算师制度；建立定期精算评价制度与精算报告制度，健全保险精算师行为自律体系，完善社会保障信息披露制度。西方部分国家对养老保险的相关立法和监管机构都相当完善（见表2）。

表2　　　　　西方部分国家养老保险监管机构与法律体系

国家	监管机构	法律体系
澳大利亚	澳大利亚审慎监管局（APRA）、澳大利亚证券与投资委员会（ASIC）、澳大利亚税务局（ATO）、澳大利亚竞争与消费者委员会（ACCC）	养老金行业监管法（1993）、养老金行业监管条例（1993）；证券法、退休储蓄账户法、退休储蓄账户监管条例
英国	职业养老金监管局（OPRA）、英国养老金监管局	信托法、养老金法案（1995）、社会保障法养老金计划规则、2004年养老金法案
法国	国家养老保险局（CNAV）、补充养老金协会（ARRCO）、养老金协会（AGIRC）	
波兰	社会保险服务局（ZUS）、保险和养老金监管局	改革养老基金组织和运营法案（1997）、会保险体系法案（1998）和公共养老金法案（1998）
冰岛	财政部、金融监管局（FME）、国家税务局（IRD）	
瑞典	瑞典金融监管局（FI）	瑞典共同基金法

续表

国家	监管机构	法律体系
瑞士	联邦社会保险办公室、财政部、联邦私人保险办公室、瑞士联邦委员会、联邦职业养老金委员会	
芬兰	保险监管局、社会事务和卫生部	雇员养老金法、雇用养老保险公司法、养老基金会法和保险基金法

资料来源：各国政府官方网站：www. apra. gov. au；www. fme. is；www. knuife. gov. pl；www. fi. se；www. opra. gov. uk。

2. 制定完善的地方社会保障法律法规体系

梳理、修改已经颁布的地方法律法规与相关制度，补充和完善有关条例和管理办法；研究制定单项法律法规或规范性文件；制定具有可操作性的条例办法，提高地方监督和防范风险效率；建立健全省、市、县三级社会保障基金监督管理委员会，依法对社会保障法律法规政策的执行、社会保险费的征缴、社会保险金的发放、基金管理和运营各环节进行全过程监督。行政监督由严格的限量监管向审慎性监管模式转变，明确监管主体的工作职责，进行动态监督。在行政法规上应完善社会保障违法犯罪行为的惩罚性规定，对违法挪用、挤占保险基金的行为应严厉惩处。

3. 建立完善的行政机关监督机制

加强政府机关、社会保障部门、审计、财政等部门的行政监督，制定相应的监督协调制度，建立强有力的基金协同监督体制，完善社会保障基金专项财务检查与审计办法，完善社会保险基金财务报告的内容，完善个人账户信息、基金收益信息披露制度，以及执行基金财务制度和会计制度，从社会保险费的征缴、基金运行、基金组织机构及其行为、披露乃至资金的信用担保等一系列重要环节进行全面监督。

值得一提的是，多个部门的管理和监督，可能导致监管重叠、监管冲突或者监管真空，因此完善的行政机关监督机制中的一个重要方面就是做好协同监管。表3是部分西方国家在企业年金管理中的协同监管机制，尤其是澳大利亚的机关监督体系为协同监管提供了一个较好的范例。

表3　　部分国家的企业年金协同监管机制

国家	协同监管机制具体内容
澳大利亚	1. 各机构之间的备忘录制度（证券与投资委员会、联邦财政部、储备银行、中央银行、税务局、医疗保险行政理事会、竞争和消费者委员会）；2. 定期的联络会议；3. 法律强制的信息共享程序；4. 监管机构的治理结构包括来自其他机构的成员
冰岛	1. 定期举行协商会议；2. 法律规定的中央银行和金融监督局的信息共享；3. 财政监督部门的治理结构中包含中央银行的成员
波兰	1. 保险和养老金监管局的治理结构中包含来自其他监管机构成员；2. 法律强制波兰保险和养老金监管局与国家银行和证券交易委员会间的信息共享
瑞典	1. 法律规定县行政委员会与其他监管机构的意见交换；2. 法律规定了瑞典金融监管局与中央银行间的意见交换制度
英国	1. 职业养老金监管局、养老金监管局、国家税务局之间的备忘录制度及直接合作；2. 法律强制的信息共享

资料来源：OECD, Supervising Private Pensions: Institutions and Methods, 2004, p. 34。

4. 探索建立社会监督制度

建立公众监督制度，加快完善社会监督的法律法规，发挥社会非营利组织在监管体系中的重要作用。从制度上保证广大社会组织和成员（包括工会组织、企业经营者、职工代表、退休人员代表和专家学者）参与社会保障监督；构建多层次的监督体系，完善专业机构监督制度，提高个人监督的积极性；加强社会保障管理者的责任意识和法治意识，主动接受广大公众的评议和监督。

参考文献

1. 邓大松、何晖：《社会保障风险及其防范的几点理论认识》，《求实》2011年第4期。

2. 邓大松、薛惠元：《社会保障风险管理国际比较分析》，《学习与实践》2011年第2期。

3. 劳伦斯·巴顿:《组织危机管理》,符彩霞译,清华大学出版社2002年版。

4. [日]成懒龙夫:《社会保障与风险管理》,崔万有译,《东北财经大学学报》2004年第3期。

5. 弗兰克·费希尔:《公共政策评估》,吴爱明、李平等译,中国人民大学出版社2003年版。

6. Roddy McKinnon, Developments and Trends in Social Security 2001 - 2004 [A], *Report of General Secretariat of the ISSA Geneva* [C], 2004: 4 - 13.

7. 邓大松、刘昌平:《改革开放30年——中国社会保障制度改革回顾、评估与展望》,中国社会科学出版社2009年版。

8. 林义:《社会保险基金管理》,中国劳动社会保障出版社2007年版。

9. 克里斯托弗·德肯:《社会保障财务监管和风险管理》,《国际社会保障协会第28届全球大会会议报告》, http://www.lm.gov.cn/gb/zt/2004 - 09/17/content_ 47531.htm。

10. 殷俊、许晓辉:《论美国企业年金计划在金融危机中的风险管理与政府责任》,《新疆社会科学》2009年第4期。

11. 周志凯:《金融危机下的美国私营养老金及其启示》,《财政研究》2009年第9期。

12. 李珍、孙永勇、张昭华:《中国养老保险基金管理体制选择——以国际比较为基础》,人民出版社2005年版。

13. 刘子兰:《养老金制度和养老基金管理》,经济科学出版社2005年版。

14. 吕学静:《现代各国社会保障制度》,中国劳动社会保障出版社2006年版。

15. 殷俊、赵伟:《社会保险基金管理新论》,武汉大学出版社2007年版。

16. 吕学静:《年金丢了日本乱了》,《中国社会保障》2007年第10期。

17. 陈仰东:《日本"亡羊"与中国"补牢"》,《中国社会保障》2008年第1期。

18. 姜向群:《韩国养老保险制度的发展、特点、问题及与中国的比较分析》,《东北亚论坛》2003年第9期。

19. 房连泉、郑延慧:《韩国国民年金基金投资的经验教训》,《天津社会保险》2008年第5期。

20. 智利养老金基金监管局网站, The Chilean Pension System (fourth edition), 网址: http://www.safp.cl/573/article - 3523.html。

21. G. Thompson, Risk - based supervision of pension funds in Australia, World Bank, Policy Research Working Paper, No. 4539, Feb. 2008.

22. 曹信邦、王建伟:《风险:我国社会保障面临的挑战》,《税务与经济》2004年第1期。

23. 杨仁君:《中国社会保障风险研究》,《技术经济》2004年第6期。

24. 程乐华:《内控是经办管理的第一要务》,《中国社会保障》2009 年第 11 期。
25. 李航:《我国转型期弱势群体社会风险管理探析》,西南财经大学出版社 2007 年版。
26. 童星、张海波:《中国转型期的社会风险及识别》,南京大学出版社 2007 年版。
27. [德] 乌尔里希·贝克:《风险社会》,何博闻译,译林出版社 2004 年版。
28. 耿靖:《养老金全面风险管理》,文汇出版社 2009 年版。
29. [美] 多尔夫曼:《当代风险管理与保险教程》,齐瑞宗译,清华大学出版社 2002 年版。
30. 侯荣华、葛建新:《中国财政风险研究》,中国计划出版社 2005 年版。
31. 卢林:《制度转型及风险管理》,上海人民出版社 2010 年版。

[原载《中国社会保障改革与发展报告》(2012) 作者:邓大松 孟颖颖]

社会保障的内在性质

社会保障制度的出现是不以人的意志为转移的。从历史上看，社会化大生产极大地推动了生产力的发展，同时也放大了人们的生存风险。当大量人口面临生存威胁的时候，社会秩序会变得不安定，经济不能正常发展。所以，从现代社会的发展进程与文明进步的视角出发建立社会保障制度，保障和改善国民生活，增进国民福祉，是历史发展的必然。

以上判断也同样适用于中国国情。笔者认为，要进行社会保障体系建设，必须对社会保障的历史地位、性质有一个完整的把握。

一 社会保障的现实可能性

社会保障的产生要具备一定的条件，才能从可能性变为现实性。从经济条件来看，只有当生产力发展到一定水平时，才可能使社会财富大量增加，并出现物质财富的剩余，使国家、社会或家庭具备帮助需要者的能力。从社会条件来看，一方面，随着市场经济的发展，社会成员收入水平差距不断扩大，社会不公平程度加剧，造成社会不稳定因素增加。另一方面，生产的社会化使家庭功能弱化，加上生活社会化的组织程度也在逐渐提高，这些都要求社会保障公共化。

二 社会保障的具体功能

从一般意义上说社会保障既是社会安全网，又是社会稳定器，也是社会能量库。社会保障之所以是社会安全网，是因为它可以安定社会成员生活和平衡社会需求。社会保障可以为社会成员提供基本生活保障和福利保障，为社会成员构筑起了一个不同层次、不同对象、不同待遇和不同作用的生活保护网，也可以调节经济波动。社会保障之所以是社会稳定器，是因为它可以通过预先防范和即时化解风险，维护现存政治制度和经济体制；又可以调节国民收入的分配与再分配，缩小贫富差距，促进社会公平。社会保障之所以是社会能量库，是因为它可以保证劳动力再生产，促进消费行为，扩大消费，调节投资和融资，拉动经济增长，还可以培养集体主义精神，促进社会互助精神和发扬人道主义精神。

三　社会保障的重要性

我国的社会化大生产程度正在不断提高，正处在建立社会主义市场经济体制的过程中，公平竞争是市场经济的精髓，企业之间公平竞争的重要前提是社会负担公平化。只有建立覆盖全社会的社会保障制度，才能真正为不同所有制企业之间的公平竞争提供保证。

改革和完善社会保障制度又是人才自由流动的客观要求，市场经济条件下，资源的配置主要通过货币市场、产品市场和劳动力市场进行。而人才自由流动的一个重要前提，是无论在哪个部门工作的劳动者，均能享有基本的社会保障待遇。

改革和完善社会保障制度也是发展农业、实施计划生育基本国策的客观要求。目前，我国绝大多数农业人口仍依赖家庭保障，在农村富余大量劳动力的情况下，提高劳动生产率与降低失业率之间存在严重的矛盾，解决这一矛盾有赖于社会保险与社会福利事业的普及与发展。

四　社会保障的和谐性

我国社会保障制度建设还处在完善阶段，社会保障管理体制分散，不仅弱化了社会保障的整体效用，而且造成巨大浪费。因此，要进一步改革和完善我国的社会保障制度，首先要注意社会保障制度的系统性。要加强社会保障各项目之间及其与相关体制之间在改革中的协调。注意社会保障各项目在覆盖范围、筹资比例、待遇计发等方面的互补和协调配合，把改革和管理结合起来。其次要注意社会保障制度的可持续性，社会保障基金制度的设置不是为了处理短期的支付困难，要从制度设计上解决长期的资金平衡问题保障水平要与我国的社会经济发展相适应。再次要注意社会保障制度的渐进性，社会保障制度的建立和完善是一个长期和复杂的过程，要从急需解决而又有能力解决的方面入手，循序渐进地推进改革和完善。此外要注意社会保障制度的权威性，社会保障作为国家的基本社会经济制度，政策性强，涉及面广，要注意保持政策和制度的统一，不能政出多门，各行其是，管理要规范化和法制化。

（原载《中国社会保障》2007年第1期）

统筹发展城乡社会保障制度构建覆盖全民的社会保障体系

社会保障是一项基本的社会经济制度，是最基本的民生问题。党的十六届六中全会明确提出，到2020年基本建立覆盖城乡居民的社会保障体系，这是我国社会主义市场经济发展和现代化建设进程的必然要求，是落实科学发展观、统筹城乡发展的必然要求，是维护社会公平正义、促进和谐社会建设的重要内容，也是保障广大群众根本利益、促进社会福利公平共享的重要制度基础，更是党以人为本、执政为民的执政理念的根本要求。胡锦涛总书记在党的十七大报告中明确指出，实现全面建设小康社会奋斗目标的要求之一，就是"加快发展社会事业，全面改善人民生活"，而其中具体的目标就包括"覆盖城乡居民的社会保障体系基本建立，人人享有基本生活保障"。同时，在谈及促进国民经济又好又快发展时，报告指出，要"统筹城乡发展，推进社会主义新农村建设"。这对于探索、建立统筹城乡社会保障制度具有很强的现实指导意义。

自20世纪80年代以来，我国社会保障制度改革取得巨大成效：社会保障逐步由国家统管转变为国家、单位、个人三方共同负担；由企业保障逐步转变为社会保障；由部分国民享有逐步转变为全民共享；由现收现付制逐步转变为部分积累制；由政策调整逐步转变为法律规范。有中国特色的社会保障制度基本框架已经确立，基本制度日趋成熟，社会保障事业取得了巨大成就。

但同时也应看到，我国社会保障领域还有不少难点问题尚未解决，同时，也面临人口老龄化、就业形式多样化、城市化等严峻挑战。构建覆盖城乡居民的社会保障体系是一项艰巨的历史工程。

一 覆盖城乡居民社会保障体系的目标模式与制度特征

对比当前的社会保障体系，到 2020 年，覆盖城乡居民的社会保障体系将拥有更为齐全的保障项目、更公平合理的制度衔接体系、更为完善的法律法规体系、更为稳定的公共财政支持体系、更为规范的业务管理体系和更为严密的保障监管体系。总的来看，覆盖城乡居民的社会保障体系应具有以下制度特征。

（一）全面覆盖、项目齐全

所谓"全面覆盖"，是指社会保障制度要覆盖城乡全体居民，户籍身份不再是确定能否享有社会保障权利的依据，社会保障是公民的一项基本权利这一原则得到贯彻，所有公民都能平等地享有社会保障权。全面覆盖的重点和难点将是我国农村地区。当前，我国城乡社会保障的覆盖面稳步提高，但农村只有较少地区开始推行了养老保障，广大中西部农村地区所拥有的社会保障项目很少。到 2020 年，统筹城乡的社会保障体系基本建立，将彻底改变广大农村地区无社会保障、社保项目残缺不全的局面，城乡居民都将享受到基本的社会保障待遇。

与当前社会保障制度包含的项目相比，2020 年所建立的覆盖城乡居民的社会保障体系应更为完善和全面，将包括社会保险、社会救助、社会福利和社会慈善事业等所有基本社会保障项目，城乡之间、地区之间、不同人群之间基本项目覆盖的差异将大为缩小。此外，商业性保险项目也将极大发展，并覆盖城乡，作为重要的保障项目，商业保险将弥补社会保障在保障水平和层次上的局限，满足更高水平、更多种类的保障需求。

（二）城乡衔接、多元参与

到 2020 年，覆盖城乡居民的社会保障体系基本建立，并不等于社会保障资源在城乡分配上是绝对平均、毫无差异的，城乡基本社会保障制度建设仍将存在一定程度的差别。虽然城乡基本社会保障体系并非完全相同，但城乡社会保障制度已经充分衔接。"城乡衔接"指的是城镇、农村的各项社会保障制度将有效衔接，在基本保障项目上既基本一致，同时也体现城乡差别，允许适度的制度差异，尤其是适度的水平差异。但总体上，城乡基本社会保障制度已基本趋同，而且，发展趋势将是日益衔接、统一为一体。

经过20多年的改革，我国社会保障体系已经基本由国家统管、单位包揽走向了国家、单位、个人和社会多元化参与。而且，到2020年，覆盖城乡的社会保障体系也是要国家、单位、个人和社会共同参与的，国家在覆盖城乡的社会保障体系中发挥主导作用，但绝非包揽。覆盖城乡居民的社会保障体系仍将是一个多元化参与的体系，到2020年，一个权责分配明确、制度运行稳定的主体参与机制将建立起来，国家、单位、个人和社会都将遵循更为规范、合理、有效的参与秩序与规则，共同推进社会保障事业发展。

（三）多种层次，重在基本

到2020年，覆盖城乡居民的社会保障体系仍将具有"多种层次"的特征，主要体现在两个方面。首先，项目水平多层次。到2020年，覆盖城乡居民的社会保障体系将包含多种保障层次项目，社会救助、社会保险、社会福利、商业性保险项目将构成水平由低到高的多层次的保障体系，满足不同层次的社会保障需求。其次，享受水平层次。即使到2020年，我国实现全面小康社会，我国生产力发展水平不均衡的局面仍不可能根本扭转，地区之间、城乡之间经济发展水平仍将存在差异，居民之间的收入差距仍将存在，这就决定了我国社会保障水平不可能是整齐划一的，而将是多层次的。具体到各居民而言，每个居民所最终得到的全部社会保障也将是有差异、不同层次的。届时，国家将实现最基本社会保障全国统筹，而这个基础之上的保障部分允许差异存在，各地区、各主体享受的最终社会保障水平将是存在层次性的。覆盖城乡居民的社会保障体系的重点是基本社会保障项目的全面覆盖，这是由我国基本国情决定的，也是在充分借鉴发达国家社会保障建设经验基础上得出的理性认识。

从另一个角度来看，"重在基本"就是要处理好政府管理与市场机制之间的关系。到2020年，覆盖城乡居民的社会保障体系基本建立，国家主导与市场机制之间的作用范围划分将更为应科学、明确。国家主导的社会社会保障建设将围绕基本社会保障项目，加大国家财政支持力度，贯彻公共性原则，向城乡居民给付基本相同的社会保障待遇，体现社会保障的公共性和公平性。而其他补充保障部分应贯彻市场原则,充分发挥市场的作用,坚持权利与义务对等,多筹多得,少筹少得,不筹不得。

(四) 统筹层次高,水平适度

到 2020 年,我国经济社会建设取得较大进步,社会保障制度建设取得长足发展,覆盖城乡居民的社会保障体系基本建立,基本社会保障部分全国统筹的条件已较为成熟,基本社会保障全国统筹将基本实现,而其他保障部分则因地而异,存在差别。基本社会保障全国统筹基本实现将有利于统筹兼顾,解决由于统筹层次低所带来的各种社会矛盾、问题;将有利于综合平衡,保障全国范围内基本社会保障待遇公平;将有利于社会保险关系接续,提高社保关系的便携性,保障全国范围内基本社保关系自由接续;有利于分散风险,提高社会保障体系的抗风险能力。

社会保障水平确立的一个基本原则就是要与经济发展水平保持一致,不能过高或过低,要遵循适度原则。胡锦涛同志在十七大报告中,分析改革开放取得举世瞩目发展成就时指出:"我国仍处于并将长期处于社会主义初级阶段的基本国情没有变,人民日益增长的物质文化需要同落后的社会生产之间的矛盾这一社会主要矛盾没有变"。胡锦涛关于"两个没有变"的论断要求我国社会保障建设要充分考虑我国经济社会发展现状,不能盲目提高社会保障水平,制度设计和改革必须坚持适度原则,建立覆盖城乡居民的社会保障体系要坚持"广覆盖、保基本、多层次、可持续"的方针。到 2020 年,覆盖城乡居民的社会保障体系也应充分考虑我国经济发展水平和国家财政能力,按照政府、单位、个人都能接受的原则,建立社会保障成本在政府、单位、个人之间合理的分担机制,保证社会保障水平的适度性。届时,全面覆盖城乡的社会保障体系保障水平将大为提高,但总体上应仍处于较为基本的保障水平,这是由我国经济状况、人口数量等因素综合决定的。

(五) 法制健全,经办规范

覆盖城乡居民的社会保障体系应具有较为完善的法律、法规体系,社会保障法律和社会保险各单行法规已经颁布并实施,社会保障事业有法可依,社会保障行为监管有据。此外,社会保障监察执法范围将逐步扩大,监察程序较为完善,监察机构更为健全,执法队伍素质大幅提高,对违法行为的查处能力进一步提高。

社会保障经办水平直接关系到社会保障制度、政策的执行和落实，如果没有规范、有效的经办队伍，覆盖城乡居民社会保障体系的保障作用将大为降低。到2020年，覆盖城乡居民的社会保障体系基本建立时，经办机构和队伍建设也将取得更大进步。经办机构的管理制度更为规范，业务流程更为科学，服务标准更为具体，工作条件和环境设施将大为改善，经办管理服务的规范化、信息化、专业化建设水平达到更高标准，社会保障整体经办能力大幅提高。此外，到2020年，社会保障管理社会化将基本实现，社会化管理将提高社会保障制度运行的稳定性、安全性和公平性。

（六）基金增值，持续发展

社会保障基金是社会保障制度运行的物质基础，是社会保障制度和政策稳定运行的关键。到2020年，覆盖城乡居民的社会保障体系基本建立，社会保障基金安全和增值机制基本形成。

第一，基金筹集机制更为完善。社会保障基金将拥有更为广泛的筹资渠道，来源多元化、筹资规范化，基金征缴能力大为增强，基金筹集稳定且有保证。

第二，基金安全、监管机制更为健全。到2020年，覆盖城乡居民的社会保障体系基本建立，基金的安全性大为提高，建立了较为完善的基金监管制度，基本杜绝基金被挤占、挪用的显性损失，社保基金真正成为"阳光基金"、"放心基金"。

第三，基金稳健增值。到2020年，我国将能较为稳定的确保基金增值，基金投资环境更为成熟，基金投资范围扩大，投资、运营能力大为增强，基金实现稳健增值。

到2020年，覆盖城乡居民社会保障体系的可持续将大为增强，社保制度更为完善，经办管理效率较高，基金筹资渠道相对稳定，保值、增值能力大大增强，社会保障社会化管理基本实现，制度可持续性大为增强。

（七）注重公平，讲求效率

公平与效率是一对矛盾，但两者也有统一的一面。社会保障是社会再分配的重要形式，也需要处理好效率和公平的关系。2020年，覆盖城乡居民的社会保障体系基本建立，制度设计更为科学，经办管理更为规范，基金监管和使用更为科学有效，制度有足够的"弹性"，与经济转轨和社会转型的契合性更强，社会保障体系有效性大为提高，体系运行具有更高的效率。

公平性是社会保障制度的重要特征，也是社会保障制度建设的重要目标，所以，覆盖城乡居民的社会保障体系建设要更加注重公平。要按照公共服务均等化的原则，强调公平，注重代内公平和代际公平，充分考虑社会保障资源在城乡居民、不同群体、不同地区、不同行业之间的合理分配，要充分保证所有居民毫无差异的获得最基本的社会保障项目。2020年，覆盖城乡居民的社会保障体系将加大社会保障资源向弱势群体、困难地区、困难群众、困难基层倾斜的力度，将确保这部分群体也能通过再分配获得基本社会保障。

二 构建覆盖城乡居民社会保障体系应处理好八个关系

建立覆盖城乡居民社会保障体系需要进一步完善相关制度和政策，需要进一步调整各类社会关系，从现在起至2020年覆盖城乡居民社会保障体系基本建立，应着力处理好以下八个关系。

（一）处理好各级政府，尤其是中央与地方政府的关系

政府是社会保障制度的主导者，正确处理各级政府尤其是中央与地方政府的关系对构建覆盖城乡居民的社会保障体系意义重大。要改变长期以来各级政府社会保障建设责任分担不明的状况，改变企业依赖政府、地方政府依赖中央政府的状况，要根据我国国情和不同社会保障项目的特点，合理确定中央与地方的职权范围，明晰中央政府与地方政府在社会保障制度建设与改革中的相互关系，要明确中央对基础养老金等项目地方统筹的补助金额和逐步提高的标准。在实行社会保障全国统筹之前，基础养老金等项目的责任主体是地方政府，在基金不足的情况下，要明确地方政府财政的兜底责任，增加地方政府的财政投入，中央政府给予适当补助。在实行全国统筹以后，统一各地基础养老金缴费基数和比例，基金不足部分由中央财政兜底。

（二）处理好政府、企业与个人的关系

要处理好政府、企业和个人的关系，明确界定三者的权责范畴。要明

确政府对基本社会保障统筹部分的责任，加强政府对社会保障的管理，充分发挥政府调节收入分配、维护社会公平、提供均等公共服务的职能，切实履行政府职责。同时，要切实做到权利与义务相对应，认真履行单位的社会责任，履行个人的缴费义务，重视制度运行的效率，建立良性的运行机制。要明确个人承担社会保险个人账户的责任，而企业既要承担社会统筹部分的责任，又要同职工一道承担企业年金的责任管理。各级政府在完善社会保障制度过程中，应规范经济行为和政府行为，锁定社会统筹的支付风险，制定有关优惠政策，调动企业和个人参与社会保障的积极性，促进个人账户和企业年金的发展。

（三）处理好政府与市场之间的关系

处理好政府与市场的关系，充分发挥政府的主导作用和市场的资源配置作用，实现政府与市场作用互相促进、互为补充、互相协调，建立公平与效率的均衡机制。政府应主要保障社会公平，促进社会保障资源的公平分配；而市场机制主要提高效率，调动各方积极性。政府应主要负责财政支持项目，承担社会保险的管理责任，逐步退出竞争性领域，将企业年金管理和个人账户基金投资运营职能让渡给市场。各级政府应转变职能，在管好政府基本保障项目的基础上，为市场机制充分发挥作用创造良好的政策环境。

（四）处理好政府各部门之间的关系

要进一步理顺政府各相关部门在社会保障建设中的关系，明确各部门的职权范围，避免部门之间职权交叉、政策冲突甚至相互掣肘的局面出现。在劳动和社会保障部建立之前，我国社会保障制度分属不同的政府职能部门管理。而当前，仍然有部分社会保障职能尚未理顺，如农村社合作医疗制度划归卫生部管理、农村最低生活保障制度属于民政部管理、机关事业单位社会保障改革推进缓慢、全国社会保障基金理事会的权属不明晰、劳动保障部与金融监管机构在基金监管方面协调不畅、社会保险费征收困难，等等。社会保障管理职能的集中化和专业化问题未能很好地解决。因此，建立覆盖城乡居民的社会保障体系，就必须改变现有社会保障职权分散的局面，着力提高管理的集中化与专业化水平，将社会保障相关管理职能逐步集中到国家专管部门，实行专门、全面管理，实现社会保障职权的归口管理。同时，建立并完善部际协调机制，协调各部门在社会保障管理方面的各种事务。

（五）处理好城乡社保制度建设的关系

由于长期的二元社会结构，我国社会保障发展极不平衡，农村养老保障制度建设缓慢，缺医少药问题突出，多数地区仍基本停留于家庭保障，社会保障总体建设非常滞后。建立覆盖城乡居民的社会保障体系，就必须充分考虑我国尚未充分打破城乡二元结构，既要统筹城乡社会保障建设，又要在一定程度上区别对待。建设覆盖城乡居民的社会保障体系要求逐步将城乡各类居民都纳入社会保障覆盖范围，实现应保尽保。同时，针对我国人口流动和城市化加速的趋势，制定城乡各类社会保障制度、政策和标准逐步衔接的配套办法。但是，认为覆盖城乡居民的社会保障体系建立之后，城乡社会保障差异将被彻底消除是不正确的，也是不现实的。应理性认识城乡经济社会发展的差别，根据实际情况，建立城乡有别的社会保障项目，体现保障水平的差异性。当前，城镇社会保障建设的重点是进一步完善以城镇职工基本养老保险、城镇职工和居民基本医疗保险、失业保险、工伤保险和生育保险为主要内容的社会保险体系，改革机关事业单位养老保险制度，还要探索城镇没有参加养老保险的困难集体企业和无工作老年人的基本生活保障办法。同时，要抓紧研究既符合农民工特点又能与现行养老保险制度相衔接的农民工养老保险办法，推动农民工参加工伤保险和医疗保险。而农村地区社会保障建设应大力推进新型农村合作医疗制度建设，探索建立新型农村养老保险制度和农村综合社会保险制度。还要针对未能参加社会保险或即使参加了社会保险而生活依然贫困的城乡居民，完善城乡居民最低生活保障和社会医疗救助制度。

（六）处理好城镇职工与非城镇职工社会保障覆盖的关系

当前，我国城镇职工社会保障体系框架已经基本建立，今后的任务是大力完善和发展。我国应突出解决好城镇非企业职工的社会保障覆盖问题，这是建立覆盖城乡居民社会保障体系的重点和难点。提高这部分人群的社会保障覆盖水平不仅是建立覆盖城乡居民社会保障体系的要求，更重要的是保障公民基本权益、体现国家责任。当前，针对这部分群体特点探索社会保障体系建设，应坚持"低进低出、高进高出、平进平出"的原则，杜绝违背权利和义务对应的原则，以低标准缴费政策盲目扩大覆盖面的做法，应充分考虑这部分人群和国家财政的负担能力，以适度覆盖范围、较低保障标准起步，逐步扩大这部分群体的社会保障覆盖范围和保障水平。

(七) 处理好制度建设与经办管理能力建设之间的关系

加强社会保障制度建设是社会保障事业的必然要求，是保证社会保障规范、合法、稳定运行的制度基础，要加大社会保障制度研究、探索和实践，加强社会保障法律、法规和政策建设，确保社会保障运行有法可依、有章可循、有条不紊。但是，社会保障经办能力跟不上，不论多么完善的制度都将是难以落实和执行的。随着经济社会快速发展，社会保障覆盖范围不断扩大，特别是大量灵活就业人员、农民工和城乡居民纳入社会保障覆盖范围后，社会保障经办管理工作的范围、内容、对象、项目和方式都发生了很大变化，经办管理服务能力建设滞后问题日益突出。而建设覆盖城乡居民的社会保障体系则要求更高水平的经办能力。所以，今后我国社会保障建设要坚持制度建设和经办能力建设协调进步的原则，同步推进制度建设和经办能力建设，在制定和完善制度与政策同时，着力提高社会保障经办能力，改变经办能力滞后于制度建设的现状，使二者协调发展。

(八) 处理好当前体制转轨与长效机制建设的关系

我国社会保障建设当前和今后都面临诸多挑战，既面临当前涉及群众切身利益的突出矛盾，也面临一系列影响长效建设和持续发展的问题。我国社会保障制度建设和改革既应立足当前，又要着眼长远，处理好当前体制转轨与长效机制建设的关系。当前，我们应积极完善相关制度和政策，采取有效措施，大力解决好历史遗留问题，尤其是体制转轨遗留问题，如认真落实好2008—2010年企业退休人员待遇调整工作，扎实推进困难企业职工和退休人员参加医疗保险工作，积极探索"老工伤"待遇问题的确定办法，大力解决好困难企业工资拖欠问题，认真落实失地农民社会保障各项政策，切实做到应保尽保。同时，我国社会保障制度建设和完善应着眼长远，充分考虑长效机制建设，加快制度改革和创新步伐，提高制度发展的可持续性。建立长效机制应重点扩大做实个人账户试点范围，加强基金归口管理，探索建立社会保障待遇水平随经济发展、物价变动而合理调整的机制，合理确定最低工资标准、失业保险金标准和最低生活保障标准的比例关系，要逐步扩大失业保险覆盖范围，发挥其促进就业的功能，完善"预防、康复、补偿"三位一体的工伤保险体系等，实现社会保障事业的可持续发展。

三 加快覆盖城乡居民社会保障体系建设的理性选择

虽然我国社会保障制度基本框架已经初步确立,但客观讲,我国社会保障制度还尚未成熟,今后很长一段时间都将处于探索和改革阶段。建立覆盖城乡居民的社会保障体系还需创造更多、更好的条件,付出更大的努力,当务之急应做好以下五项工作:

(一)探索一种廉价、公平、有效的医疗保障制度

当前,我国"看病难、吃药贵"问题突出,医疗保障改革已成为社会保障建设最迫切需要解决的问题。应着力探索一种廉价、公平、有效的医疗保障制度。建议改革现有医疗保障制度,逐步确立三个层次的医疗保障体系。第一层次是普遍性的基本医疗。在劳动和社会保障部与卫生部共同参与、配合下,建立覆盖全国的、普遍性的、最基本的医疗保险制度,向全体国民提供一般性疾病免费医疗,并提供最基本的疾病预防和保健服务。这部分保障基金来源于中央和地方财政转移支付。第二个层次是大病与特殊病种保险。建议劳动保障部和商业性保险公司合作建立大病与特殊病种保险,患者在保险待遇上能突破现有条例的规定,根据商业保险原则获得不超过商定保险金额的给付,解决患者因大病致贫或返贫的问题。这部分保险基金由被保险人个人和所在单位筹集。第三个层次是国家建立的基本医疗救助制度。对那些未参加大病与特殊病种保险或参加了但其给付金不够支付的患者,通过收入和财产调查证明的确无力支付巨额医疗费用的患者实施医疗救助计划,以保证特殊人群不因患大病而陷于困境。救助基金主要由国家和地方负担,鼓励各种社会捐助。

(二)改革社保基金筹集机制,完善财政转移支付制度

随着社会保险体系不断完善和覆盖范围不断扩大,加之我国老龄化趋势加速、城乡就业矛盾突出,社会保险基金现有规模和筹集机制已经不能适应社会保障发展的需要,社会保障基金严重不足,基金筹资任务非常繁重。要坚持基金来源多元化原则,广拓筹资渠道,规范筹资程序和行为,提高基金征缴能力,加大对逃缴、漏缴行为的惩罚力度,确保基金稳定

筹集。

此外，考虑到我国存在巨额的社会保障隐性债务，国家对社会保障的转移支付应建立规范的制度保证，通过加大财政支持力度，为社会保障广覆盖奠定坚实的物质基础，同时确保社会保障的公平性和公共性。要建立社会保障财政转移支付力度随经济发展水平提高和国家财力增强而动态持续提高的机制，调整财政支出结构，逐步提高社会保障支出占财政支出的比重，要加大财政向农村倾斜、向人民群众最迫切的社会保障需求倾斜、向支持机制建设和体制创新倾斜。当前，重点要加大财政对城镇居民医疗保险制度和新型农村合作医疗制度的支持力度，提高补助标准，加大城乡医疗救助的财政投入，积极发挥财政投入在覆盖城乡居民的社会医疗保障制度建设中的作用；要加大对农村最低生活保障制度和五保供养制度的投入，保障农村贫困居民的基本生活；加大财政投入力度，着力解决体制转轨遗留问题，逐步提高退休人员工资待遇标准。

（三）健全基金监管机制，确保社会保障基金保值增值

社会保障基金从本质上看并不是某种收入，而是一种负债，正如人们常说的，是"血汗钱"、"养命钱"，为保证这部分"养命钱"有足够的偿付能力，必须将强基金监管，确保不被挤占、挪用、贪污，使之成为真正的"放心基金"、"阳光基金"。当前，应着力做好以下七个方面：

第一，应建立直属于国务院领导的全国社会保障基金监管机构，统一监督管理全国的社会保障基金运营。

第二，进一步制定和完善基金监督管理法律、法规，建立、健全内部控制制度、征缴与稽核制度、信息披露制度和要情报告制度。

第三，将社会保障基金收支及各项基金结余的投资运营活动纳入预算管理，完善社会保险基金预算管理办法，规范社会保险基金的预算、执行、决算等程序。建立社会保险基金财务制度，从制度上规范其收支和投资行为。

第四，逐步推行社会保障基金财政集中收付制度，减少周转环节，降低成本，提高资金使用的透明度和效率。

第五，加强对社会保险基金中长期收支状况的预测预警研究，及时监控和报告社会保险基金运行中的风险和问题，为研究制定相关政策、编制基金收支预算提供依据。

第六，应加大监管队伍建设，改善监管队伍结构、规范监管行为、提高监管效率、加大监管力度；发挥行政监督、专门监督和社会监督的合力作用，形成人人关心基金安全、重视基金安全、维护基金安全的社会氛围，提高基金运作的透明度。

第七，还应进一步完善基金投资营运机制，提高机构的投资营运能力，确保基金稳定增值。

值得一提的是，我国社会保障基金监管建设步伐正在加快，到2006年年底，全国共有30个省份成立了省级社会保障监督委员会，逐步加强基金监督工作，基金管理进一步规范。

（四）积极推进农村社会保障制度建设

在社会主义市场经济条件下，建立、健全农村社会保障制度有利于落实计划生育基本国策，有利于应对农村人口老龄化，有利于消除"三大差别"，推进城镇化和社会主义新农村建设。积极推进农村社会保障制度建设是落实科学发展观，实施以工促农、以城带乡，加快工业化、城市化和现代化建设，构建社会主义和谐社会的重大举措，符合中国实际和广大农民的心愿与要求，是构建覆盖城乡居民的社会保障体系的战略要求。

当前，我国积极推进农村社会保障制度建设的重点应是大力推进新型农村合作医疗制度建设，尽快将全部农村居民纳入新型农村合作医疗的覆盖范围内；积极探索和建立农村综合社会保险制度，推进农村社会化养老进程；还要进一步完善农村最低生活保障制度，逐步扩大最低生活保障覆盖范围，逐步提高最低生活保障标准；针对农村医疗卫生状况不佳、穷困农民"看病难、看病贵"的现实状况，应扩大医疗救助的覆盖范围，并尽可能地提高其标准。

应该看到，我国推进农村社会保障制度已经具备了一定的前期基础。2006年年末全国参加农村养老保险人数为5374万人，全年共有355万农民领取了养老金，比上年增加53万人，全年共支付养老金30亿元，2006年年末农村养老保险基金累计结存354亿元。农村合作医疗取得长足发展。截至2007年6月30日，我国已有7.2亿农民参加了新型农村合作医疗，占全国农业总人口的82.83%，已开展新型农村合作医疗的县、市有2429个，占全国总县、市的84.87%，合作医疗基金本年度已筹集到位241.47亿元，基金支出总额133.38亿元。农村最低生活保障也初具规模，2006年，1509万农村居民得到了政府最低生活保障，比上年增加了684万人。

（五）加快社会保障法制建设

社会保障法制化是完善社会保障制度的必然要求，是实现社会社会保障制度规范、可持续发展的重要保证，也是维护公民基本权利和劳动者合法权益的根本需要。各国社会保障建设实践也证明，社会保障向前发展，相应的法律建设必须先行，社会保障法制建设滞后于社会保障建设实际需要将阻碍社会保障事业的健康发展。

根据我国基本国情，借鉴国外社会保障法制建设经验，我国社会保障法制建设应遵循以下四个原则：

第一，要与我国经济社会发展水平相适应，制度建设既要尽力而为，加快建设；又要量力而行，充分考虑经济社会的承受能力，不给未来制度运行造成难以承受的压力。

第二，要立足当前、着眼长远，制度建设要为改革留有余地，应认真总结我国社会保障建设和改革的成功经验，并将其法定化；对那些经验尚不成熟但符合改革方向的探索性做法，可以做出一些倡导性、指向性的规定；对于那些争议较大、实践证明效果不明显的做法不宜制度化。要做到分类规范、分步实施、循序渐进、逐步完善。

第三，制度建设坚持权利与义务相对应、公平与效率相结合、更注重公平的原则，社会保障制度立法建设要有利于促进维护社会公平、富有效率、和谐发展、可持续性强的社会良性机制的形成。

第四，坚持立足本国国情和借鉴国外经验相结合，既要注重总结我国20多年的社会保障改革经验，也要注重借鉴国外有益的社会保障建设经验，还要汲取国内外社会保障建设和改革的深刻教训，为社会保障法制化提供实践经验支持。

（作者：邓大松　胡宏伟）

走向覆盖城乡的社保体系
——访武汉大学社会保障研究中心教授邓大松

记者： 十六届六中全会《关于构建社会主义和谐社会若干重大问题的决定》提出，今后十多年的时间里，我国要建立覆盖城乡居民的社会保障体系，根据您的研究和理解，这样一个社会保障体系的基本内容和特征是什么？

邓大松： 根据我的理解，这一体系的基本内容及其特征，概括起来主要应包括以下几个方面：一是较齐全的社会保障项目，包括社会保险、社会救助、社会福利和社会慈善事业。二是有别于城镇职工的机关事业单位的部分社会保险项目经过改革与城镇职工社会保障体系衔接。三是较完善的社会保障法规体系，社会保障法和社会保险各单行法规颁布实施，社会保障行为有法可依，社会保障监管有据。四是较稳定的公共财政支持体系。五是较健全的社会保障管理体制，其中包括统一的社会保障行政与业务管理机构和统一的社会保障监管机构。

至于这一体系的基本特征，也可以归纳为这样几点：

一是全覆盖、水平较低。2020年，我国社会保障的对象虽然包括全民，由于受我国的经济发展水平和财力所限，加上人口基数大，社会保障水平不可能超出维持人们最基本生活需要的界限。如果人们试图在退休后生活得更富裕和更体面一些，那就只有通过其他补充保险途径如商业性保险加以解决。

二是项目全、多层次。基本保险、补充保险和个人自保等多层次，社会保险、社会救助、社会福利和商业性保险等多项目，共同构成我国现行社会保障体系的基本特征。受生产力水平决定的多层次保障体系本身的约束，即使到了2020年或将来更长的一段时期内，我国的社会保障在保障方式、筹资模式、举办主体和保障水平等方面仍然呈现一种多维化的态势。具体到某一地区某一个人，其社会保障最终待遇水平也是有差别的。

三是基本保障部分全国统筹，其他保障部分因地而异。我认为，我国社会保障制度再经过十几年的建设和发展，社会保险各险种的基本保障部分实行全国统筹条件将具备，具有可行性。当然，对于其他各种补充保障部分，其统筹范围大小应由各地根据实情确定。

四是基本保障部分的保险待遇贯彻公共性原则，其他补充保障部分的保险待遇贯彻市场原则。对于社会保险各险种基本保障部分的保险给付应根据社会保障公共性和公平性原则，向所有的城镇被保险人给付同量的保险待遇，农村各被保险人依据上述原则，也能享受基本相同的农村社保待遇。对于各种补充保障项目则贯彻权利与义务基本对等的市场和效率原则，多筹多得，少筹少得，不筹不得。

五是社会保障基金具有相对稳定的筹资渠道，且基金投资环境基本形成，基金增值机遇增加。同时法制完善，管理机构健全，社会保障各环节基本实现社会化管理。

记者：社会保障政策的制定和改革，社保体系的建立和完善，实际上也是一个围绕社会保障权利和义务问题，对各种社会关系的调整过程，您认为在社会保障体系框架和制度设计上主要要处理好哪些方面的关系？

邓大松：在社会保障制度改革与完善过程中，要正确处理中央与地方，政府、企业和个人，以及政府与市场的关系。

第一，处理好中央政府与地方政府的关系。界定中央与地方的责任，确定中央对基础养老金地方统筹的补助，明确地方政府的兜底责任，增加地方的财政投入。

第二，处理好政府、企业和个人的关系。合理界定政府、企业和个人的责任，明确政府只承担社会统筹部分的责任，个人承担社会保险个人账户的缴费责任，企业既承担社会统筹部分的责任，又要同职工一道承担企业年金的管理责任。各级政府在完善制度过程中，应规范经济行为和政府行为，锁定社会统筹的支付风险，制定有关优惠政策，调动企业和个人的积极性，促进个人账户和企业年金的发展。

第三，处理好政府与市场的关系。建立公平与效率的平衡机制，充分发挥政府与市场的互动作用。政府应主要负责财政支持项目，承担社会保险管理的责任，逐步退出竞争性领域，将企业年金管理和个人账户基金投资运营职能让渡给市场。各级政府应转变职能，在管好政府保障项目的基础上，为市场化运作创造良好的政策环境。

记者：现在政府作用在完善我国社会保障体系中得到突出的强调和重视。你认为应该如何厘清政府在社会保障体系建设中的责任？

邓大松：这里面分两个层面，首先是中央政府与各级地方政府之间在社会保障责任上的关系。长期以来，由于责任不明，企业依赖政府、地方政府依赖中央政府的倾向日趋明显，中央政府的责任和包袱越来越重。今后应明确不同统筹层次的责任主体，合理界定中央与地方的责任，确定中央对社会保险地方统筹的补助，明确地方政府的兜底责任，增加地方的财政投入。实行全国统筹之前，基础养老金的责任主体是地方政府，基金不足部分由地方财政兜底，中央财政给予适当补助；实施全国统筹之后，统一各地基础养老金缴费基数和比例，基金不足部分由中央财政兜底。

其次是不同政府智能部门之间在社会保障责任上的关系。在劳动与社会保障部建立之前，我国的社会保障制度分属不同的政府职能部门管理。当前仍然有些社会保障职能没有理顺，如农村合作医疗制度划归卫生部管理，农村最低生活保障制度属于民政部管理，以及机关事业单位社会保障制度改革问题、全国社会保障基金理事会的权属问题、劳动保障部与金融监管机构之间在基金监管方面的协调问题、社会保险费征收问题，等等。社会保障管理职能集中问题仍然没有得到很好的解决。因此，今后相当长一段时期内，我们应着力将社会保障相关管理职能集中到劳动和社会保障部，实现社会保障职能的归口管理。同时应建立一个部际协调机制，协调各部门在社会保障管理方面的相关事项。

记者：在社会阶层分化的情况下，不同社会群体在社会保障的需求和实现能力上存在很大的差异，我们的制度设计和政策实施如何在这些不同的社会群体中寻求平衡？

邓大松：社会保障制度改革的世界性趋势就是实现多支柱模式，一方面为了缓解政府社会保障支出负担，应对人口老龄化的冲击；另一方面是为了平衡公平与效率之间的矛盾，满足不同社会群体的社会保障需求。早在1993年，党的十四届三中全会《关于建立社会主义市场经济体制若干问题的决定》就已经提出了构建多层次社会保障体系。所谓"多层次"就是在国家保障全体社会成员基本社会保障需求的基础上，通过建立企业保障和个人保障项目满足社会成员更高层次的社会保障需求。当前和今后，我国将着力改革和完善基本社会保险制度，建立公务员保险制度，构建城乡统一的最低生活保障制度，在此基础上，国家鼓励有条件的企业建立企业年金制度，个人参加储蓄性养老保险，可以预见的将来也会鼓励建立公务员年金制度和事业年金制度，以及建立在保障水平和保障项目有别于城镇的农村社会保险制度，从而满足社会不同群体的社会保障需求。

记者：目前，我国城镇企业职工的社会保障体系框架已经基本建立，如何实现非城镇企业职工的社会保障覆盖是今后的重点和难点，在这方面，您有怎样的思考和建议？

邓大松：解决灵活劳动者的社会保障问题不仅是实现制度广覆盖的任务，更重要的是保障公民基本权益，体现国家责任。当前解决灵活劳动者社会保险问题的关键，是正视灵活劳动者也是社会保险的保障对象。在实施过程中，应坚持"低进低出、高进高出、平进平出"的原则，杜绝违背权利义务对应原则，以低标准缴费政策、盲目扩面的方式向灵活劳动者提供社会保障；在某些具体政策上，应体现灵活劳动者的特点，如在社会保障隐性债务偿还的过渡期内，可以允许有条件的个人缴纳统筹和个人账户保险费，没有条件的只缴纳统筹部分保险费。待到社会保障隐性债务全部清偿完毕，我国社会保险费率下降和统一之后，再实行全国统一的缴费率。

记者：社会保障目标的实现需要不断的理论、制度和政策改革与完善，也需要实践工作的不断深入和创新，我国当前的社会保障制度和管理运行体制需要在哪些方面进行改革和转变？

邓大松：实事求是地说，我国的社会保障制度还不是一种成熟的制度，当前正处在改革和探索阶段。进一步完善现有的社会保障制度，为实现覆盖城乡居民的社会保障制度目标创造有利条件，当务之急应做好以下几项工作：

第一，探索建立一种花钱不多，大家都能受益的医疗保险制度，从根本上解决"看病难，吃药贵"的问题。我的建议是：这种医疗保险制度分三个层次。第一层次是在劳动保障部和卫生部共同参与配合下，建立全国普遍性的基本医疗保险制度，向被保险人的一般性疾病尤其是一些疾病预防提供免费医疗，保障基金来源于中央和地方财政转移支付。第二层次是劳动保障部和商业性保险公司合作建立大病与特殊病种保险，患者在保险待遇上能够突破已有"条例"的规定，根据商业保险原则获得不超过商定保险金额的给付，解决患者因大病致贫或返贫的问题。保险基金主要由所在企业单位和被保险人个人筹资。第三层次是国家建立医疗救助制度。对那些未参加大病与特殊病种保险或参加了但其给付金不够支付的，经收入与财产调查，证明的确无能力支付巨额医疗费用的患者实施医疗救助计划，以保证特殊人群不因患大病而陷于困境。救助基金主要由国家和地方财政负担，也可接受各种捐赠。

第二，建立全国社会保障基金监管机构，确保社会保障基金增值积累。社会保障基金从其本质看来并不是某种收入，而是一种负债，正如人们常说是"血汗钱"和"养命钱"。为保证这种"养命钱"有足够的偿付能力，必须对其加强有效运作和严格监管。我觉得，目前非常有必要建立直属国务院领导的全国社会保障基金监管机构，统一管理监督全国的社会保障基金运营。同时进一步完善基金运营监督机制与监督信息系统，将主管部门的行政与专业监督同社会中介组织和受益人等的社会监督有机结合，增加基金运作的透明度和提升基金监管效率。

第三，改革社会保险基金筹集机制，完善稳定的财政转移支付制度。随着社会保险体系不断完善和社会保险统筹范围不断扩大，社会保险基金严重不足的矛盾和社会保险关系不便协调的困难也随之日渐凸显，加上我国面临的人口老龄化问题，致使社会保险筹资的任务非常繁重。着眼于社会保障可持续发展和我国存在的巨额社保隐性债务，国家财政对社保的转移支付应有规范的制度保证。对某些保障项目如医疗卫生保障也应加大转移支付力度，保证医疗卫生公益性支出的基本需要。

第四，积极推进农村社会保险制度建设。在社会主义市场经济条件下，建立农村社会保障制度有利于计划生育基本国策的落实，有利于应对农村人口老龄化，有利于逐步消除"三大差别"，推进城镇化和社会主义新农村建设。这是落实科学发展观，实施以工促农、以城带乡，加快工业化、城市化建设，彻底解决农民工和失地农民的后顾之忧，构建社会主义和谐社会的重大举措，符合中国的实际及广大农民的心愿和要求。况且，积极推进农村社会保险制度建设，在我国已有一定的前期基础。据统计，2005年年底，我国已有1900个县开展了农村社会养老保险工作。截至2006年9月，新农合试点县已达1433个，占全国的50.7%，农村最低生活保障制度也初具规模。在我国积极推进农村社会保险制度建设，既有紧迫性也有可能性。

第五，加快社会保障法制建设。社会保障法制化是社会保障制度完善与规范化和可持续发展的基本要求，是维护公民权利和劳动者合法权益的根本保证。各国的社会保障实践也证明，社会保障事业要前进，法律必先行。立足国情，借鉴外国，紧贴我国社会保障立法滞后于社保业务发展的现实，创造条件，加快社会保障立法步伐，进一步完善我国的法律体系已成为相关部门迫在眉睫的大事。

（原载《中国社会保障》2007年第2期）

论中国特色社会主义社会建设中的"民生"问题

——兼论改革发展成果全民共享的"五有"新目标

  胡锦涛同志在十七大报告中指出，社会建设与人民幸福安康息息相关，要求我们必须在经济发展的基础上，更加注重社会建设，着力保障和改善民生，推进社会体制改革，扩大公共服务，完善社会管理，促进社会公平正义，努力使全体人民学有所教、劳有所得、病有所医、老有所养、住有所居，推动建设和谐社会。本文正是基于这一思路，论述了在改革发展成果全面共享的"五有"新目标的指导下，中国特色社会主义社会建设中的民生问题。

一 如何理解中国特色社会主义社会建设的理论内涵及其重要性

（一）中国特色社会主义社会建设的理论内涵及要义

1. 理论内涵

  党的十六届四中全会通过的《中共中央关于加强党的执政能力建设的决定》把不断提高构建社会主义和谐社会的能力作为加强党的执政能力建设的主要任务之一，并第一次将和谐社会建设摆在同经济建设、政治建设、文化建设并列的突出位置。2005年2月19日，胡锦涛同志在中共中央党校举办的省部级主要领导干部提高构建社会主义和谐社会能力专题研讨班开班式上的讲话中更是明确指出："随着我国经济社会的不断发展，中国特色社会主义事业的总体布局由社会主义经济建设、政治建设、文化建设三位一体发展为社会主义经济建设、政治建设、文化建设、社会建设四位一体"①。党的十七大报告中指出:"中国特色社会主义道路,就是在中国共产党领导下,立足基本国情,以经济建设为中心,坚持四项基本原则,坚持改革开放,解放和发展社会生产力,巩固和完善社会主义制度,建设社会主义市场经济、社会主义民主政治、社会主义先进文化、社会主义和谐社会,建设富强民主文明和谐的社会主义现代化国家"②,随着社会主义建设实践的不断推进,中国特色社会主义社会建设理论也得到逐步的丰富和发展。胡锦涛总书记在十七大报告中指出:"构建社会主义和谐社会是贯穿中国特色社会主义事业全过程的长期历史任务,是在发展的基础上正确处理各种社会矛盾的历史过程和社会结果",我们"要通过发展增加社会物质财富、不断改善人民生活,又要通过发展保障社会公平正义,不断促进社会和谐"。这是对中国特色社会主义社会建设理论的清晰表达,也是对中国特色社会主义社会建设与改善民生、公平正义之间关系的明确肯定。

提出中国特色社会主义社会建设理论是党对我们50年来,特别是改革开放30年以来经验教训的精辟总结,是对以往我们单方面强调"以经济建设为中心"、忽视经济与社会协调发展问题的深刻反思,是对全面推进中国特色社会主义事业总体布局的发展与完善。提出中国特色社会主义社会建设理论,其实质就是要在坚持以人为本、全面协调可持续发展、统筹兼顾的前提下,深入贯彻落实科学发展观,积极构建社会主义和谐社会。

2. 要义阐释

从概念上来讲,"社会"一词本身就有广义和狭义之分③。与自然界相对应的人类社会,是广义的"社会"概念,包括经济、政治、文化和社会生活的各个领域及各个方面;与经济、政治、文化相并列的"社会",是狭义的"社会"概念,主要指人类的社会生活领域。广义的社会建设,包括经济建设、政治建设、文化建设、社会建设,它同中国特色社

---

① 胡锦涛:《深刻认识构建社会主义和谐社会的重大意义,扎扎实实做好工作大力促进社会和谐团结》,《人民日报》2005年2月20日第1版。

② 胡锦涛:《高举中国特色社会主义伟大旗帜 为夺取全面建设小康社会新胜利而奋斗——在中国共产党第十七次全国代表大会上的报告》,2007年10月15日。

③ 青连斌:《社会建设的内涵与要义》,《学习时报》2007年7月17日。

会主义事业总体布局的外延是一致的，同广义的社会主义和谐社会建设也是一致的；狭义的社会建设，则主要是指同经济建设、政治建设、文化建设相并列的社会建设与社会管理，它是中国特色社会主义事业总体布局中的一个重要组成部分，是"四位一体"中的"一位"，它同狭义的社会主义和谐社会建设的内涵与外延协调一致。显然，我们这里讲的社会建设，是指狭义的社会建设，也即同经济建设、政治建设、文化建设相并列的社会事业建设、社会制度和体制机制建设、社会结构建设，以及社会管理。

具体而言，社会事业建设包括国家机关或其他社会团体所组织举办的从事教育、科技、文化、医疗卫生、劳动就业、社会保障等一切有利于社会良好发展的社会服务和活动。作为关系最广大人民群众切身利益和保障社会民主、稳定社会民生的重要手段和途径，社会事业建设具有维系社会公正、实现社会正义的作用。

这里的社会制度和体制机制建设，不是指社会形态范畴的宏观的制度和体制，而是指微观意义上中国特色社会主义社会建设实践中的具体的社会制度和体制机制建设。它包括有利于实现社会公平正义的社会制度建设，有利于实现民主、平等的社会管理体制建设以及有利于缩小贫富差距、实现共同富裕的社会利益协调机制建设。作为中国特色社会主义社会建设中的制度基础与保证，社会制度和体制机制建设具有自发地持续有效地减低社会运行的成本与解决社会发展中的各种冲突与矛盾的自我执行能力。

社会结构建设是中国特色社会主义社会建设的重要方面。理想的社会结构是对社会贫富分化具有较强调节功能并对社会利益冲突具有较强缓冲功能的社会结构。当然，稳定的社会结构并不意味着其一定是"善"的社会结构，只有实现了民主法治、公平正义、诚信友爱、充满活力、安定有序、人与自然和谐相处的社会才具有"善"的社会结构。目前，中国有失均衡的城乡二元社会结构及逐渐凸显的城市二元社会结构，对社会的稳定与发展构成了潜在的威胁，我们必须尽快、彻底革除城乡二元结构，落实"两个大局"的思想，促进区域协调发展，形成合理、公平的社会结构。

社会管理主要是政府和社会组织为促进社会系统协调运转，对社会系统的组成部分、社会生活的不同领域以及社会发展的各个环节进行组织、协调、服务、监督和控制的过程①。完善社会管理体系、维护社会稳定是加强社会建设的重要内涵，是完成构建和谐社会其他任务的先决条件。社会管理体系建设是一个系统工程，我们必须从"四位一体"的总体布局出发，不断完善社会管理体系和政策法规，整合各种社会管理资源，建立起与中国特色社会主义经济、政治、文化体制相适应的社会管理体制，统筹协调各方面利益关系，完善应急管理体制机制，才能形成覆盖全社会的行之有效的社会管理网络。

(二) 中国特色社会主义社会建设理论的实践意义

回顾改革开放30年的历程，人民生活水平得到了显著提高，民主法制建设取得了新的进步、政治文化建设开创了新的局面，社会建设也正在全面展开，中国在中国共产党的领导下取得了举世瞩目的骄人成就。据新华社最新消息显示②，2007年中国人均国内生产总值已达2456美元。国际经验表明，当一个国家人均GDP进入1000—3000美元的时期，既是黄金发展期，也是矛盾凸显期。经济的高速增长必然带来社会利益格局、社会组织形式、劳动就业结构以及社会结构的重大变革，也自然会出现一些突出的社会矛盾和问题。

从当前形势来看，中国正面临着这样严峻的考验：仍然存在的二元经济格局，经济增长导致的资源环境破坏，以及还没有彻底解决的劳动就业、社会保障、教育、卫生、居民住房等关系百姓切身利益的问题。现实国情表明，我国仍处于社会主义初级阶段发展时期，社会主义建设任重而道远。在这个关键时期，处理得好，便能够顺利发展，迈进一个新的台阶；处理不好，将停滞不前甚至倒退。现实国情要求我们要在继续推进物质文明、政治文明、精神文明建设的基础上，加快推进中国特色社会主义社会建设。

从与社会公平正义的关系来看，一方面，社会建设是推进社会公平正义落实的有效途径和重要力量；另一方面，社会公平正义又是检验社会建设成效如何的衡量标准。中国特色社会主义社会建设归根结底是要按照公平正义的价值取向与原则，来处理各种社会矛盾、社会问题与社会风险，

---

① 李学举：《加强社会建设和管理，促进社会和谐与发展》，《求是》2005年第7期。
② 任芳、李延霞，新华社北京电，2008年3月24日。

这是社会建设的应有之义，也是解决民生问题的根本前提。

正如胡锦涛同志在十七大报告中所指出的："社会建设与人民幸福安康息息相关"，我们"必须在经济发展的基础上，更加注重社会建设"。社会主义社会是全面发展、全面进步的社会，在中国特色社会主义建设中，经济建设提供物质基础，政治建设提供政治保障，文化建设提供精神动力和智力支持，社会建设提供有利的社会环境和条件。我们必须坚持以邓小平理论和"三个代表"重要思想为指导，深入贯彻落实科学发展观，推进我国经济政治文化社会建设的全面发展。

二 中国特色社会主义社会建设中的"民生"问题

所谓"民生"，通俗地讲，就是与老百姓日常生活息息相关的衣食住行、生老病死问题。用社会学定义来解释[①]，就是指社会成员如何从社会和政府那里获得自己生存和发展的社会资源和社会机会，来支撑自己的物质生活和精神生活。

在现代社会中，由于社会环境的外部原因，比如社会制度的不同、社会发展阶段的不同、社会风俗文化的不同；加上个人自身的内部原因，比如资源禀赋的差异、社会阶层的差异、勤奋程度的差异，都会造成社会成员在获取社会资源和社会机会时的能力的差异，从而也决定了不同的社会成员在市场竞争中的地位的差异。一个没有差别的社会是毫无生气的，但是，一个差别过大的社会也注定是一个充满不稳定因素的社会。

随着社会主义市场经济体制改革的不断深入，工业化、城市化、市场化、信息化的不断推进，由社会环境因素或个人自身因素所造成的社会阶层的分化问题在社会转型期的中国尤为突出，而从当前来看，这一问题又集中体现在民生领域。中国特色的社会主义市场经济建设是开创性的社会建设，没有历史经验可循，也没有历史教训可鉴。中国是世界上人口最多的农业大国，人口基数庞大、农村人口比例过大、城乡二元社会结构、工业化与城市化的非同步发展等现实国情，都将使社会主义社会建设过程中

[①] 郑杭生：《社会建设：改善民生与公平正义》，《中国社会科学院学报》2007年第12期。

遇到的许多困难与问题打上"中国特色"的烙印。如果说改革开放之初的民生问题主要表现在基本生活用品短缺、生活水平低下的话，那么，改革开放30年之后的民生问题则有着完全不同的新含义。随着改革开放的不断深入，经济水平的快速发展使人民生活由温饱不足发展到总体小康，民生问题也由过去的物资短缺转变为教育、医疗、社会保障等公共产品和公共服务的短缺上来。

民生问题，民心所向，国运所系。中国特色社会主义社会建设中的民生问题，关乎亿万百姓的基本生活、关乎社会主义市场经济体制改革的纵深发展，关乎中国特色社会主义建设的大业。

三 保障和改善民生：中国特色社会主义社会建设中的核心理念

（一）民生问题在中国特色社会主义社会建设中具有特殊的重要性

社会主义社会建设是一个复杂的系统工程，将民生问题作为社会建设的重点本身就体现了民生问题的重要性。胡锦涛同志在十七大报告中单列一章论述社会建设中的民生问题，由此可见，民生问题对于中国特色社会主义社会建设事业的特殊重要性。

首先，保障和改善民生，有利于进一步化解影响社会和谐的各种问题与矛盾。如前所述，随着我国改革开放向纵深推进，原有的收入分配方式、劳动就业格局、社会组织形式、公共产品与公共服务供给机制等都发生了深刻的变化，而各方面相应的新体制、新机制、新格局尚未完全形成或正处于探索阶段，这个过程中势必会产生一些新问题、新矛盾。如果不能及时有效地加以解决，将可能诱发更多的问题与冲突。保障和改善民生，使社会各阶层都从社会发展中得到实惠，让改革开放的成果惠及最广大人民群众，有助于进一步化解影响社会和谐的各种不稳定因素，解决各种问题与矛盾。

其次，保障和改善民生，有利于进一步实现社会主义公平正义。维系社会的公平正义是人类一直以来的社会理想，也是一个社会健康可持续发展的重要价值取向。实现社会公平正义是我们党的一贯主张，是构建社会主义和谐社会的重要内容，是发展中国特色社会主义的重大任务。所谓的社会公平正义①，实质的问题并不是谋求同一，谋求均等，而是指建立一系列以社会公平正义为基本原则的社会制度，使各种本来就具有以及本来就应该有差别的社会成员之间能够各得其所、各安本分、相得益彰、共存共荣。保障和改善民生，有利于有效整合社会利益，改善当前存在的各种不公平现象，提高最广大人民群众的满意度和幸福指数，进一步实现社会公平与正义。

在经济不断发展的基础上，大力加强社会主义社会建设，着力保障和改善民生，使全体人民共享改革发展的成果，是加快建设和谐社会的必然要求，具有特殊的重要意义。

（二）保障和改善民生：中国特色社会主义社会建设中的核心理念

胡锦涛同志在十七大报告中明确指出："要加快推进以改善民生为重点的社会建设"。社会建设之所以要以改善民生为重点，从根本上说，是因为改善民生是社会主义社会建设的出发点，也是社会主义社会建设的最终落脚点。改善民生，既体现了以人为本的科学发展观，又体现了执政党立党为公、执政为民的宗旨，同时也体现了我党"发展为了人民、发展依靠人民，发展成果由人民共享"的执政理念。

首先，改善民生要以保障社会公平正义为基本价值取向。社会公平正义体现在改善民生问题上有两个方面的基本内涵，一是公平地为每个社会成员提供充分的发展空间，二是公正地让全体社会成员共享发展的成果。改善民生不是搞平均主义，它既强调机会的平等，即在民众基本生存条件得到确保的前提下，为社会成员在机会平等方面创造一切条件，为每一个社会成员的全面发展提供一个基本的平台；又强调结果的公平，即保障每一个社会成员都能平等地分享到改革发展带来的成果。

其次，改善民生不可能一蹴而就，必须有序推进。改善民生要在坚持全面性与针对性相结合的原则下，有重点、有步骤地全面改善人民生活。改善民生注定是一个探索的过程。处于转型期的中国，社会发展瞬息万变，各种新情况新问题层出不穷。在这种条件下，大量的公共资金如何才能有条不紊地运作并且实现效果最优化，各种相关的政策法规如何实现衔接，城乡之间、地区之间、行业之间的差距如何才能实现统筹兼顾，等

---

① 桑玉成：《确立辨证的公平正义观》，《文汇报》2007年3月19日。

等，都需要进行科学的设计和周密的安排。此外，必须以经济发展为基础，与经济发展水平相适应，既要尽力而为，又要量力而行，要根据时机循序渐进地加以推进。忽视了这两个方面，任何试图"一步到位"的改善民生的做法，都会欲速不达甚至事与愿违。

　　胡锦涛在十七大报告中明确指出了改善民生的具体措施：一要优先发展教育，建设人力资源强国；二要实施扩大就业的发展战略，促进以创业带动就业；三要深化收入分配制度改革，增加城乡居民收入；四要加快建立覆盖城乡居民的社会保障体系，保障人民基本生活；五要建立基本医疗卫生制度，提高全民健康水平；六要完善社会管理，维护社会安定团结。

　　显然，这一层面的民生问题，是指改善民众的基本生存状态，主要涉及满足民众基本生存需要的各种制度体系和机制，涵盖义务教育的普及、统一劳动力市场的建设、收入分配制度的改革，以及覆盖城乡居民的社会保障体系、基本医疗卫生制度在内的社会管理机制。可以看出，这一层面的民生问题，是党在解决了民众的基本生存问题之后，对民众的发展机会和发展能力的进一步思考。

　　总的来看，以民生为重点加快推进社会建设的指导方针已经成为中国特色社会主义社会建设理念中的核心部分，这是党和政府在统筹布局民生的基本生存问题基础上，对怎样为全体社会成员提供更高的生活质量和更多的社会福利进行的有益探索。"群众利益无小事"，党和国家在改革巨变的时期，提出保障和改善民生的核心理念无疑是必要而及时的。

四　改革发展成果全民共享的"五有"目标：解决民生问题的美好愿景

　　改善民生，说到底，就是要把人民群众的安危冷暖时刻挂在心上，就是要维护和发展好广大百姓的现实利益，使全体人民获得更多的幸福感。正如胡锦涛同志在十七大报告中明确、系统地提出的改善民生的目标任务所言："努力使全体人民学有所教、劳有所得、病有所医、老有所养、住有所居"。

　　对于"大同"世界的追求，中国自古而有之。"大道之行也，天下为公。选贤与能，讲信修睦。故人不独亲其亲，不独子其子，使老有所终，壮有所用，幼有所长，鳏寡孤独废疾者皆有所养……是谓大同"，这段出自战国末年《礼记·礼运》篇中的古语，是我们的先贤对所渴望的未来人类社会的精彩描绘。在中国这个有着深厚小农经济背景的农业大国，人们对"大同"世界的追求与赞美从未停止过。晋代文学家陶渊明笔下的"桃花源"，太平天国起义军的《天朝田亩制度》，伟大的革命先行者孙中山的"天下为公"，康有为的《大同书》……无不表达了历代仁人志士对"大同"社会的渴望与追求。笔者认为，我们今天所提出的"五有"新目标仍然是对理想"大同"社会的美好追求。

（一）"五有"新目标的重要意义

"五有"新目标的提出，是我们党执政理念的重要体现。一个政党的执政理念，反映着这个党对其执政地位、执政使命、执政原则的认知，体现着这个党对执政规律的认识水平[①]。"五有"目标的提出，深刻体现了我们党"立党为公、执政为民"的执政理念和重视民生、改善民生、造福人民的鲜明立场。

"五有"新目标的提出，是落实科学发展观、构建社会主义和谐社会的重要内容。科学发展观的科学内涵和精神实质是坚持以人为本，构建社会主义和谐社会的关键在于解决利益平衡和利益兼顾问题。"五有"新目标的提出，是在坚持以人为本的善治基础上，对构建社会主义和谐社会的实践化、具体化，它抓住了维护和实现社会公平正义的关键，是解决经济社会发展不平衡和影响社会和谐安定问题的重要保证。

"五有"新目标的提出，是改革发展成果全面共享实践的行动指南。"五有"新目标涵盖了中国特色社会主义社会建设中关系到群众切身利益的方方面面，从根本上为进行社会主义社会建设指明了方向，是推进社会主义社会建设的行动指南与纲领，是从根本上解决民生问题的美好愿景。

（二）"五有"新目标的实现条件与措施

"学有所教"：坚持优先发展教育，是十七大报告中作为改善民生"五有"新目标的第一要求。教育是民生之基，"学有所教"，指的是起点的公平，机会的公平。十七大报告指出："教育是民族振兴的基石，教育

---

① 薛玉森：《落实"五有"目标构建和谐社会》，《济源日报》2007年12月8日。

公平是社会公平的基础。"作为世界上人口最多的发展中国家,中国的教育事业底子薄、起点低、较稀缺的教育资源区域配置严重失衡,如何建立健全保障教育优先发展的机制和制度,尽快解决教育公平、提高教育质量问题,是构建社会主义和谐社会的迫切需要。

"劳有所得":实施扩大就业的发展战略,促进以创业带动就业,是十七大针对解决当前存在的拖欠农民工工资、收入分配不公、收入差距拉大等现象提出的任务目标。就业是民生之本,"劳有所得"是社会和谐的标志、安定团结的保障。中国经济、政治体制的改革与转型,产生了大量的国有企业下岗职工和待转移农村剩余劳动力,大学生就业难问题近几年也逐渐凸显。如何在政府的引导下,完善市场就业机制建立、扩大就业规模、改善就业结构是当前工作的重中之重。目前,探索建立面向全体劳动者的职业教育培训制度、统一规范的人力资源市场,面向所有困难群众的就业援助制度,都是必要而急需的。

"病有所医":建立基本医疗卫生制度,提高全民健康水平,是十七大确立的全面建设小康社会奋斗目标的要求之一。医疗是民生之需,"病有所医"是改善民生的关键和提高生活品质的核心,关系到千家万户的幸福。医疗卫生体制的改革,是改革开放30年来关注最多、议论最广的话题之一,不久前,由发改委提交国务院的八套医改备选方案就彰显了社会各界对这一领域的关注。城乡医疗资源配置严重不均衡、涉及多方利益主体、各种道德风险不断加剧,都决定了中国医疗卫生体制改革的复杂和艰难。我们认为,要实现人人"病有所医",就必须坚持公共医疗卫生的公益性质,努力建设覆盖城乡居民的公共卫生服务体系、医疗服务体系、医疗保障体系、药品供应保障体系,为广大群众提供安全、有效、方便、价廉的医疗卫生服务。

"老有所养":建立覆盖城乡居民的社会基本养老保险制度,也是十七大确立的全面建设小康社会奋斗目标的要求之一。社会保障是民生之盾,实现"老有所养"是弱势群体的最大福音。十七大明确提出:要促进企业、机关、事业单位基本养老保险制度改革,探索建立农村养老保险制度。中国已于20世纪末提前进入了老龄社会,目前,60岁以上老年人口已达1.44亿,占总人口比重超过10%,劳动年龄人口丰富的"人口红利"已开始衰减,计划生育国策的贯彻更使得未来中国的老龄化问题不容忽视。以养老保险为核心的社会保障制度的建设,是实现"老有所养"的最基本保障。

"住有所居":健全廉租住房制度,加快解决城市低收入家庭住房困难,是十七大报告中对住房保障制度建设提出的要求。住房是民生之急,实现"住有所居"是衡量宜居城市的标尺、城乡统筹的前提。当前,大中城市房价飞涨,低收入者住房困难已经成为一个现实而迫切的问题。"如果提起人民生活,我最为关注的是住房问题。"温家宝总理2007年11月在新加坡国立大学发表演讲后回答提问时如是说。目前,国家已经确立了改善群众居住条件作为城市住房制度改革和房地产业发展的根本目的,将解决城市低收入家庭住房困难作为政府公共服务的一项重要职责。我们相信,随着廉租住房制度的健全和经济适用房的加快建设,住房困难群众的居住条件将得到切实有效的改善。

五 结束语

从教育、就业、医疗卫生到收入分配、社会保障,诚然,这些目标任务的落实艰巨而又复杂。目标任务的提出,只是一个新的开端,目标任务的达成和实现,才是真正需要付诸实践的重要行动。推进中国特色社会主义社会建设是一个渐进的过程,我们要清醒地认识到这项工作的长期性与艰巨性。解决中国特色社会主义社会建设中的民生问题,更是一项复杂的系统工程,它涉及多方主体的利益,关乎百姓的日常生活,是构建和谐社会最基础的必要条件,是解决各种社会矛盾的根本所在。改善民生,是构建社会主义和谐社会的根本途径,它关系到人民的幸福安康,关系到社会的公平正义与和谐稳定,离开了改善民生这个出发点,就会背离世代的要求和人民的愿望,任何建设和发展也就失去了意义。新时期下我们必须以"五有"新目标位奋斗方向,以改善民生为重点,更好更快地建设中国特色社会主义社会。

[原载《西北大学学报》(哲学社会科学版)2008年第6期 作者:邓大松 孟颖颖]

对我国农村剩余劳动力流动趋势的预测

——基于马尔科夫链理论的分析与应用

我国是农业大国，农村人口基数庞大，占总人口的比重长期维持在70%左右。1978年改革开放以来，随着农村经济体制改革的不断深入和我国农业生产力水平的极大提高，越来越多的农民从农业生产中脱离出来，成为农村剩余劳动力。据估计，目前我国农村剩余劳动力数量已达到1.5亿人左右；并且，今后每年还将新增农村劳动力约600万人[1]。存在如此规模巨大的农村剩余劳动力群体，是我国当前不可回避的基本国情之一。农村劳动力转移不仅是促进农民增收的重要途径，也是挖掘农村劳动力资源的必要举措，更是顺应城镇化发展趋势，构建社会主义和谐社会的重要环节。

因此，对农村剩余劳动力流动趋势的预测尤为重要。本文正是在这样的背景下，利用马尔科夫链的相关原理建立模型，对我国未来一段时期农村劳动力的流动趋势进行预测。

一 马尔科夫链的特性分析

（一）马尔科夫链的无后效性

一般来说，要预测事物发展的趋势，必须综合考察其过去及现在的状态，才能预测其未来。我们通常预测事物发展趋势的方法多是如此，如点估计、区间估计、方差分析、回归分析等，此类方法都要求掌握一定时期内，预测目标过去及现在的数据资料，才能利用数学模型对未来进行预

---

[1] 胡枫：《关于中国农村劳动力转移的估计》，《山西财经大学学报》2006年第2期。

测。而马尔科夫预测法则认为，只要当事物的现在状态为已知时，人们就可以预测其未来的状态，而不需要知道事物的过去状态，即马尔科夫链具有无后效性的特性，这也被后人称为马尔科夫性。这一特性避开了其他预测方法在收集历史资料时所遇到的一系列难题，因而，使得它无论是理论上还是应用上都占有很重要的地位。由于历史数据收集的困难，这里我们便通过调研所得数据，运用马尔科夫链模型来预测未来我国农村劳动力流动的趋势。

（二）马尔科夫链遍历性定理

在马尔科夫链理论中，最常用的一个定理即是它的遍历性定理。该定理可以这样描述：一般来说，设齐时①马尔科夫链的状态空间为 I，如果对于所有 $i, j \in I$，转移概率 $p_{ij}(n)$ 存在极限：

$$\lim_{n \to \infty} p_{ij}(n) = p_j, （且不依赖于 i），$$

用矩阵表达为：

$$p(n) = p^n \xrightarrow[n \to \infty]{} \begin{bmatrix} p_1 & p_2 & \cdots & p_j \\ p_1 & p_2 & \cdots & p_j \\ \cdots & \cdots & \cdots & \cdots \\ p_1 & p_2 & \cdots & p_j \\ \cdots & \cdots & \cdots & \cdots \end{bmatrix}$$

则称此链具有遍历性，又若 $\sum_j p_j = 1$，则称 $\prod = (p_1, p_2, \cdots)$ 为链的极限分布。

对于只有有限个状态的马尔科夫链，遍历性定理仍然适用：

设齐时马尔科夫链的状态空间 $E = \{1, 2, \cdots, s\}$ 为一个有限集，转移矩阵 $p = (p_{ij}(1))$，如果存在正整数 S，且对于任意的 $i, j \in E$，都有 $p_{ij}(S) > 0$，（一切 $i, j = 1, 2, \cdots, s$），则此有限链也具有遍历性，即 $\lim_{n \to \infty} p_{ij}(n) = p_j$，$p_j$ 与 i 无关，且 p_j 是方程组 $\prod = \prod p_j$ 在 $p_j > 0$ 及 $\sum_{j \in E} p_j = 1$ 条件下的唯一解。其中，$\prod = (p_1, p_2, \cdots, p_s)$。

---

① 所谓齐时性，即系统由状态 i 经过 k 个时间间隔（或 k 步）转移到状态 j 的转移概率只依赖于时间间隔的长短，而与起始的时刻无关。

二 农村劳动力流动趋势预测模型

本文采用武汉大学社会保障研究中心2007年暑期关于农村社会保障调研活动的数据来说明情况。此次调研采取分层随机的调查方式，样本采集涉及湖北、河南、四川、湖南、江苏、江西、陕西、山东、甘肃、浙江十个省份的农村地区，共发放问卷5000份，收回有效问卷4709份，其中涉及农村流动劳动力群体的问卷共收回3694份，有效问卷3255份，问卷有效率为83%。

一般而言，农村剩余劳动力未来流动的趋势只会与目前的情况有关，而与以前的情况关系较小，理论上可以视作无关。因此，我们可以运用马尔科夫链建立农村剩余劳动力流动趋势的预测模型，对农村剩余劳动力流动趋势达到稳定状态时的极限概率进行预测。下面我们便分别对未来一段时期农村剩余劳动力产业流动的趋势以及地域流动的趋势进行分析。

（一）农村剩余劳动力产业流动趋势预测模型

按农民工产业流动的方向，可以将其分为第一产业、第二产业、第三产业三个类别。通过此次对全国十个省份农民工流动情况的调研，我们获得了农村外出务工劳动力产业流动的一般倾向（见表1）。

表1　　　全国十省份农村剩余劳动力产业流动一般倾向

		2006年流向		
		第一产业	第二产业	第三产业
2005年流向	第一产业	0.63	0.19	0.18
	第二产业	0.05	0.78	0.17
	第三产业	0	0.31	0.69

我们可由表1中数据得到农村劳动力产业流动的转移矩阵：

$$p(1) = \begin{bmatrix} p_{11}(1) & p_{12}(1) & p_{13}(1) \\ p_{21}(1) & p_{22}(1) & p_{23}(1) \\ p_{31}(1) & p_{32}(1) & p_{33}(1) \end{bmatrix} = \begin{bmatrix} 0.63 & 0.19 & 0.18 \\ 0.05 & 0.78 & 0.17 \\ 0 & 0.31 & 0.69 \end{bmatrix}$$

又由于：$$p(2) = p(1)^2 = \begin{bmatrix} 0.63 & 0.19 & 0.18 \\ 0.05 & 0.78 & 0.17 \\ 0 & 0.31 & 0.69 \end{bmatrix}^2 = \begin{bmatrix} 0.4064 & 0.3237 & 0.2699 \\ 0.0705 & 0.1012 & 0.2589 \\ 0.0155 & 0.4557 & 0.5288 \end{bmatrix}$$

可见 $p(2)$ 中的所有元素都大于 0，因此，我们称此马尔科夫链具有遍历性，其极限分布

$$\prod = (p_1, p_2, p_3) \text{满足方程组} \begin{cases} p_1 = 0.63p_1 + 0.05p_2 \\ p_2 = 0.19p_1 + 0.78p_2 + 0.31p_3 \\ p_3 = 0.18p_1 + 0.17p_2 + 0.69p_3 \\ p_1 + p_2 + p_3 = 1 \end{cases}$$

利用 Matlab 应用软件，计算出该方程组的解为：$\begin{cases} p_1 = 0.0742 \\ p_2 = 0.5492 \\ p_3 = 0.3765 \end{cases}$

因此，我们可知极限分布 $\prod = (0.0742, 0.5492, 0.3765)$。

这个分布表明，经过一段时期后，农村剩余劳动力选择向第一产业、第二产业、第三产业流动的概率将会趋于稳定，各产业所占比例将分别为 7.42%、54.92%、37.65%。

据国家统计局农村社会经济调查总队的调查结果显示，农村劳动力产业未来流向中仍从事第一产业劳动的人数占流出劳动力总数的 5.2%，从事第二产业的人数占 59.7%，从事第三产业的人数占 35.1%，这与我们预测的各产业比例基本接近，说明预测结果有一定的参考价值。根据我们预测的结果，可以看出未来一段时间内，农村剩余劳动力产业流动的第一、第二、第三产业结构比将趋于 1∶7.4∶5.1，虽然仍呈现出"二、三、一"的就业格局模式，但与高水平就业格局的"三、二、一"模式更为接近，因此，可以预测未来我国农村剩余劳动力的转移就业将有可能改变我国传统不合理的"一、二、三"就业格局。

（二）农村剩余劳动力地域流动趋势预测模型

按农民工地域流动的方向，可以大致分为流向本省、内地省、沿海省

以及其他地方四种类型。通过调研，我们获得了农村外出务工劳动力地域流动的一般倾向（见表2）。

表2　　　　　全国10省份农村剩余劳动力地域流动一般倾向

		2006年流向			
		本省	内地省（市）	沿海省（市）	其他地方
2005年流向	本省	0.54	0.33	0.08	0.05
	内地省	0.13	0.44	0.42	0.01
	沿海省	0.10	0.09	0.67	0.14
	其他地方	0.31	0.05	0.23	0.41

如上所述，我们仍可以用马尔科夫链建立外出农村剩余劳动力地域流动趋势预测模型，对农村外出劳动力地域流动达到稳定状态时的极限概率进行预测。

由表2中数据得到农村劳动力地域流动的转移矩阵：

$$p(1) = \begin{bmatrix} p_{11}(1) & p_{12}(1) & p_{13}(1) & p_{14}(1) \\ p_{21}(1) & p_{22}(1) & p_{23}(1) & p_{24}(1) \\ p_{31}(1) & p_{32}(1) & p_{33}(1) & p_{34}(1) \\ p_{41}(1) & p_{42}(1) & p_{43}(1) & p_{44}(1) \end{bmatrix} = \begin{bmatrix} 0.54 & 0.33 & 0.08 & 0.05 \\ 0.13 & 0.44 & 0.42 & 0.01 \\ 0.10 & 0.09 & 0.67 & 0.14 \\ 0.31 & 0.05 & 0.23 & 0.41 \end{bmatrix}$$

由于$p(1)$中的所有元素都大于0，因此，我们称此Markov链具有遍历性，其极限分布

$$\prod = (p_1, p_2, p_3, p_4) \text{满足方程组} \begin{cases} p_1 = 0.54p_1 + 0.13p_2 + 0.10p_3 + 0.31p_4 \\ p_2 = 0.33p_1 + 0.44p_2 + 0.09p_3 + 0.05p_4 \\ p_3 = 0.08p_1 + 0.42p_2 + 0.67p_3 + 0.23p_4 \\ p_4 = 0.05p_1 + 0.01p_2 + 0.14p_3 + 0.41p_4 \\ p_1 + p_2 + p_3 + p_4 = 1 \end{cases}$$

利用Matlab应用软件，计算出该方程组的解为：$\begin{cases} p_1 = 0.3216 \\ p_2 = 0.2571 \\ p_3 = 0.4194 \\ p_4 = 0.0019 \end{cases}$

因此，我们可知极限分布 $\prod$ = (0.3216, 0.2571, 0.4194, 0.0019)

这个分布表明，经过一段时间后，农村剩余劳动力会选择向本省、内地省（市）、沿海省（市）流动的概率将会趋于稳定，概率分别为32.16%、25.71%、41.94%、0.19%。根据我们预测的结果，在未来一段时间内，农村剩余劳动力的主要流动方向仍然以沿海地区和本省内为主，其次是内地省（市）。这说明，相当一段时期内，沿海省市由于经济环境开放，就业机会充裕，薪酬水平较高等优势，将继续吸引大量农村剩余劳动力就业。

三 结论与对策

通过以上分析，我们可以看出，在当前很长一段时期内，我国农业剩余劳动力的流动模式仍将呈现出以下几个特点：

一是流动的规模将不断扩大。随着20世纪80年代中期开始的农村经济体制改革的深入及农业生产机械化的普及，大量的农村剩余劳动力从过去被禁锢多年的土地上释放了出来。同世界其他国家类似的情况一样，这类人群离开土地，涌入闹市，开始在城市这一新的生存环境下寻找"土地"之外的工作和生存机会。从预测结果来看，这种流动"大潮"在未来一段时期内还将持续下去。因此，我们有必要积极开展对农村剩余劳动力流动课题的研究，以应对当前这一突出而紧迫的难题。

二是流动的产业方向将由第一、第二产业为主，向第三产业转移重心。我国农村劳动力流动涉及的行业有很多，除少部分流向各种类型的农业经营单位从事农业生产外，其余绝大部分进入第二、第三产业从事劳动。尤其从20世纪90年代末期开始，随着市场经济体制改革的逐步深入，产业结构的不断调整，越来越多的农村剩余劳动力开始流向城镇的餐饮、交通、零售、家政服务等第三产业领域。据国家统计局、农业部、劳动保障部调查统计，目前全国已有1.2亿农村劳动力转移到城镇，占全国城镇就业人数的一半，其中第三产业就业的农民工占就业人数的52%以上①。这种现象与我们预测的结果相一致，它也从另一个侧面折射出，我国当前所进行的产业结构调整改革的初步成效。从产业类型来看，第三产业是吸纳劳动力能力最强的产业，因此，在改革步伐不断推进的过程中，我们有必要继续加大产业结构调整的力度，积极发展扩大第三产业的规模，以解决当前数量巨大的农村剩余劳动力的就业问题。

三是流动的地区分布将仍以省内转移为主，但同时还向跨省区转移规模化发展，而跨省区转移中以由中西部地区向东部地区转移。改革开放三十年来，由于政策导向的原因，东部与中西部地区呈现出明显不同的发展态势，东部地区相对活跃的经济氛围和相对宽松的就业环境吸引了越来越多的农村劳动力的流入。这种流动态势，一方面使得东部地区因为农民工廉价劳动力的流入而获益颇多，另一方面造成了中西部地区因为丧失人力资源优势而发展迟缓，从某种意义上讲，更加剧了地区间经济水平差距的拉大。根据我们的预测结果，这种不均衡的流动态势在未来相当长一段时期内仍将维持。因此，相关地区的有关部门要积极配合国家当前提出的西部大开发与中部崛起的发展战略，加强对农村劳动力流动工作的协调与管理，从人力资源的角度保障地区间的平衡发展。必要的时候，政府可以通过各种政策上的优惠来吸引农村剩余劳动力流向中部地区以及西部欠发达地区。

总的而言，农村剩余劳动力的转移问题，是世界各国经济社会发展过程中都会遇到的共同问题，从各国现有的发展经验来看，这一特殊群体向非农产业和城市的转移已成为共同的规律和必然的趋势。我国国情的特殊性，决定了我国农业剩余劳动力转移的难度和紧迫性，在今后相当长一段时期内，我们都必须重视这一问题的解决。

（原载《统计与决策》　作者：邓大松　孟颖颖）

---

① 中国农业信息网（http://www.agri.gov.cn/llzy/t20060522_614324.htm），2006年5月22日。

中国农村剩余劳动力成因分析

一 人口因素

新中国成立后的历次人口高峰，使得农村剩余劳动力的数量激增。

新中国成立后在 50 年代的一段时期，宽松的政治、经济、文化环境使广大农民固有的"早婚、早育、多生、生男"的传统生育观念重新抬头。尤其是土改中"按人头分地，机会均等"的土地分配办法直接刺激了农民添增人口的动机，导致新中国成立后很快就出现了第一个人口出生高峰。1949—1954 年中国人口出生率由 36‰上升到 37.97‰，人口死亡率由 20‰跌落到 13.18‰，人口自然增长率由 16‰提高到 24.79‰。仅1949—1953 年全国总人口净增加 4300 多万人，[1] 新中国成立后的第一次全国性人口普查结果表明，1953 年全国人口总数是 5.826 亿人，这一数据与当时国人的意料多出了整整 1 亿人。[2] 从这些数字中我们不难发现，正是农地分摊机制直接刺激了农村人口数量的激增；而农村人口的过快增长又迫使农民人均拥有的耕地面积不断减少。但新中国成立初期，通过农民（包括部分退伍军人）对战后废弃的农地进行恢复和开垦，在一定程度上起到了缓解农村新增人口对土地的压力，因而第一次人口高峰所带来的人口过快增长并未形成强烈的人地矛盾。据统计，1949—1952 年全国耕地总面积由 9788 万公顷扩大到 10792 万公顷净增加 1004 万公顷，人均

---

[1] 中国人口情报研究中心：《中国人口资料手册》，北京经济学院出版社 1991 年版，第 16 页。

[2] 朱国宏：《人地关系论》，复旦大学出版社 1996 年版，第 13 页。

耕地面积由2.71亩增加到2.82亩。然而，随后不断到来的人口高峰，导致中国人均耕地面积始终处于不断下降的趋势。[①]

二 制度性因素

工业化背景下的劳动力转移是发达国家和发展中国家曾经面临或正在面临的共同问题，因此，必须从更广角度对制度背景进行分析。

(一) 改革前的制度环境

计划经济体制下，农产品的统购统销制度、人民公社制度和户籍制度是阻隔中国城乡间劳动力流动的基本制度。在制度的安排下，农业劳动力被人为的固化在农村居住地。人民公社制度和户籍制度限制了农业人口的自由转移，同时，食品定量供应、排他性的城市就业、医疗、住房、子女教育等苛刻的属地性管理制度隔绝了农村剩余劳动力向城市转移的可能通道。而每年数量有限的城镇国有集体企业招工成为农村剩余劳动力进入城市的唯一渠道。

(二) 1978年后的经济改革

中国1978年实施的经济改革、国内相应配套制度的设立，为农村剩余劳动力的城乡转移提供了可能，但因经济改革前而形成的庞大农村剩余劳动力却又给处于结构性调整中的国家经济形成了巨大的就业压力。为此，国家逐步放松对城乡间人口流动的控制，其主要是基于现实的压力而逐渐放松劳动力转移的控制。这其中的动因，在改革前是单一的制度性因素决定了农业劳动力的转移，而改革后则是制度性因素和市场因素共同发挥的作用，是制度性因素逐渐弱化、市场因素逐渐增强的结果。因此，可以看到政府在农村劳动力的流动问题上采取的是逐步过渡的控制政策，1983年以前是控制流动，1984—1988年才开始允许流动，1989—1991年则是控制盲目流动，1992年后是规范流动。

(三) 农村剩余劳动力转移的进程和规模

这是多方利益主体相互博弈的结果，参与谈判的利益主体的各自构成

---

① 刘育成：《中国土地资源调查数据集》，全国土地资源调查办公室，2002年，第144页。

结构和大小、社会地位的高低、目的意图的表达途径及强弱等因素决定了利益分割的结果，而现实中这种结果则以有形的政策方式体现出来，即制度化。其结果往往导致农村剩余劳动力在城乡转移过程中处于被动的弱势地位。由此造成农村剩余劳动力的转移只能在等待城镇市场扩大且不触动既得利益群体的情况下方能实现，但这一构想在中国目前的情况下是很难实现的，因此大量农村剩余劳动力滞留于农村成了不争的事实。

此外，农业合作化和人民公社时期的农地集体所有制中包含的土地平分机制，形成了农村人口数量激增的历史渊源。

三 后起工业化国家

作为后起工业化国家，中国农村劳动力转移面临的起始条件存在以下两个较大差异。

（一）人口出生增长率和人口总量

发达国家在工业化初期阶段，人口出生率和死亡率都很高，因此使得人口增长率长期徘徊不前，人口总基数基本适应了工业化初期对劳动力的正常需求；在工业化的后期，各国人口死亡率持续下降，出生率保持相对稳定，人口增长率逐步提高，适应了工业化后期对劳动力的大量需求。而中国工业化在起步及最初发展阶段所面临的人口条件是：随着20世纪50年代中期出台的国家工业化战略和鼓励生育人口的政策，中国迎来了20世纪的第一次人口高峰，而不发达的工业体系对新增人口特别是农村新增剩余劳动力的吸纳能力有限，由此导致中国一开始就在工业化初期面临极大的农村剩余劳动力转移压力。

（二）城乡人口构成

中国于1953年开始工业化初期，工业人口比率虽低，但城市化进程一直处于平稳发展的状态中，加之计划经济下国家主导的重化工业战略和城乡人口的过快增长，导致制造业并没有形成对农村剩余劳动力转移的辐射作用。而随后于1959年发生的三年自然灾害，迫使国家为稳定城市供给而将城镇人口向农村大规模转移，这部分群体对农业生产缺乏足够认知且劳动技能不熟练，逐渐形成了新的农村剩余劳动力。

四 农村土地因素

可耕地面积的减少，城市化、工业化进程中的土地征用，土地收入支撑作用的减小，都加剧了农村中的剩余劳动力的增加。

由于城市土地利用率高于农村，城市人均用地面积大大低于农村居民间人均用地面积，所以农村退出的土地要多于城市占用的土地。退出的农村建设用地，绝大部分可整理为农业用地。因此城市化的最终结果，应当是利于节约土地，增加农地的。

改革开放后的二十多年间国内也确实增加了大量农地，但主要是通过开发后备耕地资源和对工矿废弃地进行复垦，以及对农地进行整理实现的。20世纪80年代后期至今，城市土地使用制度改革的重点是推行出让。但是出让也存在着弊端：抬高了用地者的投资门槛；助长了部分地方政府低价征地、高价出让的思想；间接地引发了农村失地农民的社会保障困难；征地的便利性使得房地产商借机大量吸纳耕地，导致耕地资源出现大量流失。

五 城市的"洼地效应"

改革开放后，城市对农村的辐射和示范效应增强，产生了"洼地效应"，同时，乡镇企业的发展进入了瓶颈阶段，加速了农村剩余劳动力向城市的转移步伐。

由于城市与农村一直以来存在着户籍制度的壁垒，因此对于因城乡分治，长期无法分享经济发展成果的农村农民而言，其迫切希望通过进入城市而获得城市居民所享受的待遇。当前随着壁垒森严的城乡隔离制度开始出现松动，在城市的强烈辐射和示范效应的冲击下，农村剩余劳动力进城人数在10年左右的时间内翻了一番，并且跟随城市化、工业化进程的推进，转移人数将会继续快速增加。目前农村剩余劳动力转移的主要方式是通过进城务工的形式实现的。但从20世纪90年代中期以后，随着国有企业经济体制改革的进一步深入,大量国有企业关停并转,由此使得农村剩余劳动力在城市中获取就业岗位的机会减少。同时,伴随着大量国有企业职工的下岗失业,其直接对农村剩余劳动力的进城就业形成了压力,导致了农村剩余劳动力在城市中就业形势日趋严峻,进城农民在城市中的就业环境严重恶化,该状况仅仅从一定程度上延缓了农村剩余劳动力进城的势头,但农村剩余劳动力迫于自身经济压力仍大量涌入城市寻求就业机会。

乡镇企业吸纳农村劳动力能力下降,导致了农村剩余劳动力的增加。在改革开放的初期,由于农村土地所有制的转换,极大地调动了农村农民的积极性,农村乡镇集体经济突飞猛进地发展。在20世纪90年代以前,乡镇企业成为推动中国第一轮经济建设的重要支柱。但90年代以后,实行粗放经营的乡镇企业遇到了经营管理、市场设定、技术更新等诸多困难,加之其未及时实现自身经营体制的转换,使得乡镇企业的发展陷入了困境,其拉动农村经济发展的"火车头效应"被严重削弱。

表1　　　　　　　　乡镇企业吸纳农村剩余劳动力状况

单位:亿元、%、万人

时期	Ⅰ	Ⅱ	Ⅲ	Ⅳ	Ⅴ	Ⅵ
"七五"计划	—	26.53	8983.87	20.55	0.775	457.154
"八五"计划	—	42.77	11281.94	7.15	0.169	719.24
1996年	17659	21	13508	5.03	0.24	647
1997年	20740	17.4	13050	-3.4	-0.20	-458
1998年	22186	17.3	12537	-4	-0.23	-513

说明:Ⅰ表示企业每年完成的国内生产总值;Ⅱ表示当年完成的国内生产总值比上年的增长率;Ⅲ表示乡镇企业每年的职工人数;Ⅵ表示当年的职工数比上年的增长率;Ⅴ表示乡镇企业每年的就业弹性(Ⅴ=Ⅳ/Ⅱ);Ⅵ表示乡镇企业每年吸纳农业剩余劳动力的人数(Ⅵ=当年的职工人数上年的职工人数)(其中"七五"、"八五"期间取平均值)。

资料来源:《新疆财经》2001年第3期,第39页。

表1资料显示,从"七五"规划到1998年,至今乡镇企业吸纳农业剩余劳动力呈现出以下几个特点:其一,由于多种原因,乡镇企业经营状况在逐步恶化,其创造的国内生产总值的增长率1998年与"八五"期间

平均数相比下降 24.97 个百分点。其二，在乡镇企业就业的职工人数在后几年呈绝对减少趋势，职工数量的增长率及就业弹性双双出现负值。其表明在乡镇企业增长乏力的情况下，乡镇企业吸纳农业剩余劳动力的数量和规模不可能有较多增加，很可能还会继续减少。

六 地区差异

地方经济的发展导致了地区间差异的产生，以及东部沿海发达地区与中西部贫困地区的发展差异，都对农村剩余劳动力的形成和转移产生了收入的示范效应。

在对中国 2002 年度地区经济发展水平、地区差距变化、地区产业结构变动态势等进行了全面分析后（见表2），可以看到 2002 年中国东西部地区差距仍然在扩大，但差距扩大的趋势进一步减小；西部大开发以来，中国中部地区增长速度已连续两年低于其他地带，值得人们的关注。

表2　　　　　　　　　2002 年中国各省区经济增长格局

单位：‰

类型	省份（GDP 增长率）
GDP 增长率 > 上限平均值	天津（12.5）、青海（12.4）、浙江（12.3）、内蒙古（11.6）、江苏（11.6）、山东（11.6）
上限平均值	11.29%
GDP 增长率 < 上限平均值 > 各省平均值	上海（10.9）、山西（10.8）、广东（10.8）、四川（10.6）、福建（10.5）、江西（10.5）
各省平均值	10.49%
GDP 增长率 > 下限平均值	黑龙江（10.3）、广西（10.3）、重庆（10.3）、北京（10.2）、辽宁（10.2）、宁夏（10.2）、陕西（9.7）、河北（9.6）
下限平均值	9.53%
GDP 增长率 < 下限平均值	吉林（9.5）、河南（9.5）、甘肃（9.5）、海南（9.2）、湖北（9.1）、贵州（9.1）、湖南（9.0）、安徽（8.9）、云南（8.1）、新疆（8.1）

资料来源：《中国统计摘要》（2003）。

同时，城乡差距绝对差在继续扩大，相对差也在扩大（见表3）。2002年，中国城乡绝对差距（=城镇居民家庭人均可支配收入与农村居民家庭人均纯收入之差）为5227元（当年价），比上年增长16.3%；相对差（=城乡绝对差距/城镇居民家庭人均可支配收入×100）为67.9%，比上年增长2.4个百分点。

表3　　　　　　　　　中国城乡差距变化情况

年份	农村居民家庭人均纯收入（元）	城镇居民家庭人均可支配收入（元）	城乡绝对差（元）	相对差（%）
1978	133.6	343.4	209.8	61.1
1980	191.3	477.6	286.3	59.9
1985	397.6	739.1	341.5	46.2
1990	686.3	1510.2	823.9	54.6
1991	708.6	1700.6	992.0	58.3
1992	784.0	2026.6	1242.6	61.3
1993	921.6	2577.4	1655.8	64.2
1994	1221.0	3496.2	2275.2	65.1
1995	1577.7	4283.0	2705.3	63.2
1996	1926.1	4838.9	2912.8	60.2
1997	2090.1	5160.3	3070.2	59.5
1998	2162.0	5425.1	3263.1	60.1
1999	2210.3	5854.0	3643.7	62.2
2000	2253.4	6280.0	4026.6	64.1
2001	2366.4	6859.6	4493.2	65.5
2002	2475.6	7702.8	5227.2	67.9

资料来源：《中国统计摘要》（2003）。

同时，结合《中国统计摘要》（2004）可以看到，从经济总量看，东部地区占全国经济总量的比重不断提高，从1980年的50%提高到了2003年的59%，中、西部地区分别由30%和20%下降为24.5%和16.5%。从人均GDP看，东部地区人均GDP水平高出全国平均水平的幅度进一步提高，由1980年的34%，提高到2002年的53%左右，而中、西部地区人均GDP与全国平均水平的差距也进一步扩大，由1980年相当于全国平均水平的88%和70%，下降为2002年的70%和59%。东部地区与中、西部地区人均GDP的相对差距进一步扩大，分别由1980年的1.51和1.91扩大为2002年的2.1和2.61；人均GDP最高的省（不含直辖市）和人均GDP最低的省之间的相对差距由1980年的3.52倍扩大为2002年的5.43倍。尽管按现行人均GDP的统计方法未完全考虑流动人口的因素，但即便是在考虑流动人口因素后，上述趋势依然成立。

此外，由于东部地区城市化水平高，中西部地区城市化水平低，中国区域差距扩大和城乡差距扩大还具有相互交错的特点。

新中国成立以来，直到20世纪80年代中期，城镇内部的收入差距低于农村，城镇内部的区域差异也不大。从20世纪80年代中后期开始，在城镇内部个人收入总体差距不断扩大的同时，城镇内部个人收入的地区差距也在扩大，沿海省份的收入增长明显快于内地省份。非国有经济的收入分配机制和其发展的地区不平衡是造成城镇内部收入差距拉大的主要原因。

城乡间差距一直是收入差距研究所关注的焦点。中国存在严重的城乡分割，尤其是计划经济时代，使得改革之初的城乡收入差距很大。改革之初，由于农村改革，城乡差距趋于缩小，在1984年降到最低点，但随后城乡收入差距仍不断扩大，到1994年达到最高水平，其后的几年政府提高了农产品的收购价格，城乡收入差距有所下降，但从1997年开始随着农产品收购价格的下降而重新上升，到2000年城乡收入差距继续扩大。究其原因，农副产品价格下降、不合理的农村税赋安排、城乡劳动力市场分割、对农村劳动力的就业歧视，均为重要影响因素。

参考文献

1. 薛军民：《农村剩余劳动力转移滞后的原因》，《农业经济》2003年第4期。
2. 中国人口情报研究中心：《中国人口资料手册》，北京经济学院出版社1991年版。
3. 朱国宏：《人地关系论》，复旦大学出版社1996年版。
4. 刘育成：《中国土地资源调查数据集》，全国土地资源调查办公室，2002年。

（作者：邓大松　张文娟　张　骞）

金融危机冲击下的中国就业难题与制度完善

金融危机带来了严重的失业，而失业又是金融危机进一步转化为社会危机的中介链条。投资与出口是拉动中国经济增长的两大"发动机"，中国的产能过剩和美国的过度借债消费构成了硬币的正反面。当泡沫破灭，危机不期而至时，经济陷入"增长减缓—失业—恶化经济"的循环之中。原来有工作的人随着企业倒闭、停产被抛入失业队伍，大量新进入劳动力市场的人也难以找到工作。

一 金融危机冲击下中国就业的结构性矛盾

中国就业问题的复杂程度高于世界上其他国家。发达国家主要面临新成长劳动力的初次就业问题；其他体制转轨国家主要面临结构性的失业和再就业问题；发展中国家主要面临农村劳动力的转移就业问题。而中国则同时面临初次就业、转轨就业、转移就业以及各类矛盾的交织。各类就业矛盾的尖锐程度和紧迫程度在不同历史时期是有所区别的。金融危机导致就业形势急剧恶化过程中两个最大的受害群体是农民工与高校毕业生。

（一）城乡新成长劳动力的初次就业。

我国每年城乡新增劳动年龄人口的绝对数量巨大。按照其来源主要分为两部分：一部分是没有考上大学的初中、高中毕业生；另一部分是高校毕业生，包括了专科、本科和研究生等各种类别、各种层次的毕业生。

前者由于其学历较低、缺乏专门的劳动技能，当他们从学校进入社会之后，无论在城市抑或农村，大部分人选择了打工，小部分人赋闲在家并面临长期待业。

而各类高校毕业生则是当前就业的困难人群与敏感人群。2009 年在校大学生签约率总体低于上年同期，第一季度应届高校毕业生签约率大体是20%—30%，距离人力资源和社会保障部提出的"力争今年应届毕业生初次就业率达到70%左右"的目标尚有一段距离。

高校毕业生群体内部并非均质结构。在其毕业之际便开始了分层和分化。高校毕业生就业难的总量矛盾背后同样有结构矛盾，其与产业结构、地域结构、院校类别结构、专业设置、人才培养模式以及高校毕业生人才市场的运行状况等因素相关。例如，用人单位对高学历的偏好，导致研究生对本科生的替代、本科生对专科生和高职生的替代。再如，高校毕业生就业难的程度并非整齐划一，依次是地方性院校、其他中央部门所属院校和教育部直属高校。

劳动力市场需求重心是实用第一。然而，目前相当部分专业学科设置及其人才培养模式与市场需求存在结构性错位。大学生个人的素质、能力体系与用人单位的需求匹配程度高低也影响到就业难度。此外，高校毕业生内部由于家庭背景等方面的差异，使得就业的强势群体和弱势群体的差距日益扩大。

高校毕业生是一个素质较高、思想活跃的群体。在中国，无论是农村还是城镇，贫困家庭培养一个大学生往往竭尽全家财力，乃至会让弟妹辍学或举债。孩子读大学是父母的价值实现和人生希望之所在。倘若大学生毕业即失业，破灭的不仅是个人的理想，还包括全家的期待和生活信念。

全球经济在金融危机冲击下走出低谷至复苏、繁荣是一个缓慢的过程。在未来十年中，大学毕业生和其他青年失业人口有可能成为劳动市场上的高风险人群。尤其是当家庭背景和权力浸入并决定就业机会时，所产生的不公平与失业的巨大压力相叠加，有可能是导致青年与社会之间紧张、冲突的首要因素，需要从社会稳定和政治的高度给予关注与调适。

（二）农村剩余劳动力的转移就业。

1. 农民工的就业问题

金融危机向实体经济的传导和演化，导致大量的企业尤其是劳动密集型的中小企业倒闭。中国社会科学院关于"中小企业在金融危机复苏中的作用"的调研报告显示，有40%的中小企业已经在此次金融危机中倒闭，40%的企业目前在生死线上徘徊，只有20%的企业没有受到此次金融危机的影响。其中沿海地区的倒闭比例高于内陆，中西部的倒闭比例最小。

此次金融危机中，不论是企业倒闭抑或限产保价，还是产业升级，始终伴随着一个裁员问题。大部分农民工从事的建筑业、加工业受金融危机影响较大。大批无工可打的农民工或者返回农村，或者游离徘徊在城市与家乡之间寻找工作，成为第一批受害者。我国的农村和农民又一次地成为中国经济"软着陆"乃至"硬着陆"的载体。大量企业倒闭，既是一个值得关注的宏观经济形势发生逆转的信号，也是一个劳动力市场供求关系发生大逆转的信号。当沿海发达地区近几年在为"民工荒"伤透脑筋之际，又猝不及防地面对农民工"裁员潮"。幸存的工人群体也面临重新"洗牌"，许多企业这时换掉工资上升期招入的工人，招入更便宜、更熟练的工人。劳资关系也发生逆转，番禺"打工族服务部"的一项对广州、东莞、中山和佛山四个城市的调查显示，金融危机之下，有超过25%的企业不再给工人买社保，超过35%的企业"不定时上班，有货才来上班"，超过21%的企业裁掉老员工，超过13%的工人所在工厂增加了伙食、水的扣费或实施更加严厉的罚款制度。

返乡农民工排队退保现象也很普遍。由于养老保险不能顺利地在地区之间转移与接续，农民工也很难缴满15年的养老金最低领取标准。退回的保险金只是很少的个人账户部分，企业缴纳的部分不能退，也不能转到农民户籍所在地。这等于农民工在为城镇统筹账户缴费，充实了农民工输入地的社保基金。

由此看来，农民工、企业老板、输出地政府和输入地政府之间的利益链条值得研究和分析。我国农民工分为在本乡镇以内就业和本乡镇以外就业两种。2008年，全国进城务工农民工总人数已达22542万人。本乡镇以外就业的外出农民工数量为14041万人，占农民工总量的62.3%；本乡镇以内的本地农民工数量为8501万人，占农民工总量的37.7%。全国只要有10%的农民工就业受到影响，绝对数就达到2200万人，其身后的供养人数更是高达6000万—7000万人。

截至2009年春节前，返乡农民工达到7000万人左右，约占外出农民工总量的50%。春节后到2009年2月底，返乡农民工的80%，即5600万人重又外出打工，其中4500万人已找到工作，1100万人尚处于在外寻找工作状态，就业失业比为4.1:1。

据广东省就业服务管理局分析，2009年除了餐饮、零售等对外依存度较低的行业之外，其他行业吸纳农民工就业的能力将继续下降。

在进城务工的农民中，不同年龄段的农民工群体面对失业冲击的调适方式各不相同。按照农民工年龄分类，本文将20世纪80年代以后出生的农民工定义为第二代农民工，此前出生的农民工则定义为第一代农民工。当然，这种划分只是大致的。

第一代农民工中的绝大部分人面对金融危机的应对与调适相对而言是柔性的。他们虽然不愿意被裁员，但是，当年的离乡背井、外出打工大多是生活所迫，留在家乡的老人和孩子还是他们心中的眷恋和牵挂。农村相对稳定的土地制度、国家扶持农业的各项利好政策，以及驾轻就熟的庭院经济，均使他们在身、心两个方面都能够比较自然地回到家乡谋生。

第二代农民工与其父辈相比，他们的文化程度较高，其中接受过高中以上教育的人数占近1/3。但是，他们缺乏务农经验以及对土地的依附感，认同城市文化并希望留在城市工作。他们对于农村生活的不适应导致他们无法返乡务农；在其失业后更倾向于留在城市而非返乡，或者返乡后又回流到城市寻找工作。第二代农民工将是中国城市化的中坚力量。国家和社会必须要从长计议这一代人的培训、就业和社会保障问题。

从政府工作层面，当前的农民工工作存在的问题主要有：一是输出组织化程度不高；二是经过培训后的转移者所占比例不高；三是维权任务日趋繁重，涉及农民工劳动争议案件居高不下；四是社会保障不健全，跨区域养老保险接续未建立。

2. 被征地农民的就业问题

城镇化的不断推进与征地加速，使失地农民像滚雪球一般成为一个庞大的群体。被征地农民较之农民工而言，缺乏工作经验与工作技能，面临失业的可能性更大。

农民土地被征用的补偿方式，比如一次性的货币补偿，或是将其身份从"农民"转为"市民"，无疑是最简单的做法，但问题并没有解决。土地对农民，既是最基本的生产资料，也是低成本生活方式的载体，同时也是最后的生活保障资料。失去土地的农民面临许多风险。

一般而言，绝大多数农民还是希望进城成为市民的，因为这可能使其子女的教育乃至就业存在更多的机会。但是，农民对放弃承包地与宅基地抱有很高的警惕性。征地造成的失地又失业现象使他们感到，虽然拿到了一笔补偿费，乃至搬进了居民小区，但是，没有稳定的职业，就失掉了生活来源，一旦花光了补偿费，可持续的生计便无法进行，更何况补偿金受投资风险和通货膨胀影响。因此，要农民放弃承包地和宅基地的前提是其能够相对稳定地就业，这应当是一条政策底线。否则，当农村的失地转化为城市的失业时，就业问题就会转化为政治问题。

在被征地农民的就业、社会保障、住房和户籍这几条中，就业应当是最基本、最本源、最重要和最优先的，其次是住房，再次是社会保障，而户籍是摆在最后的。这是因为，有了就业才有持续的收入流，有了持续收入，才有和职业关联的社会保险，而不仅仅是"低保"。就业是被征地农民的安身立命之本。住房的获取和住房条件的改善也必须是建立在可持续的收入流之上。至于户籍，它仅仅是记载人口从农村转换到城市的一种凭证，其价值在于附着其上的权益，如社会公共服务等。

前些年理论上和实践中一度成为主流的"土地换社保"举措，实际上是一条让失地农民通往贫困之路，倘若没有就业这一条"底线"，仅有以养老和"低保"为主的社会保障，失去土地的农民，靠什么维持可持续生计？靠什么去发展？为农民建立社会保障是必要的，但那是社会保障自身的一种社会化要求，也是农民的公民权利的体现，它应当建立在缴费基础上，而不是基于土地的一种交换；在时序上，它也应当是有了就业保障以后的事。

（三）城镇下岗失业人员

我国的城镇下岗失业人员可以分为两种：一种是"体制内"的国有企事业的失业下岗职工；另一种是"体制外"的各类失业下岗人群。后者主要包括小商贩、临时工等。

自1998年国有企业减员增效开始，国家多年来持续地实施再就业工程，国有企事业单位的失业下岗职工中具有"可就业性"的绝大部分已经再就业，其总量也已经"峰顶回落"，剩下的未就业者大多是就业困难人群。体制外的人群从事的工作大部分是灵活就业和低端工作。金融危机使上述人群的就业概率更小，生活境况更差。

二 积极就业政策的实施效果与优化建议

2008年第四季度以来,党中央、国务院审时度势,果断地推出了一系列扩大和稳定就业的政策,旨在实现经济增长与扩大就业的良性互动。现行的积极就业政策体系主要有四个层次:支持劳动者就业、创业;支持企业吸纳就业;鼓励形成多层次的就业服务体系;促进经济发展扩大就业。财政也加大了对就业的支持力度,2009年达到420亿元,比2008年增加了160多亿元,增幅达到66.7%,这是中央财政历年增幅最高的。

各级地方政府也在上述四个领域出台政策。例如,缓征企业应缴纳的相关费用;对困难企业给予稳定就业岗位补贴和待岗培训补贴;对返乡农民工开展岗前培训以及就读中职学校的按人头给予学费和生活补贴;对农民工初次参加职业技能鉴定和专项职业能力考核的提供鉴定费和考核费财政补贴;面向返乡农民工举办招聘会的职介单位,如果成功促成返乡农民工签约的按人头予以补贴;对农民工开展创业培训的按人头予以补贴;提高对自主创业农民工小额贷款额度和贴息比例,对吸纳农民工人数达到一定数量以上的创业重点企业给予补贴,旨在扩大创业促就业的乘数效应;建立市外劳务办事机构,培育劳务品牌和劳务经纪人,建立跨地区维权机制,加强市外劳务协作、境外劳务派遣等。此外,扩大农民工社会保险覆盖面,按就近入学原则安排返乡农民工子女接受义务教育。在主城区和农民工集中区域,新增农民工公寓等,以切实维护农民工的合法权益。

在促进高校毕业生就业方面的举措有:一是整合"三支一扶"、教师特设岗位、选调生等专项计划,扩大基层单位招募范围和数量,引导毕业生面向基层就业。二是促进毕业生自主创业。自主创业从事微利项目的毕业生可申请小额担保贷款,并享受财政贴息政策等。三是强化就业指导服务。以校园招聘为依托,分行业、分地区组织相关用人单位到高校开展专场招聘,以及组织企业老总、人力资源管理专家、自主创业和基层就业典型高校毕业生代表在高校巡回演讲,推进毕业生就业双向选择活动等。四是大力推动自主创业和创业教育,如建立市、区县和高校三级大学生创业孵化基地。组织大学生创业大赛,开展由国际劳工组织开发的KAB(大学生创业教育项目）和 SYB（创办你的企业）培训等。

上述反失业的公共政策取得了比较显著的成效。截至 2009 年 4 月底，全国城镇新增就业 465 万人，农民外出打工人数也有较大恢复，扭转了 2008 年第四季度以来下滑的趋势。但是，各项政策有待进一步优化。

（一）就业的短期政策与长远发展战略合理衔接

拉动经济增长，仅靠政府减税、补贴、投资是远远不够的。经济的稳定源于企业的持续投资及其带来的就业稳定。这一过程中的关键是以政府的财政资金为牵引动力，撬动社会资本、激发市场活力。政府应通过积极财政政策，放宽社会资本投资限制，规范相关税费管理，简化行政管控，优化投资环境，避免政府对私人的"挤出效应"。

（二）积极推动产业升级，建立技术培训机制

从长远来看，我国不宜将经济发展战略建立在低劳动成本、低劳动保护、低劳动技能上。本次金融危机中有大量的劳动密集型企业倒闭，因为该类产业抵抗风险的能力低，低端就业者将不可避免地面临失业。我国政府应该积极推动产业升级，只有合理的经济增长模式才能推动我国劳动力市场的长期合理发展，在发展中解决劳动力市场存在的问题。同时，应针对进城务工的农民广泛地建立技术培训机制，使劳动者技术升级与产业升级相匹配。

（三）提高财政性就业支出的绩效。

我国财政性就业支出的政策起源于转轨时期消解失业下岗职工的就业压力，包括"再就业培训补贴"、"职业介绍补贴"、"社会保险补贴"、"公益性岗位补贴"、"小额担保贷款贴息"、"对农民工的就业服务支出"、"特定政策补助"和"劳动力市场建设"等项目。在其后的执行过程中，相关职能一再扩展，覆盖对象一再调整，执行流程也多次调整，当前成为一个多服务对象、多利益相关者、多管理目标的复杂领域。

财政性就业支出的核心问题是如何筹集"合适的福利资源"，合理分配给"最需要的人群"，并使之达到一定的绩效标准。财政性就业支出中的基础性量化指标，明晰地反映了就业政策实施的规模及其结构。财政性就业支出项目是积极财政政策和积极就业政策的核心，也是吸纳和整合社会资源应对就业压力的杠杆。

基于提高财政性就业支出使用效益的考虑，应建立起以资金预算、监

督管理、社会效益为主体的绩效评价指标体系，逐步构建就业支出的问效、问责机制，以提高财政性就业资金的管理效能和使用效益。

（四）建设跨地区、跨部门的通用公共就业服务信息网络

所有发达国家公共就业管理体系都以信息系统建设为先。我国城市劳动力市场信息网络建设的重心应下沉到农村乡镇，劳动力市场也同步延伸到农村乡镇。在农村所有乡镇都应建立劳动保障平台，开展就业服务，及时发布用工信息。

（原载《财政研究》2009年第8期　作者：邓大松　黄　溪）

改革开放三十年中国社会保障制度
改革回顾、评估与展望

1978年，十一届三中全会召开标志着中国经济社会的伟大历史转折，此后，随着经济体制改革和对外开放，中国社会各个层面发生了深刻变化，其中，中国社会保障制度改革与发展就是这种巨大变化中的一幕。

值此改革开放30周年之际，回顾30年社会保障领域的改革进程，总结其改革和建设的成就与教训，对于进一步推进中国特色的社会保障事业，加快以改善民生为主要目的的社会建设具有重大的理论和现实意义。

一 传统社会保障制度的特点与不足

世界劳工组织有一句名言——没有社会安定，就没有社会发展；没有社会保障，就没有社会安定。这句话充分阐释了社会保障制度在整个社会安定与发展中的重要作用。中国的社会保障改革是在中国经济体制变革、经济社会结构调整以及经济全球化的大背景下展开的一场具有革命意义的制度变革。作为一种以解除国民生存危机和保障国民基本生活为本源职责的制度安排，现代社会保障无疑是增进国民福祉、推动社会主义和谐社会建设、促进社会公平正义的重要内容，具有其他制度不可替代的作用。

改革开放以前，由于特定的历史条件，以及20世纪六七十年代国内外政治经济发展形势，这一时期中国社会保障制度强调个人、单位（集体）和国家利益完全一致的原则，形成了中国特色的"单位保障"模式。因该模式覆盖范围狭窄，待遇水平较低，加之制度上的缺失，中国传统的单位保障制度未能发挥应有的作用。

（一）传统社会保障制度的特点

传统社会保障制度是在计划经济体制下建立和形成的，具有鲜明的时代特征，概括起来，有以下四个方面：

1. 国家保障

传统社会保障制度是在特定时期依靠国家机器建立起来的，其主要任务一是为了保障劳动者在非常情况下的基本生活条件，保证社会再生产顺利进行；二是为了保证党和国家各项社会政策得到贯彻落实，稳定社会秩序，维护社会安定。在中国传统的社会保障制度中，国家是社会保障制度的宣导者和制度确立者，是社会保障财政的最后责任人。

2. 单位负责

"单位"是新中国成立的一种极具特点的旨在发展生产、促进社会稳定的社会机制，在中国传统社会保障制度下，尤其是自1969年至20世纪80年代中期，为体现社会主义制度的优越性，个人少缴甚至不直接缴纳社会保险税费，被保险人的生、老、病、死、伤残几乎全部依赖其所在单位。

3. 宽福利与低收入并存

作为社会主义优越性的重要体现，中国社会保障政策体现了宽福利性。尤其是在城镇，在国家主导与政策支援下，基于单位的保险与福利较为宽厚，几乎覆盖了衣、食、住、行的各个方面。与这种宽福利相比，工资水平就显得低了，这既是为了维持这种宽福利所必需的，也是中国计划经济时代的基本经济特征之一。

4. 社会稳定器

中国传统社会保障制度对于中国20世纪50年代的国民经济恢复与重建，度过60年代因自然灾害而引发的三年困难时期，以及顺利完成60年代的经济结构大调整发挥了社会安全网作用。

（二）传统社会保障制度的不足

1. 社会保障以"身份"属性取代"社会"属性，保障范围狭窄

中国传统社会保障制度的特殊性在于其实施对象是与国有企、事业单位的"职工"这一特定身份联系在一起的。这种身份既非"先赋身份"，也非"成就身份"，而是一种"体制性身份"。传统的户籍制度和其他相关政策将劳动者区分为三类和六种身份：城市劳动者和农村劳动者；全民

所有制劳动者和非全民所有制劳动者；固定工和临时工。未经特许，这三类界线和六种身份之间不得随意逾越。同时，"统包统配"的就业制度不仅使得一次分配定终身，而且还导致社会保险、职工福利与就业这三大制度的三位一体，高度重合。其具体表现是：劳动者只要在国有企事业单位就业就等于终身保了险，不仅能拿到"铁工资"，还能享受到生、老、病、死、伤、残一系列社会保障待遇。这种格局使得国民收入的分配和再分配随就业分配，不同岗位的人或者同工种不同单位的人待遇相差悬殊，权责呈现高度不对称性。这种制度安排的缺陷是：

其一，保障范围狭窄、社会化程度低。受保人不是全体公民，而仅仅是机关、事业单位和国有企业、集体企业中的固定工。集体经济单位的职工能够得到的社会保障待遇相对要差一些，而其他社会成员则得不到任何社会保障。全国几乎有80%的人口（个体工商户、农民等）不在这种社会保障制度的覆盖范围内。[①] 中国政府对于这种二元社会保障模式及其引发的社会后果试图通过改革予以化解，出乎意料的是，社会保障二元模式，改革开放后不仅仍然存在，并且在某些方面还有所强化。在这种情况下，社会保障无真正意义上的"社会性"和"公平性"可言，它使社会在付出经济成本的同时，也付出了过高的政治和社会成本。

其二，由于就业与福利、保障的高度重合，倘若劳动力流动就会丧失既得利益，所以，这种福利的保障本身便也成了劳动力合理流动的壁垒。在传统体制下，就业的基本特征是安全就业与风险就业并存，人们有了工

[①] 当然，必须承认，改革开放之前，在中国广大农村存在一定范围和形式的社会保障，但是，改革开放初期，由于经济社会转轨，传统农村社会保障失去了经济基础，而国家并没有充分估计、认识社会经济转型对社会保障制度的影响，对农村社会保障支持不足，导致在改革开放初期中国农村社会保障制度极为脆弱。改革开放之前，中国农村社会保障制度完全依存于农村人民公社体制。人民公社六十条规定基本核算单位的生产队，每年可以从分配的总收入中扣留2%或3%的公益金，作为社会保障和发展集体福利事业的费用，许多公社、大队还相继建成了敬老院、福利院，以生产大队为单位建立了医务所（室），推行农村合作医疗制度，提高了农民的身体健康水平。一些经济发达的公社，大队的赤脚医生按大队干部的报酬水平获得工分和现金补贴。人民公社解体以后，没有建立起新的农村社会保障体系。国家把主要的资金用于建立城市社会保障，计划经济时期形成的城乡分割的社会保障体制得到了强化。与城市社会保障相比，农村社会保障层次低下、范围狭小、项目不全，社会化程度低。参见石宏伟《论中国城乡二元化社会保障制度的改革》，《江苏大学学报》2006年第16期。

作就有了一切,失去工作就失去一切。不仅就业结构僵化,并且资源的优化配置也无从谈起。

2. 社会保障基金管理欠科学

传统的社会保障制度是由用人单位实行现收现付的资金供给制。这种机制的缺陷在于:

其一,社会保障资金的运动紧紧地与机关事业单位的收支及企业的生产经营资金的运动交织在一起,资金的筹集不是由用人单位和员工缴纳,而是由财政划拨和从生产成本或企业营业外列支,这不仅抹杀了个人的责任和个人在保障资金筹措中的直接作用,而且一旦用人单位出现资金困难,社会保障资金的支付危机便同时出现,在市场经济条件下必将把社会保障的财政压力和企业的经营风险最终转嫁给个人。

其二,各类社会保险津贴由各单位自行支付,由于各用人单位新老职工比例不同,导致企业负担畸轻畸重,严重缺乏社会公平,也削弱了企业的竞争力。

其三,传统社会保障制度中的长期支付专案,如养老保险等,实行代际转嫁的现收现付资金筹集方式,既未建立基金制,也无足够的储备,随着人口老龄化,必将加重和加深未来的支付危机和代际矛盾。

3. 社会保障行政管理不规范、低效率

传统社会保障没有专门的、统一的管理机构,长时期"多头管理"、"政出多门",缺乏规范与专业化管理,更未建立完善的法规体系和宏观协调平衡机制。尤其是企业代行政府的管理社会公共事务的社会职能,导致政府与企业功能倒置。社会保障功能分散在各单位,每个用人单位都是一个"小社会",使得各单位为实施福利措施而配置的人员、设施和物资的利用率很低,增大了社会保障的总成本,也使这种职工福利日益成为企业的沉重负担。市场经济体制要求企业逐步成为相对独立的经营主体,要求建立独立于企、事业单位之外的社会保障系统,而这种"政府管工资,企业管保障"的功能倒置,不仅使企业负担沉重,也使政府陷入不该去管的琐事缠绕之中,导致企业与政府均无效率。

二 中国转型期社会保障制度改革

综上所述，中国社会保障改革的主要背景可以归结为两大方面：一是传统社会保障制度自身缺陷已经阻碍了社会保障事业的发展。二是国家政治、经济、社会环境发生了巨大改变，也要求社会保障制度发生相应变革。传统的社会保障制度存在诸多弊端，已经不能适应中国社会保障事业发展的需要。而中国经济社会变革要求有相应的保障制度与之匹配。

中国的改革是从农村开始的。20 世纪 80 年代家庭联产承包责任制推行，打破了农村原有的经济组织形式，家庭取代生产队成为独立的社会生产单位，附着于原有集体经济基础之上的保障与福利随之迅速消减。据调查资料统计，1985 年全国实行农村合作医疗制度的行政村由过去的 90% 猛减至 5%；1989 年继续实行农村合作医疗制度的行政村仅占全国的 4.8%。到了 90 年代初期，中国仅有的合作医疗主要分布在上海和苏南地区。① 此后，在城镇，以国有企业改革为标志的城镇经济结构变革快速推进，带来了社会结构的深刻变化。经济主体多元化、劳动力市场化、原有利益格局的打破、收入差距扩大，新的社会阶层出现，一定范围的社会冲突加剧，在这种背景之下，改革原有的保障机制，建立新的社会稳定与协调机制，降低社会变革成本及其冲击，成为政府和所有社会成员的一致诉求。

中国社会保障制度变革开始的标志性事件是 1978 年《中华人民共和国宪法》（修订）的通过。1978 年 3 月 5 日，五届全国人大一次会议通过了《中华人民共和国宪法》，其中第四十八条、第四十九条、第五十条分别对劳动者的福利、劳动者在年老、疾病或丧失劳动能力时的物质帮助，革命残疾军人、革命烈士家属等的生活保障问题作了原则性规定，同时，规定重新设立民政部。这标志着社会保障事业开始走上了稳定的发展道路。1982 年全国人大五次会议通过的《中华人民共和国宪法》规定，公民在年老、疾病或者丧失劳动能力的情况下有从国家和社会获得物质帮助

---

① 乔益洁：《中国农村合作医疗制度的历史变迁》，《青海社会科学》2004 年第 3 期。

的权利（包括社会保险、社会救济、医疗卫生、优抚事业、各种福利等）。这部法律在更广大范围内明确了公民的社会保障权利，是中国社会保障制度建设历程中的一个里程碑。

纵观转型期社会保障制度改革，大致可划分为三大阶段：

（一）国有企业改革配套的保障制度建设

这一阶段大致是从1984年至20世纪90年代中期，保障制度改革的初衷和目标是保障国有企业改革顺利进行，同时，具有实质意义的社会保障制度开始出现。

20世纪80年代中期，中国国有企业改革加速，国家提出要让企业成为"自主经营、自负盈亏"的市场主体，并逐步建立现代企业制度。这一阶段具有标志性意义的事项是1986年4月12日，第六届全国人民代表大会第四次会议通过《中华人民共和国国民经济和社会发展第七个五年计划》，"七五"计划明确提出，要逐步建立和健全适应新形势需要的社会保障制度。此后，国务院先后颁发了《国营企业实行劳动合同制暂行规定》、《国营企业职工待业保险暂行规定》等文件，所有这些文件均为国企改革顺利推进而制定和实施的。可见，中国社会保障制度改革的最初目的仅局限于为国有企业改革配套。随着经济转轨和结构调整，社会保障的功能逐步扩大，开始成为保持经济发展的推进器和社会稳定的减震器。[①] 在这一阶段，社会保障的各项内容出现了有别于传统社会保障制度特点的新的发展趋势。

（二）单位保障与社会保障并行和转轨

所谓"并行与转轨"，指的是两种制度同时存在、同时发挥作用，此消而彼长并逐步向后者转变，共同影响社会保障事业发展。这一阶段大致从20世纪90年代至20世纪末。

1993年，中共十四届三中全会通过了《中共中央关于建立社会主义市场经济体制若干问题的决定》，其中第二十六条至第二十八条对建立多层次的社会保障体系进行了阐述，明确社会保障体系包括社会保险、社会救济、社会福利、社会优抚安置和社会互助、个人储蓄积累保障，同时对社会保障管理体制等也提出了原则性意见。此后，国家陆续出台了有关社

---

① 宋晓梧：《社会保障需要创新而非颠覆》，《中国社会保障》2003年第1期。

会救助、扶贫等方面的制度规章，并进一步深化了城镇居民尤其是国有企业职工养老、医疗、低保等方面的制度改革。在这一阶段，保障制度的社会性得到强化，单位保障在较大程度上得到改革，但是，由于国有企业改革仅取得了阶段性成果，保障脱离单位尚不彻底，保障的社会化也只是迈出了第一步。

（三）社会保障规范发展阶段

这一阶段从20世纪末至今，突出的特点是原有单位保障进一步被削弱，并逐步退出历史舞台，由真正意义上的社会保障制度取而代之。

1998年6月17日，国务院批准《劳动和社会保障部职能配置、内设机构和人员编制的规定》，劳动和社会保障部成为全国社会保障事业的主要管理部门，全国社会保险管理体制走向部分统一。此后，劳动和社会保障作为独立的社会保障管理机构出台了一系列的制度和规定，大力推进了社会保障社会化、规范化、专业化和系统化。进入21世纪，社会保障事业更是取得了飞速发展：养老保险覆盖面扩大，部分地区农村养老保险开始试点；医疗保险改革深入，新型农村合作医疗开始推广；失业保险制度愈发完善，范围扩大、标准提高；工伤保险和生育保险范围也在扩大，保障标准也大幅提高；社会救助日益规范，最低生活保障制度尝试开始覆盖全民，扶贫开发取得显著成效；社会福利事业社会化快速发展；社会优抚工作稳中有进，优抚标准有了明显提高。

三 社会保障制度改革与建设评估

（一）改革的成就

中国社会保障改革取得了前所未有的成就，国际社会保障界人士赞叹中国用了十来年的时间，完成了很多国家几十年都没有完成的工作量，取得了很大的成绩[①]，主要表现在：

1. 社会保障制度去单位化，制度不断完善和规范

从单位保障的角度来看，社会保障改革具有"去单位化"的特点。

---

① 王建伦：《对改革的基本认识及思考》，《中国社会保障》2003年第2期。

社会保障逐步脱离单位范围，成为全社会的保障制度，在全社会范围内互助共济、分散风险，改变了单位保障负担不均衡的局面，并由企业自保向社会互济和独立于企事业单位之外的社会保障体系转变。

2. 逐步规范统一社会保障行政管理体制

成立了专门负责劳动与社会保障事业的劳动和社会保障部（现改为人力资源和社会保障部），原由劳动部管理的城镇企业职工社会保险、人事部管理的机关事业单位社会保险、民政部管理的农村社会养老保险、有关行业统筹的社会保险以及卫生部门管理的城镇职工医疗保险，统一划归劳动和社会保障部管理。

3. 逐步规范保障基金的管理

1997年，《国务院关于建立统一的企业职工基本养老保险制度的决定》中明确指出："抓紧制定企业职工养老保险基金管理条例，加强对养老保险基金的管理。基本养老保险基金实行收支两条线管理，要保证专款专用，全部用于职工养老保险，严禁挤占挪用和挥霍浪费。基金结余额，除预留相当于两个月的支付费用外，应全部购买国家债券和存入专户，严格禁止投入其他金融和经营性事业。建立健全社会保险基金监督机构，财政、审计部门要依法加强监督，确保基金的安全。"1998年年初，由财政部、劳动部、中国人民银行、国家税务总局联合发布了《企业职工基本养老保险基金实行收支两条线管理暂行规定》，明确企业职工基本养老保险基金应逐步纳入社会保障预算管理。1999年1月，国务院颁布了《社会保险费征缴暂行条例》，规定基本养老保险费、基本医疗保险费和失业保险费实行集中统一征收。

4. 税费分担主体逐步发生改变

这一阶段逐步改变了原有国家负责、单位买单的保障税费分担局面，养老、医疗、失业等社会保障项目的税费向国家、单位和个人三方负担转变。

5. 保险制度设计更为科学、合理

通过对养老、医疗等保障专案实行社会统筹与个人账户相结合的机制转换，实现由平均主义、"大锅饭"向公平与效率有机结合转变；在养老保险等险种的财务机制上，实现了由现收现付制向部分积累制转变。

6. 稳步推进制度改革

保障制度变革没有过急、过快，而是稳中求进。根据中国经济社会现实状况和发展目标确定制度建设步骤，在社会保障专案和待遇水平上实现由福利包揽向基本保障转变，避免重蹈西方国家高福利泥潭，符合世界社会保障制度改革与发展的主流和中国国情。

7. 社会保障业务获得了较快发展

截至2008年年底，全国参加城镇基本养老保险、基本医疗保险、失业保险、工伤保险和生育保险的被保险人数分别达到21890万人、31699万人、12400万人、13810万人和9181万人，分别比上年增加1753万人、9381万人、755万人、1637万人和1406万人。全年五项社会保险基金总收入13808亿元，比上年增加2996亿元，增长27.7%。

2008年全年共培训农民工1454万人，免费为农民工提供职业介绍服务1500多万人次；农民工参加基本养老保险1417万人。参加工伤保险人员5000万人，比上年增加1020万人；参加医疗保险4249万人，比上年增加1118万人；截至2008年9月底，农村合作医疗参保率达91.5%，参加人数达8.14亿人，开展新农合的县、市、区达2729个；参加农村社会养老保险人数达5874万人，比上年增加53万人，领取养老金人数335万人，养老基金结存354亿元。城市和农村居民分别有2334.6万人和4284.3万人享受了最低生活保障。①

8. 社会保障教学和研究从无到有，呈现良好发展态势

1998年，教育部批准8所高校开办劳动与社会保障专业，如今已有100多所高校从事社保教育与研究，其中十几所高校具有博士学位授予权，为中国社会保障事业的发展培养了一大批专业性和适用性人才。与此同时，社会保障理论研究不断深化，探讨了社会保障的思想渊源，提炼和创新了一系列社会保障观点，揭示了社会保障的本质和社会保障发展的规律性，初步形成了社会保障的理论体系。在理论成果转化方面成绩也较为突出，向相关部门提交了一大批咨询报告，为社会保障主管部门决策提供了理论和实践依据。

---

① 参见《中国劳动保障报》2009年1月21日，2008年民政、卫生、社保事业发展统计公报。

（二）改革的经验教训

当然，转型时期社会保障制度建设也有缺失。而且，社保制度改革本身也存在制度转型和理顺体制等诸多问题，在当前中国社会处于整体转型期的大背景下，这些问题显得尤为突出①：

1. 新的社会保障制度还不完善

虽然转型期社会保障制度建设取得了骄人成绩，但是，制度建设滞后于社会发展需要是不争的事实，制度建设与执行情况还不能充分满足人民群众对于社会保障产品的需求。例如，中国城镇医疗保障制度的建立并未有效的解决人民看病难、看病贵问题，甚至在某些方面还加重了人民群众的医疗负担。更为突出的是，在广大农村地区不少保障专案是空白，至今尚无统一、完善的社会保障制度。此外，"机关事业单位社会保障改革滞后，尤其是机关工作人员与其他群体社会保障待遇水平差异并未缩小，反而拉大"。②

2. 社会保障法制化进程有待加强

作为现代居民的基本权利社会保障权有较强的法治性，通过相关立法成为各国社会保障权益实现和保障事业发展的通常做法。但中国社会保障法制建设较为滞后，即使已有的规制也存在执行不力的情况，甚至在某些方面还出现制度冲突、打架情况。如20世纪90年代，为了减轻农民负担，农业部等五部委颁布《减轻农民负担条例》中，把"合作医疗"专案视为"交费"专案，列为农民负担不允许征收。这一政策与国家支持发展合作医疗的政策相冲突。由于社会政策和社会立法过程中的缺陷，使这一制度体系既"先天不足"，又"后天失调"。③

3. 各地社会保障制度发展不平衡

由于中国经济发展水平不均衡，地区经济发展差异较大，客观上造成

---

① 祝力、罗芳、胡玥、王平：《中国社会保障改革的障碍和解决之道》，《理论界》2005年第8期，第81页。

② 截至2002年年底，事业单位同企业养老金制度"并轨"的参保人数，在职职工占34%、离退休人员占31%；行政机关这一比例更低，在职职工占24%、离退休人员占17%。参见高书生《中国社会保障改革：困境与出路》，《江苏行政学院学报》2005年第6期。

③ "中国社会保障体系研究"课题组：《中国社会保障制度改革：反思与重构》，《社会学研究》2000年第6期，第34页。

了社会保障制度建设地区差异显著,东、中、西部地区社会保障事业不论是制度建设还是保障水平都有较大差距。东部部分地区养老、医疗等保障水平相对较高,甚至东南部分省份在全省范围内开始推广养老保险,而西部部分地区连最基本的养老和医疗保险都无法稳定提供。

4. 无法平衡退休与就业矛盾

如表1所示,中国面临老龄化挑战,未来养老负担相当沉重。提高职工的法定退休年龄一方面可以延长缴纳税费的年限;另一方面又可以缩短离退休职工领取养老金的期限,从而减轻社会保障支出负担。但是,中国由于存在庞大的失业群体,如果将退休年龄提高到65岁,劳动年龄人口将增加3000万—4000万,这无疑会进一步加剧就业危机。[①]

表1　　　　　　中国未来人口发展预测（1990—2050年）

年份	总人口	各年龄组人口（亿人）				老年赡养率（%）60/（15—59）	老年赡养率（%）65/（15—64）
		0—14	15—59	60+	65+		
1991	11.6	3.20	7.40	1.02	0.66	9.6	5.9
1995	12.3	3.42	4.74	1.15	0.75	10.3	6.5
2000	13.0	3.53	8.22	1.28	0.87	10.9	7.2
2020	14.8	2.82	9.70	2.31	1.61	18.5	12.2
2030	15.3	2.76	9.18	3.35	2.24	28.0	17.1

资料来源:李珍:《养老保险平衡问题分析》,《中国软科学》1999年第12期,第21页。

5. 社保基金保值、增值压力大

从一定意义上说,社会保险基金是用于将来支付的负债资金,为了满足将来支付的需要,必须提高基金的保值增值能力。但目前出于安全考虑,社保基金投资运用范围受到了严格限制。加之,中国金融市场发育不充分,基金投资潜在风险大,这也增大了社保基金保值增值的压力。

---

① 熊俊萍:《"老龄"德国再次提高退休年龄》,http://www.europechina.fr/zhuanlan/20071031211459931.htm,2008年6月30日。

四 社会保障制度建设展望：约束条件与目标模式

（一）中国基本国情与制度发展约束条件

1. 经济体制的转变

20世纪70年代末，中国开始了从计划经济体制向社会主义市场经济体制转变。按照市场经济要求和世界贸易组织规则，中国企业制度、财政制度以及产权和人事制度均相继进行了改革。社会保险制度建设的所有内容都应从改革了的中国经济体制出发。

2. 城市化、工业化不断推进

当前，城市化和工业化快速推进，与之伴随的城市规模快速扩张，失地农民规模日益扩大，农民工作为一种特定的劳动力供给形式成为中国城市化、工业化最重要的特点之一。如何在城市化、工业化快速推进的同时保障失地农民的相应权益，保障农民工群体能够被相应的社会保障专案覆盖，并能保证公平的分享城市公共权利和服务，应是中国社会保障制度建设所要关注的重点。

3. 庞大的人口数量和人口老龄化

中国人口已超过13亿，在人口数量如此之多而经济又不发达的情况下，中国以比经济发达国家快得多的速度，进入了老龄化社会。目前，60岁以上的人口已经达到总人口的10%以上。中国过去的人口政策重点在于控制人口数量、提高人口质素两个方面，现在作为政策层面应高度重视中国人口老龄化所引发的社会保障问题。例如，老龄化增加了社会保障基金平衡方面的困难，而延长退休年龄又遇到大量人口需要就业的巨大压力。

4. 地区之间、城乡之间经济社会发展失衡

当前中国各地区之间在经济发展水平、收入水平、文化教育等各方面都存在较大差距，东南部沿海地区与中西部贫困落后地区社会保障改革和建设所面临的各种环境、制度因素差别依旧。中国城乡之间也存在较大差别，城乡居民在收入水平、文化水平、社保意识等方面二元化明显，这就是中国的基本国情。中国社会保障制度建设应立足国情，使制度建设可持

续，避免盲目性。

5. 构建社会主义和谐社会

党的十六届六中全会通过的《中共中央关于构建社会主义和谐社会若干重大问题的决定》中明确提出，中国要构建社会主义和谐社会，并对当前和今后一个时期构建社会主义和谐社会做出全面部署。中央的决定对社会保障制度建设提出了更高要求，它既是一种压力，又是难得的发展机遇。当前，中国已进入社会发展的关键时期，由于各种原因发展中容易出现不和谐现象。众所周知，社会保障滞后于社会经济发展，是产生不和谐现象的直接诱因。因此，只有加快推进社会保障改革进程，建立和完善保障民生、促进公平正义的社会保障制度才能为和谐社会建设提供稳定的社会条件。

不难看出，中国未来社会保障制度建设面临三大挑战。从长期看，要解决人口老龄化引发的一系列社会经济问题；从中期看，要减轻计划经济向社会主义市场经济转轨带来的巨大社会震动；从近期看，则要考虑如何根据宏观经济形势波动适时调整有关社会保障专案的收支水平，以促进经济的稳定增长。这三个问题往往交织在一起，如何妥善安排其中的轻重缓急，既解决当前的紧迫问题，又完善制度和机制，以利于长远发展，这是决策的难点与关键。

(二) 中国社会保障制度发展的目标模式

逐步完善社会保障体系是现代化社会文明的重要标志，也是社会稳定和国家长治久安的根本大计。在社会保障体系建设的不同时期，由于所处的环境与背景有很大差别，因而设定的目标也是不同的。[1] 当前，中国社会保障的发展水平尚处于起步阶段，需要逐步完善的方面是全过程、全方位的。[2] 根据21世纪即将到来的老龄化高峰以及经济转轨与结构调整带来的社会压力，我们认为，未来中国社会保障制度改革和建设的目标模式是：

1. 社会化

社会保障社会化是社会保障制度的内在要求和重要特征，其基本要求

---

[1] 高书生：《关于搭建社会保障新平台的设想》，《经济研究参考》2003年第4期。
[2] 赵庆波：《中国社会保障改革的现状、价值取向与现实选择》，《吉林师范大学学报》2004年第10期。

包括：保障对象的社会化；基金筹集、管理、使用、给付社会化；保险责任社会化；管理服务的社会化。

政府作为社会保障体系的组织者和实施者，应强化对社会保障的职责，加大社会保障投入；社会保险经办机构及社会服务机构应做好管理服务的相关事务；企业应尽社会责任，依法积极参加社会保险，按时足额缴纳各项社会保险税费；职工个人应增强社会保障意识，依法参保和缴纳税费，履行应尽的义务和责任。

2. 广覆盖、城乡统筹

"广覆盖"所追求的正是社会保障主旨所在。社会保障作为国家政府重要的公共管理与公共服务制度，在应然与实然的层面都理所应当地惠及城镇与农村所有居民。广覆盖是社会保障遵循的普遍性原则的具体表现，它是发挥其互助共济、分散风险、稳定社会功能的必要前提。当然，广覆盖要受生产力发展水平制约，在广大发展中国家，广覆盖并不是一步到位，而是要经历一个渐进式的发展过程。目前，基本社会保险（养老、失业、医疗、工伤、生育等险种）应当覆盖到城镇中各类企业员工、有条件的农村地区，以及城镇个体劳动者及其雇员；而社会救助、社会优抚、社会福利等转移支付类项目，则应当覆盖到城乡全体社会成员。从发展趋势看，劳动者不论其身份和地位如何，均应当享有社会保障的权利。但是，统筹并不是完全统一，在相当长的一段时期内，统筹城乡社会保障制度还必须考虑到城乡在生产力水平、生活方式等方面的差异，还要在全国统筹的大框架下因地制宜，允许适度差异。当前最紧迫的任务是，在城镇应将各类职工和灵活就业人员都纳入社会保障制度覆盖范围，并大力推进农民工社会保障制度和城镇居民养老与医疗保险制度建设。在农村，在不断推进农村合作医疗制度和养老保险制度建设的同时，应特别注重解决被征地农民和空巢家庭（尤其是空巢老人和未成年子女）的保障问题。

3. 低水平

中国是一个发展中国家，经济发展水平不高，且发展存在不平衡性。社会保障水平必须与社会主义初级阶段的生产力水平相适应。具体来说，政府在确定社会保障的范围、专案、筹资比例和待遇标准时"要适度"。"适度"把握的标准是：社会保险税费的缴纳比例要与财政收入状况、企业效益水平以及职工个人的经济和心理承受能力相适应；社会保险给付标准的确定要与社会保险基金的运营管理水平和基金积累规模相适应。此外，还应建立社会保障税费、待遇正常的调整机制，使社会保障税费和待遇水平随经济发展、工资变化和物价调整等因素而调整。

4. 多层次

多层次是中国社会保障发展的基本特性之一，其内容包括：保障形式的多层次性（社会保险、社会救助、社会福利、商业性保险、个人储蓄性保障等）、社会保险资金筹集模式多元性（完全积累式、部分积累式、现收现付式）、举办主体多层次性（国家办、地方办、社会办、个人办）和保障水平多层次性（保障水平因地因人而异）。根据马克思主义关于事物的本质和现象之间的关系的辩证唯物主义观点，社会保障的多元性是由一定的生产力水平决定的。中国的生产力，从总体上看，相比以前的确获得了飞速发展，尤其是电子、通信、激光、红外技术，以及仿生技术等的发展和应用，使以动力能源创新为主要内容的近代生产力发生了划时代的革命，创造出了数倍于历史上任何时代的物质财富，并使人们的消费结构从温饱富有型向追求营养、健康和休闲的享受型转化。但具体到某个地区的实际情况或从发展的观点看，当今的社会生产力是有局限性的。这种局限性主要表现为：

第一，生产力发展的多层次性和不平衡性。不论哪个地区，由于受多种因素制约，其生产力的技术结构不是单一的，既有自动化、高科技化和社会化程度较高的生产力，也有类似近代的半自动化和社会化程度不高的生产力，还有以手工操作为主的社会化程度很低的传统生产力。生产力的多层次性和不平衡性决定了社会生产、交换和分配的组织形式也必然是多层次的。试图通过单一管道，采用一种办法来组织管理由多元生产力构成的经济形式，实践证明是不成功的。因为它容易脱离实际，产生盲目性，浪费生产资源，阻碍经济发展。

第二，生产力有了较大发展但又不够发展，社会物质财富还没有丰富到充分满足人们生活需要的程度。消费品的分配只能按照生产要素，或者按照人们提供的劳动质素与数量，或者按照贡献大小进行分配。国家凭借政权集中起来的财政收入，除了保证国家机器正常运转以外，拿不出更多的资金用于改善和提高公民的生活水平。大家知道，社会保障是一项受益面广、风险集中、耗资巨大的社会公益性事业，如果仅依靠国家政府单方面支撑整座社会保障大厦,既不实际,也是不可能的。因此,需要调动全社会的积极性,利用一切可以利用的资金,建立起不同形式、不同规模、不同水平的保障制度,才能分散保险风险、扩展保障范围,把这一公益性事业办好、办活、办长久。可见,作为由生产决定的再分配形式——社会保障,在其形式、管理和给付水平上表现出的多层次性,不是人们是否愿意这样做,而是有限的多层次的生产力水平制约的结果,是中国社会保障发展过程中的一种必然现象。

5. 可持续

社会保障可持续性发展是制度设计所要关注的重点之一,也是全面落实科学发展的必然要求。社会保险的可持续发展毫无疑问需要政治与社会层面以及法律条件的支援,但最为关键的是社会保险财务的可持续性。为此,应建立社会保险基金收支长期稳定平衡机制,加强基金筹集运用和管理,确保基金安全和保值、增值,增强社会保险基金的偿付能力。

6. 管理统一

中国社会保障管理体制尚未理顺,存在职能交叉、相互制衡等问题,管理成本较高。现在,人力资源和社会保障部负责城市各类保险和农村养老保险;民政部门负责城乡社会救助、社会福利(一部分);卫生部门统管全国医疗卫生机构并负责农村新型合作医疗制度;计生部门负责计划生育户部分保障内容;农业部门和土地管理部门也在小部分地区承担特定群体的保障责任等。实践证明,这种管理格局极不利于社会保障综合功能的发挥,而且也造成社会资源的巨大浪费。建议重组资源,将社会保障事务集中于一个主管部门,为构建城乡统筹社会保障制度提供组织保证。

7. 促发展

社会保障是一项重要的经济、社会制度,是转移支付、国民收入再分配的重要手段。一般而论,社会保障受制于经济、社会的发展水平,同时,社会保障对经济、社会发展又具有反作用,科学合理的保障制度会促进经济社会健康发展,否则,却成为经济社会进步的障碍,阻碍其发育。为此,中国社会保障制度的改革和发展必须有利于稳定、规范社会经济秩序,消除贫困和避免各类不确定损害,有利于社会财富公正的分配和民生改善,有效刺激消费需求,促进经济社会全面发展。

8. 公平正义、改善民生

罗尔斯（John Rawls）认为，所有的社会基本价值（或者说是基本善）——自由和机会、收入和财富、自尊的基础——都要平等地分配，除非对其中一种或所有价值的一种不平等分配合乎每一个人的利益。并提出了两个正义原则："第一，每个人对与所有人所拥有的最广泛平等的基本自由体系相容的类似自由体系都应该有一种平等的权利（平等自由原则）；第二，社会的和经济的不平等应该这样安排，使它们：（1）在与正义的储存原则一致的情况下，适合于最少受惠者的最大利益（差别原则）；（2）依系于在机会公平平等的条件下职务和地位向所有人开放（机会的公正平等原则）。"[①] 社会保障是市场经济条件下体现社会公平正义和改善民生原则最为明显的制度形式。中国的社会保障从制度设计到制度完善与实践都应遵循社会保障所遵行的基本准则。党的十七大明确提出了社会建设的总体目标、基本措施、建设重点和基本思路，确立了"五有"的社会建设目标[②]，充分体现了"以人为本"的社会保障理念，同时为中国社会保障制度建设贯彻公平正义、改善民生原则提供了理论和实践依据。

9. 法制化

社会保障是国家通过立法强制实施的社会经济制度，法律强制性是社会保障制度的内在要求。世界上任何社会保障制度比较成熟的国家，无论是欧美、日本等发达国家，还是广大发展中国家，都是通过立法形式，借助法律手段来建立和发展社会保障制度。马克思指出："法律是肯定的、明确的、普遍的规范。"[③] 完善的社会保障法律体系用立法形式明文规定每一个社会成员的基本权利和义务，克服了带有封建色彩的恩赐形式，增强了公民的权利感和参与意识。社会保障立法通过假定、处理和制裁这一法律规范的逻辑结构，明确了具体的质和量的界限，规定人们在社会保障活动中可以做什么，应该做什么和禁止做什么，从而确保社会保障事业的

---

① [美] 约翰·罗尔斯：《正义论》，何怀宏译，中国社会科学出版社2001年版，第7—8页。
② 即努力使全体人民学有所教、劳有所得、病有所医、老有所养、住有所居。
③ 《马克思恩格斯全集》第1卷，人民出版社1956年版，第71页。

顺利进行和健康发展。

中国的社会保障制度正处于改革和大发展阶段，随着改革深入、社会保障覆盖面扩大、社会保障专案增多、社会保障基金制度的建立和社会保障社会化服务管理的推进，中国社会保障关系将呈现复杂和多元化的局面，这样的社会保障关系亟待法律的规范和调整。因此，加快社会保障立法，提高立法水平，建立完善的社会保障法律体系，是中国社会保障制度实现全覆盖的可靠保证。

参考文献

1. 乔益洁：《中国农村合作医疗制度的历史变迁》，《青海社会科学》2004年第3期。
2. 宋晓梧：《社会保障需要创新而非颠覆》，《中国社会保障》2003年第1期。
3. 王建伦：《对改革的基本认识及思考》，《中国社会保障》2003年第2期。
4. 祝力、罗芳、胡玥、王平：《中国社会保障改革的障碍和解决之道》，《理论界》2005年第8期。
5. 高书生：《关于搭建社会保障新平台的设想》，《经济研究参考》2003年第4期。
6. 赵庆波：《中国社会保障改革的现状、价值取向与现实选择》，《吉林师范大学学报》2004年第10期。

基于文献计量的我国农村社会保障研究进展分析

一 引言

随着中央和全国各界对农村社会保障问题的普遍关注，农村社会保障的实践发展势如破竹，同时也对我国农村社会保障理论研究提出了更高的要求。如何在已有的成果上达成共识，从而解决当前农村社会保障制度运行和发展中的理论难点和技术关键，在这方面，既产生了一些在叙述以往的研究成果基础上的相关文献综述，也有不少的专著中设专篇进行了梳理。

本文将不再在这方面重复前人的工作，而试图从文献计量的角度，从多个方面分析我国农村社会保障文献的分布特点和研究现状，从而在已有的研究成果上达成一定共识，引导农村社会保障研究朝着更全面、深入化的方向发展。与已有研究相比具有以下特点：一是全面性。利用《中国全文数据库》最新、最全的数据资料进行了比较全面的检索，选取了近30年的样本，时间段跨度较大。二是本文的检索条件考虑较为周到，所以检出的相关论文数量较多，且与主题相关度高。三是准确性。因为数据量大，为做到分析的准确、快速，本文通过VBA编程实现了对样本去重、分词、词频统计处理。四是新颖性。目前已有的本领域计量研究几乎为零，仅有一篇关于新农合2004—2008年的统计研究，本文采用最近更新的镜像库数据，通过全部期刊和核心期刊样本统计结果的对比，既揭示该领域研究的宽度，又反映研究的热点和趋势。

二 样本的选取与处理

（一）文献计量

采用SPSS13.0、Excel2003及VBA编程对文献的外部和内容特征进行分析和挖掘，描述和揭示文献的数量特征和变化规律，一定程度上反映出农村社会保障领域研究的理论水平和实践发展速度，反映该领域的最新情况。

（二）内容分析

浏览近30年的农村社会保障领域2000余篇核心期刊论文的摘要，按5%的比例选取百余篇有代表性的论文全文查阅。然后对近10年的农村社会保障研究综述类文章总结和梳理，结合自身学科知识进行定性和定量的剖析，系统、客观地揭示其研究动态和趋势。

（三）样本选择

本文以CNKI的《中国期刊全文数据库》作为统计来源，为了全面系统地分析我国农村社会保障研究领域，根据文章题目与文章内容的高度相关性，经过对篇名和内容反复的筛选比较，结合咨询文献计量方面专家，最后确定了12个检索词。由于CNKI数据库高级检索界面对一次检索项的限制，将这12个检索词分两次进行模糊检索，提取1980—2009年的文献数据。其中，第一次检索式为"篇名=农村养老+农民养老+农村医疗+农民医疗+农民工伤+农村社会保障+农民社会保障+农村低保+农村最低生活保障+农村救助"，共检索出14010篇；第二次检索式为"篇名=农民社会保险+农村社会保险"，共检索出282篇。合并这两次检索结果，再将结果去重处理，最终筛选出13343篇期刊文章。作为比较，同时也为了揭示该领域有代表性和权威性的研究成果，我们用相同的检索式和方法，在CNKI数据库中选择核心期刊进行检索，由于2008年数据缺失，最终选取了1980—2007年的数据共2317篇，去重后共筛选出核心期刊文献为2178篇。数据样本检索完成时间为2009年12月。

三 农村社会保障研究进展分析

(一) 研究论文总体情况

近 30 年我国农村社会保障从改革试点到全面制度化建设，众多学者进行了不懈探索，论文数量不断增加，研究随着农村经济社会实践的变化不断深化。从 1980—2009 年我国农村社会保障论文在全部期刊和核心期刊的年发表总篇数走势看，我国农村社会保障研究基本上可以分为三个阶段。

第一个阶段为 1980—1993 年，这个阶段该领域的年发文量在 80 篇以内，其中核心发文每年少于 20 篇。该阶段论文数量不多，研究集中在农村社会保障如农村合作医疗、养老保险等单一性研究，综合性、系统性的研究较少。

第二个阶段为 1994—2001 年，年总发文量在 200 篇以内，核心发文在 60 篇以内。这个阶段农村社会保障问题越来越受到党和政府的高度重视及社会各界的广泛关注，相关研究逐步进入成熟发展时期。至 1997 年达到一个研究高潮，研究主要围绕农村人口的养老方式、医疗卫生、五保救助等方面展开。同时，许多的专家学者也将农村居民中的农民工、失地农民、独生子女户和双女户分离出来，对其展开了单独的研究。但这段时期由于以 1992 年民政部颁布的《县级农村社会养老保险基本方案》为蓝本去分析，研究思路没有走出《基本方案》的框架。始于 1995 年的农村社会养老保险实践，暴露出很多制度安排上的缺陷，对农村养老问题的研究呈现观点多共识少，范围窄内容泛的特点。

第三个阶段为 2002 年至今，年总发文量在 1300—2300 篇，核心发文从 2003 年的 151 篇增至 2007 年的 481 篇。随着农村社会保障实践不断发展，研究也随之不断拓展和深入。不仅注重从经济因素进行微观分析，同时也逐步加大了对非经济因素的理性分析，比如对社会发展程度、传统文化、伦理道德观念、农民参保意愿等非经济因素的考察，在结合考虑农村经济发展水平的基础上，同时注重了农村社会分层、文化、伦理、权益等因素的可行性分析，这一阶段的农村社会保障研究已经成为公共管理学、经济学、社会学、法学乃至信息技术领域的热点课题。

（二）研究学科分布情况

从刊载农村社会保障研究论文的期刊所属的学科分布看，农村社会保障研究的学科分布领域逐步延伸。表1为刊载该领域研究论文的期刊学科分布，农村社会保障论文总量的58.29%登载在经济类期刊上，共计106种刊物1326篇；第二位是在社会学类期刊，占发文总量的13.23%；其余依次分散在综合类、大学学报类、管理类、信息类等期刊中。我们发现：

表1　农村社会保障研究论文所载期刊类型分布

期刊类型	期刊数目（种）	载文数量（篇）	载文比例（%）
经济类	106	1326	58.29
社会学类	32	301	13.23
大学学报	64	143	6.29
综合类	31	162	7.12
管理类	22	95	4.18
其他（包括信息类）	31	162	7.12

（1）农村社会保障研究处于应用型领域，已涉及多个学科。尤其信息类期刊中对农村社保信息的关注，揭示了加强农村社会保障信息技术管理、统计及精算的一种趋势，社会保障技术问题日益受到关注。

（2）从经济学的角度进行农村社会保障研究仍占主要地位。这在一定程度上证实了农村社会保障所属的社会保障学，从学科意义上属于经济学的领域。同时，经济类期刊较为丰富也是该类期刊载文量较大的一个原因。

从表2对刊载论文数量居前15位的所有期刊和核心期刊的分布情况，我们发现：

（1）医学类对农村医疗健康保障方面的关注度提高。从载文数量上看，刊载农村社会保障论文数量最多的全部期刊前5位和核心期刊的第1位都是医疗卫生类期刊，同时也反映了农村社会保障向专业领域深入的发展趋势。

表2　　　　　　　　农村社会保障研究论文的期刊分布

所有期刊名称	载文量	核心期刊名称	载文量
中国农村卫生事业管理	560	中国卫生经济	252
中国初级卫生保健	445	农村经济	100
中国卫生经济	370	中国社会保障	63
卫生经济研究	295	中国社会工作	63
中国卫生事业管理	210	农业经济	60
农村经济	140	中国劳动	59
中国民政	118	安徽农业科学	56
安徽农业科学	110	人口与经济	54
卫生软科学	108	中国财政	38
法制与社会	102	特区经济	34
农业经济	87	乡镇经济	34
山东劳动保障	82	人口学刊	33
人口与经济	79	瞭望	32
中国社会保障	78	农业经济问题	30
中国劳动	77	人口研究	30

（2）农村社会保障成为社会学的研究热点。社会学类的核心期刊《人口与经济》、《人口学刊》、《人口研究》等刊登的论文对农村社会保障问题关注度较高。大量采用实证研究和田野调查，对农村社会保障中非经济因素进行分析，突破传统的经济学角度研究社会保障问题局限。

（3）《中国社会保障》作为社会保障专业领域的核心期刊，一直关注农村社会保障的热点和焦点问题。

（4）目前农村社会保障研究领域的高质量成果不多。农村社会保障研究近30年时间里，在《中国社会科学》、《管理世界》和《经济研究》三大重要权威期刊中分别仅2篇、5篇和0篇。虽然综合性权威期刊应避免规模效应，但这也在一定程度上反映近30年来的农村社会保障领域研究的高质量论文不多，进一步说，揭示了社会保障学科的异质性较弱。此外，这三类权威期刊往往侧重于模型分析或理论创新研究，尤其是《经济研究》偏重于定量分析和数学模型，而这正是农村社会保障研究所面临的瓶颈。例如，农村社会保障制度建设的经济可行性分析，农村社会保障管理模式及绩效评价，农村社会保障水平和标准的进一步测算，农村社会保障基金投资技术，以及城镇社保衔接的路径等方面都是目前农村社会保障研究较为薄弱的环节，也是今后进一步研究的重点。

（三）作者分布情况

通过对我国农村社会保障研究论文的作者发文情况进行统计，该领域的主要著者和核心作者群初具规模，涉及 8614 位作者。我们选取了发文量居前 25 位的作者，其中，表 3 为合作论文中的所有作者和独著作者同样对待的统计结果，出现了多达 49 篇的高产作者；表 4 为所有发文的第一作者的统计情况。通过表 3 和表 4 的比较，我们发现：

表3　　　　　　　　　　所有作者发文情况统计

作者	发文量	作者	发文量	作者	发文量	作者	发文量	作者	发文量
罗家洪	49	叶宜德	32	顾杏元	27	田庆丰	25	胡善联	22
王禄生	35	陈迎春	31	薛兴利	27	尹爱田	25	卢海元	22
李士雪	34	肖云昌	31	何利平	26	梁鸿	23	汪时东	21
李晓梅	34	毛勇	30	汪早立	26	王靖元	23	杨辉	21
郝模	33	罗力	28	喻箴	26	邓大松	22	杨金侠	21

表4　　　　　　　　　　第一作者发文情况统计

作者	发文量	作者	发文量	作者	发文量	作者	发文量	作者	发文量
卢海元	22	郭振宗	15	张自宽	12	顾杏元	10	王国奇	10
邓大松	21	杨翠迎	14	林闽钢	11	李长健	10	薛兴利	10
王靖元	21	高和荣	12	田庆丰	11	梁鸿	10	杨立雄	10
肖云	18	李林贵	12	王红漫	11	刘书鹤	10	张国平	10
胡振栋	17	肖云昌	12	项莉	11	刘雅静	10	周绍斌	10
罗家洪	16	徐清照	12	周寿祺	11	施晓琳	10		

（1）农村合作医疗在农村社会保障研究中占有非常重要的地位。如

表3所示，发文量的前25位作者，除了薛兴利、邓大松、卢海元以外，其余22位作者均以农村医疗为论文主题。农村合作医疗是当前改革的重点和难点所在，因而备受关注，成为研究的热点。

（2）农村合作医疗研究领域的作者合作度较高。大部分作者的合作现象都出现在该领域，五六个作者的合作都是常见的。如表3中的罗家洪、李晓梅、何利平、喻箴、毛勇等人经常是作为一个团队合作署名。我们认为，出现这种现象的一个重要的原因在于农村合作医疗领域涉及学科多，且学科跨度大，尤其需要相应的医学专业和工作背景，从事这方面研究的作者合作度较高。表3和表4的差异也进一步印证了在农村医疗保障领域合著程度较高的现象。

（3）农村社会保障研究已经涵盖了社会保障体系的各个分支领域。表4由于排除了同篇论文的多个作者的重复统计，更能全面地反映该领域核心作者的总体情况。例如，邓大松、卢海元等都是社会保障领域的主要研究者和权威。其中，卢海元现任人保部农村社会保险司处长、教授，长期专注于农村社会保障领域的理论研究和实践发展。邓大松是中国社会保障学科最早的创办者之一，一直从事社会保障领域的科研和教学，对社会保障领域有全面深入的研究，其学术地位在国内外具有较大影响。

（四）研究分析方法情况

社会保障是一门较新的交叉性学科，农村社会保障作为该领域的一个重要分支，其中定量、实证研究的方法较为重要。

我们以"为例"、"调研"、"实证"、"案例"、"实践"、"模型"、"评价"为关键词在1980—2009年每年论文题名中筛选出采用实证和定量分析的论文，得出其占各年发文量的比例分析结果，其中1998年有4篇文章是系列报道，视为1篇；有两篇属于一稿多发，视为一篇。从研究趋势来看，实证研究的方法逐渐得到加强，研究者开始重视实证分析，逐渐建立"问题意识"，与实践结合日渐紧密。在数量上，实证分析文章整体呈增长趋势，20多年里增长了近5倍。在方法上，不断引进了参与式或非参与式观察、问卷调查、深度访谈等社会学调查方法。分析方式上，逐渐引入了实地调查定性分析方法、统计文献分析方法以及多元统计分析或二次分析方法。但是不可忽视的是，农村社会保障研究途径和方法仍存在"一边倒"和"非规范化"的问题，实证研究的采用远远小于规范研究，较多的成果在表面扩展、堆积。1986年仅有2.9%的论文采用经验研究，即使在2009年截至样本截取时间，采用实证和定量分析的仅占该年总数的10.2%。而随着实践的发展，定量和实证分析将越来越成为农村社会保障研究的重要手段。

四 农村社会保障研究内容的主题分布

词频是反映特定研究领域和对象被关注程度的最佳指标。我们通过对样本关键词词频统计，更精确地掌握各时期的主要研究内容，进而揭示农村社会保障研究主题的变化情况。

（一）农村社会保障研究热点的情况

由于1980—1989年样本关键词过少，因而我们将1990—2009年样本划分成三个阶段，分别统计全部期刊和核心期刊各阶段关键词出现的频率，并以出现频率最高的前14个关键词所反映的研究对象和领域作为研究热点。通过统计结果的对比，我们发现全部期刊和核心期刊所揭示的该领域的研究热点基本一致，说明核心期刊具有很强的代表性，如果在有限的时间内想要了解该领域的总体情况，可以通过查阅核心期刊获取。为了节约篇幅，我们仅列出了全部期刊的关键词统计结果见表5。

作为农村社会保障研究领域，如表5中的数据显示，"合作医疗"、"农村"、"对策"、"家庭养老"、"养老保险"等是贯穿始终的高频词，这些方面一直是学界关注的重点。其中，"新型农村合作医疗"从第二阶段开始出现，到第三阶段成为高居首位的高频词，可见，从90年代末开始"新农合"已成为农村社会保障的重要研究内容，这与前面的分析也是一致的。同时"对策"作为高频词，也一定程度上反映了学界目前的论文存在具体的对策性研究较多，前瞻性、总体性研究少。另外，农村最低生活保障以及农村社会救助方面的研究依然比较欠缺，表现在这方面的高频关键词缺乏。

表5　　1990—2009年农村社会保障的研究热点

1990—1998年	热点数	1999—2004年	热点数	2005—2009年	热点数
合作医疗	28	农村	281	新型农村合作医疗	1126
农村	21	社会保障	149	社会保障	982
贫困地区	7	合作医疗	113	农村	842
关键技术	6	农村社会保障	85	农民工	790
家庭养老	5	家庭养老	59	养老保险	356
对策	4	养老保险	53	农村社会保障	340
医疗保险	4	对策	47	对策	309
费用	3	农民	38	失地农民	295
集资医疗	3	农民工	38	合作医疗	287
结核	3	社会保障制度	33	农民	208
模式	3	社会养老保险	30	问题	207
农村合作医疗改革	3	问题	29	和谐社会	181
农村卫生	3	医疗保障	28	农村合作医疗	180
养老保险	3	新型农村合作医疗	27	新农合制度	161

(二) 新出现的研究主题

通过统计各时间段与前一相邻时间段相比较新出现的关键词，我们进一步分析了各阶段新兴研究主题。处理过程中，合并了同义的关键词，以出现频次最高的那个词为代表，频次为所有同义关键词频次加总。比如将"社会主义新农村"（出现频次为55）和"新农村"（出现频次为62）合并为"新农村"；"新农合"和"新型农村合作医疗"合并为"新型农村合作医疗"；"农村最低生活保障"和"农村低保"合并为"农村最低生活保障"；"博弈"、"博弈分析"、"合作博弈"、"贝叶斯博弈"、"博弈均衡"、"博弈模型"等合并成"博弈"。结果见表6。我们从表6可以看到，农村社会保障的研究随实践的发展而发展。最突出的表现在以下两个方面：一是1999—2004年比前期增加了"农民工"、"失地农民"，这说明对农村保障对象的研究在进一步细化，并且由于众所周知的原因，即城市化、工业化的进一步发展，从传统的农民中分化出来的农民工、失地农民的社会保障问题已成为当前普遍关注的热点。二是"和谐社会"、"新农村"是第三阶段新出现的主题,反映了中央构建和谐社会的时事热点。随着对民生问题的关注,"农村最低生活保障"、"社区养老"等问题逐渐得到关注。

(三)逐渐消失的研究热点

通过统计每个时间段与后一相邻时间段相比较消失的关键词,我们得到如下结论(见表6)。

表6　　　　　　　　　各阶段关键词的变化

各阶段新出现的前十位关键词				各阶段消失的关键词			
1999—2004 年		2005—2009 年		1990—1998 年		1999—2004 年	
农民工	41	和谐社会	181	集资医疗	3	农村贫困地区	6
新型农村合作医疗	41	新农村	117	农村合作医疗改革	3	三级卫生网	6
社会养老	24	新农村建设	84	预防和控制	3	非典	6
农村医疗保障	22	农村最低生活保障	69	处方费用	2	医疗保险方案	5
农村养老	19	参合率	35	意愿支付	2	老年医疗保障	4
城市化	17	医疗机构	57	健康保险筹资额	1	非农产业群体	3
土地保障	14	博弈	32	集体自我养老	1	农村非农产业群体	3
失地农民	12	逆向选择	26	农工	1	社会保障体制	3
政府	12	社区养老	17	初保	1	税费改革	3
制度创新	11	补偿方案	17	处方用药	1	报销模型	2

说明:①关键词后的数字为该关键词出现的频次;②1999—2004 年新出现的关键词参照对象为 1990—1998 年的数据;③1999—2004 年消失的关键词参照对象为 2005—2009 年的数据。

(1)农村社会保障理念上的变化。第一,随着经济的变革和社会的发展,国家和人们逐渐从注重效率向注重公平转变,更加强调政府的责任,因此一些单方面强调个人责任的"集体自我养老"、"集资医疗"、"初保"等关键词逐渐淡出了农村社会保障的研究视野。第二,农民的权益得到更深入保障。"民工"作为一度带有贬义的热点词汇,随着人们对农民权益的普遍关注,逐渐被"农民工"所取代。

(2)一些应用型研究具有较强的时效性。比如"非典"仅在1999—

2004年研究中出现，也一定程度上表明农村社会保障的研究随着实践的发展而变化，具有一定的实效性，应用型研究在该领域占有较大的比重。

五 结论

本研究通过文献计量分析揭示了我国近30年农村社会保障研究领域的期刊分布情况、作者群、研究方法、重点研究领域及其研究热点的变化情况，发现了一些新的内容。结论如下：

（1）随着近30年社会保障制度改革和农村社会保障实践的发展，这一领域的研究范围逐渐扩大，论文数量逐年成倍增加，逐步突破农村社会保险的单一研究，综合性、系统性的研究增多。

（2）在普遍对农村社会保障关注的群体中，已形成具有一定规模和影响力的核心作者群。如卢海元等，他们也一直活跃在农村社会保障领域内。

（3）《中国社会保障》作为社会保障专业领域的核心期刊，是了解农村社会保障问题热点和焦点的重要途径。但从学术论文角度来看，近30年来的农村社会保障领域研究的高质量成果不多，显示了社会保障学科异质性较弱。

（4）研究方法、方式上，从多元的学科视角对农村社会保障进行实证研究，强调专业技术在农村社会保障领域中的应用，与定量分析结合，多学科融合和跨学科合作成为该领域研究的重要特征。

（5）研究内容上，农村医疗健康保障在农村社会保障研究中占有非常大的比重。农民最低生活保障制度和社区养老等问题逐渐为人们所关注，同时，和谐社会和社会主义新农村视域下，农民工和失地农民的保障问题已成为农村社会保障研究的重要突破点。

（6）研究趋势上，信息类期刊中对农村社会保障信息技术的关注，揭示了加强农村社会保障信息技术管理及统计精算的一种趋势。另外，新农保、新农合是当前迫切需要破解的难题。

本文是利用《中国全文数据库》，从农村社会保障这一主题角度作的探索性研究，分析中也存在一定的不足。如在选取样本时，由于没有严格的标准，所选取的数据带有一定的主观性；受数据库本身数据（其中2008年的核心期刊数据缺失）和检索数据库结果不稳定的限制，该领域总体研究趋势及数据特征规律的揭示有一定的局限。同时，计量分析存在一些固有的缺陷，受篇幅所限没有更多地与内容分析结合。通过文献计量分析，我们发现"新农保"的筹资机制及制度可持续性的经济性、非经济性因素的微观分析是当前的一个研究热点和趋势。在后续研究中，我们将在这方面做更深入的探讨。

（原载《情报科学》2010年第12期　作者：邓大松　何　晖）

制度替代与制度整合：基于新农保的规范分析

休谟的铡刀（事实领域与价值领域存在严格的逻辑区分）把经济学分为实证经济学和规范经济学。实证经济学主要回答"是怎样"的问题，而规范经济学则回答"应该怎样"的问题。实证经济学领域形成了丰富的假设—演绎模型，实证分析工具日益丰富，而规范经济学领域则仍然依赖于对政治、伦理问题的处理，规范分析尚未形成统一的方法和普遍采用的分析工具。在政策层面实证问题主要体现为技术问题和操作问题，争议相对较少，规范问题主要体现为政治问题和伦理问题，争议相对较多。然而，没有规范分析，我们无法回答实践中出现的问题，无法指导实践。2009年9月国务院颁布《关于开展新型农村社会养老保险试点的指导意见》（以下简称《指导意见》），此后，新农保试点工作迅速启动，学界也给予了广泛的关注，大量文献从新农保实施的经济社会条件、财政支付能力、农民缴费能力、个人账户替代率及试点运行情况等方面进行了大量的实证分析，仅有极少数侧重于挖掘和揭示新农保制度中的伦理价值和政治倾向的规范分析，没有严格的逻辑结构和连贯性的论证，新农保作为一项重大的民生工程，在制度的制定和执行中，共识的形成和理念的凝聚至关重要，无法回避价值判断，迫切需要全面的规范分析来回答"应该怎样完善和发展新农保制度问题、应该怎样处理各项涉农养老保障制度问题"。本文尝试对新农保问题进行全面的规范分析，我们首先呈现新农保制度完善和发展所应处理的规范性问题，然后提出处理新农保及其相关制度的规范性原则，最后讨论新农保的发展路径与方向问题。

一 新农保制度建设与规范分析

新农保制度制定、执行与发展完善应摆事实、讲道理，进行科学分析和广泛讨论，而摆实事、讲道理本身就是一个逐步澄清的过程。规范分析与实证分析之间最大的不同在于它不回避价值判断的争议；相反，它的意义在于把争议性的问题充分暴露出来，逐步减少对价值判断的依赖，使决策尽可能多地依赖事实依据。新农保制度完善与发展对规范分析的依赖主要体现在如下几个方面：

首先，只有把新农保放在整个经济社会大背景中才能认识和理解新农保制度的本质特征和重要意义，才能把握制度变革的根本方向。价值判断是人的情感对于周遭情况的也即对于外在世界的和他自己生理方面的反应[1]。由于对制度背景的刻画和阐述包含着人们对周遭环境的基本态度，因此，通过规范分析呈现人们基本的价值判断成为理解制度的重要一环。

其次，新农保制度推广和完善过程中要处理各类经济社会变量，需要对各类证据进行评估。凡属被认为真实的以经验为依据的表示"是"的陈述性说明无不有赖于社会上明确认为我们"应该"接受那种表示"是"的说明的一致意见[2]。通过揭示经验性证据的价值基础，使各类价值判断具体、明确，从而有利于保持基本原则和价值取向的逻辑一贯性，避免决策的随意性。

最后，新农保制度的发展既需要有科学依据又需要充分反映人们的愿望和要求。通过规范分析尽可能地区分决策所依赖的价值判断和事实依据，从而有利于科学决策与民主决策的统一。掌握尽可能多的事实，对其进行加工处理以获得帮助决策的信息的过程属于科学分析，而呈现不同的价值，交由人们权衡取舍的过程则属于公共选择的民主决策。《指导意见》确立了新农保低水平起步，政府主导与农民自愿相结合的渐进发展

---

[1] [奥]米塞斯：《经济学的最后基础》，夏道平译，(台北)远流出版公司1991年版，第62页。

[2] [英]马克·布劳格：《经济学方法论》，石士钧译，商务印书馆1992年版，第136页。

路径，以个人（家庭）、集体、政府合理分担责任的基本政策取向，以保障农村居民老年基本生活为核心目标的总体制度框架。制度的发展完善将围绕着参保范围、个人缴费、集体补助和政府补贴、基金管理与监督、待遇水平与资格条件、经办管理、制度衔接等具体问题展开。

我们将围绕新农保制度的总体制度框架和基本政策要点简明勾勒出它们各自所依赖的社会实事与价值基础（见表1）。

表1　　　　　　　　　　新农保制度的事实依据与价值基础

	事实依据	价值基础
低水平起步	经济发展水平与农民收入水平；家庭、土地等其他养老资源	制度覆盖应优先于制度目标的实现；应稳健地逐步提高保障水平
政府主导与农民自愿相结合	政府责任实现途径；试点先行的制度实验性质	养老问题是社会问题；选择是最好的表达
个人缴费、集体补助与政府补贴	个人缴费能力、集体经济水平与财政支付能力；三方负担的激励效应	利益分享与责任分担相对应；国民收入公平分配；历史欠债应该得到补偿
基金管理与监督	资本市场、管理能力与基金增值	养命钱安全第一
待遇水平与资格条件	财政支付能力与个人缴费积累；制度覆盖、制度衔接与制度参与	有效保障；建立覆盖城乡居民的社会保障体系
经办管理	管理能力与行政成本	社会事业社会办
制度衔接	利益协调与行政效率	平等与城乡一体化

事实依据反映客观历史条件对制度的制约作用，价值基础反映人们的价值观念在制度目标选择和确定制度发展方向中的主导作用。新农保的筹资标准与保障程度受到农民收入水平与经济发展水平的制约，确定低水平起步的制度渐进发展路径，一方面是我国整体经济发展水平不高、农民收入水平较低的现实要求；另一方面也反映了在农村实现老有所养并能不完全依赖于新农保制度，家庭和土地仍然是重要的养老资源，从而降低了对新农保制度保障水平的要求。但是，在既有的经济条件下，只要承受较高的养老保障经济社会成本仍能实现较高的保障水平，社会养老替代家庭养

老和土地保障也是经济社会发展的客观要求和社会保障制度建设的基本动力，因此，低水平起步并不是由经济发展水平和农民收入水平被动地决定的，而是有着制度选择的价值观念支撑，较低的养老保障经济社会成本有利于制度较快铺开，低水平起步反映了制度覆盖优先于实现制度目标的价值取向，在我们并不了解经济社会各方面的承受能力时，低水平起步也反映了逐步提高保障水平的稳健态度。

解决老有所养问题是政府义不容辞的职责，各国有不同的实践，其中最主要的差别在于政府责任的实现形式。新农保工作的政府主导反映了政府制度建设的重要职责，政府对养老问题的参与和干预说明政府不再把养老问题看作个人或家庭的事务而是当作社会问题来处理。新农保制度建设与农民的利益息息相关，必须考虑农民的愿望和要求，开拓农民的表达渠道是回应农民愿望和要求的重要前提，但这依赖于一系列的政治体制和社会体制改革。试点先行具有制度实验的性质，通过试点发现和解决问题能够摆脱制度设计对体制改革的过分依赖，农民参与的积极性和主动性能够反映农民对制度的满意度和支持度。

新农保基金筹集采取个人缴费、集体补助与政府补贴三方分担的方式。实行个人账户基金积累使社会养老的社会经济成本明晰化，社会养老负担直接体现为个人账户的缴费负担，从而产生遏制养老保障水平超出经济社会承受能力。个人缴费与养老待遇的密切关联激励农民积极缴费，参与基金的管理和监督，在缴费环节的集体补助和政府补贴也是调动集体组织和地方各级政府关注基金安全、参与基金管理和监督的重要因素。个人缴费能力、集体经济水平和各级政府的财政负担能力是个人缴费水平、集体补助与政府补贴水平的重要决定因素。解决农民养老问题不仅农民个体受益，而且产生积极的经济社会效果，农民个体、集体组织和各级政府能够分享到相应的经济和社会利益，利益分享不仅是三方缴费的动力，而且符合利益分享与责任分担相对应的基本价值观念。集体补助与政府补贴中对特殊人群的优待和扶持也与各类收入分配的公平观念相联系。通过工农产品价格"剪刀差"，农业曾为工业化和国民经济发展作出了突出的历史贡献，对全体参保农民的政府补贴、基础养老金的发放等也被认为是工业反哺农业的惠农举措，反映了历史欠账应该得到补偿的价值诉求。

基金管理和监督要满足基金保值增值的基本要求。从资源配置效率的角度来看，资源配置效率要求基金的增值速度大于相应税基的膨胀速度，因此，新农保基金的基本增值目标是其增值速度大于农民收入（或工资）的增长速度，但基金保值增值受资本市场、管理能力等多种现实条件约束，为了规避投资风险和管理风险，《指导意见》规定，"个人账户储存额目前每年参考中国人民银行公布的金融机构人民币一年期存款利率计息"，暂时没有从配置效率的角度考虑增值要求，反映了基金安全第一的价值取向，基金管理和监督的重点在于确保基金的安全性，在此基础上逐步达到基金增值目标。

新农保的待遇水平由基础养老金和个人账户养老金组成，基础养老金由财政负担，受财政支付能力制约，个人账户养老金主要由个人缴费构成，个人账户养老金水平通过资本市场实现基金保值增值与国民经济发展相适应，"国家根据经济发展和物价变动等情况，适时调整全国新农保基础养老金的最低标准"则反映政府对农民保障需求的回应，有效保障是其价值基础。参保资格和养老金待遇领取资格主要是处理与其他社会养老制度的协调问题，各类制度的制度覆盖、制度衔接和农民的制度参与状况是进一步明晰资格条件的重要依据，建立覆盖城乡居民的社会保障体系是其总的目标和原则。

经办管理直接面对参保群众，是制度组织实施的重要一环，管理服务水平不仅是管理能力的直接体现，而且受行政成本的制约，管理服务水平必然要随管理能力的提高和预算经费的调整而不断改善。新农保并不是农民自己的事，而是一项重大的社会事业，新农保不同于老农保，其工作经费纳入同级财政预算，不从新农保基金中开支，从而真正体现了社会事业社会办。

新农保与其他相关制度的有效衔接是整个社会保障管理服务体系有效运行的前提，是进一步提高行政效率的基本要求。制度衔接也不得不处理不同制度覆盖群体的利益协调问题，不断缩小不同群体的社会保障待遇差距，逐步实现城乡一体化是社会保障制度建设的重要目标和原则。

二　新农保制度建设五原则

在新农保试点实施过程中，各地已有老农保、农村五保供养、计划生育户养老保险、村干部养老保险、失地农民养老保险、水库移民养老保险、民办教师养老保险等各类针对特定农民群众的养老保障制度。新农保组织实施过程中，正确处理与其他养老保障制度的关系成为重大的实践问题，首先，行政资源的高效配置要求处理好各项制度的衔接和协调问题；其次，特定群体对新农保的态度取决于各项制度如何协调；最后，只有处理好与其他制度的关系，新农保的发展路径才能明确。然而，国务院《指导意见》虽然明确要求要妥善做好新农保制度与被征地农民社会保障、水库移民后期扶持政策、农村计划生育家庭奖励扶助政策、农村五保供养、社会优抚、农村最低生活保障制度等政策制度的配套衔接工作，但并没有赋予各试点地区相应的政策制定权，具体办法由人力资源和社会保障部、财政部会同有关部门研究制订。由于相关部门还没有出台具体的制度衔接办法，各试点地区往往只能遵照原有制度执行，大大影响了新农保工作的实际效果。新农保体现了个人（家庭）、集体、政府责任分担原则，可协调处理个人利益、集体利益和国家利益，具有整合其他各项养老保障制度的能力。新农保与其他相关制度的衔接是新农保制度建设的重要方面，我们提出处理新农保及其相关制度衔接的五项原则，我们提出的原则尽可能与社会普遍认同的价值观相一致，从而减少争议。这些原则可以作为具体的制度制定、制度执行的参照。

第一，养老利益原则。相关制度建设与制度衔接既要满足广大农民群众的普遍利益，也要适应特定人群的特殊利益要求。当前，在广大农村，家庭、土地和制度性保障是农民最主要的三种养老资源。无子女的五保户、子女少的计划生育户由于家庭养老资源相对较少，有着特殊的养老利益要求，因此，五保供养制度、计划生育户养老保险等制度中所体现的养老利益，可以通过利益归并整合到新农保中去。同样，失地农民、水库移民由于失去了土地这一养老资源，也有特殊的养老利益要求，因此，失地农民养老保险、水库移民养老保险同样适合通过养老利益归并的方式与新农保整合。村干部养老保险、民办教师养老保险等专项制度是为了补偿村干部、民办教师的贡献，这类专项制度所体现的养老利益，只要总体养老金替代率没有超过100%，就可以采用利益归并的方式进行整合，但以什么样的方式进行利益补偿可以进一步研究，对于已经离职的民办教师和离任村干部的历史贡献，不便于一次性现金补偿的，可以通过提高养老保障待遇的方式进行补偿，而在职民办教师和在任村干部应使当期待遇与其贡献相一致。

第二，行政简化原则。各项制度建设与制度衔接应有利于行政资源的节约。行政简化是行政效率的要求，而农村养老保险的行政效率并不完全依赖于行政体制和行政机构改革。我国农村社会保障经办人员严重不足，而我国行政机构已经较为臃肿，继续扩编行政人员较为困难，通过行政简化，提高行政效率，是解决经办人员不足的最有效方式。行政简化要求新制度替代旧制度，常规性、基础性制度整合临时性制度、权宜性制度；普适性制度整合针对特定群体的专项制度。水库移民问题是由特定的工程项目引起的，水库移民的相关制度是一种临时性、权宜性制度应与其他常规性制度整合；失地农民是由城市化所导致，随着城市化进程的逐步完成，失地农民会越来越少，并最终消失，因此，失地农民问题是一个阶段性问题，失地农民相关制度应与基础性制度整合；针对特定群体的村干部养老保险制度、计划生育户养老保险制度等应与具有普适性的新农保制度整合。行政简化还要求财政统一，统筹处理各项涉农优惠和补贴，使财政支出更加清晰明确，提高财政资金的使用效率。

第三，适应性原则。各项制度建设与制度衔接必须适应经济社会的发展，立足当前，着眼长远，符合社会历史发展趋势。适应性原则要求新农保制度与经济社会发展相适应，认真考察其社会经济成本，养老问题也是一个积累与消费的关系问题，养老支出不仅要考虑财政承受能力与财政支出结构优化，而且要考虑农民个体和农民家庭的经济承受力和经济资源优化配置。适应性原则要求我们充分考虑问题的复杂性，渐进发展，对一些已经产生较大社会反响的制度要特别慎重处理，如农村五保供养制度渊源较深、农民熟悉、效果较好，就不宜轻易被其他制度取代。旧制度、旧机构的消失和新制度、新机构的运转都需要给农民和经办机构一定的适应时间。适应性原则要求我们在处理各类制度时具有一定的前瞻性，有所作为，培育好制度环境。如，老年农民往往从土地要受益，但老年农民从事农业经营的机会成本十分小，且受自身劳动投入和资本投入的限制，土地收益并不高，为提高农业生产率，应尽早把老年农民从土地中解放出来，不断提高制度性养老保障水平，为老年农民让渡土地创造条件。

第四，城乡统筹原则。各项制度建设与衔接处理必须有利于城乡融合。新农保等社会保障制度不仅仅是解决农民养老等具体问题，而且一旦运转就是一种重要的经济社会机制，影响收入分配、阶层关系和资本市场等，要关注制度对整个社会结构的影响。制度建设应有利于打破城乡二元社会结构，促进城乡之间的物质交换、人才交流和信息沟通，让城乡居民共享发展成果。首先，要适应城市化发展趋势，不断减少农业人口，比较而言城镇社会保障制度相对成熟，失地农民养老保险、水库移民养老保险及农民工养老保障问题等能与城镇相关制度衔接的，优先考虑与城镇相关制度整合。其次，要有利于缩小城乡差距，城乡养老保障的待遇水平应逐渐接近，为城乡制度统一创造条件。农民工和一些农民工比较集中的企业要求退出城保或镇保而加入新农保的现象要引起重视。新农保所体现的惠农性本身有利于缩小城乡差距，但以户籍或居住地为参保资格条件使其惠农性针对性不强，应逐步改为以工作和生活地点为参保资格条件以减少制度寻租空间。

第五，有效激励原则。必须有利于调动各方面的积极性，必须激励农民为自身养老作物质和精神准备。首先，各项制度本身具有相应的激励效应，如计划生育户的养老保险有利于激励农民群众遵守计划生育政策，制度的衔接和整合不能削弱这种激励效应。其次，制度的衔接应实现政府各部门、各级政府、集体经济组织、广大农民群众的激励相容。制度不应让任何农民成为养老保障的消极接受者而是积极筹划者。为激励无子女农民积极参加新农保，五保老人的供养标准不仅要参照《农村五保供养工作条例》，供养标准不得低于当地村民的平均生活水平，而且可以与其新农保缴费情况挂钩。可以通过缴费环节的集体补助，逐步提高集体经济的主体地位，促进农业专业性合作组织和农村综合性合作组织等新的集体经济力量的发育。

在处理具体问题时，原则之间的冲突在所难免。适应性原则要求渐进发展，让旧制度、旧机构逐渐消失，但适应时间越长，利益格局更加坚固，打破部门利益，实行行政简化就越困难。过分强调激励因素还会影响养老利益的实现。城乡统筹有时会削弱专项惠农措施的效果。原则之间的协调需要各原则之间的优先顺序，我们并不能事先给出一个优先顺序，每一个具体问题的处理，都将面临各原则的排序，面临着一次价值权衡和取舍。

三 新农保制度的发展路径：制度替代、制度整合与制度完善

　　制度的制定与实施与各种社会经济因素交织在一起，应充分考虑制度建设的复杂性。单一制度往往难以实现制度目标，制度在实现主要目标的同时还会产生相应的社会经济效应，因此，制度建设须明确某一特定制度在制度体系中的地位，协调制度目标与其他社会经济效应。制度调节社会关系，反映特定的利益分配，有自身的发展动力和障碍，制度建设须明确制度发展动力和分析约束条件的性质。现阶段，我国农村已有多项制度性的养老保障措施，既有比较完善、相对成熟的制度也有刚刚起步的很不完善的制度，但除新农保制度外，其他制度的目标人群都十分狭隘，无法成为保障农村居民老年生活的核心制度。新农保制度虽然处于试点阶段，但总体框架已较为清晰，目标群体庞大，能够兼顾各方利益和责任，在制度模式上能与企业职工基本养老保险制度对接，在组织实施上可以随经济社会变迁而调整个人、集体与国家的责任分担，因此，新农保制度可以成为解决农民养老问题的核心制度安排。

　　一旦确立了新农保制度在解决农民养老问题上的基础地位，就应尽快替代具有同一目标、覆盖人群相同的制度，把目标相同或相近但针对的人群有差异的相关制度整合进来。新农保与老农保目标一致、制度覆盖人群相同，应采取完全替代的方式。《指导意见》规定"在新农保试点地区，凡已参加了老农保、年满60周岁且已领取老农保养老金的参保人，可直接享受新农保基础养老金；对已参加老农保、未满60周岁且没有领取养老金的参保人，应将老农保个人账户资金并入新农保个人账户，按新农保的缴费标准继续缴费，待符合规定条件时享受相应待遇"。但由于新农保制度中有缴费年限的规定，因此，不仅老农保的缴费要并入新农保个人账户，而且缴费年限也应作相应的折算。失地农民养老保险、水库移民后期扶持政策、计划生育家庭养老保险或奖励扶持、农村五保供养、村干部养老保险、民办教师养老保险等制度政策可按养老利益原则和行政简化原则等规范性要求与新农保制度进行整合，通过资金来源、筹资方式、缴费标

准和待遇水平的调整，把相关政策制度中的尚未被城镇社会保障体系吸收的养老保障权利义务关系吸收到新农保制度中来。虽然《指导意见》规定配套衔接工作的具体办法由人力资源和社会保障部、财政部会同有关部门研究制订，但试点地区不能坐等政策出台，应积极筹划，向有关部门反馈信息和意见。

制度的制定和政策的执行受到经济社会伦理条件的约束，但从约束强度来说，由于经济社会的变化要先于并快于伦理观念的变化，故而伦理条件的约束要强于经济社会条件的约束。把握变革中的制度发展方向更加依赖于对伦理条件的认识，因而明确制度目标和理念是制度建设的重要前提。根据《指导意见》所确立的基本原则和任务目标，新农保制度建设重点在较长时期内是不断扩展覆盖面和提高保障水平，由于坚持农民自愿原则，因此应以提高保障水平带动覆盖面的扩展。以2009年全国平均纯收入水平的农民为例（2010年政府工作报告宣称农村居民人均纯收入为5153元），基础养老金替代率仅为12.8%，以《指导意见》规定的最低缴费补贴标准30元计，100—500元五个缴费档次的个人账户缴费率分别为2.5%、4.5%、6.4%、8.3%和10.3%，而一个统筹区域内（一般为省级统筹）平均工资水平的企业职工，根据国务院《关于完善企业职工基本养老保险制度的决定》（国发〔2005〕38号）规定，其基础养老金替代率至少为15%（因为至少缴费15年），个人账户缴费率为8%，与城镇企业职工相比，农民收入水平更低（意味着需要较高的养老金替代率才能保障基本生活）、基础养老金替代率更低（除非提高基础养老金给付水平）、除400元以上档次外个人账户缴费率更低（意味着在同等基金增值能力下个人账户养老金替代率更低），因此，新农保制度须在未来一段时间内以超过经济发展速度和农民收入增长速度的节奏提高基础养老金和个人账户缴费率。

基础养老金水平的提高取决于财政支付能力，财政支付能力由财政收入和财政支出两个方面决定，财政收入由经济发展水平和发展模式决定，财政支出结构的优化、逐步提高社会保障支出在财政支出中的比例使其符合公共财政的一般要求，才是提高基础养老金支付能力的关键。在缴费环节的财政补贴（即补入口）一方面实际提高个人账户缴费率，另一方面成为吸引青年农民多缴费、长缴费的重要激励因素。补入口在农民收入水平普遍不高、社会保障管理能力有限的条件下可以减少信息筛选环节，从而节约行政成本，农民并非全部是穷人，全面补贴缺乏针对性，降低了财政资金转移支付的效率，随着管理能力的提高，应逐步缩小补贴面，提高对特殊困难群体的补贴。青年农民面临着事业发展、结婚育子、赡养老人等多重经济支出，通过财政补贴吸收他们多缴费，使一部分用于农业生产经营或其他市场经营投入等当前支出转变成新农保基金，在新农保基金管理和投资运营能力有限的情况下，不利于青年农民的事业发展，不利于社会生产力的提高，因而不符合农民的根本利益。在过去的家庭结构和生产方式下，农民通过家庭和土地较好地解决了自身的养老问题，在既有的经验世界里，农民还没有看到参加社会养老的现实意义，新的生产方式和家庭结构所凸显的养老问题还没有以一个个现实案例展现出来，这是农民参保热情不高的重要原因之一。等新一代农民面临养老问题时，一个个活生生的案例展现出养老保险的积极意义，届时，农民的参保热情将会不断高涨，只要新农保本身符合农民的养老利益，就不用担心农民的参保热情不高，财政补贴的激励措施应逐步取消。

　　西方福利国家的发展往往是将"那些原先设计为解决狭隘条件下和指定人群的计划被放宽限制、修订并拓宽到覆盖全民。与此同时，最初设定为接近最低生存标准线的援助水平也被放宽到符合主流社会之合理标准的水平"①，其社会保障体系以功能领域和问题领域作为制度区隔的标准，而我国是以解决特定人群的特定问题不断分设制度的方式扩展社会保障体系的，人口群体也是制度区隔的重要标准，这种制度的碎片化不仅造成了行政管理的复杂性而且使不同群体的保障待遇参差不齐，形成身份壁垒和职业壁垒，不利于人口流动和职业转换，有损公平和效率。作为社会保障体系中新的组成部分，新农保制度建设必须有利于社会保障体系的健康，为消除制度碎片化作出贡献。首先，新农保制度建设应侧重于解决问题的功能覆盖而不是人群覆盖，对于生活在农村，从事农业生产，但由于种种原因户口已经农转非的农民群众和其他尚未被社会养老制度覆盖的特殊涉农群体应吸收到新农保中来。其次，新农保制度不是一个独立运转的封闭

---

　　① ［美］Neil Gilert、Paul Terrel：《社会福利政策导论》，黄晨熹、周烨、刘红译，华东理工大学出版社2003年版，第45页。

体系，新农保应是可与其他制度衔接、协调的开放体系，使不同制度的养老利益平稳过渡，不阻碍人口流动和职业变换，其中核心是处理农民工的职业与户籍双重身份问题。最后，新农保制度中的惠农措施要便于独立处理，为将来惠农措施的整合和城乡养老保险制度的统一创造条件。

（原载《经济学家》2011年第4期　作者：邓大松　刘远风）

欧债危机对完善我国社会保障制度的五大启示

从理论上分析，一个国家社会保障水平必须与经济社会发展、与国情相适应。过低不利于建立居民消费信心和稳定内需；过高则由于"福利刚性"的规律致使全民陷入福利陷阱。当经济陷入衰退时，高福利国家就会出现政府债台高筑的问题。由于经济陷入衰退，出于刺激经济的需要而扩大财政支出。此时政府陷入社会保障投入和刺激经济发展投入的"双重压力"，而由于经济竞争力的下降导致财政收入下降，一国财政便会出现财政支出单向膨胀的问题。在经济增长时，维持高福利的社会保障尚且需要政府发债，在经济衰退时则要加倍发债，由此产生危机。

欧洲主权债务危机与高福利的关系对推进我国社会保障体系建设具有重要启示：在完善我国社会保障制度方面，我国不应该走"先负债再还债、先过度福利再紧缩福利"的西方老路，坚持走中国特色的社会保障发展之路。"十二五"时期，我国将进一步完善社会保障制度。在这一过程中，欧债危机具有以下启示：

一 坚持适度保障，合理、审慎的确定社会保障水平

一方面，必须承认我国社会保障制度还需要进一步完善，社会保障保障水平还需要进一步提高。无论是从公共服务均等化的角度分析，还是考虑社会保障制度完善和水平提升对于促进消费，进而拉动内需促进经济发展的重大作用，我国都需要进一步完善社会保障制度、提高社会保障水平。

另一方面，我国社会保障水平必须考虑到我国国情和经济发展所处的阶段，不宜过快提高水平。首先，人口众多且老龄化加快、基础薄弱、城

乡二元结构、区域发展不平衡等国情决定了必须合理、审慎地确定社会保障水平，不考虑这方面的因素，不仅容易导致在完善社会保障制度的过程中出现"大跃进"，而且因为财力等因素限制而出现危机，影响完善社会保障制度的完善进程。其次，在当前的经济发展阶段，过快提高社会保障水平会给经济发展提来不利因素。从理论上分析，提高社会保障水平就会增加劳工成本，促进我国人口红利的消失、导致企业无法吸纳、影响产业的梯度转移，从而影响经济发展。

二 高度重视社会保障的财政承受能力

在完善我国社会保障的过程中，要吸取欧洲国家不考虑财政资金承受能力的情况下维持高福利、等到政府债务出现危机时再去采取紧缩福利等措施来控制危机，既影响了经济发展，更使社会保障制度具有不稳定性。这也是拉美国家"福利赶超"的教训。20世纪末期，一些拉美国家财政可承受能力，照搬欧洲发达国家实施的一系列的社会福利制度，结果导致财政赤字过大，国内外债台高筑，引发高额通货膨胀、债务危机，最终演变成金融危机、经济危机，导致经济增长停滞。我国必须吸取欧洲和拉美国家的教训。一方面，在完善我国社会保障制度过程中，要考虑财政资金的承受能力，量力而为。近年来，我国财政对社会保障的投入不断增加，2006—2009年，全国财政社会保障和卫生医疗累计支出29884亿元，年均增长22.5%，高于同期财政支出年均20.3%的增长速度。随着我国社会保障制度的完善和社会保障水平的提高，财政对社会保障的投入还将不断增加。尽管近年来我国财政收入实现了快速增长，我国还是一个发展中国家，地方土地财政的膨胀影响了财政收入可持续增长，众多隐性债务限制了财力。在完善社会保障制度过程中，要考虑到财政资金承受能力，不能由于过大过快提升标准而加大财政压力，造成收支不平衡。另一方面，未雨绸缪，采取有效防范社会保障财政风险。目前，学者对社会保障财政风险的定义是"社会保障体系因缺乏必要的社会保障资金或资金使用安排上的重大失误，致使社会保障的'减震器'或'安全网'功能无法正常运转，并随之出现社会恐慌，甚至是动荡的潜在可能性"。通俗地说，就是没有足够的财力支撑社会保障制度。由于我国社会保障制度起步晚，目前对社会保障制度的完善关注较多，对社会保障财政风险还无暇顾及，必要从引起重视。在防范社会保障财政风险方面，在假设其他财政支出不对政府财力构成压力的情况下要关注以下三点：一是我国养老保险制度从建立时就开始接受财政投入，这直接加重了财政支出。欧洲国家是20世纪七八十年代才开始接受国家财政补贴，美国预计在21世纪末或22世纪初才会接受国家财政补贴。二是国有企业改革、事业单位改革等的转轨成本加重社会保障财政支出。国有企业改革、事业单位改革所涉及的人员的养老保险资金筹集中单位和个人所需要的缴费只需要从改革之日起缴纳，改革之前的由财政投入，这进一步加重了社会保障财政支出。三是我国的社会保障覆盖面较窄、水平较低，未来完善社会保障制度需要更大的财政投入。

三　注重社会保障的筹资渠道，多方筹资

目前，我国社会保障采取的是现收现付制筹资模式，收入来源主要是财政投入、企业和个人缴费。这一制度安排本身就存在缺陷，重要表现就是社保资金征缴效率低，由于社保资金多头管理导致社保收支严重不对称，国家财政只掌握有限社保资金收入中的有限部分，但全国社保支出却完全由国家财政负担。由此产生了社会保障资金的收支缺口。世界银行在2005年公布的一份研究报告指出，在一定假设条件下，按照目前的制度模式，2001—2075年间，我国基本养老保险的收支缺口将高达9.15万亿元。现实中，基本养老保险个人账户空账运行的问题越来越严重。据统计，至2008年年底养老保险的个人空账运行规模已达到1.4万亿。随着我国社会保障覆盖面的扩大、社会老龄化程度增大，社会保障资金压力将会更大。在这种情况下，必须注重社会保障的筹资渠道，多方筹集社会保障资金。目前，各个国家社会保障筹资模式的改革趋势是从单一的国家筹资向多层次、多支柱的筹资方式发展。我国在完善社会保障制度过程中，应借鉴国际经验，拓展社会保障资金筹集渠道。2001年，国务院出台的《减持国有股筹集社会保障资金管理暂行办法》和2009年决定在境内证

券市场实施部分国有股转由全国社会保障基金理事会持有的政策就是拓展社会保障筹资渠道的有益探索。

四 完善多层次的社会保障体系

"广覆盖、多层次、保基本、可持续"是建立健全我国社会保障制度的基本方针。在这一方针指导下，我国建立了由社会保险制度、社会救助制度、社会福利制度组成的基本社会保障体系和由企业年金、商业保险、家庭保障等组成补充保障体系。这一体系既符合我国国情，也是国际经验，但目前我国仅仅搭建起了一个多层次保障体系的框架，在这个体系中还存在各种保障方式之间的层次和界限区分不明确、相关配套制度完善、覆盖面较窄等一系列问题。这些问题成为我国社会保障制度在趋于完善过程中速度放缓的重要因素。随着经济社会的发展，完善多层次的保障体系既有其必要性，也有其可行性。一方面，完善多层次的社会保障体系不仅是当前形势和社会发展的必然要求，更是完善我国社会保障制度的最终方向。另一方面，我国经济的发展和近年来在完善社会保障制度上的改革探索为完善多层次的社会保障体系提供了可行性。多层次社会保障体系充分发挥了政府、市场、企业、家庭和个人的作用，满足社会各界对保障的需求，减轻了政府财政支出压力。在完善我国多层次社会保障体系过程中，一是要注重各层次保障体系之间的协调配合、相互支持。二是要大力发展补充养老保险、商业养老保险，满足不同群体、不同层次的保障需求，有效能够缓解基本养老保障的压力，提高保障效率。这就需要积极发展企业年金、职业年金和补充医疗保险，鼓励商业保险公司等社会机构提供与社会保险相衔接的产品和服务。

五 提高社会保险基金管理水平

理论分析和实践证明，社会保险基金管理水平的提高，可以扩大社会保险基金规模，有效减轻财政对社会保障的支出压力。如美国联邦社保信托基金规模从1980年的246亿美元发展到2000年的1万亿元,有效减轻了财政支出压力。这对完善我国社会保障制度带来重要启示:要不断提高社会保险基金管理水平。社会保险基金运行和管理既是社会保障制度建设的核心,又是社会保障制度运行的基础,具体涉及基金收入、支出、投资、管理模式等问题。我国在1994年通过的《劳动法》明确规定社会保险基金经办机构依照法律规定收支、管理和运营社会保险基金;1999年颁布的《社会保险费征缴暂行条例》,规定社会保险基金实行收支两条线管理,纳入财政专户;2010年发布的《国务院关于试行社会保险基金预算的意见》决定在全国建立社会保险基金预算制度,单独编报社会保险基金预算。2010年通过的《社会保险法》对社会保险基金的运行管理进一步了作了规范,通过明确了"国家设立全国社会保障基金,用于社会保障支出的补充、调剂,由全国社会保障基金管理运营机构负责管理运营"。应该说,这一系列措施建立健全了我国的社会保险基金管理体制,但在社会保险基金管理存在基金贬值等突出问题。如,目前地方的社保基金只能存银行和投资国债,收益率基本在3%以下,远远低于美国等发达国家水平和通货膨胀水平。因此,要不断提高社会保险基金管理水平,完善社会保险基金保值增值机制。在确保基金安全的前提下,有效提高各项基金的回报率。

(原载《财政监督》2012年第20期 作者:邓大松 柳光强)

舆 论 化
——健全和完善政策监控体系的新途径

一 政策监控逐渐趋向舆论化

政策监控,既是政策过程的一个不可或缺的组成部分,又是一个特殊环节,贯穿于其他各个基本环节之中,在政策过程中起着信息反馈的作用。对于政策系统来说,主要是通过政策监控子系统及监控活动来确定政策方案是否合理、合法,找出政策目标与执行手段之间、预期政策目标与实现政策绩效之间的差距,发现问题之所在,并从中寻找解决问题的新办法,如调整政策目标、加大执行力度、重新配置资源等。政策监控机制一般由立法机关对政策的监控、司法机关对政策的监控、行政机关对政策的监控、政党系统对政策的监控、利益集团对政策的监控以及公众和大众传媒的政策监控六个部分构成。

近年来,随着媒体业的快速发展,政策监控的"舆论化"倾向越来越明显,公众和大众传媒在政策监控中所占的比重逐渐增大,这给社会发展带来了很多的积极影响,使得处于基层、长期得不到政府重视的问题被拿到了台面上,也使得问题的解决更趋于效率化。社会问题的存在虽然具有客观性,但对社会问题的确认则具有主观性这是因为对社会问题的确认,是以在社会生活中存在某种与社会公认的规范和准则相背离,与社会发展不相协调的社会现象为依据。而对社会现象的是与非、对与错的评价,往往与评价者的个人素质、价值观念、生活经验以及个人所认同的社会规范等主观因素有密切关系。因此,对社会问题的认识、评价和解释都蕴含着相当深厚的主观意识成分。以 2010 年为例,这一年发生了很多有价值的甚至是影响深远的事件，其中很大一部分都来自"舆论"，例如"我爸是李刚"事件、"村长钱云会被碾案"等，因网友的报道及大量网友的转帖跟帖以及人肉搜索，使得当事人不得不面对法律的审判和人民的谴责，而在几年前，相同的情形可能在得到媒体关注之前就被有关部门封锁消息，低调处理了，网络媒体的技术革新，使得其传播速度很好地推动了政策监控的发展和实施，并且使之越来越趋于"舆论化"，当大众对社会的某一个现象表示疑惑或者不满的时候，他们会通过大众传媒使之暴露出来，如此一来，便可得到有关部门的重视，有的甚至可导致相关文件和政策法规的出台。但是，我们要辩证地看待该问题，政策监控的"舆论化"一方面给我们带来了有利影响，另一方面也有相对消极的因素涵盖其中，正是因为对社会问题的认识和评价都是因人而异的，所以对同一个问题，从不同的角度看待和处理问题会得到另一种答案和结果。还是以2010年为例，我们经历了"绿豆价格上涨"、"千年极寒，羽绒涨价"、"房价上涨"等事件，而舆论作为一项推动力，也被企图不轨的人加以利用，他们为获得个人利益，恶意哄抬物价，扰乱市场经济的良好秩序，破坏供需平衡的良好局面。因此，如何正确引导大众并正确利用"舆论"来实现政策监控是我们当下极需要关注的问题之一。

二　政策监控舆论化的意义

（一）加大我国的新闻自由度和监督权

随着我国民主化进程不断提高，社会舆论对公共政策的影响越来越大。民主化程度越高的国家，社会舆论的影响力越大在某些国家，由于各种大众传媒均为执政党所控制，因此，舆论与社会监督的作用并不大。而舆论一旦缺乏监督权，也就等同于丧失了进行监督的主体意识，有可能沦为权力的附属品，公众的意志和利益就只能被扭曲地表达出来。再者，社会小部分人的利益或某些利益集团的利益反而会比公众利益更为强烈地表现出来。在此基础上制定并执行的政策就不可避免地与公共目标相悖，即公共政策不反映广大民众的普遍利益，而仅仅是反映一小部分人或一些集团的利益。所以，若要真正发挥政策监控的职能，必须要加大我国的新闻自由度,将"舆论"的力量搬上历史的舞台,这不仅可以有效地推动公众和大众传媒监控的发展,而且对于政策制定者本身也有一定的约束作用,我国是社会主义国家,是劳动人民当家作主的国家,一般来说,无论是在理论上还是在实践上,人民群众都是国家的主人,敢于下放权力到民众身上,这才是一个负责任的大国所应该有的态度。

(二)将"上访"引向"舆论化"途径

上访是指群众越过基层的相关部门到上级机关反映问题并寻求解决的一种途径。群众上访有其积极的一面,但如不正确引导,即使解决,也会带来很多消极后果,会加深机关干部与群众的矛盾,给社会增加不安定因素,不利我国经济的稳定发展。与上访性质相似,网络平台的新闻爆料逐渐成为民众"上访"的途径之一,而且成效似乎更加显著,原因有两点:首先,与上访相比,网络爆料更加具有隐蔽性,群众可以更容易地发表自己的意见,说出自己的心里话,一些社会问题不会被轻易地扼杀在摇篮中。其次,上访常常是民众(多为农民)到上层机关(如省政府)进行申诉,而上访分有理上访和无理上访两种类型,政府不可能在不分辨是非的情况下对于上访者反映的问题统统受理,所以这种判断的滞后性也会引致一些矛盾,使得不断出现有民众到政府做出违法行为和扰乱公共秩序的行为,造成诸多负面影响,而网络爆料则更隐形,不会造成直接的恶性后果,一件事情经过某人的爆料,首先会得到一部分人的关注,其中民众会通过人肉搜索等途径去判断事情的真实性,等到最后引起大众媒体甚至整个社会关注的时候,已经是经过"筛选"的社会问题,这也省去了政府对其进行理性判断的时间,节约了管理成本,提高了工作效率。所以,大力发展网络监控,可以更有力地推动上访制度的发展,努力将问题在基层解决,控制上访率,这样也可以进一步稳定社会,使政府精力致力于发展经济和国家建设上来。

(三)更有效地利用大众传媒推进我国政策监控的发展

黑格尔说过,社会舆论是人民表达他们意志和意见的无机形式。一定声势的舆论具有强大的能量,有助于促进权力动作的公正性。马克思在他1842年1月所写的《评普鲁士最近的书报检查令》中,对反动政府颁布书报检查令阻碍出版自由的后果这样分析,报刊不仅被剥夺了对官员进行任何监督的可能性,而且被剥夺了对作为许多个别人的某一阶级而存在的各种制度进行任何监督的可能性。现在越来越多的国家开始重视大众传媒的力量，并最大限度地使用其平衡政策与人民之间的关系，它可以有效引导舆论并推动社会迈向文明，一种社会现象的出现，经过大众传媒的有效传输，将有效信息传递给大众并满足其需求。信息的大量流动凸显出大众传媒的"监视"功能，也就是监督作用，即不良的社会现象和不利于社会安定团结的行为可及时暴露与矫正。

三 政策监控舆论化形成的原因分析

（一）相关的政策法规缺失

中国目前的行政监督体系还不完善，仅于 2006 年出台了《中华人民共和国各级人民代表大会常务委员会监督法》，但是该法律没有明确责任主体，也没有将人大代表、公民个人纳入到监督的法律关系中去，原则性的规定偏多，实用性的条款则显得不足甚至很难落实。而我国其他相关法律也还未制定出来，这使得很多本应该受到法律控制的行政决策活动常常失去了法律监控。众所周知，政策监控失灵的关键原因在于政治和经济权力一体化，这使得政策监控主体的角色逐渐异化为政策约束者，因此，如果要避免入此困局，就需着力建设法制性政府。众所周知，一个法律体系不完善的国家，不论谁执政，都不可能将整个社会朝一个有益的方向引导并使其发展，更无法很好地履行其职责，反而会造成政府部门趋向狭隘的价值观，甚至导致政府失灵，不利于国家可持续的稳步发展。

（二）人大监督和行政监督难落实

中国的政策体系是在计划经济时代建立起来的，虽然经过改革开放后 30 多年的发展和完善，但还是刻下了不少计划经济时代的烙印。个别人员为了谋取个人利益，钻政策法规的空子，损害公众的权益作为政策监督中的主角——人大监督和行政监督——也没有很好行使自己的权力，这是因为公共政策的人大监督者和行政监督者都是一定的权力行使者，为避免监督中有可能产生的消极影响，维护监督者自己的利益，即便是发现某些政策制定与实施中有问题，监督者们也很难履行自己的监督职责，使之流于形式。

（三）公众监督阻力大

我国的国家监控与社会监控相互脱节，政策的社会监控被当成党和政府政策监控手段的延伸，使社会公众真正的看法或意见无法及时通过社会监控渠道反馈到党和政府的决策层。社会监督因缺乏明确的监督方式和程序，还经常受到行政干预，难以发挥正常的作用，不利于准确判断和及时纠正政策运行过程中的越轨行为，从而损害了监督的科学性和严肃性。社会监督看重的是人自由表达的权利，这种权利内含于宪法，新闻自由是其发展的具体体现，因而公众的监督具有正当性，其地位趋向平民化而非政治化，职业化而非权力化。在我国，处于基层的民众的声音往往不能够传达到决策者的耳中，引起了诸多问题，甚至导致许多社会矛盾。究其原因，有以下两点：其一，作为传播媒介的新闻报刊等相关媒体没有足够的新闻自由去发挥自己的作用；其二，很多新闻线索和要点被拦截在了传播途中，个别行政人员为了私利，抹去负面新闻，捂住了群众的嘴，绑住了媒介的手，束缚了整个政策监控的发展。传统媒体在自身发展上受到了约束，缺乏互动性，因此难以形成舆论压力，在某些方面失去了它作为媒介的社会性，仅仅成为一个舆论工具

（四）不同政策监控主体之间缺乏必要的衔接机制

在我国的政策监管中，不同的政策监控主体之间仍然缺乏必要的衔接，各种监控机制之间空隙太多，权力机关和上级行政机关之间的分歧或纠纷并无相应的国家监控主体来协调，权力机关、司法机关、上级行政机关都能对本级政府的政策进行监控，但是，在监控范围、程序、处罚等方面都没有一个明确的界定，这也使得各种监控主体之间常常发生不协调甚至摩擦等现象，由于缺乏明确的职责权限和监督制约范围，工作中相互之间信息不对称，因此造成了许多重复监督制约的现象和一些监控"盲点"，不仅提高了管理成本，而且大大降低了工作效率。国家政策监控应是由多种监控主体组成的有机整体，不同的监控主体之间必须密切协调、互为补充，才能有效地发挥政策监控的整体功能，真正达到政策监控的目的。就社会舆论来说，真正对政策监控做到发挥舆论监督的作用，除了保证它的相对独立性外，还要与其他监控主体如行政机关司法机关等密切配合。

（五）网络发展对政策监控的推动力不断加大

大众传媒主要包括纸质媒体和电子媒体两种，前者主要指报刊，后者指广播和电视。随着互联网的快速发展和不断完善的信息网络，网络逐渐取代了电子媒体中广播和电视的主导地位，其影响力不断提升，传播性也更加强大。网络媒体近几年在中国发展迅猛，中国的网民也呈几何级数增长，成为世界上网民最多的国家，网络媒体因其所具有的"隐蔽性"和"传播性"成为社会大众的宠儿，与传统的大众传媒相比，它主要有以下几个特征：

第一，即时性。即时性是网络传媒时效性强的形象表述，网络媒体的出现，使新闻的时效性精确到分钟，如地震等自然灾害新闻，可以通过网络于第一时间被报道。

第二，海量性。网络媒体的信息量大大超越了纸质媒体，并且可以保持24小时的不间断更新，如微博的新闻更新率几乎达到了0.5秒/条，另外各种新闻网站的专题栏目也源源不断地滚动播出新闻，充斥在网络中的信息量呈现一种爆炸式增长，这极大地丰富了新闻外延和背景资料，让大众能够充分利用这个新闻数据库去不断充实自己。

第三，广泛性。网络传递的边界性和跨区域性，使得我们接受的新闻信息是覆盖全世界的，这使我们的眼界更加开阔，能够接收到更多的外国信息，也可以有效提升本国的国际影响力。

第四，互动性。网络媒体除了单方面的传播信息以外，还有一项传统媒体不能比拟的优势——互动性。网络信息发布以后，大众可以针对该新闻进行评论，甚至可以和当事者当面对质，而强大的搜索引擎等网络工具可以进一步挖掘问题本身，不断地进行新闻互动则可以使问题"舆论化"，有助于剖析事物本质，从而引起有关部门的重视。

传统媒体的发展在现实社会中遭遇到不小的阻力，网络媒体的出现恰好跟它形成互补，而网络媒体的这些特点，使得它所受到的行政约束也相对较小，因此很多社会问题得以通过网络媒体暴露出来，再者，由于网络有着接触方便，传播速度快等特性，能够最大限度地覆盖受众，并以最快的速度将信息传播出去。在面对某些社会问题和突发事件的时候，社会大众更多地会选择通过网络（论坛或者视频网站等）形式将问题公之于众。广泛的影响力和高效的互动性使得某些不被重视的社会现象升华，当其转变为一种社会问题的时候，就形成了一种强大的"舆论化"力量，反作用在政策监控上，形成一种"舆论压力"，从而能够扩大影响面，进而成为一个社会问题被提上政府决策的议程，公共部门便可针对这些问题做出有效的政策调整或者最终有可能会引致相关法律法规的修订与颁布，进一步完善我国的法律体系，维护社会稳定。但是，网络媒体也不是十全十美的，在某种特定的社会形势下，依旧会出现新闻垄断现象，即使是网络传媒也不能幸免，因此受控制的媒体有时候并不能依据事实说话，所以，很多反映最底层人民心声的消息往往不能被晓之天下，底层人民的利益得不到有效保障。但与传统传媒相比，高速发展的网络媒体是最行之有效的舆论监控手段之一。

四 加强政策监控"舆论化"的对策措施

（一）完善传统政策监控体系

目前，我国的人大监督和行政监督落实不到位，难司其职，究其原因，主要是我国相关的法律体系不完善所致，在行政决策监督法制化方面，我国颁布了《中华人民共和国各级人民代表大会常务委员会监督法》，而除了人民代表大会的政策监控之外的其他监控机制的相关法律规定则严重缺失，政府机关的政策监控司法机关的政策监控、中国共产党的政策监控、民主党派对政策的监控、人民群众及人民团体的政策监控都不能很好地体现出来，部分相关规定也只是分散在现行行政监督立法之中，无法起到制约和监督作用。所以当务之急，是要加快制定一系列操作性、强实践中迫切需要的《行政监督法》、《行政程序法》等相关法律和规范性文件，明确规定各监督主体的职能界定和层级关系，提高监督的效能，保证监督人员的监督执行权力和监督机构的独立性。

（二）政府要对舆论进行适度引导

孟德斯鸠说："自由不是无限制的自由，自由是一种能做法律许可的任何事的权力。"言论自由具有两面性，一方面它能促进社会良性发展，成为弘扬公序良俗的载体；另一方面它也会因挑衅性和毁谤性恶化人们间、群体间的关系，沦为败坏社会风气的罪魁祸首。政府对舆论要做出正确有效的方向性引导，引导并不等同于控制，在保证民众言论自由的同时，要对散播不真实信息、制造谣言的不法分子做出制止和制裁，及时地遏止错误的信息，以避免扰乱社会秩序，造成不良影响。如2011年3月，由于日本地震造成了核泄漏事故，由此影响到了我国人民的生活，民间有言论称"含碘物品可以预防核辐射"、"以后的海盐都会被污染"……带有炒作性质的流言借助网络的力量，一夜之间引起了民众恐慌，以导致隔日上演了"抢盐风波"，各大超市里食盐脱销。怀有不良目的的人利用舆论肆意散播谣言，造成了恶劣影响，而正是因为政府积极主动采取行动，及时出来辟谣，才扼制住了这场闹剧。正如《公民权利和政治权利国际公约》第十九条第二款所规定的："人人有自由发表意见的权利；此项权利包括寻求接受和传递各种消息和思想的自由，而不论国界，也不论口头的、书写的、印刷的、采取艺术形式的，或通过他所选择的任何其他媒介。"但同时也规定："本条第二款所规定的权利的行使带有特殊的义务和责任，因此得受某些限制，但这些限制只应由法律规定并为下列条件所必需：（甲）尊重他人的权利或名誉；（乙）保障国家安全或公共秩序，或公共卫生或道德。"因此，政府在营造良好的舆论氛围的同时，也要注意控制恶意言论的散播，做好"守夜人"的角色，以维护社会稳定

（三）有效利用舆论化进行政策调整

1. 创造良好舆论导向，有效引导群众发言

为了更好地促进我国政策监控系统的不断完善和相关工作的有序开展，有关部门应该鼓励群众多发言，敢发言。舆论媒体应该进行正面引导，重视对社会热点问题的引导，积极开展舆论监督，完善新闻发布制度和重大突发事件新闻报道快速反应机制。新闻媒体要正确使用自己的权力，做好舆论"掌舵人"，有效把握舆论方向、分寸、方式等，以利于问题的解决和社会的有序发展，对于社会上为人诟病的问题，要鼓励群众提出疑问，将问题拿到台面上讨论，舆论化的不断发展应该是连带着社会上各个群体利益的共同延伸，而不仅仅是体现在少部分人和某一个群体身上，一个和谐的社会应该听到不同阶层的声音，这样呈现到决策者面前的问题才是最真实最全面的有效信息。

2. 及时整理舆论资源，有效筛选重点信息

政策监控的有关部门应该定期对公众和大众传媒的信息进行收集整

理，网络的信息量非常之大，如何获得第一手和最真实的信息是我们需要关注的重点，有关部门应该指派专员负责该项工作，并对信息及时进行筛选和整理，将有价值的信息材料提取出来，交予信息处理人员进行分析整合，形成一个"舆论数据库"。而作为群众"发声器"的传播媒体针对相关问题，也要积极反映情况，客观公正地进行新闻评价，针对群众的疑问和议论进行法律允许范围内的筛选，坚持抓典型案例和群众关注、领导重视、事关大局的问题，挑选能推进党和政府中心工作的事情，着眼于全社会的利益，尽量多为群众着想，从揭批消极现象中引出积极结果。

3. 定期汇报成果，信息公开到位

为了保证舆论监督有效的实施，政府部门对于整理好的信息，应及时进行总结和反馈，利用"舆论数据库"，具体问题具体分析，针对不同的政策问题，了解社会上群众的反应以及引起的其他社会问题，依据现有政策作有效评估。与已有政策作对比，对政策实施所产生的实际结果与预期目标进行比较，发现二者之间的偏差，并分析产生偏差的具体原因，这样就为有关部门进行政策调整做好了准备。"从各国的实践看，对行政权实施舆论监督的效果主要取决于公民的知情权和公共权力运作的透明度"，如果公民知情权和公共权力的运作公开度较高，则舆论监督受到的限制就较少；反之，当公共权力不透明，就会导致公民知情权缺失，同时导致舆论监督受到压制。因此，在政府部门听取了下级部门的工作汇报和总结以后，将工作结果和汇总信息进行公布，可以使群众了解整个政策监督过程的运作和实施情况，也可以保证工作有序和可持续地开展。

（原载《湖北社会科学》2012年第7期　作者：邓大松　许　可）

公共风险、社会管理与税收制度设计

人类社会发展不可避免地会面临着两类风险，一是私人风险，二是公共风险。相比较私人风险，公共风险具有极强的外部性，而国家（政府）往往是风险社会中应对公共风险的一种核心制度安排或合约，社会风险理论的权威学者乌尔里希·贝克指出，在现代化进程中，生产力的指数式增长，使危险和潜在威胁的释放达到了一个我们前所未知的程度。当前我国正经历着经济转型和社会转型的双重改革任务，改革的本质是对原有的利益格局进行调整以更好地适应经济社会发展、增进社会福利，同时改革会使得历史上长期积累起来的深层次社会问题凸显，并且出现一些新的社会问题和不确定因素，其与原有的社会问题相互交织，使得整个社会系统面临的风险不断膨胀。

从2004年十六届四中全会提出"加强社会建设和管理，推进社会管理体制创新"以来，历次党代会和政府工作报告都将社会管理作为新形势下协调社会关系、规范社会行为、解决社会问题、化解社会矛盾、促进社会公正、应对社会风险、保持社会稳定的重要手段[1]。理论研究也高度重视社会管理创新在应对社会公共风险中的作用，但不得不指出的是，已有的研究往往忽视了税收制度在加强社会管理创新、应对公共风险中重要作用。事实上，税收具有筹集财政收入、调控经济和调节分配的职能，不仅可以为经济社会发展提供财力保障，而且能够调节利益关系、促进社会和谐，在加强和创新社会管理，特别是保障和改善民生中发挥着重要作用。

此外，税务部门是与公众特别是纳税人联系紧密的部门，也是为公众

---

[1] 《中华人民共和国国民经济和社会发展第十二个五年规划纲要》中，单独列出一篇"标本兼治加强和创新社会管理"。

服务的部门,税收涉及社会生产、分配、交换、消费等各个环节,税务部门与社会各领域联系紧密,掌握着大量社会管理信息,是国家重要的社会管理部门(宋兰,2011)①。2011年7月,国家税务总局党组理论学习中心组在围绕"优化税制和完善税收政策,加强和创新社会管理"进行学习和讨论时,首次明确指出,要按照中央关于加强和创新社会管理的要求,不断完善和优化税制安排,充分发挥税收职能作用,促进提高社会管理水平。基于此,本文将着重探讨税收在社会管理中的重要作用以及当前税收制度中与社会管理不协调的因素,并在此基础上提出了防范公共风险、加强社会管理的税收制度设计方案。

一 税收在社会管理中的地位与作用:理论解释、现实依据与数据检验

社会管理,是指以维系社会秩序为核心,通过政府主导、多方参与,规范社会行为、协调社会关系、促进社会认同、秉持社会公正、解决社会问题、化解社会矛盾、维护社会治安、应对社会风险,为人类社会生存和发展创造既有秩序又有活力的基础运行条件和社会环境、促进社会和谐活动(马凯,2010)。由于社会管理的着眼点和根本目标在于防范和治理社会公共风险,那么税收在社会管理中的地位与作用主要取决于其在应对社会公共风险中所发挥的效能。接下来,将从理论、现实和数据三个方面论证这一问题。

(一)税收在社会管理中的地位与作用:理论解释

公共风险理论指出,在人类社会产生之时,风险就伴随而来,只不过在国家(政府)产生之前,更多的是以私人风险的形式出现;随着分工和专业化的日益深入,人类社会交往日渐频繁,社会成员之间、生产环节之间的依存性比以前更大,由此产生的不确定性也就更大,初始的公共风

---

① 宋兰(2011)在4月12日的国税总局党校2011年春季学期开学典礼上就作了《关于加强和创新社会管理问题》的专题报告,提出要发挥税务部门在加强和创新社会管理中的重要作用,切实做好社会管理及其创新各项工作。

险由此产生和增大（刘尚希，1999）。由于风险具有"传染性"，单纯的私人风险也会进一步衍生为公共风险，公共风险不仅会波及每一个人，而且在面对公共风险时每个人都是显得那么的渺小和无力，为了应对公共风险，人类社会在进行分工、专业化和竞争的同时，还需要通过一定的契约形式以组织的方式来应对伴随着人类交往不断拓展而日趋膨胀的社会公共风险，这种契约形式和组织方式在人类社会进程中不断进行着"相对价格"的比较并最终以正式制度的形式予以确定即国家和政府，也就是说，国家和政府天然地存在着应对公共风险的制度安排。制度运行是需要成本的，国家（政府）向社会成员征税以保证有足够的物质基础来应对公共风险，相比较其他政府收入来源，税收具有得天独厚的优势，从公共风险理论的角度来看，税收的本质是政府应对公共风险的基本经济来源和成本价格。这就意味着，税收和公共风险是与生俱来的，税收在应对公共风险时具有不可替代的基础性作用，这也奠定了税收在社会管理中的地位。

在历史上，历代王朝更替的一个关键原因就在于新制度运行的"净收益"明显地高于旧王朝运行的"净收益"，王朝更替的成因不仅仅在于成本上的差异，而且还体现在收益上的差异。制度运行通常是通过政策来施行和体现，其中税收是国家（政府）的经济政策，而经济政策往往具有分配的含义，当一项政策确实或能够对分配产生影响时，具有自我利益的"作为代表"的行为主体就会产生利益的不一致（阿伦·德雷泽，2003），而利益不一致处理不当的直接后果就是引发冲突。但是，与其他政策相比，税收政策不仅直接影响着社会利益的分配，而且还能够调整不同的利益格局，防范和应对利益冲突。公共风险产生的根源和本质在于社会资源尤其是社会公共资源分配的失衡，税收不仅影响着社会资源的初次分配，而且还能够通过再分配直接调节社会资源的配置，调整利益关系。税收制度的调节作用主要通过税制结构来实施。根据税收负担能否转嫁为标准，税收可分为直接税与间接税，从两者的特点来看，直接税由于其难以转嫁的特点，较为符合现代税法税负公平和量能纳税的原则，对于社会资源的再分配和社会保障的满足具有特殊的调节作用；间接税具有效率的功能，比如，无论生产者或经营者的成本高低、有无盈利以及盈利多少，只要商品和劳务一经售出，税金即可实现，具有保证财政收入的内在功能；间接税的计算和征收，无须考虑到纳税人各种复杂的情况采用比例税率，较为简便易行，间接税还具有激励扩大社会再生产的功能。社会资源的配置要兼具公平和效率两方面的要求，合理的设计税制结构对于科学的配置社会资源，防范和治理社会公共风险具有良好的促进作用。

（二）税收在社会管理中的地位与作用：现实依据

从现实的角度来看，税收在社会管理中具有"润滑"、"隔离与灭火"、"标本兼治"三层功效。首先，税收是衔接市场、社会与政府的重要纽带，它能够有效降低市场和社会交易成本，并防范和化解市场、社会与政府在经济社会活动的各类矛盾。其次，税收在发挥纽带作用的同时，往往还具有信号功能，能够及时地发现和反馈经济社会活动中的私人风险，并有效地控制风险蔓延，不仅能够把公共风险消除于萌芽状态，而且还能够协助市场和社会来应对私人风险；总而言之，税收在社会管理中具有源头治理和标本兼治的功能。

1. 税收是社会管理的润滑剂

经济活动和社会活动是各类经济主体和社会主体充分发挥各自掌握的资源的最大效能，来实现各自利益的最大化。一方面，与传统社会相比，现代社会具有极强的激励功能，通过制度安排来保护各类主体的产权，不可避免的是各类主体在交往的过程中还面临着高交易成本的风险，而税收具有降低交易成本、促进交易顺利完成的功能。市场交易成本高的一个重要原因和表现就是市场分割，市场分割会导致"诸侯经济"和重复建设，市场范围缩小，分工相对滞后，因而整体经济缺乏应有的效率，长此以往，会导致经济停滞并引发社会动荡。其中，过度的行政性收费是进行市场分割的一个重要手段，税收由于其内生的优势，在代替行政性收费的同时，还能够通过竞争效应有效地破解市场分割难题，显著地降低市场交易费用，促进统一市场的形成。而事实上，我国统一市场的建设是与税收收入占整个财政收入比重的提高相伴随的。

另一方面，各类市场主体和社会主体在追求各自利益最大化的过程中，不可避免地会产生利益失衡并由此引发经济冲突甚至社会冲突。这种利益失衡不仅仅是各类市场主体和社会之间的经济利益失衡，还体现在人与自然生态环境之间的"利益失衡"，背后所反映的是人类社会在追求经济利益最大化过程中的"行为失范"。这种"失范"行为通常需要制度进行约束，而税收制度是规范"失范"行为，理顺各类经济关系、社会关系和生态关系的重要手段。在我国改革开放的进程中，税收长期以来肩负着理顺各类利益关系的重要职责，如通过政府间的税收分配来理顺中央和地方政府之间的经济利益关系；通过增值税转型来化解企业在生产过程中的经济负担；通过企业所得税的合并来协调外资企业和内资企业之间的税负失衡；通过个人所得税改革来治理收入分配失衡；通过资源税改革来规范各类市场主体的"失范"行为。总之，税收在社会管理中发挥着无可争辩的润滑剂作用。

2. 税收是私人风险和公共风险的"隔离带"和"灭火器"

从人类社会产生之日起，风险就伴随而来，在现代社会中，风险更是无处不在，特别是私人风险衍生为公共风险的概率不断增大。人们通常存在着这样的一个误区：只要把私人风险转化为公共风险，也就是个人的风险转嫁到政府身上，个人就可以高枕无忧。而事实上并不如此，一旦把私人风险转化为公共风险，等于是把个人风险转嫁到整个社会中的每一个人身上，即风险发散和蔓延，最后由全体社会成员兜底。那么，化解风险的一个基本思路是：一是严格控制和防范私人风险转化为公共风险，把公共风险消除在萌芽状态；二是通过各类机制来有效的化解和治理私人风险。其中，税收在化解风险中起着重要的作用，一方面，税收具有显示和反馈私人风险的信号功能，即对公共风险起着预警的作用；另一方面，税收还具有资源的调配功能，能够帮助化解私人风险。以2008年年底我国遭受的世界性经济危机为例，经济危机首先冲击的是企业和就业人员，一个直接的反映就是税收收入的相对下降，2008年12月，中国社科院发布的《社会蓝皮书》指出，由美国次贷危机演变成的国际金融危机，对中国经济社会产生最为突出的影响就是大批农民工因企业倒闭和裁员返乡，在1.3亿农民工中有2000万人因金融危机失业返乡，是近十几年来极为罕见的。这一危机一旦处理不当，就会引发社会动荡和危机。在这样的背景下，结构性减税成为当时应对金融危机的"撒手锏"，比如降低证券交易印花税、下调房地产交易环节契税、连续多次上调出口退税率、减征小排量企业的购置税和增值税全面推进，仅2009年一年共减轻企业和居民负担约5000亿元。在次贷危机中，中国的税收政策充分发挥了"隔离带"和"灭火器"的作用，有效地遏制了风险的蔓延，避免了私人风险转化为公共风险并进一步演化为社会危机。

源头治理是治本之举,构建源头治理体系,能够使关口前移,尽可能防止、减少、弱化社会问题和社会冲突的产生。在实践中,税收确实是社会管理中源头治理和标本兼治的重要机制之一。

(三) 税收在社会管理中的地位与作用:数据验证

本部分主要通过数据分析来验证税收在应对社会公共风险中所发挥的作用。其中,税收变量用税收收入占 GDP 比重的增长率来衡量,数据主要来源于历年《中国统计年鉴》;社会公共风险的数据,主要来源于胡鞍钢和王磊(2006)在《社会转转风险的衡量方法与经验研究(1993—2004)》[①]一文中的测算方法和相关数据,该文中社会转型风险主要从社会紧张、社会不安全和社会脆弱三个维度来衡量,具体方法可参见该文。

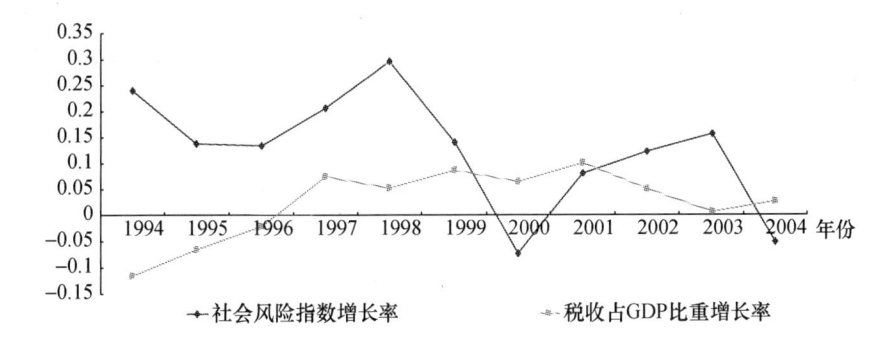

图1 税收占 GDP 比重增长率与社会风险指数增长率(1994—2004 年)

与税收变量相对应,公共风险变量主要用该文中测算的社会转型风险指数增长率来度量。选择用增长率指标来度量主要是基于风险是处于动态变化之中,用增长率指标来分析能够更好地解释税收与社会风险变化之间的内生关系。从图1可以发现,从总体上看,社会风险指数增长率处于下降趋势[②],而税收占 GDP 比重的增长率则出于上升趋势,这说明,税收增

---

① 该文发表于《管理世界》2006 年第 6 期,是目前迄今为止国内唯一一篇定量测算了社会公共风险的文章。

② 此处是指社会风险指数的增长率,是一个相对指标,事实上,社会风险的绝对指标值是不断增加的。

长率与社会风险指数增长率之间可能存在着此消彼长的关系,即伴随着税收占GDP比重的不断提高,社会风险指数的增长率有下降的趋势。其中的原因可能在于,税收占比的不断提高意味着政府部门所掌握的应对公共风险的资源更加丰富,能够更加"游刃有余"的配置各类公共资源来防范和治理社会公共风险。

但是,我们还发现税收占GDP比重的增长率与社会脆弱指数[1]之间存在着相同的变化趋势(见图2),这样就意味着,单纯的增加税收,并不能解决所有社会问题,尤其是社会不平等问题,解决问题的关键还在于进行科学的税制结构设计。例如,刘怡、聂海峰(2004)利用城市住户调查资料实证分析了中国增值税、消费税和营业税在不同群体的负担问题,发现低收入家庭负担的间接税比例大于高收入家庭,间接税恶化了收入分配。孙玉栋(2008)的数据分析发现,1994年税制改革以来我国主体税制的税收政策对调节居民收入分配差距存在着调节累退性、调节力度弱化、低收入群体负担重等问题。这说明,虽然税收在防范社会公共风险、加强社会管理中具有不可替代的作用,但不可否认的是,当前我国的税收制度在许多方面存在着不利于优化社会管理的因素。[2]

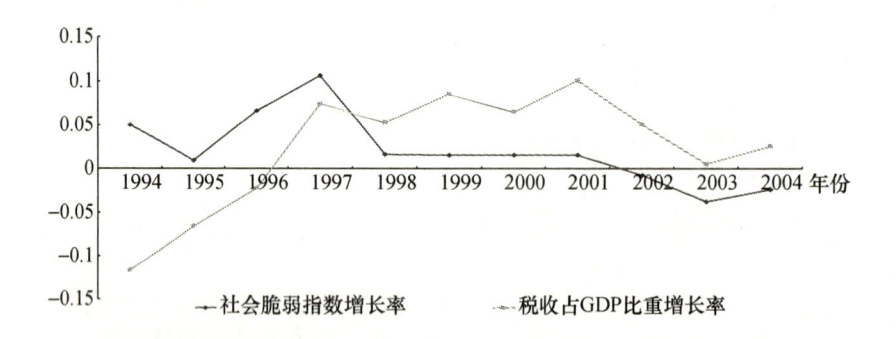

图2 税收占GDP比重增长率与社会脆弱指数增长率(1994—2004年)

---

[1] 社会脆弱指数的指标内容包括贫困发生率、基尼系数、失业率和通货膨胀率。
[2] 当然,这一现象的出现,还与财政支出有着密切的关系,笔者(2011)曾重点分析应对公共风险的财政支出绩效,但是本文着重于分析税收因素在其中发挥的作用。

二 当前我国税收因素中不利于社会管理的表现

(一) 适应社会管理的税收制度缺乏顶层设计

"不谋全局者不能谋一域,不足谋万世者不足谋一时",对于适应新形势下社会管理的税收制度来讲,同样需要"谋全局"和"谋万世",即强化顶层设计。但是,从适应当前社会管理的角度来看,税收制度的顶层设计还存在诸多问题,具体体现在以下几个方面:

第一,税收职能还不明确和突出。尽管目前税收兼具有积聚财力、调控经济和调节分配的三重功能,但是从长远来看,三种功能并驾齐驱并不利于解决全局性和长远性问题。进一步来讲,税收职能是政府职能的一个重要载体,在经济体制深刻变化、社会结构深刻变动、利益格局深刻调整、思想观念深刻变化的新形势下,政府职能也在逐步地转变,这就要求税收职能要更加符合经济社会发展的全局和长期目标,而不能把重心仅仅停留在如何增加税收收入上,而更应该以"谋全局"和"谋万世"的姿态来重新定位税收职能,明确其基础和侧重点。

第二,税收功能的刚性有余而弹性不足。税收职能不明确和不突出的重要表现之一就是税收功能的刚性有余而弹性不足。尽管税收在调节经济波动中具有自动稳定器的作用,但是从更宽泛的调节来看,税收对影响社会稳定的其他风险因素的反应能力相对不足,使得税收政策不仅滞后于这些风险,而且还滞后于防范和治理风险的其他政策手段,从而限制了税收作用的发挥。以个人所得税的免征额调整为例,个人所得税被认为是诸税种中最佳的调节收入分配手段,但是由于多方面原因的影响,导致2011年的个税免征额的调整一波三折,经过各类利益群体的博弈达成了一致,尽管如此,调整后的个人所得税免征额的调节功能依然不足。这说明现行税收功能存在着刚性有余而弹性不足的缺陷,使得税收在应对风险时的反应不够灵敏。

第三,税制结构还不尽合理。尽管目前税制结构在保障财政收入中发挥着中流砥柱的作用,同时在调节收入分配和稳定经济方面发挥着一定的作用。但是越来越多的证据显示,目前税制结构在调节和调控两项功能上离预期目标还存在着很大的距离，以调节收入分配为例，货物和劳务税在税负转嫁、税收增长和重复征税三个机制下，税收却恶化了居民内部收入分配不公局面，影响了要素收入分配格局，并使国民收入分配格局中居民部门所占比重下降；个人所得税对调节要素收入分配和居民收入分配差距作用有限；财产税近乎空白，对调节要素收入分配和居民收入分配基本不发挥作用（吕冰洋，2010）。税收通过替代效应和收入效应影响要素收入分配，前者改变了生产中要素相对投入比例，从而改变了税前要素收益率，后者则是通过直接税影响到税后要素收益率。郭庆旺等（2011）的最新实证研究表明，就直接税而言，企业所得税降低了资本分配份额，个人所得税中对劳动征税部分降低了劳动分配份额；就间接税而言，增值税明显降低劳动分配份额但对资本分配份额的影响不明显，营业税明显降低资本分配份额而对劳动分配份额的影响不明显，他们认为，如果从有利于调整要素收入分配格局角度考虑，我国有必要进一步调整现行税收政策、完善税收制度。此外，以商品劳务税和所得税为主体"双主体税制"结构在一定程度也限制了税收社会管理功效的发挥。

（二）适应社会管理的税收制度缺乏实现机制

第一，税收征管效率偏低。提高税收征管效率，是有效促进税法遵从，逐步降低税收流失率和税收成本的重要手段。税收征管效率的提高，一方面能够以更低的成本为社会管理聚财，另一方面征管效率提高的本身有利于树立良好的税收形象和税收征缴关系。实际上，大量的实证研究和规范研究都表明，目前我国税收征管效率水平普遍较低，而且地区差异明显（陈工等，2009；王德祥等，2009）。

第二，税收服务还不尽合理，纳税意识偏低。纳税服务是政府公共"软服务"中的一个重要组成部分，税务机关建立良好的纳税服务，一方面有利于构建和谐纳税关系，降低征税成本，减少征税摩擦，其本身就是对社会管理的贡献；另一方面，加大对税收制度和税收政策的解读宣传力度，使纳税人和社会各界及时了解税制改革和税收政策变化情况，能更好地发挥税收在加强和创新社会管理中的职能作用（国家税务总局，2011）。但是，纳税服务的现实需要来看，由于相应的激励与约束机制不足，纳税人诉求和税务机关的期望之间还存在较大的差异，税收服务工作的定位不清、资源整合不力使得税务机关工作人员的税收服务热情不高；

同时由于纳税人本身税收知识局限和趋利心态的影响，使得进一步增加了税收服务工作的难度。

(三) 适应社会管理的税收制度缺乏配套制度的支撑

适应社会管理的税收制度建立的基础和关键在于充分发挥税收的调节和调控功能，除税收自身因素外，税收调节和调控功能的发挥还需要其他的配套制度作为支撑。主要包括社会征信制度、财产申报制度、税收民主与法制、公共利益诉求与反馈机制，等等，那么，从这些方面来讲，很显然，适应社会管理的税收制度支撑体系明显不足，因而从根本上限制了税收制度更大效能的发挥。

三 防范公共风险、加强社会管理的税收制度设计

笔者认为，应立足顶层设计，按照"优化税制结构、公平税收负担、规范分配关系"的原则，加快建设有利于形成中国特色社会主义社会管理体系的税收制度，建立健全有利于科学发展和构建和谐社会的税收体制机制。具体建议如下：

(一) 立足顶层设计，明确税收职能的定位和侧重点

改革开放以来，尤其是近十余年来，我国的税收收入增长进入了稳定高速的轨道，税收稳定增长的体制和机制保障已经建立。一方面，税收再增长的空间已经不大；另一方面，从全局和长远的角度来看，如何充分发挥现有的税收红利以更好地服务经济社会发展，尤其是社会稳定与进步，是新时期税收职能定位的标杆。而且，只有社会实现了稳定和进步，才能够从根本上延长已有的税收红利。从这个角度来看，当前税收职能的定位和侧重点应放在，在保证税收稳定增长的基础上，更加关注税收调节和调控功能的发挥，重点通过改革税制结构，发挥税收制度的社会功能。

(二) 科学设计税制结构，充分发挥税收的调节和调控功能

第一，推进商品劳务税制改革。从目前来看，商品劳务税依然是我国税收收入的主要来源，对此，应立足于普遍征收为主与特殊调节为辅，以实现增值税扩围和完善消费税为重点，优化货物劳务税制，确保税收收入的稳定增长。以增值税扩大其范围来替代营业税，促进服务产业的进一步

细化、扩大和升级换代。合理调整消费税征收范围、税率结构和征税环节，将部分大量消耗资源、严重污染环境的商品以及高档奢侈品纳入消费税征收范围。此外，实施增值税扩围改革将使原本属于地方收入的营业税收入相应"调减"，属于中央和地方共享收入的增值税将会增加，因此，还需研究进一步完善中央与地方之间的收入划分，保证中央和地方利益不受大的影响，使双方都能充分发挥促进社会发展、调控宏观积极运行的作用。

第二，深化所得税制改革。立足于促进社会公平与提升所得税收入比重，以逐步建立健全综合与分类相结合的个人所得税制为重点，完善所得征收和征管模式，设计科学合理的税收减免与扣除项目，以及更简化、得当的累进税率，真正减轻中低收入阶层的税收负担而适当增加高收入者的税负，笔者还建议，建立个人所得税调节收入分配的预警机制，主要通过确立程序和制定政策来形成个税与收入分配状况联动的调整机制，以凸显个税调节的灵敏性。同时，扩大扶持社会组织发展的税收优惠种类和范围，落实并完善公益性捐赠的税收优惠政策。进一步完善企业所得税制，优化政策体系和管理制度，将结构性减税的对象更加明确地放在中小企业、培育企业自主创新能力以及战略性新兴产业上；全面落实企业研发费用加计扣除等促进技术进步的税收激励政策，加大对发展循环经济的税收政策支持力度；完善"两高一资"产品出口退税政策，积极实施鼓励企业"走出去"税收政策，促进经济社会的可持续发展，为社会管理奠定良好的物质保障。

第三，加快财产税制改革。立足于合理配置税权与完善地方税体系，以研究推进房地产税改革、完善资源环境税费制度为重点，健全财产行为税制。健全合理引导住房需求的差别化税收政策，加快推进房产税改革，目前房产税已经论证和进行物业税模拟评税空转实验多年，时机基本成熟，并且，政府在降低间接税比重的同时，强化主要针对富裕阶层的直接税，增加地方政府收入并打造与地方政府职能合理化内在契合的支柱财源；逐步将纳税重心从生产环节更多地转移、后置到财产环节（贾康、程瑜，2011）。继续推进费改税，全面改革资源税，按照价、税、费、租联动机制，适当提高资源税税负，完善计征方式，将重要资源产品由从量定额征收改为从价定率征收。按照建设"绿色税收"理念的要求，选择防治任务繁重、技术标准成熟的税目开征环境保护税，逐步扩大征收范围。积极推进耕地占用税改革，形成土地节约与科学利用的新机制。

此外，在税收体制上，逐步健全地方税体系，赋予省级政府适当税政管理权限，充分调动中央与地方的两个积极性；从平衡发展和适应性发展的角度来看，进一步制度和落实与促进西部大开发、中部崛起、东北等老工业基地振兴以及西藏、新疆等区域发展相适应的税收政策，在保证基本平衡的基础上鼓励各地区从实际出发走差异化发展的道路。

(三) 构建有利于社会管理的税收实现机制和配套制度

第一，建立完善的现代纳税服务体系，以提高税法遵从度为目的，丰富服务内容，创新服务手段，完善服务机制，提升服务质效，建立纳税服务标准化制度规范，积极构建和谐的税收征纳关系。笔者建议，按照《"十二五"时期税收发展规划纲要》的要求，制定纳税服务项目工作标准，按照标准开展纳税服务过程管理、绩效考核评价。建立健全纳税人需求征集、分析、评估、响应机制，依据纳税人的规模、属性、特点及不同需求，推进多元化、个性化服务，建立符合纳税人实际需要的服务细分格局。建设标准统一、功能整合、运转协调的纳税服务平台。积极推进办税服务厅标准化建设，加强运行管理，科学配置资源。加强宣传咨询，重视税收文化建设。对重要税收政策及管理措施实行规范性文件与宣传解读稿同步起草、同步报审、同步发布。丰富咨询渠道，完善咨询知识库，规范咨询运作，及时为纳税人提供统一和权威的解答。以良好的税收服务引领社会公共服务，充当社会管理的排头兵。

第二，构建切实维护纳税人合法权益的体制机制。健全征纳沟通机制，明确并畅通纳税人权益的实现途径和救济渠道。逐步实施税制改革和重大税收政策调整措施出台前的专家论证、公开听证等制度，注重做好税法执行中的意见反馈评估工作，提高公众参与度和税法透明度，减少税法实施后的不确定性因素。

第三，是搭建税收征管新格局。以实行分类分级管理为基础，以加强税收风险管理为导向和实施信息管税为依托，将重点放在核查申报纳税真实性、合法性上，规范税收征管程序和完善运行机制为保障，大力推进税源专业化管理，完善创新税收征管模式，有效促进税法遵从，逐步降低税收流失率和税收成本，不断提高税收征管的质量和效率。

第四，改进和完善纳税信用评价机制。建立和改进纳税信用分类指标体系，依托信息技术实现纳税信用的自动生成、客观评价和动态管理。区分不同信用风险级别，合理调配资源，实施分类服务和管理，健全信用激励措施，充分调动纳税人的积极性。探索建立纳税信用评价规则、信用记录查询和社会共享制度，发挥纳税信用在加强和创新社会管理中的积极作用，同时加强与社会其他机构的合作，建立失信行为联合惩戒机制，促进全社会信用水平的提高。

（原载《税务研究》2012年第5期 作者：邓大松 柳光强 祁毓）

第二篇

养老保险

我国人口死亡率与最优退休年龄的动态变化关系

全国各地普遍存在着种种不规范提前退休的做法，使我国平均退休年龄提前了7年。可以看出，当前"提前退休"现象已变成一种社会性现象。法定退休年龄设定是一个制度性的问题，而死亡概率的下降和出生率的提高是一种客观规律，最优退休年龄的存在具有一定的规律性。下面所要提到的针对上面的问题，我们通过一个模型来看看它们之间的动态变化关系。

一 死亡概率与最有退休年龄的动态模型

假定个人效用函数为 U，消费变量为 C，休闲变量为 L，假定个人要么处于完全工作状态，要么处于完全消费阶段，不能进入非正规部门就业。$\ln(c) + \ln(l)$ 是由于退休而从休闲 (L) 那里得到的效用，并假设休闲室外生变量，切边机效用函数满足 Inada 条件：$U>0$，$U''<0$，那么效用函数 (U) 表达式：

$$\begin{cases} \ln(c), 工作时 \\ \ln(c) + \ln(l), 退休时 \end{cases} \tag{1}$$

如果考虑到个人一生的效用，(1) 式需要进行修正，我们引入折现率，个人效用函数为：

$$U = \int_0^T e^{-\theta x} \{\ln[c(x)]\} dx + \int_R^T e^{-\theta x} r dx \tag{2}$$

其中，R 代表退休年龄；T 代表死亡年龄；并且满足 $RT \leq T$。由于死亡年龄 T 具有不确定性，我们进一步转化为个人效用函数的期望：

$$E(U) = \int_0^\infty e^{-\theta x} P(x) \{\ln[c(x)]\} dx + \int_R^\infty e^{-\theta x} r P(x) dx \tag{3}$$

其中，$P(x)$ 是活到 x 岁的概率，R 为法定退休年龄，个人通过消费和休闲得到最大效用满足，并且他工资设为 w [这里的工资是指扣除社会保障税（费）和个人所得税后的收入]，政府的转移支付为 g（假定是外生的），实际利率设为 r。个人在 z 岁时所拥有的财富为：

$$\int_0^{\min(z,R)} (g+w)e^{r(z-x)}dx - \int_Q^z C(x)e^{r(z-x)}dx \qquad (4)$$

对于个人拥有的财富，我们有下面的约束条件：

$$\lim_{t\to\infty} \lambda \left[\int_0^{\min(z,R)} (g+w)e^{r(z-x)}dx - \int_0^z C(x)e^{r(z-x)}dx' \right] \geq 0 \qquad (5)$$

其中，λ 是影子价格，为避免当财富为负值，债务水平过大，借贷市场对贷款有约束（5），因此，在个人生命结束时刚好消费掉自己一生的财富而不欠债。t 表示时间。

（一）一个简单不带死亡概率的个人效用经济模型

现在假设个人在 T 岁时死亡，也就是说，T 为确定的，那么个人消费约束变成为：

$$\int_0^R (w+g)e^{rx}dx = \int_0^T C(x)e^{-rx}dx \qquad (6)$$

个人效用函数最大化时受之于条件（6），对（6）式求一阶导数，得到：

$$C(x) = (r-\theta)C(x) \qquad (7)$$

求解方程（7）式，结合（6）式，我们得到初始消费值 C_0：

$$C_0 = \frac{(w+g)\theta}{r} \frac{(1-e^{R\theta})}{1-e^{RN}} \qquad (8)$$

对（8）式的内生变量 R 求一阶导数，得到：

$$\frac{r(1-e^{\theta T})}{r\theta} = e^{(r-\theta)R}(1-e^{-rR}) \qquad (9)$$

（9）式只是在 $R \leq T$ 时成立，当 $R = T$ 时，表示个人刚退休后便死去，对这种情况我们称为方程（9）的角点解，把 R 看成 T 的函数，对 T 求一阶导数可得：

$$\frac{dR}{dT} = \frac{r}{re^{\theta(T-R)}[\theta+(r-\theta)e^{rR}]} \qquad (10)$$

很显然，在 $R \leq T$ 时，个人生命预期越长，最优退休年龄 R 也越长。

下面的模型就引入死亡概率 ρ 这个变量，对原先的模型进一步修正。

（二）带有死亡概率的个人效用经济模型

我们先引入生命确定性效用模型，然后引入更为一般的不确定性模型，利用动态算法来得到最优化动态退休年龄。然后，得出动态消费和消费路径最优化模型。设个人死亡概率为一个为常数 ρ，个人在 x 岁时仍存活的概率为 $p(x)=e^{-\rho x}$，因此效用期望值变为：

$$V = \int_0^\infty e^{-(\theta+\rho)x}\{\ln[C(x)]\}dx \tag{11}$$

我们仍然假定每个人在生命结束时，不负债也不留任何遗产，假定 $r > \rho + \theta$，也就保证了个人在一生当中有一个正的消费。同时个人消费约束为：

$$\int_0^R (g+w)e^{-rx}dx = \int_0^T C(x)e^{-rx}dx \tag{12}$$

通过（11）式、（12）式构造哈密顿函数，求得最优消费 $c(x)$：

$$C(x) = (r-\theta-\rho)C(x) \tag{13}$$

结合（12）式、（13）式，我们得到初始消费：

$$C_0 = \frac{(g+w)(\rho+\theta)}{r}(1-e^{-rR}) \tag{14}$$

（14）式是关于最优退休年龄的隐函数，对其求一阶导数，可以得到：

$$\frac{r}{r(\theta+\rho)} = e^{(r-\theta-\rho)R}(1-e^{-rR}) \tag{15}$$

（15）式中，存在一个极端的情况，那就是当 $R\to\infty$ 时，表示个人一直工作而没退休，它是一个角点解，当死亡概率很大时，这个角点解的死亡年龄是最优退休年龄。同样，我们把最有退休年龄 R 看成死亡概率 ρ 的函数，对其求导得到：

$$\frac{dR}{d\rho} = \frac{-Re^{r-\rho-\theta}R + Re^{-(\rho+\theta)R+}r/(r\theta+\rho)^2}{(r-\rho-\theta)e^{(r-\rho-\theta)R}+(\rho+\theta)e^{-(\rho+\theta)R}} \tag{16}$$

（16）式中，第一，当法定退休年龄 R 较小时，$\frac{dR}{d\rho}<0$，随着死亡概率的下降，最优退休年龄将随之上升；当死亡概率上升时，最优退休年龄也随之下降；第二，当法定退休年龄 R 足够大时，$\frac{dR}{d\rho}>0$，随着死亡概率的下降，最优退休年龄也随之下降，当死亡概率上升时，最优退休年龄也随之上升。

从上面的动态分析可以看出，法定退休年龄与最优退休年龄应保持一致。当法定退休年龄 R 较小时，$\frac{dR}{d\rho}<0$，在死亡概率下降的情况下，最优退休年龄将随之上升。这时，为了使得法定退休年龄等于最优退休年龄，必须相应地提高法定退休年龄。另外，当法定退休年龄 R 足够大时，$\frac{dR}{d\rho}>0$，随着死亡概率的下降，最优退休年龄也随之下降。同样，为了使得法定退休年龄等于最优退休年龄，必须相应地降低法定退休年龄。由于 $\frac{dR}{d\rho}$ 为一个连续函数，由连续函数的性质可知，必定存在一个点 R 使得 $\frac{dR}{d\rho}\big|_{R}=0$，表明在法定退休年龄为 R 的条件下，最优退休年龄不再随着死亡概率 ρ 的变化而变化，这时的法定退休年龄就是最优退休年龄，是政府设定退休年龄应该遵循的基本依据。

二 死亡概率、死亡率与预期寿命的变化关系分析

根据，以上建立的模型，我们再回过头来审视我国的人口死亡概率，20世纪80年代以来，随着生育率的下降，我国人口的死亡率一直在5.52‰—6.36‰的较低水平之间波动。中国婴儿死亡率以较快速度从1949年的203.60‰下降到1999年的33.3‰，接下来则呈现出平稳下降的趋势。而老年人60岁以上男女各年龄性别死亡概率下降幅度较大。

通过死亡概率我们看看我国人口死亡率的变化趋势。

表1是从新中国成立以来到2005年中国人口死亡率的变化情况，1949年我国人口的死亡率高达2.00%，以后迅速下降，到1995年人口死亡率下降到0.66%，比新中国成立时的死亡率竟下降了67%。说明随着死亡概率的下降死亡率也在迅速下降。

表1　　　　　　　1949—2005年我国人口死亡率变化情况

年份	出生率（%）	死亡率（%）	年份	出生率（%）	死亡率（%）
1949	3.60	2.00	1978	1.83	0.63
1952	3.70	1.70	1980	1.82	0.63
1957	3.40	1.08	1985	2.10	0.68
1962	3.70	1.00	1990	2.10	0.67
1965	3.79	0.95	1995	1.71	0.66
1970	3.34	0.76	2000	1.31	0.65
1975	2.30	0.73	2005	1.24	0.65

资料来源：根据《中国人口统计年鉴》（2006）整理得到。

进一步我们来看我国人口预期寿命，20世纪50年代初期，我国人均预期寿命与一般发展中国家平均水平大体相当，在41岁左右。60年代上升到50岁，70年代又进一步提高到60岁以上，到80年代末已接近70岁了。1950—2000年的短短的50年间，人口预期寿命竟提高了近30岁。超过目前发展中国家平均预期寿命水平10岁之多，比发达国家平均预期寿命水平仅仅低3—4岁。这表明，我国的人均预期寿命有了较大的提高。

从上面的分析可以看出，人口死亡概率，人口死亡率变化趋势是相同的，而人口预期寿命与人口死亡概率及人口死亡率的变化趋势是相反的。

从未来发展看，我国人均预期寿命仍呈上升趋势，且不断接近发达国家的水平。现阶段我国的人均寿命为72岁，预计到2020年接近77岁，与发达国家水平相差无几。而我国的法定退休年龄一直是新中国成立初期的标准。我们再来看一下发达国家在提高退休年龄方面所做的具体工作。从表2中可以看到，我国男性退休年龄比美国、澳大利亚均低5岁，而女性平均法定退休年龄比发达国家法定退休年龄最低的意大利还低3岁，比澳大利亚、德国低7岁，比美国低10岁多，而我国的平均预期寿命仅仅比美国低不到5岁。并且发达国家现在正逐步提高法定退休年龄，像美国计划在20年内将其男女法定退休年龄均提高到67岁，澳大利亚将其提高到65岁。所以，由（16）式中，当法定退休年龄较小时，$\frac{dR}{d\rho}<0$；说明随着死亡概率的下降，人口死亡率也在下降，而人的预期寿命是在不断延

长的。最优退休年龄将随之上升,随着人口死亡率的下降看来,发达国家的已经认识到最优退休年龄是随着死亡概率的下降而相应地提高的。所以在逐步提高法定退休年龄。

表2　　　　　　　　发达国家逐步提高退休年龄的具体做法

国家	现行退休年龄	提高后退休年龄	人均预期寿命	实施时间及具体操作
美国	男：65岁 女：65岁	男：67岁 女：67岁	77岁	男性从2000—2027年,退休时间每年推迟2个月,中间停8年后,再继续每年推迟2个月,至67岁为止
澳大利亚	男：65岁 女：61岁	男：65岁 女：65岁	79岁	女性从2013年7月1日每两年延长6个月,提高到65岁为止
德国	男：60岁 女：60岁	男：65岁 女：65岁	76岁	2000—2017年每年延长2个月、3个月、4个月不等,至65岁为止
意大利	男：60岁 女：55岁	男：65岁 女：60岁	75岁	每18个月延长1年,直至男65岁,女60岁为止

资料来源：湖南省统计局,根据其数字绘制而成。

通过对模型中效用最大化分析,可以看出,随着人均寿命的延长,在法定退休年龄低于最优退休年龄时,个人不愿意过早地离开自己的工作岗位。但现在却出现了一种怪现象,我国的法定退休年龄在本应该提高而没提高的状况下,反而实际退休年龄却在下降,"提前退休风"越刮越烈,到了影响我国宏观经济发展的地步了。特别是对我国的养老保险制度有很大的冲击性,提前退休就意味着少交钱多享受,一个提前退休的职工对我国的社会养老保险基金的影响最少3万。如果按比较保守的估计,中国有100万名职工提前退休,那么其影响的社会保险基金将有300亿元之多。"提前退休风"使得我国养老保险入不敷出的情况更加严重。权威数据显示,我国养老金缺口在逐年扩大,近五年来,中央财政对基本养老保险的补贴金额已达到2093亿元,其中2005年各级财政对养老保险补助总额超过了651亿元。

三 讨论与建议

从死亡概率与最优退休年龄的动态经济学模型我们可以清楚地看到，随着死亡概率的降低，也就是人口预期寿命的延长，最优退休年龄也相应地跟随提高了，那么法定的退休年龄也必须相应提高，否则对养老金的支付问题产生越来越大的压力，长此下去会危及我国整个社会保障制度。我国法定退休年龄，特别是女性职工退休年龄的偏低已经对养老保险基金的支出产生了巨大的财政压力。

首先，从个人角度看，大部分人并不想过早地离开自己的工作岗位，特别是在我国养老保险制度还很不完善的条件下，退休意味着福利待遇的减少，不能或不再充分享受经济发展带来的成果。所以过早地退休给个人带来福利损失。其次，从政府角度看，法定退休年龄过低意味着养老基金的收缴额减少，而基金的支出额加大。这样会对社会保障基金产生巨大的财政压力，使养老保险基金入不敷出。最后，从就业角度看，法定退休年龄的降低并不一定能缓解就业压力，像德国和奥地利等一些工业化国家在20世纪70年代中期以后，纷纷制定了提前退休政策，大量的劳动力提前退出了劳动力市场，但实践的结果并没有按政策制定者的设想发展，这些国家的失业率居高不下。提前退休没有解决失业问题，反而使各国政府深感更大的退休压力，而美国是法定退休年龄最高的国家，而失业率一直保持在较低水平，20世纪90年代以来，其失业率一直在5%左右；相反，意大利是法定退休年龄最低的国家，在20世纪90年代的许多年份失业率曾高达20%以上。于是一些工业化国家又开始研究和修改有关立法，逐步提高法定退休年龄。所以说，降低退休年龄并不一定会解决失业问题。

虽然提高法定退休年龄是迫在眉睫的事，但是，我们必须根据我国的现实国情来研究是否以及何时提高我国的法定退休年龄的问题不能凭主观想象或者机械地模仿发达国家提高法定退休年龄的办法，因为只做数字上的游戏那是毫无意义的。那么来看一下我国的现实状况：

首先，从劳动力市场的发展状况来看，我国是一个劳动力无限供给的发展中国家，所以劳动力市场状况与经济高度发达的资本主义国家是不同的。由于我国是典型的二元经济的国家，自改革开放以来，城乡壁垒逐步被打开，大批的农村劳动力拥入城市，同时国有企业改革，使得隐性失业显性化。出现了大量的剩余劳动力。

其次，从市场和政府所提供的就业岗位来看，劳动力数量与工作岗位严重失调，新的就业岗位的增长速度远远高于劳动力的增长速度。

最后，从我国的产业结构来看，第三产业的发展明显落后于发达的资本主义国家，在工业发达国家的经济中，以知识、信息处理为核心的信息产业正以令人惊异的速度迅速崛起。服务业、信息等部门在国民生产总值中所占的比重已上升到60%—70%。尤其是以计算机软件为主导的信息产业发展最为迅速，年均增长率达20%—30%以上。第三产业可以吸纳更多的剩余劳动力，但目前我国的第二产业却仍占主导地位。

所以，以上三点说的现实状况决定了我们不可能，也没有像发达国家的那种良好的市场经济条件来迅速地提高法定退休年龄，就像美国提高退休年龄也是逐步实施的。所以，在提高法定退休年龄的问题上应该缓行，目前的任务主要是要为延长退休年龄做好充分准备。特别是在就业方面，要努力创造新就业岗位，提高第三产业在国民经济中的比重，加强劳动力在三个产业部门间的流动，使我国的失业率降到最低。目前，女性退休年龄设定得比较低，所以，延长退休年龄特别是女性退休年龄是当前需要考虑的问题。

在考虑提高法定退休年龄的同时，当务之急是要遏制不合理的提前退休的现象：

（1）养老保险机构应该成立一个专门的部门对申请提前退休者严格把关，一旦发现违规违纪行为，养老保险机构可以不予接受其提前退休并让其继续交纳养老金，直至达到法定的退休年龄。否则一概不与发放养老金。对于"提前退休工种"要有严格的审查制度，同时加强对特殊工种的管理和审批工作。

（2）有些单位和企业为了提高经济效益，同时了解到职工的心理，大量办理职工的提前退休手续，甚至鼓励企业职工提前退休，这已经形成了一种风气，把自己对职工应该承担的社会责任完全推给了社会。所以建议，愿不愿意退休，应征求本人意见，只要没到退休年龄，个人有权要求继续留在岗位。

（3）由于中国的国情问题，存在着大量的"4050"人口，他们在岗位上的确不能胜任，建议对中国的"4050"人口要加强再培训工作，让他们"边干边学"，单位或企业负起这个责任比如，开办一些技术培训班、函授班、夜校等。对于达到法定退休年龄有技术专长、健康的职工仍是企业的骨干，对企业发展起到举足轻重的作用。是否退休还应征询所在单位意见。

（4）解决提前退休所带来问题的根本办法是逐渐实行"弹性"退休年龄，将"不工作年龄"和"领取养老金年龄"分开，只限定领取养老金的年龄。但是，对于职工因病或非因工致残完全丧失劳动能力的，这样做会产生一定的负面影响，对于这种情况应该统一由地市级劳动保障部门指定的县级以上医院负责医疗诊断，并出具证明。非指定医院出具的证明一律无效。如果医院徇私情，一经查处要负法律责任。

（原载《统计与决策》2008年第2期　作者：邓大松　王增文）

中国社会养老保险的替代率及其敏感性分析

基本养老保险替代率即基本养老保险提供的养老金收入与工资收入的比例，是用来估算老年生存危险所导致的经济损失的指标，表示养老保险人在领取期的生活水平对领取前生活水平的替代程度。本文所采用的基本养老保险替代率是指退休后养老金收入与退休前一年工资收入的比率。通过对该指标的研究能够明确退休者的养老金收入是否保持在其退休前收入的合适比率之内。本文根据国务院于1997年颁布的《关于建立统一的企业职工基本养老保险制度的决定》（国发［1997］26号）和2005年12月31日出台的《关于企业职工基本养老保险制度的决定》（国发［2005］38号），对我国养老保险政策改革前后城镇职工基本养老保险替代率进行建模测算，并对影响其变动的制度内因素进行敏感性分析，这对于明确我国当前城镇职工基本养老保险替代率规模以及完善基本养老保险政策具有重要的理论指导意义和实际应用价值。

一　新旧政策对比

国务院1997年颁布的《关于建立统一的企业职工基本养老保险制度的决定》确定了我国养老保险实行社会统筹和个人账户相结合的原则。但是，由于原有养老保险基金筹资实行现收现付制，"老人"所需的养老金和"中人"所需的过渡性养老金没有预留，在养老保险制度转轨过程中又没有对养老保险制度的历史债务建立补偿机制，政府只能用新制度收缴的一部分基金支付制度变迁的成本，造成个人账户"空账"运转的恶果。严重的"空账"问题不仅使我国养老保险制度在实际运作中仍然停留在传统现收现付制的模式中，而且使所建立的制度难以抵御即将来临的人口老龄化高峰带来的巨大的养老金支付压力，制度的可持续性受到危害。

基于这一现状，为了应对人口老龄化的压力，确保养老保险制度的长期稳定运行，国务院从2001年开始在东北三省进行完善城镇社会保障体系的试点。一系列的改革措施取得了不错的效果。因此，在吸取东北三省试点经验的基础上，国务院最终形成了国发〔2005〕38号文，其内容主要涉及养老保险的缴费积累、养老金待遇、做实个人账户、扩大基本养老保险覆盖面等。最主要的变化是对养老保险的缴费办法和养老金待遇计发做出了重大调整，而这些调整所涉及的主要人群是养老保险中的"标准人"。

针对"标准人"的养老保险政策调整的主要内容归结如下：

第一，调整养老金计发办法，强调激励机制。1997年确定养老保险待遇由两个部分构成，基础养老金和个人账户养老金，基础养老金按照职工退休前一年社会平均工资的20%从社会统筹部分支付。但是，缴费15年以上的参保人员多缴不能多得，缺乏参保缴费的激励机制。而按照新的基础养老金计发办法，每缴费一年，按照指数化个人平均工资和社会平均工资的平均值的1%计发，待遇增加，上不封顶。将缴费年限与养老金挂钩，强调参保缴费激励机制。

第二，调整个人账户养老金的计发办法，使之更加科学。原个人账户养老金的计发办法是把个人账户积累额除以120个月计发。然而，我国目前退休人员退休后的平均寿命在25年以上，按原计发办法个人账户储存额只相当于10年的领取额，个人账户养老金待遇的计算办法会造成待遇明显高估。考虑到近几年人们平均寿命的延长，待遇高估情况更为明显。按照调整后的养老金的计发办法，即把个人账户积累额除以实际的计发月数，实际计发月数根据职工退休时城镇人口的平均预期寿命、本人退休年龄、利息等因素确定，方法更科学。

第三，调整养老保险个人账户规模，实现代际公平。改革后将基本养老保险的个人账户规模由11%减少到8%，同时强调做实个人账户。养老保险制度由过去的现收现付制转向统账结合模式，实质上是现在就业的这一代人既要为上一代人支付养老金，也要为自己积累养老金。虽然我国在养老保险制度设计时，考虑到应付人口老龄化和增强个人责任感的需要而设置了个人账户,但个人账户越大,则现在工作的人口负担就越重,反之亦然。因此,适当缩小个人账户,其实是兼顾了养老保险制度代际之间负担相对公平的取向。

第四,调整社会统筹账户规模,促进良性循环。改革后将原来进个人账户的3%划归社会统筹,对缓解统筹账户资金缺口具有重要作用。虽然这样的调整有可能降低养老金标准,但却有利于整个养老金账户进入良性循环,一步到位地实现了个人账户个人缴费、个人所有、个人受益,进一步明晰个人对账户基金的产权,同时扩大了社会统筹账户规模,增强了统筹账户的基金实力。

二 新旧政策的养老金替代率模型

本文运用改革前后养老金替代率模型,在一定假设前提下,对"标准人"的基本养老保险替代率进行了模拟测算,并对影响替代率的制度内因素的敏感性进行了比较分析。

(一) 模型假设前提

为了研究的方便,文章作如下假设:

(1) 假设职工参加工作的年龄为25岁,参加工作距离退休的时间为L,缴费年限为n年,缴费期间不间断。

(2) 假设W_0为月初始缴费工资,$\overline{W}_0$为初始社会平均月工资,且职工从参加工作到退休期间工资是平均增长的,且等于当地职工的平均年工资增长率K,假设$W_0 = \alpha \overline{W}_0$,$\alpha$为参保时工资与当年职工社会平均工资的比率。

(3) 职工退休前一个月工资S、前一个月社会平均工资$\overline{S}$及指数化月平均缴费工资分别为:$S = W_0 \times (1+K)^{L-1}$,$\overline{S} = \overline{W}_0 \times (1+K)^{L-1}$

(4) 个人账户记账利率i,个人账户储存额的利息按复利计算,且采用年度计算法。即:至本年底止个人账户储存额 = 上年底止个人账户储存额 × (1 + 本年记账利率) + 个人账户本年记账金额 × (1 + 本年记账利率 × 1/2)。

(二) 旧政策的替代率模型

根据国发 26 号文件"标准人"的养老金计划公式为：

"标准人"的基本养老金 = 基础养老金 + 个人账户养老金

月基础养老金 = 上年度在岗职工月平均工资 × 20%

个人账户养老金 = 个人账户储蓄额/120

则有个人账户养老金总额 pc 为：

$$pc = \sum_{t=0}^{n-1} W_0 \times (1+k)^t \times 11\% \times 12\left(1+i \times \frac{1}{2}\right) \times (1+i)^{L-1-t}$$

基础养老金总额 bc 为：

$$bc = \overline{S} \times 20\%$$
$$= \overline{W}_0 \times (1+k)^{L-1} \times 20\%$$

$$P = \frac{pc}{120} + bc$$
$$= \frac{1}{120}\sum_{t=0}^{n-1} W_0 \times (1+k)^t \times 11\% \times 12\left(1+i \times \frac{1}{2}\right) \times (1+i)^{L-1-t} \times$$
$$\overline{W}_0 \times (1+k)^{L-1} \times 20\%$$

替代率为：

$$T_0 = \frac{\frac{1}{120}\sum_{t=0}^{n=1} W_0 \times (1+k)^t \times 11\% \times 12 \times \left(1+i \times \frac{1}{2}\right) \times (1+i)^{L-1-t} + \overline{W}_0 \times (1+k)^{L-1} \times 20\%}{W_0 \times (1+k)^{L-1}}$$

$$= \frac{1}{120}\sum_{t=0}^{n-1}(1+k)^{t-L+1} \times 11\% \times 12 \times \left(1+i \times \frac{1}{2}\right) \times (1+i)^{L-1-t} + \frac{\overline{W}_0 \times 20\%}{W_0}$$

$$= \frac{1}{120}\sum_{t=0}^{n-1}\left(1+\frac{K-1}{1+i}\right)^{t-L+1} \times 11\% \times 12 \times \left(1+i \times \frac{1}{2}\right) + \frac{0.2}{\alpha}$$

(三) 新政策的替代率模型

按照第 38 号文件规定，"标准人"的养老金计算公式为：

"标准人"的基本养老金 = 基础养老金 + 个人账户养老金

月基础养老金 = (上年度在岗职工月平均工资 + 本人指数化月平均缴费工资)/2 × n × 1%

本人指数化月平均缴费工资 = 退休时上一年度在岗职工月平均工资 × 本人平均缴费工资指数

指数化月平均缴费工资 M 为：

$$M = \overline{W}_0(1+k)^{L-1} \times \frac{1}{i}\left[\frac{W_0}{\overline{W}_0} + \frac{W_0(1+k)^{L-1}}{\overline{W}_0(1+k)^{L-1}}\right]$$

则有个人账户养老金总额 pc 为：

$$pc = \sum_{t=0}^{n-1} W_0 \times (1+k)^t \times 8\% \times 12\left(1+i\times\frac{1}{2}\right)\times(1+i)^{L-1-t}$$

基础养老金总额 bc 为：

$$bc = \frac{1}{2}(M+\overline{S})\times n \times 1\%$$

$$= 1\% \times n \times \left(\frac{W_0+\overline{W}_0}{2}\right)\times(1+k)^{L-1}$$

则退休后基本养老金 P 为：

$$P = \frac{pc}{120} + bc$$

$$P = pc + \frac{1}{2}(M+S)\times n \times 1\%$$

$$= \frac{1}{120}\sum_{t=0}^{n-1} W_0(1+k)^t \times 8\% \times 12\left(1+i\times\frac{1}{2}\right)\times(1+i)^{L-1-t} +$$

$$1\% \times n \times \left(\frac{W_0+\overline{W}_0}{2}\right)\times(1+k)^{L-1}$$

因此，基本养老金替代率 T 为：

$$T_n = \frac{P}{S} = \frac{\frac{1}{120}\sum_{t=0}^{n-1}W_0(1+k)^t \times 8\% \times 12\left(1+i\times\frac{1}{2}\right)\times(1+i)^{L-1-t} + 1\% \times n \frac{W_0+\overline{W}_0}{2}\times(1+k)^{L-1}}{W_0\times(1+k)^{L-1}}$$

$$= \frac{1}{120}\sum_{t=0}^{n-1} W_0(1+k)^t \times 8\% \times 12\left(1+i\times\frac{1}{2}\right)\times(1+i)^{L-1-t} +$$

$$1\% \times n \times \frac{W_0+\overline{W}_0}{2}\times(1+k)^{L-1}$$

$$= \frac{1}{120}\sum_{t=0}^{n-1} W_0\left(1+\frac{k-i}{1+i}\right)^{t-L+1}\times 8\% \times 12 \times \left(1+i\times\frac{1}{2}\right)\times 1\% \times$$

$$n \times \frac{1}{2} \times \left(1 + \frac{1}{\alpha}\right)$$

三 新旧政策的养老金替代率敏感性比较分析

从基本养老金替代率公式可以看出，影响"标准人"养老金替代率的因素不仅包括宏观经济运行的参数，如投资回报率和工资增长率以及两者之间的差额，同时也包括参保人的缴费年限和参保人参保时的工资与当年全省职工平均工资的比率以及退休年龄。考虑到宏观经济的外部性和相对稳定性，本文着重分析微观因素对养老金基于"标准"参保人的缴费年限、参保时工资与当年全省职工平均工资比率以及其退休年龄等微观因素对养老金替代率的影响，根据养老金精算模型对改革前后养老金替代率进行测算，并对其敏感性进行比较分析。

（一）参数假定

个人账户记账利率 i：个人账户中的存储额每年参考银行同期存款利率进行计算。随着我国金融市场的逐步完善和基本养老基金投资管理的日渐成熟，这一规定今后可能有所变化，但是稳健仍然会是基本养老基金投资的首要原则。因此，我们假设个人账户利率为4%。

平均工资增长率 k：考虑到我国经济近几年来一直保持在8%以上的增长率，本文在测算时假设未来的工资增长率为8%。其原因是考虑到人民生活水平与经济发展相一致的原则以及经济的可持续发展，因此直接以经济增长率为社会平均货币工资增长率。

（二）缴费年限 n 对于养老金替代率分析

我们以参保人25岁参加工作、60岁退休为例，分析不同的缴费年限对于养老金替代率的影响，其中假定：$\alpha=1$，$k=8\%$，$i=4\%$，$L=35$。测算养老金制度改革前后的替代率，并对其进行敏感性分析，具体测算结果见表1与表2。

从结果来看，改革前随着缴费年限的增加，养老替代率增加，但缴费积累期对替代率的影响较为不敏感，敏感系数在0.3—1之间逐渐增加。养老新政实施后，养老金缴费年限对养老金替代率的敏感系数均在1.0左

表1　改革前后养老金替代率对养老金缴费年限 n 的替代率测算

n	T_u（%）	T_n（%）	n	T_u（%）	T_n（%）	n	T_u（%）	T_n（%）
15	26.16	11.37	22	30.46	17.57	29	36.07	17.57
16	26.70	12.21	23	31.17	18.52	30	37.00	18.52
17	27.27	13.01	24	31.91	19.49	31	37.96	19.49
18	27.86	13.94	25	32.69	20.46	32	38.97	20.46
19	28.48	14.82	26	33.48	21.47	33	40.00	21.47
20	29.11	15.72	27	34.31	22.49	34	41.09	22.49
21	29.78	16.63	28	35.18	23.53	35	42.21	23.53

表2　养老金制度改革前后养老金缴费年限的敏感性分析

n	敏感系数（T_u）	敏感系数（T_n）	n	敏感系数（T_u）	敏感系数（T_n）	n	敏感系数（T_u）	敏感系数（T_n）
15	—	—	22	0.48	1.19	29	0.71	1.26
16	0.31	1.11	23	0.51	1.19	30	0.75	1.27
17	0.34	1.05	24	0.55	1.20	31	0.78	1.30
18	0.37	1.22	25	0.59	1.19	32	0.82	0.72
19	0.40	1.14	26	0.60	1.23	33	0.85	1.35
20	0.42	1.15	27	0.64	1.24	34	0.90	1.93
21	0.46	1.16	28	0.68	1.25	35	0.93	1.36

右且较为稳定。这意味着在新政策下，缴费积累期对替代率的影响较为敏感，尤其是对于缴费年限较低的人群，改革后的敏感系数差异较大（见图1），且随着缴费年限的延长，养老金替代率开始高于改革前，且敏感系数增加。可见，"做实做小"个人账户政策引入的激励机制效果明显，更加强调了个人在养老保险中的责任，把缴费年限与养老金水平紧紧地联系在一起。

第二篇 养老保险

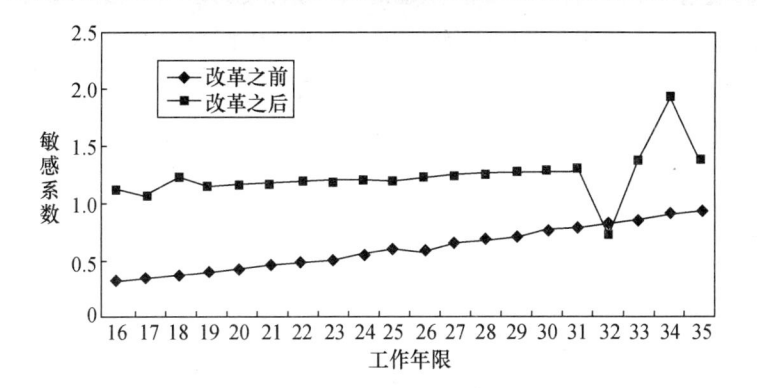

图1 缴费年限对养老金替代率的敏感性比较

（三）参保人参保时工资与当年全省职工平均工资比率对"标准人"养老金替代率的影响分析

我们以60岁退休缴费期为30年为例，分析参保人参保时工资与当年全省职工平均工资比率对"标准人"养老金替代率的影响，其中：$n=30$，$k=80\%$，$i=4\%$。具体测算结果见表3与表4。

表3　　　　　　　改革前后工资比重对养老金替代率测算

α	T_u（%）	T_n（%）	α	T_u（%）	T_n（%）
0.5	57.00	33.17	1.8	28.11	22.34
0.6	50.33	30.67	1.9	27.53	22.12
0.7	45.57	28.89	2.0	27.00	21.92
0.8	42.00	27.55	2.1	26.52	21.74
0.9	39.22	26.51	2.2	26.09	21.58
1.0	37.00	25.67	2.3	25.69	21.43
1.1	35.18	24.99	2.4	25.33	21.30
1.2	33.67	24.42	2.5	25.00	21.17
1.3	32.38	23.94	2.6	24.69	21.06
1.4	31.28	23.53	2.7	24.41	20.95
1.5	30.33	23.17	2.8	24.14	20.85
1.6	29.50	22.86	2.9	23.90	20.76
1.7	28.76	22.58	3.0	23.67	20.67

表 4　　　　改革前后工资比重与养老金替代率的敏感性比较

α	敏感系数（T₀）	敏感系数（Tₙ）	α	敏感系数（T₀）	敏感系数（Tₙ）
0.5	—	—	1.8	-0.37	-0.18
0.6	-0.58	-0.38	1.9	-0.36	-0.18
0.7	-0.57	-0.35	2.0	-0.35	-0.17
0.8	-0.55	-0.32	2.1	-0.34	-0.16
0.9	-0.53	-0.30	2.2	-0.33	-0.16
1.0	-0.51	-0.28	2.3	-0.32	-0.15
1.1	-0.49	-0.27	2.4	-0.32	-0.15
1.2	-0.47	-0.25	2.5	-0.31	-0.14
1.3	-0.46	-0.24	2.6	-0.30	0.14
1.4	-0.44	-0.22	2.7	-0.29	-0.13
1.5	-0.43	-0.21	2.8	-0.29	-0.13
1.6	-0.41	-0.20	2.9	-0.28	-0.12
1.7	-0.40	-0.19	3.0	-0.37	-0.12

从表3和表4的测算结果可以看出，在新旧两种政策下，参保时工资与当年当地职工平均工资比率都和养老金替代率呈反方向变动，且敏感系数逐渐减少，表明工资比重对替代率起着调节作用。收入水平越高或工资增长率越高的群体，预期的替代率水平将越低；收入水平低于社会平均工资水平的群体，预期替代率高。而敏感系数随工资比重的增加而逐渐减少，意味着较低的工资水平提高对于养老金替代率影响较为明显，而高工资人员收入变化对于其影响较弱。

在旧的政策下，当 α 在 0.5—1 之间，个人处于较低工资水平时，α 对"标准人"养老金替代率的影响较为敏感，一般工资比重每增长10%，养老金替代率下降5%左右。当 α 逐渐增大时，敏感性降低。而在新的政策下，工资比重对养老金影响的敏感性都较弱。

从改革前后的敏感系数（见图2）比较可以看出，改革后新制度下测算的敏感系数均低于旧的制度，这意味着改革后工资的差异对养老金替代率的变化影响较小。可见，新的制度由于加强了缴费的激励约束机制，更加强调了权利和义务的相对应。但是,从公平的角度来说,养老保险制度改革后代内再分配效应已经明显减弱,这将影响养老保险制度的长期有效运行。

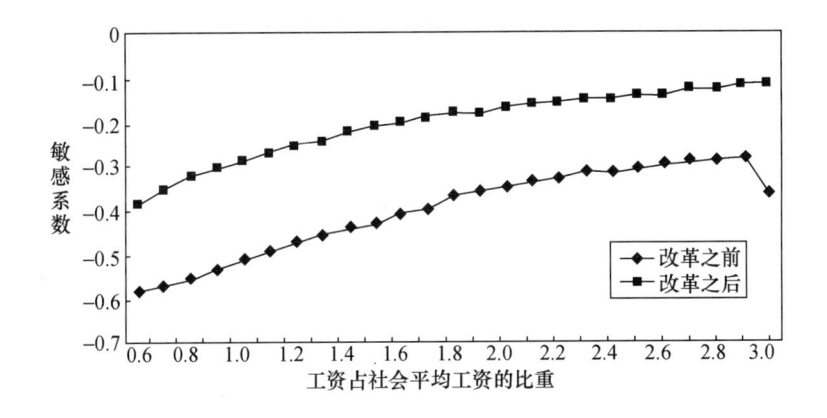

图 2 工资比重对养老金替代率的敏感性比较

(四)退休年龄对养老金替代率的影响

我们以 25 岁参加工作并且开始缴费,缴费期为 15 年为例,分析"标准人"不同的退休年龄对其养老金替代率的影响,其中:$n=15$,$k=8\%$,$i=4\%$,具体测算结果见表 5 与表 6。

改革前个人账户的退休年龄对于替代率的影响主要是考虑个人账户积累的经济效应,没有考虑到计发月数。从测算结果表 5 可以看出,在旧政策下,缴费 15 年的参保人,在 40 岁退休时养老金替代率最高,达到 33.10%,退休年龄延长,养老金替代率逐步减少。敏感系数较为稳定,一般在 -0.5 左右,意味着退休年龄每延长 1%,养老金替代率下降 0.5%。可见退休年龄对替代率的敏感性较弱。旧制度下,养老金的计发办法不合理,参保人缴费年限相同,越晚退休,养老金替代率越低。从某种意义上讲,旧政策会诱发参保人提前退休的行为,对养老金的财务收入影响也是非常大的。众多职工退休,意味着大批劳动者退出生产劳动领域。一方面直接减少了养老保险的缴费人数,使养老保险的收入规模缩小;另一方面大批提前退休者立即从缴费者变为养老保险待遇的享受者,导致养老保险金需求的直线上升,加大了养老保险金的支出规模。

表5　　　　　　改革前退休年龄与养老保险替代率测算

退休年龄	T'_0 (%)	T'_n (%)	退休年龄	T'_0 (%)	T'_n (%)	退休年龄	T'_0 (%)	T'_n (%)
40	33.10	12.40	50	28.98	12.40	60	26.16	11.37
41	32.61	12.28	51	28.65	12.28	61	25.93	11.42
42	32.14	12.19	52	28.33	12.19	62	25.71	11.48
43	31.69	12.08	53	28.02	12.08	63	25.50	11.60
44	31.26	11.97	54	27.72	11.97	64	25.30	11.74
45	30.84	11.88	55	27.43	11.88	65	25.10	11.90
46	30.44	11.80	56	27.16	11.80	66	24.91	12.11
47	30.05	11.72	57	26.89	11.72	67	24.73	12.41
48	29.68	11.64	58	26.64	11.64	68	24.55	12.80
49	29.32	11.56	59	26.39	11.56	69	24.38	13.39

表6　　　　　　改革后退休年龄与养老保险替代率

退休年龄	敏感系数(T'_0)	敏感系数(T'_n)	退休年龄	敏感系数(T'_0)	敏感系数(T'_n)	退休年龄	敏感系数(T'_0)	敏感系数(T'_n)
40	—	—	50	-0.57	-0.17	60	-0.51	0.10
41	-0.59	-0.39	51	-0.57	-0.22	61	-0.53	0.26
42	-0.59	-0.30	52	-0.57	-0.18	62	-0.52	0.32
43	-0.59	-0.38	53	-0.57	-0.18	63	-0.51	0.65
44	-0.58	-0.39	54	-0.57	-0.19	64	-0.49	0.76
45	-0.59	-0.33	55	-0.56	-0.14	65	-0.51	0.87
46	-0.58	-0.30	56	-0.54	-0.05	66	-0.49	1.15
47	-0.59	-0.31	57	-0.56	0.00	67	-0.48	1.64
48	-0.58	-0.32	58	-0.53	0.00	68	-0.49	2.11
49	-0.58	-0.33	59	-0.54	0.21	69	-0.47	3.13

养老新政之后，退休年龄不仅影响养老金的积累，同时也影响个人账户计发月数。退休年龄小的，计发月数就高，其养老金个人账户得到的钱

就越少；退休年龄越大的，计发月数就越低，其养老金个人账户得到的钱就越多。养老金的计发月数根据职工退休时城镇人口平均预期寿命、本人退休年龄、利息等因素确定。

从表6中可以看到，改革之后，随着退休年龄的增长，养老新政后，替代率在相同的假设前提下远低于改革前的替代率，养老金的替代率随着年龄的延长先下降再上升，改变了新政前的养老金变动的趋势，达到一定退休年龄后敏感系数由负值变成正值且养老保险替代率的敏感系数逐步增大，且变动趋势增强。69岁时敏感系数为3.13，这意味着退休者退休年龄每增加1%，养老金替代率增加3.13%。因此，从理论角度分析，在新的政策下，适当延长退休年龄，有利于我国基本养老基金的积累和投资运营，提高个人账户的基金总额，同时也提高了个人退休后的收入水平。

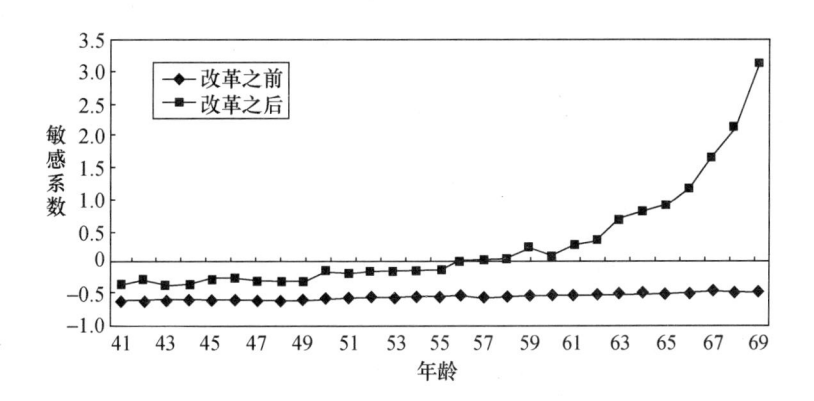

图3 退休年龄对养老金替代率的敏感性比较

四 结论及需要进一步研究的问题

通过分析，我们可以得出以下结论：

（一）实行新政后，个人账户的激励效果十分显著

从测算结果的比较可以看出改革前后养老金替代率随缴费年限延长而

增加，且改革后缴费年限对于养老金替代率敏感性较强。改革后有利于形成"多工作、多缴费、多得养老金"的约束机制，体现了社会保险权利与义务相统一的原则。目前，我国退休人员退休后的平均寿命在25年以上，按照国发［1997］26号文件实行的计发办法，个人账户储存额只相当于10年的支取额度。然而，按照国发第38号文件，在基础养老金部分引入了激励机制，参保人员每多缴一年就增发1个百分点，上不封顶，能够有效地避免"搭便车"行为。引入缴费激励机制的效果是显而易见的：一是新的制度在基础养老金方面更体现效率的因素；二是养老金替代率随缴费年限的延长而上升，能激励个人参保户多缴费、多受益；三是不会对国家财政造成过多负担；四是可以为将来养老基金的积累减少风险。而且，个人账户具有继承性，不具备在不同寿命内再分配的功能。在实际中，随着预期寿命的延长，个人账户的养老金面临着长寿风险，个人账户随着预期寿命的延长，会面临着支付危机。因此，政府在做实做小个人账户、实现养老金个人账户快速积累的同时，应避免个人账户基金投资受到资本市场波动和通货膨胀的影响，注重养老金的保值和增值，保证个人账户基金的收益性和稳健性。

（二）实行新政后个人账户的分配效应减弱

本文通过对工资比重对基础养老金替代率的敏感性分析，得出结论：低收入群体的替代率高，且改革后低收入群体对养老金的敏感系数与高收入者差别不明显。可见，改革后个人账户较为强调效率，养老保险的分配效应减弱，低收入人群对于养老金的敏感性较强。因此，对于低收入人群尤其是参加基本养老保险较为困难的群体可以考虑适当给予一定的财政补贴。养老保险制度改革应该在公平的基础上考虑效率。很多国家在进行养老保险改革时，除了强调个人积累、加强缴费和收益之间的联系以外，大部分都保留了一个由国家税收保证支付的最低养老金制度来解决老年人贫困问题。考虑到目前我国经济发展的状况和政府的财政状况，可以考虑适时开征社会保障税，扩大社会保障经费来源，通过实行社会保险补贴等办法，帮助低收入者参保缴费，以解决低收入人群年老的贫困问题。另外，高收入群体的替代率低，仅靠基础养老金难以保证退休后的基本生活质量。因此，应在自愿的原则上积极鼓励发展企业年金计划或商业保险，建立多层次的养老保障体系，作为当前基本养老金保险的有力补充，以保障高收入人群的退休生活质量。

(三) 实行新政后，有利于现行退休制度的改革

本文通过对退休年龄对基础养老金替代率的敏感性分析，得出结论：旧制度下随着退休年龄的增长，养老金替代率下降诱发提前退休的趋势，既加大了养老金的支出压力，又增加了劳动力成本。改革后从57岁到69岁之间，随着退休年龄的增长，养老金替代率增加，且养老保险替代率的敏感系数变动趋势增强。可见在新制度下，延长退休可以提高我国居民的养老金替代率，而且从基本养老保险制度运行的角度而言，可以减轻给付压力。我国目前的退休年龄是男60岁、女55岁，在世界范围内这一标准相对而言是较低的。人口预期寿命与我国相差无几的美国、加拿大、墨西哥、瑞典等国的退休标准，男女均为65岁；另外，丹麦男67岁，女为62岁；挪威男女均为67岁。随着经济条件和医疗水平的提高，我国人口预期寿命和健康状况都有进一步提高的趋势。

根据我国当前的实际情况，可以在一定条件下，逐步取消我国退休年龄的性别差异，这有利于提高女性退休后的养老金水平。也可根据实际情况制定更加人性化与灵活性的退休标准，如退休年龄与工作年限两项标准并行，从而避免了受教育程度越高、年限越长，实际工作年限越短、替代率越低的弊端。从人口发展态势来看，中国在2015年以前就业年龄人口处于递增阶段，因此可以考虑2015年以后，逐步适当提高退休年龄、延长个人账户养老金给付期限。

当然，本文的分析是在一定具体宏观数据的假设前提下进行的，分析结果有一定的局限性。随着我国养老保险基金管理制度的不断完善，个人账户改革之后养老金在资本市场获得合理的利息回报，个人账户积累的效率提高，是在"做小做实"个人账户的同时保持基本养老保险目标替代率不降低的关键，这对退休人员养老金的替代率具有重要的影响。因此，养老保险基金的投资回报率必然将成为一个重要研究课题，对基本养老保险替代率在投资环境下的敏感性分析尚需进一步研究，这对于我国有效应对人口老龄化危机具有重要的研究意义。

[原载《武汉大学学报》（哲学社会科学版）2009年第1期 作者：邓大松 李 琳]

中国大陆养老保险改革回顾与眺望

——基于三支柱养老保险模式的视角

一 三支柱养老保险模式的提出

20世纪80年代至今,是多支柱养老保险模式推行及养老保险制度的改革阶段。20世纪70年代以来,由于各种原因使各国现行社会保险制度开始面临财政上的困境。为此,各国政府纷纷提高退休年龄,提高缴费比例,增加当期养老金收入,减轻养老金的财政支付压力。但种种修补措施重复多次后,非但没能解决财政问题,还造成很多民众对养老保险制度的不满,出现年轻人、企业对公共养老保险制度不信任等新问题。1994年,世界银行在西班牙首都马德里召开的年会上提出"防止老年危机"的报告。该报告指出上述修补式的公共养老保险制度改革的弊端,提出著名的三支柱模型[①]。第一支柱由国家依法强制建立,透过税收或缴费筹资、现收现付确定给付、广覆盖(全体就业人员或全体公民)、低水平(工资的15%—25%)的基本养老保险制度;第二支柱由国家依法强制推行,依靠企业和个人缴费筹资,采用个人账户管理、待遇与缴费挂钩(工资的40%—50%)、完全积累的补充养老保险制度;第三支柱是个人自愿购买、商业性的养老保险,用以改善老年生活。

1993年,《关于建立社会主义市场经济体制若干问题的决定》首次提出"社会统筹与个人账户相结合",建立全覆盖、多层次的社会保障

---

① 转引自王智斌《中国养老保险制度改革与政策建议》,博士学位论文,西南财经大学,2007年,第13页。

体系，这标志着中国养老保险体制进入一个新的改革阶段。1995年3月，国务院发布"关于深化企业养老保险制度改革的通知"，进一步明确中国要实行社会统筹和个人账户相结合的基本保险制度，并补充以企业年金，个人储蓄，形成多层次的养老保险制度。经过近十几年的发展，中国大陆多层次的养老保险制度初步建立。目前包括基本养老保险和个人账户两个组成部分：第一层次养老保险，覆盖范围已从国有企业和城镇集体企业职工，正逐步扩大到企业化管理的事业单位及其职工、城镇个体工商户和灵活就业人员以及企业招用的农民工；机关事业单位退休制度改革和农村养老保险改革也正在进行试点；第二层次补充养老保险从无到有并逐步发展壮大。据统计，到2007年年底，全国有3.2万户企业建立企业年金，缴费职工人数为929万人，企业年金基金累计结存1519亿元①。

二 第一支柱：基本养老保险

中国政府从国情出发，采取"现收现付的社会统筹和个人账户积累相结合"，在保留社会统筹并实行系数调整的基础上，引入个人账户，制定一个合理的筹资比例，在满足当期养老金发放的同时，逐步建立个人账户的积累机制。

（一）中国基本养老保险发展现状

经过多年的努力，中国基本养老保险制度得到长足的发展：一是参加基本养老保险的人数不断增加。到2009年第一季度末，全国参加基本养老保险人数超2亿②。二是中国基本养老保险的统筹层次不断提高。为确保基本养老金的按时足额发放，近年来，政府逐步提高基本养老保险基金的统筹层次，逐步推行省级统筹，目前全国有22个省份制订实施省级统

---

① 《2007年劳动和社会保障事业发展统计公报》，http：//www.cnss.cn/zlzx/sjtj/ldbzbtj/200805/t20080521_190134.html（浏览日期：2009年5月12日）。

② 人力资源和社会保障部2009年第一季新闻发布会，网址：http：//www.china.com.cn/zhibo/2009-04/23/content_17635954.htm?show=t（浏览日期：2009年5月12日）。

筹方案。三是企业退休人员的基本养老金不断上涨。自1999年以来，中国企业退休人员基本养老金不断上涨，全国企业退休人员月均养老金标准从1999年的不足500元，到2007年超过900元，每人平均增加436元，2009年国家将再调企业退休人员基本养老金，每人平均将达1200元，为促进改革发展和维护社会稳定发挥重要作用[①]。四是社会化程度不断提高。目前已实现基本养老金由社会服务机构（如银行，邮局发放）。截至2007年年底，全国已纳入社区管理的企业退休人员达到3136万人，占企业退休人员总数的71.2%，比上年年末增加303万人[②]。

（二）中国基本养老保险改革存在的问题

1. 沉重的隐性债务

由于中国传统的养老保险体制是现收现付制，养老金的支付要依靠代际的财富转移来完成，即已退休职工的养老金来源为当期在职职工所缴纳的养老金，而当期在职职工的养老金又要靠下一代人缴纳。随着人口老龄化程度的不断加深，退出劳动岗位需要领养的人越来越多，中国用于社会保障的资金不断增加，养老保险基金入不敷出的局面日趋严重。由于在现收现付体制下，已退休职工和在职职工没有为自己积累养老金，制度转轨后，在原有的养老保险制度下形成的养老金权益形成养老金隐性债务。实际上，隐性债务包括两部分：一是新计划实施前已离、退休人员即所谓"老人"的全部养老金；二是在新体制实施时尚未退休那一部分人即所谓"中人"在现收现付制度下积累起来、应给予支付的养老金。据有关专家测算，中国养老金的隐性债务在3万—6万亿元。隐性债务是养老保险制度中隐藏的一个"炸弹"，如何处理好隐性债务的问题事关养老保险制度的运行效果，甚至会危及制度的成败。

2. 个人账户基金"空账"运行

中国统账结合的养老保险模式，要求社会统筹基金与个人账户基金分账管理。由于改革之初国家没有支付"转轨成本"，而是由地方和企业负

---

① 2007年9月18日中国大陆中央电视台"新闻会客厅"栏目作了一期关于养老金的节目，劳动和社会保障部刘永富副部长表示，养老金还会继续上涨。另见网址：http://www.cnss.cn/fwzx2/zt/shbx/200710/t20071026_163845.htm（浏览日期：2009年5月12日）。

② 参见网址：http://www.cnki.com.cn/Article/CJFDTotal-LDKX200807005.htm（浏览日期：2009年5月12日）。

担，结果致使各地当期支付的统筹基金压力过大。绝大部分地方为应付统筹基金当期支付的压力，不仅没有按照规定从企业缴费基金中向个人账户基金中划入应该划入的部分，还将职工个人缴费形成的个人账户基金用于支付当期养老金，从而使个人账户变成"空账"。个人账户"空账"运行的直接后果是使中国养老保险制度无法从现收现付制向部分积累制转变，制度设计的初衷无法实现。原劳动和社会保障部透露，截至2004年年底，中国养老保险个人账户空账规模累计已达7400亿元，而且每年还会以1000多亿元的速度增加。个人账户空账问题已经成为中国养老保险的心腹之患[①]。如果未来出现的通货膨胀控制不力，养老保险基金营运不善，企业缴费问题继续恶化，加上未来几十年"中人"退休，人口老龄化与高龄化加剧，这有可能导致目前在业者未来退休后享受养老金的待遇标准将难以真正落实，出现支付危机。

3. 基本养老保险费率太高

在实行储蓄型或福利型保险模式的国家，雇主或者用人单位不承担缴费义务。在投保资助模式的国家，单位要承担一定的缴费义务。在确定单位的缴费费率时，一般考虑两方面的因素：一是要保证养老基金的收支平衡，不能出现赤字；二是考虑企业的竞争力，不能将费率定得过高，挫伤企业的积极性。中国由于还没有完全建立三层次的体系，对基本养老保险部分期望值太高，使得企业的缴费率一直居高不下。虽然国务院的有关文件规定，企业的缴费费率一般为工资总额的20%，但实际上大多远远超过20%。费率高使企业负担过重，既影响企业参保的积极性和基金收入水准，也降低中国企业的国际竞争力。

（三）完善中国基本养老保险改革对策

1. 做实个人账户

个人账户"实账"化运作是养老保险制度可持续发展的需要。中国国务院总理温家宝提出继续开展做实个人账户试点，全面推进省级统筹。个人账户要做实，必然要逐步消除社会统筹账户对个人账户的代际拆借，具有现收现付性质的社会统筹账户由社会保险管理机构统一管理，

[①] 参见网址 http://www.cnpension.net/index_lm/2009-03-05/822398.html（浏览日期：2009年5月12日）。

保证社会统筹部分基金的及时、足额发放。而完全属于基金积累制的个人账户基金则应由完全独立的机构进行管理，力求保值增值，实现其特定的安全性、收益性和流动性的目标。要做实个人账户：一是要尽量减少社会统筹账户对个人账户的透支，采取两种账户分开管理模式，从制度上保证和防止个人账户基金被挤占挪用。二是对当代"老人"与"中人"的历史债务问题，国家承担一部分费用，可通过发行社会保障长期债券和出售一部分国有资产来筹集资金。三是借鉴国外经验，延长职工退休年龄，以增加缴费，减轻养老负担。国际劳工组织的研究表明，延长退休年龄对养老基金增收减支的功效十分明显。如退休年龄从65岁降到60岁，将使养老金开支增加50%；若将退休年龄从65岁提高到70岁，则养老金支出将减少50%以上。据专家测算，若退休年龄延长1年，中国的养老统筹基金可增收40亿元，减支160亿元，减缓基金缺口1200亿元[①]。

2. 稳定并逐步降低统筹费率，减轻企业负担

按照国外税收极限的理论分析与案例研究，社会保险税超过工资总额的29%即为支付极限。目前，中国企业除缴纳20%—26%甚至26%以上的养老保险费以外，还要交纳2%的失业保险费、1%的女职工生育保险费、平均大于1%的工伤保险差别费率以及6%左右的医疗保险费，总费率已超过30%。在这种情况下，不少地区社会统筹基金收缴率逐年下降。在中国进一步深化国有企业改革之际，国有企业面临前所未有的机遇与挑战，面对跨国公司雄厚的资金、技术、人才的竞争，企业还承担着如此高的缴费率，牵制企业的发展步伐，影响现代企业制度的建立。因此要随着个人缴费比例的提高，适当降低企业缴费比例，减轻企业负担。制度稳定并降低统筹费率，对于维系中国养老保险制度的运行意义十分重大，应通过有力控制通货膨胀、严控基本养老金发放水准、提高收缴率和扩大收缴额、提高投资收益率等措施来实现。

3. 加强养老保险立法

养老保险制度改革是中国整个经济体制改革的重要组成部分，也是保

---

① 参见网址 http://www.51kj.com.cn/news/20060608/n59839.shtml（浏览日期：2009年5月12日）。

证其他各项改革顺利推进的重要条件之一,尤其是在很大程度上决定着社会保障制度改革的成败。人口老龄化趋势发展的不断加剧,使进一步完善养老保险立法,加快养老保险制度改革步伐,成为眼前待解决的一个重大社会、经济、政治和法律课题。目前中国公布的养老保险法规性文件还处于"条例"、"决定"、"通知"和部门规章的层次,但随着国家经济结构的不断调整和经济建设快速发展以及老龄化社会的来临,这些法规性文件已暴露出诸多缺陷。国家应当凝聚全民共识,透过立法机关,尽快将改革中确立的合理的养老保险政策提升到法律规范的层次,为推进养老保险制度的发展提供权威的依据。为此,我们应尽早公布综合性的养老保险法规,以便为各项有关具体措施提供法律依据,使中国养老保险制度能够真正实现以法制为依托,以法律为保障,促进养老保险事业的不断发展。

三 第二支柱:补充养老保险(企业年金)

(一)中国企业年金发展现状

企业年金是在国家政策指导下,由企业及其职工依据经济状况自主建立的一项养老保险制度,是多层次养老保险体系中的一个重要组成部分。经过十多年的发展,中国企业年金制度逐步建立并推广,企业年金市场初步形成。中国在1991年发布的《关于企业职工养老保险体制改革的决定》中就提出要建立企业补充养老保险。2000年12月,国务院在颁布的《国务院关于完善城镇社会保障体系的试点方案》(以下简称"方案")中将"补充养老保险"更名为"企业年金",明确规定企业缴费在工资总额4%以内的部分可以从成本中列支,为建立企业补充养老保险提供一定的税收优惠政策;"方案"还规定,"企业年金"基金实行市场化管理和运用的原则。2004年5月1日《企业年金试行办法》和《企业年金基金管理试行办法》正式实施,从而使企业年金制度规范化、制度化,对推动企业年金发展、完善多层次的养老保险体系,发挥重要作用。自2004年启动以来,规模迅速增长,在2006年全国新增企业年金260亿元的基础上,到2007年年底,中国大陆企业年金基金总规模已经接近1500亿元,成为资本市场的一个不可忽视的组成部分①。

(二) 中国企业年金存在的问题

企业年金作为中国多层次养老保险的第二支柱,经过十多年的发展已成为基本养老保险的主要补充。为配合中国大陆基本养老保险制度的改革,缓解老龄化危机,构建多层次养老保险体系,企业年金在政府的扶持,社会的关注、企业的努力下有了长足的发展,但与国外完善的企业年金制度相比,仍存在诸多待解决的问题。

1. 税制不够优惠

企业年金的建立需要国家在资金、税收等方面给予政策优惠。在较长时间内,国家在企业年金资金渠道上没有公布鼓励、优惠政策,企业年金制度缺少政策性资金支援,企业的自主性和积极性受到影响,限制中国大陆企业年金市场的逐步完善和扩充。现行的"企业年金试行办法"等部门文件的公布,对企业年金的发展有积极的意义,但是最根本的缺陷是依然没有解决税收优惠问题,事实上缺乏优惠的税收政策使经济条件并不宽裕的企业建立企业年金力不从心,即使是实力雄厚的企业也在考虑建立企业年金的预期收益,其实已成为企业年金快速发展的瓶颈,将限制中国企业年金市场的逐步完善和扩充。

2. 资本市场尚未成熟

企业年金作为提高职工退休后生活质量的补充保障体系,投资的安全性是第一位的,其次是要获得稳定的合理收益,因而对资本市场有较高的要求。相对于英国、美国等国家规范的资本市场,中国资本市场存在诸多问题,如证券市场在立法和监管上不够成熟,不能很好地保护投资者的利益;证券市场规模太小,资产证券化程度太低,使企业年金基金进行证券投资时难以进行充分的投资品种的选择和组合;证券市场主体素质不高和证券市场系统性风险过大造成证券市场风险偏大,证券投资特别是股票投资收益不稳定等。这些问题构成企业年金基金投资于证券市场的障碍,影响企业年金的合理投资和保值增值。因此企业年金基金的投资范围,仅限

---

① "2008 中国大陆企业年金发展与投资风险管理论坛",人力资源和社会保障部养老保险司副司长唐霁松的发言,网址:http://finance.baidu.com/n/finance/stock/zqyw/2008-04-19/11500996971.html (浏览日期:2009 年 5 月 12 日)。

于银行存款、国债和其他具有良好流动性的金融产品，包括短期债券回购、信用等级在投资级以上的金融债和企业债、可转换债、投资性保险产品、证券投资基金、股票等，投资渠道显得过于单一。

3. 法制欠缺规范

中国处于经济体制转轨过程中，逐步建立社会主义市场经济体制基本法律框架，虽然内容涉及养老、医疗、失业、工伤、生育五大险种的《社会保险法》即将实施，但缺乏企业年金方面的专项法律，至今仍主要依靠政府颁布的政策法规指导工作。由于企业年金的定位和发展目标还不十分明确，地区差别较大，企业类型不一，加上政策和管理体制变动频繁，企业年金缺乏稳定的法律保障和外部环境。虽然"企业年金试行办法"、"企业年金基金管理试行办法"已经公布，而且这两个文件的公布必将使企业年金基金的管理及投资营运有章可循，也强化对基金的监督和资讯披露。但是，由原劳动和社会保障部（现为人力资源和社会保障部）、银监会、证监会、保监会共同发布的这个文件并不是法制化的东西，应该通过人大立法来规范企业年金。因为它毕竟牵涉政府、企业、职工三方的利益，要真正做到有法可依、有法必依。

（三）完善中国企业年金制度对策

1. 降低基本养老保险的替代率，为企业年金的发展提供广阔空间

目前，发达国家的基本养老保险金替代率基本可保持在40%—50%，而中国的基本养老保险金替代率则在80%以上，这在一定程度上压抑企业年金的建立与发展。因为在企业有限的能力范围内，过高的基本养老保险替代率会使企业的基本养老保险负担无法减轻，这必然压缩对企业年金的投入；并且在基本养老保险替代率不降低的情况下，企业也缺乏发展企业年金的动力和压力。因此降低基本养老保险替代率，将为补充养老保险的发展留下空间。

2. 制定合理的税收优惠政策，促进企业年金的发展

在这方面可以借鉴美国发展企业年金制度的税收优惠政策。美国的税收优惠政策从两方面鼓励企业年金制度的建立[①]：首先，对参加计划的企业来说，缴纳雇员年金计划的费用有一定免税额度，即从它的当期应税收

---

① 张柯：《美国企业年金制度及封我国的启示》，《中国保险》2005年第10期。

入中扣除缴费额以达到为企业所得税减税的目的。其次，对参加计划的企业雇员来说，雇主为其支付的规定额度内的缴费额不计入该雇员的当前应纳税收入，雇员支付的费用在规定额度内的部分也不计入当期应纳税收入，但在雇员退休后从该计划中领取退休金时，必须缴纳所得税。借鉴美国经验，本文建议，中国应尽快普及对企业的税收优惠政策。对于企业对企业年金缴费的税前列支比例应在目前的4%的基础上有所增加，尤其对于那些负担已很沉重的企业，如果给予更多的税收减免，将会极大地刺激企业建立企业年金制度的积极性。对于个人缴费部分，可以采取递延纳税的方法，即个人可以选择在个人所得税前收入中缴费，也可以选择从税后收入中缴费。在个人领取企业年金时，若是税前缴费，在领取时其本金及投资收益都视同正常收入，缴纳个人所得税；若是税后缴费，本金不纳税，但投资收益要纳税。从国外经验看，能让有实力的企业"感兴趣"加入企业年金的原始动力，就是企业能够规避税收、增加收益的需求。通过延迟纳税的方式，在缴费阶段和投资阶段免缴各项税收，来刺激企业和个人进行年金投资的兴趣。

3. 加强对雇主及雇员的企业年金知识的教育和宣传力度

要让雇主认识到企业年金作为一种薪酬分配方式，对于培养员工对企业的忠诚度、鼓励员工长期为企业服务、增加企业的吸引力和竞争力等方面具有积极的作用。要让雇员认识到，在工资不断增加的大趋势下，将职工增加的工资的一部分用以缴纳养老金费用，使其收入水准提高不仅能够抵御通货膨胀冲击和享受劳动生产率提高的好处，而且有利于养老金的积累，认识到年金在其退休后，可以较大幅度地提高其养老金替代率和相当程度上改善其退休生活。

4. 建立健全相应的法律法规，为企业年金发展提供制度保障

在这方面，我们仍可以借鉴美国的经验。美国政府通过各种立法对企业年金制度所涉及的各方参与人的权利和义务关系，以及对企业年金制度的各种激励约束政策进行全面具体的规范，如"雇员退休收入保障法"。在该法案中，对现代私有退休金制度的一系列重要特征作出规定，如最低法定缴费标准、退休金计划参加人数和基本既得受益权标准、对资产受托人的职责规定、税收待遇、退休金可随雇员的工作转变而转账的制度、因计划终止而进行保险的制度、对退休金计划实施监管的规定等进行全面阐

述和规定。对于企业年金的税收优惠政策，美国也颁布《税法改革修正案》、《国内税收法案》等法案给予明确的立法保护。而中国大陆目前企业年金基本继承企业补充养老保险的法律地位，而且只是通过行政法规和部门规章的形式进行简单的规定，法律制度的欠缺已经成为企业年金制度发展的重要障碍之一。中国公布的《企业年金基金管理试行办法》等文件，也只是对中国发展企业年金的实践提供探索性的思路。中国的企业年金立法可以借鉴美国的经验，在各类已有的金融立法基础上，再建立专门的企业年金法。在"企业年金法"中，对最低法定缴费标准、退休金计划参加人数和基本既得受益权标准、对资产受托人的职责规定、税收待遇，退休金可随雇员的工作转变而转账的制度、因计划终止而进行保险的制度、对企业年金计划的监管等企业年金的基本内容进行全面规范。在税收法规方面，可在所得税税法里对企业年金相关各方在各纳税环节应享有的税收优惠进行全面规范。

5. 建立完善的监管体系，保证企业年金制度健康发展

市场化运作的企业年金需要一个有效的监管体系。第一，要有一个实施监管的权威机构，即综合监管机构，负责养老金保管和投资机构市场准入、任职资格认定等。中国实行金融分业管理体制，更需要建立可以协调各部门工作的权威机构。人力资源和社会保障部相对于其他部门更具有综合性和代表性，可以作为一个实施监管的权威机构。第二，一系列专业机构作为中介介入企业年金的监管过程中也是十分必要的，如审计事务所、会计师事务所、律师事务所及咨询和精算机构等。第三，缴费人和受益人应具有监督权，并透过信息披露过程实现他们的监督权利，并可透过允许缴费人和受益人转移账户实现缴费人和受益人的监督权，形成竞争的企业年金市场。

四 第三支柱：个人储蓄养老保险

(一) 中国个人储蓄养老保险现状

职工个人储蓄性养老保险是中国多层次养老保险体系的又一个组成部分，是由职工根据个人收入情况自愿参加的一种补充保险形式。国际上个

人储蓄性养老保险的做法主要有两种：一是个人储蓄；二是参加商业人寿保险。中国采用的是商业人寿保险。在 20 世纪 80 年代初恢复国内保险业务，90 年代开始大力发展商业人寿保险。人寿保险业务发展迅速，人寿保险费从 1987 年仅有的 1.77 亿元上升到 2008 年的 6658 亿元。从发展趋势上看，商业养老保险在中国具有广阔的发展空间。一方面，中国人素有储蓄的良好习惯；另一方面，中国经济持续稳定增长将加大居民进行储蓄的能力。统计显示，2008 年居民人民币储蓄存款余额达到 217885 万亿元①。与国外相比，中国的商业人寿保险还处于起步阶段。因此应加强宣传力度，不断强化职工个人自我养老保障意识，积极开办群众喜爱的养老保险险种，优先和重点发展寿险公司，推动寿险市场的组织发育。

（二）中国商业养老保险发展存在的问题

个人商业养老保险是人们通过购买人寿保险公司的产品得以实现的。但长期以来，个人商业养老保险发展缓慢，主要存在以下问题：

1. 个人对购买的必要性认识不清

近几年，一些人将手中的钱投入基金和股票市场，但在如何养老的问题上，大部分人还是将银行储蓄作为首要的选择。而对购买商业养老保险作为补充基本养老保险金，提高晚年生活质量的必要性和重要性未能清楚地认识。

2. 个人购买未享受税收优惠政策

目前，按照中国税法的规定，中国居民个人购买的商业养老保险，在领取养老金时无须缴纳个人所得税。但在商业养老保险的缴费环节却没有相应的税收优惠政策。

3. 多数人对保险产品的销售不信任

由于中国多数寿险公司的寿险产品是依靠保险营销员销售，保险公司使用营销员目的在于拉动保费增长，只看结果不看过程，考核营销服务部或者营销员的首要标准就是保费收入，过程可以忽略。这样往往会出现营销员为达成保费任务，在销售保险产品时忽视产品是否符合顾客的需要，对同一顾客过于纠缠、软磨硬泡、"不达目的誓不罢休"，这样极易引起

---

① 2008 年国民经济和社会发展统计公报，网址：http：//www.stats.gov.cn/tigb/ndtjgb/qgndtjgb/t20090226_402540710.htm（浏览日期：2009 年 5 月 12 日）。

人们的反感，导致对产品的销售产生不信任感，更有甚者，部分营销员不惜误导、欺骗消费者，以达到销售的目的。

4. 保险条款晦涩难懂

目前，中国的保单条款基本上都是由国外的保单直接翻译而来，国际各大保险公司在纷纷进入中国市场的同时，也带来各国的行业标准和惯例。但由于社会环境、文化背景等不同，保单条文比较晦涩、拗口，并使用大量专业术语，很容易因为理解不同产生保险纠纷，这在一定程度上阻碍保险产品的销售及普及。

5. 保险产品未贴近百姓需要

虽然中国保险产品品种比较齐全，数量也很多，但是中国保险企业的自主开发能力明显不强。长期以来，中国人寿保险产品简单模仿甚至是照抄国外的东西，不仅生冷晦涩的翻译让人感觉很别扭，而且翻译的国外产品经常会在中国市场上出现水土不服的现象，很难满足人民群众日益增长的保险需求。

(三) 完善中国商业人寿保险对策

针对上述问题，本文建议政府及保险公司应公布鼓励政策、采取相应措施，推动中国个人商业养老保险的发展和普及，充分发挥个人商业养老保险作为养老保障系统第三支柱的补充作用。

1. 加强宣传力度

让人们认识到个人购买商业养老保险不仅仅为自己的老年生活增添一份可靠的资金来源，更是一种抵御通货膨胀的理财方式。

2. 制定相应的税收优惠政策

个人购买商业养老保险也可以采取递延纳税的方法。在国外，这种产品非常畅销，极大地鼓舞居民个人购买商业养老保险的积极性，增强自我保障能力。

3. 进一步完善保险营销机制

加强对营销员的保障制度、加大长期激励制度，将营销员的考核以业绩为主改变为考核业绩与考核销售质量并重的方式，如凸显保单的契撤比率、退保率、二次达成、三次达成、十三个月继续率等质量考核指标。

4. 推进保险行业条款标准化

可以成立专项工作委员会，从与消费者关系最紧密的产品着手，以制定"行业示范条款"或"标准条款"为主要内容，推进保险行业条款标准化工作。标准条款有利于消费者理解产品，也有利于减少理赔纠纷、节约消费者法律诉讼成本。

5. 开发适合中国国情及百姓需要的保险产品

过去我们借鉴国外保险产品开发的经验，在一定程度上促进中国大陆保险业的发展。然而随着保险业在中国的发展，我们应当从过去主要依赖于国际经验的做法，过渡到在借鉴国际经验的同时密切结合中国大陆的实际情况，对保险产品进行自主创新，满足中国广大消费者的需求。

五 结语

改革开放以来，中国养老保险制度改革不断深入，在较短的时间内，运用创新思维探索出有中国特色的养老保险改革道路，初步形成养老保险制度的多层次体系框架，与国际上流行的"三支柱"养老保障理论相契合。但与企业职工养老保险相比，目前机关的养老保险改革滞后，还处在初期探索阶段。而事业单位养老保险改革2009年1月28日人保部提出在山西、上海、浙江、广东和重庆五个省市的试点，都需要进行相应的改革。当前农村养老保障仍处于"制度真空"状态，改革也势在必行。显然，由于特殊的国情当前中国的养老保险改革还是分块进行，像中国这样的从计划经济体制向市场经济体制转轨的国家，养老保险在经历家庭养老阶段、国家养老保险阶段后朝着社会养老保险阶段发展。改革的最终目标应是形成基本养老保险、补充养老保险、个人自愿储蓄养老保险等多支柱体系的社会养老保险模式。

（原载《月旦财经法杂志》2009年第17期）

新疆生产建设兵团养老保险运行机制分析

新疆生产建设兵团成立于1954年10月,由10.5万进驻新疆的人民解放军官兵集体转业,同时汇集来自全国各地的大中专生、支边青年和复员军人组建而成。它是党政军企社合一的特殊组织,也是我国境内唯一一支屯垦戍边的半军事化力量。新疆生产建设兵团在屯垦戍边、维护祖国统一方面发挥着难以替代的作用。经过50多年的建设和发展,到2007年年底共有人口258.47万人,土地面积7.43万平方千米,形成了农、工、商、文、教、卫、科研、金融和服务业等门类齐全、结构完整、实力雄厚的联合体。兵团能够取得如此的成就是与它自身的特殊体制分不开的。尤其是它的社会保障体制在很大程度上维持了兵团人员的稳定和社会的发展。

一 新疆生产建设兵团养老保险制度的特殊性

经过近半个多世纪的发展,新疆生产建设兵团的养老保险制度不但使团场离退休职工能够安享晚年生活,而且逐渐形成了一套既不同于城镇养老保险制度又不同于农村养老制度的、有鲜明特色的兵团养老保险制度。兵团养老保险制度的特殊性是与其自身特殊结构分不开的,可以说正是兵团这个组织本身的特殊性造就了兵团养老保险制度的特殊性。

(一)广覆盖面,高参保率

兵团可以被视为一个以农业生产为主的大型国有农场。与我国其他大型国有企业一样,兵团较早就建立了养老退休制度,1954—1966年,兵团初步建立了社会保障制度,按照国家《劳动保险条例》的要求,由国家统一规定保险福利待遇,企业对职工生活一包到底,对职工的生、老、病、死、残承担无限责任并最终由国家兜底。1993年全兵团企业已初步建立了职工个人缴纳基本养老保险金的制度。1998年兵团已经开始实行了统账结合的养老保险筹资模式。1999年初步实现从师局级社会统筹向省级社会统筹的过渡。

经过近半个世纪的发展，兵团养老保险始终保持较高的参保率。尽管相对于国有企业而言兵团的养老保险的参保率并未达到100%（参保率均为70%以上），但兵团又与一般国有企业不同。一方面，这个大型国有企业涉及范围广，覆盖人员包括工农商学兵各个领域，可以等同于一个地方政府；另一方面，它主要的支柱产业是农业，人口的绝大多数是从事农业生产的职工。从工作性质而言与农民没有区别，但却能够保障这些从事农业生产的职工在退休之后也能享受到养老保险带来的好处。保障农民能够享受到养老保障是我国养老保障需要解决的重点也是难点问题，可以说兵团养老保险在这个方面取得了较好的成就。截至2007年年底，全兵团共有77.12万人参加基本养老保险，44.87万离退休人员养老金及时足额发放，发放率达到100%，离退休人员社会化管理服务率达98%。①

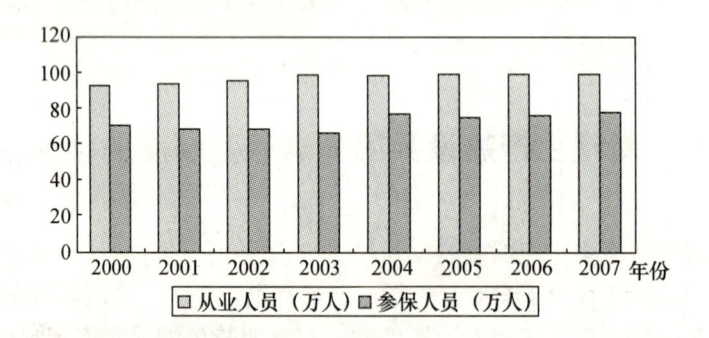

图1 2000—2007年兵团参加养老保险人数

资料来源：根据《新疆生产建设兵团统计年鉴》(2000—2007) 整理。

（二）特殊的筹资方式

新疆生产建设兵团的养老保险筹资方式也有其独特性。《新疆维吾尔

---

① 李慧娟：《新疆兵团社会保障问题的若干思考》，《辽宁行政学院学报》2008年第2期。

自治区地方国有农场参加基本养老保险社会统筹实施办法》第四条规定："地方国有农场从事农业生产的单位，其职工个人缴费可根据生产和收入分配特点，采取与承包的土地、草场面积及饲养的牲畜数量等相挂钩（折算成现金收入）的办法核定缴费基数。"第五条规定："从事农业生产的单位，缴费方式可采取按年审核，按月、按季或按收获季节缴纳。"兵团养老保险缴费的这种特殊性也是与其自身有密切关系的。兵团是个半军事化的组织，团场职工种植的农业产品买卖不是完全按照市场经济的要求来进行，必须在完成缴纳任务后略有结余的产品才可以按照市场经济自由买卖。而这些按照要求缴纳的产品在扣除相应成本后，有所结余的将会转变为团场职工的福利待遇及团场必要的发展资金。从某种程度而言，这些产品的部分价值也为农工的养老保险基金的缴纳奠定了物质基础。另一方面，兵团养老保险的缴费人员大多是从事农业生产的团场一线职工，由于农业职工缴费受到农业收入的影响，兵团团场农工的养老保险基金缴纳是与农业生产周期相一致的，并非按月缴纳而是在农产品取得收益时由兵团社会保障相关部门一次性扣除或根据团场具体的情况按季扣除。

尽管兵团的农工占大多数，但兵团也拥有门类齐全的其他产业，对于兵团中的非农企业职工缴纳保险费用则与我国企业职工一致。可以说兵团养老保险从建立起就有了风险共担的意识，其中更强调个人的责任。个人不但要为自己缴纳费用，而且集体缴费部分也来源于个人农产品的收益。

（三）生产资料代际转移决定养老金筹资模式

1998年兵团已经开始实行了统账结合的养老保险筹资模式，但在各种因素的作用下，在实际工作中现收现付仍然为主要的资金筹资模式。兵团建立之初，人员均为来自全国各地年龄相仿的年轻人，当时离退休人员远远小于在职人员，实行现收现付制完全可以保证离退休人员的养老问题。而且现收现付制的养老保险制度也发挥了重要的作用。其次，生产资料的代际转移为实施养老保险的现收现付制奠定了基础。新疆生产建设兵团中的非农企业职工离退休后领取养老金的方式和全国其他地方没有任何区别。但在兵团中的农工离退休后必须将拥有的生产资料即土地退还给职工所在的连队才能领取养老金。团场职工个人对土地拥有的只是一定时期（从参加工作到离退休）内的租种权，而没有像地方农民那样拥有长期承包权。他们领取的养老保险金部分来自年轻时的积累，部分也来自未来的土地收益。但早期国家对于兵团建设投入十分有限，兵团发展所需资金主要来自团场职工创造的收益。因此，兵团团场职工的养老保险主要得益于他们退出劳动市场，将劳动生产资料交由团场在职职工耕种的未来收益。在这些因素的作用下，现收现付制在兵团养老保险制度中始终占据着重要的位置。

总之，新疆生产建设兵团依据自身特色建立起来的一套包括农业和非农业人员的较为完整的养老保险制度，为兵团离退休职工的老年生活提供了一定的物质保障，解除了团场职工的后顾之忧，维护了兵团的稳定和发展。

二 新疆兵团养老保险运行机制遇到的问题

制度的实施在受到内外因素的影响，尤其是环境的改变会产生滞后效应。兵团养老保险制度在实施的一段时间内确实取得了好的效果，但是随着时代的发展，兵团养老保险制度在发展和完善过程中也产生了新问题，遇到了新的挑战。

（一）人口结构变化给养老保险带来了巨大压力

人口结构和经济增长、社会发展密切相关，人口结构的转变很大程度上也会影响制度的发展。人口结构的转变是新疆生产建设兵团养老保险首先遇到的重大问题。

1. 离退休人员集中出现，考验养老保险的支付能力

从新疆生产建设兵团的发展历程中可以看到，大量年轻的人口在行政命令的作用下，于20世纪五六十年代集中迁入新疆生产建设兵团，他们为兵团的生产建设带来了全国各地的技术和生产经验，同时提供了丰富的劳动力，为兵团的发展建设贡献了自己的青春。但经过50多年的发展，作为兵团事业的第一、第二代开拓者陆续退休，普遍进入了退休高峰期，致使兵团人口出现离退休集中爆发的状况（见表1）。尤其是1998—2003年，兵团养老保险缴费人员持续减少，而离退休人员不断增多。在这六年间缴费人员减少了66901人，而离退增加了72102人，离退休人员增加的人数大于参加养老保险的人数。2003年养老保险负担系数为0.653，高于

全国平均水平 0.332 的近一倍。这种状况的出现不但加快了兵团社会老龄化的进程，而且给养老保险金的支付带来了巨大的压力。仍以 2003 年为例，2003 年年底，兵团年缴费基数为 42.80 亿元，离退休人员养老金年支出额为 30.13 亿元，养老保险企业平均缴费率为 26.39%，可见企业负担十分沉重。[①]

表 1　　　1997—2006 年兵团参加养老保险人员及离退休人员情况

	1997 年	1998 年	1999 年	2000 年	2001 年	2002 年	2003 年	2004 年	2005 年	2006 年
离退休人员（万人）	36.11	36.31	39.70	40.90	41.86	43.05	43.52	44.58	44.67	44.98
参保人员（万人）	83.16	70.14	67.57	70.35	68.47	66.95	65.73	76.50	75.51	76.30
制度赡养率	0.432	0.518	0.587	0.617	0.660	0.682	0.653	0.583	0.592	0.589

资料来源：《兵团统计年鉴》(1997—2006)。

2. 人口自然增长率过低，劳动力不足，造成养老保险制度的供给能力不足

从 20 世纪 50 年代起兵团人口死亡率开始下降，积存人口增多。而 20 世纪 70 年代中后期兵团人口就开始出现持续的低增长。2005 年年底，人口出生率降为 6.38‰，自然增长率下降到 1.73‰，出生率远低于全国 5.89‰以及新疆的 11.38‰。[②] 人口自然增长率过低造成未来劳动力数量的减少，同时兵团人口老龄化持续增大，这将直接影响到未来养老保险基金的存量，导致严重的"入不敷出的资金缺口"，进而造成养老保险金的发放困难。

[①] 闫志勇：《浅谈兵团离退休人员社会化管理服务》，《新疆农垦经济》2004 年第 1 期。
[②] 刘月兰、王学华：《1945—2005 年新疆兵团人口发展特点及制约因素分析》，《西北人口》2008 年第 1 期。

表 2　　　　　兵团个别年份人口出生率、死亡率和自然增长率

	1954 年	1965 年	1975 年	1980 年	1990 年	2000 年	2005 年
出生率（‰）	29.36	53.92	24.55	12.27	11.48	9.40	6.38
死亡率（‰）	3.97	5.09	3.24	3.26	4.37	5.20	4.65
自然增长率（‰）	25.39	48.83	21.31	9.01	7.13	4.20	1.73

资料来源：刘月兰、王学华：《1945—2005 年新疆兵团人口发展特点及制约因素分析》，《西北人口》2008 年第 1 期。

另一方面，移民是兵团发展壮大的重要因素。在 20 世纪五六十年代年轻人大量集中迁入兵团，但在这 10 年后陆续出现人口大量迁出的情况。在 1991—2005 年的 14 年中总累计净迁入人口 27 万多，每年平均不到 2 万人。[①] 但这些迁入的人口中很多人并未参加养老保险。而由于条件艰苦，年轻一代兵团人也不愿意留在兵团偏远边穷的地区从事农业生产，向往到大城市发展。据现行的户籍制度的规定，兵团的农区人口迁往城镇落户，必须脱离现在承包的国有土地，作为农牧团场职工的身份资格也将被取消。这些原因使兵团青壮年劳动力流出量很大，而增加量却较少，这样参加养老保险的职工人数增长缓慢，而离退休人数却是大幅增多。每个在职者的养老负担很重，影响了养老金的积累和发放。

由于人口结构的变化，造成了兵团在职人口的较少，离退休人员的增加，出现了"食之者众，生之者寡"的局面，并且呈现日益加重的趋势，这加重了养老保险的支付负担。如果不改变现状，会使基本养老保险基金形成新的缺口，给离退休人员养老金按时足额发放带来巨大压力。

（二）养老保险制度方面的问题

1. 养老保险存在身份性空白

兵团养老保险主要针对有兵团身份的国有企业职工，《新疆生产建设兵团企业职工基本养老保险兵团级统筹试行办法》第五条明确规定："兵

---

① 刘月兰、王学华：《1945—2005 年新疆兵团人口发展特点及制约因素分析》，《西北人口》2008 年第 1 期。

团所属国有企业、集体企业、股份制和股份合作制企业、联营企业必须参加企业职工基本养老保险。"第六条规定:"列入统筹的企业为在职固定职工、合同制职工、签订劳动合同的劳动者(含农牧团场使用的劳务工)。"新疆生产建设兵团的养老保险制度是与其经济状况紧密依存的。早期兵团发展经济成分比较单一,公有经济占主导地位,非公有制经济成分很少,而团场职工也大都被分割在农业和非农业的企业中。随着经济的发展,改革开放程度的不断深入,兵团经济成分和社会人员的构成均发生了很大的变化。第一,出现了大量团场外来工,他们在兵团各种行业从事生产活动,有些人甚至在兵团扎根但却始终不是兵团的正式职工。他们就不能参加兵团社会保险。第二,兵团不景气的非农企业出现倒闭,出现了失业人口,难以继续参加养老保险。第三,长期以来,就有部分团场职工的配偶以"家属"身份存在始终不能参加兵团养老保险。据统计,截至2007年年底止,兵团99.12万从业人口还有22万余人未参加养老保险。不将这些人口纳入养老保险范围之内,一方面有悖于保险的大数原则,不利于养老保险作用的发挥;另一方面,这些未参保的人员未来养老问题将会成为一个社会问题进而影响到兵团的稳定发展。

2. 养老保险缴费负担重

在不与地方老百姓争利的原则下,根据屯垦戍边的需要建立起来的兵团的农牧团场,多处在荒漠边缘和遥远边境线上,自然禀赋差、环境恶劣、交通不便和信息闭塞,发展第二、第三产业条件不足,绝大多数团场主要是依靠农业发展。因此,兵团经济构成中农业占主导地位。在参加养老保险的人数中,团场职工占70%以上,养老保险费用收入也大多来自农业。众所周知,农业生产具有较长的生产周期,资金周转慢,而新疆农业生产是一年一季,农业收入不仅受农产品市场行情的影响,而且还受自然条件的限制,不确定性因素较多。当遇到农业歉收年景,团场职工难以缴纳养老保险费用。因此,兵团职工养老保险基金的收入受农业生产的影响变动幅度大,增长空间有限,职工工资和自治区职工年平均工资存在较大差距。2006年兵团退休人员的月平均养老金水平比新疆维吾尔自治区低152元。

另外,兵团因其特殊的组织形式,承担着多种角色,但却没有相应的财权,主要的费用来源为团场职工的农业收入,团场职工除了要缴纳必要的农产品成本费用之外，还必须缴纳与团场建设有关的费用。如现在在农村普遍取消农业"三税"的时候，兵团团场职工还得缴纳土地费或者管理费。这是兵团团场职工特别支出的一笔土地成本，团场依靠这笔收入来弥补团场办政府、办社会所带来的沉重负担。这些原因造成了团场职工经济负担重，缴费压力大，尤其是在20世纪90年代末这种情况尤为明显，1997年兵团对养老保险的欠发面平均达到47%，而同时兵团农九师对养老保险的欠发面高达74%。[①]

一些团场和企业尤其是建筑企业在效益好的情况下，也难以缴纳养老保险金的企业支付部分。大量企业尤其是团办企业的破产，一些企业下岗的工人依靠的是社会救济，很难再缴纳养老保险。即使建立了养老保险的社会统筹基金和个人积累账户，实行了兵团级的统筹，但兵团经济实力有限，大多是在"穷"帮"穷"的基础上进行，而且也存在着"贫养富"的情况。同时兵团级社会统筹调剂金的能力很弱，兵团对养老保险基金的调剂能力仅仅停留在对中央财政补助资金的分配权上，而对各师缴纳的养老保险费无任何调剂能力。2003年年底，兵团养老保险基金结余只够支付两个多月，在国际公认的弱支撑范围内。[②] 2006年兵团养老金结余只有3.3亿元，不足发放一个月的养老金。[③]

3. 基金管理不规范，保值增值难

全国各省、区、市依靠街道（社区）对离退休人员进行社会化管理服务。但兵团情况却与此不同。兵团有58个边境团场是与5个国家接壤的，守卫着2019公里的边防线，生产生活条件十分艰苦。而离退休人员居住点分散，面广，社会化管理工作难度大。又由于受特殊体制和经济环境的影响，兵团城市化、社会化进程发展缓慢，离退休人员社会化管理服务水平较低，无法依靠社区对离退休人员进行管理。长期以来，兵团的养老保险是由社保部门和劳动者所在单位共同管理。另外在一些地方保险公司也加入了管理的行列。这不仅对社会养老保险管理造成政出多门的状

---

① 曾林、王仁长：《对兵团级企业职工基本养老保险社会统筹的思考》，《新疆农垦经济》1999年第1期。

② 姬海军：《影响兵团养老保险基金平稳运行的因素及对策》，《新疆农垦经济》2004年第2期。

③ 郭桂花：《对新疆兵团社会保障基金筹集问题的思考》，《经济师》2008年第9期。

况。而且由于管理的非专门化，很容易滋生腐败行为。

尽管兵团较早实施了农牧团场职工的离退休制度，但当时的情况和现在的养老保险在保障范围，保障水平上始终存在较大差别。再加上原来的积累不足，在养老保险基金始终存在很大的缺口，尽管国家给予一定的补助，但由于兵团养老保险负担始终很重，每年基金结余十分有限，基金保值困难。由于受到通货膨胀、物价上涨及利率变动的影响，养老金存在贬值的可能。《新疆生产建设兵团企业职工基本养老保险兵团级统筹试行办法》第十八条明确规定：养老保险基金结余额，除预留相当于2个月所需支付的费用以外，全部存入财务（政）专户购买国家债券。尽管国家债券投资风险小，但同时受益也较低，有限的养老保险基金投资渠道，使兵团养老保险基金增值困难。

（三）具体实施过程中存在的问题

兵团养老保险制度在具体实施过程中也遇到不少问题。首先，领导者对新出现的情况认识不足。没有意识到兵团养老保险面临的严重问题，对于扩面工作积极性不高。片面认为参加养老保险就是多交钱，增加企业负担，尤其是对于外来人员，认为外来工就是干活的，养老问题属于他们个人问题，使养老保险的扩面工作开展不顺利。

其次，由于兵团经济发展不平衡，很多地区社会保障信息化程度不高，管理方式粗放，影响养老保险的收缴和发放工作。同时由于体制等方面存在问题，一些地方挤占挪用养老保险金的情况时有发生，对养老保险基金的安全造成很大的威胁。

三 完善新疆生产建设兵团养老保险制度的建议

（一）加大转移支付力度

兵团是个特殊的组织，兵团所在的一些地方都是自然条件比较恶劣的地方，基本上无法产生什么经济效益。而兵团却身兼重任，因此，不能把兵团仅仅当成一般的经济实体来看待。尽管国家也意识到这个问题，加大对兵团的扶植力度，现在每年为兵团投资150亿元左右，但各方面的资金缺口仍然很大。在养老保险方面曾经也补偿了部分资金缺口，但随着兵团养老保险的发展，由于遇到的困难较多，现今仍有较大的缺口。为了维护兵团的稳定发展从而更好地履行相应职能，国家应加大投入力度，在财税、金融、土地和招商引资等政策上多向兵团倾斜，同时也加大对兵团养老保险的转移支付力度，确保兵团基金的及时足额支付。

（二）扩大覆盖面

兵团养老保险面临最大问题之一是，离退休人数增加，缴费人数减少。缴费人数的减少会导致缴费基数降低，缴费基数低难以负担离退休人员费，为了解决此问题不得不再提高集体和个人的缴费率，增加养老负担。但现状是无论兵团的企业还是在职职工的养老负担已经很重了。兵团要尽快通过扩大养老保险覆盖面来解决养老保险基金压力大的问题。因此，扩大养老保险覆盖面的工作是兵团养老保险的重要任务。就兵团的现状而言，养老保险不乏扩面的对象。据2007年的数据统计显示可扩入养老保险的人员高达22万人之多，其中包括在兵直和师直各个领域的短期打工者（兵团辖区内自由职业者，灵活就业人员）、来团场承包土地的外来工、团场"一家两制"[①]现象造成的未参保人员、个体工商户和私营企业主、兵团纯收益分配职工（评工计分，集体性质农场职工）。[②]为了维护团场自身的稳定和谐，也必须将这部分人员纳入兵团社会保障范围之内。在稳定兵团原有养老保险覆盖面同时必须做好扩面工作，具体应做好以下两方面的工作：

第一，社保经办机构做好服务工作。随着经济深入发展，兵团社保经办机构需转变原来的只有国有企事业单位人员参保的观念。要积极做好各方面的工作将兵团辖区范围内的各方人员都纳入养老保险的范围。首先加强对未参保人员的宣传工作，使大家有热情参加养老保险。其次，适应不同参保人群，设计不同的参保方案。同时做好对现有离退休人员养老保险的服务工作，对未参保人员形成正面激励。

第二，针对不同人群制订不同扩面方案。相关部门规范相关企业的用

---

① "一家两制"即一方为团场职工，配偶方以团场辅助用工形式出现，既未纳入职工队伍，也不参加基本养老保险的人员。

② 姬海军：《影响兵团养老保险基金平稳运行的因素及对策》，《新疆农垦经济》2004年第2期。

工制度。随着经济的发展和新型工业化建设的推进,扩大养老保险覆盖面的重点应该为非公有制企业。兵团辖区内的三资、外资及股份制企业在养老保险覆盖范围之内,个体、私营企业还未纳入,将他们纳入养老保险范围之内,同时相关部门加强对这些单位的用工监管,要求必须签订劳动合同,杜绝"有劳动,无保障"的现象。

对于外来人员,尤其是工作在兵团第一线,在农牧团场长期承包土地的外来人员。他们在兵团数量较多,参保意识较强。应该将这部分人员当作养老保险扩面工作的重点。兵团要根据他们的实际情况采取灵活多样的政策,适当降低参保门槛,将他们纳入养老保险覆盖的范围,解决他们的后顾之忧。总之,要根据实际情况,采取有效措施,将兵团未参加养老保险的人员纳入进养老保险的覆盖范围内。

(三) 增强兵团养老保险基金的缴费能力

在扩大兵团养老保险覆盖面同时,必须提高团场、企业社会养老保险基金的缴费能力,建立多层次的养老保险制度和多渠道的筹资方式。巩固由国家、集体和个人三方共同负担的基本养老保险同时,积极鼓励并支持有条件的企业在按规定参加基本养老保险的基础上为职工建立企业年金制度。重视家庭养老保险的作用,鼓励开展个人储蓄性养老保险,分散基本养老保险的风险。

另一方面,兵团各师的经济状况差距也较大,养老保险尽管已经实行了兵团级统筹,但统筹调剂的能力是很弱的,很多师的养老保险负担很重。为此社保部门要根据不同地区的实际情况,合理确定团场、企业的负担比例。可以设立统筹的"基本目标",各师根据实际情况向这个目标靠近最终达到完全统筹。

(四) 多途径确保基金保值增值

国家应根据经济发展状况对养老保险金进行实时的补贴和调节,使基本养老保险基金和个人账户在通货膨胀、物价上涨等因素影响时不致贬值过多。在遵循基金安全性、收益性和流动性基础上,国家应尽早制定统一的养老金运营方式,使基金能尽早进入市场,建立以国债为主、其他投资方式为辅的投资渠道。以多种投资方式确保养老保险基金的保值增值。兵团要建立更高层面统一的社会养老保险基金管理中心负责社会养老保险基金的运营和管理工作。同时还要积极创立适合兵团特点的社会化管理模式，加强对兵团团场、连队离退休人员的社会化管理服务工作。避免对养老保险基金管理过程中的政出多门现象。另外要加大对养老保险金的监督检查工作。财务、审计等部门要成立专门小组定期不定期开展审核检查工作，加强安全监管，确保基金的安全，保证养老保险基金的专款专用，防止被侵占和挪用的现象。

（五）其他配套措施

制度的建立和完善是个复杂的系统工程。社会保障体系中的养老保险的完善还需其他制度的多方配合和完善。兵团的养老保险制度更是这样。要加强兵团社会保障体系中的失业、医疗保障等制度的建设和完善。兵团养老保险面临的参保人数减少的问题仅仅依靠养老制度本身是无法解决的，要解决这个问题需要兵团人力资源部门做好相关的工作。另外，兵团的经济结构调整，工业结构改制等问题也必须加紧进行，多管齐下，才能真正解决问题。

新疆生产建设兵团在维护新疆的稳定团结发挥着难以替代的作用。为了继续发挥兵团的重要作用，首先必须维护兵团自身的安定和谐，养老保险制度的好坏直接关系到兵团职工的切身利益，必须予以重视。确实做好兵团离退休职工的保障工作，确保他们在为祖国贡献青春后的晚年生活能够幸福。

（原载《改革与战略》2010年第11期 作者：邓大松 蔡 霞）

新型农村社会养老保险替代率精算模型及其实证分析

一 引言

2009年9月1日,国务院发布《关于开展新型农村社会养老保险试点的指导意见》(国发[2009]32号),决定2009年在全国选择10%的县(市、区、旗)开展新型农村社会养老保险(以下简称新农保)试点,以后逐步扩大试点,在全国普遍实施,2020年之前基本实现对农村适龄居民的全覆盖,并明确提出新农保试点的基本原则为"保基本、广覆盖、有弹性、可持续"。那么,新农保制度建立起来之后,能否实现"保基本"的目标呢?这就需要测算新农保的替代率。因此,选取科学合理的方法对新农保替代率进行测算和分析,对于明确我国新农保的替代率水平、完善新农保政策以及新农保的试点推广都具有重要的意义。

替代率的种类有多种,如目标替代率(是指单个职工退休后的养老金收入与退休前一年工资收入的比率)、平均替代率(全体退休职工的人均养老金与全体在职职工的人均工资之比)、交叉替代率(退休者个人领取的养老金与在职职工平均工资的比率)等(徐颖、李晓林,2009)。本文中的新农保替代率(Replacement Rate,RR)选取目标替代率,即参保农民开始领取养老金后第一年所领取的养老金与开始领取养老金前一年农民人均纯收入的比值。

理论界对城镇职工基本养老保险和企业年金替代率的研究已经非常丰富,但对新农保替代率的研究却少之又少。其主要原因在于新农保出现的时间还不长,虽然从2003年起我国部分经济发达地区就开始自主探索具有地区特点的新农保,但到2009年9月,全国性的试点指导意见才出台。

在现有的研究中，刘昌平、谢婷（2009）运用精算方法，构建了新农保个人账户精算模型，分析个人账户养老金收入替代率的敏感性，并找出替代率的影响因素；韩俊江（2009）通过构建新农保个人账户精算模型，测算出新农保个人账户预期替代率，并分析了个人账户替代率与投资收益率的关系；陈娟（2009）在养老投资模型的基础上，探讨我国农村社会养老保险替代率，进而揭示出农村社会养老保险的养老金替代率极其低的问题，由此提出解决方案和相应的政策建议。代娜、米红（2007）推导出新农保目标替代率的计算公式，并找出了影响替代率的主要因素。总起来看，国内学者的研究大都是国发［2009］32 号文件出台之前的探索性研究或针对某地区试点探索的研究，研究还不够系统、深入。本文将根据国发［2009］32 号文件的相关规定，运用保险精算的方法，构建出新农保替代率精算模型，并对其进行实证分析，进而提出相应的政策建议。

二　新农保制度的内容与特点

要构建新农保替代率精算模型，必须首先明确新农保制度的基本情况。按照国发［2009］32 号文件的相关规定，现将新农保制度的基本内容总结如下，具体如表 1 所示。

由表 1 可以看出，新农保制度具有以下几个特点：（1）实行个人缴费、集体补助、政府补贴相结合的筹资方式，其中个人缴费，集体补助、地方政府补贴，全部记入个人账户；（2）实行基础养老金和个人账户养老金相结合的养老待遇，其中基础养老金全部由国家财政支付；（3）自愿性与强制性相结合。新农保实行自愿参保，但"老人"要领取养老金，"其符合参保条件的子女应当参保缴费"，这里含有隐蔽的强制性；（4）给付办法明确。男、女的养老金领取年龄统一为 60 周岁，具有一定的前瞻性，并且按照建立新农保制度时的参保年龄，将农村居民分为"老人"、"中人"和"新人"，分别执行不同的给付办法；（5）充分考虑到了一些动态因素，如国家依据农村居民人均纯收入增长等情况适时调整缴费档次，国家根据经济发展和物价变动等情况适时调整全国新农保基础养老金的最低标准等。

表 1　　　　　　　　　　　新农保制度的基本内容

覆盖范围	年满 16 周岁（不含在校学生）、未参加城镇职工基本养老保险的农村居民，实行自愿参保
筹资方式	实行个人缴费、集体补助、政府补贴相结合
个人缴费	个人的缴费标准目前设为每年 100 元、200 元、300 元、400 元和 500 元 5 个档次，地方可以根据实际情况增设缴费档次，由参保人自主选择档次缴费；国家依据农村居民人均纯收入增长等情况适时调整缴费档次
集体补助	有条件的村集体应当对参保人缴费给予补助，补助标准由村民委员会召开村民会议民主确定；鼓励其他经济组织、社会公益组织、个人为参保人缴费提供资助
政府补贴	地方政府对参保人缴费给予的补贴标准不低于 30 元/人/年；对选择较高档次标准缴费的，可给予适当鼓励；对农村重度残疾人等缴费困难群体，地方政府为其代缴部分或全部最低标准的养老保险费
个人账户	个人缴费、集体补助、地方政府补贴，全部记入个人账户；个人账户储存额目前每年参考中国人民银行公布的金融机构人民币一年期存款利率计息
养老金待遇	实行基础养老金和个人账户养老金相结合
基础养老金	中央确定的最低标准基础养老金为 55 元/人/月，由政府全额支付；地方政府可以根据实际情况提高基础养老金标准，对于长期缴费的农村居民，可适当加发基础养老金，提高和加发部分的资金由地方政府支出
个人账户养老金	月计发标准为个人账户全部储存额除以 139
养老金待遇领取条件	年满 60 周岁、未享受城镇职工基本养老保险待遇的农村有户籍的老年人
"老人"（≥60 岁）	不用缴费，可以按月领取基础养老金，但其符合参保条件的子女应当参保缴费
"中人"（>45 岁且<60 岁）	应按年缴费，也允许补缴，累计缴费不超过 15 年
"新人"（≤45 岁）	应按年缴费，累计缴费不少于 15 年
待遇调整	国家根据经济发展和物价变动等情况，适时调整全国新农保基础养老金的最低标准
基金管理	新农保基金暂实行县级管理，新农保工作经费纳入同级财政预算，不得从新农保基金中开支

资料来源：根据《国务院关于开展新型农村社会养老保险试点的指导意见》（国发［2009］32 号）整理而成。

三 新农保替代率精算模型

(一) 假设前提

考虑到新农保制度的特殊性，按照国发［2009］32号文件的相关规定，做出以下假设：

(1) 选取新农保在全国开始试点的年份2009年为基准年，假定"老人"、"中人"和"新人"的参保时间均为2009年。

(2) 假定参保农民在每年年初按照自己所选择的缴费标准向个人账户供款，缴费标准所处的档次不变①并且缴费不中断（这里不考虑参保农民退保、断保和提前去世等不确定因素），国家依据全国农民人均纯收入增长率每年调整一次缴费档次。

(3) 假定集体补助和政府缴费补贴在参保农民缴费的同时记入参保农民的个人账户，集体补助和政府缴费补贴的标准不变。

(4) 假定参保农民达到领取年龄后，在每年的年初按年领取养老金。

(5) 假定"老人"符合参保条件的子女都已参保，"老人"有资格领取养老金；由于"中人"补缴部分不享受政府缴费补贴，补缴的积极性必然不大，这里假定所有的中人不再补缴至15年。

(6) 假定国家根据经济发展和物价变动等情况每年调整一次全国新农保基础养老金的最低标准。

(二) 精算模型

由于"老人"的情况比较特殊，这里我们把"老人"与"中人"、"新人"分开来讨论。

(1) "老人"的新农保替代率。根据新农保政策规定，"老人"不用缴费就可以领取基础养老金。我们以 P_0 表示新农保开始实施年份（2009年）的基础养老金标准，以 Y_0 表示新农保开始实施年份上一年度（2008年）的全国农民人均纯收入，根据定义，"老人"的新农保替代率 $RR_老$ 为：

---

① 缴费档次一共分为5档，例如某个农民若选择最低档次作为缴费标准，一生中均选择最低档次缴费。

$$RR_{老} = \frac{P_0}{Y_0} \quad (1)$$

（2）"中人"和"新人"的新农保替代率。"中人"和"新人"的养老金待遇由基础养老金和个人账户养老金两部分组成。

我们以 a 表示参保农民开始缴费年龄，以 b 表示参保农民开始领取养老金年龄，以 f 表示基础养老金调整系数，以 g 表示农民人均纯收入增长率，根据上面的假定，参保农民在年满60岁时领取的基础养老金 P_1 为：

$$P_1 = P_0(1+f)^{b-a} \quad (2)$$

参保农民年满60岁时上一年度的全国农民人均纯收入 Y 为：

$$Y = Y_0(1+g)^{b-a} \quad (3)$$

因此，"中人"和"新人"的基础养老金替代率 RR_1 为：

$$RR_1 = \frac{P_1}{Y}$$

$$= \frac{P_0}{Y_0}\left(\frac{1+f}{1+g}\right)^{b-a} \quad (4)$$

根据新农保政策规定和以上假设条件，我们以 C 表示新农保开始实施年份（2009年）参保农民的年缴费标准，以 A 表示集体的年补助标准，以 T 表示政府对参保农民的年缴费补贴标准，以 r 表示新农保个人账户的年投资收益率，以 P_2 表示个人账户养老金年领取金额，以 m 表示预计的参保农民个人账户养老金平均计发年限，构建新农保个人账户精算模型（薛惠元、王翠琴，2009）。具体如图1所示。

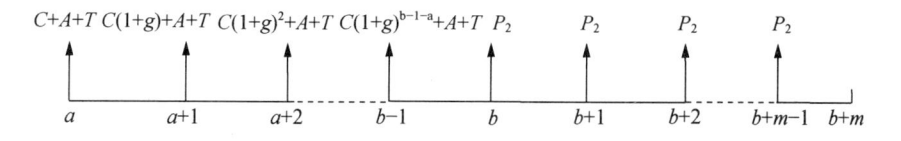

```
C+A+T  C(1+g)+A+T  C(1+g)²+A+T  C(1+g)^(b-1-a)+A+T   P₂    P₂    P₂    P₂
  ↑        ↑            ↑             ↑              ↑     ↑     ↑     ↑
  a       a+1          a+2           b-1             b    b+1   b+2  b+m-1  b+m
```

图1　新农保个人账户精算模型

参保农民开始领取养老金时（即年满60岁时）个人账户的基金积累总额 M 为：

$$M = C\sum_{i=1}^{b-a}(1+g)^{b-a-i}(1+r)^i + (A+T)\sum_{k=1}^{b-a}(1+r)^k \quad (5)$$

参保农民各年领取的个人账户养老金在开始领取养老金时（即年满60岁时）的总额现值 N 为：

$$N = P_2 \sum_{j=0}^{m-1} \frac{1}{(1+r)^j} \tag{6}$$

依据保险精算平衡原理，基金平衡时：

$$M = N \tag{7}$$

由（5）式、（6）式、（7）式，得：

$$P_2 = \frac{C \sum_{i=1}^{b-a} (1+g)^{b-a-i}(1+r)^i + (A+T) \sum_{k=1}^{b-a} (1+r)^k}{\sum_{j=0}^{m-1} \frac{1}{(1+r)^j}} \tag{8}$$

因此，"中人"和"新人"的个人账户养老金替代率 RR_2 为：

$$RR_2 = \frac{P_2}{Y}$$

$$= \frac{C \sum_{i=1}^{b-a} (1+g)^{b-a-i}(1+r)^i + (A+T) \sum_{k=1}^{b-a} (1+r)^k}{Y_0 (1+g)^{b-a} \sum_{j=0}^{m-1} \frac{1}{(1+r)^j}} \tag{9}$$

联立（4）式和（9）式，可以得到"中人"和"新人"的新农保替代率 $RR_{中新}$ 为：

$$RR_{中新} = RR_1 + RR_2$$

$$= \frac{P_0}{Y_0} \left(\frac{1+f}{1+g} \right)^{b-a} + \frac{C \sum_{i=1}^{b-a} (1+g)^{b-a-i}(1+r)^i + (A+T) \sum_{k=1}^{b-a} (1+r)^k}{Y_0 (1+g)^{b-a} \sum_{j=0}^{m-1} \frac{1}{(1+r)^j}}$$

(10)

四 新农保替代率实证分析

（一）基本参数假设

基本参数假设如表2所示。

表 2　　　　　　　　　　基本参数假设

a	b	C	A	T	Y_0	P_0	m	g	f	r
16—59	60	100—500	0	30	4761	660	11.58	5.5%	5.5%	3%

（1）开始缴费年龄与领取年龄对于"中人"和"新人"而言，开始缴费的年龄（即参保年龄）a 的取值范围为 16—59 岁，开始领取养老金年龄 b 为 60 岁。

（2）个人缴费标准、集体补助标准与政府补贴标准。假定新农保开始实施年份（2009 年）参保农民的年缴费标准 C 的取值范围为 100 元、200 元、300 元、400 元、500 元 5 个档次（这里我们不考虑地方根据实际情况增设的缴费档次）。由于我国除了少部分城乡接合部、东部经济发达地区的农村外，绝大部分地区的农村集体经济实力非常薄弱，基本上拿不出补助，因此这里不考虑集体补助的数额，假定 A = 0。假定政府对参保农民的年缴费补贴标准 T 为 30 元（这里我们不考虑地方政府对选择较高档次标准缴费的"适当鼓励"及其对农村缴费困难群体代缴的养老保险费）。

（3）农民人均纯收入增长率。这里的农民人均纯收入增长率采用名义增长率。根据国家统计局网站"国民经济和社会发展统计公报"的数据，2008 年全国农民人均纯收入 Y_0 为 4761 元，1978 年全国农民人均纯收入为 134 元，因此，改革开放 30 年以来全国农民人均纯收入的平均增长率 = $\sqrt[30]{4761/134} - 1 \approx 12.6\%$。显然，这个数据并不符合未来的发展可能。考虑到人民生活水平与经济发展水平相一致的原则，这里直接以经济增长率为农民人均纯收入增长率。根据国家统计局发布的《中华人民共和国 2009 年国民经济和社会发展统计公报》上的数据显示，2009 年我国 GDP 增长率为 8.7%。根据高盛全球首席经济学家吉姆·奥尼尔预测，2010 年中国 GDP 增长率将达 11.9%，2011—2020 年中国每年平均 GDP 增长率在 7.7% 左右，2021—2030 年为 5.5%，2031—2040 年为 4.3%，2041—2050 年为 3.5%（吉姆·奥尼尔，2009）。据此假设农民人均纯收入增长率 g 为 5.5%。

（4）基础养老金标准与个人账户养老金平均计发年限。假定新农保开始实施年份（2009 年）的基础养老金标准 P_0 为每人每年 660 元（这里不考虑地方政府提高和加发的基础养老金）；根据国发〔2009〕32 号文件的规定，个人账户养老金的月计发标准为个人账户全部储存额除以 139，因此我们得出预计的参保农民个人账户养老金平均计发年限 $m = 139/12 \approx 11.58$。

（5）基础养老金调整系数。国发［2009］32号文件的规定："国家根据经济发展和物价变动等情况，适时调整全国新农保基础养老金的最低标准。"这里假定基础养老金调整系数等于经济增长率。因此，基础养老金调整系数 f 为 5.5%。

（6）个人账户的投资收益率。目前我国新农保个人账户的投资收益率采用记账利率计算，并且参照银行同期存款利率。由于改革开放30年中国经济高速发展以及财政政策、货币政策的作用，我国的法定存款利率进行过若干次调整，特别是1997年中国经济"软着陆"之前，金融机构一直实行较高的法定存款利率，因此以历年平均年利率作为参数显然不具代表性。按照成熟的经济实践，金融机构法定存款利率一般不超过5%，基于中国经济趋于成熟的考虑，本文将新农保个人账户的记账利率假定为 3%（Yvonne Sin，2005）。

（二）实证结果分析

将基本参数假设代入（1）式，经过计算得到"老人"的新农保替代率 $RR_{老} = 13.86\%$。可以说，这一替代率水平很低，若仅仅依靠新农保，"老人"无法维持基本的生活水平。可见，家庭养老和土地保障的作用依然不容忽视。

将基本参数假设代入（4）式，经过计算得到"中人"和"新人"的基础养老金替代率 $RR_1 = RR_{老} = 13.86\%$。可见，"中人"和"新人"的基础养老金替代率是一个常数。因此，"中人"和"新人"的新农保替代率的大小主要受个人账户养老金替代率的影响。将基本参数假设代入（10）式，利用 Excel 软件，可以计算出不同参保年龄、不同缴费档次下"中人"和"新人"的新农保替代率，具体如表3所示。

根据表3的数据，对于"中人"来说，当起始（2009年）的年缴费标准为100元时，新农保替代率为14.13%—16.87%（其中个人账户养老金替代率为0.27%—3.01%）；随着缴费档次的提高，新农保替代率逐步提高；当起始的年缴费标准为500元时，新农保替代率为14.95%—26.79%（其中个人账户养老金替代率为1.09%—12.93%）。由此可以看出"中人"的新农保替代率比较低。提高"中人"的新农保替代率的方法有两种：第一，选择较高的档次标准缴费；第二，补缴养老保险费至15

表 3　　不同参保年龄和缴费档次下"中人"和"新人"的新农保替代率（%）

r = 3%

a	C = 100	C = 200	C = 300	C = 400	C = 500	a	C = 100	C = 200	C = 300	C = 400	C = 500
16	20.08	25.75	31.42	37.08	42.75	38	18.04	21.60	25.17	28.73	32.30
17	20.01	25.61	31.20	36.80	42.39	39	17.91	21.35	24.79	28.23	31.67
18	19.94	25.46	30.98	36.50	42.02	40	17.77	21.09	24.40	27.71	31.03
19	19.87	25.32	30.76	36.20	41.64	41	17.63	20.82	24.00	27.18	30.36
20	19.80	25.16	30.53	35.89	41.26	42	17.49	20.54	23.59	26.64	29.68
21	19.73	25.01	30.29	35.58	40.86	43	17.34	20.25	23.17	26.08	28.99
22	19.65	24.85	30.05	35.25	40.45	44	17.19	19.96	22.73	25.50	28.27
23	19.57	24.69	29.80	34.92	40.03	45	17.03	19.66	22.29	24.91	27.54
24	19.49	24.52	29.55	34.57	39.60	46	16.87	19.35	21.83	24.31	26.79
25	19.40	24.34	29.28	34.22	39.16	47	16.70	19.03	21.36	23.68	26.01
26	19.32	24.17	29.01	33.86	38.71	48	16.52	18.70	20.87	23.05	25.22
27	19.23	23.98	28.74	33.49	38.25	49	16.34	18.36	20.37	22.39	24.40
28	19.14	23.80	28.45	33.11	37.77	50	16.15	18.01	19.86	21.71	23.57
29	19.04	23.60	28.16	32.72	37.29	51	15.96	17.65	19.33	21.02	22.71
30	18.94	23.40	27.86	32.33	36.79	52	15.76	17.27	18.79	20.31	21.83
31	18.84	23.20	27.56	31.92	36.27	53	15.55	16.89	18.23	19.58	20.92
32	18.74	22.99	27.24	31.50	35.75	54	15.33	16.50	17.66	18.83	19.99
33	18.63	22.78	26.92	31.06	35.21	55	15.11	16.09	17.07	18.06	19.04
34	18.52	22.55	26.59	30.62	34.66	56	14.88	15.67	16.47	17.26	18.06
35	18.40	22.33	26.25	30.17	34.09	57	14.64	15.24	15.84	16.45	17.05
36	18.29	22.09	25.90	29.70	33.51	58	14.39	14.79	15.20	15.61	16.02
37	18.16	21.85	25.54	29.22	32.91	59	14.13	14.33	14.54	14.75	14.95

年。对于"新人"来说，当起始的年缴费标准为100元时，新农保替代率为17.03%—20.08%（其中个人账户养老金替代率为3.17%—6.22%）；随着缴费档次的提高，新农保替代率逐步提高；当起始的年缴费标准为500元时，新农保替代率为27.54%—42.75%（其中个人账户养老金替代率为13.86%—28.89%）。可见，对于"新人"来说，尽早开始参保、选择较高

的档次标准缴费,可以在年满60岁时获得较高的养老金替代率。

当然,以上分析是在个人账户投资收益率为3%的假设前提下。如果个人账户基金能获得更高的投资收益率,他60岁时能获得的养老金替代率将会相应提高。为了便于比较分析,这里我们假定新农保个人账户基金进行投资运营,个人账户投资收益率r=4%。在其他参数不变的情况下,重新测算新农保替代率,测算结果如表4所示。

表4　　　不同参保年龄和缴费档次下"中人"和"新人"的新农保替代率(%)

r=4%

a	C=100	C=200	C=300	C=400	C=500	a	C=100	C=200	C=300	C=400	C=500
16	21.79	28.96	36.13	43.31	50.48	38	18.73	22.88	27.03	31.17	35.32
17	21.67	28.73	35.78	42.84	49.89	39	18.56	22.55	26.53	30.52	34.50
18	21.56	28.49	35.43	42.36	49.30	40	18.39	22.21	26.03	29.85	33.67
19	21.44	28.26	35.07	41.88	48.70	41	18.21	21.86	25.52	29.17	32.83
20	21.32	28.01	34.70	41.39	48.09	42	18.02	21.51	25.00	28.48	31.97
21	21.20	27.77	34.33	40.90	47.46	43	17.83	21.15	24.46	27.78	31.10
22	21.08	27.52	33.95	40.39	46.83	44	17.64	20.78	23.93	27.07	30.21
23	20.95	27.26	33.57	39.88	46.19	45	17.45	20.41	23.38	26.34	29.31
24	20.82	27.00	33.18	39.36	45.54	46	17.24	20.03	22.82	25.61	28.39
25	20.69	26.74	32.79	38.84	44.88	47	17.04	19.65	22.25	24.86	27.46
26	20.56	26.47	32.38	38.30	44.21	48	16.83	19.25	21.67	24.10	26.52
27	20.42	26.20	31.98	37.76	43.53	49	16.61	18.85	21.09	23.32	25.56
28	20.28	25.92	31.56	37.20	42.84	50	16.39	18.44	20.49	22.53	24.58
29	20.14	25.64	31.14	36.64	42.14	51	16.17	18.02	19.88	21.73	23.59
30	20.00	25.35	30.71	36.07	41.43	52	15.94	17.60	19.26	20.92	22.58
31	19.85	25.06	30.28	35.49	40.71	53	15.70	17.16	18.63	20.09	21.55
32	19.70	24.77	29.84	34.90	39.97	54	15.46	16.72	17.98	19.25	20.51
33	19.55	24.47	29.39	34.31	39.23	55	15.21	16.27	17.33	18.39	19.45
34	19.39	24.16	28.93	33.70	38.47	56	14.95	15.81	16.66	17.51	18.37
35	19.23	23.85	28.47	33.09	37.70	57	14.69	15.33	15.98	16.62	17.27
36	19.07	23.53	27.99	32.46	36.92	58	14.42	14.85	15.29	15.72	16.15
37	18.90	23.21	27.52	31.82	36.13	59	14.14	14.36	14.58	14.80	15.02

从表4可以看到，当个人账户投资收益率为4%时，"中人"和"新人"的新农保替代率达到14.14%—50.48%，其中，个人账户养老金替代率达到0.28%—36.62%。由此可见，新农保个人账户投资收益率越高，其替代率水平就越高；为提高新农保替代率，新农保个人账户养老基金应当在适当情况下进行投资运营。

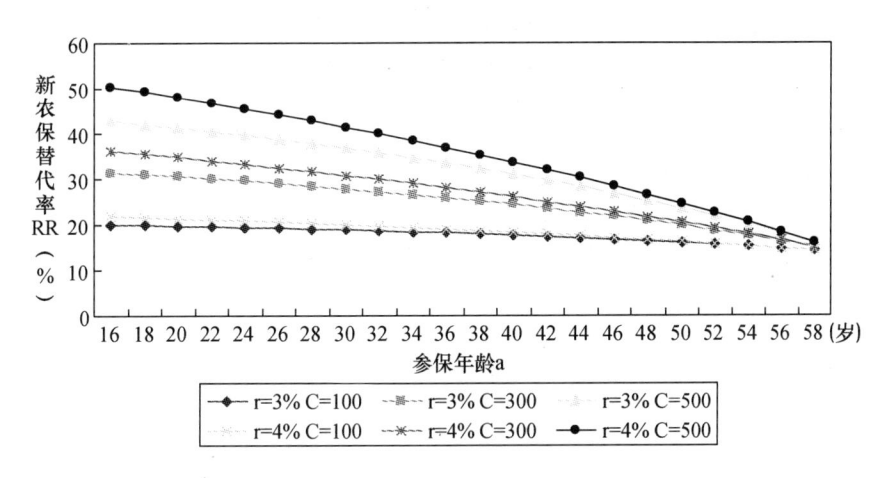

为了能直观地看到参保年龄、缴费档次、个人账户投资收益率与新农保替代率的关系，我们将表3和表4中的部分数据绘制成图形（见图2）。从图2中我们可以清晰地看到，新农保替代率与参保年龄呈负相关的关系，与缴费档次、个人账户投资收益率呈正相关的关系。因此，控制新农保替代率应主要从a、C、r这三个因素入手。

图2 参保年龄、缴费档次、个人账户投资收益率与新农保替代率的关系

五 完善新农保制度的政策建议

（一）以农民人均纯收入作为缴费基数，实行比例费率制

现行制度规定的确定若干档次作为缴费标准的办法实际上仍是过去"旧农保"的做法。这种办法其实是定额缴费制，其优点是缴费数额是整数，便于农民的理解和养老保险费的征收。其缺点是确定若干档次作为缴

费标准，缺乏调整缴费水平的自动机制。现行制度虽然规定"国家依据农村居民人均纯收入增长等情况适时调整缴费档次"，但是农民人均纯收入是每年都会增长的，若缴费档次每年调整一次会非常麻烦（本文模型中的假设实际上是理论分析中的一种理想状态，现实中很难做到），若几年调整一次，会出现个人账户养老基金的积累速度滞后于农民人均纯收入的增长速度的现象，个人账户养老金替代率将会逐渐下降。而以农民人均纯收入作为缴费基数，采用比例费率制的办法，缴费标准随着农民人均纯收入的增加自动增长，可以确保个人账户养老金替代率保持稳定。因此，比较而言，选择农民人均纯收入作为缴费基数，实行比例费率制是更优的选择。具体来说，考虑到各地经济水平和消费水平的差异，适宜选择当地上一年度农民人均纯收入作为缴费基数；由于在新农保开始实施的年份（2009年），100—500元的缴费档次占2008年全国农民人均纯收入的比重为2.1%—10.5%，因此，新农保个人缴费率应设为2%、4%、6%、8%、10%共5个档次。

（二）鼓励农民尽早开始参保并保持长期缴费

参保农民缴费时间越长，年满60岁时可以获得的养老金替代率就越高。因此，政府应鼓励农民尽早开始参保，并保持长期缴费。首先，要加大新农保的宣传力度，用"算账"的方法让农民清楚地知道早参保的好处；其次，要鼓励参保农民长期缴费，现行制度中"对于长期缴费的农村居民，可适当加发基础养老金"便体现了这一点。但是光有政策是不够的，还是需要把这项政策落到实处。

（三）鼓励参保农民选择较高的档次标准缴费

参保农民选择的缴费档次越高，新农保替代率就越高。因此，政府应鼓励参保农民选择较高的档次标准缴费。国发［2009］32号文件规定："对选择较高档次标准缴费的，可给予适当鼓励，具体标准和办法由省（区、市）人民政府确定。"可见，在制度设计时，国家已经考虑到了这一点。但是纵观各地的新农保试点，这一政策规定还只是停留在文件上，具体的实施方案还没有出台。因此，政府应加大财政投入力度，把对选择较高档次标准缴费的"适当鼓励"落到实处。

（四）新农保个人账户基金应当在适当情况下进行市场化投资运营

个人账户投资收益率越高，新农保替代率就越高。因此，可以考虑在适当情况下将新农保个人账户基金进行市场化投资运营，以提高投资收益率，进而提高新农保替代率。当前，由于新农保还处于试点起步阶段，基金积累规模较小，加之金融市场还不够成熟，现行政策对新农保基金投资方式严格限制，主要通过购买国债和存入银行增值[①]。随着新农保制度全面推行，应尽快放开管理限制，实现新农保个人账户基金市场化运营。目前，新农保基金"暂实行县级管理"，若新农保基金由县（市、区）一级机构进行投资运营，成本很高，安全难以保证，也没有规模效益。因此，非常有必要提高农保基金投资运营的层次，其基本思路为：除了预留一部分资金以备日常支付之外，各地的"新农保"管理机构作为委托人，可以将剩余的新农保基金委托给省一级的管理机构统一管理，而省一级的新农保基金管理机构可以按市场化的方式，将基金的投资管理业务委托给专业的投资管理机构或全国社会保障基金理事会，并将投资资金由商业银行进行托管（韩俊江，2009）。

（五）继续强化土地保障和家庭保障的作用

新农保的替代率水平还比较低（尤其是"老人"和"中人"），仅仅依靠新农保还无法维持基本的生活水平，因此，应继续强化土地保障和家庭保障的作用。首先，农民毕竟还拥有土地，在重视新农保的同时不应忽视土地保障的作用。具体来说，应鼓励农村土地按照依法、自愿、有偿的原则合理流转，土地流转金可以用来缴纳养老保险费（即"土地换社保"），也可以直接用于养老。其次，中国几千年家庭养老文化传统仍然根深蒂固，农村家庭保障仍然具有不可替代的重要地位，在推进新农保实现养老社会化的同时，必须充分关注家庭保障和家庭养老文化建设（林义，2009）。在制度设计上，"新农保制度实施时，已年满60周岁、未享受城镇职工基本养老保险待遇的，不用缴费，可以按月领取基础养老金，但其符合参保条件的子女应当参保缴费"这一规定，便是子女赡养老人的捆绑式缴费模式。当然，这一模式是正确的，应该予以长期坚持。

（原载《经济管理》2010年第5期　作者：邓大松　薛惠元）

[①] 参见《关于进一步防范农村社会养老保险基金风险的紧急通知》（劳社部函［2004］240号）。

新型农村社会养老保险制度推行中的难点分析

——兼析个人、集体和政府的筹资能力

2009年9月4日,国务院办公厅发布《国务院关于开展新型农村社会养老保险试点的指导意见》(国发〔2009〕32号),标志着我国农村社会养老保险制度建设进入了一个崭新时期,这在中国社会保障发展史上具有里程碑的意义。新型农村社会养老保险(以下简称新农保)是党中央、国务院做出的继取消农业税、农业直补、新农合、农村低保等政策之后的又一项重大惠农政策,是国家朝着促进社会公平、破除城乡二元结构、逐步实现基本公共服务均等化的一个重大步骤。新农保制度是一项宏大的社会系统工程,其在推行过程中不可能一帆风顺,会遇到各种各样的问题。本文试对新农保制度推行中的难点进行分析,并提出相应的对策建议。

一 新农保制度设计的特点

与原来已开展以个人缴费为主、完全个人账户农村社会养老保险(以下称老农保)相比,新农保制度主要有以下两个特点:

(一)实行个人缴费、集体补助、政府补贴相结合的筹资办法,地方财政对农民缴费进行补贴,即"补入口"

国发〔2009〕32号文件规定,"参加新农保的农村居民应当按规定缴纳养老保险费。缴费标准目前设为每年100元、200元、300元、400元和500元5个档次,地方可以根据实际情况增设缴费档次。参保人自主选择档次缴费,多缴多得";"有条件的村集体应当对参保人缴费给予补助,补助标准由村民委员会召开村民会议民主确定。鼓励其他经济组织、社会公益组织、个人为参保人缴费提供资助";"地方政府应当对参保人缴费

给予补贴，补贴标准不低于每人每年30元；对选择较高档次标准缴费的，可给予适当鼓励；对农村重度残疾人等缴费困难群体，地方政府为其代缴部分或全部最低标准的养老保险费"。从文件中可以看出，在缴费环节，地方财政对农民进行补贴，个人缴费、集体补助和地方政府补贴全部进入农民养老保险个人账户。

（二）实行基础养老金和个人账户养老金相结合的养老待遇，国家财政全额支付最低标准基础养老金，即"补出口"

国发〔2009〕32号文件规定，"养老金待遇由基础养老金和个人账户养老金组成，支付终身"，"中央确定的基础养老金标准为每人每月55元"，"政府对符合领取条件的参保人全额支付新农保基础养老金，其中中央财政对中西部地区按中央确定的基础养老金标准给予全额补助，对东部地区给予50%的补助"，"地方政府可以根据实际情况提高基础养老金标准，对于长期缴费的农村居民，可适当加发基础养老金，提高和加发部分的资金由地方政府支出。个人账户养老金的月计发标准为个人账户全部储存额除以139（与现行城镇职工基本养老保险个人账户养老金计发系数相同）"。从文件中可以看出，最低标准基础养老金待遇（55元/人/月），在中西部地区，中央财政全额补贴，在东部地区由中央财政和地方财政各负担50%；而对于提高和加发部分的基础养老金由地方财政负担。

为了能更清晰地看到中央财政和地方财政对新农保的补贴情况，我们绘制成表格，如表1所示。

新农保的这两个显著特点，强调了国家对农民老有所养承担的重要责任，明确了政府资金投入的原则要求，这是与老农保仅靠农民自我储蓄积累的最大区别。这种国家财政补贴下的"基础养老金+个人账户"模式在农村推广有其积极意义。

其一，国家财政全额支付最低标准基础养老金，有利于实现新农保"保基本"的目标。中央财政对中西部地区按中央确定的基础养老金标准给予全额补助，对东部地区给予50%的补助，地方政府可以根据实际情况提高基础养老金标准。这样，无论在发达地区还是贫困地区，无论集体经济组织有无能力补助，同一地区参保农民将来领取的基础养老金水平是相同的，体现了国家对农村养老保险制度的基本责任，体现了新农保制度的基本性、公平性和普惠性。

表1　　　　　　　　国家财政对新农保的补贴情况

环节	补助对象		中央财政	地方财政
缴费环节（入口）	参保农民养老保险个人账户	普通缴费群体	不补	补贴（≥30元/人/年）
		选择较高档次标准缴费的群体	不补	补贴（≥30元/人/年+适当鼓励）
		缴费困难群体	不补	补贴（≥30元/人/年+100元/人/年的部分或全部）
给付环节（出口）	最低标准基础养老金（55元/人/月）	中西部地区	补助100%	不补
		东部地区	补助50%	补助50%
	提高和加发部分的基础养老金		不补	补助100%

其二，地方财政对农民缴费实施补贴，有利于实现新农保"广覆盖"的目标。从农村当前情况看，不少地方的农村集体经济组织实际上没有多少能力对参保农民进行补助。部分农民个人缴费也有一定困难。地方财政对所有参保农民给予缴费补贴，对农村重度残疾人等缴费困难群体代缴部分或全部最低标准的养老保险费，对选择较高档次标准缴费的农民给予适当鼓励，并且地方财政补贴直接进入参保农民的养老保险个人账户，这有利于调动农民参保的积极性。

其三，通过基础养老金和个人账户相结合的模式，有利于实现新农保"可持续"的目标。基础养老金和个人账户相结合的模式，有利于解决农民养老保险关系转移的难题[①]。个人账户随人转移，账户资金存量与增量随人转移。这是制度设计中坚持个人账户制的一个重要原因。

二　新农保制度推行中的难点分析

新农保制度在推行中可能会遇到地方政府筹资难、经办管理服务难、基金管理难、参保意识维持难、制度衔接难等问题，分析破解这些难题成为新农保制度推行中的当务之急。

---

① 林义：《破解新农保制度运行五大难》，《中国社会保障》2009年第9期。

(一) 地方财政筹资难

根据国发〔2009〕32号文件的规定，新农保基金由个人缴费、集体补助和政府补贴组成，其中政府补贴包括中央财政补贴和地方财政补贴。因此，从融资的角度来讲，新农保基金筹集的主体包括了个人、集体、中央财政和地方财政[①]。下面我们利用2008年全国人口、财政等方面的数据，分别对个人、集体、中央财政和地方财政的筹资能力做出分析。

其一，个人有能力缴费。根据国发〔2009〕32号文件规定，目前个人缴费标准设为每年100元、200元、300元、400元和500元5个档次，地方政府还可以根据实际需要增设档次，由农民根据自身情况自主选择缴费。这里我们对新农保个人缴费数额与2008年农民人均纯收入做一下比较，具体如表2所示。

总体来看，2008年我国农民人均纯收入为4760.6元，最低档次的个人缴费标准（100元/年）占2008年农民人均纯收入的比重仅为2.10%，这一比例远低于企业职工基本养老保险的个人缴费比例8%，农民完全可以负担得起；最高档次的个人缴费标准（500元/年）占2008年农民人均纯收入的比重为10.50%，这一比例对大多数农民来说有点高。

分地区来看，2008年农民人均纯收入最高的为上海11440.3元，如果按最低档次100元/年缴费，缴费额占农民人均纯收入的比重仅为0.87%；如果按照最高档次500元/年缴费，缴费额占农民人均纯收入的比重也只有4.37%。可见，发达地区和收入较高的农民不仅完全有能力参加新农保，而且还可以选择较高档次的缴费标准。2008年农民人均纯收入最低的为甘肃2723.8元，如果按最低档次100元/年缴费，缴费额占农民人均纯收入的比重为3.67%；如果按照按最高档次500元/年缴费，缴费额占农民人均纯收入的比重为18.36%。可见，贫困地区和低收入的农民也有能力参加新农保，不过适宜选择档次较低的缴费标准。

由此可见，最低档次个人缴费标准（100元/年）比较低，除对家境非常不好的农民（如农村低保户、重度残疾人等）产生一定压力外，全国绝大多数农民都可以负担得起。

[①] 郑秉文：《新农保在试点过程中可能存在五大问题》，http://www.cnss.cn/new/bjzm/xjj/200910/t20091014_243226.htm。

表2　　　　个人缴费数额占2008年农民人均纯收入的比重

地区	农民人均纯收入（元）	最低档个人缴费标准占农民人均纯收入的比重（%）	最高档个人缴费标准占农民人均纯收入的比重（%）	地区	农民人均纯收入（元）	最低档个人缴费标准占农民人均纯收入的比重（%）	最高档个人缴费标准占农民人均纯收入的比重（%）
上海	11440.3	0.87	4.37	河南	4454.2	2.25	11.23
北京	10661.9	0.94	4.69	海南	4390.0	2.28	11.39
浙江	9257.9	1.08	5.40	安徽	4202.5	2.38	11.90
天津	7910.8	1.26	6.32	重庆	4126.2	2.42	12.12
江苏	7356.5	1.36	6.80	四川	4121.2	2.43	12.13
广东	6399.8	1.56	7.81	山西	4097.2	2.44	12.20
福建	6196.1	1.61	8.07	广西	3690.3	2.71	13.55
山东	5641.4	1.77	8.86	宁夏	3681.4	2.72	13.58
辽宁	5576.5	1.79	8.97	新疆	3502.9	2.85	14.27
吉林	4932.7	2.03	10.14	西藏	3175.8	3.15	15.74
黑龙江	4855.6	2.06	10.30	陕西	3136.5	3.19	15.94
河北	4795.5	2.09	10.43	云南	3102.6	3.22	16.12
江西	4697.2	2.13	10.64	青海	3061.2	3.27	16.33
湖北	4656.4	2.15	10.74	贵州	2796.9	3.58	17.88
内蒙古	4656.2	2.15	10.74	甘肃	2723.8	3.67	18.36
湖南	4512.5	2.22	11.08	全国	4760.6	2.10	10.50

资料来源：根据《中国统计年鉴》（2009）相关数据整理计算而成。

其二，集体补助在绝大部分农村地区是一句空话。农村土地集体所有，村集体在农民生产生活中具有重要地位和作用，另外，一些村集体有经营性收入。因此，有条件的村集体应该对农民参保缴费给予支持，既体现了集体的责任，也有利于调动农民的参保积极性。但是，我国除了少部分城乡接合部等地区外，绝大部分地区的农村集体经济实力非常薄弱，基本上不可能拿出补助，又由于集体补助不是硬性规定，可补可不补，因此，指望集体来进行补助的可能性不大。也就是说，在全国绝大部分农村地区，集体补助会是一句空话①。

其三，中央财政有能力负担补贴。根据国发［2009］32号文件规定，中央财政对中西部地区②按中央确定的基础养老金标准（55元/人/月）给予全额补助，对东部地区给予50%的补助；年满60周岁、未享受城镇职工基本养老保险待遇的农村有户籍的老年人，可以按月领取养老金；新农保制度实施时，已年满60周岁、未享受城镇职工基本养老保险待遇的，不用缴费，可以按月领取基础养老金，但其符合参保条件的子女应当参保缴费。这里我们将测算一下，在新农保制度"实现对农村适龄居民全覆盖"的条件下，中央财政对新农保的年补助数额。

2008年年末，我国各地区的农村人口数和60岁及以上的农村人口数如表3所示。根据文件规定，中央财政一年对东部地区基础养老金补助的数额 = Σ东部各地60岁及以上的农村人口数×55×50%×12，通过计算得出为105.7287亿元；中央财政一年对中西部地区基础养老金补助的数额 = Σ中西部各地60岁及以上的农村人口数×55×12，通过计算得出为429.3551亿元；进而可以计算出中央财政一年补贴新农保的数额为535.0838亿元（见表3）。

2008年，我国中央财政收入32680.56亿元（见表4），这样，中央财政一年补贴新农保的数额占2008年中央财政收入的比重为1.64%。由于2008年我国中央财政收入占总财政收入（61330.35亿元）的比重达53.3%，而中央财政支出占总财政支出的比重仅为21.3%。可以说是1.64%这一比例非常小，中央财政完全可以负担得起，即中央财政有能力承担新农保财政补助。

其四，地方财政筹资难。根据国发［2009］32号文件规定，地方政府应当对参保人缴费给予补贴，补贴标准不低于每人每年30元；另外，在发放环节，东部地区地方财政按中央确定的基础养老金标准（55元/人/

---

① 郑风田：《"新农保"面临的三大挑战》，http：//www.cnss.cn/new/bjzm/xjj/200910/t20091012_243138.htm。

② 按照国家政策规定，目前我国东部地区包括北京、天津、河北、辽宁、上海、江苏、浙江、福建、山东、广东和海南；中部地区包括山西、吉林、黑龙江、安徽、江西、河南、湖北、湖南；西部地区包括四川、重庆、贵州、云南、西藏、陕西、甘肃、青海、宁夏、新疆、广西、内蒙古。我国港、澳、台地区，国家在东中西部划分时，暂未将其包括进来。

表3　　　　　　　　中央财政对新农保年补助数额的测算

地区	年末农村人口数（万人）	年末60岁及以上的农村人口数（万人）	中央财政年补助数额（亿元）	地区	年末农村人口数（万人）	年末60岁及以上的农村人口数（万人）	中央财政年补助数额（亿元）
东部	22885	3203.9	105.7287	湖南	3691	516.74	34.1048
北京	256	35.84	1.1827	河南	6032	844.48	55.7357
上海	215	30.1	0.9933	安徽	3650	511	33.7260
天津	268	37.52	1.2382	山西	1872	262.08	17.2973
浙江	2171	303.94	10.0300	重庆	1420	198.8	13.1208
江苏	3509	491.26	16.2116	四川	5094	713.16	47.0686
广东	3496	489.44	16.1515	内蒙古	1166	163.24	10.7738
福建	1806	252.84	8.3437	广西	2978	416.92	27.5167
山东	4935	690.9	22.7997	宁夏	340	47.6	3.1416
辽宁	1724	241.36	7.9649	新疆	1286	180.04	11.8826
河北	4061	568.54	18.7618	西藏	222	31.08	2.0513
海南	444	62.16	2.0513	陕西	2178	304.92	20.1247
中西部	46467	6505.38	429.3551	云南	3044	426.16	28.1266
吉林	1279	179.06	11.8180	青海	327	45.78	3.0215
黑龙江	1706	238.84	15.7634	贵州	2689	376.46	24.8464
江西	2580	361.2	23.8392	甘肃	1783	249.62	16.4749
湖北	3130	438.2	28.9212	全国	69352	9709.28	535.0838

说明：(1) 本表中的年末农村人口数根据2008年人口变动情况抽样调查数据推算而成，未根据抽样误差和调查误差进行修正，也未包括现役军人数。(2) 由于无法直接获取2008年年末60岁及以上的农村人口数，这里只能进行近似计算，2008年年末全国60岁及以上的人口占14%，由于全国各地区人口年龄结构相差不大，故2008年年末各地区60岁及以上的农村人口数近似等于各地区农村人口数乘以14%。

资料来源：根据《中国统计年鉴》（2009）相关数据整理计算而成。

表4　　　　　　　　2008年国家财政收支结构

项目	中央 数额（亿元）	中央 比重（%）	地方 数额（亿元）	地方 比重（%）	全国（亿元）
财政收入	32680.56	53.3	28649.79	46.7	61330.35
财政支出	13344.17	21.3	49248.49	78.7	62592.66

资料来源：根据《中国统计年鉴》（2009）相关数据整理计算而成。

月)给予50%的补助,中西部地区不补;参保年龄段为16—59岁①,开始领取养老金的年龄为60岁。这里我们将测算一下,在新农保制度"实现对农村适龄居民全覆盖"的情况下,地方财政对新农保的年最低补贴数额(这里我们不考虑难以量化的地方政府对选择较高档次标准缴费的"适当鼓励",对农村重度残疾人等缴费困难群体的缴费补贴,以及提高和加发部分基础养老金的补贴)。

2008年年末,我国各地区16—59岁农村人口数、60岁及以上的农村人口数如表5所示。根据文件规定,在新农保制度"实现对农村适龄居民全覆盖"的条件下,东部地区地方财政年最低补贴数额=∑东部各省16—59岁农村人口数×30+∑东部60岁及以上的农村人口数×55×50%×12;中西部地区地方财政年最低补贴数额=∑中西部各省16—59岁农村人口数×30。据此可以计算出全国各地区地方财政对新农保1年的最低补贴数额,具体如表5所示。

表5　　　　各地地方财政最低补贴数额的测算与比较

地区	年末16—59岁农村人口数(万人)	年末60岁及以上的农村人口数(万人)	地方财政对新农保的年补贴数额(万元)	地方财政收入(万元)	地方财政对新农保的年补贴数额占地方财政收入的比重(%)
东部	15332.95	3203.9	1517276	180857914	0.84
上海	144.05	30.1	14255	23587464	0.06
北京	171.52	35.84	16973	18373238	0.09
天津	179.56	37.52	17768	6756186	0.26
广东	2342.32	489.44	231785	33103235	0.70
浙江	1454.57	303.94	143937	19333890	0.74
辽宁	1155.08	241.36	114301	13560812	0.84
江苏	2351.03	491.26	232647	27314074	0.85
福建	1210.02	252.84	119738	8334032	1.44
山东	3306.45	690.9	327191	19570541	1.67
海南	297.48	62.16	29437	1448584	2.03

---

① 16周岁及以上的在校学生不在新农保的参保范围之列,但由于在校学生的数量无法获取,这里忽略在校学生做粗略计算。

续表

地区	年末16—59岁农村人口数（万人）	年末60岁及以上的农村人口数（万人）	地方财政对新农保的年补贴数额（万元）	地方财政收入（万元）	地方财政对新农保的年补贴数额占地方财政收入的比重（%）
河北	2720.87	568.54	269244	9475858	2.84
中西部	31132.89	6505.38	933987	105639982	0.88
内蒙古	781.22	163.24	23437	6506764	0.36
重庆	951.4	198.8	28542	5775738	0.49
山西	1254.24	262.08	37627	7480047	0.50
黑龙江	1143.02	238.84	34291	5782773	0.59
吉林	856.93	179.06	25708	4227961	0.61
新疆	861.62	180.04	25849	3610616	0.72
宁夏	227.8	47.6	6834	950090	0.72
陕西	1459.26	304.92	43778	5914750	0.74
湖北	2097.1	438.2	62913	7108492	0.89
青海	219.09	45.78	6573	715692	0.92
四川	3412.98	713.16	102389	10416603	0.98
云南	2039.48	426.16	61184	6140518	1.00
安徽	2445.5	511	73365	7246197	1.01
湖南	2472.97	516.74	74189	7227122	1.03
江西	1728.6	361.2	51858	4886476	1.06
广西	1995.26	416.92	59858	5184245	1.15
河南	4041.44	844.48	121243	10089009	1.20
甘肃	1194.61	249.62	35838	2649650	1.35
贵州	1801.63	376.46	54049	3478416	1.55
西藏	148.74	31.08	4462	248823	1.79
全国	46465.84	9709.28	2451262	286497896	0.86

说明：（1）由于无法直接获取2008年年末16—59岁和60岁及以上的农村人口数，这里只能进行近似计算。2008年年末全国16—59岁的人口占67%，60岁及以上的人口占到14%，由于全国各地区人口的年龄结构相差不大，故2008年年末各地区16—59岁的农村人口数和60岁及以上的农村人口数近似等于各地区农村人口数乘以67%和14%。

资料来源：根据《中国统计年鉴》（2009）相关数据整理计算而成。

通过计算可以看出，全国地方财政年最低补贴数额为245.1262亿元，占全国地方财政收入的比重为0.86%。总体来看，地方财政负担并不是很重，但问题在于，由于存在地区经济发展水平与财政能力的不平衡，贫困地区地方财政支持的压力很大。具体来看，在东部，地方财政年最低补贴数额占地方财政收入的比重最低的为上海0.06%，最高的为河北2.84%，平均水平为0.84%，负担比较重的为河北（2.84%）、海南（2.03%）、山东（1.67%）和福建（1.44%）；在中西部，地方财政年最低补贴数额占地方财政收入的比重最低的为内蒙古0.36%，最高的为西藏1.79%，平均水平为0.88%，负担比较重的有西藏（1.79%）、贵州（1.55%），甘肃（1.35%），河南（1.20%），广西（1.15%）。可见，尽管中央财政对中西部进行了政策倾斜，但中西部地方财政的总体负担还是比东部重；另外，农业人口比较多的东部省份，如河北、山东、福建等财政负担也比较重，但由于其地方财政收入的总量比较大，地方财政筹资的难度还不是很大。因此，如何解决中西部贫困地区地方财政筹资难的问题将成为制约新农保制度推行的一大瓶颈。

另外，新农保财政补助在地方各级财政（省、市、县）之间该如何分担呢？省级和市级财政的情况还好一些，在县级财政中，对东部富裕县来讲也没有多大问题，但对我国中西部数百个吃财政饭的贫困县来讲，其负担之重，可想而知。越是穷的地方越与民争利，越不肯为老百姓花钱，对于一些贫困县来说，最令人们担心的是，由于县一级财政无力配套财政补助资金，将挪用农民个人账户中的钱用于当期的财政补助资金发放，形成事实上的代际供养的现收现付制。因此，如何解决地方各级财政的分担问题成为新农保制度推行中的又一大难关。

通过以上对个人、集体、中央政府、地方政府筹资能力的分析，我们可以得出以下结论：全国绝大多数农民有能力缴费，集体补助可补可不补，中央财政"不差钱"，而筹资最困难的便是地方财政，尤其是中西部贫困地区的地方财政。

（二）经办管理服务难

经办管理服务是目前县级新农保机构面临的大问题。据《2008年度人力资源和社会保障事业发展统计公报》显示，2008年年末，全国参加农村养老保险人数为5595万人，比2007年年末增加424万人。截至2009年8月底，全国有近500个县（市、区）开展了新农保的探索工作[1]。据

---

[1] 刘洪清：《农民社会养老路渐进》，《中国社会保障》2009年第9期。

试点省份陕西省农保中心提供的数据，2009年，新农保参保人数已经由2008年的160万人增长到了300万人，县级工作人员仅有四五人，服务人次比达到了1:12000；以陕西省宝鸡市陈仓区为例，陈仓区人口为60万人，农业人口就有50万人，目前陈仓区参保人数为57612人，而陈仓区的经办机构人员也就是四五个人①。虽然这样的一个比例比起珠三角等1:30000的服务人次比算不了什么，但是如果考虑到高度不发达的信息系统支撑，难度就可想而知。一位经办机人员说，他仅将纸质参保材料录入电脑就花了整整三个月。可见，新农保面临的问题同所有国家公共服务体系在农村所面临的问题是一样的：庞大的需求和微弱的服务体系支撑。如何实现新农保制度的长期有效管理，包括缴费管理、账户管理、档案管理、信息数据管理等，这是新农保制度推行中的又一大难题。

(三) 基金管理难

新农保制度在推行中，由于这个制度非常好、非常吸引人，还具有较强的激励机制，将会有相当一部分农民加入进来。由于新农保制度采用的是基础养老金加个人账户的模式，随着参保农民的增多，会形成相当庞大的缴费收入（包括个人缴费、集体补助和地方政府补贴），这些收入都将进入参保农民的养老保险个人账户，进而形成数量庞大的养老保险基金。截至2008年年末，我国农村养老保险基金累计结存499亿元，比2002年年末翻了一番还多（见图1），随着新农保制度的推广，基金积累数额还将越来越大。这些养老保险基金是农民未来的"养命钱"，基金的安全管理，有效运营，保值增值，直接关系到自愿参保的农民对新农保制度的信任和信心，一旦投资失误或管理不慎很有可能导致农民中途退保，因此管好新农保基金意义重大。目前，新农保基金暂实行县级管理。如何保证基金不被挤占、挪用呢？如此庞大且逐年增加的新农保基金该如何保值增值？单纯地存银行买国债还是像企业职工基本养老保险个人账户基金那样进入资本市场②？这将是我们马上就会遇到的难题。

---

① 张丽：《晋陕新农保"实验"》，《中国社会保障》2009年第9期。
② 在人力资源和社会保障部召开的2009年度第三季度新闻发布会上，人力资源和社会保障部新闻发言人尹成基透露，企业职工基本养老保险个人账户基金将投资资本市场。

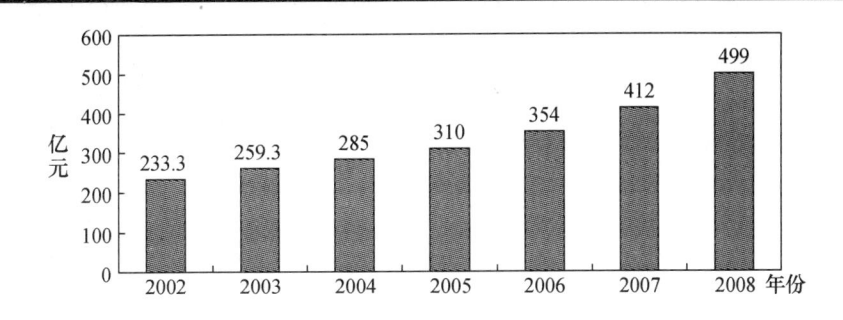

图1　2002—2008年农村养老保险基金积累数额

（四）参保意识维持难

无论是新型农村合作医疗制度，还是商业性农业保险，凡属自愿保险都必然面临如何长期维持农民的参保意愿这一难题。对于新农保制度来说，更是如此。受传统观念的影响和生存环境的限制，农民更重视眼前利益，尤其是年轻人对长期性养老保险的兴趣和热情普遍很低，对新农保制度是否维持长期缴费意愿有很大不确定性，即使参保，中途退保的可能性也很大。另外，对于个人账户基金安全和保值增值的担心，对管理绩效、服务方式的评价，对新农保制度的信任和信心指数等，都严重影响农民的参保意愿。因此，如何打消农民的顾虑，让他们感到真正受惠，并死心塌地地长期参保，是新农保制度在推行中遇到的又一大难题。

（五）制度衔接难

新农保制度在运行过程中不可避免地会涉及与老农保制度、城镇职工基本养老保险制度、农民工养老保险制度等养老保险制度的衔接，以及与被征地农民社会保障、水库移民后期扶持政策、农村计划生育家庭奖励扶助政策、农村五保供养、社会优抚、农村最低生活保障制度等政策制度的配套衔接。国发〔2009〕32号文件对新、老农保制度的衔接问题作出了明确规定，说白了，新、老农保制度的衔接就是一个财政问题，只要政府补助能到位，制度衔接不成问题。但如何实现与其他制度的有效衔接，是新农保制度运行中必须妥善解决的重大难题。

三 完善我国新农保制度的建议

（一）加大新农保的宣传力度

从上面的分析中我们知道，全国绝大多数农民客观上都具备了参加新农保的能力，他们能否参加到新农保中来主要取决于他们的主观参保意愿。新农保制度是一项重大惠民政策，但在现实中很多农民还是存有顾虑。他们对新农保有两个担心：一是交钱养老，到底安全不安全？二是交钱养老，到底值不值得？一来他们怕辛苦挣来的钱打了水漂；二来算算投入与收入，看是否划算。因此，要想吸纳农民参与到新农保中来，首先应解决农民的顾虑。要想打消农民的顾虑，首要的问题便是宣传。因此，笔者建议，目前要加大新农保的宣传力度，宣传的方式除包括电视、广播、网络、报纸、墙报、传单之外，尤其要发挥村级农保协管员的作用。要加强对村级农保协管员的培训，保证把新农保的试点办法正确无误地传达给农民，要让农民清楚地认识到新农保制度能给自己带来实惠。

（二）重构中央政府与地方政府之间的财政关系

从各级一般预算收入与支出来看，2008 年中央财政在总预算收入中占比高达 53.3%，但财政支出仅占比 21.3%（见表 4）。相应的，省级及省级以下层级政府都存在着收支缺口，地方政府都严重依赖中央财政转移支付，2008 年在地方政府财政支出中，中央财政转移支付的比例高达 41.8%[①]，在贫困地区尤其如此。农业人口占比高的省份，往往是经济总量与财政收入较少的省份。这样，在新农保制度的构建中，贫困地区地方政府就难以支付必要的保费配套补贴，从而影响新农保制度的扩展与推进。为了缓解这样的矛盾，保证贫困地区新农保制度的建立，需要重构中央政府与地方政府之间的财政关系，中央财政按照各地经济和社会发展水平的不同对养老保险的缴费补贴（30 元/人/年）予以分担，以加大对贫

---

① 根据表 4 的数据，中央财政对地方财政的转移支付占地方财政支出的比重为（49248.49 − 28649.79）/49248.49 = 41.8%。

困地区的财政支持①。具体来说，可以对各地区国家级贫困县的新农保缴费补贴予以分担，分担的标准为10元/人/年，以后视情况再作调整。

（三）合理划分地方各级财政之间的责任

由于各地区经济发展水平和财政能力不同，地方财政补贴在省、市、县三级财政的分担没有必要制定一个统一的标准。从目前试点情况来看，由于新农保的实施主体（包括方案制定、经办管理、基金管理）是县级政府，县级财政将承担重要的责任。在财政收入高、富裕的县，县级财政要多承担一些责任，省、市、县三级财政可以按1:1:2或1:1:3来分担；在财政收入低、贫困的县，县级财政可以少承担一些责任，省、市、县三级财政可以按1:1:1来分担。省、市、县三级财政的责任划分问题，各地可以先试点探索，然后由各地省级人民政府来制定。

（四）加强政策执行力，落实好各级财政补助资金

落实好各级财政补助资金是新农保制度顺利推行的关键。对此，笔者建议，第一，加强新农保财政补助政策的执行力，各级财政部门应将新农保补助资金作为财政支出的一项重点加以保证，并及时分配，及时到位②。就像温家宝总理要求的那样，"各级政府宁可少上点项目、压缩其他方面的开支，也要挤出钱来把这件大事办好"。第二，国家财政部尽快出台《中央财政新农保补助资金管理办法》，地方各级财政部门抓紧制定本地的财政补助资金管理办法，按照科学化、精细化的要求，规范补助资金预算安排、申请拨付程序和使用管理工作，为新农保制度推行提供有力保障③。第三，要加强监督力度，明确处罚程度，保证国家财政补助的部分能够不折不扣地如期兑现，或打到参保农民的养老保险个人账户中，或发到农民的手中，让参保农民真正感受到新农保制度给自己带来的实惠。

（五）完善经办管理体制，加强新农保基金的管理

新农保制度的经办管理绩效，是制度运行的关键性制约因素。目前，必须立足于统筹城乡社会保障制度构建要求，对现行基层社保经办机构进

---

① 朱俊生：《推进新农保制度的难点在地方财政》，http://www.cnss.cn/new/bjzm/xjj/200910/t20091012_243136.htm。

② 樱落：《新农保成功关键在执行力上》，《宜宾日报》2009年8月23日。

③ 财政部负责人：《支持新农保试点国家财政出重拳》，《中国劳动保障报》2009年9月11日。

行改革完善和重构。第一，建立县农村社会养老保险管理中心—乡镇劳动保障所—村级农保协管员三级管理体制，实行垂直管理。针对目前庞大的需求和微弱的新农保服务体系支撑这一矛盾，可以通过政府购买服务方式公开招聘村级农保协管员，所需经费纳入镇级财政预算。第二，加强信息化建设，建立全国统一的新农保信息管理系统。新农保制度采取个人账户的管理方式，不但意味着服务人口多，而且面临记账能否准确的问题，目前手工和半手工的经办方式效率极低，还很容易出错，因此，开发出全国统一的新农保信息管理系统，非常迫切。

现在，新农保基金"暂实行县级管理"，目前的试点也是按县级单位进行的，这样的安排也是可以理解的。但这样新农保基金就被分割到了全国2800多个县（市、区），这对新农保基金的监督管理无疑提出了更高的要求。随着新农保覆盖面的不断扩大，新农保积累的基金数额越来越多，应该考虑尽快实现省级统筹①。在新农保基金实现省级统筹以后，可以考虑新农保个人账户基金像企业职工基本养老保险个人账户基金那样，进入资本市场投资运营，以实现保值增值。

（六）探索新农保与其他制度的有效衔接机制

国发〔2009〕32号文件对新、老农保制度的衔接问题做出了明确规定，即"在新农保试点地区，凡已参加了老农保、年满60周岁且已领取老农保养老金的参保人，可直接享受新农保基础养老金；对已参加老农保、未满60周岁且没有领取养老金的参保人，应将老农保个人账户资金并入新农保个人账户，按新农保的缴费标准继续缴费，待符合规定条件时享受相应待遇"。可见，新、老农保制度的衔接就是一个财政问题，只要政府财政补贴能到位，制度衔接顺理成章。据人力资源和社会保障部新闻发言人尹成基透露，《养老保险关系转移接续办法》和《农民工参加基本养老保险办法》征求意见阶段已经结束，目前正在修改和完善，并适时出台。目前，新农保制度与城镇职工基本养老保险制度、农民工养老保险制度的衔接问题，可以暂时参照以上两个办法（草案）来执行。

至于新农保制度与水库移民后期扶持政策、农村计划生育家庭奖励扶

---

① 唐钧：《新农保基金如何保值增值是关键》，http://www.cnss.cn/new/bjzm/xjj/200909/t20090922_242872.htm。

助政策、农村五保供养、社会优抚、农村最低生活保障制度等政策制度的配套衔接，重在制度建设、技术支撑和政策执行，可以在试点实践的基础上不断探索，总结经验，逐一解决。

（七）继续强化传统家庭保障制度的重要作用

新农保制度是实现社会化养老和统筹城乡社会保障体系构建的重要方面，它使我国几千年来家庭保障的传统受到严重冲击，但家庭养老文化传统仍然根深蒂固，仍然是农村老年人最为重要的精神依托和服务保障。随着老龄化乃至高龄化趋势的发展，农村家庭保障仍然具有不可替代的重要地位，在推进新农保实现养老社会化的同时，必须充分关注家庭保障和家庭养老文化建设。在制度设计上，"新农保制度实施时，已年满60周岁、未享受城镇职工基本养老保险待遇的，不用缴费，可以按月领取基础养老金，但其符合参保条件的子女应当参保缴费"这一规定，便是子女赡养老人的捆绑式缴费模式，政府应对子女积极参保的家庭予以鼓励和补贴。

四 结语

2009年8月18日，在全国新型农村社会养老保险试点工作会议上温家宝总理要求，在国家财政困难的情况下，宁可少上点项目、压缩其他方面的开支，也要挤出钱来把这件大事办好。这充分显示了国家领导人对建立新农保制度的决心。试点才刚刚开始，困难还远不止这些，不过，我们有充足的理由相信"2020年之前基本实现对农村适龄居民的全覆盖"这一目标一定能实现！

（原载《经济体制改革》2010年第1期　作者：邓大松　薛惠元）

"高龄津贴"制度探析与我国普惠型福利模式的选择

老人社会福利的产生从根本上说是社会变迁和社会发展的结果,其中最重要的社会变迁包括:人口老龄化、工业化、家庭结构和功能的变化。而最根本的变迁乃是传统社会到现代社会的转型。虽然传统的农业社会也存在着有限的个别老人的福利设施和福利服务,但老人社会福利作为一种正式的制度安排,则是工业社会的产物。这种正式的制度安排的标志是:社会福利不单纯是民间的互助活动,而是由政府直接干预并承担相应的责任;社会福利的内容不再是满足社会成员因生存而需要的单纯的物质保障,而是为了提升老年人的精神生活和促进个人全面发展;社会福利不再是局部的、有限的慈善行为,而是一项面向全体社会成员的社会政策等。

高龄津贴,是一种兼有社会救助和社会福利性质的社会保障措施。截至2009年,中国80岁以上的高龄老人已达到1899万人,并正在以每年100万人以上的速度增长[①]。为了解决这部分老年人养老服务的资金保障问题,推动老年人社会福利由补缺型向适度普惠型发展,中国民政部提出:有条件的地区可建立困难老人、高龄老人津贴制度。

一 国内外老年津贴的实施现状

综观世界各国,除了缴费型的养老保险计划外,非缴费型的养老保障计划构成了国家社会福利体系的一部分。这种养老金保障计划以各种形式

---

① 全国老龄办:《2009年度中国老龄事业发展统计公报》,http://www.cncaprc.gov.cn/info/9196.html。

存在，如国民年金制度、国民基本养老金、老年福利制度和老年津贴制度等。本文将这种由国家财政负担，具有非缴费型和福利性质的养老金发放统称为老年津贴。

(一) 国外老年津贴

世界上发达国家的老年津贴大多有着悠久的历史。建立老年津贴制度的国家在模式选择上大部分实行普遍保障型，充分体现了国家在保障老年人基本生活的责任上更多地关注平等，比较公平地分配福利。实行收入测试，严格控制领取条件的国家更多的是为了有效地对收入低于一定水平的贫困老人进行社会救助，或避免边际效应递减而造成资源浪费。老年津贴制度的建立和迅速发展，不但实现了西方发达国家全民养老，而且由最初对贫困老年人的社会救助发展到保障老年人基本生活、不断提高老年人福利水平[①]。

1669年，法国政府颁布了世界上第一部《年金法典》，规定了对不能从事工作的老年海员发给一定的年金。尽管这一制度仅适用于海员，但作为一次小规模探索，毕竟是制度化的有针对性的老年津贴的开端。

真正意义上由国家为老年群体提供非缴费型养老金计划的第一个国家是丹麦。1891年，丹麦政府颁布《老年援助法》，引入了由地方政府管理的收入测试计划，其适用对象为60岁以上的贫困老年人。到1897年，60岁以上的老年群体几乎有1/4得到非缴费型的老年津贴给付，较好地解决了当时的老年贫困问题。以后经过三次立法调整，到目前丹麦已建立了完善的老年津贴制度。

1908年8月1日，英国议会正式批准老年补助金法。老年补助金法规定实行普遍原则和免费原则，任何英国人只要符合条件，就可以领取养老金。老年补助金法的颁布，标志着非缴费型的老年津贴制度在英国开始建立。

1905年，瑞典在议会中成立了养老问题委员会，开始着手办理社会养老立法事宜。1913年，议会通过了《国民普遍年金保险法》，开始实施针对老年人及失去劳动能力者的普遍老年津贴制度。1914年成立养老金局，负责筹措和管理养老金。1935年议会通过《国民年金保险法》，老年

---

① 凡凤林、邹莘、郭卫：《国外老年津贴制度的启示》，《中国社会保障》2009年第12期。

津贴标准依照各地生活水平不断提高。

考察国外老年津贴的发放，有以下几个特点：

(1) 历史悠久，制度建立比较完善。从《年金法典》起源的老年津贴制度在法国已经有三百余年的历史，丹麦、英国政府已实施了百余年，瑞典的老年津贴制度也有了近百年的历史，且都有专业部门依法管理。

(2) 内容丰富。世界发达国家的老龄津贴从最初的物质供给，已逐渐发展成为广泛而全面的老年福利与救济。例如，英国的老年津贴制度安排包括高龄补助、补充养老金、老年服务、住房补贴、圣诞节补贴、交通优惠等。

(3) 在社会保障体系中普遍存在。不论是由政府的财政转移支付收入提供资金来源，还是将津贴制度整合进缴费型的社会养老保险计划中，或是设立专项税收保证制度的运行，老年津贴制度在世界养老保障制度的安排中都占有重要的位置，为保障老年人的基本生活或提高他们的福利水平发挥着重要作用。

(二) 国内老年津贴

在中国香港，政府实施公共福利金计划，为严重残疾或年龄在 65 岁以上的中国香港居民，每月提供现金津贴，以应付因严重残疾或年老而引致的特别需要。中国香港的普通老年津贴为年龄在 65—69 岁而收入及资产没有超过规定限额的居民提供[1]，高额老年津贴为年龄在 70 岁及以上的人提供，自 2009 年起，每人每月金额为 1000 港元[2]。

中国香港的公共福利金计划严格限制了领取条件，只有成为香港居民最少 7 年及在申请日前连续居港最少 1 年才可以领取津贴；非法留港人士不符合这一要求。此外，如果申请人有领取该计划下的其他津贴或综合社会保障援助，则也将被排除在领取范围之外，这是为了避免津贴被一部分人重复占有[3]。

在中国台湾，当局为 65 岁以上的中低收入老人提供生活津贴，依收

---

[1] 资产限额为：单身人士不超过 171000 港元，夫妇不超过 258000 港元；每月收入限额为：单身人士不超过 6360 港元，夫妇不超过 9940 港元。

[2] 香港特别行政区政府社会福利署：《社会保障》，(2011-01-31) [2011-03-10]. http://www.swd.gov.hk/sc/index/site-pubsvc/page-socsecu/sub-socialsecurity/#SSAla.

[3] 田北海：《香港与内地老年社会福利模式比较》，北京大学出版社 2008 年版。

入分为3000元、4000元、7000元（新台币）三种，由"内政部"主管。2006年共有14.08万人领取了津贴，共计87亿元新台币。同时，在"国民"年金制度的实施中，年龄为65岁及以上的被保险人，可每个月领取2000元（新台币）的老年津贴，而不必缴纳任何费用①。

我国31个省、区、市都建立了范围和程度不同的高龄老人津贴制度，宁夏于2009年成为全国第一个建立省级统筹发放高龄老人津贴制度的省区。

我国老年津贴坚持适度普惠型的原则。"普惠主义的原则"体现在绝大多数省、市两级都将属于本地常住户口作为老年人享受老年津贴的资格条件，不分城乡。

而"适度"体现在绝大多数省市两级都将享受老年津贴的老年人年龄范围限定在最低80岁，个别省、市放宽至80岁以下。而有的地区只针对特定对象发放老年津贴，比如农村人口和城市无固定收入的人口。如山西省朔州市只对农村老年人；浙江省绍兴市只对无社会养老保险的老年居民；贵州省贵阳市只对生活半自理、不能自理的特困老人；黑龙江省双鸭山市只对无固定收入老年人。根据当地经济社会发展情况，大部分地区津贴标准为每人每月100—200元。年龄越高，津贴标准越高。对100周岁以上的老年人补贴标准最高的是天津市西青区，每人每月1000元。

二 社会福利模式的划分

1958年，威伦斯基（Wilensky）和勒博克斯（Lebeaux）在其出版的《工业社会与社会福利》一书中首次提出了著名的社会福利二分法，即"补缺型"社会福利和"制度型"社会福利。"补缺型"社会福利也称为剩余型福利，它重视家庭和市场的作用，强调依靠家庭和市场来提供个人所需的福利待遇，即只有当家庭和市场的作用失灵而难以提供个人所需的福利待遇时，国家和政府才会承担相应的责任，为社会无法自助者提供暂时性和救济性的救助。补缺型社会福利能够起到支持和防止意外的作用，

---

① 向运华：《台港澳地区社会福利体系研究》，社会科学文献出版社2010年版。

政府扮演的角色是边缘性的①。

与此相对,"制度型"社会福利则重视国家和政府的作用,为全体公民提供福利,是一种制度化的常态性社会制度。它认为国家对于个人的福利需求负有不可推卸的责任,主张依靠国家和政府通过一整套完善的法规制度体系,提供个人所需的社会福利,保障对象扩展到了社会的全体公民。

与此同时,英国学者蒂特马斯(Titmuss)也提出类似的划分标准,强调"普惠型"社会福利是一种面向全民的社会政策,旨在提升全民的福利水平。

从发展阶段来看,受不同理论流派的指引,不同时期西方的社会福利实践模式也各有特点:

(一) 家庭保障

第一个阶段是19世纪末以前,由于西方社会福利基本观念是自助观念,这就使得这个时期西方社会福利制度实践比较强调个人自助的重要地位和作用。家庭保障成为这一时期社会保障的重要内容,社会慈善机构提供的各种救助成为家庭保障的重要补充,只有在家庭保障与社会慈善救助无法满足需要时,政府才会通过济贫法等官方社会福利制度提供救助。

(二) 国家保障

第二个阶段是19世纪末到20世纪70年代初,由于西方社会占主导地位的福利观念是国家福利观念,就使得这一时期的西方社会福利制度实践十分强调国家福利的重要地位和作用,以国家为主体的各种福利制度成为这一时期西方国家社会福利制度的核心内容。国家不仅建立起完善的社会保险制度,而且建立起有效的社会救助制度,同时还建立起充分的社会福利服务制度。

(三) 社会保障

第三个阶段是20世纪70年代中期以后,在自助、互助和国家保障的社会福利观念的影响下,西方社会福利制度实践开始出现明显的变化,这就是追求社会福利制度中国家责任、社会责任与个人责任的协调和平衡,

---

① 代恒猛:《从"补缺型"到适度"普惠型"——社会转型与我国社会福利的目标定位》,《当代世界与社会主义》2009年第2期。

建立真正意义的社会保障。实现这一目标的途径是进行大规模、深层次的社会福利制度改革。于是，20世纪70年代中期以后，西方各国都开始走上社会福利制度改革的道路。这些改革措施旨在为民众提供合理的社会福利的同时，消除福利病的困扰，实现社会福利、社会经济与社会道德的全面和谐发展。

三　我国老年社会福利模式的选择

（一）我国老年福利模式受传统文化的影响

老年社会福利模式不可避免地受到文化背景的影响，在中华民族的传统文化中，对现代社会老年福利制度的形成和发展产生着影响的福利观念主要有三种：

第一，"敬老养老"的"孝文化"。"孝"文化确立了家庭在目前老年社会福利体系中的核心地位。中华民族素有"敬老养老"的优良传统，孝敬、关爱、奉养老人的观念成为建立家庭的坚实基础，并在社会中奉行不渝。"孝"文化成为中华民族的基本伦理准则，并受到政府的推崇，家庭也成为养老的核心。

另外，《中华人民共和国宪法》第四十九条规定，"父母有扶养教育未成年子女的义务，成年子女有赡养扶助父母的义务"；《中华人民共和国老年人权益保障法》第十条则规定："老年人养老主要依靠家庭，家庭成员应当关心和照料老年人。"从上述法律条文的规定可以看出，目前由政府承担养老责任的仅仅是无经济来源、无劳动能力、无法定赡养人与抚养人或赡养人与抚养人没有赡养、抚养能力的"三无"老人。

第二，"自强、自立、自尊"的生活信念。《易经》中一句"天行健，君子以自强不息"成为很多中国人为人处世的信条。"自强、自立、自尊"的传统救助观使公民对政府在老年社会福利方面的责任普遍不持太高的期望，也使得补缺型的福利模式在社会中并未过多地受到来自社会的否定。在中华民族的传统社会文化中，人们的求助行为是谨慎的，也是比较消极的。中国自古就有"贫者不食嗟来之食"、"道不外求"的警示格言。从一定意义上讲，这种传统的救助观念是农业社会自给自足的生产与生活方式的产物。随着社会条件的变迁，尽管越来越多的民众意识到社会因素是造成贫穷的主因，但是绝大多数市民仍将解决贫困问题的责任归咎于自身，往往倾向于通过自己的力量去解决问题，认为应该依靠自身的努力和奋斗摆脱困境，而不是依赖政府或社会。在这样的观念影响下，市民对政府社会福利的期待通常不会太高[①]。

第三，守望相助的互助文化传统。中华民族的传统文化提倡人与人之间的互助精神，促进了社会对老年福利责任的分担，从而减轻了政府的福利责任。与人们消极的求助行为相比，人们的助人行为往往是积极主动的，再加上对雷锋、白求恩等一系列先进事例的宣传，使得"全心全意为人民服务"、"助人为乐"、"团结友爱、互帮互助"等道德行为占据了主流意识形态领域。久而久之，人与人之间的互助也就成为一种普遍的、自觉的行为。政府大力倡导的奉献精神，使得社会各界形成了"定点扶困"、"牵手工程"、"关爱工程"、"温暖工程"等多种多样的互助形式，让越来越多的老年人享受到了来自社会或社团组织的福利关爱，在一定程度上也分担了政府的社会福利责任。

（二）我国老年福利模式受具体国情的影响

中国的人口老龄化过程大致可分为三个阶段：第一阶段为1990—2000年，中国人口由成年型向老年型转变；第二阶段为2000—2020年，这时中国将变成典型的老年型人口的国家；第三阶段为2020—2050年，这一阶段将是中国人口老化的严重阶段。令人担忧的是，在中国人口总体老化的同时，老年人口内部也在不断老化，80岁以上老人占老龄人口的比重不断增大，将从2005年的10.2%上升到2050年的22.8%[②]。中国人口老龄化趋势见表1。

为了估算适度普惠型老年津贴在我国实施的可行性，本文对财政能力进行了估算，以中央政府和地方政府的财政实力共同负担每人每月150元为例，本文分别测算了为80岁以上高龄老人提供津贴和为60岁以上老人

[①] 王思斌：《我国适度普惠型社会福利制度的建构》，《北京大学学报》（哲学社会科学版）2009年第3期。

[②] 全国老龄办：《2009年度中国老龄事业发展统计公报》，http：//www.cncaprc.gov.cn/info/9196.html。

表1　　　　　　　2000—2050年中国人口老龄化趋势

年份	总人口（中位方案）(亿)	60岁以上 人口(中位方案)(亿)	60岁以上 占总人口比例(%)	65岁以上 人口(中位方案)(亿)	65岁以上 占总人口比例(%)	80岁以上 人口(中位方案)(亿)	80岁以上 占总人口比例(%)
2000	12.70	1.31	10.31	0.91	7.17	0.14	1.10
2010	13.76	1.73	12.57	1.15	8.36	0.21	1.53
2020	14.72	2.45	16.64	1.74	11.82	0.30	2.04
2030	15.24	3.55	23.29	2.44	16.01	0.43	2.82
2040	15.43	4.09	26.51	3.24	21.00	0.64	4.15
2050	15.21	4.38	28.80	3.32	21.83	1.00	6.57

资料来源：根据中国人口信息研究中心《中国人口老龄化趋势》相关数据计算而成，详见http://www.cpirc.org.cn/tjsj/tjsj_cy_detail.asp?id=1421。

提供津贴[①]。

结合人口预测至2050年的同期数据，我们将同期预测财政收入状况，在此我们借用ARIMA模型。ARIMA模型在经济预测过程中既考虑了经济现象在时间序列上的依存性，又考虑了随机波动的干扰性，对于经济运行短期趋势的预测准确率较高，是应用比较广泛的方法之一。

我们在1978—2009年GDP原始数据的基础上，采用ARIMA模型首先预测2010—2050年GDP数额，由于经济基数的增加，GDP的增长速度逐渐下降。然后通过1978—2009年财政收入和GDP的数据，建立财政收入与GDP的线性回归模型，并对模型参数进行调试，得出2010—2050年财政收入的预测值。财政收入的增长速度与GDP的增长速度基本一致。假设为80岁以上的高龄老人每人每月提供150元的高龄津贴，2010年政府财政补贴数额占财政收入的比重为0.58%，此后一直递减，至2050年该比重只有0.35%（见表2）。由此得出，在2010年国家以80岁为享受高龄津贴的年龄标准，当年财政总投入约为378亿元，绝对数额低于未来年份，但占财政收入的份额却高于未来年份，随着时间的推移，国家的财力不断增强，对高龄津贴的财政投入占国家财政支出总额的比例将不断降低。国家每年

[①] 为了计算简单，本测算没有扣除已经享有养老金、五保及老年福利院供养待遇的老人，也暂时没有考虑老年津贴的实施将减少社会救助的支出和其他养老保障制度的持续作用。

投入不到1%的财政收入在中国建立普惠型的高龄津贴，将所有的国民纳入国家养老保障体系，其对社会稳定和发展的意义不言而喻。

表2　　2009—2050年财政收入及财政对高龄津贴的支持能力预测（80岁以上）

预测年份	GDP（亿元）	GDP增速（%）	财政收入（亿元）	财政收入增速（%）	财政补贴（亿元）	财政补贴占财政收入之比（%）
2009	324222.11	12.78	57280.71	13.13	—	—
2010	366469.86	13.03	64927.55	13.35	378	0.58
2020	807523.86	5.84	144758.30	5.90	540	0.37
2030	1332830.93	4.45	239838.90	4.48	774	0.32
2040	1972200.50	3.12	371750.20	3.27	1152	0.31
2050	2600382.30	2.01	512853.10	2.14	1800	0.35

同时，本文还测算了若以60岁为享受老年津贴的年龄标准，财政年补贴2010年将约为3114亿元，占财政收入比重的4.8%，负担较大。即使到了2050年，仍维持在财政收入的1.5%以上（见表3）。作为体现完全公共财政责任的非缴费型老年津贴制度必须是适度水平的，因为我国现阶段的经济发展水平还达不到较高水平的普惠型的福利，否则不但对财政形成难以承受的压力，而且将产生负激励。同样，老年津贴的水平也不能太低。

表3　　2009—2050年财政收入及财政对老年津贴的支持能力预测（60岁以上）

预测年份	GDP（亿元）	GDP增速（%）	财政收入（亿元）	财政收入增速（%）	财政补贴（亿元）	财政补贴占财政收入之比（%）
2009	324222.11	12.78	57280.71	13.13	—	—
2010	366469.86	13.03	64927.55	13.35	3114	4.80
2020	807523.86	5.84	144758.30	5.90	4410	3.05
2030	1332830.93	4.45	239838.90	4.48	6390	2.66
2040	1972200.50	3.12	371750.20	3.27	7362	1.98
2050	2600382.30	2.01	512853.10	2.14	7884	1.54

另外，我国高龄津贴的适度性还体现在地区差异。目前各地区出台的相关政策文件绝大部分都是在省级层面上颁布，以政府文件或是地方法规、规章的形式发布，因为各省、区、市的经济社会发展情况不尽统一。我国目前的国情决定了全国高龄津贴制度水平的层次高低不同，反映在实际的操作中，广东省深圳市为本地户口80岁以上老人提供津贴为每人每月200元，而西藏自治区拉萨市为本地户口80岁以上老人提供津贴为每人每年300元。

以上实证分析说明了我国的高龄津贴制度必须坚持适度普惠型的原则，兼有制度性的常规性和补缺型的救济性。同时，应严格发放高龄津贴的资格条件，可以借鉴香港的财产审核制度。

四 完善适度普惠型的"高龄津贴"制度的相关思考

(一) 明确政府的主体地位

为实现全民老有所养的国家既定目标，需要建立完善覆盖全民的养老保障体系。在缴费型的养老保险制度模式不能对非就业群体和无任何养老保障的老年人进行有效覆盖的情况下，政府应借鉴国外养老保障制度的建设经验，建立非缴费型的福利性养老保障计划，以实现养老保障制度的全民覆盖并保证老年人的基本生活。使所有国民的养老保障权益得到实现和保障，维持基本的生存正义，是政府义不容辞的责任，随着经济社会的发展，不断提高老年人的福利待遇将是未来的发展目标。同时，政府作为养老保险基金监管机构，承担着筹集、运营、给付的角色，应积极履行职能。在制度发展初期，高龄津贴担负着一部分社会救济的职能，旨在维持困难老年群体的基本生活，随着社会和经济的发展，高龄津贴将成为政府提高全民福利水平的一项有力措施。

(二) 引导民众的正确认识

在目前的老年社会福利体系中，家庭与个人仍然承担着第一线的功能，个人责任和家庭责任有强化的倾向。老年人从社会救助对象变为公民社会福利权的当然享有者，民众对政府的福利期望应该有所提高，对老年社会福利的参与需求及参与程度应有所提升。

（三）鼓励企业积极承担社会责任

企业发展离不开社会，回报社会是企业应尽的责任。关爱社会弱势群体，关注社会慈善事业，为共建和谐社会，企业应积极承担社会责任。可以利用税收优惠政策等鼓励企业热心捐助老年公益事业、老年福利事业，同时拓展服务领域，办好"夕阳红"产业。

（四）完善社会福利机构和慈善事业

由于目前我国老年社会福利公共支出水平还较低，根据社会保障水平曲线发展理论，城市老年社会福利公共支出水平有较大的上涨空间，老年社会福利事业有着广阔的发展前景，在扩大养老保险覆盖率的同时，社会福利机构和慈善机构在其中能发挥更为重要的作用。社会服务机构应当在服务实施与政策咨询方面承担更多的责任。

高龄津贴，对于解决高龄老人基本生活问题，提高高龄老人的生活质量起着重要作用。目前，应按照"低标准、广覆盖、保基本、多层次、可持续"的总体要求，创新高龄老人福利制度模式，健全养老保障服务体系，建立保障高龄老人基本生活需求的长效机制，推进适度普惠型老年福利模式发展，使广大高龄老人的基本生活得到保障，不断提高高龄老人的生活质量，构建和谐社会。

［原载《东北大学学报》（社会科学版）2011 年第 3 期　作者：邓大松　吴振华］

社会保障制度风险：以新型农村养老保险为例

从风险管理的角度来看，社会保障就是为实现特定的经济社会目标依托公共权力、利用公共资源和公共组织，帮助人们处理生活风险，进行风险预防、风险转移和风险补偿，改变风险的分布、调节风险的强度、控制或利用风险效应的一系列举措。然而，社会保障制度是一个复杂的系统，与各类经济社会要素相互联系，受各类经济社会制度制约，存在发展方向错误、产生不利后果、无法达成目标的可能性，即社会保障制度本身也存在着制度风险。为规避制度风险，须全面了解制度的有效性和适应性，明确制度的事实依据与价值基础。

2009年9月国务院颁布《关于开展新型农村社会养老保险试点的指导意见》（简称《指导意见》，新型农村养老保险简称新农保），此后，新农保试点工作迅速启动，已有大量文献从新农保实施的经济社会条件、财政支付能力、农民缴费能力等方面考察了其事实依据。新农保作为一项重大的民生工程，在制度的制定和执行中，共识的形成和理念的凝聚至关重要，无法回避价值判断，迫切需要全面的规范分析来回答"应该怎样完善和发展新农保制度"。本文首先通过对新农保的规范分析，呈现新农保制度完善和发展所应处理的规范性问题，揭示新农保制度的目标与特征，其次根据新农保的事实依据和价值基础，揭示其制度风险，最后围绕新农保制度的核心目标，讨论制度风险的规避。

一 规范分析：新农保制度的目标与特征

新农保制度制定、执行与发展完善应摆事实、讲道理，进行科学分析和广泛讨论，而摆事实，讲道理本身就是一个逐步澄清的过程。规范分析与实证分析之间最大的不同在于它不回避价值判断的争议；相反，它的意义在于把争议性问题充分暴露出来，逐步减少对价值判断的依赖，使决策尽可能多地依赖事实依据。新农保制度的完善与发展对规范分析的依赖主要体现在如下几个方面：

首先，只有把新农保放在整个经济社会大背景中才能认识和理解新农保制度的本质特征和重要意义，才能把握制度变革的根本方向。价值判断是人的情感对于周遭情况的也即对于外在世界的和他自己生理方面的反应①。由于对制度背景的刻画和阐述包含着人们对周遭环境的基本态度，因此，通过规范分析呈现人们基本的价值判断成为理解制度的重要一环。

其次，新农保制度推广和完善过程中要处理各类经济社会变量，需要对各类证据进行评估。凡属被认为真实的以经验为依据的表示"是"的陈述性说明无不有赖于社会上明确认为我们"应该"接受那种表示"是"的说明的一致意见②。通过揭示经验性证据的价值基础，使各类价值判断具体、明确，从而有利于保持基本原则和价值取向的逻辑一贯性，避免决策的随意性。

最后，新农保制度的发展既需要有科学依据又需要充分反映人们的愿望和要求。通过规范分析尽可能地区分决策所依赖的价值判断和事实依据，从而有利于科学决策与民主决策的统一。掌握尽可能多的事实，对其进行加工处理以获得帮助决策的信息的过程属于科学分析，而交由人们权衡取舍的过程则属于公共选择的民主决策。《指导意见》确立了新农保低水平起步，政府主导与农民自愿相结合的渐进发展路径，以个人（家庭）、集体、政府合理分担责任的基本政策取向，以保障农村居民老年基本生活为核心目标的总体制度框架。制度的发展完善将围绕着参保范围、个人缴费、集体补助和政府补贴、基金管理与监督、待遇水平与资格条件、经办管理、制度衔接等具体问题展开。

事实依据反映客观历史条件对制度的制约作用，价值基础反映人们的价值观念在制度目标选择和确定制度发展方向中的主导作用。新农保的筹

---

① ［奥］米塞斯：《经济学的最后基础》，夏道平译，（台北）远流出版公司1991年版，第62页。

② ［英］马克·布劳格：《经济学方法论》，石士钧译，商务印书馆1992年版。

资标准与保障程度受到农民收入水平与经济发展水平的制约，确定低水平起步的制度渐进发展路径，一方面是我国整体经济发展水平不高、农民收入水平较低的现实要求；另一方面也反映了在农村实现老有所养并能不完全依赖新农保制度，家庭和土地仍然是重要的养老资源，从而降低了对新农保制度保障水平的要求。但是，在既有的经济条件下，只要承受较高的养老保障经济社会成本仍能实现较高的保障水平，社会养老替代家庭养老和土地保障也是经济社会发展的客观要求和社会保障制度建设的基本动力，因此，低水平起步并不是由经济发展水平和农民收入水平被动地决定的，而是有着制度选择的价值观念支撑，较低的养老保障经济社会成本有利于制度较快地铺开，低水平起步反映了制度覆盖优先于实现制度目标的价值取向，在我们并不了解经济社会各方面的承受能力时，低水平起步也反映了逐步提高保障水平的稳健态度。

　　解决老有所养问题是政府义不容辞的职责，各国有不同的实践，其中最主要的差别在于政府责任的实现形式。新农保工作的政府主导反映了政府制度建设的重要职责，政府对养老问题的参与和干预说明政府不再把养老问题看作个人或家庭的事务而是当作社会问题来处理。新农保制度建设与农民的利益息息相关，必须考虑农民的愿望和要求，开拓农民的表达渠道是回应农民愿望和要求的重要前提，但这依赖一系列的政治体制和社会体制改革，试点先行具有制度实验的性质，通过试点发现和解决问题能够摆脱制度设计对体制改革的过分依赖，农民参与的积极性和主动性能够反映农民对制度的满意度和支持度。我们并不能排除农民短视或理性不足影响参保的情况，需要通过宣传教育等多种手段消除农民短期内的不理解，但即使参保后，农民的不理解、不支持仍然是个重大问题，宣传教育甚至说服工作丝毫不能松懈，做在前面比做在后面要好。在当前监督管理水平有限的情况下，坚持农民自愿原则，农民通过不参加或退出"投反对票"，是制度供给者与实施者关心农民想法、吸纳农民意见并不断改善制度的重要压力和动力。坚持农民自愿原则实际上是承认当前状况下选择是最好的表达。

　　新农保基金筹集采取个人缴费、集体补助与政府补贴三方分担的方式。实行个人账户基金积累使社会养老的社会经济成本明晰化，社会养老负担直接体现为个人账户的缴费负担，从而产生遏制养老保障水平超出经济社会承受能力。个人缴费与养老待遇的密切关联激励农民积极缴费，参与基金的管理和监督，在缴费环节的集体补助和政府补贴也是调动集体组织和地方各级政府关注基金安全、参与基金管理和监督的重要因素。个人缴费能力、集体经济水平和各级政府的财政负担能力是个人缴费水平、集体补助与政府补贴水平的重要决定因素。解决农民养老问题不仅使农民个体受益，而且产生积极的经济社会效果，农民个体、集体组织和各级政府能够分享到相应的经济和社会利益，利益分享不仅是三方缴费的动力，而且符合利益分享与责任分担相对应的基本价值观念。集体补助与政府补贴中对特殊人群的优待和扶持也与各类收入分配的公平观念相联系。通过工农产品价格"剪刀差"，农业曾为工业化和国民经济发展作出了突出的历史贡献，对全体参保农民的政府补贴、基础养老金的发放等也被认为是工业反哺农业的惠农举措，反映了历史欠账应该得到补偿的价值诉求。

新农保的待遇水平由基础养老金和个人账户养老金组成，基础养老金由财政负担，受财政支付能力制约，个人账户养老金主要由个人缴费构成，个人账户养老金水平通过资本市场实现基金保值增值与国民经济发展相适应，"国家根据经济发展和物价变动等情况，适时调整全国新农保基础养老金的最低标准"则反映政府对农民保障需求的回应，有效保障是其价值基础。参保资格和养老金待遇领取资格主要是处理与其他社会养老制度的协调问题，各类制度的制度覆盖、制度衔接和农民的制度参与状况是进一步明晰资格条件的重要依据，建立覆盖城乡居民的社会保障体系是其总的目标和原则。

总之，新农保制度的保障农村老年居民基本生活的核心目标及低水平起步与渐进发展路径、多方分担的筹资机制等基本特征都具有较为坚实的事实依据和价值基础。然而，新农保制度尚处在试点起步阶段，各项具体措施尚在进一步调整过程中，其内部运行机制与外部经济社会要素的协调不可能一蹴而就，不能忽视其制度风险。

二　制度风险：新农保制度建设难点

人们步入老年后，不得不逐渐退出劳动力市场，不再获得劳动收入，他们的消费只能依靠自身积累的资产、制度性的代际转移支付和家庭内部的代际转移支付。新农保制度便是为满足农民的老年基本消费提供一种制度性支撑，新农保制度实行社会统筹与个人账户相结合，因此，在新农保制度框架内农民老年消费既有制度性的代际转移支付又有农民自身的资产积累。农民没有严格的退休年龄，法律也无法规定家庭内部的代际互助形式，因此，新农保制度还必须考虑对土地保障、家庭养老的影响。新农保制度建设并不是简单地解决农民养老问题，而是要统筹考虑投资消费、资本市场、劳动投入、家庭伦理、法律法规等多种经济社会要素，在新农保实施过程中仍然存在着发展方向错误、无法达到目标、产生不利后果等的可能性，即新农保制度存在制度风险。概括来说，新农保制度的制度风险包括保障无效风险、制度分割风险、城乡断裂风险、激励扭曲风险、动态失衡风险、政治刚性风险等（见表1）。

表1　　　　　　　　　　新农保制度的制度风险

制度风险	表现形式	风险来源
保障无效风险	替代率过低	缴费能力低；基金增值能力低
制度分割风险	养老制度多却不成体系	立法层次低；部门决策
城乡断裂风险	城乡养老利益的身份性差别	城乡二元结构
激励扭曲风险	逆向选择；误导资源配置	激励机制与再分配机制的矛盾
动态失衡风险	无法适应经济社会变化	决策时滞
政治刚性风险	难以调整利益分配关系	多元政治

新农保的养老金由基础养老金和个人账户养老金两部分组成，以2009年全国平均纯收入水平的农民为例（2009年农民人均纯收入为5153元），基础养老金替代率仅为12.8%，以《指导意见》规定的最低缴费补贴标准30元计，100—500元五个缴费档次的个人账户缴费率分别为2.5%、4.5%、6.4%、8.3%和10.3%，而一个统筹区域内（一般为省级统筹）平均工资水平的企业职工，根据国务院《关于完善企业职工基本养老保险制度的决定》（国发［2005］38号）规定，其基础养老金替代率至少为15%（因为至少缴费15年），个人账户缴费率为8%，与城镇

企业职工相比，农民收入水平更低（意味着需要较高的养老金替代率才能保障基本生活）、基础养老金替代率更低（除非提高基础养老金给付水平）、除 400 元以上档次外个人账户缴费率更低（意味着在同等基金增值能力下个人账户养老金替代率更低），因此，在现有的财政补贴水平和缴费能力下，新农保的基础养老金替代率和个人账户养老金替代率均低于城镇企业职工的养老金替代率，过低的养老金替代率无法保障老年农民的基本生活。提高新农保的养老金替代率，要么提高财政补贴以提高基础养老金替代率，要么提高农民缴费档次和基金增值能力以提高个人账户养老金替代率，而财政支付能力和支出结构、农民缴费能力、资本市场效率等都由新农保制度之外的因素所决定，新农保制度面临保障无效风险。

西方福利国家的发展往往是将"那些原先设计为解决狭隘条件下和指定人群的计划被放宽限制、修订并拓宽到覆盖全民。与此同时，最初设定为接近最低生存标准线的援助水平也被放宽到符合主流社会之合理标准的水平"[1]，其社会保障体系以功能领域和问题领域作为制度区隔的标准，而我国是以解决特定人群的特定问题不断分设制度的方式扩展社会保障体系的，不同的部门针对不同的问题，具有不同的政策立场，人口群体也是制度区隔的重要标准，这种制度的碎片化不仅造成了行政管理的复杂性而且使不同群体的保障待遇参差不齐，形成身份壁垒和职业壁垒，不利于人口流动和职业转换，有损公平和效率。在新农保制度出台前，各部门、地方政府推出了老农保、农村五保供养、计划生育户养老保险、村干部养老保险、失地农民养老保险、水库移民养老保险、民办教师养老保险等各类针对特定农民群众的养老保障制度，由于立法层次低并以部门决策为主，各地养老待遇标准各不相同，不同制度之间的协调性差，甚至不同制度的保障对象有交叉重叠部分。不提高立法层次、打破部门决策，则新农保制度在实施过程中将被各地任意诠释，被其他各类养老保障制度肢解，面临制度分割风险。

新农保制度不仅解决农民养老等具体问题，而且一旦运转就是一种重要的经济社会机制，影响收入分配、阶层关系和资本市场等，新农保制度

---

[1] ．[美] Neil Gilert、Paul Terrel：《社会福利政策导论》，黄晨熹、周烨、刘红译，华东理工大学出版社 2003 年版，第 45 页。

建设应有利于打破城乡二元社会结构,促进城乡之间的物质交换、人才交流和信息沟通,让城乡居民共享发展成果。我国城市已有相对成熟的养老保险制度,而农村却有大量的人口没有被养老保险制度覆盖,新农保制度的全面推行有利于实现养老保险制度的城乡全覆盖,缩小养老保障法定权利的城乡差距。但在城乡二元结构下,城乡之间在经济资源、行政资源、组织资源上有着巨大差异,若城乡两种制度独立运行,则城乡之间的既有差距得以维持且可能扩大,防止城乡断裂不仅要求缩小城乡养老保障待遇上的差距,而且需要在组织管理和服务水平上缩小差距,城乡两种制度使得新农保制度的实施无法利用城市已较为成熟的组织管理服务系统,在城市化大背景下,大量农民工离开户籍所在地工作生活,要求在户籍所在地参加新农保,必然使大量农民工享受不到便捷的服务。在一系列城乡二元体制尚未被打破前,新农保制度面临着城乡断裂风险。

为引导青年农民积极参加新农保、长期缴费,政府除全额支付基础养老金外,还对参保人缴费给予补贴,在缴费环节的财政补贴,一方面提高了个人账户基金积累,实际上是对参保农民的转移支付;另一方面成为吸引青年农民多缴费、长缴费的重要激励因素。养老保险体系中实现收入再分配与其他转移支付系统相比具有优势:第一,组织优势:社会养老保险从费税的征收到养老金的发放都有相应的社会保障行政系统跟踪处理,转移支付操作简单;第二,伦理优势:在养老保险中实现收入再分配,只依赖征信系统,不需要家计调查,避免了家计调查中对受助人格尊严的伤害;第三,政治优势:养老保险中收入再分配只需要在受益资格条件、费税率和待遇水平上进行调整,不需要独立的财政预算支出,能够绕开许多政治纷争和政治难题。但针对所有参保人的转移支付不仅没有利用养老保险的再分配优势,反而因为没有区分贫富而缺乏针对性,降低了财政资金的使用效率。在缴费环节的财政补贴则会产生有悖于养老保险初衷的逆向选择,即收入越高的农民自我保障能力越强,却为获得更多的财政补贴选择更高的缴费档次。从投资回报的角度来看,基础养老金和缴费环节的财政补贴都可以看作农民参保缴费的回报,但这类回报并不是有效投资产生的资金增值,过多地吸引农民缴费则会使农民减少其他有效率的投资,降低资源配置效率,而当新农保基金管理能力有限,不能转换成高效率投资时,会进一步降低资源配置效率。在农民收入水平普遍不高、社会保障管理能力有限的条件下，新农保中全方位的转移支付和财政补贴可以减少信息筛选环节从而节约行政成本，有利于新农保制度迅速启动和推广，但如果长期执行这种转移支付和财政补贴，则会产生激励扭曲风险。

我们处在经济发展和社会变革的重要时期，不仅经济社会结构在以前所未有的速度变迁，而且国家政策法律制度也在不断改革中，新农保制度须进行必要的调整以与经济社会形势相适应，与相关法律制度协调，然而，从发现问题到认识问题再到采取对策有一个过程即决策时滞，制度的调整总是滞后于经济社会的变化，从而产生动态失衡风险。

新农保制度实施过程中，政府转移支付、缴费率的调整、养老金待遇、新农保基金进入资本市场甚至社会保障服务体系中的行政岗位布局等都会对利益格局产生重大影响，一种利益格局的形成是多种政治力量博弈的均衡结果，在一种政治均衡状态下，利益关系的调整十分困难，若既有的政治格局不能为改革发展提供动力，则会阻碍社会进步，一种均衡打破到形成新的均衡需要较长的时间，因此产生了政治刚性风险。政治刚性风险又会导致制度调整困难，诱发动态失衡风险。

三 风险规避：渐进整合与完善机制

新农保制度建设必须明确其发展动力和约束条件，规避制度风险。规避制度分割风险、城乡断裂风险的关键在于与其他相关制度的协调与整合；规避保障无效风险、激励扭曲风险、动态失衡风险、政治刚性风险关键在于理顺新农保制度相关的各类经济社会要素之间的关系，完善社会保障机制。

现阶段，我国农村已有多项制度性的养老保障措施，既有比较完善、相对成熟的制度也有刚刚起步的很不完善的制度，但除新农保制度外，其他制度的目标人群都十分狭隘，无法成为保障农村居民老年生活的核心制度。新农保制度虽然处于试点阶段，但总体框架已较为清晰，目标群体庞大，能够兼顾各方利益和责任，在制度模式上能与企业职工基本养老保险制度对接，在组织实施上可以随经济社会变迁而调整个人、集体与国家的责任分担，因此，新农保制度可以成为解决农民养老问题的核心制度安排。一旦确立了新农保制度在解决农民养老问题上的基础地位，就可替代具有同一目标、覆盖人群相同的制度，把目标相同或相近但针对的人群有差异的相关制度整合进来。新农保与老农保目标一致、制度覆盖人群相同，应采取完全替代的方式，除《指导意见》规定的缴费归并措施外，由于新农保制度中有缴费年限的规定，因而老农保的缴费年限也可折算、归并进新农保。失地农民养老保险、水库移民后期扶持政策、计划生育家庭养老保险或奖励扶持、农村五保供养、村干部养老保险、民办教师养老保险等制度、政策可通过资金来源、筹资方式、缴费标准和待遇水平的调整，把相关政策、制度中的尚未被城镇社会保障体系吸收的养老保障权利义务关系吸收到新农保制度中来。旧制度、旧机构的消失和新制度、新机构的运转都需要给农民和经办机构一定的适应时间，制度整合并不需要一步到位，新农保制度并不是一个独立运转的封闭体系而是可与其他制度衔接、协调的开放体系，通过制度的协调，完善制度间的转移接续，逐步排除人口流动和职业变化的阻碍因素，促进城乡之间的物质交换、人才交流和信息沟通，缩小城乡差距，不断培育制度整合的社会条件，实现渐进整合。

　　社会保障机制（西方学术语境下称为福利国家）不仅仅是一种对失衡的社会结构进行干预或矫正的机制，就其本义而言，也是一个分层化体。[1] 社会保障机制实际上就是市场机制与政府机制的融合。市场机制是以价格信息和竞争为核心杠杆，发挥分散决策优势的一种激励约束机制；而政府机制是以公共权力的运用和公共决策为核心杠杆，发挥集中决策优势的一种公共利益实现机制。新农保制度作为社会保障体系的重要组成部分，既有政府机制（财政补贴、行政管理）也有市场机制（新农保基金进入资本市场）；既要分散决策（个人缴费档次的确定）也需集中决策（集体补助与制度选择）；既有个人利益（养老待遇）也有公共利益（农业发展、社会和谐），因此，新农保制度一旦实施就是一种融合了政府机制与市场机制的重要的经济社会机制，深刻地影响收入分配、资源配置和社会关系，它并不只是简单地配合其他经济社会机制；相反，在经济转型

---

[1] ［丹麦］考斯塔·艾斯平－安德森：《福利资本主义的三个世界》，郑秉文译，法律出版社2003年版，第25页。

和社会结构调整的关键时期，它需要其他经济社会机制予以配合。

当前，在广大农村，家庭、土地和制度性保障是农民最主要的三种养老资源，无子女的五保户、子女少的计划生育户家庭养老资源相对较少，失地农民失去了土地保障，五保户、计划生育户、失地农民均有相应的专项制度给予保障或补偿，新农保制度以解决普通农户的养老问题为重点，由于养老金替代率水平较低，仍需借助家庭养老和土地保障，但随着家庭规模小型化、家庭结构核心化，新农保制度须逐渐替代家庭养老。土地保障使得老年农民向土地要收益，但老年农民从事农业经营的机会成本十分小，且受自身劳动投入和资本投入的限制，土地收益并不高，为提高农业生产率，应尽早把老年农民从土地中解放出来，新农保制度须逐渐替代土地保障。新农保制度不能被动地随家庭结构的嬗变和土地利用制度的变迁而不断调整，而应该主动地作为一种社会结构的干预和矫正机制，通过满足社会需要而引导建立促进生产率进步的制度模式，可以把各项专项制度的养老金与新农保养老金加总后的养老金替代率作为制度建设的目标替代率，通过提高养老金水平而形成需求扩张与效率提高的倒逼机制。另外，养老金替代率的提高并不完全依赖缴费率的提高和财政支出的增加，我国经济发展迅速，新农保基金参与资本市场，盘活资产，分享经济发展成果，就能获得更高的资产增值收益，从而提高个人账户养老金替代率，较高的目标替代率也能倒逼金融体制改革，促进资本市场完善和金融工具创新。

新农保制度必须构建明晰的责任机制，以防止因政治原因而随意调整制度或无法随经济社会变化改革制度。个人是老年生活风险的直接承担者，因而也是新农保制度的直接受益者，个人负有主要缴费责任，作为公民在具有民主权利的同时也有意见表达、制度选择和监督责任。但个人责任必须与个人能力相适应，首先，个人缴费受收入水平的限制，收入水平越低，被迫用于当前消费的部分越多，缴费能力越低，因此，新农保基金积累不可贪多求大，应随农村经济发展逐步提高缴费要求。其次，个人的养老决策或制度选择受知识水平的限制，为老年生活积累资产时间跨度很长，合理的决策要求具备丰富的投资理财知识，个人无法确定在参加新农保、购买年金、积累资产等方面的最优组合。最后，个人决策还受信息能力的限制，在青壮年为退休做准备涉及未来经济增长率、资本市场投资回报率、价格水平和收入水平等未知因素，由于经济社会变迁的复杂性，对这些情况的准确预测和判断几乎不可能。因此，个人虽要为选择缴费档次等个人决策负责，但其责任并不是无限的，政府可以通过提供制度框架、税收优惠和财政补贴等激励措施甚至强制性要求以减少个人决策失误。集体不仅可以根据自身经济能力，提供一定的补助，承担部分缴费责任，而且集体组织是新农保服务体系的重要组成部分，在信息收集与登记、政策宣传与解释以及政府帮扶对象的筛选与确定等方面发挥着不可替代的职能。

政府责任则具有兜底性即政府要承担个人、集体等主体无法承担的责任，首先是风险的兜底性，通货膨胀等经济风险是个人和集体无法承受的风险，政府应予以承担，政府可以以财政资金担保，建立养老金的指数化增长机制，使养老金增长与物价增长或收入增长挂钩。其次是成本的兜底性，整个养老保险占用的经济资源应是有限的，我们应知道"底"在哪儿，应注意新农保制度的经济成本与经济发展水平相适应，在个人、集体等付出相应经济代价基础上，明确动用财政资金的数量。政府责任的明晰必须处理好激励机制、养老保险机制与再分配机制之间的关系，一是新农保中的各项惠农措施应逐渐独立出来，从而使政府对农村的一般性转移支付与养老关系中的再分配区分开来，便于测算养老保险总的经济成本；二是激励农民参保应从直接的缴费补贴转到增加养老金替代率，养老金缴存和领取时的所得税减免等，从而使农民的缴费决策不偏离化解老年生活风险的根本目标，防止误导资源配置。

（原载《当代经济科学》2011年第4期　作者：邓大松　刘远风）

老吾老以及人之老
——《居家养老服务保障研究》系列丛书评介

当前，具有中国特色和区域特征的居家养老服务正在全国各地逐步推进。与实践工作取得显著进展对比，关于居家养老的研究工作却较为滞后，缺乏系统性、科学性、理论与实践相结合的学术研究成果，而研究工作的不足也制约了居家养老工作试点和发展的规范性和可持续性。

值得欣喜的是，近期由华北电力大学李双辰、胡宏伟、李兵水、段保乾等学者牵头的国内第一部系统介绍居家养老服务理论与实践的系列著作在一定程度上弥补了上述缺憾。该丛书由中国质检出版社出版，共四本，内容涵盖居家养老服务的理论、模式和政策发展，中国老年人养老和生存状况详解以及对居家养老服务需求、满意度的剖析，居家养老服务多元供给主体参与状况分析，我国居家养老服务的制度发展及制度评估。每本书之间、每本书的章节之间皆是环环相扣，结成一条以居家养老服务发展为主线，凝合老年人养老状况、养老保障、政策变革等老龄化问题的思想链，这套丛书的出版是对该领域研究的丰富和发展。

第一，丛书内容全面、论证翔实，在实践中丰富、完善假设构想。丛书之一名为《居家养老服务保障：理论、模式与政策发展》，在四本书中居于统领的位置。此书结合文献研究和政策评估的方法，系统地介绍了居家养老服务基本内涵、国内外居家养老服务模式、中国居家养老服务供求关系、法制化建设等内容，在此书的最后一章还提出应在全国范围内建立统一的、规范化的服务体系，构建一套较为规范、科学的居家养老服务评估指标体系。丛书之二名为《居家养老服务保障：专业化与政策创新》，是具体展现中国居家养老服务供给能力的一本书。在这本书中，详细介绍了居家养老服务力量来源——政府购买、非政府组织参与、产业化发展、社会工作者等专业人才队伍、大学生等志愿服务力量，让读者看到了居家养老服务发展确实存在的庞大社会力量，论证了社会化养老服务蓬勃发展的大势所趋。丛书之三名为《居家养老服务保障：养老状况与公共政策选择》，作者利用2011年全国城乡居家养老服务调查的一手数据，为读者提供了关于中国老年人养老现状、身体健康状况、心理健康状况、养老方式选择的最新消息，反映了老年人最实际、最真实的需求，充分证明了开展居家养老服务的紧迫性与重要性。丛书之四名为《居家养老服务保障：制度运行评估与公共政策发展》，承接第三本的实证研究思路，对居家养老服务需求与供给现状、居家养老服务满意度、参与度做了分析，继而结合城市化、社会保障等视角，对居家养老服务做了新的发展定位，最后又以保定市居家养老服务作为个案进行分析。

第二，丛书层次突出，详略得当。丛书的广度延及老龄化、养老服务保障和城市化、工业化、现代化等社会结构变迁；深度则细化到一个具体城市居家养老服务发展、一些特殊老年群体的生存状况；其高度将居家养老服务定位到社会保障的大范畴，同时又提出了评估指标等前瞻性的设想。

具体来讲，在广度方面，内容覆盖面很广，从理论到实践、从宏观到微观、从老年人生存状况到养老服务保障再到城市化、老龄化、工业化、现代化的社会大背景都有涉及。如前文所讲，丛书分三个层次对上述内容做了有机整合：丛书之一讲述了"什么是居家养老服务"，丛书之二从供给主体的角度讲述了"中国的居家养老服务是什么"，丛书之三、之四从实证的角度讲述了"中国老年人需要什么样的居家养老服务"。丛书主要围绕居家养老服务展开，但又不仅讲居家养老，以居家养老为基准线，对老年人权益、政府执政效率、社会管理创新进行多维思考。

在深度方面，首先表现在对保定市居家养老服务做的个案分析，丛书不仅从全国范围内宏观论述居家养老服务发展情况，还将一个具体地市作为试验田，考察其居家养老现状及服务需求，并为保定市居家养老服务体系的构建提出制度设计与财政投入总额测算，较为细致。其次，丛书中一些章节的观点分析较为透彻，如在谈及老年人的精神困境时，著者提出要提供"靶向"式的心理慰藉服务，在论述城乡养老能力对比时，著者又结合公共服务均等化的概念，提出要实现居家养老服务保障供给水平的"均等化"。

在高度方面，从四本书的名称便可以体现，丛书不仅要写居家养老服务，而且要写居家养老服务保障，将居家养老服务保障纳入社会保障的大范畴，更强调服务、权益，更凸显政府的养老责任，这在注重国家宏观调控、社会组织发展缓慢、老年人口庞大的中国尤为必要。此外，丛书还提出中国养老问题产生于城市化与老龄效应叠加的背景之下，应将居家养老服务保障战略嵌入城市化发展战略之中，可见，丛书作者既关注老龄问题，也关注民生、社会保障、经济发展等大问题。

第三，丛书分析角度独特，研究方法科学，用先进工具解决时新问题。丛书从公共政策的角度审视、分析居家养老服务发展状况，详细论证政府、公众、市场、第三方组织在居家养老服务供给过程中的关系，依照公共政策制定、执行、监控、评估乃至终结的过程，综合运用系统分析法、经济学分析法等知识评估居家养老服务的规范程度，并提出切实可行的政策建议。此外，丛书编写组还进行了全国范围内的居家养老服务调查，并对问卷数据作了科学处理，应用 Stata、SPSS 软件，基于 Logit、Probit、Multinominal Probit 等模型，针对老年人养老方式选择、养老服务需求、社会保障、商业保险与家庭养老关系、老年人就医行为等问题做了科学规范的实证分析，避免了"一语不能践、万卷徒空虚"的困境。

进入 21 世纪，中国的老龄化不断加速，养老问题成为中国稳定与发展的核心问题之一。而在现有可行的养老方式中，居家养老以其成本低、效果好、兼顾情感需要等优势，已经被国家确定为最主要的养老方式。在这样的大背景下，华北电力大学各位学者所著的居家养老服务保障系列丛书也就有更为现实的意义和长远的考量。

（原载《广西经济管理干部学院学报》2013 年第 5 期）

农民养老：支付更需公平

农村养老，关乎亿万农民福祉和利益，不是小事。早在2009年，国务院就出台了《关于开展新型农村社会养老保险试点的指导意见》，在中国广大农村区域正式推出了与城镇企业职工类似的"统账结合"的社会养老保险制度模式，简称新农保。农村社会养老制度的安排体现了党和国家对于提高广大农民老年收入水平的重视，也是满足农民养老保障需求，进而实现基本养老保险城乡一体化，消除城乡差异的现实举措之一。

基于未来养老保险城乡一体化的制度建设预期，政策将新农保的制度模式定义为和城保一致的"基础养老金＋个人账户养老金"结构，其中体现公平和互济性的新农保基础养老金设计以公共财政补贴的专项预算模式，实行非缴费型普惠制，按照统一额度计发。整齐划一的基础养老金给付标准，从表面上似乎是绝对公平的。然而，在遭遇地域经济发展不均衡和生活水平差距的现实问题时，却在事实上造成一种养老保险给付的不公平。

《指导意见》确定的新农保基础养老金的统一标准是55元/月/人或者660元/年/人，说明经济发展以及生活水平的人均纯收入在全国范围内是很不均衡的。2010年全国最高的人均纯收入在上海，是12482.9元，同期最低在甘肃省，只有2980.1元，前者约为后者的4.2倍。而评价新农保给付公平性的关键指标是基础养老金替代率水平，它恰好是基础养老金给付与人均纯收入的比值。因此，在基础养老金给付不变的前提下，人均纯收入越高的地区基础养老金的替代率水平反而越低，并且与人均纯收入呈反比例的变化趋势。这种现象的出现反映了政策的制定追求绝对的公平，却忽视了养老保险制度建设所植根的具体经济环境的差异性，从而造成了事实上的不公平。

有鉴于此，综合考虑经济因素立足于基础养老金替代率的角度，统一替代率水平才是公平性建设的正确之路。

这方面，国外关于农村社会养老保险制度的建设通常也是依赖统一的基础养老金收入替代率来实现养老保险的公平性目标的。

在美国，OASDI公共养老金制度是全国范围覆盖的基础养老金制度，其覆盖对象自然包括农民群体。联邦政府每年制定总预算，以社会保险税的形式收集养老资金，然后以统一的替代率水平对农村以及城镇群体进行发放。尽管这种基础养老金并不是一种非缴费普惠的制度，然而，它却基于差异性的公平的基础养老金制度，成为美国唯一的统驭城乡的全国范围的养老金制度。

在日本，农村社会养老保险主要是由一套双层结构（三个主要的制度）组成：国民年金制度、农业者年金制度、国民年金基金制度。这其中扮演基础养老金角色的是国民年金制度，具有全民覆盖性，它最早是以农民和自营业者群体为主而建立的制度。只是从1985年以后，这套制度被改造为全体国民共同参加的基础年金制度。国民年金制度虽然也是需要缴费的，但它的核心特点之一也是提供统一的收入替代率水平，以全体国民公平的养老金给付为目标，实现了先农村后城镇的全国一体化的养老金覆盖的效果。

我国现阶段统一替代率的主要方法可以通过改革新农保基础养老金筹资机制等手段来实现。由于中央财政在《指导意见》中已经明确了新农保基础养老金的定额给付标准，因此，不同地区农民的基础养老金收入替代率差额可以由地方财政来予以补偿，采用分层负担多方筹资的形式。具体办法是，依据中央政府的定额养老金标准，考虑全国人均收入水平以及农村经济发展等因素确定一个相应的统一的基础养老金替代率水平。以此为参照，各省、地、县根据当地的人均收入水平和中央财政的定额给付来计算当地的实际替代率水平，如果实际替代率与国家统一的基础养老金替代率水平有差距，再通过各级地方政府来进行逐级分层的财政补贴，直到当地农村的实际替代率水平达到一个全国统一的替代率标准。这样的方式既不改变新农保基础养老金的非缴费普惠的本质，又实现了农民养老保险给付的公平性，更在长远意义上为我国城乡统一的社会养老保险制度建设铺平了道路。

在政策的具体推行过程中，需要防止两种可能出现的逆向选择和道德风险行为：其一，养老金标准低的贫穷落后地区的农民向养老金标准高的富裕发达地区的趋利性流动，其连锁反应是富裕发达地区将强化户籍壁垒。其二，地方政府为逃避新农保补差责任，人为压低本地区农民人均纯收入水平数据。对于第一种情况，可采取将退休者新农保个人账户中在本地的参保缴费年限记录作为基础养老金受益资格审查条件；对于第二种情况，可通过建立、科学、准确权威的统计制度并严肃统计纪律加以防范。

（原载《光明日报》2013年7月23日　作者：邓大松　杨　东）

新型农村社会养老保险参保行为影响因素分析
——基于湖北省实地调研数据

自2009年新农保试点，农村居民的参保积极性日益提高，制度的可及性大大提升，参保范围不断扩大，但截至2012年年底，制度实行并未扩展至全国，甚至在制度已实行地区仍有符合条件的部分群体未参保。本文首先分析农村居民参保行为的影响因素，从农村居民个人基本状况、家庭状况及制度三个层面进行描述，其中是否参保设为被解释变量，影响因素设为解释变量；接着对变量进行交互分析，然后采用Logit模型对变量进行逐步回归分析并进行分群体和分模型的稳定性检验；最后得出研究结论并给出相应政策建议。

一 数据来源与研究模型

（一）数据来源

本文的数据来源于武汉大学社会保障研究中心于2011年6月受人力资源和社会保障部农村养老保险司委托进行的调查研究所获得的数据。调研地点为湖北省宜都市、仙桃市和团风县，调研目的主要是了解新农保的实施状况以及对未参保地区的现实状况。问卷涉及的问题主要有：个人基本信息、家庭收支状况、养老需求、新农保参保状况和对60岁以上的老年人的调查。此次发放问卷1200份，回收问卷1045份，回收率为87.1%，其中有效问卷992份，有效回收率为82.7%。

（二）研究模型

选取的因变量为是否参保，未参保赋值为0，参保赋值为1。本文采用Logit模型，并运用OLS检验模型稳定性。下文对Logit模型和OLS模型进行介绍。①

Logit 模型：Logit 回归分析是一种非线性的模型，它是对因变量为定性变量的回归分析，这个模型的前提是因变量必须为二元分类变量，即因变量的选项只能有 0、1 选项。具体模型的结果如下所示：

假设存在潜变量 y_i^*，实际观测变量为 y_i。

$$y_i^* = X_i\beta + v_i \quad v_i \sim N(0,1)$$

式中，$X_i\beta$ 称作指数函数。当 $y_i^* > 0$ 时，观测到 $y_i = 1$；当 $y_i^* < 0$ 时，观测到 $y_i = 0$。

$$P(y_i = 1|X) = P(y_i^* > 0|X) = P(v_i > -X_i\beta) = 1 - F(-X_i\beta) = F(X_i\beta)$$

式中，F 是 u_i 的积累分布函数。若误差项服从 logistic 分布，则为 Logit 模型，它的概率公式为：

$$P(y_i = 1|X) = E(y_i|X) = F(X_i\beta) = \frac{e^{X\beta}}{1+e^{X\beta}} = \frac{1}{1+e^{-X\beta}}$$

OLS 模型：文章涉及一个因变量和多个自变量，此种情况下，可利用多元线性回归模型进行分析，多元回归方程为：

$$y = \beta_0 + \beta_1 x_1 + \beta_2 x_2 + \beta_3 x_3 + \cdots + \beta_n x_n + \varepsilon$$

ε 为误差项，它反映了 x_1，x_2，x_3，$\cdots$，x_n，x_n 对 y 的线性关系影响之外的随机因素对 y 的影响，参数估计 β_n 表示，在其他自变量不变的情况下，自变量 x_n 一个单位的变动引起的因变量 y 的平均变动单位。多元线性回归对误差项同样有三个基本的假设：一是 $E(\varepsilon) = 0$。ε 是一个期望值等于 0 的随机变量。二是 $Var(\varepsilon) = \delta^2$。对于自变量 x_1，x_2，x_3，$\cdots$，x_n 的所有值，ε 的方差都等于 δ^2。三是 ε 服从正态分布，且相互独立。

二 农村居民参保行为的影响因素分析

（一）影响因素描述性分析

从实际经验角度来说，个人基本状况对其是否参保有重要的影响作

---

① 这部分内容主要参考王群勇《stata 在统计与计量分析中的应用》，南开大学出版社 2007 年版；杨菊华《社会统计分析与数据处理技术——stata 软件的应用》，中国人民大学出版社 2008 年版。

用。在个人层面上，选择基本人口学和社会经济特征指标：性别、年龄、受教育水平、婚姻状况、政治面貌、是否担任村干部、健康状况及是否为老年生活担忧、期望的养老方式九个变量；家庭是居民生活的主要场所，其是否参保也受家庭因素的影响，故将家庭人数和自评经济状况作为两个指标来进行分析；旧制度的福利延续作用和新制度的吸引力也是影响其是否参保的重要方面，故将其作为制度层面的重要因素来进行分析。

个人层面调查显示，58.37%的被调查者参加了新农保，70.68%的被调查者年龄在45岁以上，年龄相对较大；88.51%的被调查者为初中及以下学历，受教育水平整体偏低；88.21%的被调查者为群众，97.68%的被调查者选择在子女（孙子女）或自己家中养老，77.82%的被调查者自评健康状况为良好；34.48%的被调查者对自身年老后生活感到担忧。家庭层面调查显示：多数家庭规模较小，67.44%的被调查家庭人数在4人以下；家庭经济状况相对较差，仅9.68%的农民认为家庭经济状况为富裕。制度层面的调查显示：老农保参保率很低，仅5.95%的农民参加了老农保；95.87%的农民对新农保制度发展前景看好。如表1所示。

表1　　　　　　　　　影响因素的描述性分析

变量类型		变量名	观测值（Obs）	变量的取值与分布（%）	均值（Mean）	标准误差（Std. Dev.）
因变量		是否参保	992	0 = 未参保（41.63） 1 = 参保（58.37）	0.583669	0.493198
自变量	个人层面	性别	992	0 = 女（45.67） 1 = 男（54.33）	0.543347	0.498369
		年龄	989	1 = 45岁以下（29.32） 2 = 45—60岁（43.28） 3 = 60—75岁（19.01） 4 = 75岁以上（8.39）	2.064712	0.903131
		受教育水平	992	1 = 文盲（16.23） 2 = 小学（36.29） 3 = 初中（35.99） 4 = 高中（10.18） 5 = 大专及以上（1.31）	2.440524	0.924218

续表

变量类型		变量名	观测值（Obs）	变量的取值与分布（%）	均值（Mean）	标准误差（Std. Dev.）
因变量		是否参保	992	0 = 未参保（41.63） 1 = 参保（58.37）	0.583669	0.493198
自变量	个人层面	婚姻状况	992	1 = 已婚（96.17） 2 = 未婚（3.63） 3 = 其他（0.20）	1.040323	0.206814
		政治面貌	992	1 = 中共党员（9.58） 2 = 共青团员（2.12） 3 = 民主党派（0.10） 4 = 群众（88.21）	3.669355	0.916024
		是否担任村干部	992	0 = 未担任（95.67） 1 = 担任（4.33）	0.043347	0.203739
		健康状况	992	1 = 很好（19.66） 2 = 比较好（31.35） 3 = 一般（26.81） 4 = 比较糟（18.75） 5 = 很糟糕（3.43）	2.549395	1.105705
		是否为老年生活担心	992	1 = 很担心（14.92） 2 = 有点担心（26.01） 3 = 没有考虑过（24.60） 4 = 比较放心（26.01） 5 = 很放心（8.47）	2.870968	1.200187
		选择的养老方式	992	1 = 子女（孙子女）家中（9.88） 2 = 自己家中（87.80） 3 = 专门的养老机构（2.32）	1.924395	0.341141
	家庭层面	家庭人数	992	1 = 4人及以下（67.44） 2 = 4—6人（29.23） 3 = 7人及以上（3.33）	1.358871	0.544898

续表

变量类型	变量名	观测值（Obs）	变量的取值与分布（%）	均值（Mean）	标准误差（Std. Dev.）
因变量	是否参保	992	0＝未参保（41.63） 1＝参保（58.37）	0.583669	0.493198
自变量 家庭层面	经济状况	992	1＝很富裕（0.71） 2＝较富裕（8.97） 3＝一般（59.98） 4＝较贫困（23.19） 5＝非常穷（7.16）	3.271169	0.750416
自变量 制度层面	是否参加过老农保	991	1＝参加过（5.95） 2＝未参加过（94.05）	1.940464	0.236744
	是否看好制度发展	992	1＝很看好（26.41） 2＝较看好（46.17） 3＝一般（23.29） 4＝较不看好（3.23） 5＝很不看好（0.91）	2.060484	0.839472

（二）影响因素经验分析

该部分对变量进行交互分析、回归分析和稳定性检验。

第一，交互分析。农村居民是否参保及相关影响因素的交互分析是分析两者相关关系的重要方面，也是进行回归分析的前提。农村居民参保意愿与相关变量的交互分析结果如表2所示。

表2　　　　　　农村居民是否参保与相关变量的交互分析

单位：%

性别	是否参保		合计
	0	1	
0	35.54	64.46	100.00
1	46.75	53.25	100.00
合计	41.63	58.37	100.00

N＝992　χ^2＝12.7341　P＝0.000

续表

年龄	0	1	合计
1	50.69	49.31	100
2	36.45	63.55	100
3	40.96	59.04	100
4	37.35	62.65	100
合计	41.56	58.44	100

$N = 992 \quad \chi^2 = 15.1905 \quad P = 0.002$

受教育水平	0	1	合计
1	35.40	64.60	100.00
2	38.61	61.39	100.00
3	47.06	52.94	100.00
4	40.59	59.41	100.00
5	61.54	38.46	100.00
合计	41.63	58.37	100.00

$N = 992 \quad \chi^2 = 10.4135 \quad P = 0.034$

婚姻状况	0	1	合计
1	40.88	59.12	100.00
2	58.33	41.67	100.00
3	100.00	0.00	100.00
合计	41.63	58.37	100.00

$N = 992 \quad \chi^2 = 7.1581 \quad P = 0.028$

政治面貌	0	1	合计
1	40.00	60.00	100.00
2	66.67	33.33	100.00
3	0.00	100.00	100.00
4	41.26	58.74	100.00
合计	41.63	58.37	100.00

$N = 992 \quad \chi^2 = 6.2842 \quad P = 0.099$

续表

是否担任村干部	0	1	合计
0	41.41	58.59	100.00
1	46.51	53.49	100.00
合计	41.63	58.37	100.00

$N = 992 \quad \chi^2 = 0.4402 \quad P = 0.507$

健康状况	0	1	合计
1	60.51	39.49	100.00
2	40.51	59.49	100.00
3	39.47	60.53	100.00
4	28.49	71.51	100.00
5	32.35	67.65	100.00
合计	41.63	58.37	100.00

$N = 992 \quad \chi^2 = 43.6921 \quad P = 0.000$

是否为老年生活担心	0	1	合计
1	55.41	44.59	100.00
2	36.82	63.18	100.00
3	49.59	50.41	100.00
4	28.29	71.71	100.00
5	50.00	50.00	100.00
合计	41.63	58.37	100.00

$N = 992 \quad \chi^2 = 41.6776 \quad P = 0.000$

选择的养老方式	0	1	合计
1	63.27	36.73	100.00
2	38.35	61.65	100.00
3	73.91	26.09	100.00
合计	41.63	58.37	100.00

$N = 992 \quad \chi^2 = 32.6059 \quad P = 0.000$

续表

家庭人数	0	1	合计
1	41.11	58.89	100.00
2	42.76	57.24	100.00
3	42.42	57.58	100.00
合计	41.63	58.37	100.00

$N=992 \quad \chi^2=0.2361 \quad P=0.889$

经济状况	0	1	合计
1	28.57	71.43	100.00
2	33.71	66.29	100.00
3	44.71	55.29	100.00
4	35.22	64.78	100.00
5	47.89	52.11	100.00
合计	41.63	58.37	100.00

$N=992 \quad \chi^2=10.1426 \quad P=0.038$

是否参加过老农保	0	1	合计
1	50.85	49.15	100.00
2	41.09	58.91	100.00
合计	41.68	58.32	100.00

$N=991 \quad \chi^2=2.1714 \quad P=0.141$

是否看好制度发展	0	1	合计
1	40.46	59.54	100.00
2	30.13	69.87	100.00
3	57.58	42.42	100.00
4	84.38	15.63	100.00
5	100.00	0.00	100.00
合计	41.63	58.37	100.00

$N=991 \quad \chi^2=85.9209 \quad P=0.000$

交互分析结果显示，在个人层面上，性别、年龄、受教育水平、婚姻状况、政治面貌、自评健康状况、对年老后生活的担心程度、选择的养老地点都通过显著性检验。在家庭层面上，家庭人数未通过显著性检验；自评经济状况通过显著性检验。在制度层面上，是否参加过老农保对参加新农保的影响未通过显著性检验，但两者间存在一定相关关系；是否看好制度发展对其是否参保通过显著性检验。

第二，回归分析。进一步分析农村居民参保行为与相关变量的因果关系。结果如表3所示。

表3　　　　　农村居民参保行为影响因素回归分析

	模型1	模型2	模型3		模型1	模型2	模型3
性别	-0.43657*** (0.141)	-0.41853*** (0.142)	-0.46626*** (0.145)	是否担心老年生活	0.20942*** (0.058)	0.18339*** (0.059)	0.20958*** (0.061)
年龄	0.10803 (0.079)	0.11311 (0.082)	0.10078 (0.084)	选择的养老方式	0.50419** (0.201)	0.49815** (0.201)	0.50902** (0.205)
受教育水平	0.00658 (0.082)	-0.00372 (0.082)	0.03050 (0.085)	家庭人数		-0.01448 (0.046)	-0.02577 (0.047)
婚姻状况	-0.71202** (0.333)	-0.68004** (0.332)	-0.45536 (0.346)	经济状况		-0.20569** (0.104)	-0.20041* (0.107)
政治面貌	-0.03421 (0.085)	-0.02610 (0.085)	-0.03966 (0.088)	是否参加过老农保			0.57901** (0.289)
是否干部	-0.14159 (0.378)	-0.17361 (0.380)	-0.37818 (0.389)	对制度前景的期望			-0.52693*** (0.087)
健康状况	0.36178*** (0.066)	0.40982*** (0.071)	0.38726*** (0.072)	常数项	-1.25695* (0.718)	-0.62059 (0.819)	-0.86719 (0.987)

说明：1. 括号内是标准误差。2. $*p<0.1$；$**p<0.05$；$***p<0.01$。

回归分析结果显示：性别对农村居民是否选择参保的影响显著程度较高；受教育水平对农村居民参保意愿的影响未通过显著性检验；婚姻状况对农村居民是否参保通过显著性检验，显著程度相对较高，但将所有变量放入模型时，婚姻状况的影响变为不显著，不过其农村居民是否参保的作用方向始终为负向关系；自评健康状况对农村居民是否参保有显著的、稳定的、较高程度的正向影响；对老年生活的担心程度显著影响其参保行为；期望的养老地点回归结果通过了显著性检验。家庭人数对农村居民的参保行为有负向的影响，未通过显著性检验；家庭的经济状况通过显著性检验。是否参加过老农保通过显著性检验，系数为正；认为新农保有良好发展前景的农村居民其参保行为更积极，通过显著性检验。

第三，稳定性检验。运用 OLS 模型进行回归分析，将其与 Logit 模型进行比较，比较两个模型的回归结果，进而检验模型稳定性和解释变量对被解释变量影响的稳定性。如表 4 所示。

表 4　　　　　OLS 模型和 Logit 模型的回归分析结果

	OLS 模型	Logit 模型		OLS 模型	Logit 模型
性别	-0.09999*** (0.031)	-0.46626*** (0.145)	是否担心老年生活	0.04510*** (0.013)	0.20958*** (0.061)
年龄	0.02148 (0.018)	0.10078 (0.084)	选择的养老方式	0.10894** (0.044)	0.50902** (0.205)
受教育水平	0.00601 (0.018)	0.03050 (0.085)	家庭人数	-0.00545 (0.010)	-0.02577 (0.047)
婚姻状况	-0.09870 (0.074)	-0.45536 (0.346)	经济状况	-0.04411* (0.023)	-0.20041* (0.107)
政治面貌	-0.00762 (0.019)	-0.03966 (0.088)	是否参加过老农保	0.12685** (0.064)	0.57901** (0.289)
是否担任村干部	-0.08078 (0.085)	-0.37818 (0.389)	是否看好制度发展	-0.11483*** (0.018)	-0.52693*** (0.087)
健康状况	0.08486*** (0.015)	0.38726*** (0.072)	常数项	0.31372 (0.215)	-0.86719 (0.987)

说明：1. 括号内是标准误差。2. $*p<0.1$；$**p<0.05$；$***p<0.01$。

表 4 显示：OLS 模型和 Logit 模型的回归结果没有发生较大的变化，说明模型的稳定性较好，性别、自评健康状况、对老年生活的担心程度、家庭的经济状况、是否参加老农保、是否看好制度发展对其是否参加新农

保的影响相对稳定。

三 结论

  通过以上分析的结果表明：就个人层面而言，性别对农村居民是否参保有负向影响，即女性参保意愿高于男性，可能的影响因素是中国女性平均寿命高于男性，女性养老风险较持久，为减弱养老风险，她们倾向于选择参保；受教育水平对农村居民参保行为的影响不稳定，其参保是否受此因素影响还有待进一步研究确定；婚姻状况对农村居民的影响表现为已婚者参保状况好于未婚，原因可能是已婚者生活压力较大，新农保能够补贴生活以减轻子女负担，而未婚者一般较年轻，其家庭意识相对薄弱，或更倾向于选择其他方式应对年老风险；农村居民自评健康状况越差越倾向参保，期望通过参保分摊个人风险；对老年生活不担心者更倾向于参保，这与正常经验相悖，可能是由于其经济状况较好，参保费用对其现在的生活不构成负担；期望在家中养老的农村居民参保意愿较弱，表明"养儿防老"观念根深蒂固。就家庭层面而言，经济状况较差的农村居民参保积极性低于经济状况较好者，新农保待遇享受与缴费义务相关，这样经济较差者被排斥于制度外，使得其经济状况越来越差。就制度层面而言，参加过老农保的其参加新农保的积极性较低，未参加过老农保的群体参保极性较高，可能是因为老农保的失败对农村居民造成了负面影响，其对新农保的前景不看好；对新农保发展前景看好者参保行为越积极，制度前景关系到参保者自身经济利益和社会利益，制度前景越好对农村居民越有吸引力。

（原载《统计与决策》2013年第7期　作者：邓大松　刘国磊）

"新农保"中农民缴费能力评估与影响因素分析
——基于湖北省试点地区的调研数据

一 引言

2009年9月1日颁布实施的《国务院关于开展新型农村社会养老保险试点的指导意见》(国发〔2009〕32号)标志着新型农村社会养老保险制度(简称"新农保")开始在全国范围内统一试点。至2011年年底,有40%的地区进行新农保试点[1]。在制度缴费方面,国发〔2009〕32号规定了5个缴费档次,地方政府可在此基础上增设缴费档次,参保农民可自由选择。然而,地方政府在制定具体缴费标准时大多是在中央政府制定的标准上进行微调,针对不同地区的缴费标准在一定程度上缺乏合理性和科学性,从而降低了农民的参保积极性。由此可见,分析如何制定科学、合理的缴费标准,以及基于何种方法来制定具体的缴费标准具有很重要的现实意义。

吴罗发(2008)的研究结论显示农民在收入水平相对较低的情况下,会首先考虑最基本、最迫切的消费(投资子女教育等),即使其愿意参与养老保险,但无力支付[2]。王增文、邓大松(2009)指出,目前中国农村居民收入具有不稳定性,故在确定社会保险缴费水平时,应该对个人承受能力给予重点关注。他们认为,农村的个人承担能力实际上是略高于城镇

---

[1] http://finance.people.com.cn/insurance/GB/14002793.html.
[2] 吴罗发:《中部地区农民社会养老保险参与意愿分析》,《农业经济问题》2008年第4期。

的，农村中个人在社会保障的缴费能力方面很大程度上被低估了[①]。张盈华等（2011）以西安市为例的研究中提到多数农民做出提高缴费标准的选择受财政补助力度的影响较大[②]。贺书霞（2012）指出学历较高的农民对养老的风险防范意识较强，对养老保险的选择水平也相对较高，其认为大多数农民对养老的风险保障水平要求较低是受限于其经济能力、认识水平等因素[③]。目前，关于农民缴费能力处于何种状况的研究，较缺乏数据支撑及必要的实证性分析。

本文遵循以下研究思路：由宏观到微观聚焦，首先分析全国范围内新农保制度试点地区的农民是否有能力缴费，然后进一步分析湖北省农民是否有能力承受设定的缴费档次，接着对新农保试点地区团风、宜都两地农民缴费能力进行分析，进一步得出农民缴费能力的影响因素。其中全国及各地农民缴费能力测评的相关数据源于《中国统计年鉴》（2011），试点地区数据取自 2011 年武汉大学社会保障研究中心调研数据，样本来自湖北省团风县和宜都市，新农保参保地区的行政村 12 个，采用分层随机抽样法选取样本，问卷针对农民收入、支出等经济状况及其对新农保参保缴费档次、缴费意愿等情况进行的调查，回收的有效问卷为 605 份，其中与本研究主题密切相关的有效问卷为 590 份。

二　新农保中农民缴费能力评估

（一）评估指标的选取

本文选择农民个人最大缴费能力（用字母 C_M 表示）与新农保个人缴费率（用字母 R 表示）之差来衡量农民是否处于缴费困境。若 $C_M > R$，即 $C_M - R > 0$，表示农民能够承担新农保制度缴费，也就是不存在缴费困

[①] 王增文、邓大松：《基金缺口、缴费比率与财政负担能力：基于对社会保障主体的缴费能力研究》，《中国软科学》2009 年第 10 期。

[②] 张盈华、张永春、宋雪杉：《新型农村社会养老保险制度的参保意愿和机制构建研究——以西安为例》，《西北大学学报》2011 年第 1 期。

[③] 贺书霞：《农民社会养老意愿和缴费能力分析——基于陕西省关中地区的调查》，《西北人口》2012 年第 2 期。

难或风险;若 $C_M < R$,即 $C_M - R < 0$,农民存在缴费困难,即农民处于新农保制度的缴费困境,其可能面临难以负担缴费的风险。

新农保农民个人缴费率是指缴费数额与人均纯收入之比,即新农保农民个人缴费率(R)=农民的缴费数额/农民人均纯收入。根据国发［2009］32号文件中设定的新农保缴费档次,农民个人最高缴费率 R_M = 500/农民人均纯收入,即最高档次缴费与农民人均纯收入之比,个人最低缴费率 R_S = 100/农民人均纯收入,即最低档次缴费与农民人均纯收入之比。

本文新农保中农民个人最大缴费能力(C_M)是指扣除农民人均生活消费支出后的农民人均纯收入与农民人均纯收入之比,即农民个人最大缴费能力(C_M)=(农民人均纯收入 − 农民人均生活消费支出)/农民人均纯收入。

(二)全国及各省份农民缴费能力评估

1. 全国及各地新农保中农民个人缴费率

新农保中农民个人缴费率,即参保农民的个人缴费数额占当年农民人均纯收入的比重。表1中测算了2010年全国及各地新农保中农民个人缴费率(假设各地均按照最高缴费档次为500元,最低档次为100元)。

表1　　2010年全国及各地新农保个人最高缴费率和最低缴费率

地区	农民人均纯收入(元)	个人最高缴费率 R_M(%)	个人最低缴费率 R_S(%)
全国	5919.01	8.45	1.69
北京	13262.29	3.77	0.75
天津	10074.86	4.96	0.99
河北	5957.98	8.39	1.68
山西	4736.25	10.56	2.11
内蒙古	5529.59	9.04	1.81
辽宁	6907.93	7.24	1.45
吉林	6237.44	8.02	1.6
黑龙江	6210.72	8.05	1.61
上海	13977.96	3.58	0.72
江苏	9118.24	5.48	1.1

续表

地区	农民人均纯收入（元）	个人最高缴费率 R_M（%）	个人最低缴费率 R_S（%）
浙江	11302.55	4.42	0.88
安徽	5285.17	9.46	1.89
福建	7426.86	6.73	1.35
江西	5788.56	8.64	1.73
山东	6990.28	7.15	1.43
河南	5523.73	9.05	1.81
湖北	5832.27	8.57	1.71
湖南	5621.96	8.89	1.78
广东	7890.25	6.34	1.27
广西	4543.41	11	2.2
海南	5275.37	9.48	1.9
重庆	5276.66	9.48	1.9
四川	5086.89	9.83	1.97
贵州	3471.93	14.4	2.88
云南	3952.03	12.65	2.53
西藏	4138.71	12.08	2.42
陕西	4104.98	12.18	2.44
甘肃	3424.65	14.6	2.92
青海	3862.68	12.94	2.59
宁夏	4674.89	10.7	2.14
新疆	4642.67	10.77	2.15

资料来源：农民人均纯收入数据来源于《中国统计年鉴》(2011)。

从表1可以看出，2010年新农保中农民个人最高缴费档与最低档占2010年全国农民人均纯收入的比例分别为8.45%和1.69%。从各地的农民人均纯收入状况来看，2010年农民人均纯收入最高的省份（直辖市）为上海，其农民人均纯收入是13977.96元，若上海市农民选择最高档次缴费，其农民的最高个人缴费率为3.58%，若该市农民选择最低档次缴费，其农民的最低个人缴费率为0.72%。2010年农民人均纯收入最低的省份为甘肃省，其人均纯收入是3424.65元，若甘肃省农民选择最高档次缴费，其农民的最高个人缴费率为14.6%，若该省农民选择最低档次缴费，其农民的最低个人缴费率为2.92%。其中湖北省的2010年农民人均纯收入为5832.27元，若湖北省农民选择最高档次缴费，其农民的最高个人缴费率为8.57%，若该省农民选择最低档次缴费，其农民的最低个人缴费率为1.71%。全国及各省份的缴费率与各地农民人均纯收入水平呈负相关关系，农民人均收入水平越高，既定缴费档次下的个人缴费率越低。

2. 全国及各地新农保中农民个人最大缴费能力

为了测算农民的实际缴费能力，本文引入新农保中农民个人最大缴费能力（C_M）这个指标来综合考量。上文已经对新农保制度下农民个人最大缴费能力进行了界定，即 $C_M = (I - E)/I$。其中 C_M 用百分比表示。公式中，I 代表的是农民人均纯收入，E 代表的是农民人均生活消费支出，I 与 E 的差额代表的是农民人均可支配余额。其中，农民人均生活消费支出是参考《中国统计年鉴》的农民生活消费支出构成，主要包括八个大类：衣着、食品、居住、医疗保健、家庭设备用品及服务、文教娱乐用品及服务、交通通信、其他商品及服务等，从支出的构成来看，这些基本属于农民当前对生活各方面的需要。那么农民人均可支配余额是指农民每年的纯收入中进行基本生活支出后的余额。

本文中研究假设农民的纯收入分为消费与储蓄两个部分，那么便可将农民当期消费后的全部余额看作农民有能力参加新农保制度的最大缴费额度，故本文选取的农民个人最大缴费能力这个指标，则可以在很大程度上反映出农民的实际缴费能力。接下来，基于中国2010年的农民人均纯收入、2010年农民人均生活消费支出数据，对2010年全国及各省份农民个人最大缴费能力进行测算，结果如表2所示。

表2　　　　　2010年全国及各省份新农保个人最大缴费能力

地区	农民人均纯收入（元）	生活消费支出（元）	农民人均可支配余额（元）	个人最大缴费能力（%）
全国	5919.01	4381.82	1537.19	25.97
北京	13262.29	9254.77	4007.52	30.22
天津	10074.86	4936.73	5138.13	51

续表

地区	农民人均纯收入（元）	生活消费支出（元）	农民人均可支配余额（元）	个人最大缴费能力（%）
河北	5957.98	3844.92	2113.06	35.47
山西	4736.25	3663.86	1072.39	22.64
内蒙古	5529.59	4460.83	1068.76	19.33
辽宁	6907.93	4489.50	2418.43	35.01
吉林	6237.44	4147.36	2090.08	33.51
黑龙江	6210.72	4391.17	1819.55	29.3
上海	13977.96	10210.46	3767.50	26.95
江苏	9118.24	6542.87	2575.37	28.24
浙江	11302.55	8928.89	2373.66	21
安徽	5285.17	4013.31	1271.86	24.06
福建	7426.86	5498.33	1928.53	25.97
江西	5788.56	3911.61	1876.95	32.43
山东	6990.28	4807.18	2183.10	31.23
河南	5523.73	3682.21	1841.52	33.34
湖北	5832.27	4090.78	1741.49	29.86
湖南	5621.96	4310.37	1311.59	23.33
广东	7890.25	5515.58	2374.67	30.1
广西	4543.41	3455.29	1088.12	23.95
海南	5275.37	3446.24	1829.13	34.67
重庆	5276.66	3624.62	1652.04	31.31
四川	5086.89	3897.53	1189.36	23.38
贵州	3471.93	2852.48	619.45	17.84
云南	3952.03	3398.33	553.70	14.01
西藏	4138.71	2666.92	1471.79	35.56
陕西	4104.98	3793.80	311.18	7.58
甘肃	3424.65	2941.99	482.66	14.09
青海	3862.68	3774.50	88.18	2.28
宁夏	4674.89	4013.17	661.72	14.15
新疆	4642.67	3457.88	1184.79	25.52

资料来源：根据《中国统计年鉴》（2011）相关数据整理和计算得出。

从表2可以看出，2010年全国的农民人均可支配余额为1537.19元，新农保制度农民个人最大缴费能力为25.97%，这个数值远远超过了新农保制度当前设定缴费档次下的农民个人最高缴费率8.45%。这表明，就全国范围来说，农民有能力参加新农保制度，并且可以在已设定的5个档次中自主选择，并未受经济状况的限制。对于2010年农民人均纯收入最低的甘肃省，其农民个人最大缴费能力为14.09%，也在其缴费率的范围之内，不过更接近于农民个人最高缴费率。2010年湖北省的农民个人最高缴费能力为29.86%，而假若湖北省农民选择最高档次缴费，其农民的最高个人缴费率为8.57%，若选择最低档次缴费，其农民的最低个人缴费率为1.71%，这表明就湖北省全省的农民而言，他们完全有能力承担新农保制度的缴费，而且农民个人最大缴费能力远远超出了最高个人缴费率。

3. 新农保中农民个人缴费率与农民个人最大缴费能力对比分析

对比全国及各省份2010年新农保制度中农民的缴费能力状况，将表1和表2反映在图1中。

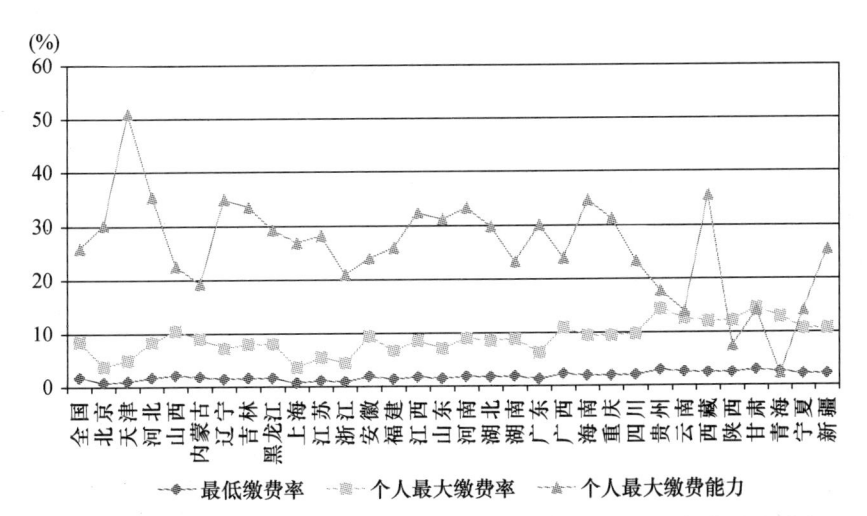

图1 2010年全国及各省份新农保个人缴费率与农民个人最大缴费能力对比

由图1可知，2010年全国新农保制度下农民的个人最大缴费能力是高于个人最高缴费率的，这表明：就全国整体而言，新农保中农民个人缴费率偏低，说明农民有能力承担新农保缴费，并且可以自主选择5个档次中的任何一个。从全国的角度来看，新农保中农民没有处于缴费困境，不会面临有参保意愿而没有缴费能力的风险。

进一步分析各地情况，2010年，中国除青海省之外，农民的个人最大缴费能力均在最低缴费率之上，且绝大多数省份农民个人最大缴费能力都在个人最高缴费率之上。而农民最大个人缴费能力低于个人最低缴费率的青海省，其农民的个人缴费能力为2.28%，个人最低缴费率为2.59%，前者低于后者0.31个百分点，这说明青海省部分农民难以承担最低缴费档次，会阻碍有参保意愿的农民参保即存在一定个人筹资风险。陕西省的农民个人缴费能力介于个人最低缴费率与最高缴费率之间，意味着陕西省部分农民不适合选择最高缴费档次，但并未存在农民难以承担缴费的问题。湖北省农民个人最高缴费能力近30%，超出农民最高个人缴费率（8.57%）20多个百分点，这表明湖北省农民具备缴费能力，可根据当地的经济发展状况和农民实际能力合理增设缴费档次以调动农民参保积极性。

（三）湖北省两地的农民缴费能力评估

研究所选取的湖北省团风、宜都两地数据是来自2011年暑期对其2010年农民的基本经济状况、参保情况、缴费意愿及能力等方面的调研，为了与之对应，本文基于湖北省及湖北省两地的农民缴费能力测评也采用2010年的数据。

1. 湖北省两地的新农保制度下农民的个人缴费率

2010年团风县的缴费档次遵照国发第32号文件设定的从100—500元，设5个缴费档次，2010年宜都市则是自主增设了缴费档次，从100—1200元，设12个缴费档次。新农保制度下农民个人最高缴费率R_M=最高缴费档次/农民人均纯收入，农民个人最低缴费率R_S=最低缴费档次/农民人均纯收入，对2010年湖北省及团风、宜都两地的农民个人缴费率的测算如表3所示。

表3　2010年湖北省及两地新农保个人最高缴费率和最低缴费率

地区	农民人均纯收入（元）	个人最高缴费率R_M（%）	个人最低缴费率R_S（%）
湖北	5832.27	8.57	1.71
团风	3617	13.82	2.76
宜都	7721	15.54	1.30

资料来源：《湖北省统计年鉴》（2011）。

从表 3 可以看出，湖北省的 2010 年农民人均纯收入为 5832.27 元，若湖北省农民选择最高档次缴费，其农民的最高个人缴费率为 8.57%，若该省农民选择最低档次缴费，其农民的最低个人缴费率为 1.71%。这说明 2010 年湖北省新农保制度下农民个人缴费率的范围是 1.71%—8.57%。与此同时，团风县的农民人均纯收入为 3617 元，若团风县的农民选择最高档次缴费，其农民的最高个人缴费率为 13.82%，若该市农民选择最低档次缴费，其农民的最低个人缴费率为 2.76%。宜都市的人均纯收入是 7721 元，若宜都市农民选择最高档次缴费，其农民的最高个人缴费率为 15.54%，若该市农民选择最低档次缴费，其农民的最低个人缴费率为 1.30%。

2. 湖北省两地的新农保制度下农民的个人最大缴费能力

通过对 2010 年的湖北省及两地的农民人均纯收入、2010 年农民人均生活消费支出数据，对 2010 年农民个人最大缴费能力进行测算，结果如表 4 所示。

表 4　　　　　2010 年湖北省及两地新农保个人最大缴费能力

地区	农民人均纯收入（元）	生活消费支出（元）	农民人均可支配余额（元）	个人最大缴费能力（%）
湖北	5832.27	4090.78	1741.49	29.86
团风	3617	2684	933	25.79
宜都	7721	4947	2774	35.92

从表 4 可以看出，2010 年湖北省的农民人均可支配余额为 1741.49 元，新农保制度农民个人最大缴费能力为 29.86%，这个数值远远超过了新农保制度当前设定缴费档次下的湖北省农民个人最高缴费率 8.57%（上文中测算出 2010 年湖北省新农保制度下农民个人缴费率的范围是 1.71%—8.57%）。这表明，就全省范围来说，农民有能力参加新农保制度，并且可以在已设定的 5 个档次中自主选择，并未受经济状况的限制。2010 年团风农民人均纯收入相对较低，而其农民个人最大缴费能力为 25.79%，也远远超过了农民个人最高缴费率（2010 年团风新农保制度下农民个人缴费率的范围是 2.76%—13.82%），这说明团风农民有能力承

担当地设定的缴费最高档次,在其他条件成熟的情况下,团风县可以适当增设缴费档次,以便更好地满足农民的养老需求。2010年宜都市农民个人最大缴费能力为35.92%,也大大超出当地农民个人最高缴费率15.54%,说明目前宜都市农民完全有能力承担新农保缴费,且宜都市自主增设缴费档次的做法是符合实际情况的,并且宜都市还可以在综合考虑各方面条件的情况下适当提高最高档次的缴费标准。

三 新农保中农民缴费能力影响因素分析

(一)模型选择

农民的缴费能力往往会受多个因素影响,研究被解释变量受多个解释变量的影响,采用多元回归模型。假定被解释变量 Y 与多个解释变量 X_1, X_2, …, X_k 之间具有线性关系,多元线性回归模型为 $Y = \beta_0 + \beta_1 X_1 + \beta_2 X_2 + \cdots + \beta_k X_k + \mu$,其中 Y 为被解释变量,X_j ($j=1, 2, \cdots, k$) 为 k 个解释变量,β_j ($j=0, 1, 2, \cdots, k$) 为 $k+1$ 个未知参数,μ 为随机误差项。被解释变量 Y 的期望值与解释变量 X_1, X_2, …, X_k 的线性方程为:
$E(Y) = \beta_0 + \beta_1 X_1 + \beta_2 X_2 + \cdots + \beta_k X_k$。

(二)变量选择

结合本文的研究需要,在考虑选用调研数据实际情况的基础上,本节选择了体现农村居民各方面特征的变量,因变量为缴费档次,100—1200元,共12个档次。自变量是从农民自身、家庭及制度三个方面选取,具体包括年龄、性别等人口社会学特征、家庭规模、家庭经济状况及对制度的看法等变量,如表5所示。

表5　　　　　　　　　　2010年湖北省两地变量选择

变量类型		变量名
因变量		缴费档次
自变量	自身因素	性别、年龄、文化程度、婚姻状况、健康状况
	家庭因素	家庭规模、收入、支出
	制度因素	政府补贴看法、年计息满意度、对制度未来的看法

根据研究和本文的需要，提出如下假设：第一，年龄是影响农村居民参保的重要因素。年纪越大越能考虑和感受到年老时生活的风险，可能更倾向于选择较高的缴费档次以期获得更高的养老收益。第二，自身经济状况是影响农村居民参保的又一个重要因素。自身经济状况较好则其最大缴费能力相对更强，也更有能力选择较高缴费档次。第三，农村居民健康状况越好，其经济社会能力越强，自理能力越强，通常其不会过多地依赖或者倾向依赖各类风险分散机制，特别是养老保险。第四，对制度的了解程度和满意度，一般对制度越了解和满意度越高，在既有缴费能力的前提下，农村居民更倾向于选择较高的缴费档次。

(三) 变量描述

对选取变量进行简单描述：因变量缴费能力是定距变量，两地的数据汇总可知缴费档次最低为100元，最高为1200元。通过对运行数据可以发现94.72%的农民缴费档次在100—500元之间，除去个别一次性缴清的情况，2.42%的农民选择600元，0.66%的农民选择900元，1.32%的农民选择1200元，这与团风县未自主增设缴费档次有较大关系，同时也反映农民对缴费档次的选择仍趋于保守，至于具体原因到下文再详细分析。

在反映农村居民人口社会学特征的变量中，描述分析显示，男性比例占49.67%，男女比例基本上分布较为均匀。年龄最小18岁、最大91岁，平均55.7岁，表明农村老龄化水平已经较高。已婚比例高达97.02%；教育水平变量从1—5分别表示文盲、小学、初中、高中、大专及以上，描述发现，农村居民学历大部分为小学和初中学历，其中小学学历的农民占38.06%，初中学历的农民占32.72%，尤其注意的是约17.86%的农村居民的学历为文盲。健康状况变量是取值从1—5的定序变量，表示健康状况由好至坏，1表示健康状况很好，5表示健康状况很糟糕，描述发现，健康状况很好、比较好、一般的分别占13.21%、31.77%、28.43%，健康状况不太好、很不好的比例分别为22.74%、3.85%。家庭规模变量描述发现平均家庭规模为3.98人，其中最少的为1人，最多的家庭为10人。选择投保档次时主要考虑因素中的"自身经济状况"，约80.89%的农民选择，其中1表示考虑，0表示未考虑。对一年计息率的满意程度反映农民是否满意现有制度，取值为1—5，其中1表示很满意，5表示很不满意，描述发现，约 13.04% 的农民很满意，52.83% 的农民比较满意，不太满意的仅占 1.72%，调研中没有农民很不满意。对制度未来的看法反映农民是否对制度有信心，取值为 1—5，其中 1 表示非常看好，5 表示很不看好，描述发现，约有 26.94% 的农民非常看好制度，没有农民很不看好。

表6　　　　　　　　2010 年湖北省两地变量选择及描述

变量	观测值	均值	标准差	最小值	最大值
缴费档次	432	229.6296	186.5596	100	1200
性别	583	0.499142	0.500429	0	1
婚姻状况	584	1.027397	0.163378	1	2
年龄	394	55.72899	12.3381	18	59
受教育水平	578	2.365052	0.917738	0	5
健康状况	577	2.708839	1.077778	1	5
家庭规模	584	3.985124	2.851416	1	10
收入	576	27625.44	25403.44	500	257500
支出	427	0.168618	0.374854	0	1
经济状况	430	0.818605	0.385794	0	1
补贴标准	427	0.025761	0.158608	0	1
担心年老	583	2.957118	1.165017	1	5
政府补贴看法	583	2.240137	0.637301	1	4
年计息满意度	562	2.240214	0.691908	1	4
制度未来看法	584	1.928082	0.686777	1	4

说明：描述部分的样本数量发生变化，特别是年龄变量的样本为 394，鉴于调查以家庭为单位，有些被调查者虽年满或超过 60 周岁，但不影响分析其家庭其他成员的缴费能力。

（四）OLS 回归分析

为检验影响农民缴费承受能力的因素，使用 OLS 对既有数据进行分析。采用逐步回归，在这个过程中同时进行了稳定性检验。模型 1 中只考虑个人自身因素，包括性别、婚姻状况、年龄、受教育水平、健康状况；模型 2 中增加了经济方面的因素，如家庭的经济状况、家庭规模、日后每月发放的养老金额、自身的经济状况、政府或村集体补贴的标准；模型3中增加了个人意愿方面的因素，对政府补贴新农保的看法、投保时是否考虑了家人的意见；模型4增加了制度运行方面的因素，您对新农保个人账户余额以一年期存款利率计息满意吗？您对新农保的未来发展前景怎么看？从下面的回归结果可以发现，显著影响因变量的几个因素包括年龄、家庭支出以及自身经济状况三个自变量，如表6所示。

表6　　　　　　　　2010年湖北省两地数据OLS回归结果

	模型1	模型2	模型3	模型4
性别	-10.93475	-13.23935	-11.61591	-12.22946
	(21.421)	(20.955)	(21.099)	(21.722)
婚姻状况	-28.75821	-2.43465	-1.22349	-12.24749
	(66.697)	(64.744)	(65.334)	(68.748)
年龄	3.46690***	3.12434**	3.03977**	3.00725**
	(1.261)	(1.239)	(1.258)	(1.281)
受教育程度	17.34065	8.48114	8.14684	7.17632
	(13.047)	(12.997)	(13.033)	(13.561)
健康状况	-8.07057	-6.43866	-4.36993	-5.49634
	(10.431)	(10.354)	(10.549)	(10.894)
收入		-11.57284	-13.77260	-12.86749
		(15.793)	(16.225)	(16.639)
支出		165.57145***	168.12792***	174.46710***
		(28.119)	(28.420)	(30.438)
经济状况		85.60748***	93.59924***	98.32928***
		(26.885)	(28.007)	(29.098)
补贴标准		-33.47196	-41.47814	-57.60924
		(71.351)	(71.508)	(76.607)
补贴看法			20.39789	19.66800
			(14.963)	(15.767)
			(30.117)	(32.487)

续表

	模型1	模型2	模型3	模型4
计息满意度				-3.16941
				(17.374)
制度看法				8.44135
				(17.791)
_cons	69.16562	0.81512	-77.30462	-75.93331
	(112.584)	(118.612)	(131.567)	(141.802)
N	447.00000	435.00000	434.00000	422.00000
F	1.70903	5.30839	4.29910	3.53810
r^2	0.01901	0.10105	0.10916	0.10850
r^2_a	0.00789	0.08202	0.08377	0.07783
χ^2				
p	0.13112	0.00000	0.00000	0.00002

说明：1. Standard errors in parentheses； 2. ** $p<0.05$，*** $p<0.01$。

从回归结果可以看出，年龄变量显著影响农村居民个人缴费档次的选择，回归结果是正的，说明年龄对老年人选择的缴费档次是正相关的关系。即年龄越高，其选择的缴费档次越高。对这种现象作出可能性的解释为：一方面存在部分群体较接近领取养老金的年龄，缴费为一次性缴清；另一方面，年长者距养老金领取日时间较短，他们更容易看到和感受到自己将在制度中获益；最后，年长者许多是子女帮忙缴费，尤其是打工在外的子女，相对更有能力承担这部分缴费。从另一个角度来说，年轻人认为自己的养老遥遥无期，不愿意考虑或者对未来太久的事情抱着不确定和不完全信任的态度，这也是年轻人选择较低档次的原因。

从回归结果可以看出，健康水平并没有显著影响农村居民的缴费档次选择。健康也是人力资本的重要构成要素，通常将教育和健康并列为人力资本的要素，而且，健康是其他人力资本存在的基础。一般认为，一个人健康状况越好，其经济社会能力越强，自理能力越强，通常其不会过多地依赖或者倾向依赖各类风险分散机制，特别是养老保险。对于一个健康状况非常好的农村居民而言，其担心自己养老问题的程度可能会远远低于一个身体健康状况并不理想的农民。然而,这一理论和经验假设在本次数据分析中并未通过显著性检验,这一假设还有待于进一步验证。

从回归结果可以看出,家庭支出状况显著影响农村居民缴费档次选择,这一研究结论通过了显著性检验,家庭支出状况是其选择缴费档次的重要考虑因素,与经验假设预期一致。可以看出,家庭支出状况这一变量更能够左右个人的支付能力和承受能力,家庭若有较强的经济实力,在具备参保意愿和对农保制度有较强信任度和信心的情况下,他们可能会选择更高的缴费档次。

从回归结果还可以看出,自身经济状况显著影响农村居民缴费档次选择,这一研究结论通过了显著性检验,自身经济状况是其选择缴费档次的重要考虑因素,与经验假设预期一致。可以看出,自身经济状况这一变量更能够左右个人的支付能力和承受能力,个人如果有较强的经济实力,在具备参保意愿和对农保制度有较强信任度和信心的情况下,农民可能会选择更高的缴费档次。

四 研究结论与对策建议

从全国和湖北省总体水平来看,新农保基本不存在个人缴费能力风险。但中国地区之间社会经济发展的巨大差异容易使人忽视平均数背后的巨大差异。农民收入存在较大不确定性并且地区差异较大,仍存在部分农民因缴不起保费而被排除在制度覆盖范围之外的情况。随着人民生活水平提高,食品等基本生活消费支出在人们总支出中的比例会逐渐下降,使得农民的人均纯收入的增长幅度高于人均生活消费支出的增长,在缴费档次未提高的情况下,农民缴费能力提高,缴费能力风险下降,但也带来其他风险,如由于缴费较少,个人账户积累不足,最终导致养老金保障能力不足的风险。不断完善新农保试点政策是保障新农保制度顺利及可持续推行的重要条件。

第一,完善新农保缴费标准设定机制,把握制定新农保缴费标准的影响因素。充分考虑当地经济和社会发展的现实情况,包括宏观经济和社会层面变量,中观层面变量(主要是直接影响农村居民个人和家庭的层次,尤其是反应社区层面现实状况的变量，诸如社区的人口结构、人口规模、人口工作单位的类型等诸多方面的情况）及微观层面变量（主要是指个人层面的部分变量，主要包括个人的基本人口学特征，诸如性别、年龄、健康状况等方面；同时也涵盖个人社会经济特征，如个人的收入水平、婚姻状况、受教育程度、对制度的观念与认知等）。上文结果显示，年龄因素显著影响年轻参保者的积极性，故在新农保推进中应着重把握年龄因素，做好年轻参保者的激励和引导工作。

第二，确保新农保缴费的财政支持机制，明确政府财政激励农民缴费中的重要作用。一方面，积极采取各种措施，提高农民收入水平。由于一定时期内农民的人均生活消费支出降低幅度有限，而且农民还要负担社会保险费（新农保、新农合等）等支出，故要提高农民人均收入水平，主要是通过提高其人均纯收入，具体措施的实施必然离不开政府及财政的激励作用。另一方面，针对农村的特殊群出台相关政策，具体指清晰界定"缴费困难群体"。对于实在无能力缴纳养老保险费用的群体，地方政府为其代缴部分或全部最低标准的养老保险费，这在国发［2009］第32号文件中已有相关规定。但从新农保制度在各地试点情况来看，缴费困难群体被设定为农村重度残疾人口，这使得其他的缴费困难群体被排斥在制度之外，建议将"缴费困难群体"的范围重新划定，可包括所有符合个人最大缴费能力低于最低缴费标准的农民群体，地方政府也要为扩大后范围内的群体缴纳部分乃至全部的养老保险费用。

第三，激励中青年农民群体积极参保。通过对湖北省试点地区的调研中发现，在新农保制度推行地区，已满60周岁或将满60周岁的农民参保状况相对较好，而处于同一地区的中青年农民群体的参保状况却不理想。中青年农民参保积极性低的原因主要在于认知状况差和制度信任感较弱，应通过加大新农保的宣传力度、积极探索建立激励与约束机制，使其深入、全面地了解新农保的惠民性，鼓励中青年农民群体积极参保。

第三篇

医疗保险与卫生经济

我国医疗保障制度现存问题与改革思路
——医疗保障制度改革的一个建议方案

自从2005年7月国务院发展研究中心课题组发布"医改不成功"的报告后,医改问题便成为国民关注的焦点。而随着世界银行等多家建议方案的公布[1],关于我国医疗保障制度改革方向和路径的讨论日益激烈,各方围绕政府与市场、公平与效率等一系列基本命题争论不休,这也直接导致了卫生部牵头的医改小组方案迟迟未能公布。中国医疗保障改革已经超越了医疗保障改革本身,而成为涉及广泛、复杂利益的博弈。健康事业关系着广大人民群众的切身利益、千家万户的幸福安康,也关系着经济社会协调发展、国家和民族的未来。科学把脉现行医改的状况,进一步明确新一轮医改的目标、方针、原则、主要内容和保障措施,深化医疗保障制度改革,已经成为贯彻落实科学发展观,构建和谐社会的当务之急。

一 我国医疗保障制度现存问题

(一)医疗卫生的政府投入二式化与公立医院行为异化

近十年来,我国政府对公立医院的投入主要采取两种方式:一种是直接的财政投入,另一种是包括免税、药品和医用材料按价加成以及检查检

---

[1] 2006年9月,11部门组成的医改协调小组成立,国家发改委主任和卫生部部长分任小组组长。协调小组成立不久,即委托北京大学、复旦大学、国务院发展研究中心、世界卫生组织、麦肯锡和世界银行六家中外机构,进行独立平行的医改方案设计。而后,2008年4月、5月、6月又分别增加了北京师范大学、中国人民大学和清华—哈佛大学三套方案。另有武汉大学社会保障研究中心等单位也相继提交了各自设计的方案。

验高于成本定价等在内的政策性投入（其中免税部分在医疗机构中几乎可忽略不计）。两种投入方式一软一硬，财政投入相对不足，越来越软。政策性投入却越来越硬，逐渐成为政府投入的主渠道。

1. 政府直接的财政投入明显不足且结构不合理

从政府预算卫生支出占卫生总费用的比例来看，改革开放之初，最高达38.19%（1982年），近20年来，不断走低（见图1）；从1993年起，一直低于20%（见表1），2000年只有15.5%。财政补助平均不到医院职工收入的一半（见表2），大多数只够医院离退休职工工资，有的地方政府甚至给医院打"白条"。

表1　　　　1980—2005年中国卫生总费用及其构成

年份	卫生总费用（亿元）			卫生总费用构成（%）		
	合计	政府预算卫生支出	社会卫生支出	个人现金卫生支出	政府预算卫生支出	社会卫生支出	个人现金卫生支出
1980	143.23	51.91	60.97	30.35	36.2	42.6	21.2
1981	160.12	59.67	62.43	38.02	37.3	39.0	23.7
1982	177.53	68.99	70.11	38.43	38.9	39.5	21.6
1983	207.42	77.63	64.55	65.24	37.4	31.1	31.5
1984	242.07	89.46	73.61	79.00	37.0	30.4	32.6
1985	279.00	107.65	91.96	79.39	38.6	33.0	28.5
1986	315.90	122.23	110.35	83.32	38.7	34.9	26.4
1987	379.58	127.28	137.25	115.05	33.5	36.2	30.3
1988	488.04	145.39	189.99	152.66	29.8	38.9	31.3
1989	615.50	167.83	237.84	209.83	27.3	38.6	34.1
1990	747.39	187.28	293.10	267.01	25.1	39.2	35.7
1991	893.49	204.05	354.41	335.03	22.8	39.7	37.5
1992	1096.86	228.61	431.55	436.70	20.8	39.3	39.8
1993	1377.78	272.06	524.75	580.97	19.7	38.1	42.2

续表

年份	卫生总费用（亿元）			卫生总费用构成（%）		
	合计	政府预算卫生支出	社会卫生支出	个人现金卫生支出	政府预算卫生支出	社会卫生支出	个人现金卫生支出
1994	1761.24	342.28	644.91	774.05	19.4	36.6	43.9
1995	2155.13	387.34	767.81	999.98	18.0	35.6	46.4
1996	2709.42	461.61	875.66	1372.15	17.0	32.3	50.6
1997	3196.71	523.56	984.06	1689.09	16.4	30.8	52.8
1998	3678.72	590.06	1071.03	2017.63	16.0	29.1	54.8
1999	4047.50	640.96	1145.99	2260.55	15.8	28.3	55.9
2000	4586.63	709.52	1171.94	2705.17	15.5	25.6	59.0
2001	5025.93	800.61	1211.43	3013.89	15.9	24.1	60.0
2002	5790.03	908.51	1539.38	3342.14	15.7	26.6	57.7
2003	6584.10	1116.94	1788.50	3678.66	17.0	27.2	55.9
2004	7590.29	1293.58	2225.35	4071.35	17.0	29.3	53.6
2005	8659.9	1552.5	2586.4	4521.0	17.9	29.9	52.2

说明：①本表系调整后的测算数；②按当年价格计算；③2001年起，卫生总费用不含高等医学教育经费。

资料来源：《中国卫生统计年鉴》（2006）。

表2　1999—2003年全国医疗机构每个职工人均年收入及财政补助

	1999年	2000年	2001年	2002年	2003年	4年平均增长
每个职工人均年收入（元）	10773	11476	13019	16536	18794	
增长（%）		6.23	13.45	27.01	13.66	15.09
每个职工年财政补助（元）	4952	5400	5772	7088	8291	
增长（%）		9.05	6.89	22.80	16.97	13.93
财政补助占人均年收入（%）	45.97	47.05	44.34	42.86	44.12	

资料来源：1999—2003年《湖南卫生统计年鉴》。

与此相反，个人现金卫生支出占卫生总费用的比例则呈上升趋势（见图1）。1979年只有20.3%，2001年则高达60%。1996年之后一直在50%以上。世界卫生组织在卫生筹资策略分析中认为，如果个人卫生支出占卫生总费用的比重超过50%，大部分穷人面对高昂的医疗费用，将导致高度贫困。

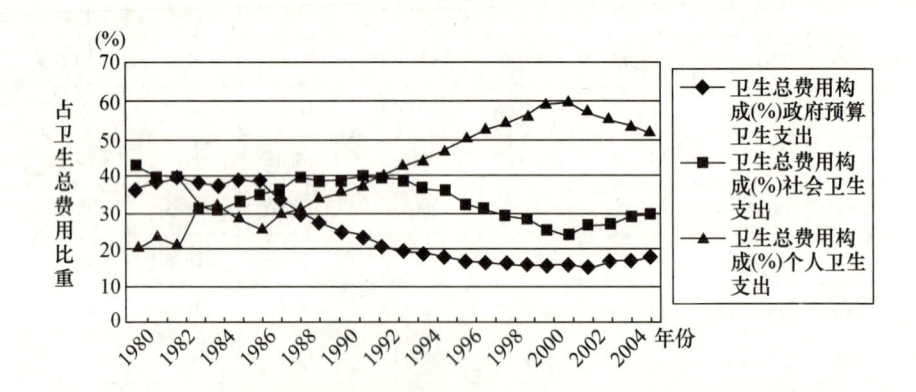

图1　1980—2005年政府预算卫生支出占卫生总费用的比重
资料来源：《中国卫生统计年鉴》（2006）。

结构不合理表现在：一是公立医疗机构过多、战线过长。极为有限的财政投入，支撑着庞大的公立医疗机构体系。2005年，全国85.08%的医院由政府直接举办，公立医院拥有76.96%的卫生人员和80.72%的病床。二是过分集中于特殊群体。政府投入的医疗费用中，80%是为850万以党政干部为主的群体服务的[①]；全国党政部门有200万名各级干部长期请病假，其中有40万名干部长期占据干部病房、干部招待所、度假村，一年开支约为500亿元[②]。2005年政府投入的卫生事业经费是1550.12亿元，如果80%即1240.1亿元用在以850万名党政干部为主的群体身上，那么其他13亿人分享的只有其余的20%，即310.02亿元。

---

①　朱四倍：《医改："弱者"不在场的博弈？》，http：//news.xinhuanet.com/fortune/2006-09/20/content-5114999.htm。
②　周凯：《中国八成政府投入的医疗费是为各级党政干部服务》，http：//www.ce.cn/xwzx/shgj/gdxw/200609/19/t20060919-8618375-1.shtml。

2. 公立医院行为异化

公立医院的改革是由政府设计和推动的，但改革后，公立医院的行为与政府改革的初衷渐行渐远。为了减轻财政负担并适应全国范围内经济体制改革的形势，从20世纪80年代开始，卫生体制也进行了改革，政府逐渐从投资办医院走向利用政策办医院。医院既"吃"政府（财政投入），又"吃"患者（高利收费）。药品、医用材料加成等政策性投入逐渐成为政府投入和医院补偿的主渠道。面对补偿机制二元化，对于医院来说，能否以及在多大程度上享受政策投入利益，直接取决于医院所占有的市场份额。

仅以药品加成为例。2005年卫生部门4884个综合医院药品收入达1164亿多元，平均每所医院药品收入2383.6万元，药品收支相抵盈余140亿多元，平均每个医院盈利287.5万元，盈利率12.06%。医生人均药品收入19.11万元，人均药品纯收入2.31万元。如果加上药品的灰色收入，仅药品加成政策一项，医生人均纯收入4.22万—5.18万元。医院的级别越高，业务量越大，医院和医生的药品纯收入越高（见表3）。

表3　　　　　　　　　　2005年卫生部门综合医院收入与支出

	合　计	中央属	省　属	省辖市属	地辖市属	县　属
平均每所医院总收入（万元）	5575.6	79892.7	31994.9	9565.3	3151.0	2044.3
其中：业务收入	5174.9	75891.9	30094.2	8766.0	2948.6	1878.6
医疗收入	2685.7	39948.2	15909.3	4546.5	1500.6	963.8
药品收入	2383.6	34057.3	13663.5	4058.0	1376.7	870.5
其他收入	105.6	1886.4	521.5	161.5	71.3	44.3
平均每所医院总支出（万元）	5345.7	77545.4	30478.5	9143.8	3046.2	1964.3
其中：业务支出	5174.9	75212.2	29538.8	8846.0	2971.0	1883.9
医疗支出	3020.0	45337.9	17263.1	5181.8	1719.3	1082.9
药品支出	2096.1	29236.8	11939.5	3566.4	1215.8	777.6
其他支出	58.8	637.5	336.3	97.8	35.8	23.4
医院总收入－总支出（万元）	229.9	2347.3	1516.4	421.5	104.8	80
医院盈利率（%）	4.12	2.94	4.74	4.41	3.33	3.91

续表

	合 计	中央属	省 属	省辖市属	地辖市属	县 属
医疗收入－医疗支出(万元)	-334.3	-5389.7	-1353.8	-635.3	-218.7	-119.1
医疗劳务亏损率（%）	12.45	13.49	8.51	13.97	14.57	12.36
药品收入－药品支出(万元)	287.5	4820.5	1724	491.6	160.9	92.9
药品盈利率（%）	12.06	14.15	12.62	12.11	11.69	10.67
医生药品灰色盈利率（%）	10—15	10—15	10—15	10—15	10—15	5—10
药品总盈利率（%）	22—27.06	24—29.5	22—27.62	22—27.11	21—26.69	15—20.67

说明：统计范围：4884个卫生部门综合医院。
资料来源：根据2006年卫生统计提要整理，其中灰色利润按市场惯例估算。

政策办医院的初衷是解决医院财政补偿不足，结果医院的公益性质不保。公立医院行为的异化是政府始料不及的，而且，现有的医改措施难以扭转和矫正。

（二）社会医疗保险欠公平、低效率

20世纪80年代以来，伴随农村经济社会体制改革开展，我国大部分农村地区原有的合作医疗制度纷纷瓦解，农民完全沦为自费医疗。农村直到2003年之前基本没有任何医疗保障，90%左右的农民靠自费医疗。城镇内部不同人群间医疗保险同样不公平。1998年的医改方案首先将大量的乡镇企业、城镇个体户和自由职业者以及职工家属等排除在外。此外，2003年以前，城乡实际上并没有真正意义上的医疗救助制度，导致最贫困的人群实际上被排除在医疗保障范围外。2003年国家卫生服务调查表明，44.8%的城市居民和79%的农村居民没有任何医疗保险（见表4）。当然，2003年起新型农村合作医疗制度的推行在一定程度上改善了中国医疗保险制度的公平性。

表4　　　　　　　　　2003年城乡医疗保障方式构成

单位：%

调查项目	城乡合计	城市合计	农村合计	大城市	中城市	小城市	一类农村	二类农村	三类农村	四类农村
基本医保	8.9	30.4	1.5	37.6	41.1	13.2	1.9	1.3	1.5	1.2

续表

调查项目	城乡合计	城市合计	农村合计	大城市	中城市	小城市	一类农村	二类农村	三类农村	四类农村
大病医保	0.6	1.8	0.1	3.6	0.6	0.8	0.4	0.1	0.1	0
公费医疗	1.2	4	0.2	6.7	3.9	1.1	0.4	0.2	0.2	0.1
劳保医疗	1.3	4.6	0.1	5	5	3.8	0.2	0.1	0.1	0
合作医疗	8.8	6.6	9.5	0.1	0	19.6	17.6	6.1	0.7	24.3
其他社保	1.4	2.2	1.2	3.7	1	1.6	2.9	0.6	0.8	0.3
商业医疗保险	7.6	5.6	8.3	4.8	7.3	5	8.9	10.9	7.9	3.2
自费医疗	70.3	44.8	79	38.5	41.2	55	67.8	80.7	88.6	70.8
合计	100.1	100	99.9	100	100.1	100.1	100.1	100.1	99.9	99.9

资料来源：第三次国家卫生服务调查分析报告。

另外，以"第三方付费"为特征的城镇职工医疗保险制度和新型农村合作医疗制度缺乏对医方道德风险的有效控制。医疗服务市场的信息不对称与很强的专业性、技术性特征决定了供需双方地位的不平等：医生是专家、权威，具有影响需求的能力，而患者根本不具备进行讨价还价的能力。医生具有患者（选择医疗服务的）代理人和医疗服务提供方的双重角色。在追求自身利益最大化动机下，如果医生的经济利益与销售药品或者医疗服务的数量、价格相关，医生就可能牺牲患者（委托人）的利益而"诱导需求"、"开大处方"，以谋求自身利益的最大化。保险机构对医疗服务领域的介入把供需双方的关系变成医疗服务供给方、需求方与医疗保险机构之间的三角关系，由此加剧了信息不对称状况。医疗保险机构面临两层信息不对称：对患者的健康状况和医生对患者治疗方案的合理性都存在信息不对称，从而难以有效控制"开大处方"、"医患合谋"等道德风险行为，导致大量不合理的医疗费用。城乡医疗保险管理机构（"第三方"）为控制医疗保险费用转而采用"起付线"、"共付比例"、"封顶线"等方式对患者的严格控制降低了患者的收益水平和制度的实际保障效果。

在这种背景下，仅仅通过补贴需方而建立全民医疗保险体系的效果是有限的，它即便可以做到全民覆盖，也难以真正解决人们的"看病难"、"看病贵"问题。只要信息不对称问题依然存在，医疗机构的补偿机制没有理顺、追求经济利益的动机没有改变，医疗供方诱导需求和医疗费用虚高问题就难以得到有效解决，全民医保的保障水平和保障效果将因此而大打折扣，而制度的收支平衡和持续发展也难以得到保证。所以，将政府投入投向医疗保险机构，是投向第三方，而不是真正意义的需方。需方与保险方的信息不对称以及实践中医疗保险机构对需方利益的偏离，说明所谓补贴需方的"全民医保"方案不是唯一、最佳的选择。

（三）"管办不分"、"管制俘获"与政事合一

医疗保险市场是由供方（医生）、需方（患者）和第三方即医疗保险机构组成的，政府是介于三者之上的监管者。政府对医疗服务提供方（医院和医生）、利用方（患者）和医疗保险方的有效监管，是医疗保险市场正常运转的必要条件。然而，在我国，政府的监管角色是混沌的。从医疗服务提供方面看，政府直接举办为数众多的医疗机构形成了典型的"父子"关系。医院是政府的行政附属单位，政府相当于总医院院长。由于政府的投入主要依靠政策性投入，医院的补偿主要依靠市场。于是，医院对医生的权力（大处方）是激励的，政府对医院的趋利行为是默认的。可以说，医生、医院、政府主管部门及其人员形成了利益共同体，结成了利益同盟。这也是"管制俘获"的天然温床。监管者被监管对象收买，二者形成合谋。一旦发生医患纠纷或医院和医生违规，政府主管部门首先保护的是医院和医生，而不是患者。这不仅影响监管对象对监管的预期而放松对自身的约束，而且使本来严格规范的监管措施形同虚设。

事实上，"管制俘获"在药品、试剂、器材等生产经营方面如出一辙。就基本医疗保险而言，同样存在着"父子"关系。所不同的是，在医疗卫生部门，"父亲"生并养着许多"儿子"。而在医疗保险部门，"父亲"生并养者的是"独生子女"。城镇基本医疗保险由劳动和社会保障部门直接经办，农村基本医疗保险（新型合作医疗）直接由卫生行政部门经办。医管局和合管办的管与办的职能直接合一。城市医疗卫生领域的"父子"关系至少在形式上是管办分离的，因为"儿子"太多，竞争不可避免。在新型农村合作医疗方面，政府主管部门集医疗服务提供方、保险方以及监管于一体。在城镇基本医疗保险方面，政府主管部门则集保险与监管于一身。这种三位一体或二位一体的制度设计和运行，不仅出现了监管"真空"，而且在强势政府的面前，弱势的医生和患者的利益均难以

保障。

(四) 卫生保健体制二元化、政府责任间接化

新中国成立以后，我国逐渐形成了二元社会经济结构。党的十六大以来，坚持科学发展观，二元社会经济结构正在走向融合。但是，卫生保健体制却仍然固守二元化。医疗卫生方面，城市医疗卫生和农村医疗卫生是二元化的。农村卫生工作一直是卫生工作重点，但在实际运行中，重城市轻农村的格局始终没有改变，80%的卫生资源集中在城市，广袤的农村和大约70%的人口，只享有20%的卫生资源，造成基本医疗卫生的公平性和可及性差。2000年，世界卫生组织对成员国卫生筹资与分配公平性的评估排序中，中国位列第188位，在191个成员国中倒数第四[①]。目前，政府正在并将继续对"守门人"——城市社区卫生服务机构实行高补贴，而农村社区卫生发展不但未被列入政府工作议程，就连社区卫生服务中心、站的界定都未有定论。医疗保险方面，城镇职工强制性参加基本医疗保险，城市居民和农村居民则自愿参加居民医疗保险（刚刚启动）和新型合作医疗。同样属于社会基本医疗保险，却分成两个相对封闭系统运行。

这样，处在不同地域和保险系统的居民只有区域内和系统内的小范围公平，难以保障人人享有公平的医疗待遇。这与我国卫生保健事业发展中政府财政投入分摊机制紧密关联。

我国现行的财政投入制度，由中央政府和地方政府分摊，包括对公立医疗机构的投入、新农合与城市居民基本医疗保险中的政府补助。如中西部地区新农合参合农民和城市社区卫生机构的政府补助，就是由中央政府、地方政府包括省、市、县（区）级政府按比例分担的。这种补助办法是对机构的补助，由机构再向城乡居民提供。城乡居民能否以及在多大程度上得到实惠，直接取决于行使相应职权的机构，由于医疗服务提供机构和医疗保险服务机构有自身的利益驱动，城乡居民实际得到的实惠也就大打折扣。于是，各级政府责任被中间化了，财政分摊，也意味着各级政府责任分担。现行的补助方式，国民难以分辨各级政府责任，不知道各级政府是否或者在多大程度以及哪些方面尽到了职责。

---

① 葛延风、贡森：《中国医改：问题·根源·出路》，中国发展出版社2007年版，第6页。

二 医改建议方案的总目标、基本方针与原则

（一）总目标

改革的总目标是建立覆盖城乡居民的基本卫生保健制度，实现人人享有基本卫生保健服务，提高全体国民的医疗保障和健康水平。总目标的设立是基于我国社会经济现状和发展愿景而设定的。我国要建设的医疗保障体系应是立足于"人人享有基本卫生保健"的总目标，着重满足最为基本的医疗保障需求，有效地将疾病预防、治疗、保健相结合，增强国民健康水平、降低疾病和过度医疗所带来的社会经济损失，缓解不同人群、地区之间的差距，促进社会公平，使全体国民都能共享经济发展成果。

（二）基本方针

一是坚持预防为主、防治结合的方针；二是坚持中西医并重的方针。应改变我国现有重治疗、轻预防的医疗保障格局，大力加强基础预防和保健，增强全体人民的健康素质，降低疾病风险发生的可能性。在医药方面，要发挥传统中医药保健调理、价格低廉等方面的优势，坚持中西医并重，在疗效相当的前提下，通过改变治疗方式和药品结构来达到降低医疗成本的目的。

（三）基本原则

第一，政府主导与发挥市场机制作用相结合。强化政府在基本卫生保健方面的责任，明确政府责任的方式和范围，充分发挥市场机制的作用，激活公立卫生资源存量，提高全社会卫生资源的效率和效益。

第二，全民覆盖、分类管理、分步推进。实现绝对医疗公平（人人享有）与相对医疗公平有机结合，不断提高全民医疗保障和健康水平。对医疗卫生、医疗保险以及药品生产经营，实施分类管理。根据政府的财政承受能力和疾病对国民健康的影响程度，分步推进医疗改革的深度和广度。降低改革风险和成本，提高改革的社会效益。

第三，突出重点、兼顾一般的原则。以确保公立医疗机构的公益性为突破口，以国办医疗机构免费向全民提供公共卫生和最基本医疗保障为重点，推动整个医疗服务机构体系的重组与重构；以实施全民医疗保险的政

府补助、职工连带家属参保、实行住院医疗服务团购为重点，推动医疗保险体系的重组和重建；以国家组织最基本药品的定点生产、配送为重点，引导药品生产经营企业有序竞争。

三 医疗保障制度改革建议方案的具体内容

根据医疗保障制度改革的总目标、基本方针和基本原则，确立改革的基本思路、改革路线和基本框架。

第一，基本思路。以确保公立医疗机构的公益性为突破口；按照中央政府保障绝对医疗公平（人人享有）、地方政府保障相对医疗公平原则，明确界定政府的责任方式和范围；着眼于卫生资源行业归口管理和资源共享，实现"三医"联动改革；建立补助供方与需方相结合、政府主导与发挥市场机制作用相结合的全民医疗保障模式。

第二，改革路径。首先为全体国民提供最基本的免费医疗，这是整个医疗保障体系的最低层次，并随着经济发展和国家财力增强逐步拓宽免费的范围；此外，应在明确政府举办医院的数量和定位的基础上，逐步推进公立医院改组、改造，为全民医疗保障制度的推行奠定医疗卫生服务组织基础。[最基本医疗免费提供（窄口径—宽口径）—明确政府医院数量与定位—公立医院的改组、改造]。

第三，基本框架，见表5。

表5　　　　　　　　医疗卫生体制改革框架

机构分类		机构性质	责任主体	保障方式
基层卫生机构（包括城市社区卫生服务中心、站，农村卫生院，村卫生室）		非营利性	中央政府	免费提供
政府医院	传染病医院、精神病医院、妇幼保健医院以及民族医院	非营利性	中央政府	廉价提供，社会医疗保险或商业保险机构购买
	综合医院	非营利性	地方政府	

续表

机构分类		机构性质	责任主体	保障方式
社会医院	综合医院	非营利性	地方政府	社会医疗保险或商业保险机构购买
	综合医院、专科医院	非营利性	慈善机构等	
	民营医院	营利性	民营医院投资者	商业保险机构购买或患者付费

（一）医疗卫生体制改革

第一，归口与管理。将公共卫生、公立医疗卫生、计划生育等资源统一归口卫生部门，实行行业化管理，降低资源运行成本，提高资源利用效率和效益。

第二，医疗卫生分类。根据财政承受能力、居民支付能力以及疾病对国民健康的损害顺位，将医疗卫生细分为：最基本医疗、准基本医疗、特殊人群医疗、重大疾病医疗和特需医疗五类，分别采取不同的医疗保障方式。

第一类：最基本医疗就是所谓的小病。享受最基本医疗服务是中华人民共和国公民的基本人权（健康权）之一。小病的宽口径就是现有的门急诊病，窄口径就是城乡社区卫生服务机构能够提供治疗的疾病（不包括慢性非传染性疾病）。最基本医疗由国家举办的医疗机构直接免费向国民提供，包括基本医疗服务、基本药物和基本检查检验。根据全民覆盖，分步推进原则，先易后难，先窄后宽。首先免费提供窄口径的最基本医疗，随着财政支付能力的增强，相机推动宽口径的最基本医疗的免费提供。

第二类：准基本医疗就是所谓的大病，即住院治疗的一般疾病，属于准公共产品。这类住院服务由国家举办的医疗机构廉价提供，通过社会医疗保险机构或商业医疗保险机构向医院购买。

第三类：城市低保户、农村五保户等特困群体即"特殊人群"的准基本医疗，由包括政府出资和社会筹资的社会医疗救济基金实施医疗救助。

第四类：癌症、器官移植等重大疾病患者的准基本医疗，由大病医疗保险或救助基金，连同社会医疗救济基金实施医疗救助。

第五类：享受豪华病房和高端治疗的特需医疗需求，由商业医疗保险和高收入人群直接购买服务予以满足。

第三，改组、改造现有公立医疗机构。

(1) 中央政府直接投资举办城市社区卫生服务中心、站和农村的乡镇卫生院、村卫生室。社区卫生服务机构除承担国家要求的公共卫生服务外，承担提供免费的最基本的医疗服务；在加强城市社区卫生服务的同时，按照城市社区卫生机构的模式，建设农村社区卫生中心（乡镇卫生院）和社区卫生站（村卫生室）；社区卫生中心和乡镇卫生院只设观察床位，不设住院床位、不提供住院服务；改变按社区居民人数进行补助的方式，实行按工作量进行补助。社区卫生服务机构保留挂号收费；设立财政专户，对社区卫生机构实行统收统支，做到应收尽收、应支尽支。

(2) 按照区域卫生规划要求，中央政府投资举办传染病医院、精神病医院、妇幼保健医院以及民族医院，承担公共医疗卫生责任。

(3) 各级地方政府投资举办的少量综合性医院（包括高等院校附属医院）。按照每个省会城市4家、地级市2家、县（市）1家的规划（全国共3652家）整合现有公立卫生资源；撤销中医院的单独建制，将其服务和职能合并到综合医院；政府举办医院同时承担公共卫生责任，坚持防与治有机结合。

(4) 政府办医院实行适度的"管办分离"。政府与医院形成委托—代理关系，医院成为事业法人实体，建立法人治理结构；取消医院的行政级别和行政编制，组建由政府主管部门官员、医院代表、药方代表、社区代表、医疗保险机构代表以及相关专家等组成的董事会，实行全员聘用制，董事会聘任院长，院长聘用职员。

(5) 规范政府投资举办的医院名称，省、市、县级政府投资举办的医院，分别冠以省（市、区）立医院、市（州）立医院和县（市）立医院，区别于社会办的和民营医院。

(6) 政府医院的职工工薪由政府全额埋单。通过加强管理，优化劳动组合，降低成本，提高效益；实行医药分开、医检分开，切断医院、医生和药品及检查检验之间的利益关联。

(7) 改制部分公立医院。将现有55%的公立医院（不含专科医院、民族医院和护理医院，共 4508 家）改制成为社会办的非营利性医院和营利性医院；改制成社会办的非营利性医院的，现有资产变现退出或转化为国有股份；改制成营利性医院的，现有资产则全部变现退出；为减少改革可能带来的社会震荡，先对即将改制的医院"断奶"，时机成熟时相机进行改制、转轨；鼓励、引导改制分流的医务人员进入社区卫生服务机构，提高其服务质量和水平。

第四，鼓励、引导民营资本进入医疗市场。最基本医疗实行国家免费提供后，现有绝大部分个体诊所将自然消亡。政府引导民营资本积极参与公立医院改制，举办特色医疗（如牙科）、特需医疗（如豪华病房、高端医疗服务等）、专科医疗、老年疗养以及社区护理等，充分发挥市场机制作用。

（二）医疗保险体制改革

第一，基本思路。政事分开，建立社会医疗保险管理体制；立足于全民参保，建立城乡社会基本医疗保险体系；适应多层次医疗保险需求，鼓励并支持商业医疗保险发展；改变医疗保险基金支付方式，有效控制医疗费用，从而达到切实提高基本医疗保险水平和全民医疗保障水平的目的。

第二，改革路径。组建国有医疗保险有限责任公司，统筹运营城乡医疗保险基金——实行职工连带家属参保，重建城市社会医疗保险体系——建立社会医疗救助基金和大病医疗救助基金，实施医疗救助。

第三，改革基本框架，见表6。医疗保险体制改革具体做法：

（1）组建国有非营利性的基本医疗保险有限责任公司，实现政事分开。将现有社会医疗保险和新型合作医疗运营从现有主管部门剥离出来，组建国有非营利保险有限责任公司（隶属人力资源和社会保障部门[①]），统筹经营管理城乡基本医疗保险基金。公司建立法人治理结构，实行董事会领导下的总经理负责制；董事会由主管部门官员、公司业务代表、医院代表、药方代表、患者代表以及相关专家组成；通过听政决定风险溢价，员工利益与吸收参加保险人数挂钩；参保人和参保单位自由选择保险机

[①] 武汉大学社会保障研究中心医疗保障改革方案于去年定稿，当时人力资源和社会保障部尚未成立，所以，武汉大学社会保障研究中心去年向国家卫生部和湖北省卫生部门提供改革方案时基本医疗保险有限责任公司设计隶属部门为劳动和社会保障部。

构，保险公司决定定点医疗机构和医生，形成以保障参保人利益为核心的三方制衡关系。

表6　　　　　　　　　　医疗保险体制改革的基本框架

保险分类	保险对象	出资者
社会医疗保险	城镇职工连带家属	政府、单位、个人
	依托单位的灵活就业者	政府、个人
	农民工	政府、个人
新型合作医疗	农村居民	政府、个人
军人医疗保险	现役军人	政府
医疗救助	城市零就业家庭成员、低收入者、农村五保户	政府和社会（社会医疗救助基金和大病医疗救助基金）
商业医疗保险	被保险人	参保人员

（2）改革基本医疗保险基金的筹集方式。为保障筹资公平性，改变只针对城乡居民的政府补贴方式，实行包括职工在内的全民医保政府补贴。政府补贴之外的筹资：一是城镇企业职工、事业单位职工及公务员实行职工连带家属参保方式，由职工和单位分担缴费，家属实行优惠费率。以单位为载体，集体参保，规避逆向选择。二是农民工在务工所在地参加城镇基本医疗保险，由农民工和单位分担缴费。三是已与用人单位建立明确劳动关系的城镇灵活就业人员，按照用人单位参加基本医疗保险的方法缴费参保，其他灵活就业人员，以个人身份缴费参保。四是进一步完善新型农村合作医疗制度，扩大新农合覆盖面和风险池范围，提高制度保障能力。采用协议征收等方式改进新农合筹资方式，降低筹资成本；试行农业补贴转移支付农民缴费，保障新型农村合作医疗持续发展。五是建立现役军人基本医疗保险，纳入国防经费预算。

（3）以政府出资为主，建立社会医疗救助基金和大病医疗救助基金。对无力缴纳基本医疗保险费的特殊人群和无力支付超过社会基本医疗保险支付上限部分的患者，实施医疗救助。将医疗救助与城镇医疗保险和新农合制度进行整合，民政部门负责医疗救助中低保对象的审定，其余城乡医疗救助制度分别由城乡医疗保险管理部门负责；城镇医疗保险和新农合为低保救助对象设置比一般人群更为优惠的报销结构；医疗保险和医疗救助补偿利用信息化平台实行"一站式"管理，力争在参保人出院时一次性免除，提高制度的运行效率。

（4）改革基本医疗保险基金供需双方的支付方式。一是由于国家免费医疗体系的建立，原有的基本医疗保险的个人账户自然消亡。需方支付方式的改革方向是：取消旨在遏制小病大治的起付线制度，缩小保险公司的除外责任，提高支付上限即封顶线，提高参保人员的保障水平。二是供方支付方式由后付制逐渐过渡到预付制，逐渐缩小按项目付费的范围，积极推行按病种付费（DRGs）、按人头付费、按服务人次付费、按住院床日付费和总额预算制，结合保险基金收支情况，推行各种支付方式的组合运用，有效地遏制供方的道德风险，控制医疗费用。

（5）积极推动、引导商业医疗保险的发展，以满足特需人群的特殊需求。应重视建立多层次的医疗保障体系，满足不同水平的医疗保障需求，应进一步出台相应的鼓励措施和优惠政策，引导和鼓励商业保险进入医疗卫生领域，并规范其经营行为，发挥其在满足高水平和个性化医疗保障方面的积极作用。

（三）药品生产经营体制改革

新的医改中，药品供应方必须全面参与，与整体改革相协同。在"三医联动"改革中，药品供应不单是流通体制改革，而是包括产、供、销各环节在内的整个生产经营体制的改革。

第一，基本思路。按照安全、有效、必需、价廉的原则，与基本医疗卫生和基本医疗保险改革相对应，采取不同的产供销体制和管理方法；基于医药分开，逐步推行医药分业；强化药品监管，确保用药安全。

第二，改革路径。最基本药品定点生产与配送，产、供、用一条龙—基本药品省级政府主管部门背靠背式网络化招标采购—新药审批改革，推行药品生产经营标准化。

第三，基本框架，见表7。

药品生产经营体制改革的具体做法：

（1）改革药品生产、供应、使用制度。与医疗卫生细分相对应，将药品划分为最基本药品、准基本药品及一般药品。第一，对于最基本药品，

表7　　　　　　　　药品生产经营体制改革基本框架

药品分类	生产方式	供应方式	销售方式
最基本药品	定点生产	直接配送	免费提供
基本药品	非定点生产	政府集中采购	医院销售
一般药品	非定点生产	厂家或医药公司批发	医院零售

按照公开、公平、公正原则，由中央政府直接组织招标，定点生产、集中采购，定点厂家连锁经营、直接统一配送到社区卫生服务中心、站和乡镇卫生院、村卫生室，基层医疗卫生机构直接免费向全体国民提供，减少药品流通环节；在保障药品生产经营企业合理盈利的前提下，实行国家定价、统一标识、统一名称、统一规格；基层医疗卫生机构提供的免费药品范围由小到大；最基本药品直接纳入集中招标采购目录，医院优先选用。第二，对于准基本药品，省级政府进行药品集中招标采购。建立国家药品网络系统，药品生产厂家通过网络提出申请，省级政府部门以背靠背方式对所有参加竞标的药品进行优选，选中的药品列入采购目录，医院按目录采购。降低企业竞标和招标采购的运行成本，确保质优价廉的药品供应。第三，对于一般药品，鼓励、引导市场竞争，充分发挥市场配置资源的基础性作用。改革后的医疗供方和医疗保险机构将成为药品市场两大谈判力量，通过他们同药品供应商的讨价还价，将有利于降低药品价格。

（2）取消医院"药品加成"政策，医院的药品收入实行收支两条线管理。设立财政专户，实行财政统收统支，从根本上改变"以药养医"的利益格局；在医药分开基础上，逐步推行医药分业，发挥药剂师对医生用药的监督作用。

（3）严格新药审批，严格推行药品生产、经营的标准化。应高度重视医药生产、经营管理，加强对新药的审查和审批工作，积极引进国际标准，并结合我国实际，制定规范化、标准化的药品生产和经营准则，规范医药企业的生产和经营行为。

（4）鼓励医药企业自主研发新药。鼓励国家采购医药企业自主研发疗效好的新药，保护企业知识产权，保障国民及时受益。

"三医联动"改革中，明确政府责任方式和范围是前提，医疗卫生体制和医疗保险体制改革是关键，药品生产经营体制改革是重要内容。

四 积极推进医疗保健制度改革的保障措施

(一) 加大政府财政投入力度,明确政府责任方式和范围

政府加大财政投入力度是新医改的经费保障。建立新的全民医疗保障体系,在保障现有公共卫生投入和医疗卫生事业经费及其正常增长的基础上,需要增加财政投入。其中包括增加全民免费医疗投入和城镇职工参保补助投入。

明确政府的责任方式和范围,使各级政府的事权和财权相匹配。最基本医疗由中央政府负责,直接向全民免费提供;地方政府负责区域政府医院投入,保障提供廉价的医疗服务;城乡社会医疗保险和医疗救助则由各级政府按比例分摊,并落到实处。

加强医疗保险费的征缴力度,建立稳定的城乡社会医疗保险基金筹资机制,实现基本医疗保险事业的可持续发展。

(二) 明确界定最基本的免费医疗内容和范围

克服政府尤其是中央政府责任中间化,中央政府保障投入,由社区卫生服务机构免费向全体国民提供最基本医疗,确保全民一定程度的绝对公平是本文的最大亮点,也是新的医疗保健体制改革的难点。为保障改革顺利实施并富有实效,必须明确界定最基本免费医疗服务内容(应限于普通感冒、流感、急性肠胃炎、慢性支气管炎、高血压病、类风湿性关节炎、咽喉扁桃体气管炎、痢疾、脱位扭伤和劳损、口腔、唾液腺及颌颈疾病、消化性溃疡、贫血等最基本的医疗需求);必须明确界定基本医疗检查检验范围(应限于血常规、尿、大便等检验,B超、透视、X光、心电图检查等常规医疗需求);必须制定并公示免费药品清单。种类包括抗微生物药物、抗寄生虫病药、解热镇痛、维生素及矿物质缺乏症用药、激素及调节内分泌功能药、抗变态反应药物、神经系统用药、呼吸系统用药、消化系统用药、循环系统药物、血液系统用药以及调节水、电解质、酸碱平衡药、解毒药及专科用药等。

(三) 建立科学的监管体系

再好的制度设计,都必须加强监管,才能保障健康运行。为此,必须

建立科学而严格的监管体系,包括对医疗服务机构、医疗保险机构、药品生产经营者以及监督者的监管。

第一,建立严格的医疗服务供方的准入和退出机制,逐渐形成市场化的医生与医院自律机制;建立新的社区卫生服务机构和政府医院绩效考核指标,并制定相应的考核办法。指标和考核办法应以完成目标工作量和受众满意度为中心,从而加强对公立医疗机构的行为过程监督,促使它们面向政府而不是市场,确保其公益性。

第二,加强对国有基本医疗保险公司的监管。通过制度、法律法规引导公司之间进行良性竞争;通过过程监督和结果审计,规范公司行为;在实现医、患、保三方利益均衡中,提高基本医疗保险的制度设计水平,保证制度运行效率。

第三,建立社会化的信息平台,加强公立医院、社会医疗保险机构的信息披露,促进卫生保健资源共赏,强化社会监督。

第四,建立社会化的药品生产、采购、使用的信息网络,实行药品定点生产招标、集中采购招标以及免费药品供应阳光工程,抑制各环节的部门利益冲动和寻租行为。

第五,严格规范医疗机构和药品生产经营机构的市场行为,取缔不当医疗、医药以及医用器材等的广告,制止医疗和医药行业的恶性竞争。

第六,推行基层医疗机构免费提供医疗服务后,绝大部分的私人诊所将自行消亡。公立医疗改制和改组中,部分医务人员将退出医疗领域。因此,必须严厉打击非法行医和药品生产经营中的假冒伪劣行为,整顿、规范医药市场秩序。

第七,充分发挥公共舆论、公众传媒、行业协会以及相关专家委员会的作用,加强对医疗服务的供方、需方、保险方以及政府有关部门的监督,构建和谐的医疗环境和医疗关系。

[原载《西北大学学报》(哲学社会科学版)2008年第4期 作者:邓大松 胡宏伟]

基于固定资产和教育程度的
农户家庭健康状况分析

传统理论和政策实践认为,改进农村医疗卫生状况、提高农民健康水平有赖于两个方面:经济的发展和卫生保健投资的增加。而中国的农村医疗卫生保健体系也正是基于上述逻辑基础而建立和改革的。但是,Frank(1994)、E. Van Doorslaer(1997)指出,考察西方发达国家医疗保健事业发展实践可以看出,作用于农村健康水平的因素绝不仅仅是这些,而西方的实践和理论研究都显示,以教育为主的人力资本投资和以家庭生活条件改进为主要内容的生活质量提高,都是促进居民健康水平的重要因素。

当前,中国正在大力推进以新型农村合作医疗保险为主要内容的农村医疗保障体系,改善和提高农村居民健康状况是中国农村医疗卫生保健体系建设的根本目标。但是,农村家庭健康状况的改善和提高不能仅依赖农村养老保险制度建设,而是一个多种因素共同作用的结果,教育和家庭财富也是重要因素。考虑到当前新型农村合作医疗保险报销最高限额较低(大部分地区报销最高限额为1.5万元),农民医疗行为实际上仍是基于家庭财富状况的一个经济决策。所以,考察农户家庭教育程度和财富水平有助于更深入地分析农村医疗、保险行为的经济决策,也能够较好地解释农户家庭健康的差异。当然,这个分析必须建立在充分控制医疗保险和其他影响因素的前提下。为了便于考察,在保证指标代表力的前提下,本文分别选取"户主受教育程度"和"家庭固定资产"作为主要考察因素,分别代表家庭的教育和财富。[①]

[①] 虽然我们在问卷中也设定了其他指标,但是,一个家庭的教育型人力资本是不容易以平均教育年限等来衡量的,而鉴于户主在家庭经济决策中的决定性地位,本文选取户主受教育程度作为家庭教育状况的代理变量。此外,家庭财富主要体现为固定资产,而且,固定资产(房产、家用电器等)往往与家庭生活质量密切相关,这实际上更能反映影响健康的家庭财富额度。我们认为,一个家庭获取财富而不致力于投资家庭的教育和生活改善,财富对健康的促进作用会大打折扣。

正是基于上述背景，在经济增长和增加医疗卫生支出之外，本研究提出了一个研究农户家庭健康状况的新分析框架，旨在考察教育程度和家庭财富是否影响家庭健康状况，以期为提高农村居民健康水平提供一个更广泛的视角和证据。

一　假设、数据、变量与方法

根据已有研究和一般经验，进行如下假设：

假设1：家庭教育程度影响对家庭健康有影响；

假设2：家庭固定资产对家庭健康有影响；

假设3：家庭教育程度和家庭固定资产联合对家庭健康存在影响，即存在组合影响；

本研究采用的数据来自2007年武汉大学社会保障研究中心（CSSS）在全国10个省份33个县市的农村地区的实地调研。此次调研采用的是分层随机抽样的方法，主要是对农村的健康、医疗等状况的问卷调查，同时还设定了涉及农民自身家庭及其经济状况等基本指标。调查共发出问卷5000份，回收4365份，排除有缺损值的样本，从而筛选了有效问卷2023份。此外，本研究还选取"家庭医疗支出"、"家庭食物支出"、"家庭离最近医疗点的距离"三个变量作为协变量。为了进一步确认家庭财富对家庭健康的影响，也选取"家庭固定资产额度"（定距变量）作为协变量放入模型进行分析。

表1　　　　　　　　变量的选取及类型

因变量		家庭患大病人数#
自变量	因素变量	户主文化程度#、家庭固定资产额度分组*
	协变量	家庭医疗支出*、家庭食物支出*、家庭离最近医疗点的距离*、家庭固定资产额度*

说明：（1）#为分类变量，*为定距变量；（2）各类支出均为上一年相应支出额度。

根据各变量的特点，本研究使用方差分析方法，主要使用了方差分析方法（包括单因素方差分析和单因变量多因素方差分析两种方法）。

方差分析方法常用于科学实验，主要用来考察不同试验条件或处理方法对结果的影响，通常是比较不同试验条件下样本均值的差异。方差分析认为不同处理（影响因素）的组间均值差异主要来源于两个：

（1）随即误差，即非因素影响造成的随机出现的误差，如个体间本身存在的差异、测量误差等；

（2）不同处理（影响因素）造成的差异，又称为组间差异，这是研究关注的重点。这样总偏差平方和 A_0^B 被分解为组建偏差平方和 A_0^P 与组内偏差平方和 H 两个部分，即 $ss_t = ss_b + ss_w$。ss_b、ss_w 分别除以各自的自由度，得到均方值，从而去除样本量的影响。均方值比值服从 F 分布，自由度分别为 $m-1$ 和 $k-1$（m 和 k 分别为样本量和影响因素类别量），$F = \frac{ss_b \div (k-1)}{ss_w \div (m-1)}$。卢纹岱（2006）指出，方差分析需要满足诸多既定条件：（1）各种处理下的样本是随机的；（2）各种处理下的样本是相互独立的；（3）各种处理下的样本分别来自正态独立分布总体；（4）各种处理下的样本具有方差齐性。根据 F 值的结果来判断组间是否存在显著差异，处理因素是否产生影响。模型和数据处理使用 SPSS13.0。

二　结果与分析

（一）描述性分析

对模型中各变量做描述性分析，结果见表2。由表2可见，家庭上一年患大病人数均值为 0.63 人，有 26.7% 的家庭去年有人患过大病。户主教育程度主要集中在初中和小学水平，分别占总体的 41.2% 和 28.3%，二者之和高达 69.5%，户主教育水平为初中及初中以下的家庭占总体的比例高达 70%。家庭固定资产均值为 9656.67 元，主要集中在 8000 元以下，占总体的比例高达 70.1%，绝大部分农村家庭仍比较贫困。家庭上一年医疗支出均值为 1312.76 元，上一年家庭食物支出均值为 4313.28 元。高达 86.4% 的农村家庭离最近的医疗点距离在 5 公里以内，医疗服务的可及性较高，但仍应看到有 5.5% 的农村家庭距最近医疗点距离超过 10 公里，尤其是有 1.7% 的农村家庭距最近的医疗点距离超过了 20 公里，偏远农村地区就医并不方便。有 15.1%的农村家庭参加了新型农村合作医疗保险，这个比例低于预期，主要是数据取自 2007 年 8 月前，不少农村家庭尚未参加新型农村合作医疗试点。

表2　　　　　　　　　　　描述分析表

变量类型	变量名	变量类型	变量取值	人数	分布(%)或均值
因变量	家庭患大病人数	定距		2096	0.63
	家庭是否有人患大病	定类	有	548	26.7
			无	1503	73.3
			合计	2051	100
自变量	户主教育程度	定序	文盲	176	8.4
			小学	590	28.3
			初中	860	41.2
			高中、中专	328	15.7
			大专及以上	133	6.4
			合计	2087	100
	家庭固定资产分组	定序	0—1000 元	257	12.8
			1000—3000 元	481	24.0
			3000—8000 元	666	33.3
			8000—12000 元	226	11.3
			12000 元以上	373	18.6
			合计	2003	100
	家庭固定资产额度（元）	定距		2003	9656.67
	家庭医疗支出（元）	定距		2098	1312.76
	家庭食物支出（元）	定距		2098	4313.28
	家庭离最近医疗点距离	定序	0—2 公里	1191	57.8
			2—5 公里	590	28.6
			5—10 公里	166	8.1
			10—20 公里	79	3.8
			20 公里以上	35	1.7
			合计	2061	100

续表

变量类型	变量名	变量类型	变量取值	人数	分布(%)或均值
自变量	是否参加了新农合	定类	是	208	15.1
			无	1169	84.9
			合计	1377	100

说明：（1）"家庭离最近医疗点的距离"本为定距变量，但为了处理方便，此处按距离分别赋值，降为定序变量，这并不影响分析结果；（2）部分定序变量在回归分析中降为定类变量处理。

（二）单因素方差分析

1. 教育对家庭健康影响的单因素方差分析结果

教育对家庭健康影响的方差分析见表3。由表3可见，教育组间差异较大，Sig. = 0.007 表明方差分析通过了检验，户主不同的教育水平的教育程度影响家庭健康状况的论断有统计意义。

表3　　　　　教育对家庭健康影响的方差分析

	平方和	df	均值平方	F	Sig.
组间	8.401	4.000	2.100	3.525	0.007
组内	1239.235	2080	0.596		
合计	1247.635	2084			

此外，本研究还对方差进行了多重比较。对教育各组方差进行方差齐性检验，发现各组方差具有齐性。在方差齐性的基础上选择LSD方法[①]进行各组均值的多重比较，发现不同教育水平各组均值存在差异，户主教育程度为小学的家庭与其他教育程度家庭健康存在显著差别，这进一步支持了方差分析结论。

2. 家庭财富对家庭健康影响的单因素方差分析结果

家庭财富对家庭健康影响的单因素方差分析结果见表4。由表4可

---

① LSD方法，即 Least - Significant Difference 方法，使用 t 检验完成各组均值间的比较，对多重比较误差率不进行调整。

见，不同财富组家庭之间的家庭健康差异较大，Sig. = 0.000 表明方差分析有较好的显著性，家庭财富影响家庭健康的论断具有统计性意义。

表4　　　　　　　　　　家庭财富对家庭健康影响的方差分析

	平方和	df	均值平方	F	Sig.
组间	17.580	4.000	4.395	7.494	0.000
组内	1170.496	1996	0.586		
合计	1188.076	2000			

进行各组方差齐性检验，发现各组方差存在齐性。根据方差齐性前提，选择 LSD 方法进行各组均值的多重比较，发现不同家庭财富组之间健康均值存在差异。

(三) 多因素方差分析

单因素方差分析结果虽然表明教育和家庭财富均对家庭健康状况产生影响，但是，简单的单因素方差分析没有能够控制因素变量之外的其他变量，所以本研究进一步进行了单因变量的多因素方差分析，将其他影响因素作为协变量放入方差分析模型。根据已有研究和一般经验，本研究将"家庭医疗支出"、"家庭食物支出"、"家庭离最近医疗点的距离"和"家庭固定资产额度"作为协变量放入方差模型进行分析。由表5可以看出，在控制其他影响因素的前提下，户主教育程度和家庭财富对家庭健康的影响是显著的，显著度分别为 0.025 和 0.016。这基本上证明了假设1和假设2的正确性。同时可以看出，方差分析的协变量同样具有显著性，"家庭医疗支出"、"家庭食物支出"、"家庭离最近医疗点的距离"三个协变量的显著度分别为 0.000、0.005 和 0.001。虽然不同财富组的家庭健康状况不同，但是，定距变量"家庭固定资产额度"并未通过检验，这主要可能是家庭健康与家庭财富之间不是直线相关关系，用直线模型拟合效果较差，而多重比较结果也表明并非家庭越富有家庭健康状况越好。为了衡量教育和财富是否对家庭健康状况存在"协同效应"，方差分析在模型设定中考虑了教育和财富的交互影响，但方差分析结果表明教育和家庭财富没有对家庭健康状况产生联合影响。进一步考察多因素方差分析的多重均值比较，发现在控制其他变量的前提下，教育和家庭财富各组均值存在显著差异,差异通过了检验。这与多因素方差分析结论一致。

模型拟合的调整决定系数为 0.80,即方差模型中因变量变异的 80% 可由方差模型解释。

表5　　　　　　　　家庭健康影响因素的多因素方差分析

Source	Type III Sum of Squares	df	均值	F	Sig.
Corrected Model	106.465	28.000	3.802	7.059	0.000
Intercept	62.110	1.000	62.110	115.310	0.000
户主教育程度	6.013	4.000	1.503	2.791	0.025
家庭固定资产分组	6.550	4.000	1.637	3.040	0.016
家庭医疗支出	58.904	1.000	58.904	109.357	0.000
家庭食物支出	4.183	1.000	4.183	7.766	0.005
家庭离最近医疗点距离	5.727	1.000	5.727	10.633	0.001
家庭固定资产额度	0.093	1.000	0.093	0.173	0.677
户主教育程度*家庭固定资产分组	8.797	16.000	0.550	1.021	0.431
误差	1040.646	1932.000	0.539		
合计	1935.000	1961.000			
Corrected 合计	1147.112	1960.000			

说明:调整的 $R^2 = 0.80$。

三　简单结论与思考

归纳本文所有分析结果,可以得出如下结论:

结论一:户主教育程度显著影响家庭健康状况,家庭固定资产显著影响家庭健康状况;

结论二:户主教育程度和家庭固定资产不联合影响家庭健康状况;

结论三:不考虑提高受教育水平并提高家庭生活质量,单纯的经济增长并不能改进农村健康状况,认为只要经济增长,农村医疗卫生保健状况就会改善甚至医疗卫生问题能自动解决的结论是荒唐的,只要将经济发展的成果让农民享有,农民把收入投资到提高受教育水平、生活质量方面才能使增加的财富产生健康促进效应。

根据研究结论,我们应该看到,提高农村健康状况不能简单依靠发展经济,家庭固定资产和教育显著影响农村家庭健康状况,应当促进农村教育事业发展,提高农村居民教育水平,同时,还应提倡农户对家庭固定资产进行投资,改进农户家庭固定设施,提高家庭生活质量,最终促进健康生活方式实现。

(一) 加强农村基础教育、提高农民文化程度,有助于提高健康投资收益

国家应加大农村基础教育投资力度,大力提高农民的文化水平,这将有助于提高农民的健康意识,有助于提高国家和家庭对个人健康投资的回报率。此外,教育应不仅仅局限在文化教育、健康教育和生活常识教育,也应成为农村基础教育体系的重要内容,可以通过各种正式和非正式宣传、教育途径在农村进行健康生活教育。

(二) 大力促进农户收入提高,物质生活和健康投资并重

本研究已经证明,如果农户的家庭收入不致力于改进农户生活状况,不投资于提高生活质量的活动,农户收入的增加将无法促进家庭健康状况的改善。也就是说,单纯发展农村经济并不能直接促进农村健康,必须将增加的收入转化为农户的家庭生活投资,这包括提高生活质量、增加医疗保健投资。

第一,不断提高农户家庭物质生活、增强农民体质。

第二,影响农民家庭制定科学的家庭消费投资决策,加大家庭在医疗保健方面的投资。

第三,提高家庭消费方式的科学性,减少不利于健康物品的消费。

(原载《陕西行政学院学报》2009年第2期 作者:邓大松 石 静)

农户健康、保险决策与家庭资产规模

一 问题的提出与已有研究成果

大多数理论分析和研究已经证明,农户健康和保险决策(风险规避选择)是农户家庭这一生产、消费基本单位的最优决策,是自然、经济和社会因素综合作用的结果。但是,在各类社会经济因素中,家庭的富裕程度(收入或资产等多类标准)是影响农户家庭健康和保险决策的根本因素之一。相关研究并未能通过完全控制其他影响因素而彻底分析家庭富裕程度对家庭健康和保险决策的影响,更未能证明二者在发生概率和分布上的一致性[1][2][3]。究其原因,大致有四个大的方面:第一,健康受自然因素影响较大,存在较大的异质性,保险决策因为是基于个人意志,带有较大的偶然性。第二,家庭之外的经济力量或者福利弱化了家庭经济单位在健康风险和保险决策方面的敏感性,如集体福利较高的农村家庭对保险的敏感性相对较低,集体在健康福利方面的补贴降低了农户家庭分散风险的成本。第三,家庭内部的风险分担机制,使得内部规模大的家庭或者外围家庭规模大的家庭有更强的风险分担能力,即使家庭人均富裕程度并不高。第四,缺乏较好的标准来准确地反映农户家庭的富裕程度,单一衡量

---

[1] Ram, R., Market Opportunities, Intrafamily Resource Allocation and Sex – Specific Survival Rates: An Intercountry Extension [J], *American Economic Rev iew*, 1984, 74(1): 1080 – 1086.

[2] Kumar, S. A., *Development as Freedom* [M], New York: Random House, Inc., 2000: 15 – 150.

[3] Hayward, M., Gorman, B., The Long Arm of Childhood [J], *Demography*, 2004, 41 (1): 87 – 107.

指标降低了研究结论的可靠性[1][2]。

贫困及其相关问题的研究历来是学术界研究的重点内容。关于贫困的含义，理论界曾从不同侧面做过多种阐释。但是，人们对贫困的认识经历了一个历史过程，是一个渐进的迫近核心而又不断扩展外延的过程。早期有关贫困的研究大多仅仅限定基本物质需要的匮乏，摆脱贫困的标准就是能够充分地得到最为基本的物质保障，对贫困的理解仅限于经济收入和生活资料的拥有量上，对贫困的定义一般也局限在这一点上[3]。朗特里（1999）根据"仅为维持生理效能的最低需要"来界定贫困，他在英国的约克镇做贫困问题研究时指出，"初级贫困，即绝对贫困就是低于维持身体有效活动的最低指标的一种贫困状态，这种最低指标是勉强维持生存的标准而不是生活的标准"[4]。一般而言，如果一个家庭的总收入不足以取得维持物质生活所必需，那么该家庭就是处于贫困状态。

家庭是最基本的经济和社会组织单位，是负责物质生产和分配的基本单位之一。约翰·伊特韦尔等（1996）指出："它们对于后代的繁衍、照顾和发展、对于食品的生产、对于防治疾病和免除危险以及对于保证成员的名声尤为重要。"[5] 家庭的富裕状况将直接影响家庭成员的健康和消费决策。家庭是一个重要的风险分散机制，能够快速、全面地分散各类风险的冲击。当个别家庭成员面临健康威胁冲击时，家庭其他成员可以通过改变消费、储蓄结构，平滑消费支出，从而有效地在家庭内部和一个较长的历史时期内分散风险。Dercon 和 Krishnan（2000）的研究发现，家庭成员

---

[1] Burr, M., Sweetnam, P., Family Size and Paternal Unemployment in Relation to Myocardial In farction [J], *Journal of Epidemiology and Community Health*, 1980, 34（2）：93－94.

[2] Lundberg, O., The Impact o f Childhood Living Conditionson Illness and Mortality in Adulthood [J], *SOC. Scimed*, 1993, 36（8）：1047－1052.

[3] Rosenzw, Eig M., Schultz, T. P., Market Oppotunities, Genetic Endowments and Intrafamily Resources Distribution：Child Survivalin RuralIndia [J], *American Economic Review*, 1982, 72（1）：803－815. 146.

[4] Rowntree, *Poverty：A Study of Town Life* [M], London：Macmillan, 1901：20－150.

[5] 约翰·伊特韦尔、默里·米尔盖特、彼得·纽曼：《新帕尔格雷夫经济学大辞典》第2卷，经济科学出版社1996年版，第301—302页。

个人的健康风险能够在多数家庭内部得到有效分散。① 赵忠（2006）在格罗斯曼（Grossman）模型的框架下，发现家庭规模显著影响家庭成员健康状况……家庭成员的健康状况就越好。② 那么，面临一个特定的冲击（如健康风险冲击），家庭是如何分散风险的呢？陈玉宇、行伟波（2006）认为，根据生命周期—持久收入理论，面对外部的经济冲击时，家庭会用各种方式来平滑消费，以降低风险。③ Kochar（1999）对印度家庭的研究发现，在给定的条件下，家庭通过延长劳动时间分散风险较为有效。④ 不少国内外经济学家对健康和收入之间的关系做了深入的研究。格罗斯曼（1972）就提出了收入与健康之间的"U"形关系。⑤⑥ 姚洋、高梦滔（2007）通过对全国农村固定观察点1987—2003年的数据分析也证明了这一点：高收入组人群的两周患病率要大大高于低收入组与中等收入组的两周患病率，收入与患病的情况呈现"U"形，两周患病率最低的是中等收入组。此外，家庭经济状况还将影响农户的保险决策。⑦ 樊桦（2003）实证研究发现，农户家庭富裕程度将影响农户参加合作医疗的支付能力和支付意愿。⑧

当前，中国农村正在推进基本养老保险和新型农村合作医疗保险，这两项保险制度构成了农村最基本的社会保障体系。作为提升农村居民健康水平、抵御农村养老风险的重要制度保证，新型农村合作医疗保险和农村基本养老保险两项制度的覆盖率和运行效果受到了非常的关注，政府和社会希望通过两项基本制度保障农村居民的健康、养老、免于贫困等最基本

---

① Krishnan, D., In Sickness and In Health: Risk Sharing within Households in Rural Ethiopia, *Journal of Politica lEconomy*, 2000, 108 (4): 668–727.

② 赵忠：《我国农村人口的健康状况及影响因素》，《管理世界》2006年第3期。

③ 陈玉宇、行伟波：《消费平滑、风险分担与完全保险》，《经济学》（季刊）2006年第10期。

④ 同上。

⑤ Michael, G. On the Concept of Health Capital and the Dem and for Health [J], *The Journal of Political Economics*, 1972, 80 (1): 223–255.

⑥ Michael, G., *The Demand for Health: A Theoretical and Empirical Investigation* [M], New York: Columbia University Press, for National Bureau of Economic Research, 1972: 12–214.

⑦ 姚洋、高梦滔：《健康、村庄民主和农村发展》，北京大学出版社2007年版，第24—25页。

⑧ 樊桦：《农村合作医疗需求分析》，中国社会科学院研究生院，2003年，第39—64页。

权利。但是，包括一些实地考察在内的部分学者的研究发现，家庭的经济因素已经显著影响到农村家庭的健康水平以及保险决策，家庭富裕程度在一定程度上影响农户基本社会保障权利的获取。①②③ 正是基于上述原因，本书旨在通过实证分析考察家庭富裕程度是否会影响家庭健康水平和家庭保险决策，判断家庭富裕程度是否会影响家庭继续参保决策，以评估家庭富裕程度对农民基本保障权利的长期影响。

二 假设、数据、变量与处理方法

（一）假设与数据

根据本研究目的，结合已有研究成果的主要结论，本研究提出如下假设：

假设1：家庭富裕程度影响个人健康状况，居民家庭越贫困，其身体健康状况越差，家庭患病率越高；

假设2：家庭富裕程度影响其家庭保险决策，居民家庭越贫困，参加养老、医疗保险的可能性越低，对政府的期望筹资比例越高，继续参加养老、医疗保险的可能性越低。

本次采用的数据来源于2007年8月武汉大学社会保障研究中心（CSSS）在全国10个省份33个县市的农村地区的实地调研。此次调研采用的是分层随机抽样的方法，主要是对农村的健康、医疗等状况的问卷调查，同时还设定了涉及农民自身家庭及其经济状况等基本指标。调查共发出问卷5000份，回收4365份，排除有缺损值的问卷，筛选出有效问卷2023份。

（二）交互分析的变量选取与处理方法

本研究主要使用两种方法，交互分析方法和二元Logistic回归方法。二

---

① Anthony, B., *Capital and Capabilities: A Framew orkfor Analysing Peasant Viability*, *Rural Livihoods and Povertyin the Andes* [M], London: London Publisher, 1999: 250 – 525.

② Harold, A., Gertler, P., Family Resources and Gender Differences in Human Capital Investment: The Dem and for Children in Pakistan [M], In Intrahousehold Resources A llocation in Developing Countries, New York: The Johns Hopkins University Press, 1997: 320 – 460.

③ Folbre, N., Market Opportunities, Genetic Endowments and Intrafamily Resources Distribution: Comment [J], *American Economic Review*, 1984, 74 (1): 518 – 520.

元交互回归分析方法的使用主要是为了全民考察不同富裕程度的家庭在健康、参保状态、参保意愿、期望政府出资比例等方面的差异,而二元 Logistc 回归方法的使用主要是为了在控制其他影响因素的前提下,深入考察家庭富裕程度对个人健康和保险决策的影响。此处主要介绍交互分析涉及的变量。

根据研究假设,结合数据采集情况,进行变量操作化,共选取了"家庭资产"等九个变量,同时,根据研究方法的需要,对部分变量进行了处理。选取的变量见表1。本研究选取了"家庭资产"来衡量贫困,虽然这一指标不能反映农户现金流动,但是,家庭资产具有比农户现金收入更多的优点:第一,在农村,现金收入很少能较好地反映农户家庭富裕程度,尤其是在不存在一个较长时期的现金流时;第二,根据持久消费理论,家庭消费支出的依据是家庭持久收入,尤其是家庭的长期收入、储蓄和其他各类资产,而不是当期收入,所以,"暂时消费与暂时收入无关,暂时收入的边际倾向为零"[①];第三,农户家庭资产主要包括生产性(农机具等)和生活性(家用电器等)资产,这些资产能够有效地反映农户的生产能力和生活水平,同时,这些资产对农户的健康风险和保险决策也存在较大影响。由于农户家庭资产种类繁多、定价困难,不易进行比较,本研究中家庭资产主要考虑了家庭耐用消费品,这种处理不仅因为家庭资产价值与家庭耐用消费品价值二者存在高度相关,而且符合耐用消费品可以基本反映家庭贫富和生活质量的实际情况。

表1　　　　　　　　变量的选取及类型

影响变量	家庭固定资产
被影响变量	个人健康、家庭两周内患病情况、家庭半年内患大病状况、参加养老保险情况、参加新型农村合作医疗保险情况、继续参加养老保险意愿、期望政府农合出资比例、农合提高10元是否继续参加

在对数据进行必要的检查和处理以后,使用 SPSS13.0 进行分析,具体分析方法采用了 Crosstabs 方法。

[①] 邓大松、刘昌平:《社会保障理论与实践发展研究》,人民出版社2007年版,第101—104页。

三 结果与分析

为了更好地衡量家庭资产对相关变量的影响，本研究对农户家庭资产进行了分组，根据家庭资产规模从高到低分为五类家庭：一类家庭是资产规模最大的家庭，五类家庭是资产规模最小的家庭。① 以"家庭资产"作为影响变量，农户健康与保险决策情况作为被影响变量，进行Crosstabs分析，分析结果见表2。

（一）家庭资产显著影响个人健康

调查中，我们选取了家庭户主或主要劳动力成员作为调查对象。由表2可见，家庭资产显著影响家庭主要成员健康状况，一类家庭主要成员可能有更高的健康水平，五类家庭成员健康水平显著低于其他各类家庭。五类家庭主要成员中，健康状况很好的仅有37.11%，远低于其他类家庭；健康状况很不好的则高达2.73%，这基本上符合假设1。

（二）家庭资产规模显著影响家庭患病率

由表2可见，家庭资产规模显著影响家庭两周内患病率，二者呈显著负相关关系，五类家庭有更高的两周患病率，高达36.40%，而一类家庭两周患病率则最低，为19.35%。这符合假设1。鉴于两周患病率受偶然因素影响较大，本文还选取了更能体现家庭长期健康状况的"半年内家人患大病"变量纳入分析，结果与"两周患病率"的结果相似，家庭资产规模与家庭健康水平呈显著正相关。

（三）家庭资产规模显著影响农民参加养老保险和新型农村合作医疗保险

从表2分析可见，家庭资产规模与家庭参加养老保险概率呈显著正相关，一类家庭参加养老保险概率最高，高达27.08%，此后参加养老保险概率随家庭资产规模降低而降低，五类家庭参加基本养老保险的概率最低，仅为7.94%。这基本上证明了假设2的部分内容。此外，家庭资产规

---

① "五类"至"一类"家庭分别指家庭年收入为"0—1000元"、"1000—3000元"、"3000—8000元"、"8000—12000元"、"12000元以上"的五类家庭。

表2　家庭固定资产与农户健康、保险决策的 Crosstabs 分析结果

被影响变量	取值	五类	四类	三类	二类	一类	
健康状况	很好	37.11	45.89	51.58	58.48	58.49	N = 1989 χ^2 = 83.959 P = 0.000
	一般	40.63	40.84	40.87	35.27	36.93	
	不太好	19.53	11.16	6.94	5.80	4.04	
	很不好	2.73	2.11	0.60	0.45	0.54	
两周内家庭患病	有	36.40	31.21	22.97	24.43	19.35	N = 1962 χ^2 = 32.400 P = 0.000
	无	63.60	68.79	77.03	75.57	80.65	
半年内家人患大病	无	41.80	44.79	54.20	47.79	60.32	N = 2001 χ^2 = 32.673 P = 0.000
	有	58.20	55.21	45.80	52.21	39.68	
已经参加养老保险	否	92.06	90.61	87.24	83.63	72.92	N = 1996 χ^2 = 14.642 P = 0.006
	是	7.94	9.39	12.76	16.37	27.08	
已经参加农合	否	17.90	14.55	11.76	13.33	18.77	N = 1999 χ^2 = 11.911 P = 0.018
	是	82.10	85.45	88.24	86.67	81.23	
继续参加养老保险意愿	愿意	52.94	60.42	62.03	65.16	67.30	N = 1984 χ^2 = 70.895 P = 0.000
	不愿意	47.06	39.58	37.97	34.84	32.70	
农合标准提高10元继续参加	愿意	62.25	67.76	77.14	77.63	80.39	N = 1929 χ^2 = 39.116 P = 0.000
	不愿意	37.75	32.24	22.86	22.37	19.61	
期望政府筹资比例	30%以下	10.25	5.03	4.31	7.73	3.61	N = 1931 χ^2 = 47.334 P = 0.000
	30%—50%	15.57	16.19	15.08	14.55	10.83	
	50%—70%	23.36	31.95	37.85	27.27	28.33	
	70%以上	50.82	46.83	42.77	50.45	57.22	

模显著影响农户参加新型农村合作医疗保险。一类农户和五类农户参加新型农村合作医疗保险的概率最低（分别为82.10%和81.23%），三类农户参加新型农村合作医疗保险比例最高（达88.24%）。这与假设2部分内容相悖。结合我们调研中的访谈案例可以得出一个可能的解释：贫困户（五类农户）因为经济条件制约，再加上新型农村合作医疗保险的保障水平较低[①]，参加新型农村合作医疗保险的积极性并不高；而富裕户（一类

---

① 由于新型农村合作医疗保险制度设计中加入了起付线、封顶线、共付比例等制度设计，这限定了新型农村合作医疗保险制度的保障水平。

农户)由于生活质量改善,对医疗保险需求水平较高,现有新型农村合作医疗保险保障水平不高,这制约了这部分农户参加新型农村合作医疗保险的积极性。调研访谈发现,部分富裕户(一类农户)已通过购买商业保险作为更高层次的保障。

(四)家庭资产规模显著影响农户参加养老保险、合作医疗的持续性

由表2可见,家庭资产规模与继续参加农村基本养老和新型农村合作医疗保险意愿显著成正比。一类家庭意愿继续参加基本养老保险和新型农村合作医疗保险的比率都是最高的,分别为67.30%和80.39%,而第五类农户意愿继续参加基本养老保险和新型农村合作医疗保险的比例分别为52.94%、62.25%,在各类农户中是最低的。这证明了假设2部分内容。

(五)家庭资产规模显著影响农户期望政府新型农村合作医疗保险筹资比例

我们在问卷中设置了一个问题,在一个理想的状态下,农村合作医疗基金规模已经达到一个合意的筹资规模,即能够满足农户一般的医疗需求,在这种状态下,农户期望政府的筹资比例是多少。我们将期望筹资比例进行四等分,分析结果发现,家庭资产规模显著影响农户期望政府新型农村合作医疗保险筹资比例,但基本上与假设2相悖。与其他类农户相比,一类农户更期望政府高比例出资,而最贫困农户(第五类)也有较高比例的农户期望政府出资比例提高。虽然与假设相悖,但与我们调研中的实际发现相一致。富裕户和贫困户都期望政府有较高的筹资比例具有不同的理由:富裕户主要想通过政府更多承担负担,提高保障水平,能够为家庭成员提高更高水平的养老和医疗保障;而贫困户由于经济条件限制,则希望在筹资规模中政府担负更大责任,家庭可以少负担一些。

四 进一步验证:基于二元Logistic回归方法

交互分析仅能反映变量之间是否存在相关关系,而相关关系并不一定是因果关系,而且,变量间的相关关系可能是由于"第三变量"存在所导致的"伪相关"关系。只有充分控制相关变量,将家庭资产规模变量

的影响从诸多相关变量的影响中分离出来,才能准确地衡量家庭资产是否准备影响个人的健康状况和医疗保险决策。为了进一步验证家庭资产对个人健康状况和医疗保险决策的影响,本研究使用二元 Logistic 回归方法进行分析。综合分析目的与数据状况,本研究分别使用"个人健康状况"、"是否参加了合作医疗"和"是否继续参加合作医疗"三个变量作为因变量,分别代表个人健康状况和保险决策两个方面的特征。为了控制影响上述因变量的因素,结合数据实际变量集情况,本研究选取了"性别"、"年龄(分组)"、"文化程度"、"家庭规模(分组)"四个变量纳入模型加以控制,将"家庭资产(分组)"作为考察变量纳入模型。纳入回归分析的变量见表3。

表3　　　　　　　二元 Logistic 回归模型中的变量

变量类型	变量名	频数	分布(%)
个人健康状况	0 = 不太好、很不好	211	10.1
	1 = 很好、一般	1872	89.9
是否已经参加新农合	0 = 否	327	15.6
	1 = 是	1767	84.4
是否继续参加新农合	0 = 否	529	26.2
	1 = 是	1487	73.8
性别	0 = 女	923	44.2
	1 = 男	1167	55.8
年龄	1 = 16 岁以下	21	1.0
	2 = 16—45 岁	1263	60.3
	3 = 45—60 岁	598	28.5
	4 = 60 岁以上	214	10.2
文化程度	1 = 文盲	176	8.4
	2 = 小学	590	28.3
	3 = 初中	860	41.2
	4 = 高中、中专	328	15.7
	5 = 大专及以上	133	6.4

续表

变量类型	变量名	频数	分布（%）
家庭规模	1 = 1—3 人	670	31.9
	2 = 3—5 人	1155	55.1
	3 = 5—8 人	267	12.7
	4 = 8 人以上	6	0.3
家庭资产	1 = 1—1000 元	257	12.8
	2 = 1000—3000 元	481	24.0
	3 = 3000—8000 元	666	33.3
	4 = 8000—12000 元	226	11.3
	5 = 12000 元以上	373	18.6

将表3中变量纳入回归模型，分析结果见表4。相关性检验表明，上述自变量之间相关性较低，分析结果较为可靠。回归结果表明，在控制了可能影响因变量的相关自变量后，"家庭资产"变量对上述三个因变量的影响较为显著，这证明了家庭资产影响个人健康和保险决策的假定。

第一，家庭资产影响个人身体健康。在模型1中，控制了可能影响个人健康的"性别"、"年龄"、"文化程度"、"家庭规模"后发现，家庭资产显著影响个人健康状况，家庭资产规模越大，个人健康状况越好，趋势明显，且显著度都很高（均小于0.05）。这证明了假设2的正确性。此外，家庭资产规模在12000元以上的个人健康状况在所有人群中最好，其健康状况较好的概率是参照组（家庭资产小于1000元家庭的个人）的3.8倍。

第二，家庭资产与参合选择。在模型2中，在控制了可能影响个人参加新农合选择的"性别"、"年龄"、"文化程度"、"家庭规模"后发现，家庭资产规模显著影响个人参合选择，且这种趋势基本呈上升趋势，即家庭资产额度越高，已经参加新农合的可能性越高。这符合假设2。此外，尤其是农村的中层家庭（家庭资产在3000—12000元）的个人参合率最高，是参照组（家庭资产小于1000元家庭的个人）的1.8倍和1.6倍。"两头"（一类和五类家庭）已参合率低于中间（二、三、四类家庭），这与交互分析的发现也基本一致。

第三，家庭资产与继续参合意愿。在模型3中，在控制了可能影响个人继续参加新农合决策的"性别"、"年龄"、"文化程度"、"家庭规模"后发现，家庭资产显著影响个人继续参加新农合的意愿。相对于参照组（家庭资产小于1000元家庭的个人），个人家庭资产越高，个人越有可能继续参加新型农村合作医疗，而且愿意提升趋势明显。但是，值得注意的是，在所有的被调查对象中，"最穷的人"，即参照组继续参加新农合的意愿最为强烈，这在一定程度上也说明了新农合在示范效应方面已经取得了较好的影响，农村贫困人口对这一制度的认同感在不断提升。当然，此处回归结果与上文交互分析中相关结论"贫困人口继续参合意愿低"不一致，这可能是控制了其他因素后产生的变化，当然，这也需要进一步研究。

表4　　　　　　　　二元逻辑斯蒂回归模型回归结果

模型		模型1		模型2		模型3	
因变量与显著度		个人健康状况	Sig.	是否参加新农合	Sig.	继续参加新农合	Sig.
性别	男性	0.263	0.119	-0.314	0.021	-0.174	0.118
	—		0.000		0.000		0.552
年龄（岁）	0—16	—	—	—	—	—	—
	16—45	-0.022	0.983	0.460	0.383	-0.534	0.323
	45—60	-0.900	0.388	1.069	0.049	-0.100	0.612
	60以上	-1.735	0.099	1.648	0.007	0.043	0.825
	—		0.029		0.042		0.000
文化程度	文盲						
	小学	0.632	0.009	0.059	0.856	-0.850	0.004
	初中	0.659	0.010	-0.144	0.655	-0.067	0.784
	高中、中专	0.897	0.009	0.072	0.839	0.094	0.686
	大专及以上	1.253	0.028	-0.667	0.075	0.160	0.536
	—		0.712		0.464		0.063
家庭规模（人）	0—3	—	—	—	—	—	—
	3—5	0.199	0.262	0.121	0.395	1.605	0.092
	5—8	0.038	0.881	0.295	0.201	1.339	0.159
	8以上	20.280	0.999	-0.912	0.425	1.483	0.121

续表

模型		模型1		模型2		模型3	
因变量与显著度		个人健康状况	Sig	是否参加新农合	Sig	继续参加新农合	Sig
家庭资产（元）	—	0.000		0.037		0.000	
	0—1000	—	—	—	—	—	—
	1000—3000	0.431	0.050	0.301	0.168	-0.851	0.000
	3000—8000	0.947	0.000	0.571	0.008	-0.634	0.000
	8000—12000	1.017	0.002	0.474	0.074	-0.151	0.365
	12000以上	1.336	0.000	0.125	0.578	-0.162	0.445
	Constant	1.248	0.244	0.929	0.141	0.133	0.892
	-2Loglikehood	= 1116.504		= 1579.878		= 2133.265	
	Modelχ^2	= 178.411		= 66.040		= 70.311	
	Df = 15 Sig.	= 0.000		= 0.000		= 0.000	
	Cox&Snell R^2	= 0.086		= 0.033		= 0.036	
	Nagelkerke R^2	= 0.180		= 0.058		= 0.053	

五 结论、不足与思考

(一) 研究结论

本研究通过交互分析和二元Logistu回归方法，旨在考察农民家庭富裕程度（资产额度替代）对个人健康和家庭保险决策是否有影响以及影响的强度和趋势。通过上文分析，可以得出如下结论：

第一，家庭富裕程度显著影响个人健康，基本上家庭越富有，个人健康状况越好，这证明了假设1。

第二，家庭富裕程度显著影响家庭参加新农合状况，家庭越富有，参加新农合的比例越高，基本上证明了假设2，但"两头"（一类和五类家庭）已参合率低于中间（二、三、四类家庭），交互分析和逻辑斯蒂回归分析都证实了这个结论。

第三，家庭富裕程度显著影响家庭继续参合的意愿，基本上家庭越富有，继续参合的意愿越高，基本上证明了假设2，但贫困组呈现高的继续参合意愿值得进一步研究。

第四，富裕和贫困农户均希望政府能在未来农村合作医疗保险中承担更大比例、承担更多责任，但结合实证调研可以判定两类农户的出发点有显著区别。

（二）若干思考：正义论视角下的健康权公平获得

本研究的主要贡献是通过实证分析证实了家庭贫富程度显著影响农户家庭健康状况和家庭医疗保险决策，估计了家庭资产规模对家庭健康和家庭保险决策影响的总体方向和程度，同时，通过分层分析，发现了这种影响的非直线性特征。而更为深层次的是，本研究结论揭示了在当前中国农村，货币和市场的力量显著决定健康资源在不同家庭的分配，也显著影响健康产出在不同家庭中的差异。根据市场经济理论，这种不公平的分配是合理的，但是，当将健康作为人的一项基本权利时，市场和货币在分配健康资源和健康产出方面的力量过度强大是显著违背健康公平和正义原则的。

罗尔斯（John Rawls）在其标志性的著作《正义论》中，从经典政治学时代的契约论传统出发，提出了一个有别于功利主义传统的公平正义论，试图为社会经济和政治制度的合理安排提供指导原则，为现实制度的评价提供一个标准。他认为，"正义是社会制度的首要价值，正像真理是思想体系的首要价值一样。一种理论，无论它多么精致和简洁，只要它不真实，就必须加以拒绝或修正；同样，某些法律和制度，不管它们如何有效率和有条理，只要它们不正义，就必须加以改造或废除"。①

罗尔斯认为，所有的社会基本价值（或者说是基本的善）——自由和机会、收入和财富、自尊的基础——都要平等地分配，除非对其中一种或所有价值的一种不平等分配合乎每一个人的利益。在此基础上，他提出了两点正义原则：第一，每个人对于所有人所拥有的最广泛平等的基本自由体系相容的类似自由体系都应该有一种平等的权利（平等自由原则）；第二，社会的和经济的不平等应该这样安排，使它们：（1）在与正义的储存原则一致的情况下，适合于最少受惠者的最大利益（差别原则）；

---

① 约翰·罗尔斯：《正义论》，何怀宏译，中国社会科学出版社1998年版，第1—5页。

(2) 在机会公正平等的条件下职务和地位向所有人开放（机会的公正平等原则）。① 而为了协调两条原则之间的关系，罗尔斯又提出了两个"优先原则"。(1) 第一条原则优先于第二条原则，即公民的基本自由与政治权利平等原则优先于公民社会经济利益的分配原则。自由是至高无上的，它不能被其他东西限制。任何社会制度，即使为了更大的经济利益，如果违背人的基本权利也是不合理的。(2) 在第二条原则中，机会平等原则优先于差别原则，即对社会最少受惠者的补偿必须以保证全体社会成员公平的机会为前提。"在坚持机会公正平等、地位和职务开放的基础上，运用差别原则，从社会中甄别出最少受惠者，使之得到补偿，这样才能使穷人和社会不幸者的生活条件得到最大限度的改善，逐步缩小社会的不平等。"②

虽然，罗尔斯的正义论观点不免带有一定历史局限性和阶级局限性，但是，必须看到，制度正义原则、两个正义原则以及两个正义原则的优先原则具有广泛的适用性。罗尔斯的正义论对中国医疗保障制度改革和建设最重要的启示就是应该尊重农村居民的健康权利，农村居民也应与城镇居民一样享有无差别的、平等的权利。市场经济影响一切基于价格且符合市场逻辑的商品货物的生产、分配、交换与消费。但是，健康、平等、权利这一人类生存和发展的最基本权利，连同其他一切自由与尊严的基本价值，都应该得到更好的尊重和分配。市场经济显然不具备充分尊重和平等分配健康自由的能力，所以，健康、平等、权利一经提出就被看作国家的基本义务。联合国大会（1966）年通过了《经济、社会及文化权利国际公约》、《公民权利和政治权利国际公约》，它们与《世界人权宣言》等一同被看作国际社会最基本的人权准则，其中就强调了健康权作为最基本权利之一的重要性，而国家担负保障健康权利平等的基本职责。中国在1997年签署了《经济、社会及文化权利国际公约》，连同后来修订的宪法，都强调了国家在保障公民权利方面的义务③。

---

① 约翰·罗尔斯：《正义论》，何怀宏译，中国社会科学出版社2001年版，第7—8页。
② 晋利珍：《罗尔斯公平正义论对我国农村社会保障制度建设的启示》，《人口与经济》2008年第1期。
③ 伍凤兰：《中国农村合作医疗的制度变迁》，武汉大学政治与公共管理学院，2008年，第32—37页。

基于上述分析，笔者认为，保障中国公民尤其是农村居民的健康权利已经刻不容缓，应通过国家与社会干预，通过若干保障性和纠正性制度，弱化货币和市场对医疗资源的分配和对健康的影响，保障基本医疗保健资源作为公共资源平等分配，并通过逐步建立和完善医疗保险、保健制度，满足不同人群、不同层次的健康需求。

第一，建立农村公共卫生与最基本医疗保障的平等分配机制。农村公共卫生保障、最基本医疗保障体系是农村防病、治病的最低层次，是新型农村合作医疗制度有效发挥作用的必要前提。公共卫生保障体系主要侧重疾病预防、卫生保健，通过加强健康保健、疾病防控、环境卫生、职业卫生、饮食安全等方面的保障提高全体农村居民的健康水平，减少疾病风险的发生。公共卫生应由政府出资面向全体国民免费供给，并保证所有居民能够公平享有。最基本医疗保障体系将日常多发的、费用较低的小病涵盖在内，由政府组织公立医疗机构直接供给，或者政府出资向医疗机构购买，向全体农村居民免费供给。最基本医疗保障范围不同于新型农村合作医疗制度，后者主要是保障常见的、花费较高的大病和住院费用，而前者主要侧重常见的、费用较低的小病，目的是防止部分农民因贫困或缺乏健康意识而将小病拖成大病的行为。政府应将二者作为公共产品向全体社会成员，包括农村居民在内，进行免费、平等供给。这不仅将保障人民健康获得最基本和平等的医疗保健资源，也是政府公共服务均等化的重要内容[1]。

第二，大力完善和扩展农村医疗救助制度。医疗救助是针对农村贫困家庭实施的一项旨在促进其获得最基本医疗保障的救助制度，是新型农村合作医疗制度的有益补充。政府应承担医疗救助的责任，保障贫困家庭不能因为贫困而丧失获得最基本医疗资源和服务的权利。改革当前医疗救助制度救助标准低、覆盖范围窄、救助手段较为单一等现状，促进医疗救助制度与新型农村合作医疗制度的"无缝衔接"是医疗救助改革的重点，

---

[1] 最基本医疗保障是武汉大学社会保障研究中心课题组的观点，即为了避免部分国民因患"小病"得不到及时医治而转换成"大病"，将部分最常见、花费较低的"小病"纳入国家免费治疗范围，与公共卫生一样，全体国民都可以免费、公平地获得。这一观点曾经形成医疗改革建议呈递给各部委，并在武汉大学社会保障研究中心部分研究成果中详细阐述。

也是实现贫困家庭获得基本医疗保健资源的基础。

第三，进一步加大政府对新型农村合作医疗制度的财政支持力度。根据农村医疗市场现状以及农民医疗保健的需求，应进一步加大对新型农村合作医疗制度的财政支持力度，同时，应加大标准提高后的制度贯彻力度，保证政府补贴资金及时、足额到位。还应结合实际情况，降低医疗起付线和共付比例，减少制度设计所造成的穷帮富的问题，降低报销补偿设计对贫困家庭的排斥。

第四，重视商业医疗保险和非正式医疗保险的发展，满足不同层次的医疗保健需求。关注贫困家庭健康，不等于忽视农村相对富裕家庭的医疗保险需要，而应该看到，所谓农村富裕户的实际收入水平相对于城市富裕户还是偏低的，现行的农村社会医疗保障（主要是新农合、医疗救助）满足的目标与这部分群体的需要存在一定差异。所以，在农村也应注重鼓励农村商业健康保险发展，并积极引导商业保险公司参与新型农村合作医疗制度运营管理，提高管理的科学性，降低管理成本，最终满足农村部分家庭的医疗保健需要。此外，还应注重各类非正式医疗保险制度的发展，鼓励农村传统家庭和各类社会组织发挥医疗互助的积极作用。

社会保障风险管理与政府责任
——以农村合作医疗为例

社会保障制度作为现代国家的一种重要的经济社会制度,发挥着社会"减震器"和"安全网"的客观功能,从社会风险管理的角度来看,社会保障的制度结构由生活风险的特性所决定。详细把握需求和风险的种类、原因,采取相应的措施,这也可以视为社会保障制度在风险管理方面的长处①。政府作为公共利益的代表,无疑在社会保障组织实施中具有不可推卸的责任,已有大量文献讨论政府作为一般社会管理者在制度设计、组织实施和财政支持等方面的社会保障责任,然而,从风险管理的角度来看,社会保障就是为实现特定的经济社会目标依托公共权力、利用公共资源和公共组织,帮助人们处理生活风险,进行风险预防、风险转移和风险补偿,改变风险的分布、调节风险的强度、控制或利用风险效应的一系列举措。政府不仅是一般社会管理者而且是直接的风险处理者,政府在社会保障领域不仅有间接责任,而且有直接责任,仅从一般社会管理者的角度考察政府责任,无法对社会保障实践进行评估和指导。因此,详细地考察政府在社会保障中的责任,必须具体地分析风险因素和社会风险管理目标、手段和策略。政府具有法定的最权威的强制性权力,控制着以行政系统为主体的最庞大的组织资源,掌握着以财政为主体的丰富的经济资源,政府责任最终将体现在公共权力的合理运用、组织系统的良性运作和经济资源的优化配置上。农村合作医疗是现阶段帮助农民处理疾病风险的最重要的甚至是唯一的社会保障制度,从社会保障风险管理的角度对政府责任进行微观分析,有利于我们有针对性地改进农村医疗卫生服务,保障农民的健

---

① [日] 成懒龙夫:《社会保障与风险管理》,崔万有译,《东北财经大学学报》2004年第3期。

康权益，进一步明确农村合作医疗的发展方向。

一 农村疾病风险预防、控制与政府责任

疾病的产生除了受无法抗拒的自然规律和生理规律的决定外，还受多种经济社会因素影响，生态环境、生活方式、营养水平、卫生条件和医疗卫生资源配置等都会影响疾病的发生概率和疾病的分布。在既定的经济发展水平下，医疗卫生资源的配置影响最为深远，简单地说，把医疗卫生资源用到最需要的地方有利于预防和控制疾病，这一命题的核心在于何谓需要，如何满足需要。在完全市场竞争的经济中，市场创造一种消费大民主，消费者的选择引导生产、决定资源配置，消费者的消费偏好揭示并控制着资源的使用[1]。需要的满足表现为需求与供给之间的良性互动，然而，大量浪费的、无益的甚至有害的消费（如吸烟）存在说明需求并不一定真正反映需要。另外，市场之外还有供给者并不通过市场价格的引导而把资源直接提供给需要者或需求者，因此，满足需要并不是简单的需求与供给之间的关系，而是需要—需求—供给三边之间的互动关系，资源的合理配置在于需要—需求—供给三边关系的良性互动，对于预防和控制疾病来说，每一个需要、需求、供给三边良性互动的阻碍因素都是一个风险因素，农村相对于城市来说，风险因素更多。

在农村，农民的正常需要由于种种原因而没有转化成需求。第一，农民可能因为贫穷而不能投入恰当的资金在自身的健康保健上，从而真实的需要被掩盖。第二，由于农村人口密度相对较小，医疗网点相对较少，农民就医看病往往要付出更多的旅途费用和时间代价，在农忙季节，时间成本还会因为影响生产而转化成经济代价，因此，农民需要向需求转化存在着高成本的障碍。以上两点，在农民"小病拖、大病扛"的行为选择中得到了充分的体现。第三，缺乏信息是农民需要向需求转化的另一障碍，一些农民缺乏基本的卫生知识而忽略自己的病情，甚至一些地方封建迷信

---

[1] ［澳］林迪·爱德华兹：《如何与经济学家争辩》，黄胜强、许铭原译，中国社会科学出版社2006年版，第45页。

盛行，农民身体不适还以为是妖魔鬼怪作祟，遇到病痛求神拜佛请巫医而不愿到医院看病就诊。同时，农民的医疗卫生需求也不能真正反映农民的需要，首先，公共物品和外部效应的存在，农民的需求是否反映农民的真实偏好取决于相关的决策程序和公共选择机制。其次，由于医患双方的信息不对称，医疗卫生领域普遍存在着供给者诱导需求的现象。

农村的医疗卫生的供给和需求也由于种种原因打破应有的平衡关系。首先，由于农村交通、通信等方面的限制，农村医疗卫生市场发育是不充分的，供给方往往缺乏需求方的信息，需求方也往往缺乏供给方的信息，一些本可以在农村解决的疾病，农民却需要进城看病。其次，我国农村赤脚医生制度取消后实行了医生职业资格许可证制度，从而使农村医疗卫生领域的竞争增添了更多的障碍。尽管执业许可法律并不能有效限制医生的数量，但排除了其他人参与任何与行医有关的活动，结果医生的昂贵时间花在某些特殊任务上，而这些任务只需要少量培训就可胜任，而且可由那些未受过良好培训的人来承担，因而相对来说比较便宜①。一些懂得初级卫生保健的传统乡村医生被迫退出竞争，从而大大增加了农民的医疗成本。最后，一些非市场激励因素也影响着农村医疗卫生的供需关系，一些职业医生离开农村并不是因为农村没有市场，而是进城行医意味着更高的社会地位，在我国城乡二元社会结构没有根本改变的情形下，城市对农村医疗资源的虹吸现象将长期存在，农村医疗卫生供给不足问题将长期存在。

需要与供给之间的关系往往通过政府、第三部门等直接提供医疗卫生服务体现出来，但供给与需要之间良性互动却存在高成本、市场激励和缺乏信息等因素的阻碍。首先，我国农民的表达渠道十分有限且不畅通，导致政府及慈善机构等对农民的需要了解不多，这种信息的缺乏导致供给方无法提供切合需要的医疗卫生服务。而农民由于信息的缺乏，不了解医疗救助申请程序和方式，导致需要者无法向供给者提出请求。其次，市场激励导致追求公益目标的供给者行为偏差，某些地方政府把本应满足农民公益性需要的财政资金用在了公立医院的营利性项目上。最后，农村的医疗

---

① ［美］肯尼思·阿罗：《不确定性和医疗保健的福利经济学》，《比较》第24辑，中信出版社2006年版，第87页。

卫生服务需要与供给的互动关系面临高成本的阻碍。农村人口密度相对较小，幅员辽阔，地区差异更明显，因此公共物品的提供边际成本较城市要高；农村医疗卫生网点少导致了交通成本和时间成本的高昂。更重要的是，农村管理能力低下，许多慈善组织甚至无法延伸到农村，导致政府、慈善组织等供给者和需要者的互动成本较大。

农村医疗卫生需要、需求和供给三边良性互动的障碍，成为既有经济条件下农村最为主要的疾病风险因素，政府的责任就是排除需要、需求和供给良性互动的障碍，消除或减少疾病风险因素（见表1）。

表1　　　　　　　　农村疾病风险预防、控制与政府责任

互动方	风险因素	政府责任
需要与需求	贫穷	扶贫与财政转移支付
	高成本	增加农村医疗网点，提高医疗资源的可及性
	缺乏信息	提供信息与宣传教育
	公共物品与外部效应	科学决策、民主决策与社会参与；增加基础卫生投入
	供给诱导需求	编制疾病诊疗目录，减少医患之间的信息不对称；实施有利于医生节省医疗资源的付费方式和激励制度
供给与需求	缺乏信息	增加全科医生和设置医疗守门人制度
	竞争障碍	调整职业资格许可证制度，允许民间中草医行医，发挥他们的低成本优势
	非市场激励	改变城乡二元社会结构，提高农村发展前景
需要与供给	缺乏信息	利用行政组织优势传达农村社会信息，引导民间社会团体和社会组织进入农村，增强农村自组织力量
	市场激励	完善公立医院的考评制度，确保公益性
	高成本	对农村营利性医疗机构实行税收优惠或补贴；弱化基层政府的经济职能，强化其社会治理职能

在农村疾病风险的预防和控制中，政府既有直接责任也有间接责任，直接责任的主要组织载体是农村合作医疗系统，包括对县、乡、村各级医院、诊所的监督管理和政府卫生部门的直接行政责任等；间接责任则反映了以农村合作医疗为主体的农村医疗保障制度目标的实现在很大程度上依

赖特定的经济社会环境，农村医疗卫生资源的可及性需要有稳定的医疗卫生人才，而不改变城乡二元社会结构，农村发展前景黯淡，农村医疗卫生人才流失将无法避免。政府责任的具体实现既体现在公共权力的干预和公共组织的运作，又体现在公共资源的配置，权力的运用需要合理地界定权力干预的范围和强度，超出一定的范围和强度，就会适得其反。例如，为了解决市场激励对公立医院公益性的不利影响，政府须对公立医院的运营进行适度干预，但干预只能限定在对财政资金使用情况的监督检查和对医院社会效益特别是财政资金使用所产生的社会效益的考评上，若过度干预，则会影响医院作为法人实体的独立性，不利于医疗成本核算和医务人员积极性、主动性和创造性的发挥；就公共资源的优化配置来说，医疗卫生资源的配置并不是一个独立的问题，问题的核心在于公共财政体制的建立和完善；以行政系统为主体的公共组织的良好运作是建立服务型政府的内在要求，医疗卫生领域的政府服务和其他领域的政府服务一样，核心在于提高政府的回应性即政府能及时对人们的愿望、要求和想法做出反应。

二 农村疾病风险分担、补偿与政府责任

一旦疾病发生，人们就面临医疗费用负担，产生直接的经济损失；医疗费用负担一旦超出自身承受能力，就不仅影响疾病治疗和身体康复，而且引发贫困即通常所说的因病致贫和因病返贫；疾病的治疗和身体康复往往需要一定的时间，不仅会影响自身的工作，而且诊疗过程往往需要家人的陪护，因此产生劳动力机会成本；若病情严重，即面临死亡风险。总之，疾病发生后人们除了付出精神代价外，还要承担经济损失、劳动力机会成本代价和特殊病情下的死亡风险。劳动力机会成本一般体现在收入的减少上，也可归为经济损失一类。人死万事空，死亡对死者来说并不是风险，死亡前的恐惧和担心才是真正的风险，对于平常百姓，特别是作为家庭经济支柱者面临死亡时最放心不下的莫过于自己的家属，因此，死亡风险主要是一种家庭生活风险。因此，疾病风险的分担与补偿主要是一种经济分担与经济补偿。

由于疾病何时发生和生什么样的病无法预见，因此作为个体医疗支出

具有不确定性,为了获得稳定的生活预期,人们可以通过购买保险消除这种不确定性,但购买保险这一风险处理策略适用范围有一定的限制。首先,保险需求是一种安全需求,较一般的生存需求的层次要高,当人们的收入水平有限时,应付急切之需尚捉襟见肘,购买保险不会或不能在其预算范围内。其次,保险商为限制逆向选择对利润的侵蚀往往采用差别费率、附加保险等方式进行风险选择,使高风险者买不到保险,这样,慢性病患者、老人等高风险人群无法通过保险来分担医疗开支。最后,很难依据观察到的结果来区分可规避的风险和不可规避的风险,从而规避风险的动机就被弱化了[①],鉴别投保人道德风险的困难使得保险市场失灵,很多风险成为不可保风险,一些与生活方式和生产方式密切关联的疾病风险往往不被保险覆盖。另外,商业保险的运作受利润最大化原则引导,有些地域由于市场规模小,商业保险不愿或不能延伸到此。

我国农村总体上处于温饱阶段,除少数发达地区外,农民以满足当前之需为主,加之农民知识水平和市场活动范围有限,不善于利用金融工具,往往通过储蓄和借贷来满足不时之需,购买保险没有成为农民的主要风险处理策略;在城市化背景下,农村青壮年大量向城市转移,导致农村老龄化程度较高,农村基础卫生条件较城市差,一些地方性疾病也主要发生在农村地区,因此,商业保险难以覆盖的高风险人群在农村相对较多;农村人口密度相对较小,收入水平有限,保险需求小,导致保险市场规模小,利润稀薄,不少保险项目尚未在某些农村地区开展业务。因此,由农村经济社会条件决定了商业保险无法成为农村主要的风险处理策略。

人们自身的风险承受能力和风险处理能力与其收入水平和知识水平以及其他经济社会条件密切相关。我国农村,特别是中西部农村地区尚存在贫困人口和大量刚刚摆脱贫困的低收入人口,他们的基本生活尚无法得到充分有效的保障,一旦疾病发生,他们的生活立即陷入困境,因此他们的风险承受能力十分低下。农业生产具有季节性,在农忙季节劳动力机会成本十分巨大,一旦家庭主要劳动力生病,将影响农民家庭全年农业收入,因此,在农村,疾病风险的时间差异性十分明显。针对上述农村贫困与低

---

① [美]肯尼思·阿罗:《不确定性和医疗保健的福利经济学》,《比较》第24辑,中信出版社2006年版,第77页。

收入、保险失灵与保险不足、劳动力机会成本大、死亡风险等，政府可以采取相应的风险分担和风险补偿方式（见表2）。

表2　　　　　　　　农村疾病风险分担、补偿与政府责任

风险分担与补偿事由	政府责任
贫困与低收入	扶贫与医疗救助
保险失灵与保险不足	提供社会医疗保险
劳动机会成本巨大	鼓励医生上门服务；农忙季节主治医师乡村驻点
死亡风险	构建遗属保障制度

　　农村疾病风险的分担与补偿的方式、额度应与农民的收入水平、知识水平、风险意识和风险策略相适应。现阶段，农村合作医疗是农村疾病风险分担与补偿的最主要制度载体，农村医疗救助不仅首先从资助医疗救助对象缴纳个人应负担的全部或部分合作医疗资金开始，以帮助救助对象获得合作医疗待遇，而且，医疗救助服务也往往由农村合作医疗定点医疗卫生机构组织实施。新型农村合作医疗即2003年以后试点推广的农村合作医疗已经具备社会医疗保险的性质，体现了缴费和风险共济的保险原则，然而，农村合作医疗的具体补偿标准、补偿内容、起付线、封顶线等还需要调整完善以适应农村经济社会发展，当前无论中央指导精神还是各地农村合作医疗实践都以大病统筹为主，所谓大病往往有两个标准，一是指治疗和康复的难度，二是指医疗费用的大小，对于第一个标准容易达成共识和统一处理。而对于第二个标准，则因个体家庭经济状况的不同而有不同的判断，统一处理必然偏离个体的最优风险配置，在制度设计和组织实施中，须根据风险配置的目标合理确定相应的标准，由于各地经济发展水平差异较大，不宜统一标准而应允许各地根据本地实际制定不同的标准。

　　家庭是社会的细胞，是基本的经济单元和生活单元，也是基本的风险决策单元、风险承受单元和风险受益单元，当前个人缴费、个人受益的农村合作医疗未能统筹考虑家庭作为基本的利益共同体的风险决策要求，出于管理成本的考虑和组织实施的便捷性，我们当然可以保留个人缴费、个人受益的形式，但是个人一旦患上大病即意味着死亡风险，医疗保障制度本身不能不包含生命伦理因素，应该考虑人们面临死亡时的愿望，人们死亡前关心自己的家属乃最天然、最淳朴的感情，医疗保障必须包含遗属保

障，没有遗属保障，医疗保障便缺少人文关怀，是残缺不全的，没有遗属保障，家庭收入主要来源者的死亡将意味着整个家庭经济的困难，造成了人们不理性地延长病体生命期，不仅不利于医疗资源的节约，而且不利于减轻家庭经济负担。

新型农村合作医疗政府补贴成为筹资的大头，这对鼓励和支持农民参加新型农村合作医疗有着举足轻重的作用，但财政资金并不是无限，具有稀缺性，需要合理配置，在我国农村医疗卫生总体投入仍然不足的情况下，财政资金的使用须在公共卫生、农民医疗消费补贴、医疗救助等项目之间通过对社会效益的考察进行权衡取舍，因此，财政资金使用在合作医疗补贴上虽然具有绝对社会效益，但其合理性仍需进行认真的评估：首先，农村合作医疗只是解决农村医疗卫生问题的一个方面，财政资金的使用不仅要看绝对社会收益，还要认真比较不同使用方向的社会收益的相对大小。其次，鼓励、支持农民参加合作医疗并不局限在财政补贴这一单一手段上，过分依赖财政补贴，新型农村合作医疗制度本身的科学性、合理性及对农民的吸引力则难以考察和评估。最后，农村并非全是穷人，简单地按人头补贴，财政再分配的效果将大打折扣。财政责任是社会保障领域政府最重要的责任，财政资金使用的方式方法应立足长远，认真研究。

三 新型农村合作医疗的发展路径选择与政府责任

我国现阶段实际存在三种农村合作医疗，一是改革开放前成立并延续至今的传统农村合作医疗；二是20世纪八九十年代恢复和重建的政府主导、农民筹资的新农村合作医疗；三是2003年试点推广的新型农村合作医疗。传统农村合作医疗建立在具有强制性的集体经济基础上，农民合意即可合作，组织成本极低，当时人口流动稀少，农民看病就医依托本地医院诊所，没有其他选择，因此没有机会成本。改革开放后，家庭联产承包责任制的实施解构了集体经济的强制性，使筹资过程离不开组织过程，传统农村合作医疗的组织成本大大提高，村民自治的实施使传统农村合作医疗失去了原有的合法性，须通过农民的自我组织过程来重获合法性，大量农村青年外出务工经商，使参加农村合作医疗的机会成本大大提高，因此，传统农村合作医疗在改革开放后迅速萎缩，如今只在少数地区零星存在。20世纪八九十年代恢复和重建的农村合作医疗一般由政府主导，但筹资主体是农民，1999年，针对农村各项提留、摊派不断增加，农民负担沉重等现状，农业部等五部委颁布了《减轻农民负担条例》，把"合作医疗"视为禁止集资、摊派的项目，农村合作医疗的恢复和重建工作基本中止，此阶段恢复和重建的农村合作医疗总体效果不佳，覆盖面十分有限，由于由政府主导，2003年以后大部分转换成新型农村合作医疗，但仍有极少数具有了农民自我筹资、自我管理的特征，在性质上与传统农村合作医疗接近。2003年以后试点推广的新型农村合作医疗虽然仍然坚持农民自愿参与原则，但政府补贴占了筹资的大头，农民积极性相对较高，社会反响好，因此，得以迅速推广，成为农村合作医疗的绝对主流。政府责任往往体现出政府权力，当政府没有承担相应的责任时，应内在地包含着尊重农村自主发展的义务，即对农村丰富多样的医疗卫生实践要多支持少干预。新型农村合作医疗之外的其他形式的合作医疗虽然数量极少，但它们是农村自主发展的伟大实践，在缓解农民看病难、看病贵方面发挥着相应的作用，即便在功能上能够被新型农村合作医疗完全替代，在成本上它们也与新型农村合作医疗互有优劣。据李昌平调查，建立于改革开放前的云南省澜沧拉祜族自治县木嘎乡拉巴村的合作医疗，1997—2005年平均每人每年筹资5元，竟然能保证小病免费，大病报销30%，收支基本平衡[1]。因此，对于其他形式的农村合作医疗，即便给新型农村合作医疗的宣传推广带了诸多不便，政府也不应干涉阻止，而只能作为一般社会管理者加以引导和保护。

  2003年以后试点推广的新型农村合作医疗是现阶段我国农村最主要的医疗保障制度，是政府责任的最重要载体，完善新型农村合作医疗，使其可持续发展，最大限度地发挥其功能是政府最重要的责任。新型农村合作医疗以缴费为受益前提，大病统筹为主，发挥互济和风险共担的客观作用，体现出保险性质，但它不是社会保险，因为它遵循自愿原则；它不是商业保险，因为它由政府主导且有政府补贴，以收定支，不追求利润最大化；它也不是农民互助合作的民间自治组织，因为它由政府或政府委托的

---

[1] 李昌平：《一个不为人知的医疗合作社》，《读书》2005年第9期。

商业保险公司组织管理；然而，新型农村合作医疗体现出了以再分配机制为主的政府机制、以保险机制为主的市场机制和以合作机制为主的社会机制，兼具社会保险、商业保险和农民自治组织的部分特性，完善其功能，保持其可持续发展需要明确其发展方向，依据新型农村合作医疗现有的性质，它有三种可能的发展路径或三种路径的混合：一是商业保险路径，以市场原则主导发展，政府的责任主要体现在作为一般社会管理者维护正常的市场秩序，但保险是一种应该鼓励消费的绩优品，是否需要政府补贴取决于鼓励消费的必要性和解决购买力不足的问题，因此，市场原则可以与政府的再分配兼容。二是社会保险路径，转变成基本医疗保险制度，引入强制参与原则，政府的责任主要体现在不断扩展受益人群和提高受益水平，但社会保险虽没有利润目标却仍需要成本核算，保持财务收支平衡，故而可以引入保险精算原则，也可以委托商业机构进行具体管理，因此社会保险可以与市场原则兼容。三是农民社区互济的形式，以合作取代保险，政府从直接的事务管理中淡出，只发挥一般社会管理者职能，但合作组织本身可以作为一个独立的决策单元与市场和政府进行交易、协作、谈判等，能够与市场机制和政府机制兼容，若选择混合发展路径，则需要具体考察如何充分利用政府机制、市场机制与社会机制，排除相互冲突的因素，利用相互兼容的因素。政府作为一般社会管理者本身就需要与社会方方面面的力量相协调，政府机制的核心在于合理使用权力，本质上不与市场机制和社会机制相冲突，但合作机制与保险机制是两种不同的处理问题方式，有着不同的适用范围（见表3）。

表3　　　　　　　　　　合作机制与保险机制

	合作机制	保险机制
利益纽带	共同利益纽带清晰	共同利益纽带模糊
发展动力	长远利益与重复博弈	安全需求与大数法则
风险管理	风险预防与控制为主	风险分担与补偿为主
适宜规模	业缘、地缘关系等人际网络范围内	管理能力内最大程度吸收同质风险
外部关系	以独立的决策单元参与各种经济社会关系	作为经济法人实体参与资本市场

合作机制中共同利益纽带清晰，合作者体现出主动的互助，而保险机制中共同利益纽带模糊，保险者是在大数法则和市场准则下被动地发挥着

互助的客观效果；合作机制需要在参与各方重复博弈中形成理性的长远预期，在长远预期下自觉自愿地寻找各种合作途径，因此，重复博弈是合作机制形成的关键因素，保险机制则是由安全需求主导，保险参与者通过保险处理个体风险来满足安全需求，因此，满足安全需求是保险机制成长的关键因素；合作机制以预防与控制风险为主，由于规模有限，风险分担与补偿能力有限，在农村合作医疗中表现为预防疾病和补偿小病治疗费用，保险机制以风险分担与补偿为主，由于要适应市场原则，风险预防与控制能力有限，在农村合作医疗中体现为保大病；合作机制形成共同利益纽带，必须有能够重复博弈的较为封闭的人际关系环境，因此，只能在业缘、地缘等熟人群体中发挥作用，一般规模有限，保险机制在大数法则的作用下，吸收的同质风险越多，其风险分担和互济的客观作用越大，因此，在管理能力的范围内，应尽可能地扩大规模；合作组织作为独立的决策单元能够参与各种经济社会活动，可以从保险商那里购买保险，可以接受政府或慈善组织的物质支持，例如上文提到的拉巴村合作医疗1996年以后就从慈善组织"乐施会"那里获得了资金支持，保险组织主要是一种经济组织，参与经济活动特别是参与资本市场，分享经济发展成果。新型农村合作医疗的发展，必须小心处理和充分利用各种经济社会机制特别是合作机制与保险机制。由于某些风险缺乏可销售性、逆向选择和风险选择等导致保险市场失灵，除非有其他医疗保障制度覆盖农村，否则新型农村合作医疗不能走向商业保险，而其他发展路径都各有优缺点（见表4），权衡利弊，明确发展路径是重大的政府责任。

表4　　　　　　　　新型农村合作医疗的发展路径与政府责任

发展路径	主要优点	主要缺点	政府责任
社会保险	风险分担和补偿能力强；便于城乡统筹	在农民收入水平不高时，对农民吸引力弱	提高统筹层次；统筹医疗保障与遗属保障
社区互济	易满足农民的当前之需；成本优势明显	抗风险能力弱；对农民的组织能力要求高	提供医疗救助；引导慈善组织进入农村
社会保险+社区互济	适应能力强	组织管理难	财政支持与行政配合

把新型农村合作医疗发展成农村基本医疗保险制度是可选路径之一，社会保险的重要优势之一在于可以通过强制参与解决逆向选择问题，虽然

新型农村合作医疗因有大量财政补贴而使低风险人群也能获得保险收益，从而解决了逆向选择问题，但财政补贴的重点不应是解决参与问题，长远来看，应改变自愿参与原则，引入强制参与原则，社会保险仍然遵循大数法则，应不断扩大风险池，提高统筹层次，在适当的时候可以与城镇职工基本医疗保险制度、城镇居民基本医疗保险制度等相互衔接或统一，同时把死亡风险纳入风险管理范畴、统筹医疗保障与遗属保障，但在农民的收入水平不高时，农民侧重于解决当前之需，安全需求不高，大病统筹形式的医疗保险对农民的吸引力有限；新型农村合作医疗回归传统，发展成农村社区互济的形式，能对农民的愿望和要求做出准确回应，满足农民的当前之需，同时利用农村中草药优势，节省成本，但与社会保险模式相反，社区互济模式以合作机制的运用为主，规模应缩小到社区范围内，让农民自我组织管理，对农民的组织能力要求高，由于互济范围有限，抗风险能力弱，应有政府医疗救助或慈善组织介入以提高农民的医疗保障水平；社会保险+社区互济模式是一种混合模式，它以社区为单位参加基本医疗保险，社区医疗合作组织不仅掌握组织内部的医疗资源配置，而且作为一个独立的决策单元和风险承受单元参加基本医疗保险，因此，既可保大病也可保小病，可以根据社区经济发展水平和农民需求不断调整保障范围和保障水平，其适应能力极强，但社区医疗合作组织既要处理内部资源配置又要处理外部经济社会关系，组织管理难度大，此种模式，政府可以给予财政支持，但财政支持应以整个社区的抗风险能力为主，不适宜按人头补贴，在组织管理上也可以有行政系统参与，但不能影响医疗合作组织的自治性。虽然农村合作医疗曾经发展繁荣过，但在新的历史条件下，无论新型农村合作医疗采用哪种模式，它都是一个新的组织、新的实践，必须留出时间，让福利部门的新机构得到发展，让公众学会适应[①]，因此，政府作为一般社会管理者，提高人们的风险意识、改善人们的风险处理策略、帮助人们适应新的政策和经济社会环境也是政府不可忽视的责任。

（原载《理论与改革》2011 年第 1 期　作者：邓大松　刘远风）

---

① ［匈］雅诺什·科尔奈：《转轨中的福利、选择和一致性》，翁笙和、罗淑锦译，中信出版社 2003 年版，第 29 页。

当前中国社区健康教育的政策执行过程
——基于史密斯模型的分析

一 问题的提出与研究框架

健康教育是指主动为学习创设诸多机会,包括设计某些形式的交流以提升健康文化,提高知识水平,以及发展那些对个体和社区的健康有利的生活技能[①]。从个人的角度看,健康教育能够帮助人们树立新的整体健康观,形成积极和健康的行为并学会选择在健康的生活方式下生活;能够提高人们的自我保健意识并有效预防慢性非传染疾病和传染病,有益于减少危险因素,预防各种"生活方式病"和"社会病";从社会的角度看,健康教育有利于培养人们掌握与健康有关的知识和技能,满足人们日益增长的心理健康服务需求及遏制医疗费用的急剧上涨,是降低医疗费用的有效手段[②]。

健康教育具有较为典型的公共产品的特征,具有非竞争性和非排他性,通常被视为公共卫生的一项重要内容。从1997年《中共中央、国务院关于卫生改革与发展的决定》(中发〔1997〕3号)的文件提出"健康教育是公民素质教育的重要内容,要十分重视健康教育"[③],到2009年《中共中央、国务院关于深化医药卫生体制改革的意见》(2009年3月17

---

① WHO, Health Promotion Glossary, http://www.who.int/healthpromotion/about/HPG/en/.
② 张晓燕:《健康教育概论》,武汉大学出版社2010年版。
③ 中共中央、国务院:《关于卫生改革与发展的决定》(中发〔1997〕3号),http://www.chab.org.cn/NewsDetail.asp?id=4794。

日）提出"医疗卫生机构及机关、学校、社区、企业等要大力开展健康教育",再到2011年《卫生部办公厅关于印发〈健康教育专业机构绩效考核办法（试行）〉的通知》对健康教育工作进行评估的尝试。这些政策都从不同角度反映出了政府对这一问题的重视。

然而,具体到政策效果的层面,我国社区健康教育的价值目标的实现情况是不容乐观的。一方面,结合我们日常生活的经验来看,社区健康教育通常都停留在板报宣传与患者咨询的层面,有着频率偏低、手段单一、效果难以评估的问题;另一方面,从理论研究的状况来看,在中国知网的跨库检索显示,1979—2011年共有题名关于健康教育的文献49760篇（同时关于医疗的搜索结果为129734篇）,其中只有3.9%的文章（1957篇）是关于社区健康教育的,而其中绝大部分又是关于疾病控制的,却很少有文章涉及社区的健康需求、资源、诊断、计划和管理。若把对社区健康教育的研究情况作为其发展状况的一个指标,则上述的研究现状反映了我国医疗体系的疾病导向而非健康导向的现状——侧重点在于疾病发生后而非疾病发生前。这种现状是背离健康教育的本意的,因为健康教育应侧重于疾病发生前的控制,是卫生体系从疾病导向向健康导向转变的一个突破点。

本研究的主题是对社区健康教育的发展与本意相背离的状况形成的原因进行分析,并结合托马斯·史密斯的政策执行过程模型展开。

托马斯·史密斯[1]指出,在一些第三世界国家某些政策制定出台后,并不一定被贯彻执行。因为第三世界国家政府倾向于制定某些宽泛而全面的政策,但官僚机构并不具备执行这些政策的能力,而利益集团、反对党以及相关群体和个人都会倾向于去影响这一政策而非执行它。史密斯进而提出了公共政策执行过程的模型,认为公共政策的执行可被视为社会张力的发生之源,这种张力产生于政策过程的四个组成部分:理想化的政策、执行机关、目标群体及环境因素（如图1所示）。在政策执行过程中这四个组成部分均会产生张力,并对政策形成反馈,通过这种对政策制定者与执行者的反馈,形成对制度进一步的支持或阻碍。

---

[1] Thomas B. Smith, The Policy Implementation Process, *Policy Sciences* 4 (1973) pp. 197 – 209.

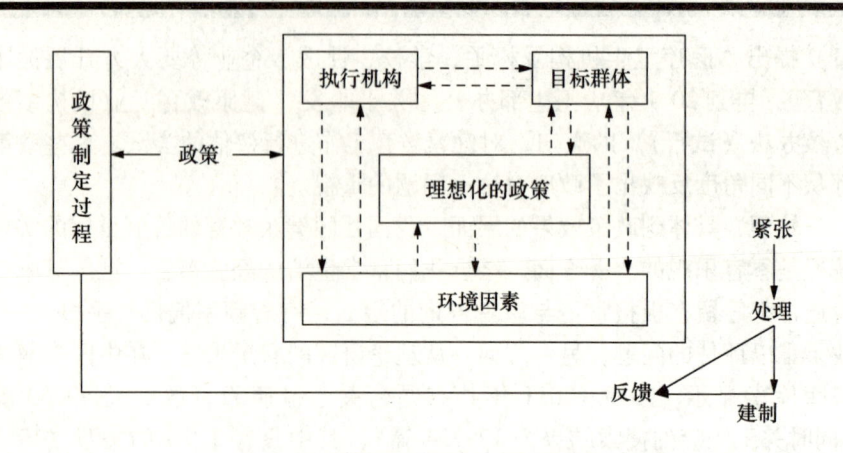

图 1　史密斯的政策执行过程模型

资料来源：陈庆云：《公共政策分析》，中国经济出版社1996年版，第234页。

史密斯这一模型是公共政策分析的经典模型之一，本研究将结合这一模型来分析我国社区健康教育实施的状况，并以此来透视我国卫生体系建构中可能存在的盲点。

二　中国社区健康教育政策执行过程评估

（一）社区健康教育政策本体的状况分析

论及一项公共政策是否理想，首先需要提到的是评估标准，重要的范畴包括成本、收益、绩效、风险、政治可行性、行政简化、合法性、不确定性、公正和时间安排[①]。史密斯的标准则较为抽象，认为理想化的政策应该具备合法、合理与可行性的特点。我们不妨先搁置对合法性的研究，而把合理的政策目标视为基础，并在此基础上分析该目标操作化的可行性。

---

① ［美］卡尔·帕顿、大卫·沙维奇：《政策分析和规划的初步方法》，华夏出版社2001年版，第187页。

我们把世界卫生组织有关健康教育的界定①作为参照系来对比我国社区健康教育的目标。在卫生部发布的《国家基本公共卫生服务项目》中，健康教育的服务项目被界定为针对健康素养基本知识和技能、优生优育及辖区重点健康问题等内容，向城乡居民提供健康教育宣传信息和健康教育咨询服务，设置健康教育宣传栏并定期更新内容，开展健康知识讲座等健康教育活动②。不主张直接用世界卫生组织的政策目标，理论上，政策目标是针对政策问题而生的，世界卫生组织为何作为参照标准需要讨论，如果只是简单地比较，则不能说是以谁为标准的问题，而是通过比较发现差异，发现新问题。

通过对比我们不难发现，二者存在一定的差别（见表1）。在目标层面，前者是发展型，侧重健康文化提升与技能的发展；而后者则侧重的是问题的解决，强调了优生优育与社区重点健康问题。在方法层面，前者强调了交流而后者强调的是宣传。同时，前者突出了健康教育的对象的本体地位；而后者则突出了健康教育实施机构的本体性。因此可以认为，世界卫生组织关于健康教育的目标标准更高，也更理性化。考虑到政策目标的理想化应该结合政策可以动用的资源以及政策内外环境的紧张关系来谈，我们不能只简单地因健康教育的目标层次偏低就认定这一政策是不理想的。我们需要进一步探讨政策具体目标的可行性。

表1　　　　　　　　　健康教育不同界定的比较

对健康教育的不同界定	世界卫生组织的界定	我国公共卫生服务项目的界定
目标	健康文化提升与技能的发展	优生优育与社区重点健康问题
方法	为交流创设各种机会	宣传和应答咨询
对象	全体居民	重点人群
主体	社区居民的行为	健康教育机构的行为

---

① 健康教育是指主动为学习创设诸多机会，包括设计某些形式的交流以提升健康文化，提高知识水平，以及发展那些对个体和社区的健康有利的生活技能。WHO. Health Promotion Glossary, http：//www.who.int/healthpromotion/about/HPG/en/。

② 卫生部：卫生部、财政部、国家人口和计划生育委员会：《关于促进基本公共卫生服务逐步均等化的意见》（卫妇社发［2009］70号），卫生部网站（http：//www.moh.gov.cn/publicfiles/business/htmlfiles/mohfybjysqwss/s3577/200907/41745.htm）。

卫生投入的绩效，特别是公共卫生投入的绩效评估是卫生经济学研究的难点，同时也是政策评估的难点，社区健康教育也面临着同样的问题。没有恰当的绩效考核手段就无法形成对执行者的控制和激励，无法保证政策得以贯彻和执行。因此，观察政策具体目标是否具有良好的绩效考核机制是评价一项公共政策能否得以执行的重要标准之一。

在《2010年度国家基本公共卫生服务项目考核指标》[①]中，我们可以看到，关于健康教育的具体考核指标包括两点：（1）制订健康教育年度工作计划，并按照工作计划制作相应的健康教育印刷资料；（2）每个社区卫生服务中心、乡镇卫生院每年组织不少于6次面向公众的健康教育咨询活动，并有相应的健康教育活动主题。这一考核指标较好地反映了上文提到的我国国家基本公共卫生服务项目中对健康教育的要求。但是这一考核标准存在一个较大的缺陷，即对健康教育的执行考核没有反映出目标群体对健康教育的反馈结果。这类似于考核教师的绩效只涉及他有没有教案、教材和有没有上课的记录，而不去考察他究竟上没上课、上得怎么样以及学生的成绩如何。这样的考核指标容易流于形式，并给弄虚作假留下了空间。

类似的问题也存在于《卫生部办公厅关于印发〈健康教育专业机构绩效考核办法（试行）〉的通知》[②]、《社区卫生服务机构绩效考核办法（试行）》和《国家卫生城市标准》等文件中。这些健康教育的政策本体具有制度内循环的特点，从政策的总体目标到具体的考核过程，均表现出政策的主体着眼于体系内部的文牍传递，对目标群体的主体性地位体现不充分。另外，我们还可以发现涉及社区健康教育政策执行的主体有健康教育机构、社区卫生服务中心和街道社区委员会三个。这也能引发其他政策问题，本研究的下一节将对此进行探讨。

（二）健康教育执行机构的能力分析

从以健康教育为主要业务的机构来看，我国的健康教育是由疾病预防

---

① 卫生部关于印发《国家基本公共卫生服务规范（2011年版）》的通知，卫生部网站（http://www.moh.gov.cn/publicfiles/business/htmlfiles/mohfybjysqwss/s3578/201106/51928.htm）。

② 卫生部：《卫生部办公厅关于印发〈健康教育专业机构绩效考核办法（试行）〉的通知》（卫办妇社发［2010］42号），卫生部网站（http://www.moh.gov.cn/publicfiles/business/htmlfiles/mohfybjysqwss/s3589/201005/47299.htm）。

和控制中心下的健康教育科来经办和提供的。本文将从机构自身的人力资源状况、机构本身的数量和层级、机构的组织结构状况以及机构所拥有的资金状况四个方面来对该机构的执行能力进行分析。

第一，从可获得的最近的 2002 年统计数据①来看，健康教育科的职业医师只占疾控中心内所有执业医师的 2.4%。而从当年疾控中心的人员学历来看，主体是中专，占 43.6%，而本科以上学历的构成比不过 12.4%，从专业职称来看，主体是助理/师级，占 37.4%，而副高以上职称者只占 6.3%。从 2005 年的数据来看，我国按类别构成的执业医师中，临床专业类的占 76.7%，而健康教育专业的只占 1.0%，共 15917 人。以 13 亿人口计，每千人拥有的健康教育者为 0.12 名。这说明在卫生体系内，健康教育机构的人员数量有限，学历结构偏低。

第二，如图 2 所示，疾控中心本身在机构数量上相对于改革开放后医院的蓬勃发展而言，几乎处于停滞状态。结合 2007 年的数据看，我国拥有 27308 个社区卫生服务站，632770 个村卫生室。而相应的疾控中心的数量为 3536（这一数量还在呈下降趋势），即使每个疾控中心均设有健康教育科，那么每个健康教育科需要对应的基层卫生服务组织约为 187 个，这也意味着其需要服务的城乡社区还应超过这一数字。而在疾控中心中，从上文对人力资源状况的分析来看，健康教育科只是一个边缘的科室。

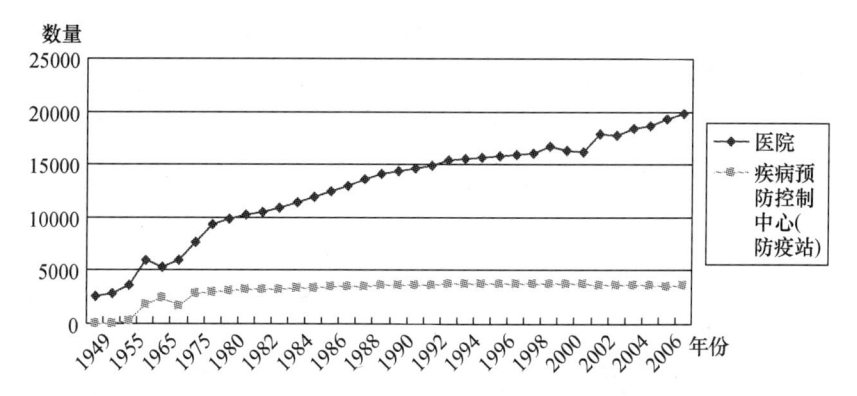

图 2　我国医院和疾控中心的机构数量发展趋势比较（1949—2006 年）

---

① 《卫生统计年鉴》（2007），卫生部网站（http://www.moh.gov.cn），本节数据均来源于此。

第三，在上述关于政策本体的探讨中，我们已经发现社区健康教育的执行主体有健康教育机构、社区卫生服务中心和街道社区居委会三方，后两套体系都有着丰富的人力资源和组织机构。因此，仅从疾控中心健康教育的人力资源和机构数量不足就断言健康教育机构的执行能力弱是片面的。图3①反映的是自贡市的健康教育与健康促进的执行机构图，我们可以据此对全国其他地区健康教育执行机构的结构管中窥豹。从公共政策执行的理论上讲，多机构共同作用于一个公共政策不是一个完善的设置，因为：(1) 会增加绩效考核的难度，无法确定这三方共同的目标主体——社区居民，其健康教育的状况及变化究竟是哪一方在作为或不作为，这也部分地解释了我国社区健康教育的绩效考核的相关文件均未能突出目标群体的主体性地位而只能对体系内部行政过程进行文件检查的原因。而激励机制的不健全，有可能会造成"三个和尚没水喝"的困境。(2) 会增加政策的执行成本。政策执行者之间相互的协调和沟通的成本显然会高于同一执行机构内部行政的成本。(3) 如果政策执行者之间并没有交流和沟通的话，则可能产生各自为政、资源分散、简单的工作重复做、困难的工作无人做等问题。当然，如果有良好的多方联动机制出台，这些问题或许能得以妥善解决，并且使得三方的资源得到更合理的配置。只是目前我们尚未看到关于健康教育执行机构之间联动合作机制的出台。

第四，从执行机构所掌握的财力资源来分析。2008年，健康教育中心从疾控中心独立出来，其所获得的政府财政拨款及上级补助共计12308万元，而当年医院获得的财政拨款及上级补助共计11275663万元，是前者的916.1倍。这或许也是健康教育缺少对人才的吸引力的原因之一。

从上述的分析中，我们认为我国健康教育，特别是社区的健康教育的提供存在着制度不合理的结构性问题，又存在着机构数量发展滞后、人员偏少且学历结构和专业职称结构都不合理的问题，同时，还存在经费相对不足的问题。这些问题都制约着社区健康教育的发展及其社会效果的凸显。

---

① 李珊、张正东、刘兆炜：《健康教育与健康促进管理机制改革的试点》，《探索预防医学情报杂志》2011年第2期。

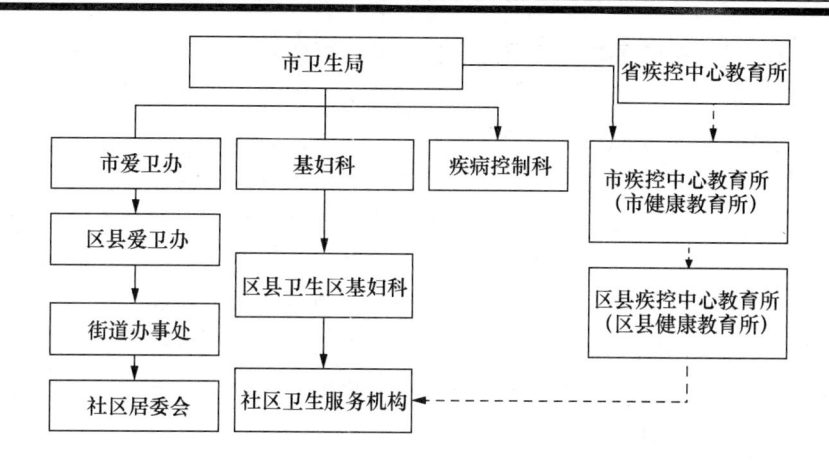

图 3　自贡市健康教育与健康促进工作组织结构

(三) 社区健康教育执行的目标群体

公共政策是对社会公共利益的权威性分配,社区健康教育作为一项公共政策则是指将健康的文化及生活方式传递给社区居民的过程。社区居民也将从自身利益的角度来选择是否配合接受这项政策。格罗斯曼认为,卫生可以被看作既是一种消费品,也是一种投资品;作为一种消费品,卫生被人们需要是因为它可以使人们的身体感觉更舒适,作为一种投资品,卫生被需要是因为它增加了人们可以健康工作的天数,从而获得收入①。

除非过程本身是让人愉悦的,否则参加社区健康教育活动应该视作一种投资品。人们参与社区健康教育活动是因为预期参与这一活动能增加健康工作的天数从而增加收入,以及能减少因疾病造成的财务损失。但是这项投资是需要付出当期的时间成本的,是否愿意付出这项成本会受到下述五个方面的影响。若想使社区健康教育获得更好的收益,执行机构应该从作为理性人的社区居民的利益出发,满足他们的不同健康教育需求。

其一,社区居民本人的工资率上升会对社区健康教育同时产生收入效应与替代效应。也就是说,既有可能因工资率的上升而使其投资能力增

---

① [美] 舍曼·富兰德、艾伦·C. 古德曼、迈伦·斯坦诺:《卫生经济学》,王健、孟庆跃译,中国人民大学出版社 2004 年版,第 128 页。

强,进而引致对健康教育需求的增加;又有可能因工资率上升而导致其时间成本增加,从而会减少对健康教育的需求。因此,我们需要对因不同原因造成劳动时间过长的社区居民群给予不同的健康教育。

其二,非劳动收入的增加,即其他家庭成员收入的增加,会增加居民健康教育投资的需求。因此,社区健康教育的重点对象,如孕产妇、老年人对健康教育的需求将会因家庭其他劳动者收入上升而增加。我们由此可知,低收入家庭的重点人群的健康教育问题也是值得重视的,因为他们可能因经济原因而减少对健康教育的需求,而这一群体却是涉及妇幼健康与健康公平这些不容我们回避的问题,如何为他们提供合适的社区健康教育将是一个重点和难点问题。

其三,医疗费用的上升会增加可能发生的疾病风险的损失程度,也就意味着避免疾病发生的收益增加。因此,在当前医疗保健支出的增长持续高于居民可支配收入增长的情况下,社区居民的健康教育需求也会随之增长,这也是符合我们生活体验的。

其四,当健康教育的过程本身能让人获得愉悦的体验时,居民对健康教育的需求也会增加,因为这种类型的健康教育显示出了消费品的特征。反之,则会增加居民参加健康教育的成本,不利于健康教育的推广。因此,执行机构应该采用多种手段使得社区健康教育的过程更能让居民喜闻乐见。同时,针对不同的目标群体采用不同的教育方法。目标群体越清晰,教育方法就能越有针对性,效果也应该越好。

其五,个人的风险偏好也会对健康教育的需求产生影响。风险厌恶者会更倾向于参与社区健康教育活动并克制自己的行为,以期减少因疾病造成的损失同时增加健康收益;而风险喜好者则不认为因可能发生的风险而克制自己当前行为是必要的。当然,信息能对个人偏好产生影响,通过健康教育能够使得居民认识到选择健康生活方式的重要性。

社区健康教育其实涉及对个体的生活方式的规制问题,这种规制的过程是伴随着国家现代化的进程而发生的。在下文中,我们将通过社区健康教育执行的环境因素对这一问题进行分析。

(四)社区健康教育执行的环境因素

社区健康教育执行的环境因素有很多,作为社区卫生服务的重要环节的社区健康教育,受到医疗体制建构与改革的方向和社区建设历史阶段的影响。如有学者认为从1997年"积极发展社区卫生服务"① 被首次提出，其产生的重要动因和宏观社会环境是医药卫生体制改革困境，是政府在缺乏对国有大型公立医院内部管理与管理体制改革实施更强有力政策措施的背景下，作为政府缓解"看病难、看病贵"问题，重构现代城市卫生服务体系"替代办法"出台的②，只是受制于社区建设的状况其效果并不理想。

如果我们把目光放得更远，或许对社区健康教育的背景能有更清晰的认识。从我国近代医疗史看，社区健康教育从最初就获得了我国卫生体系创立者的高度重视。

兰安生是我国沿用至今的三级医疗体制的创造者。在他的"卫生示范区"，由"公共卫生护士"负责不断地入户探访，负责对居民进行预防接种和健康教育，对患病者进行小病的治疗和大病的分诊——设立家庭病床，转入门诊或是合同医院。通过使训练有素的公共卫生护士对社区居民日常生活的嵌入，再通过社会服务者对患者信息的收集和判断及协助患者回归社会，完成了医疗服务从心理上和实践上的可及性的转变。在此过程中，医疗服务作为一个环节被完好地嵌入了社会服务这一链条上，从而实现了兰安生的理念"协和的毕业生不应穿着白大褂站在手术台前等待病人抬上床面，而是应该具有足够的社会知识背景成为医院之外的社区领袖，这样，才能知道在他自己的社区用有组织的方法去初步维护社区成员的健康"③。

如何使现代卫生服务以低成本覆盖广大的中国农村地区是兰安生的学生陈志潜思考的问题。他所参与的定县实验针对农村的四大病根——"贫、愚、私、弱"，提出了以生计教育治贫、以文化教育治愚、以民众教育治私及以健康教育治弱④。陈志潜结合当时农村卫生和农民心理状

---

① 《中共中央、国务院关于卫生改革与发展的决定》（1997年1月15日），http://www.moh.gov.cn/publicfiles/business/htmlfiles/wsb/pM30115/200804/18540.htm。

② 刘继同：《中国城市社区健康服务政策现状与核心争论议题》，《甘肃理论学刊》2008年第4期。

③ 杨念群：《再造病人：中西医冲突下的空间政治》（1832—1985），中国人民大学出版社2006年版。

④ 陈志潜：《中国农村的医学——我的回忆》，四川人民出版社1998年版，第2页。

况，提出了"社区医学"的概念，强调"医学应基于所有人的需要和条件，而非基于那些单独的个人；基于治疗和预防方法的结合，而非单独依赖治疗技术"。他对当地农民进行短期实用的培训，使其具有提供初级卫生服务的能力，这些农民保健员因其治疗成本低廉和疗效较好的服务，在与传统的草医、巫医的竞争中获得农民的青睐。除此之外，他们与社区天然的联系，使得医疗体系的可及性除了表现在距离和费用上之外，更表现在农村居民心理上。陈志潜模式是新中国成立后农村卫生体系的雏形。

兰安生和陈志潜的模式从成本的角度来看具有很大的差别，但是，这二者都具有对社区资源的高度重视的特点。因为社区是医疗服务对象的来源和归属，是健康教育与健康促进的作用场域，其场域作用能对医疗服务供给者产生一定的制约作用。在某些条件下，社区甚至能够作为主体提供卫生公共产品和进行筹资。

表2　　　　　　　　　社区健康教育在三种模式中的比较

项目类别	兰安生模式	陈志潜模式	农村合作医疗模式
资金来源	洛克菲勒基金会	患者负担	社区筹资
社区健康教育者	公共护士	在地化训练的村民"保健员"	经过培训的各类社会医者及赤脚医生
特点	医疗行政体系开始对社区日常生活的渗透	精确的成本核算，医药价格与设备的"非商业化"和医疗人员训练的"在地化"	低成本的草药、合作医疗的经费保障、吸纳社会各类医者的赤脚医生队伍
价值理念	社会服务	社会试验	社会革命
与社区关系	融合与规制	利用与共存	吸纳与重构

在兰安生模式中，公共卫生护士和社会服务者走进了社区；在陈志潜模式中，医疗服务者实现了更为彻底的"在地化"转变。从中我们也可以看出，作为现代民族国家建设象征的医疗体制在不断地向社区渗透。这种渗透在新中国成立后达到高潮，表现为对社区资源更为直接的运用和控制（见表2）。其后的爱国卫生运动进一步强化了个人的健康行为和国家建设之间存在联系的理念。伴随着国家对社区的不断渗透，社区内部的各

种自生的秩序和组织也逐渐因被纳入制度化的轨道而丧失了自组织的能力。

具体到社区健康教育的情况来看，缺少了丰富的社区资本作为依托，这一政策，首先就面临着缺少社区内部的信息共享平台。而健康交流是形成公众对健康的关注并保持健康作为公众议题地位的关键环节[1]。其次，社区内部难以产生健康自组织。健康的支持环境给人们提供避免危险而趋于健康的保护，使人们扩大健康能力、培养健康的自觉[2]，社区是最为主要的健康支持环境之一。而支持环境产生作用的机制往往落脚于自组织的发展，通过自组织形成对生活方式的控制和健康行为的培养，自组织的难以达成会使得健康促进的成本更加高昂。

三　结论

当"看病难、看病贵"已逐渐成为卫生领域的集体隐喻，当政府与市场、供给与需求、资源结构与利益冲突的种种探讨在学术界方兴未艾之际，有一种共识呼之欲出：推进卫生系统从疾病导向转入健康导向。具体路径尚有待探讨，但有一点是确定无疑的，社区健康教育是符合这一趋势的。

当社区健康教育在政治表述中一再被强调绩效考核时，我们不能认为政府对此没有给予相应的重视。但是，这种重视并未能很好地转化为社区居民健康技能的提升与社区健康文化的弘扬。本研究结合了史密斯的政策执行过程模型，从理想化的政策、执行机构的能力、目标群体及环境因素对社区健康教育的发展与本意相背离的状况及形成的原因进行了探讨。史密斯认为，公共政策本身作为张力源会在上述四个层面相互间分别产生紧张关系，而对紧张的反馈与处理则会促进制度的重构。具体到社区健康教育这一政策，本研究发现，其政策本体存在着目标层次偏低、绩效机制不健全的情况，而这一情况又与执行机构的主体多元而互动不足，人力、财

---

[1] WHO, Health Promotion Glossary, http://www.who.int/healthpromotion/about/HPG/en/.
[2] Ibid..

力资源有限的状况是不可分的；社区健康教育涉及目标群体的自由选择与社会控制的紧张关系，而这一紧张关系最合适的规制者应当是社区，但中国当前社区资本的状况则是近代以来现代国家建设进程的一个结果。社区健康教育的执行过程受制于社区资本存量这一环境因素，而社区健康教育执行机构的状况也从一个侧面反映了现阶段我国社区服务建设的状况，即政策本体、执行机构的能力、目标群体及环境因素这四个层面状况相互影响、相互制约。因此，促进社区健康教育的发展须认识到协调发展的重要性，在这一认识的基础上对社区健康教育政策执行过程中的各环节进行逐步完善。

第一，社区健康教育的政策目标定位是值得商榷的，提高社区健康教育的目标层级才能够使得健康教育者有施展的空间，而不是被限定于应答咨询与宣传。世界卫生组织对社区健康教育的界定是值得借鉴的。然而，若提高政策目标则会对政策执行过程中的其他层面造成新的张力。其中，机构的执行能力就成为承受压力的主要环节。

第二，本研究认为，在史密斯政策执行过程模型的四个层面中，执行机构能力的建设应被视为社区健康教育发展的突破口。其一，提高社区健康教育机构行政层级，整合行政资源，改变政出多门的现状，进而明确机构的责任，才能实施行之有效的绩效考核。其二，执行机构的能力建设核心在于吸纳有能力的健康教育者。健康教育者是经过专业训练的多面手，他们能够运用合适的教育策略和方法，推动有利于发展个人、群体和社会的健康的政策、程序、干预系统[1]。可以参考美国健康教育者的准入和考核机制，通过国家考试的形式遴选健康教育专业人才，以项目招标形式对健康教育者进行组织。通过健康教育者调动与整合社区资源，探索各地各社区不同的组织结构模式。当然，增加政府对社区健康教育的经费投入，是吸引人才及增强机构执行能力的重要基础。

第三，在提高社区健康教育机构的能力的基础上，对待社区不同群体采用各种有针对性的更加专业和更加主动的健康教育方法，而不仅仅停留在普遍性的海报宣传与被动的咨询应答方面。其一，这就要求社区健康教

---

[1] Joint Committee on Terminology (2001) Report of the 2000 Joint Committee on Health Education and Promotion Terminology [J], *American Journal of Health Education*, 32 (2), 89-103.

育者对社区及社区居民有深入的了解，进行分类，诊断出社区存在的主、次要问题，才能提供有针对性的专业的服务。其二，在社区诊断的基础上，制作有针对性且为大家喜闻乐见的健康教育资料。这对社区健康教育者的素质提出了更高的要求。其三，可以通过各种更加便利的途径，如电话、短信、电子邮件、QQ群等现代通信手段使得健康咨询能更便捷地在社区成员与健康教育者之间传播，在这一过程中，健康教育者不仅能起到信息发布、咨询答疑的作用，还能成为社区成员之间相互交流的健康信息的组织平台，使得具有相同健康需求的社区群体能够相互交流、相互督促，形成健康促进的文化氛围。

第四，社区健康教育乃至社区卫生服务都应嵌入社区服务链条中。对社区健康问题的诊断，社区健康需求的分类，都要求社区健康教育者对社区有着深入的了解。更重要的是，社区健康教育者只能起到一个发动者或组织者的作用，社区成员之间是否愿意参与互动，特别是脱离于社区健康教育者之外的健康促进活动，这是社区健康教育实施效果的重要环境因素。这一环境因素的变化是一个缓慢而波折的过程，对此我们应该有充分的认识。但是，我们也同样应该认识到，社区健康教育者对社区成员的组织过程也是社区资本发展的过程，发展的成果可能无法立竿见影，但是，我们应该从根本上认识到，这是我们社区服务的发展方向。

综上所述，本研究认为，应当从社区健康教育者的培养入手，突破社区健康教育发展的困局。由社区健康教育者整合社区健康教育不同机构的资源，发展社区健康教育的事业。政府可以通过对社区健康教育招标与审核来实现既定的政策目标。

[原载《武汉大学学报》（哲学社会科学版）2012年第4期　作者：邓大松　徐　芳]

全民医保与公共卫生服务体系

2009年4月6日,《中共中央国务院关于深化医药卫生体制改革的意见》(简称"新医改方案")公布,标志着我国政府正式启动新一轮医改工作。健全公共卫生服务体系是新医改工作的重要内容之一。新医改第三条规定,进一步健全公共卫生服务体系建设,明确公共卫生服务范围,强化健康促进与教育,开展爱国卫生运动,提高卫生监督执行力度。新医改第五条规定,我国应促进基本公共卫生服务均等化。规定表明,在全民医保背景下,促进基本公共卫生服务均等化是构建公共卫生服务体系的关键环节。

公共卫生服务体系与医疗保障制度的相互联系是非常紧密的。然而,问题在于,无论是"新医改方案"本身,还是三年的实施方案,对于两大制度之间的关联,都没有给出明确的论述,在一系列重要的关节点上留下了模糊的空间。比如说,应如何找准切入点,使得公共卫生服务体系与医疗保障制度同时推进?如何拉近城乡居民基本公共卫生服务差距并实现医疗保障制度的发展?政府如何规划公共卫生服务体系与医疗保障制度的统筹协调?这些问题都有待于中央和各级政府在新一轮医改工作过程中得到重视并加以解决。本文旨在审视公共卫生问题的本质,探寻多元的应对之道,为新医改的实施提供参考借鉴。

首先,我们要搞清公共卫生的定义。关于公共卫生的定义,有广义和狭义之分。广义的公共卫生是由世界卫生组织给出的定义,即公共卫生是通过一定组织的社区努力预防和控制疾病、促进健康和延长寿命的科学与艺术,这些社区通过控制大气污染、预防传染病,改善个人生活方式与卫生习惯,从而提高公民的健康水平和寿命。狭义的公共卫生服务包括疾病预防、卫生监督、妇幼保健、计划生育免疫技术、健康促进与教育以及健康体检等基本公共卫生服务。一般意义上,公共卫生服务项目基本具有公共产品的属性，因此，公共卫生服务项目的提供也基本属于政府的责任。

一 冲破"非典"的重围：危机的理性思考与应对

突如其来的"非典"（SARS，严重急性呼吸综合征）疫情突袭了我国各地人民，给全国各族人民带来了严峻的考验。这类呼吸疾病首次在中国蔓延，也是全球范围内首次出现的病种。2002年11月16日，广东佛山出现首例"非典"患者，之后又在广东其他地区、广西、香港、四川、湖南、北京、福建、台湾等27省、自治区、直辖市及地区发现了"非典"疫情，不到半年时间，全国报告非典疫情共计2305例，其中包括337例医务工作者。非典疫情在当时已经非常严峻了，这是从未有过的考验。温总理主持召开国务院常务会议并对非典疫情做出部署：要及时、准确地向世界卫生组织通报疫情，进一步向社会采取预防控制措施。此外，还强调有关部门要紧密协作，进一步加强疫情监测力度，全面掌握疫情动态并控制疫情，切实保障全体公民的健康。

当我们经受"非典"的侵袭与洗礼之后，事实告诉我们，突发公共卫生事件给公众的生命健康和社会秩序带来了严重的危害。尽管建立和维护突发公共卫生事件预警系统代价很高，但它在整个社会中所发挥的"减灾"、"救生"和"恢复"作用极其重要，全体公民的生命安危将系于此，这是其他任何代价都不能换取的。重视应对突发公共卫生事件并健全突发公共卫生事件预警系统将是极其重要的。

（一）提高突发公共卫生事件的应急物资储备能力

突发公共卫生事件涉及面广，是一个复杂的系统，而应急物资储备工作是不可或缺的组成部分，发挥着重要的作用。国家、省、市应成立统一的领导组织机构，负责协调和指挥各部门工作，为应对突发公共卫生事件给予法律、政策、资金、技术等方面的支持。同时，各级政府应制定科学的物资储备目标和标准，制定储备目标和标准应考虑潜在危险因素、过去1—3年的突发公共卫生事件、可能传染的人群、财政预算等方面。近几年，随着对突发公共卫生事件的关注和重视，各级政府和有关部门能根据突发公共事件的预案要求，及时保证应急设备、药品和医疗器械等物资的供应。

（二）创新社会管理体制，完善应急主体的协同能力

社会管理是政府或社会组织运用法律、法规、价值等社会规范体系，为促进社会系统的有效运转而对社会发展与生活各个领域进行组织、协调、监督和控制的全过程。具体到突发公共卫生事件的社会管理创新，就是要实现社会管理内容与结构创新，运用法律、政策等规范，实现各个部门在突发公共卫生事件过程中的协同能力，正视社会问题、缓和社会矛盾、化解社会风险、稳定社会秩序。危机管理应对主体（政府部门、非政府公共部门、企业和公民）在突发公共卫生事件中起着非常重要的作用，由于突发公共卫生事件呈现多样性、破坏性、传导性以及次生性等特征，为有效实现危机法律干预，要求应急主体之间相互协同，发挥各类社会组织提供服务、反映诉求、化解矛盾、规范行为的作用，提高社会组织在突发公共卫生事件危机管理中的协同能力。

（三）发挥突发公共卫生事件中健康教育的作用

突发公共卫生事件具有不确定性和突然性，因此，开展健康教育工作非常必要。通过对相关健康防护知识、应急处理知识的传播，可激活人们内在的追求健康的热情，使之将积极参与预防突发公共卫生事件转为自觉行为，从一定层面上创造了更有利于控制突发公共卫生事件的良好环境。突发公共卫生事件在一定层面上给人们带来了恐慌、抑郁等心理障碍，健康教育可对公民进行有针对性的宣传教育培训工作，切实加强公民的防控能力，同时通过多种渠道传播健康相关技能、行为、技术等，让公众及时了解和掌握相关信息真相以及防护能力，主动投入突发公共卫生事件中，最大限度地减低因信息不灵通和知识技能欠缺所造成不必要的影响。

二　新医改之要点：公共卫生服务体系

公共卫生服务体系作为新医改中完善医药卫生体制改革的四大体系之一，其重要性不言而喻，当前，我们应着力推进公共服务体系建设。

（一）明晰公共卫生政策的目标

我国经济处于高度发展时期，但经济的发展不会自动地解决卫生公平性问题。为了减少区域之间、地区之间以及城乡之间的健康差异，需要构

建一个从社会、经济到个人行为的整体政策架构。公共卫生政策恰恰迎合了这一架构的基本要求，对提升全体社会成员的健康水平、缩小人群之间的健康差异将起到非常重要的作用。在我国，公共卫生政策的制定一定要具有前瞻性，要适应我国社会经济发展的整体水平，到20世纪末，我国已正式步入老龄化国家，60岁以上老龄化人口占总人口比例已超过10%，城镇化步伐日益加快，这要求政策的设计也要超前考虑老龄化、城镇化和工业化，以及疾病谱的变化等，明确公共卫生政策的指导思想和价值取向，坚持以人为本，预防为主，以农村为重点，优先保证基本卫生服务，提高卫生服务的公平性和可及性，实现可持续发展，为未来公共卫生服务体系的建设提供有益的启示。

(二) 逐步完善公共卫生服务的法律体系

公共卫生事业的法律基础是公共卫生法，其重要性毋庸置疑，然而公共卫生是一个系统工程，其自身涉及多个学科的交叉。多学科的交互现象使得各方对公共卫生的理解有所模糊，应用不同的学科知识和方法来实现其目标是明确公共卫生内涵的重要基础。新中国成立后，已颁布了《传染病防治法》、《突发公共卫生事件应急处理条例》等法规，但都没能准确地把握公共卫生服务体系在法律上的明确定位。卫生行政部门应协同其他部委联合制定公共卫生法，进一步履行现代服务型政府的基本职责，规范公共卫生活动中产生的各种社会关系，为公共卫生服务提供相关的法律规范。针对突发公共卫生事件，我国应加紧制定《国家紧急状态法》和《突发公共卫生事件应急条例》，给予政府采取相应的紧急措施的权力，也赋予公民行使行政救济的权利。

(三) 逐步拓展基本公共卫生服务内容和范围

公共卫生服务的内容是随时间的变迁而发生变化的。新中国成立初期，国力非常受限，资源匮乏，公共卫生服务的内容和范围也非常有限。公共卫生服务具有鲜明的福利性和保障性，是基本公共服务的主要内容之一，其责任必须由政府承担。各级政府要明确公共卫生公共性和公正性的特点，在现有公共卫生服务内容的基础上鼓励地方政府依据经济水平和突出的公共卫生问题拓宽其覆盖内容和范围，增加公共卫生服务的资金储备和管理，为城乡全体居民提供免费的基本公共卫生服务，切实缩小区域之间、人群之间公共卫生服务差异。

（四）构建临床医学和公共卫生的有机结合

临床医学与公共卫生虽是两种具有经济特性差异明显、经济规律完全不同的医疗产品，但事实上，它们之间还是有较多的联系。随着"生物—心理—社会"医学模式的逐渐确立与医学目的的变革，使得临床医学与公共卫生之间不再是裂痕加大，反而需要协调发展：由救死扶伤及死亡转为促进健康、预防早死、提高生命质量。世界卫生组织曾表明：人类迈入21世纪的医学不能再以疾病为主要研究领域，而应以人类的健康及行为为主要研究重点。于是，卫生服务正逐步从20世纪的"治疗医学"时代进入21世纪的"照顾医学"时代。协调发展临床医学和公共卫生事业，对于医疗卫生整体水平的提高具有重要的作用。原因在于公共卫生具有较强的正外部效应，且收效大，成本低，是一种比较理想的服务，而临床医学则花费大，且不完全具有正的外部效应。因此，要让临床医护人员重视公共卫生和预防医学，使公共卫生人员了解一定的临床医学知识，实现疾病预防与诊治的有机结合，这不但符合卫生经济发展的规律，而且也有利于实现社会人力资本最大化目标。

（五）完善全科医生制度

全科医生作为综合程度较高的医学人才，主要负责基层预防保健、常见疾病诊疗和转诊、慢性病管理、病人康复以及老人保健等一体化服务，被视为居民健康的"守门人"。随着经济水平的提高，公民对健康的需求也越来越高，全科医生对促进全民的健康具有极其重要的作用。我国应重视长期发展全科医生制度，统一全科医生规范化培养方法和内容、全科医学专业学位授予标准和执业准入条件，完善参与全科医生规范化培养人员管理，改革临床医学（全科方向）专业学位研究生教育，加强全科医生的继续教育，为构建统一规范的全科医生制度奠定坚实的基础。

三 公共卫生服务体系未来的展望：政府与非政府组织良性互动

公共卫生服务是公共服务的基本内容之一。虽然公共卫生服务属于政府必须履行的职责范围，但并不等于所有的职责都由政府部门承担。我们通过分析发现，政府内部在公共服务活动中出现多方执行系统因公共政策失效，且在公共危机执行过程中协调机制可能产生冲突且行为消极。对此，非政府组织（NGO）在公共卫生领域扮演着补充角色，并在筹资和服务的流程中能积极参与。在公共卫生服务提供的过程中，NGO和政府是可以实现良性互动的。基于此，我们提出公共卫生领域NGO和政府的良性互动模式。

首先，在宏观公共卫生危机治理方面，政府承担计划、指挥、决策、组织、控制等一系列的管理职能，NGO基本不涉及这些职能，且具有良好的组织性和志愿性的特征，因此在公共卫生服务管理方面相比政府而言更具灵活性，且更易于政府之间参与宏观管理。譬如在艾滋病的防治方面，正是由于非政府组织的积极参与和推动，国际社会才最终达成共识并采取了一系列实质性的措施。

其次，在资金筹集方面，政府和NGO能发挥各自的作用。政府主要通过财政拨款的方式划拨到各级卫生行政部门和事业单位，加之事业单位的业务收入形成政府筹集的主要资金来源。NGO则是面向社会公众发起募捐、财团或富翁的捐助等方式筹资，同时可借鉴国外经验，依靠商业化经营以补充其资金投入。

再次，政府或事业单位专业人员可通过与NGO志愿者开展紧密合作，将公共卫生服务提供给目标人群。比如，政府应将定期体检项目（即对不同人群实行弹性体检时间，老人半年体检一次，青壮年一年体检一次）强制性纳入公共卫生服务的直接供给范围内，而NGO可以在一定程度上以商业化经营为目的实行间接供给，以便提高效率水平。

最后，基层医疗机构在公共卫生服务的提供方面起着不可或缺的作用，特别是农村地区村卫生室或卫生所等，有一部分是归属个体或集体所有，要充分发挥好其应有的作用。

（原载《湖南社会科学》2012年第6期　作者：邓大松　赵奕钧）

医疗卫生保障满意度调查研究

——以辽宁省沈阳市为例

健康是人全面发展的基础，医药卫生事业关系千家万户幸福，是重大民生问题。自2009年全面启动新医改以来，通过政府有效的引导与积极的推进，深化医药卫生体制改革取得了显著成就，覆盖城乡的医药卫生服务体系已经基本建立，城乡医疗保障覆盖面已达到95%，居民健康状况、就医可及性和卫生科技水平有了明显改善和提高。2012年是实现"十二五"规划的关键一年，在不断深化医药卫生体制改革、加快实现人人享有基本医疗卫生服务的目标的同时，城镇居民对当前医疗卫生保障的满意度，已经成为衡量我国医药卫生体制改革成果的重要指标。为此课题组以辽宁省沈阳市为例，对沈阳市居民目前医疗卫生保障的满意度进行调查，目的是为政府落实以人为本科学发展观，构建公平、高效和可持续发展的医疗保障制度探索提供重要参考。

一 文献综述

从万方数据库查询关于医疗卫生满意度的相关文章共233篇，近3年发表的文章124篇，占50%以上，说明随着医改的不断深入，从最初关注医改的方向已经开始转向关注人们对医疗保障的满意度了，近些年学者们的研究成果也颇为丰厚。从研究方法上，党静萍、杨昌国等（2010）[1]运用因子分析法、Logistic回归分析法对神木县全民免费医疗的满意度进

---

[1] 党静萍、杨昌国等：《陕西省神木县"全民免费医疗"满意度调查分析》，《中国卫生政策研究》2010年第9期。

行分析；徐小琳[①]（2010）以查尔斯（Charles）的医疗决策过程理论及G. Makoul的理想医疗决策过程的构成要素为理论依据，编制用于评估患者对医疗决策参与的满意度量表；甘瑁琴、赵婷婷[②]（2011）通过设计信度、效度可靠的测量表，采用随机抽样的方法，对患者在医疗消费中的满意度从情感体验、思考体验、行动体验三方面进行测量，为医院提高患者满意度提供改革方向；仇雨临、张静袆（2009）[③]等人采用问卷调查和访谈法，对浙江省天台县105户家庭关于新型农村合作医疗和城镇居民医疗保险两种制度衔接后医疗保险制度的满意程度进行调查。张乐、李士雪等人[④]（2009）采用模糊评价方法对新农合的满意度进行评价。瑞典统计局（1989）应用福内尔（Fornell）的模型构建了瑞典顾客满意度晴雨质数表（SCSB）。福内尔教授（1994）在顾客满意度晴雨表指数基础上，构建了美国顾客满意度指数模型（ACSI），在实际应用方面，它是目前最为系统和成功的模型。欧洲顾客满意度指数（ECSI）模型延续了ACSI模型的理论和框架，去掉了顾客抱怨这一潜在变量，增加了企业形象这一前置因素。

从研究内容上，王秀明、王展[⑤]（2005）通过问卷对150名特需医疗门诊查体者进行满意度调查，结果表明特需医疗门诊在保证高水平医疗技术的同时，必须重视服务质量，改善医疗环境，做到方便快捷。张永梅、李放（2010）[⑥]考察了江苏省农村居民对医疗卫生服务的满意度，分析结果表明，农村居民对医疗卫生服务的满意度呈现不均衡性，认为政府应加大对村级医疗卫生机构的支持，明确农村医疗卫生供给优先顺序，提高乡

[①] 徐小琳：《患者对医疗决策参与的满意度量表的编制及信效度考评》，硕士学位论文，中南大学，2010年。

[②] 甘瑁琴、赵婷婷：《患者医疗消费体验满意度调查研究》，《开发研究》2011年第3期。

[③] 仇雨临、张静袆等：《城镇居民基本医疗保险满意度研究：以天台县为例》，《中国卫生政策研究》2009年第2期。

[④] 张乐、李士雪等：《新型农村合作医疗满意度模糊综合评价》，《中国卫生事业管理》200年第11期。

[⑤] 王秀明、王展：《特需医疗门诊查体者满意度的调查分析》，《护理管理杂志》2005年第8期。

[⑥] 张永梅、李放：《农村基本医疗卫生服务供给满意度分析——基于江苏省的调研数据》，《南京农业大学学报》（社会科学版）2010年第1期。

村医生的专业素质和技能。杜珺、王曼、张方（2010）对沈阳市大学生关于医疗保障制度的满意度进行分析，并对影响就医选择、感知质量和满意度的相关因素进行分析。刘武（2008）[①]构建了医院患者满意度指数模型对沈阳市10所综合性医院的100名患者进行问卷调查。王珍珍、周立平等人[②]（2011）对广东省新农合整体满意度及经办机构指定的各项政策的满意度进行调查；刘近安、孙辉等人（2008）对山东省威海市新农合满意度及影响因素进行分析；胡小璞、海乃木机等人[③]（2011）对四川省某镇新型农村合作医疗满意度进行研究。

综上在国内关于医疗卫生保障满意度研究上，多数采用问卷调查和实地访谈法，研究内容上关于新农村合作医疗满意度的文献较多，但关于城镇医疗卫生保障整体的满意度的研究较少。

二 调查对象与方法

（一）调查对象

本次调查对象是沈阳市居民家庭中18岁以上，在沈阳市各辖区居住满1年的人员。调查范围是沈阳市区5个标准行政区、浑南新区和于洪区的居民，采用分层不等概率随机抽取样本，调查样本总量为2200人，涉及全市不同区域、不同部门、不同行业的人员，具有广泛的代表性（见表1）。

（二）调查方法

1. 问卷法。根据本次调查的目的，参考相关的文献资料，我们设计一套完整的调查问卷，通过计算机系统自动控制配额，对沈阳市民进行随机调查访问。

2. 计算机辅助电话调查方法（CATI）。使用按计算机设计方法设计

---

① 刘武：《公告服务接受者满意度指数模型研究》，东北大学出版社2009年版。
② 王珍珍、周立平等：《广东省新型农村合作医疗满意度及影响因素研究》，《中国卫生事业管理》2011年第11期。
③ 胡小璞、海乃木机等：《某镇新型农村合作医疗满意度及其影响因素分析》，《中国初级卫生保健》2011年第5期。

表1　　　　　　　沈阳市人口数量及正式样本计划分配数量

	常住户数（户）	比例（%）	样本初分数量	局号总量社	每个局号样本量社	每个局号拨出号码数	拨号总数	最终样本量
全市	3644522	100.00	2200	397	—	—	55600	2224
和平区	631059	17.32	381	24	16	400	9600	384
沈河区	694070	19.04	419	36	12	300	10800	432
大东区	658281	18.06	397	36	11	275	9900	396
皇姑区	797291	21.88	481	151	3	75	11325	453
铁西区	735748	20.19	444	122	4	100	12200	488
东陵区五三街道	44159	1.21	27	13	2	50	650	26
于洪区迎宾路、陕西、北陵街道	83914	2.30	51	15	3	75	1125	45

的问卷，用电话向被调查者进行访问。综合考虑调查的精度[①]、问卷编制和费用、时间的要求，在总量上确定了2300个电话抽样数量，其中正式调查样本2200个（置信度99%，允许误差2.75%），预调查100个。对于正式调查样本，按照各区、街道人口比例对样本数作初次分配，形成分区、街道的初次样本量，分配总量为2200个。

（三）调查内容

本次调查设计包括基本医疗保险覆盖面、保障水平、重大疾病保障措施、困难家庭医疗救助、医疗水平、基层医疗卫生服务、常用药品供应和价格八个方面。

（四）正式调查问卷质量

本次正式调查持续56天，共收集到有效样本2201份。本课题组对数据进行信度分析发现，本问卷的信度达0.888，充分说明了本问卷的可信性很高。

---

① 刘继同、严俊、孔灵芝：《中国医疗救助政系框架分析与医务社会工作实务战略重点》，《社会保障研究》2009年第1期。

三 医疗卫生保障满意度分析

（一）对医疗卫生保障的总体满意度评价。

由表2可知，在2201个样本中有105名受访者选择不清楚，有效样本数为2096个。在有效样本中，有占34.5%的受访者对沈阳市的医疗卫生保障工作表示满意和比较满意，44.4%的受访者选择一般，有占21.1%的受访者选择不太满意和不满意。

表2　医疗卫生保障总体满意率

	频数（个）	百分比（%）	有效百分比（%）	满意率（%）		频数（个）	百分比（%）	有效百分比（%）	满意率（%）
满意	138	6.3	6.6	6.6	不满意	167	7.6	8.0	100.0
比较满意	585	26.6	27.9	34.5	合计	2096	95.2	100.0	
一般	931	42.3	44.4	78.9	不清楚	105	4.8		
不太满意	275	12.51	3.1	92.0	合计	2201	100.0		

由表3可知，医疗卫生保障的8项中，满意度得分均值最高的是医疗水平，为3.19；其次是基本医疗保险覆盖面，为3.18；最低的是药品供应和价格，为2.62。在因子载荷系数方面，最高的是重大疾病保障，为0.774；其次是医疗保险保障水平，为0.758；最低点的是药品供应和价格，为0.636。将因子载荷系数进行归一化处理后，重大疾病保障所占权重最高，为0.135；其次是基本医疗保险保障水平，所占权重为0.135；最低的是药品供应和价格，所占权重为0.111。利用均值和所占权重计算出各题目满意度得分，得分最高的是医疗水平，为0.405；其次是公共卫生服务，得分为0.399；得分最低的是药品供应和价格，得分为0.291。

表3　医疗卫生保障各项满意度得分

	均值	因子载荷系数	满意度得分
居民（包括职工）基本医疗保险覆盖的人群和疾病种类	3.18	0.687	0.378
基本医疗保险的报销比例	3.00	0.758	0.396

续表

	均值	因子载荷系数	满意度得分
重大疾病保障措施及保障效果	2.95	0.774	0.398
生活困难家庭医疗救助	2.74	0.741	0.348
沈阳市整体医疗水平	3.19	0.732	0.405
卫生防疫和妇幼保健等公共卫生服务	3.14	0.733	0.399
基层医疗卫生服务（如社区医疗服务中心）状况	2.96	0.690	0.355
医院和药店的常用药品（如退烧药、消炎药等）供应和价格	2.62	0.636	0.291
合计	23.78	5.751	2.970

医疗卫生保障满意度值数 = 2.97 × 20 = 59.4，即医疗卫生保障满意度为 59.4 分。

（二）对医疗卫生保障各分项的满意度分析。

综合表 4 中的 8 项可以看出，居民对医疗卫生保障的满意程度整体偏低，选择满意、比较满意和一般的累计比例都没超过 80%。其中对困难家庭医疗救助、药品供应和价格的满意率都低于 60%。每个人都不能避免生病的风险，医疗卫生保障与居民的生存质量息息相关，而且尤显重要。从调查结果可以看出，在医疗卫生保障服务方面存在一定的问题，整体情况亟待改善。

表4　　　　　医疗卫生保障各分项的满意度

单位：%

医疗卫生保障各分项	有效百分比					缺失百分比	均值
	满意	比较满意	一般	不太满意	不满意	不清楚	
基本医疗保险覆盖面满意率	16.9	25.9	30.2	12.8	14.1	20.0	3.19
基本医疗保险保障水平满意率	10.4	23.8	31.2	17.2	17.3	24.3	2.93
重大疾病保障满意率	11.5	20.8	31.1	17.2	19.4	35.7	2.88
困难家庭医疗救助满意率	12.3	15.7	28.4	19.9	23.8	43.8	2.73
医疗水平满意率	11.3	29.3	35.9	12.6	10.9	7.3	3.17
基本公共卫生服务满意率	13.8	28.9	33.8	11.8	11.7	24.9	3.21
基层医疗卫生服务满意率	12.7	23.4	31.3	16.2	16.4	24.2	3.00
药品供应和价格满意率	6.9	17.0	27.2	24.2	24.7	7.4	2.57

说明：表中百分比因四舍五入，百分比之和不等于 100%。

由以上分析结果可以得出，居民对医疗卫生保障的 8 个题项按累积满意率高低进行排序为：医疗水平，76.5%；基本卫生服务，76.5%；基本医疗保险覆盖面，73.0%；基本医疗卫生服务，67.4%；基本医疗保险保障水平，65.5%；重大疾病保障，63.5%；困难家庭医疗救助，56.3%；药品供应和价格，51.1%。医疗保险和基本卫生服务的满意率最高，药品的供应和价格的满意率最低。从调查结果不难看出，改善医疗卫生保障服务的重点应放在对药品供应和价格的控制上。

四 群体医疗卫生保障满意度、关注度和公平度差异性分析

（一）医疗卫生保障满意度、关注度、公平度的关系

从表 5 可以看出，满意度与公平度呈正相关，关注度与公平度呈负相关。由此可见，公平度与满意度密切相关，公平度越高满意度越高，公平度越低满意度也越低；而公平关注度越高说明公平度越低，满意度也越低。公平度决定了关注度和满意度，公平度比关注度更加与满意度相关。提高居民医疗卫生保障的满意度，关键要提高居民对其公平度的感知与认知或降低对其关注度，居民公平度的感知和认知率越高，其关注度越低。因而，提高居民对医疗卫生保障公平度的感知与认知度，是降低关注度，提高满意度的有效之举。通常在医疗保障上，居民最不满意的方面往往是他们最关注的地方，抓住居民最关注的地方，就把准了脉，找准了问题的症结，就能找到提高满意度的办法。所以，提高医疗卫生保障公平性是降低关注度、提高满意度的核心和关键。

表 5　　　　医疗卫生保障满意度、关注度、公平度的相关性

	关注度	公平度
医疗卫生保障满意度相关系数	－0.018	0.441

（二）不同性别、年龄群体的差异分析

表 6 从性别上看，男性的关注度均值为 5.16，女性的关注度均值为

5.40，女性的关注度略高于男性，其他方面不同性别均无显著差异。从年龄结构上看，18—25 岁的居民满意度最高，36—45 岁的居民满意度最低；60 岁以上的居民关注度最高，18—25 岁的居民关注度最低；不同年龄群体的满意度、关注度、公平度存在显著性差异。

表 6　　　　　　　　不同性别、年龄群体的差异分析

类别		满意度均值	关注度均值	公平度均值	满意度显著性	关注度显著性	公平度显著性
性别	男	2.92	5.16	3.08	0.11	0.006	0.348
	女	3.03	5.40	3.13			
年龄范围	18—25 岁	3.34	4.73	3.28	0.00	0.000	0.000
	26—35 岁	2.91	5.14	2.94			
	36—45 岁	2.79	5.22	3.13			
	46—59 岁	2.88	5.50	2.98			
	60 岁以上	3.02	5.61	3.28			

（三）不同社会地位群体的差异分析

由表 7 可知，在户籍上，外地农业户籍居民满意度最高，为 3.62；本市农业户籍的居民满意度最低，为 2.85，本市非农业户籍居民的关注度最高，为 5.35，外地农业户籍的居民关注度最低，为 4.04；外地非农业户籍居民的公平度最高，为 3.34，本市农业户籍居民的公平度最低，为 3.08。不同户籍群体的满意度、关注度存在显著性差异，但公平度差异不明显。在学历上，学历为高中、中专的居民满意度最高，为 3.13；最低为硕士及以上，为 2.72，学历为小学及以下的群体关注度最高，为 5.49，最低为本科，为 5.22；学历为初中的居民公平度最高，为 3.41，最低的为本科，为 2.95；不同学历群体的满意度和公平度存在显著性差异，关注度差异不明显。从职业上，学生的满意度最高，为 3.56，农林牧渔人员的满意度最低，为 1.87。在关注度上，最高的是离退休人员，为 5.69，最低的是军人，为 4.00。在公平度上，认为公平度最高的是农林渔牧人员，为 3.80，最低的是装卸、家政等无固定职业人员，为 2.47；不同职业群体的满意度、关注度、公平度存在显著性差异，其中满意度和

表7 不同社会地位群体的差异分析

	类别	满意度均值	关注度均值	公平度均值	满意度显著性	关注度显著性	公平度显著性
户籍类型	本市非农业	2.96	5.35	3.09	0.034	0.000	0.225
	外地非农业	3.00	4.90	3.34			
	本市农业	2.85	5.09	3.08			
	外地农业	3.62	4.04	3.15			
教育程度	小学及以下	3.03	5.49	3.23	0.027	0.550	0.001
	初中	3.10	5.38	3.41			
	高中、中专	3.13	5.37	3.18			
	大专	3.07	5.23	3.13			
	本科	2.84	5.22	2.95			
	硕士及以上	2.72	5.46	3.02			
职业	党政机关或事业单位正处级以上干部	3.06	5.29	3.13	0.000	0.000	0.027
	高级专业技术人员	2.88	4.77	3.03			
	党政机关或事业单位处级以下干部	2.87	5.56	3.06			
	企业高中层管理人员	2.69	4.99	3.02			
	个体经营者	3.11	4.98	3.17			
	企业普通工作人员	2.914	5.17	3.0			
	农林渔牧人员	1.87	4.40	3.80			
	装卸、家政等无固定职业人员	2.74	5.05	2.47			
	离退休人员	3.03	5.69	3.19			
	下岗、失业、无业人员	2.93	5.29	3.00			
	学生	3.56	4.72	3.39			
	军人	无	4.00	3.00			
收入	1000元以下	3.10	5.24	3.00	0.106	0.011	0.124
	1001—1500元	3.01	5.62	3.05			
	1501—2000元	3.15	5.25	3.02			
	2001—3000元	3.02	5.18	2.95			
	3001—4000元	2.89	5.29	2.93			
	4001—6000元	2.77	4.98	2.89			
	6001—8000元	2.42	5.58	3.00			
	8001—10000元	3.43	5.60	2.50			
	10000元以上	2.82	5.24	2.58			

关注度差异尤为明显。在收入上,满意度最高的是月收入在1501—2000元群体,为3.15,最低的是月收入在6001—8000元群体,为2.42,关注度最高的是月收入1000—1500元的群体,为5.62,最低的是月收入为4001—6000元的群体,为4.98,公平度最高的是月收入1001—1500元的群体,为3.05,最低的是8001—10000元群体,为2.5;在关注度上不同收入群体存在显著性差异,满意度和公平度无明显差异。

(四)不同家庭状况群体的差异分析

从表8可知,在家庭机构上,满意度最高的是五口及以上的家庭,为3.12,最低的是3口之家,为2.91,关注度最高的是二口家庭,为5.53,关注度最低的是单身家庭,为4.92,公平度最高的是二口之家,为3.06,最低的是三口之家2.91;不同家庭结构群体的关注度存在显著性差异,满意度和公平度差异不明显。在家庭成员状况上,家有中专、职高、技校

表8　　　　　　　　不同家庭状况群体的差异分析

	类别	满意度均值	关注度均值	公平度均值	满意度显著性	关注度显著性	公平度显著性
家庭结构	单身	2.92	4.92	2.95	0.273	0.004	0.124
	二口	3.05	5.53	3.06			
	三口	2.91	5.18	2.91			
	四口	2.92	5.34	2.95			
	五口及以上	3.12	5.349	2.9			
家庭成员状况	学龄前儿童	2.93	5.38	2.87	0.253	0.279	0.313
	小学生或初中生	3.00	5.21	2.92			
	高中生	3.00	5.23	2.95			
	中专、职高、技校学生	3.58	4.42	3.24			
	失业者	2.88	5.33	2.82			
	低保户	3.30	4.58	3.18			
	养老保险金领取者	2.98	5.53	3.01			
	其他人员	2.96	5.09	2.98			

学生的群体满意度最高,为 3.58,其他人员满意度最低,为 2.96,家有领取养老保险金的群体关注度最高,为 5.53,家有中专、职高、技校学生的群体关注度最低,为 4.42,家有中专、职高、技校学生的群体公平度最高,为 3.24,家有失业人员的群体公平度最低,为 2.82;不同家庭状况群体的满意度、关注度、公平度差异不明显。

五 提高城镇居民医疗卫生保障满意度的建议

深化医疗改革的目的就是回归公共医疗卫生的公益性,把基本医疗卫生制度作为公共产品向全民提供,逐步实现人人享有基本医疗卫生服务均等化,这不仅是新医改从理论到体制的重大创举,也是提高和实现城镇居民医疗卫生保障满意度的重大举措。人民群众对新医改接受不接受、满意不满意,不仅是检验和评价新医改的根本和唯一的标准,而且也是落实以人为本科学发展观,加快推进以保障和改善民生为重点的社会建设,实现"病有所医",提供优质健康的医疗卫生保障制度根本和唯一的战略目的。

(一) 坚持制度建设公平共享性,增强居民的幸福感和满意度

从解决居民最关心、最直接、最现实的利益出发,把提高和实现居民医疗卫生服务可及性和均等化作为医改的重点,促进人人享有基本医疗卫生服务目标实现,让改革发展成果共享普惠,这是政府履行郑重承诺、改善和提高民生、建设和谐社会的有效之举,也是建设和谐富庶幸福新辽宁的重要任务。能否满足城镇居民不同阶层、不同群体的基本医疗卫生服务需求,实现城镇居民在健康公平的原则下,都能得到可获得性、非歧视性和可接受性的基本公共医疗卫生服务,不仅是政府的目标,更是责任。政府提供的医疗卫生服务产品,从本质上说,是不分身份高低、富贵贫贱,也不受阶层、群体差异限制的,在基本医疗卫生服务上是人人平等的。从责任上说,保障公平是维护居民健康生活的基本权利需要,是个刚性的责任底线。强调制度建设的公平共享性,其目的就是在承认绝对差异存在的前提下,追求和保障基准水平的公平,达到维护居民健康、体现社会公平、增强安全预期,提高居民幸福感和满意度。

(二) 加大政府财政投入，建立与经济发展相适应的医保体系

改革开放带来了前所未有的变化，特别是"十一五"以来，随着经济的快速发展，国民收入也逐年增加。2011年实现公共财政收入10.37万亿元，增长24.8%，这为医疗卫生改革奠定了良好的经济基础，意味着政府可以有更多的财力投向民生领域，增收富民、建立与经济发展相适应的医疗卫生服务保障体系，已成为现阶段社会保障发展的大主题。尽管近年来政府逐年增加医改的财政投入，但医改的财政投入增幅明显低于经济增长的增幅，这也是城镇居民对医疗保障满意度下降的重要原因之一。解决现有医疗卫生服务水平与经济发展水平不相适应，提高居民对医疗保障的满意度，其最根本的办法就是增强政府的主体责任意识，履行好政府监督、管理、协调的职责；加大财政投入，建立与经济发展水平、财政支付能力相适应的医疗卫生服务保障长效机制，进一步提高医保覆盖面，确保城镇居民全部纳入医保覆盖范围；要适度提高报销比例，尤其是重大疾病的报销比例，降低起付线，提高封顶线；本着对供给方和需方双方进行补偿的原则，逐步加大政府财政对基本医疗卫生服务的扶持力度，有效降低医疗费用，减轻居民看病的经济负担，让居民真正感受到发展带来的安康与富庶。

(三) 完善医疗救助体系，建设和谐社会

从社会保障的视角看，社会救助是构建社会主义和谐社会的"安全阀"，作为一种确保居民生活安全和社会稳定发展的制度安排，它对于解决贫困群体的基本生活问题至关重要，对经济社会的和谐稳定、持续发展同样具有十分重要的意义。对弱势群体实施有效的社会救助不仅是一种人道义举，而且也会达到社会秩序的"稳定器"、经济运行的"减震器"、社会公正的"调节器"的作用。改革开放随着经济的快速发展，社会分化加剧，相当一部分低收入人群成为社会的贫者、弱者，他们当中一些因"贫病交加"和"因病致贫"的群体，是医疗救助和社会救助政策的重点帮扶对象，弱势群体在经济上的贫困性，无力支付必要的医疗费用，而导致其看不起病、健康和生活质量下降，已成为社会矛盾的焦点和医疗卫生服务保障亟待解决的重中之重。在构建和谐社会进程中，作为体现国家责任的医疗救助体系，是实现弱势群体有尊严、无差别地平等享受最基本保

护的"安全网"。① 因而，政府应当承担其主责，主导和实施对弱势群体的医疗救助，通过颁布和制定医疗救助相关法规和政策，加快完善医疗救助体系，提高救助对象经相关基本医疗保障制度补偿后需自付的基本医疗费用的救助比例，建立健全医疗救助工作的监督机制，提高医疗救助的社会功能，进而促进社会的和谐和居民的满意度。

（四）加快推进基本药物和公立医院改革步伐

当前，医疗服务机构"社会公益性"的丧失和药价虚高的根本原因，是"挂钩"方式不合理和公立医院组织、管理方式扭曲以及公立医疗机构垄断地位造成的。公立医院一方面垄断药品零售，另一方面垄断医疗服务供给，双重垄断为医院"以药养医"提供了机会，要解决"以药养医"的问题，就必须破解上述两大机制。实现公立医院"管办分离"和推行门诊处方药"医药分离"，是推进公立医院和基本药物改革的重点。以加快"零差率销售"和"省级招标采购"为主要特征的基本药物改革，优化招标机制，落实"量价挂钩"，鼓励医药行业结构调整，扩大基本药物招标范围，改变以药补医和药价虚高的现状，建立正确的基本药物配送制度，以及加快推进公立医院公益性改革步伐，确保医疗卫生机构真正回归公益性，是未来基本药物和公立医院改革的主旋律，也是提高城镇居民医疗卫生保障满意度的主攻方向。

（原载《社会保障研究》2012年第3期　作者：邓大松　王　伶　刘　武　李　坚）

---

① 刘继同、严俊、孔灵芝：《中国医疗救助政策框架分析与医务社会工作实务战略重点》，《社会保障研究》2009年第1期。

自利性与公益性：公立医院改革的困境与突破
——基于相关文献的内容分析

一 文献回顾与研究假设

公立医院的公益性是近年来的研究热点，厘清何为公立医院的公益性及影响公益性实现的因素，对我国公立医院公益性实现和新一轮医改的走向具有基础性的理论和实践价值。在对有关文献的梳理中，笔者发现，不同作者对于公益性的界定、表现、公益性淡化的原因及公益性实现的路径提出了各种不同的观点，取得了很多共识，但也不乏有矛盾和争锋。

在对公益性的界定方面，有研究者认为，"卫生事业的社会公益性决定了医院的公益性"[1]；有研究者则认为，"公共医疗卫生的公益性与医院是否公立并没有必然的逻辑联系，坚持公共医疗卫生的公益性不一定就要坚持医院的公益性"[2]。在公益性的外延方面，有研究者认为，"在没有充分满足绝大部分公众基本医疗服务需求的前提下，提供所谓个性化、选择性、特需的医疗服务，是不符合医疗的公益性要求的"[3]；有研究者则认为，"为了更好地实现公益性目标，公立医院应在今后适当强化人性化设计，同时还应不断满足高收入人群的高端医疗需求"[4]。

在公益性淡化的原因方面，有研究者认为，政府投入不足和缺少相关

---

[1] 马路宁：《对公立医院公益性的思考》，《卫生软科学》2009年第1期。
[2] 沈晓、梁倩君、严佑琴：《坚持公共医疗卫生公益性的若干误区》，《中国卫生经济》2010年第9期。
[3] 王岳：《公益性不是非此即彼》，《中国卫生》2009年第6期。
[4] 张誉琳：《公立医院公益性内涵调查和分析》，《济宁医学院学报》2011年第4期。

的政策支持是公立医院公益性缺失的主要原因，而公立医院法人治理结构不合理，自身管理、运行机制不健全，经营成本过高，医疗服务体系不完善；缺乏竞争环境和激励机制，也导致了公益性的缺失；有研究者则提出："由于目前医保病人医疗费用的结算受到医保局一定的限制，如规定了单病种的限额标准，或单次住院的费用标准等，这给医务人员的医疗行为带来了一定的限制，制约了医疗行为，影响医疗效果，未能保证医院对病人所应承担的社会责任。"① 在公益性的实现方面，有研究者提出："可成立国家层面的医疗服务价格管理研究机构，综合构成医疗服务成本和体现劳动价值的所有因素，科学测算医疗服务的真正价格，每年公布医疗服务项目的基准价格，由各省（自治区、直辖市）政府根据基准价格，结合当地经济社会发展状况，对公立医院的补助力度以及辖区内不同级别公立医院的设置状况，确定不同的医疗服务价格并实行动态管理，以达到除政府财政补偿外的收费补偿及时到位"②；有学者却指出："只要医疗保障体系的支付达到合适的水平，能够补偿医疗机构提供医疗服务必须付出的合理成本，那么政府就完全没有必要对医疗机构提供额外的补贴。成本究竟是不是合理，要由市场来决定，也只有通过市场竞争方能显示出来。力图通过行政手段找到合理的成本，必定是缘木求鱼。"③ 类似的争锋不胜枚举。

在公立医院公益性这一问题上矛盾与争锋的形成，研究者个人见地的独特性、学术脉络的区分以及学界对话不足都是重要原因，但除了学术理念的差异外，还有其他的影响因素，比如研究者的自利倾向。本研究正是建立在这样的理论假设之上的：组织具有自利性。从集体的层面看，组织成员的态度倾向受到组织利益的影响。

自利性，特别是政府自利性的理论，在学界已有相关的论述。马克思说："人们奋斗所争取的一切，都同他们的利益有关。"④ 卢梭认为从行政官员身上可以区分出，个人固有的意志、全体行政官员的意志和主权者的

---

① 黄少瑜：《从公立医院的公益性看其社会责任》，《现代医院管理》2011年第1期。
② 马伟杭：《对推进公立医院改革的几点思考》，《卫生经济研究》2009年第7期。
③ 顾昕：《全民健康保险与公立医院的公益性：加拿大经验对中国新医改的启示》，《中国行政管理》2011年第11期。
④ 《马克思恩格斯全集》第1卷，人民出版社1995年版，第187页。

意志。"按照自然的秩序,这些意志越是能集中,就变得越活跃,于是公意总是最弱的,团体意志居其次,个人意志则占一切之中的第一位"①。在马克思·韦伯对科层制的分析中,提出了科层制具有自我扩张的本能。② 西梅尔则更是直接地指出,相对于大集团而言,小集团的行动更果断,而且更能有效地运用它们的资源。③ 也就是说,相对于组织松散的大众的意志而言,组织化的政府部门或者医院更容易实现其意志。布坎南则认为,被选举出来或者任命的代表群体的代表或者代理人的利益,与群体成员本身的利益之间可能存在分歧。④ 也就是说,自利性是从属于公共性的第二重属性,但也是组织的本质属性,从其存在的合理性角度看,自利性促使组织为其自身的生存和发展获取有利的资源,从其不利的角度看,组织的自利性的扩张有可能违背组织的社会公益性。具体到公立医院改革的问题,著名卫生经济学家萧庆伦尖锐地指出,"中国现在真正难以改革的是政府官员在追逐官位;医生、主任、院长,大多数在权的人在追逐自己的金钱利益和医院的扩张,而不是关心病人"⑤。

  本研究试图通过相关文献的内容分析,探讨政府卫生部门和医院在公立医院公益性这一问题中的利益诉求差异。在公立医院改革的博弈中,卫生部门和公立医院是利益的再分配过程的主要影响者,因此双方利益的契合点才是改革可能的路径。而缺乏组织的公众难以直接参加规则的制定,在利益表达上又是分散和滞后,故而博弈中并不必然能完全实现公众的利益。本研究将来自政府卫生部门的研究者(以下简称政府)作为政府的代表,将来自医院的研究者(以下简称医院)作为医院的代表,而来自高校和科研机构的研究者(以下简称学者)由于对公立医院改革的利益关切程度不如医院和政府,所以将其视作公众的利益代言人,并以之为参照,审视卫生部门和公立医院的利益契合点是否有悖于公众的利益。

---

  ① 卢梭:《社会契约论》,何兆武译,商务印书馆1980年版,第83页。
  ② H. H. Gerth, C. Wright Mills, *From Max Weber*: *Essays in Sociology*, Oxford University Press, 1946, p. 126.
  ③ Kurt H. Wolff, *The Sociology of Geoge Simmel*, The Free Press, 1950, p. 92.
  ④ 詹姆斯·布坎南:《财产与自由》,韩旭译,中国社会科学出版社2002年版,第113页。
  ⑤ 张遇升:《关于中国医疗卫生体制的现存问题与改革措施——访哈佛大学公共卫生学院萧庆伦(William Hsiao)教授》,《医学与哲学》(人文社会医学版)2008年第4期。

二 研究方法与研究内容

本文采用内容分析的研究方法，广泛地收集相关文献作为研究样本，并按照一系列关键词对样本进行分类比较，发现对此问题研究的脉络。

本研究的资料来源于中国知网上以"公立医院""公益性"为关键词的搜索，时间限定为 2007—2011 年。共得到 181 篇文献，删除了文献信息不全以致无法引用、作者身份非卫生部门、医院或科研部门工作者的文献，以及同一作者的第 2 篇及以上的文献（有不同合作者的文献除外），共获得了来自 55 份杂志的 112 篇文献，形成了本研究的 112 个样本。其中医院工作者 52 篇，政府卫生部门工作者 12 篇，学者 48 篇（有多个作者的以第一作者计，同一作者署名两个单位的，以工作单位计）。形成了本研究的 112 个样本。其中医院 52 篇，政府 12 篇，学者 48 篇（有多个作者的以第一作者计，同一作者署名两个单位的，以工作单位计）。本研究的着眼点不在于发现最有代表性或逻辑性的单个观点，而在于发现不同身份群体间对此问题态度的差异性，故而没有因杂志是否重要和作者是否著名的对样本进行区分。由于篇幅的限制，本文并未将每种观点的全部统计样本列入参考文献，而是只遴选其中之一作为代表。另外，在引用过程中以抓住不同样本的共同核心观点为原则，并非全部原文复述。

本研究从公立医院公益性的内涵界定、外延表现、淡化原因和实现路径四个层面来比较三种角色研究者的不同态度。

（一）对公立医院公益性内涵的界定

在 112 篇文献中，有 53 篇对公益性给出了 16 种界定，其中有 7 种界定被两个及以上的研究者提出（见表1）。这 7 种界定均来自学者和医院，政府提出的公益性是"公立医院在政治和社会属性层面的特征"[1] 的界定没有被其他研究者引用，故而这一部分对院方和学者的观点进行比较。

如表 1 所示，院方对四种界定的认同程度高于学者：

---

[1] 马伟杭：《对推进公立医院改革的几点思考》，《卫生经济研究》2009 年第 7 期。

（1）提供可及、适宜的卫生服务并产生良好的健康结局[①]。这也是认同者最多的关于公立医院公益性的界定。这一界定涵盖的内容很多，可分为三个层面：其一，可及性。通常来说包括空间和经济上的可及两个维度，分别涉及卫生资源的空间配置和卫生筹资这两个大的问题，这首先是政府的规划和制度安排的工作，仅凭公立医院显然是无法实现的。其二，适宜的卫生服务。适宜是指技术还是指价格，关键在于对适宜的界定该交由谁来完成，是政府还是市场，患者还是医院，对此尚无定论，因此以此来界定公立医院的公益性，也是有争议的。其三，产生良好的健康结局。公立医院的良好表现不是一个地区良好的健康状况的充分条件，甚至也非必要条件，用健康结局来衡量公立医院的表现显然是更不合适的。

（2）公立医院的本质属性[②]。因为公立医院必须具有公益性，所以，公益性是公立医院的本质属性，这是逻辑上的自我证明，是站不住脚的。

（3）非营利[③]。由于我国政府对医疗服务机构性质的界定主要是看其所有制形式，而非国际通用的机构利润流向，因此这种界定方式使得公立医疗服务机构容易成为形式上的公益性医疗服务机构，而非必然提供公益性医疗服务的机构，也非实际意义上的非营利性医疗机构[④]。公立医院必然非营利而民营医院必然营利，这种划分方法既不规范更不公平。所以，除非制定并落实合乎国际规范的非营利医院的标准来管理公立医院，否则用非营利作为公立医院公益性的标准，只能是以政府失灵加剧市场失灵，巩固公立医院的垄断地位。

（4）民众平等地享有公共卫生服务和基本医疗服务的权益[⑤]。医疗权、健康权的重要性自不待言，但用它来界定公立医院的公益性却有越俎代庖之嫌。

[①] 赵明、马进：《公立医院公益性测度与影响因素研究》，《上海交通大学学报》（医学版）2009年第6期。

[②] 马路宁：《对公立医院公益性的思考》，《卫生软科学》2009年第1期。

[③] 林婕、张亮：《探讨实现医院公益性的保障机制及其基本框架》，《中国医院管理》2010年第12期。

[④] 周子君：《医疗服务——性质、公益性、生产与供给》，《医院管理论坛》2009年第1期。

[⑤] 郑大喜：《公立医院公益性测量与评价体系研究》，《中国卫生质量管理》2010年第5期。

表1　　　　医院和学者对公立医院公益性内涵的界定比较　　　　单位:%

公立医院公益性的内涵	医院认同比例	学者认同比例
提供可及、适宜的卫生服务并产生良好的健康结局	31.8	14.3
公立医院的本质属性	27.3	19.0
非营利	13.6	9.5
民众平等地享有公共卫生服务和基本医疗服务的权益	9.1	4.8
公共利益	9.1	23.8
卫生事业的本质属性	4.5	19.0
公共产品	4.5	9.5

说明：表中比例的计算方法为：医院对于某种界定的认同比例＝采用这种界定的医院样本数量÷7种界定被医院采用的频次之和×100%；学者对于某种界定的认同比例＝采用这种界定的学者样本数量÷7种界定被学者采用的频次之和×100%。后文表格中比例的计算方法，以此类推。

学者认同度高于医院的界定有三种：（1）公共利益[①]，包括为公众谋福利[②]。这样的表述是让人困惑的，因为它没有一个如同公共产品般明确的界定标准可供评判和衡量。"不管人们的意愿而由政府决定其好坏的商品"[③]，是对此的一个通俗的解释，即政府认为公益性是好的，因此要求公立医院要有公益性。这或许可以作为政府要求公立医院回归公益性的解释，但同时又导向了另外一个未被回答的问题，即政府采用什么激励方式来使公立医院实现其意志。（2）卫生事业的本质属性[④]。它与公立医院的本质属性之间存在很大的差异，公益性是公立医院的本质属性导出的，是公立医院外延的泛化，也就是说，只要是公立医院的行为，都是公益行为；而公益性是卫生事业的本质属性导出的，实现卫生事业公益性的责任

[①] 林婕、张亮：《探讨实现医院公益性的保障机制及其基本框架》，《中国医院管理》2010年第12期。
[②] 李玲、江宇：《公立医院改革如何破题》，《中共中央党校学报》2009年第4期。
[③] 张亨明：《非公医疗卫生产品的公益性问题研究》，《江淮论坛》2009年第3期。
[④] 周守君：《卫生事业性质与卫生改革有关问题探讨》，《江苏卫生事业管理》2007年第4期。

主体是政府而非公立医院[1]。(3) 公共产品[2]。这一学界最常用的分类方式，在公立医院公益性的界定中已经不是认同度最靠前的了（见表1）。大家逐渐都发现，用这一划分方式去说明公立医院的公益性，解释力是不够的。正如有学者所言，医疗卫生服务是"具有社会公益性的私人经济品"[3]，对政府提供这一私人物品是有争议的。有学者尝试拓宽公共产品的界定来解决这一问题[4]，但尚未达成共识。

通过对公益性界定的分析，我们不难得出结论，医院对于公益性的界定都无法导向公立医院的改革，或者说没有触动甚至是巩固了公立医院的既得利益。而学者的界定表现出了与医院的差异，但尚未达成共识。

（二）对公立医院公益性外延的表述

经过归纳，共有19种行为被认为是公立医院的公益性行为，共被提及81次。其中有9种表现获得了三个及以上研究者的认同（见表2）。

如表2所示，在公益性的外延方面，政府认同度高于院方行为依次是：(1) 担负基本卫生服务需要的责任和义务[5]；(2) 向社会提供医学科研和医学教育等公共卫生服务，医疗技术创新和新技术推广的任务[6]；(3) 支援农村、扶贫医疗、社区卫生工作[7]；(4) 提供均等化服务[8]；(5) 健康教育[9]。如果按照公共产品的理论分析，除第(1)项之外，其他均是纯公共产品，应该由政府提供、购买或是进行制度安排，而非公立医院的责任，但从文献的分析看，政府却倾向于将这些责任认定为应由公

---

[1] 李迎生、张瑞凯、乜琪：《公益·公平·多元·整合："新医改"的社会政策内涵》，《江海学刊》2009年第5期。

[2] 陈楚杰、潘华峰、朱静：《公立医院公益性质淡化的现状与研究》，《卫生软科学》2008年第4期。

[3] 金碚：《医疗卫生服务："具有社会公益性的私人经济品"》，《江西社会科学》2009年第5期。

[4] 李汉文：《对公共品性质的理论探讨及启示》，《云南行政学院学报》2008年第4期。

[5] 冷冰、刘志刚：《公立医院体现公益性的探讨》，《当代医学》2009年第31期。

[6] 同上。

[7] 林立镛：《对公立医院公益性的几点思考》，《卫生经济研究》2008年第3期。

[8] 董云萍、王玉芹、吕晖等：《新医改背景下公立医院公益性回归的路径依赖分析》，《现代医院管理》2010年第7期。

[9] 马静：《对实现欠发达县级公立医院公益性补偿机制的探讨》，《经济师》2009年第10期。

立医院来履行。当然，政府可以通过购买服务或是补贴等激励形式要求公立医院来提供这些服务。但如果没有这些制度和资金的安排，就将这些责任推卸给公立医院则是规避自身责任的行为。当然，从院方的观点看，政府对这些行为并没有提供相应的补贴，因此公立医院只能在坚持公益性中艰难前行[①]。

表2   政府和医院对公立医院公益性外延的表述比较

单位:%

公立医院公益性的外延	政府认同比例	医院认同比例
担负基本卫生服务需要的责任和义务	23.1	16.2
向社会提供医学科研和医学教育等公共卫生服务	15.4	13.5
支边、支农、义诊	15.4	8.1
提供均等化服务	7.7	5.4
健康教育	7.7	2.7
提供适宜医卫人员、适宜技术和适宜药物评估	0.0	8.1
对无力承担医疗费用者的医疗救助	7.7	21.6
合理的医疗服务价格	7.7	8.1
国内突发事件的应急救援工作	15.4	16.2

医院认同度高于政府的公益性行为是：为公共卫生与基本医疗服务提供所需要的适宜医卫人员适宜技术和适宜药物评估[②]；对无力承担医疗费用者的医疗救助[③]。牵着的应该说是政府的行政职责和权利，政府方无人认同这一行为是公立医院公益性的表现，但在院方，这种观点的认同者并非少数。这其实是院方主动寻求作为"裁判员"的利益表达，是组织扩张权利的利益诉求。后者在医院方的文献中频频被提到，他们认为，医院减免贫困者的医疗费用而未获得政府相应补助，正是其公益性的表现。

---

① 王晓明：《公立医院在坚持公益性中艰难前性》，《医院院长论坛》2009年第3期。
② 程永忠、石应康：《论大型公立医院对实现医疗服务公益性的重要作用》，《现代预防医学》2008年第20期。
③ 王晓明：《公立医院在坚持公益性中艰难前性》，《医院院长论坛》2009年第3期。

综上所述，可以发现这样的现象，在被标签为公益性的种种行为中，大多是本应由政府提供的公共产品或是制度设计，而政府却出于某些原因将其界定为公立医院的公益性行为。当然其中有一些产品是可以由政府向公立医院购买的，如健康教育，但类似提供均等化服务等则不是仅由公立医院本身所能完成的任务。而医院则被迫或主动地接受了一些本应属于政府的权责。政府将本应绝大部分属于自己权责的"公益性"行为抛向了公立医院，在缺乏相应的资金和制度安排的情况下，公立医院只能被动地履行部分需要"耗费资源"的政府职责，同时出于权利扩张的组织本能，主动地接受或是寻求"制定规则"的政府职责。而大部分的"公益性"行为则因责任主体不明而落空。

（三）对公立医院公益性淡化的原因分析

在112份文献中共有40份文献对公立医院公益性淡化的原因进行分析，其中医院21篇，学者19篇，而政府方的文献在这一问题上集体未发表意见，这一现象本身也是值得玩味的。因此，本研究的这一部分只能将院方与学者的观点进行对比。

据统计，所有文献中共有21个原因被提到，其中8个原因被5个以上的研究者提出（见表3），它们分别是：（1）政府投入下降[1]；（2）卫生补偿机制扭曲[2]；（3）医院自身利益膨胀，管理不规范，约束激励机制不完善[3]；（4）医务人员的价值取向发生了偏差[4]；（5）政府监管不力[5]；（6）政府对公立医院考核机制不健全[6]；（7）医院经营成本过高[7]；（8）宏观经济政策导向的影响[8]。其中，（1）—（4），医院认同度高于

---

[1] 罗力：《我国公立医院逐利的目的、动机、条件和内部激励》，《中国卫生政策研究》2009年第3期。
[2] 同上。
[3] 冷冰、刘志刚：《公立医院体现公益性的探讨》，《当代医学》2009年第31期。
[4] 黄成庆、王心清：《关于公立医院公益性淡化的思考》，《中国卫生资源》2009年第5期。
[5] 田丹、韩鹏、陈英耀、厉传琳、鄂琼：《关于公立医疗机构公益性相关政策的回顾与评价》，《中国医院管理》2008年第8期。
[6] 郑大喜：《公立医院公益性测量与评价体系研究》，《中国卫生质量管理》2010年第5期。
[7] 马路宁：《对公立医院公益性的思考》，《卫生软科学》2009年第1期。
[8] 罗力：《我国公立医院逐利的目的、动机、条件和内部激励》，《中国卫生政策研究》2009年第3期。

学者；(5)—(8)点，学者认同度高于医院。

表3　医院和学者对公立医院公益性淡化原因的分析比较

单位:%

公立医院公益性淡化的原因	医院认同比例	学者认同比例
政府投入下降	29.5	21.1
卫生补偿机制扭曲	23.0	19.3
医院约束激励机制不完善	21.3	19.3
医务人员的价值取向偏差	6.6	1.8
政府监管不力	9.8	19.3
政府对公立医院考核机制不健全	4.9	7.0
医院经营成本过高	1.6	7.0
宏观经济政策导向的影响	3.3	5.3

这8个原因涉及医政关系、医院内部管理和其他环境因素三个方面（见表4）。在医政关系方面，医院更倾向于认为问题在于政府的资源投入方面：总量不足和结构失当，而学者则更倾向于认为问题在于政府的质量控制方面：监督不力和考核机制不健全。在医院内部管理方面，院方更倾向于认为问题在于管理不规范，而学者则更倾向于认为原因在于医院成本过高。从经济学的角度看，学者的批评应该是更严厉的，因为，高成本意味着在自由竞争中被淘汰出局，而管理不规范只是局部和可调整的问题。医务人员的价值取向与宏观经济导向的变化应该是医院管理者需要面对的客观的内外部的环境因素，相对而言，后者可以成为管理难度增加更直接的理由。

综上所述，相对学者而言，医院更倾向认为公立医院的管理存在着"资源不足"和"内部的威胁"的困难，但是并不存在根本性的管理问题，只存在可调整的规范性问题，这暗含的是公立医院更多地需要"补"而非"控"，调整只需要在内部完成，而非整个卫生体系变革的政策建议。若按照学者的诊断，开出的药方则应该是相反的。这种分析是符合我们关于组织理性人的假设的。

表4　医院和学者对于公立医院公益性淡化的原因分析的归类比较

类别	医院观点	学者观点
医政关系	资源不足：(1)(2)	控制不足：(5)(6)
医院内部管理	不规范：(3)	成本高：(7)
其他环境因素	内部威胁：(4)	外部威胁：(8)

（四）对公立医院公益性实现路径的建议

经归纳发现，在113篇文献中有88篇对公益性回归的路径提出了共39个具体的政策建议。排名前8位的政策建议被提及的频率均超过13次（见表5）。这8项建议按责任主体可作如下划分：以政府为责任主体的有：(1) 增加政府投入[①]；(2) 进行区域卫生规划，改善卫生资源配置[②]；(3) 完善服务价格机制[③]；(4) 加强政府对医疗市场的监督[④]；(5) 完善政府对公立医院的考核体系[⑤]；(6) 营造公平的市场环境，引进社会资本参与竞争[⑥]。以医院为责任主体的是：(1) 加强医院内部激励机制建设[⑦]；(2) 加强文化建设[⑧]。

对同属于以政府为责任的政策建议，政府的态度却有明显的差异。对于政策增加政府投入，政府的认同度显著高于医院和学者。因为增加政府投入，固然对公立医院公益性的实现，或者说是对政府履行其职责具有基础性和决定性作用，正如有研究者直白地提出"政府投入到什么程度，公益性才可能达到什么程度"[⑨]，但我们也应该认识到，卫生部门也可以

[①] 李玲、江宇：《公立医院改革如何破题》，《中共中央党校学报》2009年第4期。
[②] 徐伟伟：《公立医院如何强化公益性》，《今日浙江》2008年第15期。
[③] 林立镛：《对公立医院公益性的几点思考》，《卫生经济研究》2008年第3期。
[④] 黄成庆、王心清：《关于公立医院公益性淡化的思考》，《中国卫生资源》2009年第5期。
[⑤] 郑大喜：《公立医院公益性测量与评价体系研究》，《中国卫生质量管理》2010年第5期。
[⑥] 张亨君：《非公医疗卫生产品的公益性问题研究》，《江淮论坛》2009年第3期。
周守君：《卫生事业性质与卫生改革有关问题探讨》，《江苏卫生事业管理》2007年第4期。
[⑦] 黄成庆、王心清：《关于公立医院公益性淡化的思考》，《中国卫生资源》2009年第5期。
[⑧] 郑建艇：《新医改后公立医院公益性回归的障碍与路径探析》，《中共福建省委党校学报》2009年第12期。
[⑨] 林立镛：《对公立医院公益性的几点思考》，《卫生经济研究》2008年第3期。

借此在政府内部要求分配更多的资源,加上收支两条线,总额控制等方法,又使其在卫生系统内部掌握了更多的行政权力。这种诉求是符合组织扩张资源的本质特征的。

表5 政府、医院和学者对公立医院公益性实现路径的建议比较

单位:%

公立医院公益性的实现路径	政府认同比例	医院认同比例	学者认同比例
增加政府投入	41.2	18.4	9.1
进行区域卫生规划、改善卫生资源配置	17.6	10.5	7.3
完善服务价格机制	17.6	5.3	14.5
加强政府对医疗市场的监督	5.9	15.8	14.5
完善政府对公立医院的考核体系	5.9	10.5	7.3
营造公平的市场环境,引进社会资本参与竞争	0.0	7.9	14.5
加强医院内部激励机制建设	11.8	21.1	20.0
加强医院文化建设	0.0	10.5	12.7

对于改善卫生资源配置也同样如此。关于改善卫生资源配置,有三种表面类似实质却存在着根本性差异的表述:其一,横向整合医疗资源,改变由卫生、人事保障等多部门管理为一家管理[1];其二,纵向整合医疗资源,实现城乡资源整合[2];其三,统筹区域卫生资源,构建区域卫生网络[3]。政府要求的是整合多方资源为一家管理,以扩张自己机构的资源;医院则希望将自己的医院建成区域卫生中心,增强自己的影响力或者说是强化自己的垄断地位。学者希望资源能城乡整合,实现双向转诊,以达到公平,但卫生资源究竟会朝哪个方向整合,则是在不同地区,不同部门间博弈的结果。

与此形成鲜明对比的是,政府对于引进社会资本参与竞争的认同度为

---

[1] 徐伟伟:《公立医院如何强化公益性》,《今日浙江》2008年第15期。
[2] 李玲、江宇:《公立医院改革如何破题》,《中共中央党校学报》2009年第4期。
[3] 程永忠、石应康:《论大型公立医院对实现医疗服务公益性的重要作用》,《现代预防医学》2008年第20期。

零,远低于学者,甚至医院(医院研究者没有区分来自公立医院或非公立医院)。当然,也有医院建议集中财力办好少数公立医院[①]。从理性经济人的角度看,大医院的管理者必然是希望政府财力集中投向大医院,放开中小医院参与市场竞争,这是合乎其利益的,因为大医院已经在竞争中稳居垄断地位了。因此,我们要认识到大型医院"俘获"政府,强化其垄断地位的可能性,同时更要看到,对于引进社会资本参与竞争在政府方无人问津的可能原因:无差别的市场竞争相对有行政区划的市场环境,对于政府来说意味着对医疗市场的管理权限与可能的寻租空间的减少,还意味着要对"管办分开"进行理论与实践上的艰难探索。可以说,对政府卫生部门而言,采纳这一政策建议既缺乏动力更考验能力。

加强政府对医疗市场的监督也面临类似的问题。它既能强化政府的权限,又会增加政府责任,又从理论上涉及政府的分权——不能既当运动员又当裁判员。因此,政府对这一政策建议的认同度也低于医院与学者。

综上所述,政府对公立医院公益性实现的路径的态度同样符合本研究对于组织理性人的假设——组织具有组织扩张权利和规避义务的本能。

三 结论与余论

本研究通过对112篇关于公立医院公益性的文献的内容分析发现,来自政府卫生部门、高校科研单位和医院的研究者,对于公益性的内涵界定、外延表述以及对公益性淡化的原因和公益性回归的路径有着诸多不同的见解。在对这些有分歧的比较中,本研究得出如下结论:

从概念的界定上看,目前各方对于公立医院的公益性尚未达成共识,这种模糊的状态是对各方利益博弈的状态的反映。从外延表现和实现路径看,公立医院的公益性只是问题的表象,其实质的责任主体主要是政府。换言之,公立医院公益性能否实现,主要取决于政府的机构改革,而不仅仅限于公立医院的改革。从淡化原因和回归的路径分析看,医院和政府卫生部门都体现出了自利性的特点,具有规避责任和扩张权利的内在驱动。

---

① 胡祖斌:《试论公立医院公益性缺失的原因及对策》,《医学与社会》2010年第5期。

而这种自利性是造成我国公立医院公益性淡化的重要原因。

也就是说，如何克服政府与公立医院的自利性，是公立医院公益性实现的重要途径。埃莉诺·奥斯罗姆（E. Ostrom）提出，建立互惠的、重视声誉的和信任的环境有助于克服短期自利性诱惑[①]。而布坎南则认为，改变规则和引入竞争是克服政府自利性的重要方法[②]。国内学者对于遏制政府自利性的方法主要集中在调整政府的利益关系，对行政权力加强监督和制约，建立高效、透明的公共行政运行机制等方面[③]。

结合上述对于遏制组织自利性的分析和本研究认为，公立医院公益性的实现，应该有如下要点：

其一，明确政府卫生部门与医院的权责，特别是明晰政府部门的权责。要对不合理的相互冲突的角色进行分权，如作为公立医院出资人的卖方角色和作为公共产品购买者的买方角色的冲突；作为行政立法者和作为监督者以及执法者的矛盾。政府卫生部门的分权，才是公立医院获得有效监督和公平竞争的基础。

其二，引入竞争和制衡机制。应引入社会保险方作为公立医院和政府卫生部门的制衡者，通过集体议价的方式购买医疗服务，实现对于医疗价格的控制和对于医院行为的多元监督。当然，医疗保险本身存在的问题也是需要考虑的。我国社保的碎片化的现状和累退性的筹资机制，在人口老龄化和道德风险的夹击下社保部门应对风险的能力都令人忧虑。因此，提高医疗保险的筹资层次和基金的运营能力是社保部门实现其职责的基础。从远期看，医保费用的上涨同样也会造成民众和政府的负担，但在目前来说，我国医保的筹资水平还是有提高空间的。同时，要改变不合理的民营医院的准入机制和不公平的税收与补偿政策，使得民营医院能获得公平的机会参与医疗市场的竞争。

---

① Elinor Ostrom, A Behavioral Approach to the Rational Choice Theory of Collective Action, Presidential Address, American Political Science Association, 1997, *The American Political Science Review*, Vol. 92, 1998.

② 周建国、靳亮亮：《基于公共选择理论视野的政府自利性研究》，《江海学刊》2007年第4期。

③ 董泽文：《转型时期我国政府自利性问题研究综述》，《燕山大学学报》（哲学社会科学版）2009年第2期。

其三，促进信息的公开，这是能使医院更加重视自身的声誉，并赢得患者信任的最主要手段，也是遏制因信息不对称而造成的市场失灵的主要途径。

其四，完善对于公立医院公益性的考核指标，充分考虑到医生和医院的合理的自利性，形成对于院方和病人的互惠的激励机制。这一机制应该从三个角度进行考核，即公众从满意度进行考核，政府卫生部门从公平的角度进行考核，医保部门从效率的角度进行考核。

总之，公立医院在我国医疗体系中的地位决定了其作为我国医疗卫生服务主要承担者的角色。透过对公益性纷繁复杂的表述我们看到，各方对医疗卫生服务的要求不外乎是公平与效率。公平来自卫生资源在地区间、城乡间的合理配置，更来自对公平的卫生筹资机制的诉求，以期医疗资源能在贫富居民间实现公平的按需分配。公平还来自对卫生公共产品（包括社会投入产出比很高的预防保健）无差别地获取的权利，这些都不是也不应该是医院的本质责任，而是政府职责之所在，当然政府可以通过购买服务要求公立医院来承担这一责任。什么是公立医院，或者说医院的本质责任？快速有效廉价地解决民众看病要求。这种服务不具有排他性和非竞争性，如果要求仅仅是提供快速有效廉价的服务，市场机制本来应该是最好的选择，但是医疗市场却存在因信息不对称造成的市场失灵，所以需要政府对此进行干预。干预的最直接的方法是解决信息不对称的问题——也就是医疗系统的信息化，其次是政府的监督。

医疗系统的信息化也可以作为公立医院改革的突破口，而关键内容还是在于建立医患互惠的公立医院的绩效考核机制。而医院法人地位的实现与非营利的资金流向的落实和公平的竞争环境可作为下一步的内容，因为立法和分权都是一个漫长的博弈过程。我们只能在对卫生部门分权、放权、明确责权和社保部门提高统筹层次和基金管理能力的期待中，审视公立医院公益性的回归。

（原载《江汉论坛》2012年第9期　作者：邓大松　徐　芳）

《国民健康公平程度测量、因素分析与保障体系研究》评介

胡宏伟的《国民健康公平程度测量、因素分析与保障体系研究》一书，于2011年9月由人民出版社出版。该书围绕中国国民健康公平性问题进行了挖掘与整合评述，其主要特点体现在以下三个方面：

第一，从健康不平等现象质疑健康不公平性质。该书透过健康不平等的社会现象，探讨世界范围内的健康不平等现象，进而反观国内健康不平等的问题。在明确健康平等与健康公平两个基本概念的基础上，作者在进行文献回顾的同时，介绍了健康平等与健康公平的概念和评估指标方法。作者主要阐述人力资本理论、健康经济学理论与阿玛蒂亚·森的自由与可行能力等相关研究成果，介绍与健康相关的命题。例如，健康是人力资本投资的有效形式，健康是人类可行能力中的重要能力，健康在可行能力中具有重要的基础性作用，并描述了健康生产过程、卫生保健供求关系等内容。健康的测量方法方面，主要介绍了以往研究中常用的测量方法，如极差法、差异指数法、不平等的斜率指数及相对指数、基尼系数、泰尔指数方法和集中指数法。

第二，采用多种测算方法进行相互检验与支持。该书的重点是关于中国国民健康不平等的测算和利用回归分析方法判定国民健康状况存在的不平等是否具有不公平性质，进而筛选出影响健康公平的主要因素。该书第三章利用中国健康和营养调查数据，对中国国民健康的总体状况进行描述与评估。并从自然、经济、社会三个维度选取了11个指标对国民健康进行分群体比较。第四章通过对QWB指标和SAH指标的研究，以及对国民健康平等的洛伦茨曲线与基尼系数的计算，发现国民健康不平等程度较大。为了进一步确认国民健康的不平等是否是不公平的，探究影响国民健康的因素，第四章使用格罗斯曼模型的计量方程，运用OLS回归、OrderedProbit 回归及分位数回归进行评估和检验。此外，该书还对城镇和农村居民的健康公平分别进行了判定，以考察相应变量在不同人群中的表现是否具有一致性。

第三，对策建议宏观与微观结合，制度改革与健康教育并举。作者基于理论与实证研究。在分析了影响国民健康公平性的相关因素后，又对中国社会卫生服务保障制度及收入制度、户籍制度同时发问。指出健康公平的实现需要超越医疗卫生领域本身的全方位改革，主张从建立国民收入公平分配保障机制、完善国民健康与卫生服务保障体系和完善促进社会公平的其他保障体系等方面入手，为政府制定相关决策提供可行性建议。

该书具有一定的学术价值和实用价值，能够为国民健康研究领域增添公平性的研究内容，提供健康公平判定与测量的方法，深化学术界关于国民健康公平程度的认知；同时正值"新医改"方案实施三年、绩效评估与政策改善之际，希望该书的出版能够为政府相关部门提供数据参考，为医疗保健制度改革增加新的评估视角，为完善优化医疗保障政策体系提供有益的政策建议。

（原载《中国人口科学》2012 年第 5 期）

全民医保的路径选择

党的十八大提出了社会保障全民覆盖，人人享有基本医疗卫生服务的战略目标。《中共中央、国务院关于深化医药卫生体制改革的意见》也明确部署到2020年要基本建立覆盖城乡居民的社会保障体系。深入贯彻落实党的十八大精神，推进全民医疗保障体系建设，是加快社会保障体制改革、构建社会主义和谐社会的战略性基础工程。

一 全民医疗保障体系的发展背景

目前，在中国的医疗卫生筹资来源与总费用的构成比例中，家庭和个人自费比例偏高，在一定程度上影响了个人的医疗消费，"有病不就医、小病拖、大病扛"以及"因病致贫"或"因病返贫"的现象较为普遍。这样的问题严重影响了和谐社会的构建。党的十七大报告明确指出："建立覆盖城乡居民的公共卫生服务体系、医疗服务体系、医疗保障体系、药品供应保障体系，为群众提供安全、有效、方便、价廉的医疗卫生服务。"2012年，胡锦涛同志在参加全国政协十一届五次会议的医药卫生界、社会福利和社会保障界委员讨论时强调，要深入推进医药卫生体制改革，加快健全覆盖城乡居民的社会保障体系。党的十八大又再次强调："社会保障全民覆盖，人人享有基本医疗卫生服务"，"加快形成科学有效的社会管理体制，完善社会保障体系，健全基层公共服务和社会管理网络，建立确保社会既充满活力又和谐有序的体制机制。"

在着力构建社会主义和谐社会的社会背景下，推进医疗卫生改革的呼声越来越强烈。而全民医疗保险制度本身凝聚了科学发展观的先进思想，对于改善城乡之间、区域之间、经济社会发展之间的不协调状况具有重要的作用，同时也是构建社会主义和谐社会的必然要求。发展全民医疗保障体系不仅可以有效地提高公民医疗服务的可及性，又可以改善公民疾病预防、维护健康的综合素质意识，改变传统的价值观念与生活方式，培养适宜的生活方式和健康的生活习惯，降低健康危险因素，改善生活状况。

二 全民医疗保障体系发展的制约因素

全民医疗保障体系是党和政府关注的焦点，在公平保障全民医疗需求方面具有不可或缺的作用。然而，它也受到一些因素的制约，这些制约因素影响全民医疗保障体系的整体效应与政策目标的实现。

首先，人口老龄化因素制约全民医疗保障体系的发展。目前，中国老龄人口已达到1.6亿，且每年以800万人口的速度增加，中国的退休人口与劳动人口的比例大约是19:100，到2050年则可能达到64:100，老年人口可能占总人口数的1/3，老年人口的极速增长对全民医疗保健需求提出了新要求，特别是在现有医疗资源有限的情况下，老年人由于器官及机体衰竭等因素需要获取的医疗资源是最多的，因此如何合理分配医疗资源及提高医疗资源的利用效率非常关键。

其次，保障待遇不统一制约全民医疗保障体系的发展。我国社会医疗保险制度具有权利与义务对等的特点，统筹基金量入为出，缴费多少直接与保障待遇相关联。城镇职工以企业单位和个人缴费为主，城镇居民和农民以个人征缴为主，没有职业收入的居民和农民在征缴费用方面明显低于有雇主、有收入的职工，因此待遇保障差异较大。另外，弱势及困难群体在征缴医疗费用方面也明显处于劣势，虽各级政府给予一定的医疗补贴和大额医疗保险补助，但由于水平低，保障范围窄，因此也是杯水车薪。

最后，管理体制不一致制约全民医疗保障体系的发展。当前，城镇职工和居民基本医疗保险由人力资源和社会保障部门负责，而新型农村合作医疗则由卫生部门管理，社会医疗救助由民政部门管理。多部门管理造成管理范围不清晰、效率不高。另外，由于各个部门在统计口径方面差异明显，各自利益有所冲突，所以增加了管理难度，不适应城乡一体化、人口流动性和全民医保发展的要求。

三 完善全民医疗保障体系的路径选择

第一，大力发展初级卫生保健机制。2000年，我国提出了人人享有初级卫生保健，建立初级卫生保健机制就成为我国医疗卫生工作发展和建设的重要任务之一。当前，各级政府仍需加大构建城乡居民的初级卫生保健网络，强化卫生服务体系能力建设，切实加强农村卫生基础设施的改进工作，建立全科医师制度和双向转诊制度，在全民医疗保障体系中，加大预防保健工作建设力度，为全民医疗保障体系的顺利实施奠定基础。

第二，提升医疗保险经办管理水平。2009年颁布的《中共中央、国务院关于深化医药卫生体制改革的意见》指出，要明晰医疗保险经办机构的角色定位。现阶段，各级政府应完善经办管理的公共服务能力，降低医保运营成本，提高工作效率。另外，应依托信息网络手段并重视资金流和信息流的归集，完善经办管理机构网络建设，了解相关群体参与的具体状况；健全服务流程优化升级；推行按病种付费方式结算。

第三，明晰政府投入的方向与范围，明确政府职责。明晰政府投入的方向与范围，要求各级政府把钱用在最该花的地方，加大对弱势及困难群体的医疗补助。保障这类人群是履行全民医保全覆盖原则的基础。此外，各级政府还应通过财政制度安排，开办救助医院、福利医院等，使弱势群体及困难群体病有所医，病有所保。

第四，加强不同制度之间的衔接与合并。考虑到我国各地区之间城镇化水平、城乡收入差距以及人口构成差异明显，各地应根据自身情况，实事求是、循序渐进地整合城乡医疗保障制度衔接的保障机制和运行机制，使医疗保障制度的发展步伐最终向"统一的国民健康保险"迈进。

中国的全民医疗保险在近几年取得了一些进展，但是，随着人民生活水平的提高，人民对医疗的需求也日益增加，要达到真正意义上的全民医保，任重而道远。国家应立足长远发展，完善各项制度和配套改革，争取早日完成全民医保这一目标。

(原载《光明日报》2013年2月12日　作者：邓大松　赵奕钧)

第四篇

特殊人群社会保障

困境与选择
——对我国农民工养老保险制度的反思与构建

近年来,随着农民工社会保障权益问题的不断凸显,从中央到地方都在积极地探索建立农民工社会保障尤其是农民工养老保险的可行性政策,一些用工需求量较大的城市都相继推出了地方性的农民工养老保险政策法规。按照国内一些学者[①]对当前各地农民工养老保险制度类型的划分,大致可以分为以下三种模式:

一 我国现行农民工养老保险制度的实践类型

(一)以广州、深圳为代表的"扩面型"模式

"扩面型"模式是指将农民工的社会养老保险直接纳入当地城镇职工的基本养老保险制度之中,通过实现"城保"的"扩面"来解决农民工的养老保障问题。

这种模式的基本做法是:对农民工的社会养老保险采取同城镇户籍职工一样的办法,按照国家规定的企业职工基本养老保险缴费比例,缴纳农民工基本养老保险费,其中计入个人账户的比例、缴费年限、达到法定退休年龄后养老保险待遇的领取方式,两类职工都一样。鉴于农民工的流动性较大,采用这一模式的各地政府基本都规定当农民工同企业终止或解除劳动合同关系;或已达到国家规定退休年龄但缴费期不满15年时,个人账户积累额应全部转入农民工户籍所在地的社会保险机构或退还本人。个

---

① 杨翠迎、郭金丰:《农民工养老保险制度运作的困境及其理论诠释》,《浙江大学学报》(人文社会科学版)2006年第3期。

别县市（郑州）还允许不满缴费年限的农民工可延缓申请办理退休手续，继续缴费，延长时间为 5 年。

这一模式的优点在于：第一，农民工与城镇职工享受平等的社会养老保险待遇，从制度设计上实现了社会公平；第二，将农民工养老保险纳入现有的社会保障体制，节约建制成本，避免制度资源的浪费，且不存在技术操作上的问题；第三，农民工的年龄结构整体较轻，将他们纳入城镇职工基本养老保险制度，有利于缓解当前城镇职工基本养老保险支付压力过大的问题，有利于城乡一体化的社会保障长远目标的实现。

这一模式的缺陷在于：第一，统一的制度模式下，与城镇职工一样的缴费标准对于收入相对城镇职工普遍较低的农民工而言，负担过重。第二，农民工流动性大的特点致使绝大多数农民工连续缴费年限都达不到一般制度规定的 15 年，这种情况下，他们只能选择退保，一次性领取个人账户中的积累部分，而企业所缴纳的社会统筹部分，则无偿地被城镇职工基本养老保险基金"占有"。第三，目前，我国除少数几个经济发展较快的省市建立了农村社会养老保险制度的试点外，其余地区几乎一片空白。对于农民工返乡后社会保险关系的转移，基本上没有对应的接续点，返乡农民工不得不退保。

（二）以北京为代表的"仿城型"模式

"仿城型"模式是指仿照城镇职工的基本社会养老保险制度模式，以相似的缴费基数、缴费比例、计发办法，为农民工群体建立一种独立的保险制度的保障模式。

这种模式的基本做法是：以北京市上年职工月最低工资标准为基数，由用人单位和农民工共同缴纳养老保险费用，其中农民工本人缴费进入个人账户，用人单位缴费的一定比例进入个人账户，其余进入社会统筹部分。农民工达到国家法定退休年龄后，即可根据其个人缴费年限，按月领取由个人账户积累额及利息构成的养老金。当农民工与用人单位终止、解除劳动关系时，其养老保险关系可以办理转移、接续手续，也可经本人申请，用人单位同意，终止养老保险关系，一次性领取保险金。今后再次参加北京市农民工养老保险社会统筹的，按新参加人员办理。

这一模式的优点在于：第一，为农民工单独建立保障制度，体现了政府对保障与维护农民工社会保障权益的高度重视。第二，同"扩面型"

模式一样，农民工与城镇职工享受平等的社会养老保险待遇，从制度设计上实现了社会公平。第三，统账结合的"仿城"形式，易于农民工社会保险关系的转移与衔接，易于未来与城镇职工社会保障制度的接轨。第四，制度的缴费基数、缴费率与"扩面型"模式相比较低，农民工个人与用人单位的负担较轻。

这一模式的缺点在于：第一，为农民工单独建制，承认了当前城乡割据的二元化社会保障体系，割裂了城市与农村劳动力的社会保障界限。第二，按照北京市上年度职工月最低工资标准确定的缴费基数，限制了收入较高的农民工养老保障水平的提高；第三，养老金实行一次性计发方式，有悖于养老保障制度的初衷，难以起到真正的养老作用。第四，为农民工单独建制有重复建设、浪费制度资源之嫌。

(三) 以上海为代表的"综合保险型"模式

"综合保险型"模式是指在同一个制度框架之下，将农民工的工伤、医疗、养老等多种社会风险组合在一起，统一承办的保障模式，它实质上也属于一种专门为农民工建立的独立的社会保障制度模式。

这种模式的基本做法是：对农民工实行"一险三代"甚至"一险多代"，把农民工的工伤、养老、医疗等各种社会风险作为"一揽子"保险，统一保障。规定用人单位必须按照上海市职工上年度平均工资的一定比例作为缴费基数，按照适当的缴费比率缴纳综合保险费，其中一部分保费用于农民工养老补贴。农民工在连续缴费满规定年限后，即可获得一份老年补助凭证，在达到法定退休年龄后，凭此证到户籍所在地事先约定的商业性保险公司机构领取老年补贴。

这一模式的优点在于：第一，强制性地规定企业是缴费的主体，明确了企业的责任，使农民工的社会保障落到实处。第二，将农民工的工伤、养老、医疗等各种风险都纳入"综合保险制度"之内，降低了制度建立、操作运营以及管理方面的成本。第三，通过商业性保险机构运作，利用其技术及组织机构，解决了农民工社会保障关系跨地区转移难的问题。第四，完全独立的新制度，没有历史"欠账"，政府负担较轻。

这一模式的缺点在于：第一，建立单独的农民工个人账户，保险基金采用商业化的运作方式，忽视了社会统筹部分，不能真正实现社会保障的"社会功能"，其实质是一种政府强制性的由企业代缴的个人储蓄计划。

第二，保险费用缴纳完全来源于用人单位，一定程度上加重了用人单位的负担，企业出于自身考虑，势必会减少吸纳农民工的用工数量，不利于农村剩余劳动力的顺利转移。第三，社会保险基金完全交由商业性保险机构运营，无法保证整个社会保障制度内基金的完整性，更不利于未来与城市社会保障制度的接轨。

二 现行制度下农民工养老保险面临的主要困境

（一）参保率较低

据国家劳动和社会保障部 2006 年上半年调查统计[①]，全国农民工参加工伤、医疗、养老的人数分别为 1620 万、1034 万和 1107 万，分别占农民工总数的 13.5%、8.6% 和 9.2%，比重非常小。从目前各类科研机构、社会团体公布的调研数据来看，农民工参加养老保险的比例也都在 10% 左右，远远低于应达水平。因此，参保率较低是当前农民工养老保险面临的最大问题。

（二）退保率过高

在参保率不高的情况下，近来各地出现的农民工"退保"现象更是雪上加霜。以广东省为例[②]，近年来，该省农民工的退保率长期维持在 90% 以上，而且，据东莞市有关部门反应，日常工作中有 60% 的精力都放在应付农民工退保问题上，尤其是每年岁末。考虑到农民工流动性较大的特征，各地现行保障政策基本上都允许农民工中途退保，其结果直接导致农民工流动时不得不反复参保、退保，甚至在同一地区更换工作单位时也必须先退保、再参保。频繁的退保使农民工只参保、不受益，不仅直接损害了农民工享受社会保障的对等权益，而且还影响了用人单位的参保积极性。

（三）制度模式不统一，社会保险关系异地转移困难

如前所述，各地现行农民工养老保险模式各有不同，有的是类似于城

---

① 倪豪梅：《农民工社会保险中存在的问题及建议》，《中国工运》2007 年第 4 期。
② 赵殿国：《农村劳动力转移就业与社会保障制度的协调发展研究》，http：//www.jihe.org.cn/Article，2008 - 2 - 15。

镇职工的社会养老保险制度，有的是地方性的综合性保险制度，有的则是要求农民工以个人身份参保的独立保险制度，制度模式上的不统一直接造成了在不同地区之间流动的农民工参保的极大障碍。

流动频繁是农民工群体的最基本特征。现阶段，由于统筹层次不高，管理分散化的原因，农民工无论是同一统筹区内转移、不同统筹区之间转移，都会因为各地方保障模式的不同，收费口径的不统一而遭遇困难。仅养老保险一项制度，有的地区实行统账结合，有的地区只建立个人账户，有的省份，一个统筹区内个人账户的规模大小各地方也不尽相同，这一方面，造成地区之间、企业之间、农民工个人之间的社会保障负担的不平衡、保障权益的不公平；另一方面也为未来制度的衔接与统一设置了新的障碍。而那些尚未建立社会保障制度的偏远乡村，对于返乡农民工来说更是无法办理接续手续。广东、上海、北京的实践情况都反映出农民工社会保险异地转移的操作难题。有些地方采取的"一次性领取保险金"权益之策，实际上更无法实现社会保障预防未来风险的功能。因此，农民工社会保险的异地转移问题也成为构建农民工社会保障制度当前急需解决的难题之一。

（四）地区之间社保责任分担不合理

各地现行农民工养老保险制度，对于退保农民工的普遍做法是流动时只退还个人账户中的个人缴费部分，而其务工期间所缴纳的社会统筹部分则被无偿地滞留在本地，纳入当地城镇职工社会保险基金，这实质上是出于地方利益考虑的做法，绝大多数企业和农民工对这种行为表示不满。一些企业负责人认为，按现行做法农民工为所在务工城市的经济建设作出了贡献，缴纳了社会养老保险金，退保后将企业缴费部分的社会统筹账户基金留在所务工城市，但是，事实上务工城市政府并没有对其承担社会养老保险的责任，实际上是一种"只保不养"的做法。企业尽了责任，地方政府得了实惠，农民工反而丢了权益。相反，农民工输出地政府却承担着大量返乡农民工的社会养老保险责任。由于现行制度下，统筹基金难以横向调剂，这种社会保险责任分担的不公平，更进一步加剧了发达地区与不发达地区间的差距。

（五）政府对农民工的社会保险应负之责没有明确

我国现行社会保障制度下，城镇职工养老保险制度的历史欠账数以万亿计,一些地方政府为减轻城镇企业职工社会养老保险的支付压力,减轻地方财政负担,以低缴费(低于城镇职工缴费水平)、高享受(与城镇职工一样的养老保险待遇)等宣传方式将农民工吸引到当地城镇职工社会保险体系中,以增加城镇职工社会养老基金的收入。这种做法虽然能够暂时缓解当前城镇职工的养老金支付压力,但长此以往,会严重影响到养老保险基金的长期平衡性,甚至进一步影响到整个社会养老保险制度的抗风险能力,极为不妥。

三 对我国农民工养老保险制度的反思
——从三方责任主体的角度

（一）政府

政府的决心是解决问题的关键。作为社会保障制度中不可或缺的责任主体,对于农民工养老保险制度的建立,政府必须承担起应有的责任。鉴于当前我国政府的财力有限,农民工的医疗、工伤等问题更亟待解决,在对待农民工养老问题时,政府要做的除了承担一定的财政责任之外,更重要的是制度设计和政策引导。

首先,从制度建设上给予保障。政府应按照权利与义务相一致、公平与效益相结合、改革与发展相协调的原则,明确建立公平、公正、公开的农民工养老保障制度的目标。从立法上对农民工养老保险制度进行完善,对于漏报、瞒报农民工数量,逃避缴费责任的用人单位要从严处理。同时,还应对养老金的缴纳、转移和领取方式提供不同的参考标准,允许各地根据实际情况,自愿选择相应的标准。此外,还应加强农民工社会保障账号的全国联网技术建设,使农民工流动性较大的特点不再成为制约其参保的障碍因素。最后,还应建立农民工的工资保障制度,切实提高农民工的工资水平,为农民工养老保障制度的顺利实施提供物质前提。

其次,要加强舆论宣传。农民工养老保障制度的建立,仅有硬件制度环境上的建设是不够的,最终还是取决于参与主体的观念。如果农民工、用人单位的观念不能转变,那么硬件的建设只会变成一种形式。因此,政府要积极地加强舆论宣传,一方面改变农民工对养老保障包括其他社会保障制度的看法，改变他们依靠家庭养老、子女养老的传统观念；另一方面改变用人单位对农民工参保的消极态度，可以以保险费用的税前列支、免税等政策上的优惠来吸引用人单位的积极性。同时，还应该对整个社会进行公民平等的教育宣传，消除人们对农民工的歧视心理，让农民工真正融入城市的生活中。

（二）用人单位

作为养老保险基金的主要供给方，用人单位的态度是决定制度可持续发展的关键因素。用人单位应该认识到为职工缴纳养老保险及其他社会保障费用是用人单位应有的责任，应从企业长远发展的角度认识到为职工缴纳社会保障费用有利于企业留住人才，吸引人才，增强竞争实力。同时，还应该意识到与城镇职工一样，农民工也为企业的发展作出了自己的贡献，一视同仁地保证他们的社会保障权益。

（三）农民工自身

作为养老保险制度的另一责任主体，农民工自身也应该不断提高自我保障及风险意识；应该认识到在当前农业现代化、农村社会家庭结构发生变化的情况下，仍然依赖传统的土地保障、家庭保障来养老，已经"力显微薄"；应该积极改变自己的消费意识和消费习惯，在满足目前基本生活需要的同时，选择更高层次的保障制度来保证自己老年生活的富足。

四 对我国农民工养老保险制度的构建

鉴于当前的现实国情，本文认为现阶段应该采取分类、分层的方法，分步骤地解决农民工的养老问题，即根据农民工的不同特征，对其进行分类，在分类的基础上分层次地解决不同类型农民工的养老保障问题，建立一种过渡性质的农民工养老保险制度，在此基础上，考虑与城镇社会养老保障制度和农村社会养老保障制度的接轨问题。具体的制度设计如下：

（一）分类

根据农民工所从事的职业特点及流动程度的差异，可将农民工大致划分为以下三类：

第一类为有雇主、职业相对稳定，且有固定收入、流动性不大的农民工。此类农民工绝大多数已在城市居住多年，思想意识、行为方式、生活习惯与城镇居民已无二致，属于只存在身份差别的"准市民"。

第二类为有雇主但职业不稳定，也无固定收入、流动性较强的农民工。此类农民工的最大特点就是流动性较强。事实上，这一大类中又包括两类有差别的农民工：一类是长年在城市务工，只是在不同城市之间流动的农民工，他们与第一类农民工的区别主要在于流动频繁；一类是亦工亦农、亦城亦乡的"两栖"型农民工，他们只在农闲或其他有限的时间内进城务工，一年有相当一部分时间在农村。

第三类为无雇主雇用、在城市从事个体经营或自谋职业的农民工。

（二）分层

针对以上三种不同类型的农民工，我们可以设计一种多层次的养老保险制度以满足他们不同的需要。

对于第一类农民工，他们已经在城市工作多年，为当地经济的发展和社会进步作出了巨大的贡献，理应享受和城镇居民平等的社会养老保险待遇。因此，各地可根据本地的实际情况，设置这类农民工进入当地城镇职工养老保险制度的"门槛"，比如在城市的居住期限，有无稳定的工作岗位和收入来源、有无固定住所等。凡是符合条件的农民工，应当将其囊括到城镇居民的社会养老保险制度中。用人单位和农民工个人按所在地区规定履行缴费义务，在缴满缴费期限、达到退休年龄后依法享受同城镇居民一样的养老保险待遇。

这样做的好处：一是伴随着这些农民工身份的转变，可以开通农民向"市民"转变的新渠道，缩小我国农业人口的规模，加快城市化进程的速度；二是这一类农民工进入城镇职工基本养老保障体系后，其缴费进入整个社会统筹部分，可以适当减轻当前城镇职工基本养老保险制度的支付压力。

对于第二类农民工，我们可以根据两种类型农民工的细微差别进行制度设计。对于其中第一类——有意愿在城镇长期务工，只是因为流动性大而归为第二类的流动型"准市民"，政府要在政策上给予引导，鼓励用人单位积极吸纳这部分农民工；同时，也要为他们不断地提高职业技能创造有利的制度环境，如免费或低收费对其进行职业培训，增加他们的就业机会，并鼓励其留在城市，加入城镇职工养老保险制度。这一类中符合第一类"留城"条件的，可以同第一类农民工的解决方法一样，将其纳入当地城镇职工的社会养老保险体系。

对于其中第二类——亦工亦农、亦城亦乡，流动性非常大、收入不稳定且偏低的"两栖"型农民工，强制性地将他们纳入城镇居民的养老保障制度显然是不现实的。原因在于，一是没有固定收入的他们自身难以承受每月按期缴纳相当数量保险费的经济压力；二是目前城镇职工养老保险制度本身就存在着巨大的支付压力，无力再为这些低收入者进行统筹。

鉴于此，本文认为，现阶段应该为这类农民工建立确定缴费型的账户制度。具体操作方法可以在农民工输出地，为每一位外出务工农民登记造册建立一个缴费确定型的账户。账户采用完全积累制方式运行，农民工个人缴费与用人单位缴费全部计入该账户。同时，在这一账户下分设两个子账户，一个为农民工个人子账户，记录农民工自己的缴费情况，一个为社会统筹子账户，记录用人单位的缴费情况以及政府的各种补贴与转移支付。该账户可随农民工的流动而转移，各地社会保险经办机构必须无条件接续此类账户的管理工作。此外，为了更好地实现账户的社会统筹功能，并鼓励农民工减少流动频率，规定当农民工工作满一定年限以上，流动时可以带走务工期间用人单位为其缴纳的全部社会统筹部分；如未满规定年限的，根据其务工时间的长短可带走相应比例的社会统筹部分。

考虑到此类农民工流动性较大的特点，参照个人账户，可以给每个农民工建立一张社会养老保障卡（可对应居民身份证号建立），该卡可由农民工随身携带，方便其查询账户费用情况。该卡的一切收、缴费业务可以委托各商业银行或邮政储蓄部门代为管理，并允许一定比例的基金进行安全性较高的投资，以满足基金保值、增值的需要。

制度的缴费率相对于目前以"四高"（高基数、高费率、高待遇、高补贴）为特征的城镇职工养老保险制度，可以遵从"四低"的原则，设定全国统一的缴费标准。缴费基数可设置为各地方上年度的月平均最低工资，这可以使各地方根据当地的实际情况确立与经济发展水平相适应的缴费基数；具体的缴费率考虑到农民工与用人单位的承受能力，可以先暂定为16%，以后可根据实际情况逐步增加，与城镇职工基本养老保险制度接轨。农民工缴费费率在5%—8%之间选择（见表1），用人单位负责缴纳剩余部分。同时，还可以根据企业所在行业的差异，选择不同的缴费率，缴费率的灵活变动也可以作为企业吸引人才的一种举措。如垄断性行业、高危险性行业，企业应该承担较多的缴费比率。

领取养老金的法定年龄按照现行城镇职工的标准男性为 60 周岁，女性为 55 周岁。农民工在达到法定退休年龄后，方可按月领取养老金。农民工年养老保险金的计费＝其个人账户的积累额÷退休时的平均预期寿命。农民工在未到退休年龄而死亡时，个人账户的积累额可以由其指定继承人或法定继承人继承。对于寿命较长和收入过低个人账户不足以满足其养老金费用的少数农民工，其养老保障问题可由最低生活保障制度解决。

上述制度用图 1 来表示。

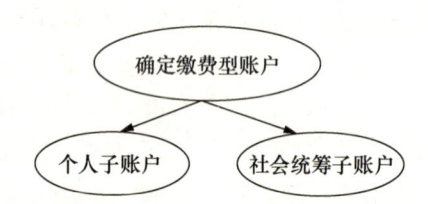

图 1　为农民工建立的确定缴费型账户及其细目

其中，个人子账户：记录农民工个人的缴费情况；社会统筹子账户：记录用人单位的缴费情况以及政府的各种补贴与转移支付。

表 1　　　　　　农民工确定缴费型账户制度的实行办法

缴费基数	各地上年度月平均最低工资	
缴费率（16%）	农民工个人	用人单位
	5%—8%	8%—11%
计费方式	月养老保险金＝确定缴费型账户的积累额÷退休时的平均预期寿命×1/12	
领取原则	按月领取	

这一制度的优点在于：

第一，确定缴费型养老保险制度的制度成本更低。由于个人账户基金所有权明晰，以及社会保障卡的建立，方便了农民工随时随地进行查询，易于被农民工理解和接受；同时，社会统筹子账户的建立也使制度具有了再分配性质，还可以方便有关部门监督用人单位，杜绝瞒报、漏缴现象。

第二，为农民工个人建立确定缴费型个人账户，并规定农民工流动发生时，各地社会保险经办机构必须无条件接续此类账户。首先，解决了第二类农民工因流动频繁带来的由于各地缴费口径不一致，保险关系转接困难的问题。其次，也解决了季节性进城务工农民不能保证连续缴纳保费的问题。因为个人账户的所有权归农民，且是在劳动输出地建立的，这意味着农民工可以何时进城务工，何时缴纳保费。有利于个人账户的积累，也抑制了因为流动造成的社会统筹部分利益流失的现象。

第三，完全积累的运营方式。首先，该制度没有历史"旧账"，也不会出现未来"空账"；其次，独立的运营方式，利于将来与城镇或农村养老保障制度的接轨；最后，由于缴费与农民工退休后的养老待遇直接挂钩，有利于调动农民工缴费的积极性，并有利于他们监督、督促用人单位及时足额缴纳保险费，制度的激励功能也比较强。

对于第三类农民工，可允许其在以上两种方案中进行选择。符合第一类标准的，经过当地社保机构的资格审查，进入城镇职工基本养老保障制度。愿意参加第二类确定缴费型个人账户制度的，允许其进入。

根据上述制度设计，现绘制表2来说明。

表2　　　　　　　　农民工养老保障制度的分类、分层设计

类别		群体特征	制度设计	补充说明
第一类"准市民"		有雇主、职业相对稳定、有固定收入、流动性不强	进入当地城镇职工基本养老保险制度	设置进入当地"城保"的"门槛"；如在城市的居住期限、有无稳定的工作、收入来源及固定住所等
第二类"农民工"	流动型"准市民"	有雇主、职业不稳定、无固定收入、流动性较强（不同城市之间流动）	为其创造有利的就业环境，鼓励其在城市固定下来，并接纳其进入当地"城保"	这类农民工有意愿在城镇长期务工，与第一类农民工的差别只在于流动性较大
	"两栖"型农民工	有雇主、职业不稳定、无固定收入、流动性较强（城乡之间流动）	建立确定缴费型的个人账户制度，采用完全积累的方式运营	以输出地为原则登记；建立社会养老保障卡；分设个人及社会统筹两个子账户；在输出地按月领取养老金
第三类"自由职业者"		无雇主雇用、在城市中从事个体经营或自谋职业	在以上两种方案中自由选择	企业部分由其个人补足

五 结束语

　　对于农民工社会保障制度的具体建构，如前所述，目前已有不少城市和地区或将农民工纳入当地城镇居民社会保障制度，或单独为农民工建立社会保障制度。笔者认为，笼统地将农民工纳入当地"城保"不仅忽视了农民工收入水平较低，承受能力有限的事实，也不利于灵活就业的农民工在不同地区之间的自由流动；单独为农民工建立社会保障制度不仅耗费了大量不必要的人力、物力等建制成本，更不利于未来向城乡统一的一元化社会保障体系过渡。笔者认为，在当前形势下，应该为农民工建立一种适合农民工特点的、满足不同类型农民工需求的、易于与未来城镇社会保障制度相衔接的特殊养老保险制度，待时机成熟，再向全国统一的一元化社会保障制度合并。这是推进城镇化的战略需要，是顺应经济发展规律的内在要求，也是从中国国情出发的正确政策选择。

　　农民工是伴随着我国社会发展与改革进程，而产生的一类特殊群体。关注农民工的生存环境，关注农民工的权益保障，不仅仅是为了解决当前"民工潮"带来的各种社会问题，更是我们构建社会主义和谐社会，建设社会主义新农村的需要，更是社会公平与社会正义的现实体现。中国已经进入老龄社会，随着时间的推移，中国的老龄化问题会越来越严重，农民工的养老问题也会逐步显现，我们必须在农民工养老问题还没有成为一个较大的社会问题之前予以重视。

（原载《学术交流》2008 年第 6 期　　作者：邓大松　孟颖颖）

我国农村低保制度存在的问题及其探讨

——以现存农村"低保"制度存在的问题为视角

一 问题的提出

据国家统计局最新统计显示,我国农村人口7.37亿,占全国人口的56.1%。截至2006年年末,农村绝对贫困人口数量有2148万人,低收入群体数量为3550万人。政府工作报告中指出,已有25个省(自治区、直辖市)2133个县(市、区)初步建立了农村最低生活保障制度,1509万农民享受了农村最低生活保障,还有2000多万人没有享受最低生活保障。

当前,我国在城市实行的最低生活保障制度应该说是一种特殊的社会救助形式。社会救助是一种不同于社会保险和其他形式社会保护制度的制度安排,它有自己特定的对象群体和服务手段,权利和义务并不对等。一般而言,社会救助包括四个要素(OECD,1998a;Barker,1999):(1)救助资格的确定以家计调查为基础;(2)面向贫困个人或家庭;(3)以现金或实物服务为支付形式;(4)实行非供款制,经费来源以国家财政拨款为主。最低生活保障制度作为这种特殊的社会救助形式成为我国的一种正式的社会制度安排,仅仅是这10年的事情。我国传统意义上的社会救济,只是把"三无"人员作为救济对象。自实行社会主义市场经济制度以来,通过优化产业结构、减员增效,一大批国有企业工人纷纷失业,为了避免这批失业人员生活陷入绝境和让他们尽快再就业,我国在1997年正式建立了城市居民最低生活保障制度。

截至2002年年底,城市最低生活保障制度已经实现"应保尽保"。到目前为止,低保人数稳定在2200万人左右。然而,农民并不在城市低保范围之内。据最新资料统计，在贫困县里，由于残疾、长期患病、自然灾害等原因丧失劳动能力的，占贫困县人口总数的6.7%。在2005年当年因病致贫、因病返贫的农户，大概占返贫总人口的26%。我们不得不承认，我国目前的首要任务就是发展经济，但是，经济的发展应该是以更多的人受益为首要条件。然而，在广大的农村地区最低生活保障制度基本上还是一片空白。所以说，社会发展的"稳定器"、经济运行的"减震器"、社会公平的"调节器"的"低保"，无论是从发展经济还是维护社会稳定方面来说，都是我们下一步必须要贯彻和执行的首要任务。

近几年来，农村"低保制度"的实施一直都是热点话题，各个省市纷纷建立了适合本地区实际状况的最低生活保障制度。在刚刚召开的"两会"中，温家宝的政府工作报告对这个"老热点问题"给予了明确答案，那就是要在全国范围建立农村最低生活保障制度。"中央下决心，关键看落实。"我国财政实力对于实现"全民低保"并非难事，关键还需要各级政府真正贯彻和落实，能够意识到制度在实施中会存在哪些问题，如何应对，以及能够科学、理性地处理"保吃饭"与"保发展"的关系，尽快推进"全民低保"体系建设，把农村低收入群体的"救命钱"落实到位，而不是"上有政策，下有对策"，使得制度成为一个空壳。

二 实施农村"低保"制度的省市存在的问题

我们从近两年许多省份农村最低生活保障试点的实施情况来看，确实存在不容忽视的问题：

第一，部分地区实际领取低保人数与省级转移支付核定的领取低保数量有很大的偏差，主要是认识上存在误区。2005年，某些省进行了农村税费改革，对领取低保人群供养采取省级专项支付补助办法。由于各乡镇未认真执行关于农村低保的有关规定，领取低保的对象的评定和发证工作没有正常开展，致使调查摸底人数偏少，影响了其准确核定。目前包括基层政府许多工作人员对"低保"工作的法制性认识不足，有不少地方的政府部门认为低保工作固然重要，但经济发展相对落后、财政资金不足，所以它们也不知所措。就社会保障体系的建立和完善而言，经济和资金实力的确是一个重要条件,但绝不应该成为决定性因素。不少人认为,同是作为弱势群体的农村居民与城市居民相比,前者最起码还拥有赖以生存的生产资料——土地,而城市"三无"人员、下岗人员等,失去工作,就失去了任何经济来源,所以他们认为在农村建立最低生活保障制度完全是多余的,认为低保工作是党和政府的一项德政工程,可有可无,可多可少,致使现行的工作方式带有浓厚的行政色彩,随意性较大,钱多了就多保一点,钱少了就少保一点,因钱定人,钱没有就不保。认为城市"低保"工作比农村更迫切、更重要,在实践中重视城市低保工作,忽视和轻视农村,使得农村低保制度的实施始终不能像城市那样顺利。

第二,低保对象界定标准上存在一定的困难以及农村居民的家庭收入具体计算办法尚须规范。大部分调查显示:首先,在低保资格确认过程中,最大的问题是对收入缺乏有效的审核手段,或者隐性收入问题比较严重,难以货币化。由于农村居民收入中粮食等实物收入占相当比重,在价值转化过程中,存在较大的随意性。其次,收入的不稳定性。除农作物收成的季节性及受自然灾害的影响较大等因素外,外出务工人员的增加,也增大了收入的不稳定性。由于我国的个人所得税制度尚未完善,在农村更是个空白,并且目前主要采用人工手段进行收入审核,各地反映在审查、审核"低保"对象时,对困难家庭的收入计算虽有统计局提供的农村家庭收入的计算办法,但在实际执行时把握和确切计算还是比较困难;个别地方为了获得最低生活保障,存在严重的逆向选择行为和道德风险问题,他们把年老父母与子女分开,单独由父母申请农村低保,而把法律规定由子女承担的赡养义务推向政府。

第三,县、乡负担的最低生活保障资金难以落实到位或者不能按时足额到位,很多地区虽然已经建立了最低生活保障制度但是财政收支紧张,资金缺口难以弥补,所以在全国范围内建立农村低保,资金保证最重要。据调查了解,部分基层县、乡政府部门对农村低保工作的重要性认识不足,造成资金的挤占挪用;由于低保资金来源渠道单一,完全依赖财政投入,这些欠发达地区的财政收支状况尚属"糊口财政",依靠地方财政解决城市低保问题还需绞尽脑汁,面对更广大农村的低保问题,供需矛盾突出,资金缺口难以弥补,这是制约农村低保工作整体推进的一个关键问题。

第四，缺乏诚信和道德约束使得制度运行困难重重。最低生活保障制度从其产生之初就面临着一个难题——如何既能使困难群体得到最低保障，又能避免养懒汉。尽管部分省份实施的最低生活保障制度中已经充分考虑到这个因素，并做了详细规定，然而实践中由于缺乏诚信制度，懒汉仍然大有人在，严重影响低保制度的公正性和保障功能。一些人针对低保制度中缺乏实施细则的不足，千方百计钻制度的空子。如上述规定中"无正当理由"规定不明确，有的低保人员就以种种"理由"拒绝再就业或参加公益劳动。直接骗保也不少见，而且手段多种多样，如，少报收入，隐瞒财产，先离婚后申请低保，多处申请等。这既有社会诚信缺失的原因，也有制度设计的不足，过低的失信成本易使人们冒险。

第五，在二元户籍制度逐步被打开、人口频繁流动的新形势下，农村低保工作管理体制难以适应这种形势的变迁。由于农村居民居住地相对分散，而基层民政部门人员配备较少，由乡村两级逐一调查核实的工作量较大，这就使得很多地方享受最低生活保障制度的人数与应享受人数存在一定的偏差，错报漏报的现象还比较严重。

三　几点建议

首先，关于最低生活保障经费的来源。经费问题是建立农村最低生活保障制度的核心问题，目前城市最低生活保障制度筹集经费有两种办法：一种是全部由政府财政负担，也就是地方各级财政按一定比例分级负担，所需经费列入财政预算；另一种由政府和企业共同负担，也就是各方出力，财政保底。实践证明，上述办法中，无论哪一种方式都能够行得通，但是相比之下，第一种方式比较理想。这种方式将过去由企业负责救济的对象纳入社会保障范围。后一种方式作为一个过渡模式也是可行的，今后应逐步加以完善。农村最低生活保障制度的实施应该也会存在两种做法：一种是地方各级财政与村集体经济按一定比例分担；另一种就是由政府财政全部负担。在笔者看来后一种做法比较切合实际，因为除了我国东部沿海开放地区外，中西部地区完全没这个能力做到，因为这些政府部门都是"吃饭"部门，集体经济更是靠救济，所以它们根本没有这个能力负担得起最低生活保障的经费。当然,第二种做法在沿海等比较发达的地区是可以做到的,在实施的过程中两种办法可以同时进行,中西部地区可以实行第一种做法,沿海等比较发达的地区可以实行第二套方案,这样可以减轻国家的财政负担。

其次,要有农村最低生活保障制度的标准,需要考虑家庭需求的规模效应因素,以及最低生活保障制度的福利刚性。

阿特金森(Atkinson)关于 OECD 国家的关于最低生活保障的经验公式:$R=rN$,其中,N 为享受最低生活保障制度的家庭人口数,R 为家庭人口数为 N 的最低生活保障需求,r 为单身家庭的最低生活保障需求。

例如,单身户每月 100 元,二口家庭每月 141 元,三口家庭每月 173 元,这样就会在不降低这些最低生活保障家庭生活水准的前提下,大大降低其替代率,从而能够在很大程度上减轻国家的财政负担。我们需要说明的是,上述经验公式中采用的指标是以 OECD 国家的消费状况为基础的,不一定适用于我国特别是农村地区。因此,这些指标应根据当地统计部门的实际调查结果来确定。但有一点是肯定的,那就是,n 个人的家庭领取的最低生活保障的数额,不应该是单身户的 n 倍。此外,由于农村最低保障制度刚刚开始提出和实行,并且具有福利刚性易升不易降的特点,我们可以采取依次提高的方式。

再次,关于农村最低生活保障金的发放问题。在城市最低生活保障金发放方面,普遍的观点认为应该经过个人申请、统计调查、财产申报、群众评议等形式确定贫困者,规范社会救助的实施标准,使有限的救助基金真正用于救济生活困难的人,以逐步提高救助水平,体现公平与效率相结合的原则。目前我国的绝大部分城市居民最低生活保障是采用现金救助方式,但也有的采取现金救助和实物救助结合方式(如上海市),云南省的东川市甚至完全采取发放实物的方式。笔者认为,无论采取什么样的发放形式,都是为了使最低生活保障领取者渡过生活的难关。但是,城市和农村情况是不同的,城市中很大一批人是下岗无业人员,他们身体健壮只是没找到工作,而在农村享受低保的一般都是年龄比较大或者是疾病伤残者,他们对低保制度不是很了解,大多数都是政府给多少,他们就拿多少,没有维权意识,根本不知道他们应该拿多少。我们在山东省沂水县抬头村调研时,被调查领社会救济的人说村委会每年只给一袋面粉,他们也不知道应该领多少。可见，最低生活保障制度的实施不能只是停留在表面，而应该有具体的标准，让他们明白领取低保是他们的权利，增强他们对低保的维权意识。

最后，要科学合理地制定全面实施农村最低生活保障线标准。我们应遵循的基本原则是：既要维持农民最基本生活的物质需要，又要做到与农村经济发展水平和地方财政以及村集体的承受能力相适应。农村低保主要解决的是吃饭和穿衣的问题，各省份要在认真调查研究的基础上，根据本省的具体情况准确测算出最低生活保障对象的人均基本生活费支出、年人均消费水平、物价指数。经济是不断飞速发展的，为了使农村享受低保的人群分享经济发展带来的成果，最低生活保障线标准应随着经济发展而每隔一段时间调整一次。根据我国恩格尔系数标准的实际情况，根据 FAO 对居民生活水平和质量高低所确定的恩格尔系数标准（0.6 以上为贫穷，0.5—0.6 为温饱，0.4—0.5 为小康，0.3—0.4 为富裕，0.3 以下为最富裕），实现全面小康社会农村居民的生活水平只是比较富裕，因此将此指标的标准确定为富裕的下限值，即 0.4 以下。2000 年全国农村居民的恩格尔系数是 0.49，其中人均纯收入在 6000 元以上的农民的恩格尔系数是 0.37，已低于 0.4。考虑到各地的经济发展水平不同，参照系数亦有差异。经济欠发达地区，农民收入水平低，贫困程度重，基本生活费支出在人均消费支出中的比重大，恩格尔系数高，参照系数可高一点，以 30% 左右为宜；经济发达地区，农民收入水平高，贫困程度轻，基本生活费支出在人均消费支出中的比重小，恩格尔系数低，参照系数可低一点，以 20% 左右为宜。为了尽快在全国范围内建立起农村最低生活保障制度，保障线标准在起步阶段要适当低一些，以后随着农民生活水平的提高、物价上涨幅度的变化以及农村经济的不断发展而逐步调整。

四　结束语

总之，要真正解决最低生活保障的问题，还要把农村国民经济"蛋糕"做大，这是首要的也是最根本的。农村经济发展不起来，大部分人位于贫困线以下，政府只给生活在贫困线以下的农村低保对象"输血"，若不教会他们如何自己"造血",只授之以"鱼",而不授之以"渔",那么,处在贫困线以下的人们会永远贫穷,完全依靠政府的最低生活保障来维持自己的生活,这种制度最终会养了一批穷汉和懒汉。因此,政府在把这种制度推广到全国的同时,也要把配套的再就业、再培训工作搞起来,只有这样才不违背低保制度实施的初衷。

(原载《山东经济》2008年第1期　作者:邓大松　王增文)

进城农民教育和工作经验对收入倒"U"形影响的检验

一 问题的提出

自20世纪90年代中期以来,城乡之间、区域之间、群体之间的收入差距日益凸显,城乡居民收入比高达2.5∶1或更高[①]。而且,这种不平等有加剧的趋势[②]。中国由20世纪80年代早期的平等主义国家,变成现在世界上不平等程度处于平均水平的国家之一。伴随工业化、城市化加速,进城农民逐渐成为庞大的社会群体。进城农民逐渐成为理论界关注的焦点,并被认为是缩小城乡差距、推进城市化和市民化的重要力量。

学术界对进城农民(主体是农民工)的关注涉及工作、收入、社会保障、社会融入、市民化等诸多角度,相关研究成果较多,但大部分是基于理论分析和制度设想。部分学者运用经济学和统计学方法,通过实证调查研究分析了进城农民收入的影响因素,并着重研究了劳动力流动和收入

---

① Gale, J., Can Agricultural Labour Adjustment Occur Primarily Through Creation of Rural Non-Farm Jobs in China [J], *Urban Studies*, 2002, 39 (12), pp. 2163-2174.

② Kanbur, R., Zhang, X. B., Which Regional Inequality? The Evolution of Rural-Urban and Inland-Costal Inequality in China from 1983-1995 [J], *Journal of Comparative Economics*, 1999, 27, pp. 686-701.

的影响因素等问题并在一定程度上深化了认识①②③。一般来说，影响收入差距的原因可以被归为这样两类：一类为非市场因素的影响，如政策、法规因素影响，政策的缺失和错位、市场法规的不健全等都会使收入不公平分配；另一类为市场本身因素的影响，比如劳动力资源的市场化配置必然使高人力资本存量的个人得到较高的收入，低人力资本存量的人得到较低的收入。④亚当·斯密1776年就曾经指出，"在社会固定资本中，除物质资本外，还包括社会上所有那些人学到的有用的才能"。⑤舒尔茨（Schultz，1968）最早明确提出了人力资本概念，之后人力资本成为解释劳动者收入的重要变量。⑥此后，对于人力资本的研究日渐深入，其概念也日益完善、严谨，教育、经验、健康都成为人力资本的重要组成内容⑦。已有关注人力资本的研究往往侧重分析个人教育水平、职业经历等因素对收入的影响，部分学者开创性的贡献为流动劳动力的收入分析奠定了方法基础⑧。针对中国情况，部分国内学者也分析了教育、工作经验对劳动收入的影响，并提供了较好的研究路径⑨⑩⑪。

虽然部分学者基于人力资本视角分析了教育、工作经验对中国劳动力收入的影响，但是，这方面的研究并不多，部分研究结论甚至相互矛盾。

---

① Barry, R. C., The Effects of Americanization on the Earnings of Foreign-born Men [J], *Journal of Political Economy*, 1978, 86 (5), pp. 897–921.

② 李实：《中国农村女劳动力流动行为的经验分析》，《上海经济研究》2001年第1期。

③ 蔡昉、都阳、王美艳：《劳动力流动的政治经济学》，上海三联书店2003年版，第100—142页。

④ 张车伟：《人力资本回报率变化与收入差距："马太效应"及其政策涵义》，《经济研究》2006年第12期。

⑤ [英] 亚当·斯密：《国富论》，唐日松等译，华夏出版社2005年版，第205页。

⑥ Schultz T W. Instwtions and the Rising Value of Man [J], *American Journal of Agriculture Economics*, 1968, 50, pp. 1113–1122.

⑦ 舒尔茨：《人力资本投资》，商务印书馆1990年版。

⑧ Philip, T., Iran, W., Paul, W., Estimates of the Economic Returns to Schooling for 28 Countries [J], *Labor Economics*, 2002 (9), pp. 1–16.

⑨ 侯风云：《中国农村人力资本收益率研究》，《经济研究》2004年第12期。

⑩ 齐良书：《国有部门劳动工资制度改革对教育收益率的影响》，《教育与经济》2005年第4期。

⑪ 李实、J.赛：《中国城镇教育收益率的长期变动趋势》，《中国社会科学》2003年第6期。

而研究进城农民教育和工作经验对其收入的影响则较少，对影响的持续性（直线型还是非直线型）的研究则更少了。正是基于上述背景，本文旨在研究进城农民的教育水平和工作经验是否影响进城农民的收入，以及这种影响是否呈现倒"U"形。

二　理论基础与模型构建

现代人力资本理论认为，人力资本存在于劳动者本身，表现为知识、技能、智力、体力（健康状况）价值的总和。一个国家的人力资本可以通过劳动者的数量、质量以及劳动时间来度量。同时，人力资本可以通过诸如教育、职业培训、医疗保健等多种投资渠道获得增长，而人力资本的增长是经济增长的主要源泉。而且，在所有的投资形式中，人力资本投资收益率最高，超过其他一切形态资本的投资收益率。[1] 研究市场经济中人力资本与收入差距之间关系最有代表性的分析工具是美国经济学家明瑟于1972年提出并首先使用的工资方程假定。本文基础模型部分推导借鉴了张车伟（2006）对明瑟方程的描述。[2]

明瑟方程表明，劳动者的工资性收入完全由劳动者人力资本和其他个体特征决定，个人收入可以看作一系列人力资本变量的函数。即 $Y_i = f(H_i)$，其中，Y 为个人收入，H_i 为人力资本变量。

为了更好地解释收入差距与人力资本之间的关系，可以同时对工资方程两端取方差，这样收入与人力资本之间的关系就可以表示为：

$$Var(Y_i) = M^2 Var(H_i)$$

式中，M 为人力资本的市场回报。一般来说，在一个完善的劳动力市场上，M 一般为常数。

但是，当劳动力市场不完善时，人力资本回报通常不能用一个常数来表达，它可能会随着劳动力就业的地区、行业、职业及其工作经验等方面

---

[1] ［美］舒尔茨：《人力资本投资》，商务印书馆1990年版，第48页。
[2] 张车伟：《人力资本回报率变化与收入差距："马太效应"及其政策涵义》，《经济研究》2006年第12期。

的不同而变化。在这种情况下,明瑟方程可以被进一步改写成如下形式:
$$Y_i = \Phi[M_r f(H_i)]$$

式中,Y_i 为个人收入,H_i 为人力资本变量,M_r 为人力资本回报变量。

概括地说,在给定人力资本水平及其差异的情况下,收入差距就由人力资本回报及其差异所决定,人力资本市场回报率越高,收入差异将越大;同时,如果人力资本回报不是一个常数,则人力资本回报的差异程度越大,收入差距也会越大[1]。由此可见,人力资本回报及其变化状况对收入水平有着重要意义。

在实证研究中,明瑟工资方程通常被作为估计人力资本回报的基本方法,其一般表达形式为:
$$\ln Y = X'\beta + \mu$$

式中,$\ln Y$ 为收入的对数,X 为一系列代表人力资本的变量(如受教育程度、工作经验、性别);β 为待估计参数,一般被解释为人力资本的投资回报;μ 为误差项,且假设 $E(\mu)=0$,亦即 μ 满足期望值为零的假设。

在进行经验检验以前,本文通过曲线估计对上述三个变量的关系进行判断。根据 SPSS13.0 的检验结果,考虑模型的整体效果,同时借鉴明瑟工资方程的扩展形式,本文分析教育、经验对收入的影响时采用二次方程式形式进行估计。同时,为了检验方程回归的稳健性,本文在回归结果中考虑了进城农民自身因素、就业方式和市民意识三个指标,并具体操作化为相应变量群。本部分引入两个模型,分别为线性模型和二次方程式模型(明瑟工资方程扩展形式),分别通过逐步回归方法,检验教育和工作经验对进城农民劳动收入的影响,并判定其是否是稳健(Robust)的。同时,通过比较两个函数模型的回归结论,判断教育、工作经验对进城农民劳动收入影响的曲线是否是倒"U"形。

建立线性和倒"U"形两个明瑟工资方程扩展模型,函数形式如下:
$$\ln Y_i = \beta_0 + \beta_1 edu_i + \beta_2 exp_i + \beta_i \sum x_i + \varepsilon_i \qquad (线性模型)$$

---

[1] 张车伟:《人力资本回报率变化与收入差距:"马太效应"及其政策涵义》,《经济研究》2006年第12期。

$$\ln Y_i = \beta_0 + \beta_1 edu_i + \beta_2 exp_i + \beta_3 (edu_i)^2 + \beta_4 (exp_i)^2 + \beta_i \sum x_i + \varepsilon_i$$

（倒"U"形模型）

三　实证检验与解释

（一）数据与变量

经验分析使用的数据是基于武汉市进城农民的调查，数据来源于中南财经政法大学梅建明副教授 2005 年组织的大规模进城农民状况的调查。武汉市位于中国中部地区，是人口流动的重要目的地，集中了大量进城农民，而且，武汉市重、轻工业和服务业都较为发达，进城农民行业、区域分布均匀，这都使武汉在进城农民研究方面具有较好的代表性。

为了判定进城农民劳动收入与其教育和经验的函数关系模型，本研究选取了包括收入在内的 131 变量。具体见表 1。

表1　　　　　　　　　　变量及缩写

变量类型	因变量	自变量			
指标变量	劳动收入	教育、经验	自身因素	就业方式	市民意识
变量操作化	进城农民月收入（Y）	教育程度（edu）、外出打工时间（exp）	性别（gen）、年龄（age）、婚姻（ma）、来源地（pl）	就业单位（firm）、从事行业（ind）、就业性质（work）	市民身份影响（cit）、户籍是否重要（ins）、投保意愿（dema）

（二）倒"U"形检验

根据选择的模型和变量进行回归，结果见表 2 和表 3。为了检验稳定性，逐步放入教育与经验变量群、自身因素变量群、就业方式变量群、市民意识变量群，表 2 为线性模型检验，表 3 为倒"U"形模型的检验。

在表 2 中，模型 1 至模型 4 回归结果显示，教育和工作经验对进城农民劳动收入有显著正向影响。逐步放入其他控制变量，发现教育和工作经验两个变量一直显著。在控制了自身因素变量群、就业方式变量群和市民意识变量群的影响后，进城农民教育水平和工作经验对其劳动收入的边际影响分别为0.17和0.01，均为正向影响，且均非常显著。此外，在模型4中，进城农民的年龄、婚姻、性别、单位性质、行业都显著影响其劳动收入：年龄越大，收入将可能降低，这反映了随着年龄增长而出现的人力资本折旧，进城农民主要依靠体力劳动，进城农民越年轻，劳动能力越强，获得高收入的可能性越大；已婚农民比未婚农民更可能获得高收入；男性进城农民比女性进城农民更可能获得高收入；就业单位较为灵活的进城农民（个体、私企等）比就业单位较为稳定（国有、外企等）的进城农民更可能获得高水平收入；就业行业较为稳定（建筑、制造等）的进城农民比就业行业稳定性较差（餐饮、商业等）的更有可能获得高收入。

表2　　　　　　　　　　　明瑟工资扩展方程回归

	Model 1	Model 2	Model 3	Model 4
C	6.22***	6.31***	6.34***	6.32***
edu	0.18***	0.17***	0.17***	0.17***
exp	0.01***	0.01***	0.01**	0.01**
edu^2				
exp^2				
age		-0.01***	-0.01***	-0.01***
pl		-0.06	-0.06	-0.06
ma		0.25***	0.24***	0.25***
gen		0.20***	0.17***	0.16***
firm			-0.18***	-0.19***
ind			0.12***	0.12***
work			-0.03	-0.03
cit				-0.03
ins				-0.01
dema				0.08*
Fit	F=24.13 P<0.001 adR^2=0.07	F=15.06 P<0.001 adR^2=0.12	F=15.13 P<0.001 adR^2=0.14	F=9.40 P<0.001 adR^2=0.14

说明：(1)"*"、"**"、"***"分别表示$P\leq0.1$、$P\leq0.05$、$P\leq0.001$；(2)"C"表示常数项；(3)"Fit"栏表示模型检验信息。

在表3中，模型5至模型9对明瑟工资方程扩展模型进行了回归，回归结果显示：

第一，逐步控制进城农民自身状况、就业方式和市民意识等变量群后发现，教育对进城农民劳动收入有正向影响，而教育的平方（edu^2）基本上都是不显著的。这基本上否定教育对进城农民劳动收入影响呈倒"U"形的假设。

第二，逐步控制进城农民自身状况、就业方式和市民意识等变量群后发现，工作经验对进城农民的劳动收入影响具稳健型，且均非常显著。而当逐步控制其他因素影响后，工作经验的平方项（exp^2）影响具有显著的稳健性。这表明，工作经验对进城农民劳动收入的应影响呈倒"U"形。

表3 进城农民教育和工作经验对收入倒"U"形影响的检验

	Model 5	Model 6	Model 7	Model 8	Model 9
C	6.22***	6.05***	6.36***	6.41***	6.38***
edu	0.18***	0.24**	0.09	0.08	0.08
exp	0.01***	0.04***	0.03***	0.03***	0.03***
edu^2		−0.01	0.01	0.02	0.01
exp^2		0.001***	0.001**	0.001*	0.001**
age			−0.01***	−0.01***	−0.01***
pl			−0.07	−0.07	−0.07*
ma			0.23***	0.22***	0.23***
gen			0.20***	0.17***	0.16***
firm				−0.17***	−0.18***
ind				0.13***	0.13***
work				−0.03	−0.02
cit					−0.03
ins					−0.01
dema					0.08*
Fit	F = 24.13 P < 0.001 adR^2 = 0.07	F = 14.16 P < 0.001 adR^2 = 0.08	F = 11.88 P < 0.001 adR^2 = 0.12	F = 10.30 P < 0.001 adR^2 = 0.14	F = 8.39 P < 0.001 adR^2 = 0.14

说明：同表2。

第三，其他指标变量群（自身状况、就业方式和市民意识）的检验结果与表2中模型1至模型4检验结果基本一致。

（三）可能的解释

第一，教育对进城农民劳动收入有显著的正向影响，这证明了教育是人力资本的重要内容，对收入具有显著的正向影响，进城农民教育投资的产出是正向性的。但是，由于进城农民受教育程度普遍偏低，以中低教育程度为主（大多数进城农民受教育年限低于9年），所以，并没有产生教育"边际回报递减效应"，教育回报仍处于正向的上升阶段。

第二，工作经验是人力资本的重要内容，其对进城农民劳动收入的正向影响得到了证明。而工作经验对进城农民劳动收入的影响呈倒"U"形则可能是由其工作对经验和技能的要求较低所导致的。

由于进城农民自身教育水平限制，难以胜任对技术和文化水平要求较高的工作岗位，往往从事文化水平和技能水平要求较低的工作。而且，进城农民对工作有一个适应过程，随着其工作年限提高，逐步满足工作岗位的技能要求。但是，岗位对其技能要求是有限的，甚至可能是较低的。当技能要求完全被满足时，进城农民工作经验继续增长将无助于其劳动收入增加。在就业的初始阶段，工作经验的收入回报呈显著正向，工作经验（年限）提高显著提高进城农民劳动收入。当工作经验达到一个特定值时，以工作经验（年限）为代表的技能要求基本被完全满足，进城农民劳动收入达到最大值。而随着进城农民工作经验进一步增长，其劳动年龄也不断增长，对技能的运用能力可能会下降，尤其是进城农民往往从事的是体力劳动（有一定程度的技能要求），技能的运用需要较好的体力支撑，而工作经验较高的进城农民，其年龄也可能越大、劳动能力也相应下降。当达到这个程度时，工作经验继续增长，进城农民的劳动收入可能出现的情形是下降，而非增长。此外，相对于教育水平，工作经验有了一个"更长的时间区间"，这也为充分分析工作经验的收入回报提供了条件。

四 思考与对策

第一，提升教育与工作经验对进城农民劳动收入的递增效应。本文研究结果表明，教育水平和工作经验对进城农民劳动收入的影响仍处于"上升的左半段"，其主要原因是进城农民的教育和技术经验水平相对较低。二者对其劳动收入增长的递增性影响远未达到顶点。所以，提高进城农民的教育和工作经验水平是提高进城农民劳动收入及促进其融入城市生活的重要途径。首先，应该继续加强农村基础教育，保证九年义务教育深入执行，同时，以政府和社会组织为主体，应继续推进农村扫盲工作。其次，应加大对进城农民的职业教育力度，加强对进城农民的专业化技术教育，同时，应特别注意当前国际金融危机背景下返乡农民工的再培训工作，利用"失业期"提高进城农民的教育和技术水平。最后，还应通过政策引导，鼓励企业加大对其所雇用农民工的培训力度，加强劳动保护和职业引导与规划。

第二，进一步规范职业资格培训、考试和劳动力价格引导工作。首先，进一步细化劳动力职业技术市场，细分、规范劳动工种认定，并完善相应培训、考试、测评标准，为进城农民技术专业化、职业化进一步奠定条件。其次，规范政府相关部门和社会机构针对劳动力市场分地区、分工种的指导价格核定和发布工作，加强劳动力市场信息发布的透明度和及时性。

第三，促进劳动力自由流动，完善社保制度转移、接续工作。首先，应不断破除阻碍劳动力自由流动的制度壁垒，弱化户籍及附着的相应权利、福利，促进包括进城农民在内的所有劳动力在不同地区、不同行业、不同性质单位自由流动，逐步形成全国统一的劳动力市场。其次，各级政府应积极配合2009年人力资源和社会保障部社会保障省级统筹和农民工社会保障转移、接续工作，促进社会保障省级乃至全国统筹早日实现，通过完善农民工社会保障（主要是养老保险）转移接续体系建设，进一步促进进城农民劳动力自由流动。

[原载《东北大学学报》（社会科学版）2009年第4期　作者：邓大松　胡宏伟　石　静]

返乡农民工社会保障问题探析
——基于武汉市返乡青年农民工的调研数据

一 问题的提出

改革开放以后，随着沿海城市经济的发展，大量中西部农民南下淘金，出现了"农民工"这样一个特殊的群体。2007年肇始于美国的次贷危机最终引发了一场席卷全球的金融风暴，中国沿海地区一大批依靠进出口贸易生存的中小企业亦受到波及而纷纷破产、关门。企业的大面积倒闭，直接导致了大量的农民工失业，他们不得不背起包袱，回到家乡待业或者从事农业生产工作。根据中央有关部门的统计数据，截至2008年年底，我国1.3亿外出就业的农民工中，大约有两千万由于金融危机失业而返乡。而在湖北省，截至2008年年底，非正常返乡农民工数量超过100万，这其中又以青年人居多。大量青年农民工返乡，他们的就业状况、生活状况、收入状况、社保状况都发生了较大改变，并由此产生了一系列社会问题和经济问题。

基于上述背景，武汉市团市委联合武汉大学社会保障研究中心成立课题组，在全市范围内对青年农民工返乡后的基本情况进行了专题调查。本次调查采取分层抽样法，在武汉市乡村人口较多的黄陂区、蔡甸区、新洲区、江夏区、汉南区、东西湖区六个远城区进行随机抽样。共发放问卷1000份，收回829份，其中有效问卷769份，有效比例为92.7%。调查采用了抽样问卷调查、深度访谈、座谈会、走访谈心、查阅文献资料等方法，采用SPSS13.0（社会科学统计软件包软件作为统计工具，运用描述分析、交互分析、回归分析等数理方法对问卷结果进行分析和处理）。本文即基于返乡青年农民工基本情况调查问卷的结果，重点针对问卷所涉及的返乡青年农民工的社会保障问题进行分析，并以返乡青年农民工为样本对返乡农民工的社会保障问题提出政策性的建议。

二 武汉市返乡青年农民工社会保障问题

（一）武汉市返乡青年农民工社会保障基本状况

1. 武汉市返乡青年农民工基本情况

国家统计局 2009 年 3 月 25 日发布的报告表明，2009 年春节前，我国返乡农民工为 7000 万人左右。湖北是劳务输出大省，外出务工是湖北农民增收的重要途径，受金融危机影响，截至 2008 年年底，武汉市返乡农民工已达 2 万余人，约占该市外出农民工总人数的 15%。据武汉市有关部门统计，2008 年全市农民工资性收入占农民人均纯收入的 38%，每名外出务工人员平均每年可为家庭贡献现金收入约 6000 元，农民工返乡对武汉市农村经济发展、农民增收、社会稳定都造成了一定影响。

根据调查研究的需要，本文最终将"返乡青年农民工"限定为年龄在 16 岁以上、35 岁以下、拥有农村户口、有过曾经在该乡镇以外从事非农业工作的经历，并且现已返乡在家中的青年。最终抽样单位为单个个体青年农民工。本次调查采取分层抽样的调查方法，在各城区内进行随机抽样。在回收的 769 份有效数据样本中，男性有 466 名，占样本的 60.6%，这也与目前武汉市城区的青年农民工性别构成基本吻合。

图 1 为根据调查数据得出的返乡前后武汉市青年农民工的收入情况对比，我们可以看出，返乡后，青年农民工的收入明显降低。

2. 武汉市返乡青年农民工参加社会保险情况

通过对调研数据的统计处理，武汉青年农民工参加社会保险状况描述结果如表 1 所示：

（二）武汉市返乡青年农民工社会保障存在的问题

1. 武汉市青年农民工社会保险参保率较低

由调研数据可知，享有社会保险项目的农民工为 417 人，占样本总量的 54.23%；其中：参加城镇养老保险的青年农民工占全部样本的 9.36%，

第四篇　特殊人群社会保障　　　　　　　　　　　　　　　　561

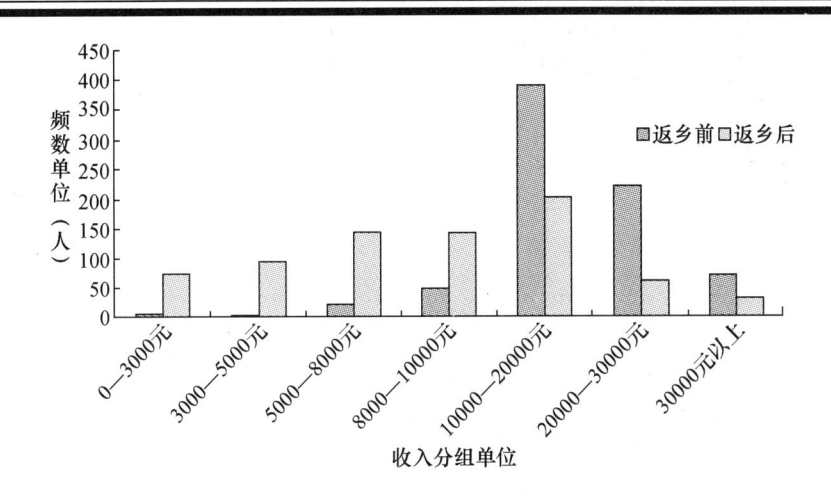

图1　武汉市青年农民工返乡前后收入对比

占有效样本（回答该问题者，下同）的16.63%；参加农村养老保险的青年农民工比例相应较高，约占46.54%；参加城镇医疗保险的青年农民工占有效样本的24.19%；参加新型农村合作医疗保险的青年农民工占有效样本的70.07%；参加失业保险的青年农民工约占有效样本的27.61%；参加工伤保险的青年农民工约占有效样本的25.99%；参加生育保险的青年农民工约占总数的3.25%。我们可以看出，除新型农村合作医疗以外，青年农民工在城市参加了城镇医疗、养老、工伤、失业、生育五大险种的比例均不足50%。

2. 武汉市青年农民工社会保险"接续难"

由于农民工工作的流动性和社会保障制度上的缺陷，许多地方出现了农民工"退保"的问题。截至2009年2月底，全国有97万农民工退出了城镇养老保险，而参加城镇医疗、工伤保险人数较2008年年末分别减少了167万和140万。①

武汉市返乡青年农民工也存在同样的问题，返乡前部分青年农民工参加了城镇养老和医疗保险，返乡后相应保险关系暂时中断。由于社会保障

---

① 中国新闻网：《社保改革又遇"退保"潮城乡二元格局仍难破》，http://www.chinanews.com.cn/gn/news/2009/04-14/1644606.shtml。

表1　青年农民工参加社会保险状况

		样本			无效样本	总计
		有效样本			缺失值	
		未参加	已参加	合计		
城镇养老保险	人数（人）	361	72	433	336	769
	有效样本百分比（%）	83.37	16.63	100.00		
	全样本百分比（%）	46.94	9.36	56.31	43.69	100.00
农村养老保险	人数（人）	232	202	434	335	769
	有效样本百分比（%）	53.46	46.54	100.00		
	全样本百分比（%）	30.17	26.27	56.44	43.56	100.00
城镇医疗保险	人数（人）	329	105	434	335	769
	有效样本百分比（%）	75.81	24.19	100.00		
	全样本百分比（%）	42.78	13.65	56.44	43.56	100.00
新农合	人数（人）	129	302	431	338	769
	有效样本百分比（%）	29.93	70.07	100.00		
	全样本百分比（%）	16.78	39.27	56.05	43.95	100.00
失业保险	人数（人）	312	119	431	338	769
	有效样本百分比（%）	72.39	27.61	100.00		
	全样本百分比（%）	40.57	15.47	56.05	43.95	100.00
工伤保险	人数（人）	319	112	431	338	769
	有效样本百分比（%）	74.01	25.99	100.00		
	全样本百分比（%）	41.48	14.56	56.05	43.95	100.00
生育保险	人数（人）	417	14	431	338	769
	有效样本百分比（%）	96.75	3.25	100.00		
	全样本百分比（%）	54.23	1.82	56.05	43.95	100.00

体系建设尚不完善，保险关系转移接续尚存阻碍，所以，大部分青年农民工的保险关系并没有随着返乡而转移到家乡或者农村，保险关系中断。如果他们不再回原城市打工，或者到其他城市打工，之前缴纳的保险费（尤其是统筹部分）将沉淀到保险费缴纳城市，给农民工造成损失。

三 武汉市返乡青年农民工社会保障问题产生的原因

（一）制度角度

1. 城乡二元社会结构和城乡隔离的户籍制度

随着城市化进程的不断加速，中国的城乡差距不断加大，城市和农村之间形成了以户籍为中心，教育、卫生、保障等各制度二元分立的状况。许多农民为了寻求更好的生活条件，选择进城务工，希望获得与城镇居民同等的就业机会和收入。但种种政策壁垒使得农民工即便进了城工作，其生活仍游离于城市居民的边缘，比如这次调研走访中农民工反映较为普遍的是无法享有与城市居民同等标准的社会福利；因没有加入医保，治病无法报销，造成有病不敢治、治不起的情况；没有失业保险，被辞退后生活没有着落；无法得到最低生活保障等救助；等等。因此，一旦经济形势不好失去工作，他们的唯一出路就是返回农村。

户籍制度不仅仅是加深了农民与城镇居民在经济、政治、文化、心理方面的隔阂，更使得农民在获得了城镇就业机会，为城镇发展作出贡献的同时，并未获得与之相对应的、与城镇居民一样的社会保障。仅仅由于没有城镇居民的身份，进城的农民工就成为被城镇劳动就业制度与社会保障体系所排斥的对象，成为被计划体制彻底抛弃的"局外人"。

2. 社会保险关系接续难

为了改变农民工在城市工作，却无法享受城镇居民的福利保障的问题，我国社保部门提出"让农民工在务工城镇参加当地城镇居民养老保险"的变通手段。但由于农民工具有流动性大的特点，而我国城镇社保系统长期以来形成了低层次分割式统筹模式，使得农民工的社会保险关系接续困难，一些农民工集中的沿海城市纷纷出现"退保潮"。

相关数据表明，我国的社保基金管理被分割在2300多个统筹单位里，几乎都是县市级的统筹，五项保险基金在每个统筹单位又是分开管理的，如果加上农保基金等，全国范围独立管理的基金至少有1万多个。各个统筹单位之间政策不一、费率不同，很难互联互通，这也从客观上造成了养老保险关系无法跨地区转续的问题。为彻底解决社保关系全国转续的问题，我国提出了今年年底基本实现养老保险基金省级统筹，2012年实现全国统筹的目标。然而，社保研究专家、中国社科院拉美研究所所长郑秉文教授认为，实际上目前真正实现了基本核算单位和资金流在省级层面大收大支的省份只有四五个，其他都不是真正意义上的省级统筹，社会保险关系接续很困难。

（二）用人单位角度

根据调研数据显示：从青年农民工曾就业的单位性质来看，此次武汉市返乡青年农民工的单位性质大多为个体及私营企业。国有企业事业单位、集体企业、外资企业仅占18.34%。如表2所示。

表2　　　　　　　　青年农民工单位性质

单位性质	频数（人）	比例（%）
个体及私营企业	616	80.10
国有企事业单位、集体企业及外资企业	141	18.34
缺失	12	1.56
合计	769	100

从青年农民工曾从事的行业来看，大部分武汉市青年农民工从事的行业为"商业、饮食、卫生行业及制造业、建筑业"，这一比例达到了98.57%。

表3　　　　　　　　青年农民工从事行业分布

行业分布	频数（人）	比例（%）
商业、饮食及卫生行业	431.00	56.05
制造业、建筑业	327.00	42.52
缺失	11.00	1.43
合计	769.00	100.00

由此可见，农民工所在单位大多为个体及私营企业，行业则主要集中在商业、餐饮、制造业、建筑业等劳动密集型行业，这些用人企业技术含

量低，产品附加值不高，只能通过控制成本来实现利润，提高竞争力。所以，它们主观上不愿意按照城镇企业社会保险办法为农民工缴纳社会保险费，对农民工参保采取消极应付的态度，能拖就拖，能不办就不办。

此外，虽然《劳动法》明确规定了用人单位必须为职工缴纳社会保险，但在实际的执行中，并未明确制定强制措施，这也是农民工入保率较低的原因之一。

(三) 返乡农民工自身角度

1. 返乡前工资收入较低，存在工资拖欠，社会保险费率高

根据调研数据显示，返乡前，青年农民工月均收入为1639.36元，这一收入水平虽然不低，但作为青年农民工来说，他们家庭负担最重，除了满足自身需要以外，还要承担起养家糊口以及子女的教育、赡养父母的重担，因而可供他们自身消费的钱并不多。加上仍有三成多的青年农民工未能及时、足额拿到工资（见表4）。在走访谈心中，农民工也普遍反映收入低是参保积极性不高的重要原因。

表4　　　　　　　　青年农民工返乡前拖欠工资状况

是否及时足额拿到工资	频数（人）	全样本百分比（%）	有效样本百分比（%）
有	514	66.84	67.63
无	246	31.99	32.37
合计	760	98.83	100
缺失	9	1.17	
总计	769	100	

另外，费率高也成为一道阻碍青年农民工参加社会保险的门槛。我国现行的城镇社会保障制度，主要是针对城市原国企职工设计的，与进城农民工的实际收入情况明显不适合。按照城镇社保制度，企业缴纳的基本养老、医疗和失业三项保险费平均为工资总额的28%，个人需要缴纳11%。这样的费率对于收入较低的农民工的确是一笔沉重的负担。

2. 思想观念的落后，对现行社会保险制度缺乏信任

许多农民工尽管在城市中生活多年，但由于生活圈子狭窄，未能融入

城市主流，其思想观念仍未转变，脑子里还是根深蒂固的"养儿防老"观念，不相信政府的社会保障体系，一方面舍不得从自己腰包里往外掏钱，另外，对以后能否领取到养老金亦持怀疑态度。由于现行养老保险制度规定按月享受基本养老金的最低缴费年限为15年，而农民工流动频繁，如果不能实现转移接续，多数很难达到该年限标准。所以，农民工在离开参保地时一般都选择退保。

四 完善返乡农民工社会保障制度的建议

（一）完善返乡农民工社会保障问题的必要性

1. 政府的角度

农民工作为一种特殊的群体为城市建设作出贡献，必须保障他们的基本权益。权益保障问题是任何一个崇尚公平与正义的社会都必须正视的问题，农民工的数量庞大，只有解决了广大农民工的社会保障问题，才能充分体现社会主义社会的公正性，体现政府的全民性和公共性，社会才能长期稳定。

2. 用人单位角度

对于用人单位来说，一方面将农民工纳入社会保险制度，为农民工解决了后顾之忧，他们可以更安心地投入工作中，为用人单位创造更多的财富；另一方面，将农民工纳入社会保险制度，在一定程度上也为企业自身减轻了负担。

3. 农民工自身的角度

农民工从事的大多是苦、累、脏、险的工种。受伤、疾病困扰可能性非常大，社会保障是农民工实现基本生存与发展的客观需求。参加社会保险可以保障农民工基本权益，减轻其心理压力，有利于引导农民工的消费行为，使他们在满足目前基本生活需求的同时，兼顾自己的长远利益。

（二）完善返乡农民工社会保障问题的对策

1. 政府角度

第一，政府应逐步将农民工纳入统一的社会保障体系之中。另外，要改变属地管辖的社会保障体制，消弭城乡之间社会保障制度无法对接的障碍，构建一个能覆盖全国所有公民的、具有不同层次的、可自由转移的社会保险体系，解决社会保障接续难等问题。

当然，就目前我国社会保障的现状来说，要达到这一目标仍有很长的路要走。而当下亟待解决的是"城乡之间社会保障制度不能对接"的问题。这一问题给农民工参加社会保险、缴纳相关费用及社会保险管理均带来极大困难。因此，设计一种确保社会保险关系能够在城市之间、地区之间、城市和农村之间自由转移的管理模式是目前政府社会保障部门工作的重中之重。只有确保农民工在城市间流动或回到农村时，其社会保险也可以随之自由转入所在地保险部门，继续缴纳费用并且享受保险带来的利益，我国农民工长期以来参保率低、退保频繁的问题才可能得到根治。我国提出了今年年底基本实现养老保险基金省级统筹，2012年实现全国统筹的目标。全国统筹目标的实现，仅仅是解决农民工社会保障接续难问题的第一步。

第二，制定一部农民工社会保障方面的法律和法规。社会保障权属于人权等基本权利的范畴，但占全国总人口近1/6、为经济建设作出巨大贡献的农民工却长期被排斥在社会保障体系范围之外。尽管目前在一些发达省份，有关农民工社会保障的地方性规章制度已陆续出台，但由于农民工具有流动性大的特点，地方性法规的作用有限。另外，农民工的社会保障问题在可预见的时间内还将长期存在，因此，已不是一些临时性的、地方性的办法和措施所能解决的问题。要提高立法的规格和权威性，把相关的法律法规提高到全局的角度。为此，建议国家应尽快出台一部农民工社会保障法。

第三，出台专门为农民工设计的社会保障政策，保障农民工的基本利益。主要体现在两个方面：一是要将农民工纳入工伤、医疗和失业保险的体系。大部分农民工在城市参加的都是劳动强度大、危险性较高的劳动，因此，工伤、医疗和失业保险是他们最需要的，而许多用人单位出于自身利益的考量，往往不为他们办理，一旦出现工伤或生病，往往由农民工自己承担。因此，政府应该制定一系列的奖惩政策，落实用人单位为农民工办理这些保险，切实保障农民工最基本的利益。二是应该将农民工纳入最低生活保障和社会救助的范畴。目前中国的最低生活保障和社会救助往往只针对户籍所在地的居民，但农民工是一个极容易陷入困境的群体。因此，可以制定政策，将在某一城市生活一定年限、有相对稳定工作、有固定收入的农民工纳入当地最低生活保障和社会救助的范围。

2. 用人单位角度

第一，通过宣传途径，提高用人单位的参保意识，让他们了解为农民工入保，对企业自身发展的好处。目前，我国总体情况是劳动力供大于求，企业不愁找不到工人，因此部分企业从自身利益出发拒绝缴纳农民工的社会保险费。要通过宣传让他们明白，这种短视行为既损害了农民工的利益，也降低了企业的竞争力和活力，使得员工没有归属感，不利于企业的长期发展。

第二，要加大对用人单位为农民工办理社会保险的监督力度。虽然《中华人民共和国劳动法》中对用人单位不缴和拖欠员工社会保险的行为有相关处罚措施，但从多年来的实践来看，未按照规定为员工入保所受到的处罚金额，大多数情况下远低于企业通过拖欠或拒缴行为所获得的利益，不能对不良企业形成威慑力。因此，应加大处罚和处理力度，迫使用人单位依法为农民工办理社会保险。另外，对为农民工办理和缴纳保险费较积极的用人单位，可以考虑在税收方面给予一定的政策优惠。

3. 农民工自身角度

首先，提高农民工的参保意愿。农民工对于社会保险制度仍有疑虑，甚至不信任社会保险制度，有些入保后又去退保。可见，在完善农民工社会保险体系中，转变农民工传统的社会保险观念也是非常重要的。通过媒体宣传和组织讲座等方式，让他们了解与自身切实相关的社会保险知识，理解社会保险制度的必要性，自愿自主地去投保。在遇到相关问题时，能够运用社会保险保障自身的权益。

其次，返乡农民工应提高自身技能，为再就业和创业做好准备。面对金融危机导致的农民工"返乡潮"的到来，政府制定了各项优惠政策，切实有效地帮助了返乡农民工再就业和创业。例如，全国共青团农村工作会议提出2009年全团培训百万农村青年的目标，对返乡青年农民工开展实用技能培训，帮助他们自谋职业和自主创业。返乡农民工应抓住机遇，努力提升技能水平和就业能力，为经济复苏后的再就业或创业做好准备。

（原载《广西财经学院学报》2010年第1期　作者：邓大松　张　勋）

# 进城农民工人力资本对劳动收入影响的性别偏向检验

一 问题提出与模型

（一）问题提出与文献综述

随着中国工业化、城市化进程的加速，农村劳动力大规模进入城市，形成了庞大的进城农民工群体，成为连接城乡之间、地区之间、群体之间的流动性纽带，进城农民工的收入变化也成为加剧或缩小城乡收入差距的重要因素之一。城市化步伐的加快，一方面对国家经济增长作出巨大贡献，据1993年诺贝尔奖得主罗伯特·福格尔（Robert Fogel）估计，中国农业劳动力向工业和服务业转移对经济增长将有3%的贡献。另一方面，由于这一群体的特殊性，进城农民工问题一直是社会各界关注的焦点，他们的工作和收入状况特别是能否获得公平的收入，更是社会各界关注的重要方面。

一般而言，个人人力资本存量的大小决定了劳动收入的高低。国际学者对相关问题已经开展了不同角度的探讨，例如 Millimet 等的研究发现在影响男女劳工人力资本的诸多因素中，种族对男性劳工职业生涯预期的影响大于女性；在女性中，受教育程度引起的人力资本差异更大。Dewina 和 Yamauchi 使用印度尼西亚1995—2007年的面板数据研究家庭收入变化的决定因素，结果发现外出务工人员的受教育程度是影响收入变化的重要因素。Messinis 和 Cheng 检验了教育、岗位培训对外来务工人员的收入的影响，认为岗位培训对提高收入是有必要的，教育和工作经验是决定收入的关键因素。

以往的研究及经验表明，农村劳动力从农业向非农产业转移并寻求就业的过程中，其劳动收入会受到诸如年龄、性别、婚姻、教育水平、地域、外出打工时间等各种因素的影响。蔡昉等认为，城乡收入差距是农村劳动力向城市迁移的持续动力，但不是唯一的，农村内部收入差距的扩大所导致的农户相对经济地位的变化也是促使农村劳动力流动的重要原因。周其仁的研究认为，农民的素质决定了他们抓住非农就业机会的能力，而其中人力资本状况对抓住非农就业机会方面发挥了重要作用。刘文论述了农村劳动力流动与人力资本之间存在的某种螺旋式相互促进的效应机制。姚先国等研究发现，农民非农就业的职业选择和职业层次也显著受制于其自身人力资本水平的约束。张林秀等通过计量模型分析了经济波动中的农户劳动力供给行为特征，发现教育不仅影响农村劳动力能否获得非农机会，而且也决定了劳动力非农就业的稳定性，在经济萧条时期，受教育程度高的农村转移劳动力能够较好地避免被解雇的风险。刘吉元的调查显示，异地转移对劳动力的生产技能要求更高且接受过非农生产技术培训的农民其常年转移的比重较高；反之则较低。李实对农村女性劳动力外出打工的实证分析表明，较高的文化程度有助于增加她们的外出就业机会。对国家统计局抽样调查数据的分析表明，受过专业培训的劳动力回流农业比例低于未受过专业培训的劳动力回流比例。苏群等则运用江苏省各地区、各城镇的农村女性非农就业和迁移意愿的实地调查数据分析，得出越是教育程度高、非农工作年限长、未婚的年轻女性，其非农工资收入就越高，迁居城镇意愿也越强。张车伟发现，女性的教育回报率高于男性，城镇教育回报率高于农村，同时大学阶段的教育回报率高于高中之前的回报率。

那么，教育和工作经验究竟如何作用于进城农民工劳动收入？这些因素对进城农民工劳动收入的影响是否存在显著的性别偏向？本文通过建立进城农民工收入方程并进行经验分析，旨在回答上述两个问题。

（二）理论准备与模型

现代人力资本理论认为，人力资本存在于劳动者本身，表现为知识、技能、智力、体力（健康状况）价值的总和。一个国家的人力资本可以通过劳动者的数量、质量以及劳动时间来度量。美国经济学家明瑟提出并首先使用的工资方程假定，已成为研究劳动力收入的经典模型。

明瑟方程认为，劳动者的工资性收入完全由劳动者人力资本和其他个

体特征决定，个人收入可以看作一系列人力资本变量的函数。即

$$Yi = f(H)$$

式中，Y = 个人收入，H = 人力资本变量。

为了更好地解释收入差距与人力资本之间的关系，可以同时对工资方程两端取方差，这样收入与人力资本之间的关系就可以表示为：

$$\mathrm{Var}(Yi) = M^2 \mathrm{Var}(Hi)$$

式中，M 为人力资本的市场回报。一般来说，在完善的劳动力市场上，M 为一个常数。

但是，当劳动力市场不完善时，人力资本回报通常不能用一个常数来表达，它可能会随着劳动力就业的地区、行业、职业及其工作经验等方面的不同而变化。在这种情况下，明瑟方程被进一步改写成如下形式：

$$Yi = \Phi[Mrf(Hi)]$$

式中，Yi 为个人收入，Hi 为人力资本变量，Mr 为人力资本回报变量。

在实证研究中，明瑟工资方程通常被作为估计人力资本回报的基本方法，其一般表达形式为：

$$\ln Y = X'\beta + \mu$$

其中，$\ln Y$ 为收入的对数；X 为一系列代表人力资本的变量（如受教育程度、工作经验、性别）；β 为待估计参数，一般被解释为人力资本的投资回报；μ 为误差项，且假设 $E(\mu) = 0$，也即 μ 满足期望值为零的假设。

二 经验验证

（一）数据、变量与研究假设

经验分析使用的数据基于武汉市进城农民工调查，数据来源于中南财经政法大学梅建明主持的大规模进城农民工状况的调查。武汉市作为"九省通衢"，是人口流动的重要目的地，集中了大量进城农民工；而且武汉重、轻工业和服务业较发达，进城农民工的行业、区域分布比较均匀，这都使武汉在进城农民工研究方面具有较好的代表性。

为判定进城农民工劳动收入与其教育和经验的函数关系模型，本研究选取了13个变量，如表1所示。

表1　　　　　　　　　　　　变量及缩写

因变量	劳动收入	进城农民月收入（Y）
自变量	教育、经验	教育程度（edu）、外出打工时间（exp）
	自身因素	性别（gen）、年龄（age）、婚姻（ma）、来源地（pl）
	就业方式	就业单位（firm）、从事行业（ind）、就业性质（work）
	市民意识	市民身份影响（cit）、户籍是否重要（ins）、投保意愿（dema）

在已有理论和研究文献的基础上，加上经验判断，本文提出如下假设：

假设1：教育和工作经验对进城农民劳动收入具有正向影响；

假设2：教育和工作经验存在明显的性别偏向性，即教育水平和工作经验提高时，相对于女性进城农民，男性进城农民劳动收入增长可能更快。

（二）进城农民工教育、工作经验对劳动收入的影响

借鉴明瑟工资方程，本文建立教育、工作经验对劳动收入影响的明瑟工资扩展方程（方程1），同时，为了检验方程回归的稳健性，本文在回归结果中考虑了进城农民工自身因素、就业方式和市民意识三个指标，并具体操作化为相应变量群，分别纳入回归的变量组成不同的模型（即模型1至模型4）。回归结果见表2。

$$\ln Y_i = \beta_0 + \beta_1 edu_i + \beta_2 exp_i + \beta_i \sum x_i + \varepsilon_i$$

模型1至模型4回归结果显示，教育和工作经验对进城农民工劳动收入有显著正向影响。在控制了自身因素变量群、就业方式变量群和市民意识变量群的影响后，进城农民工教育水平和工作经验对其劳动收入的边际影响分别为0.17%和0.01%。在模型4中，进城农民工的年龄、婚姻、性别、单位性质、行业都显著影响其劳动收入：进城农民工主要依靠体力劳动，年龄越大收入可能越低，越年轻获得高收入的可能性越大，这反映了随年龄增长而出现的人力资本折旧；已婚比未婚农民工更可能获得高收

表2　　　　　　　　　　　明瑟工资扩展方程回归

	Model 1	Model 2	Model 3	Model 4
C	6.22***	6.31***	6.34***	6.32***
edu	0.18***	0.17***	0.17***	0.17***
exp	0.01***	0.01***	0.01**	0.01**
age		-0.01***	-0.01***	-0.01***
pl		-0.06	-0.06	-0.06
ma		0.25***	0.24***	0.25***
gen		0.20***	0.17***	0.16***
firm			-0.18***	-0.19***
ind			0.12***	0.12***
work			-0.03	-0.03
cit				-0.03
ins				-0.01
dema				0.08*
Fit	F=24.13 P=0.00 adR²=0.07	F=15.06 P=0.00 adR²=0.12	F=15.13 P=0.00 adR²=0.14	F=9.40 P=0.00 adR²=0.14

说明：*、**、***分别表示 $p\leqslant 0.1$、$p\leqslant 0.05$、$p\leqslant 0.001$；C表示常数项；Fit栏表示模型检验信息；因变量为进城农民月收入额度对数值 $\ln Y$。

入；男性比女性农民工更可能获得高收入；就业单位较为灵活的（个体、私企等）比就业单位较为稳定（国有、外企等）的农民工更可能获得高水平收入；就业行业较为稳定（建筑业、制造业等）的比就业行业稳定性较差（餐饮业、商业等）的农民工更有可能获得高收入。检验结果证明了假设1的正确性。

（三）进城农民工教育、工作经验劳动收入回报的性别偏向检验

第一，进城农民工教育、工作经验劳动收入回报的斜率虚拟变量模型检验。为了更好地检验教育和工作经验在影响进城农民劳动收入方面是否存在明显的性别偏向，本文选取了斜率虚拟变量模型：

$$\ln Y_i = \beta_0 + \beta_1 edu_i + \beta_2 exp_i + \beta_4 edu_i \times gen_i + \beta_5 exp_i \times gen_i + \beta_i \sum x_i + \varepsilon_i$$

回归中分别纳入控制变量，组成不同的模型（模型1至模型5），检验结果见表3。

表3　　　　　　　　教育、工作经验劳动收入性别偏向检验

	Model 1	Model 2	Model 3	Model 4	Model 5
C	6.11***	6.21***	6.39***	6.42***	6.40***
edu	0.18***	0.12***	0.12**	0.12***	0.12***
exp	0.01***	0.02***	0.02***	0.02***	0.02**
gen	0.18***	0.00	0.02	0.01	0.01
edu × gen		0.10	0.09	0.08	0.08
exp × gen		-0.02	-0.01	-0.01	-0.01
age			-0.01***	-0.01***	-0.01***
pl			-0.07*	-0.07*	-0.07*
ma			0.25***	0.23***	0.24***
firm				-0.18***	-0.18***
ind				0.12***	0.12***
work				-0.03	-0.02
cit					-0.02
ins					-0.01
dema					0.07*
Fit	F = 21.209　P = 0.00　adR² = 0.089	F = 14.090　P = 0.00　adR² = 0.095	F = 12.057　P = 0.00　adR² = 0.125	F = 10.406　P = 0.00　adR² = 0.143	F = 8.424　P = 0.00　adR² = 0.13

说明：同表2。

通过分析检验结果表发现：其一，教育对进城农民工劳动收入的影响没有显著的性别偏向，男性与女性接受同一"单位"的教育，对收入的影响没有显著的差异；其二，工作经验对进城农民劳动工收入的影响没有显著的性别偏向，相对于女性，男性进城农民群体工作经验增长的收入回

报率并不会明显偏高。

第二，性别的影响稳定吗？综合以上各模型回归结果发现，性别在各模型中对因变量的影响并不稳定。为了更为深入、全面地分析性别的作用及其稳定性，本研究将五个回归方程及其回归结果进行了比较。其中，方程4、5、7是上文中的回归方程，方程3是在方程4的基础上去掉了性别自变量，而方程6则是在方程7的基础上，去掉了性别自变量。

$$\ln Y_i = \beta_0 + \beta_1 edu_i + \beta_2 exp_i + \beta_i \sum x_i + \varepsilon_i$$

$$\ln Y_i = \beta_0 + \beta_1 edu_i + \beta_2 exp_i + \beta_3 gen_i + \beta_i \sum x_i + \varepsilon_i$$

$$\ln Y_i = \beta_0 + \beta_1 edu_i + \beta_2 exp_i + \beta_3 (edu_i)^2 + \beta_4 (exp_i)^2 + \beta_i \sum x_i + \varepsilon_i$$

$$\ln Y_i = \beta_0 + \beta_1 edu_i + \beta_2 exp_i + \beta_4 edu_i \times gen_i + \beta_5 exp_i \times gen_i + \beta_i \sum x_i + \varepsilon_i$$

$$\ln Y_i = \beta_0 + \beta_1 edu_i + \beta_2 exp_i + \beta_3 gen_i + \beta_4 edu_i \times gen_i + \beta_5 exp_i \times gen_i + \beta_i \sum x_i + \varepsilon_i$$

根据各回归方程，组成不同的模型（模型1至模型5），回归结果见表4。

（1）性别对模型中其他自变量影响不大，将其纳入模型并未影响其他变量回归结果的稳定性，性别与其他变量对因变量的交叉影响也不显著。

（2）性别对收入水平的影响显著并且稳定，结合上文逐步纳入的回归模型以及此处回归结果，可以发现性别对因变量有显著影响，在其他因素相同时，男性比女性进城农民工获得高收入的可能性较大。

（3）回归结果中，教育有明显的性别倾向（模型4），提高1个"单位"的教育水平，男性可能比女性增加的收入要多。但在模型5中，将性别因素独立纳入方程，发现性别、性别与教育乘积、性别与经验乘积三个变量都变得不显著了。这表明，对于进城农民工而言，教育和经验对收入的影响没有明显的性别偏向，男性和女性进城农民工增加1个"单位"的教育水平和工作经验，所带来的收入效应不存在明显差别。

（4）综合各回归结果，可以判定，性别影响收入既靠其"直接影响"，也有赖于性别与其他自变量的联合作用。但是，其中起决定作用的是其"直接影响"，性别与其他自变量的联合作用对进城农民的收入影响较小，是可以忽略不计的。

表4　　　　　　　性别对收入作用的稳定性检验

	Model 1	Model 2	Model 3	Model 4	Model 5
C	6.37***	6.32***	6.38***	6.40***	6.40***
edu	0.17***	0.17***	0.08	0.12***	0.12***
exp	0.01***	0.01**	0.03***	0.02**	0.02**
gen			0.16***	0.16***	0.01
edu^2					0.01
exp		0.001**	du×gen	0.08***	0.08
exp×gen				-0.01	-0.01
age-	0.01***	-0.01***	-0.01***	-0.01***	-0.01***
pl	-0.06	-0.06	-0.07*	-0.07*	-0.07*
ma	0.24***	0.25***	0.23***	0.24***	0.24***
firm	-0.19***	-0.19***	-0.18***	-0.18***	-0.18***
ind	0.18***	0.12***	0.13***	0.12***	0.12***
work	-0.02	-0.03	-0.02	-0.02	-0.02
Cit	-0.03	-0.03	-0.03	-0.02	-0.02
ins	-0.02	-0.01	-0.01	-0.01	-0.01
dema	0.08**	0.08*	0.08*	0.07*	0.07*
Fit	F=9.174 P=0.00 adR^2=0.126	F=9.40 P=0.00 adR^2=0.14	F=8.39 P=0.00 adR^2=0.14	F=8.424 P=0.00 adR^2=0.15	F=9.09 P=0.00 adR^2=0.13

说明：同表3。

三　结论、可能的解释与若干思考

（一）简单结论

（1）教育和工作经验对进城农民工劳动收入有显著的正向影响，证明了假设1。

（2）男性和女性进城农民工教育和工作经验的劳动收入回报方面不存在明显差异，没有显著的性别偏向，未能证明假设2。

（3）进城农民工性别对收入有显著影响，但性别变量作用于因变量主要依靠其"直接影响"，性别与教育、工作经验的联合作用对进城农民工的收入影响较小，性别偏向不显著。

（二）可能的解释

（1）教育对进城农民工劳动收入有显著的正向影响，这证明了教育是人力资本的重要内容，对收入具有显著的正向影响，进城农民工教育投资的产出是正向性的。

（2）本文研究发现教育和性别对收入的影响不存在显著的性别差异，这可能与张车伟、蔡昉等的研究结论存在一定差异，大部分已有的研究均认为教育和经验增加对于收入增加存在性别差异。部分学者认为女性教育水平和经验增长对收入的正向作用大于男性，而另外一部分学者则持相反的观点。

结合实际当中的个案研究，我们在调研中也发现若干可以支持这一研究结论的"依据"。由于进城农民工大多从事较为粗重、待遇较低的工作，岗位对教育水平和工作经验要求较低，虽然男性比女性进城农民工获得高收入的可能性更大，但是，由于男女进城农民工的收入普遍较低，而且增速缓慢、增长空间有限，所以现实情况是，即使男女进城农民工教育水平和工作经验有所提高，其收入的提高也是非常有限的，收入的增长额度不存在明显的性别差异。而且，随着年龄的增长，男性和女性进城农民工的劳动能力都受到了限制，都可能逐步被劳动强度要求较高的工作岗位"淘汰"，开始从事一些劳动强度要求相对较低的工作，两个群体所从事的工作开始趋近，劳动收入也开始趋近。在这一阶段，教育水平提高、工作经验进一步增长，劳动收入并不再呈现男性偏向。

同时也要强调，此处可能的解释仅是为关注此话题的学者提供一些资料和证据，并非要论证本研究结论的唯一正确性。相反，这一命题在今后很长一个时期都是非常值得研究的。

（三）若干思考

第一，重视进城农民工教育水平的提升，大力发展职业教育和培训。对于当前中国进城农民工群体而言，教育水平和工作经验对其收入有明显的正向作用。所以，投资农村教育和职业培训将有利于提高进城农民工的文化程度和技能水平，有利于增加其获得更高收入的可能性，有利于推进我国新一轮的经济结构调整和产业升级，而且从长远来看，最终也会有利于缩小社会收入差距。国家应进一步加大对城乡基础教育投入，扩大向贫困地区和低收入群体财政转移支付，保证城乡学龄儿童均能完成义务教育。国家应着力发展并规范一个包含中职学校、企业和社会承担的综合职业教育与培训体系，与此同时，如何保证现有国家资助的劳动力城乡转移培训体系发挥应有作用也是当务之急。

第二，消除劳动力市场的性别歧视。虽然回归结果显示教育和经验对收入的影响不存在显著的性别偏向，但是，这并不否认性别因素影响进城农民工的劳动收入（前文回归结果已经证明）。结合调研中的发现，可以肯定当前性别因素仍显著影响着我国进城农民工的就业和收入水平。一个规范、平等、摒弃性别歧视的劳动力市场是值得探索和建设的。各级政府应在全社会宣传男女平等、反对性别歧视的观念，着力完善相关法律法规，保证女性进城农民工享有平等的就业权利和待遇水平，用人单位在招聘中性别歧视应受到经济和法律上的惩罚。

（原载《组织行为与人力资源管理》2011年第4期　作者：邓大松　张天昱）

城市化进程中失地农民福利水平的调查

随着我国城市化、工业化进程的加快，土地资源尤其是耕地资源的占用，使部分农业用地变为非农用地，部分农民变成失地农民。由于我国二元经济社会结构的现状以及政策法规不完善等原因，农民失去土地的同时，也失去附着于土地上的一系列权益。目前，失地农民的土地保障正逐渐消失，而其他形式的社会保障尚未建立或完善，失地农民面临生活、就业和社会保障一系列问题。如何妥善解决失地农民的生活和就业问题，尤其是他们的社会保障问题，越来越引起社会的广泛关注。

目前，国内对失地农民福利状况的研究主要关注农民失去土地对其生存状况的影响。比如，2003年，国家统计局对2942户失地农民进行调查，被调查对象耕地被占用前年人均收入为2765元，耕地被占用后年人均收入为2739元，收入下降1%。在被调查的对象中，有1265户年人均纯收入增加，占总调查数的43%左右；持平的共有324户，占11%左右；下降的则有1353户，占总数的46%左右。[1] 对失地农民就业情况的研究也是一个重要方向。在国家统计局抽样调查的2942户失地农民家庭中，共有劳动力7187名，耕地被占用后外出务工人员为1784名，占总数的24.8%；从事第一产业的1807人，占总数的25.3%；从事第二、第三产业的1965人，比重为27.3%；而有1434人土地被占用后没有工作意向，占20%左右；仅有2.6%的人在征地时被安置就业。[2] 可见，失地后无法就业的农民比重较高。耕地被占用除了会影响农民基本生存和就业的福利水平，还会带来其他的福利损失。陈莹、张安录通过对武汉地区失地农民

---

[1] 毛峰：《政府该为失地农民做什么——对2942户失地农民的调查》，《调研世界》2004年第1期。

[2] 同上。

进行调查发现,尽管农村的基础设施和交通状况在征地后得到较大改善,却带来农村社会治安水平下降及生态环境遭受破坏等问题,这也是一种福利损失。①

一 城市化过程中失地农民福利水平的衡量标准

目前,主流的福利理论流派包括客观主义福利理论、功利主义效用福利理论和功能与能力福利理论,其中第三种福利理论的代表人物是阿玛蒂亚·森,他提出将功能与能力作为指标来考察福利水平。根据这一流派的观点,个人的福利不仅在于其所占有的资源及其效用,更取决于个人功能及其能力的集合。这种观点的视角既考虑了个体选择自由度,也考虑了个体间的差异;既考虑了既得福利,也考虑了潜在福利,从而有效弥补了传统福利理论在福利测量上以物为主的缺陷。此后,许多学者站在功能与能力福利理论的角度重新对福利进行了审视和研究。需要注意的是,目前国内学术界就失地农民福利指标和水平的衡量还没有形成共识。本文基于功能与能力福利理论的视角,从以下几方面考察和衡量失地农民的福利损失情况。

(一) 失地农民经济状况指标

经济状况指标最直接地体现为农民经济收入的绝对数和相对数,是福利水平最重要的指标。土地是农民最重要的收入来源,农民失地后将会极大地影响其福利状况。因此,失地农民经济状况指标是衡量其福利水平最重要的考察指标。

(二) 失地农民获取资源的功能与能力指标

这一指标是从功能与能力福利理论中引申出来的。对个体而言,福利的增长不仅在于个体对资源的占有情况,更在于提升其占有和利用资源的能力。农民占有和利用资源的最主要的方式和途径在于土地,尤其是对于单纯依靠土地生存的单一农业劳动者,失地意味着农民获取资源的功能与

---

① 陈莹、张安录:《武汉市城乡结合部征地制度调查研究——基于农户与村级问卷调查》,《广东土地科学》2006 年第 4 期。

能力下降，从而使福利受损。因此，考察失地农民获取资源的功能与能力指标是衡量其福利损失的重要指标。

（三）失地农民福利水平再生指标

这是对第二个指标的延续。由于征地导致农民功能与能力福利下降，所以是否具有潜在途径和方式实现福利水平的再生也是一个重要的福利指标。如，单纯从事农业生产的农民，其福利水平损失可能会更大，而对于那些从事多种副业或就业能力较强的农民，通过再就业等方式提升其功能与能力福利，实现福利水平再生的可能性更高。这一指标还可以继续细化为再教育和再就业两个指标。

（四）失地农民福利补偿指标

我国耕地被征用的原因很多，对于那些被征地的农民，国家和政府会进行补偿以弥补其福利损失。目前，货币补偿是最常用的方式。但这种方式未必能完全弥补土地被征用而带来的福利损失，而更多的是从经济绝对值上加以弥补。本指标对于难以采用经济指标衡量的福利损失及货币补偿方式的效果加以衡量，比如，失地之后农民的再就业问题及城市化进程中农民市民化可能遭受的潜在福利损耗等。

（五）失地农民社会保障损失指标

我国农村社会保障体系还很不健全，土地承担了很重要的保障功能。而在耕地被占用且社保制度尚不完善的情况下，这种制度缺口将会导致失地农民社保损失，进而影响其福利水平。因此，也需要纳入衡量体系中。

二 失地农民福利水平的调查结果分析

为了对失地农民的福利情况进行具体分析，本文选取广东省佛山市周边地区作为样本，通过对失地农民的随机抽样来获取相关信息。课题组向塘头村、石头村、大江村、平胜村四个样本村共发放问卷500份，每个村各发放问卷125份，回收农户有效问卷469份，回收率达93.8%。其中，塘头村回收112份、石头村回收120份、大江村回收123份、平胜村回收114份。调查对象为2000—2008年间土地被一次性征收的农民，而这些农民已由原先的农业户口转为非农业户口。调查对象年龄在35—60岁之间,男性占57%,女性占43%,文化程度为初中或高中。

(一) 调查地区失地农民的福利水平

第一,失地农民经济状况。根据调查问卷统计,在土地被征用前,失地农民家庭收入主要为务农收入,以此为第一收入来源的农户有64%,年收入在1万—3万元的占45.07%,年收入1万元以下的占36.62%。在失去土地后,农民的收入结构发生很大改变,失地农民逐渐改变以经营土地为主的传统生产方式。统计显示,在劳动年龄的失地农民中,经营商业店铺的约占16%,经营运输的约占17%,参加集体经营的约占22%,在外打工的约占30%,失业在家的约占14%(包括季节性失业和自愿性失业),其他为1%。失地后农民年收入有所增加,年收入在3万—6万元的占42.25%(见图1和图2)。

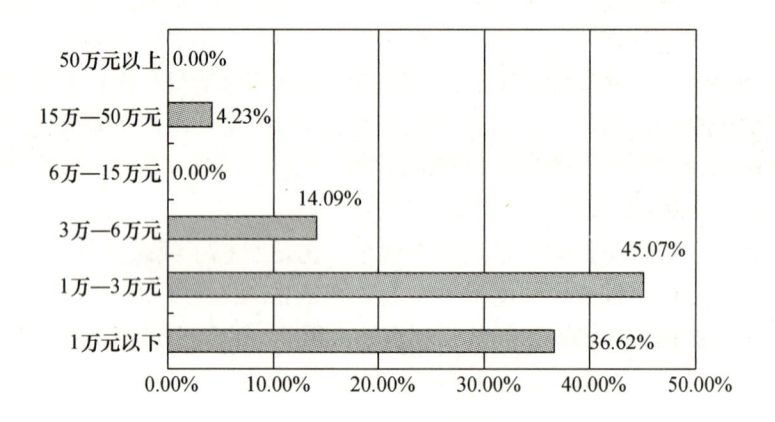

图1 调查对象失地前家庭年收入

第二,失地农民就业状况。失去土地后,农民名义上是城市居民,但很多农民短期内难以融入城镇居民行列,这是我国经济转型时期普遍存在的现象,因为失地农民在职业和身份上存在亦工亦农、亦城亦乡的模糊特征。失地农民在失地前主要依赖土地生存,从事田间耕作,劳动技能单一;失地后,由于缺乏非农产业技能,大多数农民找工作存在困难。调查结果显示,80.28%的失地农民找不到工作,仅有19.72%的失地农民认为找工作不困难。因此,失地农民迫切需要接受再就业培训,以便由"体力

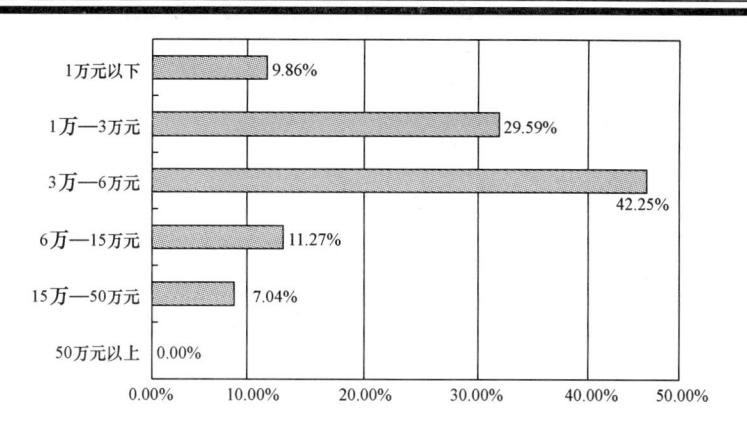

```
1万元以下      9.86%
1万—3万元     29.59%
3万—6万元     42.25%
6万—15万元    11.27%
15万—50万元   7.04%
50万元以上    0.00%
```

图 2　调查对象失地后家庭年收入

"型"逐步向"技能型"农民转变，增强就业能力和自身素质，以适应竞争日益激烈的就业市场。在调查对象中，67.60%的失地农民愿意参加政府提供的培训，而这些人中80%以上都是30—45岁的青壮年劳动力，具有强烈的再就业愿望和良好的培训潜力。因此，政府为失地农民建立相应的再就业技能培训机制非常重要（见图3和图4）。

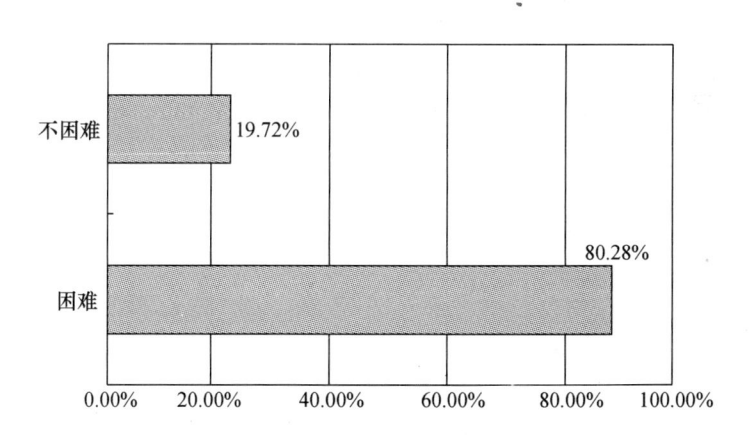

```
不困难   19.72%
困难     80.28%
```

图 3　调查对象失地后再就业情况

第三，失地农民福利补偿状况。在征地补偿形式上，调查地区主要采取货币安置的形式，具体分为一次性货币安置与分期货币安置，前者是对

愿意 32.39%

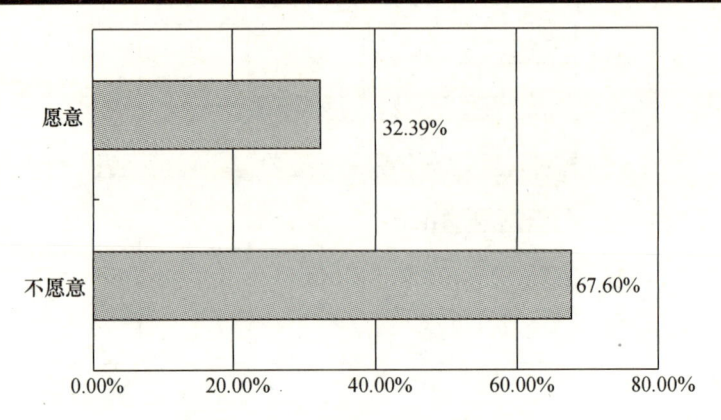

不愿意 67.60%

图4 调查对象接受培训意愿情况

失地农民一次性发放补偿金额，后者则是由征地单位或村级组织代理分期发放，期限通常规定为10年。征地过程中，土地的补偿标准为70000元/亩，青苗费为2500元/亩。如果所占土地为村民住宅，正房为1200元/平方米，东西厢房为700元/平方米。此外，村里还要留存部分征地补偿款用于交纳失地农民的养老保险等支出。最终，每户失地农民基本可以得到10万—30万元的补偿款，货币补贴金额超过15万元以上的占60.56%（见图5）。然而，失地后农民失去生活来源，生活成本无疑将增加。按照目前当地的房价和生活水平，这些土地补偿只能维持几年生活，农民普遍对未来担忧。

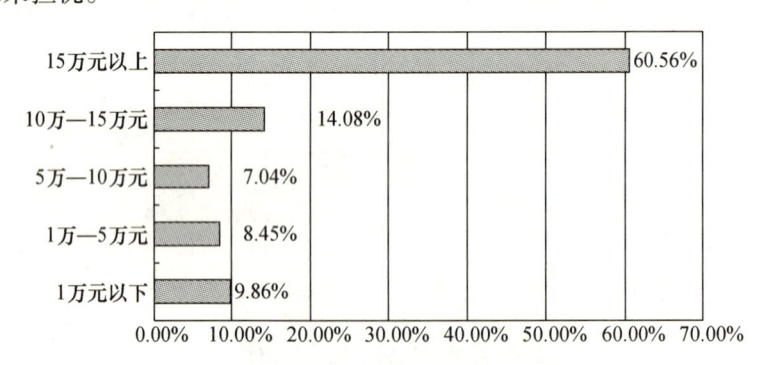

15万元以上 60.56%
10万—15万元 14.08%
5万—10万元 7.04%
1万—5万元 8.45%
1万元以下 9.86%

图5 调查对象安置补偿费获得情况

第四，失地农民社会保障情况。失地前农村的社会保障是以家庭保障为主，土地是他们赖以生存的基本保障。农民失去土地，也就失去了保障。根据调查，失地农民参加最多的是新型农村合作医疗，占45.9%；其次是养老生活补贴，占15.1%，且保障水平低，难以满足失地农民基本的生活需求。失地农民迫切需要获得相应的社会保障福利。调查中，53.52%的农民希望自己出部分或少许钱，参加政府提供的社会保障，29.58%的农民希望提供针对妇女、儿童、老年人的社会保障。

（二）结论

首先，对于失地农民而言，在失地之后受影响最大的方面是社会保障的福利损失。该福利损失来自城乡社会保障的不均等，失地农民迫切需要得到相应的社会保障福利，90%以上的失地农民希望参加农村社会保险，享受相应的妇女儿童和老年人的社会福利等。

其次，失地农民发展空间受限，有80%以上的失地农民因为生活环境和生存条件被改变，明显感觉到职业发展的困难，近70%的失地农民希望政府提供相应的技能培训和职业发展规划。

再次，失地农民征地补偿不足，有40%的失地农民感觉未得到足够的征地补偿。

最后，失地农民的经济收入从绝对数值上看并未减少，还稍有增加，但相对于生活成本的提高，失地农民的相对收入实际上大大缩水，影响到失地农民的生活质量。

由此可见，城市化进程中社会保障缺失、职业发展困难、对征地补偿满意程度低、失地农民相对收入减少构成了失地农民福利损失的主要方面。因此，建议应针对以上福利损失对失地农民进行补偿。

三 以福利补偿为基准的失地农民补偿建议

（一）完善城乡社会保障制度，建立综合性、多层次、立体化的社会保障体系

尽快实现城乡居民社会保障的均等化，保障失地农民及农村居民在养老保险、医疗保险和失业保险等方面享受和城市居民同等的待遇。可以由政府从集体征地补偿款中一次性全额划转部分资金，以补缴养老保险、医疗保险的相关费用，保证失地农民的社会保障水平基本接近普通城市居民

社会保障水平。努力提高基层卫生机构的综合卫生服务能力,逐步缩小城乡居民在卫生服务方面的差距。

(二) 完善城乡劳动就业制度

尽快提高失地农民的技能水平,促进失地农民稳定就业。顺利实现就业是解决失地农民生活来源、加快其生产生活方式转变和市民化进程的保证。应按市场化原则,制定并完善城乡统一的劳动力就业政策,建立统一的就业市场,实现城乡统筹就业。[①] 主要措施包括：首先,建立进城农民的就业培训体系,根据劳动力市场的需求与进城农民的文化基础、年龄阶段,有针对性地设计培训课程。该培训费用可由政府给予一定的财政支持。其次,建立以城市劳动力市场为中心,以街道、乡镇劳动力管理服务站为网点的就业服务网络,取消对失地农民在城市就业的种种限制。再次,鼓励用人单位在同等条件下优先吸纳失地农民,对解决失地农民就业问题的企业给予政策优惠。最后,鼓励失地农民就地创业,通过技术指导、企业管理培训等方式孵化小型和微型农民企业,多渠道解决失地农民就业问题。

(三) 加快土地制度的改革创新,实现失地农民从土地保障到社会保障的转变

完善货币化、市场化的征地安置制度,逐步建立"经济补偿、社会保障、就业服务"的三位一体新模式,实行土地征用与劳动力安置、建立社会养老保险的同步推进。根据农村经济发展和农民收入的增长状况,逐步提高土地征用补偿标准,并通过以土地换社保的办法,将土地补偿费和劳动力安置费优先用于解决失地农民的养老保险,实现社会保障对土地保障的有效替代。坚持市场化方向,实行统一征地,根据总体规划,按地段、地类等将土地划分成若干个片区,每一片区确定一个相对合理的基准地价,在统一征地时,实行统一的补偿标准。[②]

(原载《经济纵横》2012 年第 5 期　作者：邓大松　王　曾)

---

① 孙曼娇：《建立失地农民社会保障长效机制的思考与对策》,《市场周刊》(理论研究) 2010 年第 5 期。

② 苏东海、马鑫：《回族地区失地农民与城市社会的融合问题研究——以宁夏银川市为例》,《西北人口》2007 年第 6 期。

突破农民工医疗保险缺失困局
——基于社会排斥理论的视阈

改革开放30多年来，中国医药卫生事业得到较快发展，由城镇职工基本医疗保险、城镇居民基本医疗保险与新型农村合作医疗保险共同构成的社会医疗保障体系在保障城乡公众健康方面取得较大成效，但受特定社会历史背景与条件限制，中国社会医疗保险制度设计较缺乏完整性与连续性，难以满足城乡一体化与人口合理流动的要求。随着"流动时代"的到来，特别是每年数以亿计的农民工在城乡间迁徙，医疗保障领域的地域性阻隔日益凸显。医疗保险制度的碎片化使农民工群体陷入了医疗保险缺失困局，阻碍了其医疗保障权益的实现。对此，2012年6月国务院批转的《社会保障"十二五"规划纲要》就明确提出，要整合城乡社会保障制度，提高社会保险统筹层次，建立有效的社会保险关系转移接续制度。

法国学者勒内·勒努瓦（René Lenior）于1974年首次将"社会排斥"一词用于说明被排斥在正式就业岗位和收入保障制度外的特定的社会边缘群体的"被排斥"状态。① 本文基于社会排斥理论的视阈，探析农民工群体在医疗社会保险领域的"被排斥"现状及成因，在此基础上提出对策，突破农民工医疗保险缺失的困局。

---

① René Lenior, Les Exclus, Un Francais sur Dix, 2nd ed., Paris, Seuil, 1974, Quoted in Hilary Silver, Social Exclusion and Social Solidarity: Three Paradigms, *International Labor Review*, 1974, 133 (5-6), pp. 531-578.

一 结构性社会排斥下的农民工医疗保险缺失

在中国的社会转型过程中,城市社会通过制度性与非制度性的纵向积累与横向传递,形成一个社会排斥系统,阻碍农民工群体流入城市后的身份转变和城市融入。结构性社会排斥是指因为社会结构不合理而形成的社会排斥,通常指通过制度确定下来的社会等级结构及社会发展过程中自发形成的社会分层。城乡有别的户籍制度与二元社会保障体系都显露出政府对待城市与农村公务服务方面的政策差异,促成对农民工的结构性社会排斥。医疗保险关系转移接续的困难常常将农民工群体排斥于医疗保障体系之外,其医疗保险缺失是医疗保险制度结构性排斥的产物。

(一)结构性排斥的根源:户籍制度

中国现行户籍制度可提供与户籍身份相关的就业、社会保障与公共福利等诸多相关资源,故人们将其当成中国城乡二元结构及城乡二元分割政策的根源。[①] 在中国城乡二元户籍制度下,农民工拥有农村户籍,在城市务工和生活,由于其非农非工的特殊身份,人们未能将其纳入惯常社会场域中的某一群体,只能将其定位于特殊的"边缘群体"。

在僵硬的户籍制度基础上形成的城乡二元社会结构把城市劳动力市场分割为一级劳动力市场与二级劳动力市场,受户籍身份限制,绝大部分农民工只能到二级劳动力市场寻找就业机会,其就业通过非正规就业渠道或被非正规就业单位吸纳。绝大多数农民工未与用人单位建立正规劳动关系,其应享有的劳动保护与劳动者权益都常常难以得到保障,故用人单位将农民工纳入医疗保险范围责任的履行更无从谈起,农民工难以享受户籍制度基础上的相关社会保障与公共福利资源[②]。即使用人单位愿意履行为与之建立劳动关系的农民工缴纳医疗保险费,但由于农民工流动性大,用

[①] 冷向明、德德兴:《新生代农民工融入城镇:政策困境及其研究——基于公民身份的视角》,《社会主义研究》2013年第2期。

[②] 谢小青、冯桂林:《农民工"市民化"进程中社保险种选择的障碍与对策研究——以湖北省为例》,《江汉论坛》2009年第7期。

人单位变更频繁使得劳动关系不稳定，从而出现缴费主体缺位。

与此同时，中国城乡二元户籍制度已内化为农民工群体价值取向的一部分，他们习惯了由身份差异带来的差别对待，习惯了农村社会保障资源与责任，默认自身只能够享受土地保障与家庭保障，从而较难认同"城市特有"的社会保险制度，这强化了农民工群体在医疗保障领域的结构性排斥。

（二）结构性排斥的强化剂：医疗保险制度

伴随户籍制度排斥的同时，诸多具有城乡二元分割色彩的制度或政策也使农民工群体遭到社会排斥。带有碎片化特征的医疗保险制度固化乃至强化了由户籍制度等引发的对农民工群体的结构性排斥。

医疗保险制度是指一个国家或地区按照保险原则为解决居民防病治病问题而筹集、分配和使用医疗保险基金的制度，是居民医疗保健事业的有效筹资机制，其目的在于保障城乡居民身体健康，提高人民身体素质。中国在农村地区推行的新型农村合作医疗制度对保障农村居民的基本健康权利发挥了积极作用，但对农民工来说，"边缘群体"的身份阻碍其享有城市居民享有的医疗社会保障，又常常因为流动频繁而难以顺利享有农村居民应该享受的医疗保障权益。农民工群体被排斥于医疗社会保障体系之外，极易受到各种市场化风险的冲击，陷入看病难、看病贵的困局。

医疗保险制度强化结构性社会排斥的表现分为以下几个方面：

首先，农民工参加城镇职工医疗保险困难重重[1]。就企业而言，为农民工缴纳社会医疗保险项目会在一定程度上增加雇用成本，许多私营企业把农民工群体的基本医疗权益看作多余或奢侈品，甚至有部分中小企业强制农民工签订霸王条款甚至拒签合同，拒绝为农民工缴纳医疗保险费用。就农民工群体而言，一方面由于其为保住生存所需的"饭碗"，一些农民工会忍受企业提出的不合理条件，放弃参加医疗保险的要求；同时，城镇职工基本医疗保险缴费相对较高，农民工群体无力承担。除此之外，农民工群体医疗保险意识相对较差，认为把工资一部分用于缴纳医疗保险费没必要且不放心。就政府而言，作为可以为农民工权益提供保障的劳动保障部门及工会组织存在如各自为政、工作不协调等问题，劳动保障部门监察

---

[1] 吴少龙、凌莉：《流动人口医疗保障的三大问题》，《中国卫生政策研究》2012年第6期。

力量薄弱，程序复杂，缺乏有效监督手段，企业不参保而受罚的金额大大低于参保缴费成本，客观上导致企业选择受罚而拒绝参保。

其次，农民工参加城镇居民医疗保险难。从现行医疗保险计划政府补贴的配套比例来看，地方政府对城镇居民医疗保险计划负有相应的财政补贴义务，地方财政在本地户籍人员的各项民生政策推行过程中承担着较大财政责任，故大部分城镇居民医疗保险计划将非本地户籍人口排除于制度之外。农民工群体被排斥在城镇居民医疗保险计划之外。

再次，农民工享有新型农村合作医疗制度待遇难。新型农村合作医疗是为农民设计的医疗风险分散计划，费率较低且享受国家财政补贴，这一医疗计划受到农民工关注，并且倾向于积极参保，但新型农村合作医疗的管理原则为属地管理，参保群体仅能够在参保地，即输出地享受相应医疗保险待遇，在参保者离开参保地外出务工或经商时难以享有医疗保障权益。由于农民工群体流动性大以及医疗保险手续转移接续存在障碍，农民工群体的医疗保险权益难以得到有效保障。

最后，专门的农民工医疗保险计划不完善，农民工群体受益难。部分地区根据农民工群体收入水平低、参加城镇职工或居民医疗保险较难以及享有新农合医疗保险待遇难的现状，为其设计了专门的医疗保险项目，但这一医疗保险存在诸多问题：一方面，医疗保障项目与农民工的实际需求脱节，这一专门的医疗计划为农民工提供大病住院保障，由于进城农民工群体中青壮年人口的比例相对较高，其大病住院概率相对较低，他们中的很大部分人被排斥在迫切需要的常规门诊医疗保障范围之外；另一方面，针对农民工群体的医疗保险方案较少涉及农民工老年医疗保障问题，许多地方规定农民工达到法定退休年龄时用人单位不再继续为其缴纳医疗保险费，其医疗保险待遇会随用人单位缴费停止而终止，顺延其医疗保险关系的相关政策缺失，最终仍然导致农民工群体被排斥于医疗保险制度之外。

二 农民工医疗保险缺失的危害

（一）医疗服务可及性难保障

农民工医疗保险缺失导致农民工群体医疗服务的地理与财务可及性无

法保障[①]。一方面，医疗服务地理可及性不足。部分农民工被排斥在城镇职工或居民医疗保险制度之外，只能参加户籍所在地的新型农村合作医疗，这样当其遭受疾病风险时只能选择回乡治疗，地理可及性较低。与此同时，各项医疗保险制度间转移接续难，而农民工群体流动频繁的同时其医保关系却未实现转续，这使得他们难以在务工地及时享受医疗保险待遇，从而导致农民工医疗服务地理上的可及性难以保障。另一方面，医疗服务财务可及性不足。具体表现为政府对农民工医疗保险制度的财政补贴责任缺失和农民工自费就医。从当前医疗保险计划政府补贴的配套比例来看，地方财政需要承担部分责任，但自分税制改革开始，地方财政收入占财政收入的比重不断降低，而同时推进的各项民生项目均需地方政府提供配套资金，财政收入不断上移的同时支出责任不断下移，收入与支出责任不符，地方财政以财力不足逃避设立农民工医疗保险项目的责任。同时，大部分农民工不能享受所在城镇的医疗保险待遇，当遭遇疾病风险时，只能自费在务工地就医，经济负担沉重。

（二）不利于城市化进程的推进

国家为人民提供医疗保险计划的目的不仅是维持社会稳定，而且更加注重提高人民健康水平与促进社会经济发展。改革开放以来，中国城市化进程明显加快，农民工市民化势不可当。农民工群体流入城市的原因也逐渐由谋生转向发展，然而当前现有制度设计始终以城乡二元分割的户籍制度为前提，就医疗保险制度而言，部分农民工群体被排斥在流入地城镇基本医疗保险制度或新农合制度之外，农民工群体在城镇中缺乏应有的医疗保险制度的保障，这不利于劳动力市场的自由流动，减弱了城市对农村劳动力的拉力。与此同时，部分地区专门设计的农民工医疗保险计划未能充分考虑到农民工群体转化为市民后的相关问题，如保当期原则，虽然能够一定程度上缓解农民工的缴费负担，但无累计缴费年限制度的保障，农民工群体一旦停止缴费，就会失去医疗保障，这一制度设计具有明显的负外部性。如此，农民工群体可能由于受到输入地基本社会医疗保险制度排斥而无法享受应有的医疗保险待遇，最终面临返回原籍的处境，使得城市化

---

① 赵斌、王永才：《农民工医疗保险制度碎片化困境及其破解》，《中国卫生政策研究》2009年第11期。

进程受阻。除此之外，即使农民工加入了流入地为他们设计的专门医疗保险制度，也会随其退出劳动力市场而失去相应医疗保险待遇，且户籍限制其享受当地医疗社会救助等，迫使其最终离开城市返回输出地，这在不利于农业产业化发展的同时减缓了城市化进程的步伐。

（二）阻碍全民医保目标的实现

农民工医疗保险的缺失，阻碍全民医保目标的实现，不利于社会公平公正。全民医保包含三个层面的含义：第一，全民覆盖。指在政策制度规定和贯彻执行层面，都应把所有国民纳入医保制度覆盖范围，使得人人均可享有医疗保险服务，农民工群体不应被排斥在医疗保险制度之外。第二，筹资和医疗费用全民分担。指医疗保险筹资和医疗费用负担的公平性，实现不同收入水平与不同健康程度的人群间的风险分摊。第三，均等化。指医疗保险水平与医疗服务利用的均等化，保障人人享有基本医疗服务。中国当前的社会医疗保险制度因人而异，难以保障人人公平享有医疗保险，同时，城乡、地区及人群分割下的医疗保险制度碎片化阻碍医疗保险充分发挥应有作用，不利于实现全民医保和社会公平公正。

三　农民工医疗保险缺失困局的破解之道

（一）以"分类分层纳入"为过渡

中国的医疗保险体系主要由城镇职工医疗保险、城镇居民医疗保险与新型农村合作医疗组成，各地按照实际需要和为解决发展过程中的特殊问题而设立的医疗保险制度具有特殊性、短期性与过渡性的特点，一定程度上阻碍了中国医保一体化进程。中国医保制度应明确发展方向：以三大主体制度为主线，其他各项过渡性制度向三大主体制度靠拢转化，最终逐步实现医疗保险制度一体化。具体来说，在医疗保险制度推行过程中，不应直接针对新出现的不同群体设计多种医疗保险项目，可以将目标群体按一定标准划分为不同层次或类别纳入现有的医疗保险体系。与此同时，根据纳入人群的实际合理需要进一步完善现有的三大主体医疗保险制度。对农民工群体来说，可以根据其工资水平及劳动关系的稳定程度将其分类分层，部分农民工劳动关系较稳定且工资水平较高，其与城镇职工除户籍身份差异外其他差别较小，这部分农民工可以纳入城镇职工医疗保险体系；部分农民工劳动关系相对不稳定且工资水平低于一定额度，虽然在城乡间流动但不是以务农为主要谋生手段，这部分农民工可以纳入城镇居民医疗保险体系；此外还有部分农民工进城务工具有短期性、临时性和随意性，这部分以农村务农为主、进城务工为辅的农民工可纳入新型农村合作医疗保险体系。这样可以暂时解决农民工群体医疗保险缺失的难题，是农民工医疗保险缺失困局破解的过渡性解决办法。

(二) 以统筹城乡为改革导向

从实现城乡基本医疗保险制度的对接进而实现城乡统筹到最终建立覆盖城乡居民的医疗保险制度是未来中国医疗保障体系发展的必由之路。中国共产党十六届六中全会通过的《中共中央关于构建社会主义和谐社会若干重大问题的决定》明确指出至2020年要基本建立覆盖城乡居民的社会保障体系。十七届三中全会通过的《中共中央关于推进农村改革发展若干重大问题的决定》又进一步提出"大力推动城乡统筹发展，健全基本医疗卫生制度"。立足基本医疗保险制度碎片化的实际，按整合、衔接和统一三步走，建立统筹城乡的医疗保险。即首先整合城镇与农村的基本医疗保险制度，接着实现城乡基本医疗保险关系有效转续，最终统一城乡基本医疗保险制度。整合过程中应以城乡统筹为改革导向，注重为未来的制度转轨创造条件，降低乃至化解制度的转轨成本。以动态视角看待农民工群体参加医疗保险问题，顺应农民工向市民转化的大趋势，考虑城市化后农民工的医疗保障待遇的解决，积极探究农民工医疗保险关系及权益的转移接续办法，满足农民工群体流动就业时的医疗保险需求，这有助于促进劳动力在城乡间的有序流动，进而推动城市化进程。

(三) 构建制度模式统一且医保缴费年限互认的大一统制度

突破农民工医疗保险缺失困局的关键，是构建制度模式统一且医保缴费年限互认的大一统制度。首先，要打破城乡分割、地区分割、人群分割，规范、重组、协调和融合目前现有的医疗保险制度，建立相对统一与责任明确的医疗保险制度，逐步提升医疗保险筹资水平和统筹层次、缩小医疗保险待遇差异，建立统一模式的医疗保险制度。接着，落实医疗保险关系转移接续办法，实现医保缴费年限全国互认，累计合并计算。通过制定专业化、精细化的实施细则，克服各地医保政策繁杂、医保标准不一、管理模式各异等诸多问题，实现医保关系的相互对接与同频共振。原则上，医保基金是地市级统筹，实行"统账结合"的医保机制，故依附于基金之上的地方利益由此产生，医保互认不仅打破了地域与户籍限制，也将带来利益格局的调整。与此同时，农民工群体从农村等低缴费区域流入城市等高缴费区域，在当地享受高标准待遇，流入地的医保压力加大，医保基金可能难以满足需求。要实现顺利转移接续，就应化解城市等经济相对发达地区吃亏的风险，消除医保互认政策面临的执行难问题，以互利共赢的利益格局推动全国互认。最后，推动信息化建设，实现全国联网①。平衡好衔接地区间的利益与负担是实现医保全国联网的重要前提条件，在此基础上，以先进技术手段为支撑，实现医疗保险管理标准、医疗信息指标体系与编码体系的全国统一，方便全国范围的医保信息交换，从而顺利实现医疗保险关系转移接续。

（原载《江汉论坛》2013年第6期　作者：邓大松　刘国磊）

---

① 顾昕：《全民医保的新探索》，社会科学文献出版社2010年版，第37—55页。

第五篇

社会保障基金管理

企业年金资产配置模式研究及相关政策建议

实行专业理财,在保证资金安全的前提下获取较好的投资收益,让参保人员真正得到实惠,是企业年金基金市场化运营的重要目的。从国际经验来看,在谨慎原则的基础上,全球养老基金投资已经形成"数量限制"规则和"谨慎人"规则两种基本投资限制模式以决定资产配置。但从现实来看,尤其在我国,大多数机构投资者在企业年金实际投资运作过程中运用资产配置策略其实不是很多。究其原因,这既与我国资本市场发展阶段密切相关,也与企业年金资产规模占整个机构投资者整体资产规模的比例不大、企业年金基金投资限制较多等因素造成对企业年金基金资产配置方面研究的动力不足有关。作为社会保障体系的重要组成部分,企业年金基金投资不同于其他一般意义的基金投资,如何做到既注意企业年金基金的低风险偏好,又能较好地把握市场机遇,实现基金资产的保值增值,一直是困扰学术界的难题,并且直接关系到我国的社会稳定与经济发展。本篇旨在探讨资产配置策略对企业年金资产配置的指导和调整,通过合适资产的选择和有效组合,实现符合企业年金基金偏好的长期投资目标,以期为企业年金资产投资实践提供切实可行的理论依据。

一 企业年金基金资产配置状况与决策模式

资产配置是资金在各类资产之间的合理分配,可供分配的资产类别不仅包括大类资产,而且包括大类资产的细分类别。资产配置之所以成为企业年金基金管理的重要内容,是因为世界上没有一种绝对最优的单一资产,即一种收益很高同时风险又较小的资产供投资者选择,单一资产的收益和风险总是沿着同一方向变化,预期收益较高的资产风险也较大。对投资者

财务状况和投资目标进行全面的分析后,专业资产配置过程一般如下①:

第一,投资者会同投资顾问测算自身的投资目标,即收益率—风险目标,并给予详细说明。

第二,投资者会同投资顾问对各资产类别的期望收益率、风险及其相关性各项参数进行预测,选择最能够与投资者的投资目标相匹配的各种资产类别,它们构成的资产组合在一定风险下能够给投资者带来最大期望收益率,或在给定期望收益率条件下面临的风险最低。

第三,围绕资产组合的长期变动趋势,执行反映长期最优化的目标的战略资产配置决策。

第四,多数情况下,在构建基于长期目标的资产组合的基础上,投资者定期对资产组合进行最优化再平衡。也就是说,在战略资产配置决策的原则下,投资者制定战术资产配置决策或动态资产配置决策。

第五,投资者还需不时考察战略资产配置决策本身,以确保其符合投资者所处的现实环境、心理状态、资产组合中不同资产类别的前景以及对金融市场未来的市场预期。

随着资产配置理论研究的不断发展,投资手段的不断增加,以及世界各国人口及经济情况的不断变化,企业年金资产配置从开始单纯地配置于银行存款和国债发展到今天的资产配置国际化模式。作为企业年金投资过程中的最核心部分,长期的资产配置决策能够设计合理的资产组合,满足投资者在既定风险承受水平上投资收益的最大化,使受益人在退休后获得较高的替代率。了解企业年金资产配置发展的历史、现状和趋势,研究企业年金投资管理决策体系的不同,有利于我国企业年金的健康发展和企业年金基金资产配置研究。

(一)企业年金基金资产配置状况

1. 企业年金基金资产配置的发展阶段

---

① 此处引用戴维·M.达斯特(David M. Darst)在《资产配置的艺术》中的阐述。戴维·M.达斯特为摩根·斯坦利投资集团的创始人、首席投资策略师,其自始至终像信徒一样虔诚于资产配置。他将资产配置视为一项艺术、一门科学,并将自己数十年的实践经验精粹展示在《资产配置的艺术》一书中与无数或专业或业余的投资者分享。达斯特说:"在过去很多年来,摩根·斯坦利的资产管理人和研究策略师都强调资产配置在实现长期投资成功上的重要性。我写这本书是要向个人和专业投资者介绍在这方面的概念、工具与相关技巧。"

世界各国在养老保障制度具体设计方面所体现出的差异性使得不同国家的企业年金概念外延不尽相同。自从世界银行的"多支柱"养老模式普及以来，企业年金集中体现为一种职业福利，即第二层次的补充养老保险。在国外，"企业年金"这一称谓使用较少，通常被称为私营养老金计划，即由私营部门管理的、与职业相关的养老金计划。比如，在美国的通用称呼包括"私人养老金计划"或退休计划，这是因为，美国不仅企业有私人养老金计划，而且像行政事业单位也可以建立私人退休计划，因此在美国一般不称为企业年金。在这类养老金计划的运营过程中，如何对其进行资产配置一直是投资运作环节的重点。随着资产配置理论的不断发展，投资手段的多样化，以及世界各国人口和经济情况的不断变化，这类养老金计划的相关资产配置大致经历了三个发展阶段。

第一阶段是20世纪80年代，这一时期西方资本主义社会实体经济高速发展，养老金开支占政府财政开支总额的比重还比较低，金融市场的投资工具有限，所以在养老金的管理上，人们对通过资产配置来提高养老金收益动力不足。在这一阶段，养老金主要配置于银行存款和国债，这是由于银行存款和国债最能确保养老基金的安全稳定。这一时期，采取固定比例资产配置模式比较常见，比如以60%国内股票、30%国内债券和10%现金作为配置是比较有代表性的资产组合。

第二阶段是20世纪八九十年代初，由于经济的进一步发展，西方各国人口结构发生变化，养老开支日益增加，逐渐成为社会经济难以支撑的负担。在此期间，由于社会财富不断集中，流动性增大，人们的投资经营观念开始增强。随着股票和债券的投资收益率上升，越来越多的养老基金投资于企业股票和企业债券。于是，这一阶段的资产配置自然向收益更高的股票和债券倾斜。历史数据表明，20世纪60年代，养老金持有的股票市值占伦敦交易所的总市值不到10%，在纽约交易所占的比例更低。但是到了20世纪90年代初，这一比例在伦敦和纽约交易所均已超过了30%。随着养老金进入证券市场的比例不断增加，其已经成为证券市场主要的机构投资者，同时也推动了共同基金的发展，如美国的401（k）计划以共同基金作为最大的投资对象，其投资比例历年高达70%左右。

第三阶段是从20世纪90年代至今，随着世界经济一体化进程加快，资本全球化趋势增强，跨国投资成本不断降低，投资工具开始丰富，投资组合理论的实践已经证实多元化投资可以分散投资风险。这一时期，养老金资产配置呈现国际化和多元化的趋势，在各国纷纷放宽养老金投资比例限制的同时，养老金向海外证券市场投资的比例也不断增加。资产配置国际化的主要原因：一是随着经济全球化和资本全球化，跨国证券投资的成本不断减低，投资风险也更加易于控制；二是依据投资组合理论，养老基金的跨国资产配置可以在保证投资收益率的前提下，进一步分散投资风险；三是新兴市场国家资本市场的不断成熟，吸引了各国养老基金参与其间，追求更高的收益（见图1）。

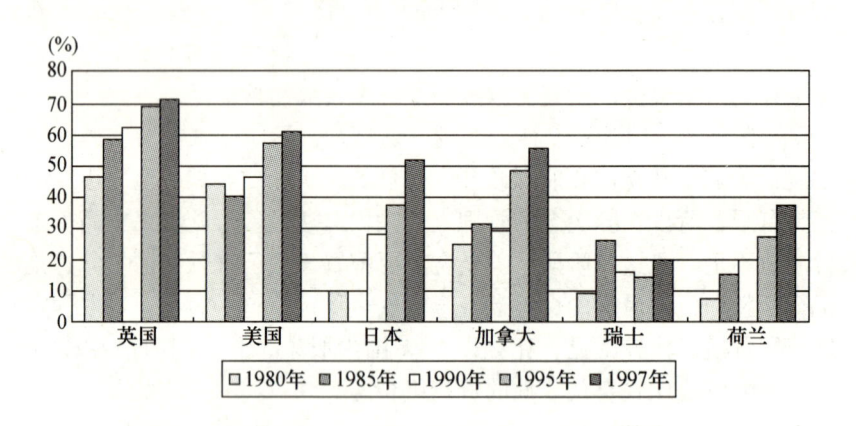

图1 20世纪八九十年代部分国家企业年金股票投资比例

资料来源：Davis, E. P., *Pension Funds, Retirement-income Security, and Capital Markets: An International Perspective*, Oxford: Oxford University Press。

除此之外，许多西方私人养老金管理机构开始尝试获取更高投资回报的资产配置策略。其中的另类投资，如私募股权投资、大宗商品投资，对冲基金投资等都开始进入养老金的资产配置组合中。出现以上变化的主要原因有以下三点：一是为了追求更高的潜在收益，养老金资产配置中必须加入风险投资；二是各种金融衍生工具的利用，可以缓解养老金资产配置收益的波动性；三是随着经济全球化和资本全球化的发展，跨国证券投资的成本不断减低，投资风险也更加易于控制，并且跨国资产配置可以在保证投资收益率的前提下，进一步分散投资风险。可见，从实践来看，养老金的资产配置也是随着市场发展而不断发展创新的（见表1）。

表1　　　　　　　2008年部分OECD国家养老金投资组合比例

单位:%

投资原则	国家	现金及存款	债券	货款	股票	不动产	共同基金	保障合同	私募基金	其他
谨慎人原则	美国	1.18	22.91	1.05	37.10	1.73	17.01	4.24	0.00	14.78
	澳大利亚	10.70	0.00	4.40	23.26	4.49	54.84	0.00	0.00	2.31
	加拿大	3.17	26.72	0.47	25.16	6.18	33.51	0.00	0.00	4.80
	意大利	7.49	39.91	6.95	8.03	4.82	9.11	23.42	1.22	6.01
	荷兰	4.77	37.46	3.73	37.28	2.66	0.00	0.00	0.00	14.10
	平均	5.46	25.40	3.32	26.17	3.98	22.89	5.53	0.24	8.40
数量限制原则	丹麦	0.64	54.32	1.45	11.56	1.19	6.17	0.00	0.00	24.57
	瑞典	3.00	57.92	0.19	13.67	4.68	16.71	0.00	0.00	3.84
	瑞士	8.76	26.39	4.96	11.69	10.78	31.30	0.00	5.44	0.67
	墨西哥	0.02	82.49	0.00	11.24	0.01	0.00	0.00	0.59	5.65
	德国	2.92	26.01	29.30	0.04	2.44	36.12	0.00	0.95	2.23
	平均	3.07	49.43	7.18	9.64	3.82	18.06	0.00	1.40	7.39

资料来源：2010 OECD Pension Statistics；Pension Markets in Focus，No.1，February。

2. 企业年金基金资产配置的发展趋势

从几个主要退休基金资产较为庞大的国家来看，其资产配置较大的权重是投资于股票市场以及债券市场。以英国和美国为例，2005年英国退休基金投资在本国股票市场的比例达34%，而投资在国际股市约为32%，虽然两者整体相加较1995年下降了16%，但在2005年仍有高达基金总额的66%投资在股票市场。美国的退休基金同样也有很大比例投资在国内外股票市场，投资额度在2005年年底时就已达基金总额的63%，截至2008年年底，在所有的401（k）计划中，也有高达56%的资金投资在美国股市中。但是与英国不同的是，美国退休基金对国内外股票市场的投资合计自1995年起提升了6个百分点，尤其是对国际股票市场的投资有明显的上升趋势，提高了8个百分点。在2006年年底，包括国内股票基金和国际股票基金在内的所有股票基金在美国养老金投资的共同基金的总盘中，已占高达70%的比例，如果再加上同样涉足股票的混合型基金，那么该比例则上升至84%。此处以美国第一大退休储蓄账户401(k)计划为例进行说明，1996—

2008年间，401(k)计划参与者资产配置情况如图2所示。

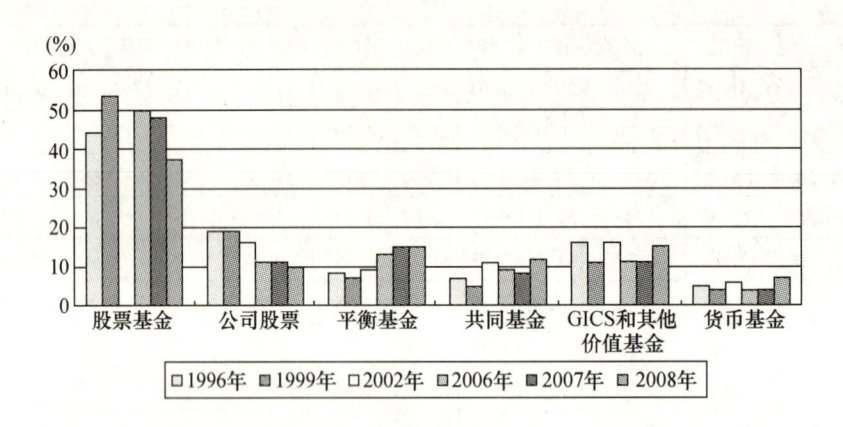

图2　1996—2008年美国401（k）计划的资产配置

资料来源：401（k）Plan Asset Allocation, Account Balances, and Loan Activity in 2008。

从图2可以看到，到2008年年底，401（k）计划参与者资产的40%投资于股票基金，16%投资于公司股票，9%投资于平衡基金，11%投资于共同基金，16%投资于担保投资合同和其他稳定价值基金，6%投资于货币基金。对于具体账户的资产配置特征，则取决于多种因素，例如年龄、养老金计划发起者为参与者提供的基金选择、计划的规模以及员工收入等。年龄因素是影响计划参与者选择其企业年金资产配置的一大重要因素，其中，年轻的参与者仍然倾向于在账户中持有高比例的股权资产，而年老的参与者倾向于投资更多的固定收益资产。如表2所示，截至2008年年底，20岁年龄层次的参与者其账户资产中有38%投资于股票基金；而60岁的参与者的账户资产只有大约28%投资于股票基金。在债券的投资上，60岁年龄层次的参与者选择其账户资产的14.5%投资于债券，而20岁左右的年轻人只有9.3%的资金投资于债券。

受益于过去20多年来美国股票价格一再稳步攀升，参与401（k）计划投资股市的雇员比其他仅投资债券或简单储蓄的雇员取得了更大的收益。截至2008年年底，美国401（k）养老计划账户余额平均为45519美元，但由于受到2008年全球金融危机的影响，相对于2007年也损失了31%（见图3）。

表2　　　　2008年美国401（k）计划各年龄段选择资产配置情况

单位:%

年龄（岁）	股票型基金	生命周期基金	平衡型基金	债券	货币基金	CICs及稳定价值基金	公司股票	其他	未来
20	38.0	15.3	12.7	9.3	5.5	8.4	7.8	1.3	1.3
30	47.0	9.1	8.8	10.3	5.2	7.4	8.7	1.9	1.4
40	44.1	6.8	8.2	10.9	5.7	10.4	10.1	2.3	1.2
50	35.2	6.2	8.3	12.7	7.3	16.2	10.5	2.5	0.9
60	28.0	5.5	7.7	14.5	9.4	23.2	8.4	2.6	0.7
全部	37.4	6.6	8.2	12.3	7.1	15.2	9.7	2.4	1.0

资料来源：401（k）Plan Asset Allocation, Account Balances, and Loan Activity in 2008。

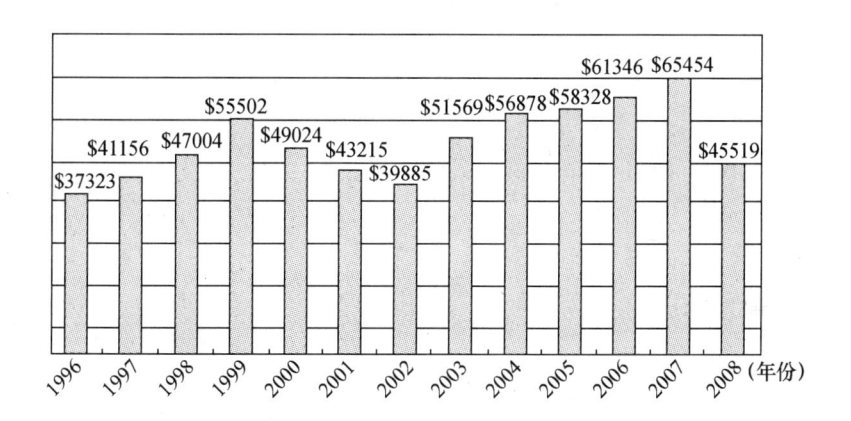

图3　1996—2008年美国401（k）计划账户平均余额

资料来源：401（k）Plan Asset Allocation, Account Balances, and Loan Activity in 2008。

当然，这不仅仅代表了美国退休基金的投资趋势，实际上除了瑞士以外，每个国家对于其本国以外的国际股票投资都有明显的上升趋势，说明各国养老金的资产组合也开始寻求国际多元化。根据OECD公布的《聚焦养老金市场》[①] 指出，在最近几年，世界各国退休基金投资呈现投资

---

① Pension Markets In Focus (2008).

类别齐全、风险分散国际化、收益率较高等特点。各国对于本国以外的国际股市投资皆有明显的增加现象，这是各国退休基金现在的投资趋势。养老基金投资国际多样化是利弊互现的。一方面，它可以使国家风险得以多样化，从而降低养老金的投资风险。例如，它可以减少投资面临的一国通货膨胀的风险，并使投资者有机会将资金转移到收益率更高的国家。另一方面，养老基金向国外投资，不仅要面临金融市场的各种风险，如汇率风险，而且也要面临资金转移风险、结算风险及流动性风险等。

总的来看，不同国家的养老基金资产配置呈现出以下规律：

第一，无论是发达国家，还是发展中国家，大多数国家的养老基金在现金及银行存款上的资产配置比例都不高。大部分国家保留现金及银行存款主要是为了满足短期支付的需要，以保证基金投资具有一定程度的流动性和安全性。持有流动性好的资产，一方面是为了在面临支付要求时能够立即变现而不受到损失，保证实现投资的内部价值；另一方面也是出于市场择时的投资需求。但是在通货膨胀率较高的国家，银行存款难以起到使养老基金的资产保值和增值的作用。

第二，欧美发达国家养老基金的资产配置策略可以分为英美体系和欧洲大陆体系两派。美英一派的养老基金投资于股票市场的比例较高，而以债券市场作为补充。普遍来说，股票市场的资产配置比例均接近或超过了60%。这一方面是与这些国家直接融资市场的高度成熟有关；另一方面也是由于在这些国家均是彻底执行"谨慎人"监管法则，在"谨慎人"前提下，倾向于追求更高的投资收益。

欧洲大陆的发达国家，以法德为代表，在债券市场和股票市场上的养老基金资产配置相对平衡，而略偏向于债券市场。总的来看，这些国家都是以本国债市为主要投资对象，对于外国债市投资的比例则较低，这里的主要考虑因素仍是投资国际债券分散风险的效果较低。对于具体的投资品种，如政府债券及BBB级以上的公司债券由于风险较小，而且收益稳定，特别是在资本市场波动较大时，可以成为理想的避险工具。同时这些国家也多是"数量限制"和"谨慎人"监管混合使用的国家，对养老基金资产配置的安全性关注度更高。而发展中国家的养老基金也偏向于将资产配置在债券市场，其主要原因是其资本市场处于初级阶段，政府监管水平也有待提高。随着市场和监管的完善,发展中国家养老基金在股票类资产上的配置比重也有逐步提高的趋势。

第三,发展中国家的资产配置策略相对保守,较少投资于银行存款、债券和股票之外的资产类别。而发达国家的资产配置策略较为积极,对于房地产和另类投资等多有涉及。虽然这些资产类别由于其自身高收益高风险的特性而在养老基金的资产配置中所占比例不高,但是已经可以有效地增加投资收益,分散投资风险,如瑞士、加拿大、荷兰等国家,其投资不动产的权重在4%—15%。另外,当前对股权基金的投资有超过20%来源于养老基金。这一方面既提高了其养老基金的收益率;另一方面对风险资本的投资也间接地促进了高科技产业的发展,促进了国内的产业升级(见图4)。

3. 资产配置对企业年金基金绩效的贡献

资产配置对企业年金基金绩效的贡献主要是分析和度量资产配置对企业年金投资收益的解释程度。对企业年金资产配置绩效进行研究,有助于投资管理人深入了解资产配置对于同一基金在时间序列上收益率变化的影响程度以及不同基金之间业绩差异的根本原因,也有利于委托人依据自身风险承受能力的大小选择不同的投资管理人。加黑·P. 布林森、L. 兰多夫·霍德和吉尔伯特·L. 比鲍威尔(Gary P. Brinson,L. Randolph Hood and Gilbert L. Beebower)在《组合绩效的决定》[①]一文中将投资管理过程分解为投资政策、市场选择和证券选择三部分,并相应地将基金业绩分解为投资政策资产配置贡献、市场选择贡献和证券选择贡献三个部分对收益率的贡献。该文以91家养老基金在1974—1984年的10年间数据为研究对象,论证了战略性资产配置是决定基金投资组合收益率的最重要因素。

可见,资产配置决策是资产组合管理中的首要环节,也是整个投资决策过程中最为关键的因素。SEI Investments Corporation 对97种大型养老基金的分析也表明,投资收益差异中87%与资产类别的选择有关,通过有效

[①] 1986年完成并于1991年更新。1986年的《金融分析师杂志》(*The Financial Analysts Journal*)刊载了布林森(Brinson)、霍德(Hood)和比鲍威尔(Beebower)(简称BHB)的名为"*Determinants of Portfolio Performance*"的著名文章。

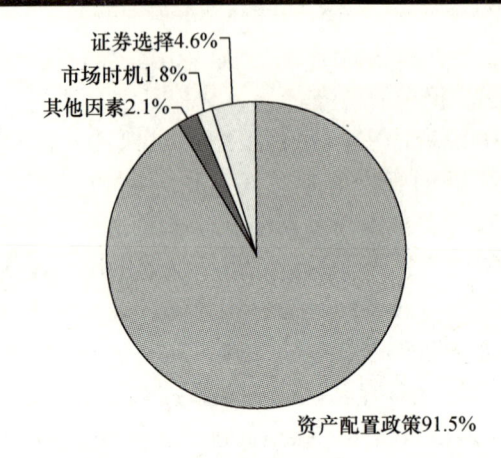

图4 退休基金回报差异中资产配置的解释程度

资料来源：Ibbotson Associates。

资产配置（综合考虑市场未来收益率和客户风险承受能力）可以大大提高整个养老基金的收益，同时降低基金的风险。一些数据也表明，与发达国家类似的是，近年来，一些发展中国家的养老基金投资运作也逐渐突破了以政府公债和政府担保的贷款为主的单一投资渠道，逐渐加快了投资股市的步伐。

尽管全球养老基金开始涉及所有的投资工具，但是，从 OECD 调查来看，目前大多数 OECD 国家都存在对养老基金证券组合的数量限制。作为目前世界大多数国家广泛采用的养老基金资产配置规则限制模式，"数量限制"规则通常对养老基金投资低流动性、高波动性的风险性资产存在禁止性规定或最高比例限制，同时，对一些低风险的资产，则要求投资最低比例限制。其目的是通过资产的适当多样化，以保护受益人避免受经营者破产和投资风险的影响。因此，资产配置优化组合效应的体现通常需要以下条件的支持：（1）资产之间相关性较低且稳定；（2）资产价格变动呈现循环的特征；（3）资产组合保持合理的稳定，受单项资产异动的影响较小；（4）有效的战术操作和再平衡纪律的有机结合（见图5）。

对此，莫里尔·林奇（Merrill lynch）在其 The Investment Clock 报告中有形象的说明，利用美国 1973—2004 年的历史数据，根据产出缺口和通

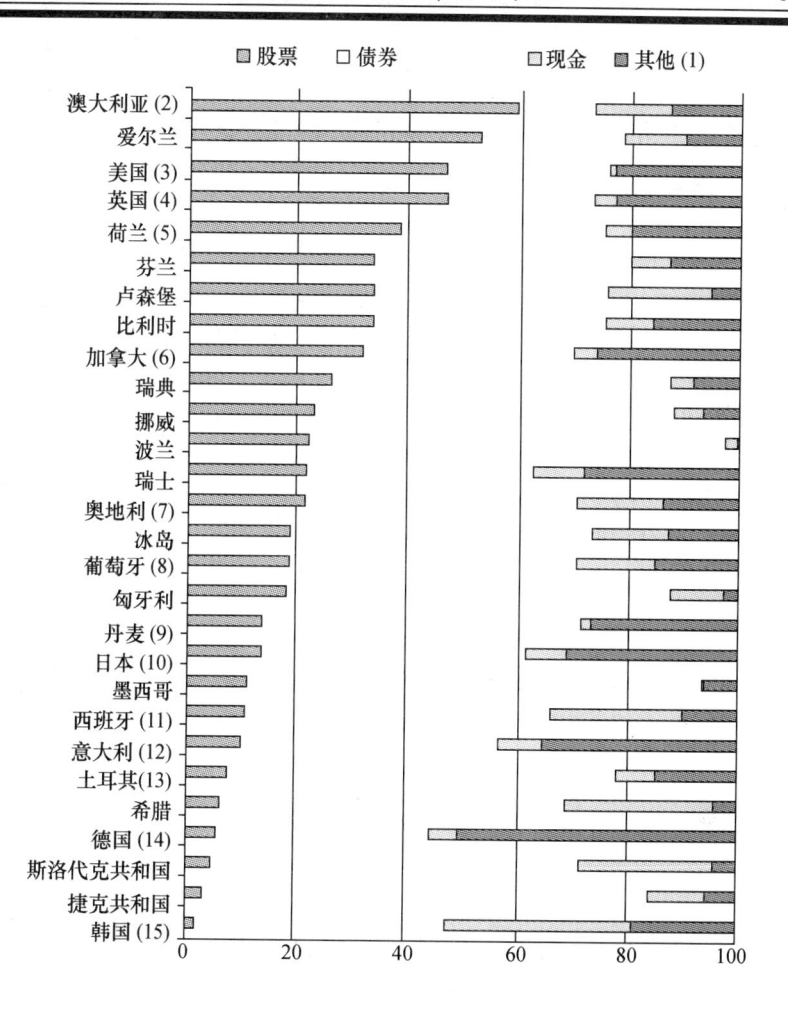

图 5 2008 年部分 OECD 国家的养老金资产配置

资料来源：OECD Global Pension Statistics。

胀率的不同变化，将经济周期划分为萧条、复苏、过热和滞胀四个阶段，分别比较股票、债券、商品和现金四类资产在不同阶段的收益表现。结果显示，不同类型资产在不同经济周期阶段的收益差距非常显著，通过识别拐点来及时调整资产配置是可以获得超额收益的。对于国内一些研究机构，如申银万国比较了 2003 年以来各类资产的收益波动情况，发现股票、封闭式基金、开放式偏股基金和开放式平衡基金这四类资产的波动性正相关性非常高，这是因为，封闭式基金和开放式偏股基金和平衡基金的收益波动主要由股票决定，但股票的波动率要高于后两类资产。在股票市场上涨阶段，转债和开放式偏债基金的波动与股票波动的相关性较高；但在股票市场下跌阶段，由于债性的保护，其波动性趋于稳定。转债的波动性高于开放式偏债基金，开放式偏债基金波动性又要高于国债。在比较各类资产收益的相关系数，发现货币、债券和股票三类资产的相关性较低，组合后可以降低资产的波动风险；而转债、基金和股票的相关性较高，风险分散效果比较有限（见表3）。

表3　　　　　　　　各类资产收益相关性

相关系数	票据	回购	国债	企业债	转债	开放式偏债基金	股票	封闭式基金	开放式偏股基金	开放式平衡基金
票购	1.00									
国债	1.00	1.00								
企业债	0.18	0.18	0.94	1.00						
转债	0.03	0.02	0.32	0.23	1.00					
开放式偏债基金	0.31	0.31	0.39	0.29	0.88	1.00				
股票	0.29	0.27	0.17	0.08	0.80	0.87	1.00			
封闭式基金	0.43	0.42	0.15	0.04	0.55	0.73	0.73	1.00		
开放式偏股基金	0.27	0.27	0.21	0.06	0.81	0.92	0.89	0.75	1.00	
平放式平衡基金	0.25	0.25	0.21	0.04	0.79	0.90	0.85	0.73	0.99	1.00

中信建投期货[①]则从大类上对三大项资产类别股票、债券、商品进行研究，具体来说，股市选择沪深300指数；债市选择上证国债指数；商品期货市场方面也简单构造了一个指数，数据区间为2003年1月到2008年9月。其对三大指数构成的组合表现进行实证研究，如果股指或商品指数最近一周高于过去25周历史分布的一定百分比时，买入股指或商品，其

---

① 中信建投期货经纪有限公司2008年10月22日发布的研究报告《从战略资产配置到战术资产配置》。

余情况投资于国债的情形下,报告检验了该百分比分别为60%、75%、90%时不同策略组合的表现。结果显示无论是累计收益还是收益风险比,策略组合的表现都优于单个指数,且实证结果的稳健性较强,这充分说明了资产配置的有效性。

(二) 企业年金基金资产配置决策模式

在投资组合管理过程中,资产配置决策作为投资组合管理中的首要环节,无论从定性角度还是从定量角度都占有极其重要的地位,是整个决策过程中最关键的要素,对确定各资产类别的配置水平及动态调整从而对投资者收益率——风险目标的实现有极大的影响。决策主体对资产配置决策的投资决策权分配通常有三种模式。

第一,统一决策模式。即企业年金计划统一进行投资决策,参与该计划的受益人没有进行投资决策的权利,个人账户基金按照整个计划资产的投资收益率计算投资收益。如收益确定型企业年金计划就是采取这一模式,由计划主办方进行投资决策,如果投资收益率低于期望水平,雇主需要进行补充性供款;如果投资收益率高于期望水平,雇主可以获得"供款假期",即在一段时间内少供款或者不供款,降低企业将来按计划进行缴费的财务负担。

第二,个人决策模式。即参与企业年金计划的每个受益人可以在发起人或者受托人提供的产品范围内自行选择投资产品并可在产品间自由转换,个人拥有相当大的投资决策权。由于个人账户的投资决策不同,个人账户基金的投资收益率可能各不相同。缴费确定型企业年金计划一般都允许个人进行决策,由于缴费是固定的,受益人能够获得什么样的退休金待遇取决于投资收益率的高低,即个人要承担全部的投资风险。

第三,混合决策模式。即前两种模式的结合。以美国401(k)计划为例,一般允许雇主和雇员一起商定是集中决策还是通过直接参与账户进行个人决策,主要从雇员的直接投资意愿、两种模式下的投资成本差别、两种模式下雇主承担的信托责任差别等方面综合考虑。一般来说,集中决策模式下雇主要承担更多的信托责任,而如果选择个人决策模式的话,雇主向员工提供符合《雇员退休收入保障法案》(ERISA)第404(c)条款和美国劳工部相关要求的多种投资工具供员工自己选择,以避免承担过多的"受托人责任"。但为了账户管理的方便,大多数401(k)计划都采用雇主提供几种风险回报特征存在明显差异的共同基金产品,再由雇员在这几种基金中进行组合选择的方式。

虽然我国目前的企业年金计划全部是缴费确定型计划,但是企业年金计划资产的管理实际上类似于收益确定型计划的管理方式,也就是说,计划资产的管理权并不在计划参加员工的个人手中。从人力资源和社会保障部颁布的 20 号令和 23 号令的规定看到,制定企业年金投资策略的主体是受托人,投资政策和战略资产配置作为企业年金基金投资业绩的主要来源,受托人在企业年金基金的投资管理过程中起着核心作用。企业年金基金财产受托管理的目的,就是通过受托人对资产的管理活动,实现资产的保值增值。相比之下,企业年金基金投资管理人在企业年金基金投资决策当中的主要作用在于基金的战术资产配置,通过证券选择和时机选择实现资产增值。当然,这些证券选择和战术资产配置都必须依从受托人决定的投资策略和战略资产配置。

强调受托人在企业年金基金投资决策和绩效贡献中的关键作用,并非否定投资管理人的积极作用。投资管理人可以为受托人提供投资策略顾问,帮助受托人制定科学、规范的投资策略。在企业年金发展初期,受托人在投资管理专业人才储备和专业经验方面相对匮乏,更需要投资管理人为受托人提供专业的投资政策制定、投资策略和资产配置决策的支持。

二 企业年金战略资产配置

战略资产配置是投资者着眼于长期投资目标制订的资产配置计划,关心的是长期投资期限下的资产配置问题,其百分比是由企业年金计划的福利目标、缴税责任和风险承受度来决定的。投资者在确定可投资的资产类别后,基于长期投资目标制订战略资产配置计划,通过相关手段预测资产的预期长期收益、长期风险和相关关系,利用最优化技术构建长期的最优组合,最后形成战略资产配置计划。作为一种长期资产配置决策,战略资产配置是投资者为资产寻找一种合适的、长期的、"常规的"资产组合,代表了集控制风险和增加收益为一体的思想。获取长期高收益的策略存在固有风险,而追求最大安全的策略却只能提供很一般的收益机会,战略资产配置就是对这两种相互矛盾的目标进行平衡。换句话说，在进行战略资产配置时，企业年金基金投资管理人要对相关资产的风险和收益进行预测，寻求两者的最佳结合点，这里的风险指达不到某种投资目标的"短缺风险"。

(一) 战略资产配置的重要性分析

按照现代资产组合理论的定义，资产配置组合有着非常重要的作用。暗含在现代资产组合理论中的理论是：给定愿意承担的风险，有效组合能够最大化回报。获得有效组合的关键是找到在股票、债券、现金和其他金融工具之间的合理配置。同样，在现代资产组合理论中，由于有效市场理论，单个股票的选择和市场时机的选择都不是太重要，因为按照有效市场理论，市场是不可预期的，所有新信息都会立刻被包括到价格中；仅仅因为相信最近市场状况和公司新闻的变化会引起股票上涨就买进是无效的。战略资产配置就是在正常市场条件下，风险在可接受程度内的最优长期配置比例。正常市场条件的含义，就是对资产风险和收益的预测主要参考了均衡状态下收益和风险的水平。战略资产配置对投资者的意义，在于它揭示了投资者在正常市场条件下，为了使基金风险控制在可容忍的范围内，应该在各类资产上分配多大的比例。战略资产配置为控制投资风险提供了一个可以参考的基准，战略资产配置的作用如同引力中心一样，在实际资产配置比例偏离战略资产配置达到一定程度时，提醒投资者采取行动控制投资风险。

基于这样的认识，在任何一个具体的证券选择作出之前，都必须有一个明确的或是不太明确的资产配置决策。夏普在1986年就指出资产配置在现代投资组合策略中具有非常重要的作用，基金每月报酬率的变动，绝大部分是因为所持有证券的类型，而不是在每一种类型中所挑选的个股。布林森、霍德和比鲍威尔采用回归分析计算了投资政策部分的 R^2，计算显示基金总回报中93.6%可以由资产配置解释；布莱克 (Blake) 对英国养老基金和年金的投资组合收益率进行研究，资产配置解释了90%以上的绩效波动；伊博森和卡普兰 (Ibboson and Kaplan) 则在2000年对资产配置的重要性进行了更为具体的实证研究，结果显示在不同基金绩效差异中，资产配置可以解释40%；在同一基金回报随时间波动中，资产配置可以解释90%，在同一基金的总回报中，资产配置可以解释100%。

因此，战略资产配置的重要性可以从三个角度进行分析。从时间序列的角度，战略资产配置解释了大部分基金收益随时间的波动，解释程度的高低取决于基金管理人的积极程度，积极投资者承担的主动风险越多，主动投资收益对总收益的影响就越大，作为被动投资收益来源的战略资产配置对总收益的解释程度就越低；从横截面数据的角度，战略资产配置只能解释小部分基金之间的收益率差异，造成基金之间收益率差异的原因有多个方面，包括战略资产配置的不同、投资时机的不同、证券选择的不同，还包括上述因素之间的相互作用，战略资产配置的不同只是导致企业年金之间收益率差异的诸多原因中的一部分；从行业整体的角度来看，可以用战略配置基准收益率与实际收益率之比的行业平均值来衡量基金行业的绩效。

正确理解战略资产配置的重要性，对企业年金投资有如下指导意义：

第一，企业年金投资不仅要重视战略资产配置，而且要重视投资时机和证券选择。战略资产配置是企业年金投资过程中的重要决策，但是，在企业年金采取积极投资策略的条件下，战略资产配置做好了并不意味着企业年金投资就可以自动获得较好的投资收益，投资时机决策和证券选择决策同样非常重要，对企业年金的投资收益有重大影响。因此，在投资过程中，企业年金在做好战略资产配置的同时，还要深入分析资产收益率随宏观经济状态变化的规律，分析货币流动性影响资产收益率的条件和渠道，从而选择有利时机，根据宏观经济和市场环境的变化及时调整战略资产配置，提高基金收益水平。企业年金还要从行业和公司层面上及时把握企业的基本面，包括企业盈利能力、公司治理结构、企业发展前景等信息，选择有价值的投资标的。

第二，选择优秀投资管理人是企业年金管理的一项重要内容。委托投资是企业年金普遍采用的管理模式，企业年金通过遴选投资管理人，可以利用社会力量来提高养老基金的管理水平，实现企业年金管理的专业化和市场化。从美国市场情况看，基金经理作为一个整体并没有增加基金的投资收益，尽管这并不否定养老基金的委托管理模式，但是提出了委托投资管理模式下选择优秀投资管理人的重要性，这意味着挑选优秀投资管理人是养老基金管理的一项重要内容。企业年金要通过分析管理人的投资理念、投资策略、投资风格、决策程序和历史业绩等因素，挑选出那些未来业绩最有可能够超越行业平均水平的管理人。

第三,我国企业年金投资决策需要结合我国经济和资本市场发展特点。基于我国市场数据的时间序列回归结果显示,战略资产配置对基金收益随时间的变化解释程度较低,说明主动风险在基金总风险中的占比较高,国内基金普遍采用积极投资策略。近年来,我国宏观经济在保持较高的增长速度的同时也面临着很多结构性问题,资本市场的制度建设仍需要进一步完善,因此,我国基金投资需要更加积极主动地研究、抓住我国经济和市场发展特点,及时调整投资重点,在做好战略资产配置的基础上更好地发挥积极投资作用,做好时机选择和证券选择。在采取更加灵活的投资决策的同时,企业年金需要严格执行有效的风险控制政策,加强对投资管理人的监督,保证基金投资安全。

(二) 企业年金战略资产配置的决定因素

战略资产配置为企业年金在各种市场环境下的长期投资活动进行指导,企业年金的战略资产配置受一系列因素的影响,主要因素包括投资目标和风险政策、法律法规的约束、可投资的资产类别和投资期限。

1. 企业年金投资目标和风险政策

企业年金的战略资产配置是基于长期投资目标和风险政策制定的,是企业年金长期投资目标和风险政策的具体体现。长期投资目标是企业年金要实现的长期收益水平,风险政策则规定了企业年金可接受风险的程度。理论上,市场上各类金融资产的预期收益率、风险、相关系数共同决定了投资组合的有效边界,有效边界代表了企业年金可以获得的市场机会,有效边界上的每一点都代表既定风险水平下可以获得的最高收益水平,企业年金根据自身可以接受的风险程度来确定最优组合在有效边界上的位置,可接受的风险程度较大,收益目标就可以定得较高,可接受的风险程度较小,收益目标就必须相应降低。投资目标和风险政策体现了企业年金在面对各种市场投资机会时,在风险和收益水平之间的权衡。

制定企业年金的投资目标和风险政策需要考虑资本市场环境、受托人的投资监管能力、委托人的风险厌恶程度、企业年金的负债约束等多方面的因素。资本市场环境包括了企业年金可投资的资产类别,各种资产的收益水平和风险程度,各类资产之间的相关程度,这些因素共同决定了企业年金可以获得市场投资机会。一般来说,成熟的资本市场中投机性较弱,资本资产价格在短期内相对稳定，能够较真实地反映公司价值，这对于从事长期投资的企业年金基金来说，减弱了市场价格风险。而且，成熟的资本市场中利率波动幅度小，并可在很大程度上做合理预期，企业年金基金的负债风险减小，从根本上保证了企业年金基金的不断扩展。同时，成熟的资本市场系统性风险较小，能够提供多种投资途径，使企业年金基金通过有效的资产组合，降低非系统风险，从而获取稳定、高额的投资收益。

受托人选择、监督、更换投资管理人，无疑会影响投资决策和投资绩效。最重要的是，是受托人而不是投资管理人制定企业年金投资政策和策略，决策战略资产配置，对企业年金的绩效来源起着关键的作用。受托人一般先分析委托人的风险承受能力、资产与负债现金流的特点；然后根据投资管理人对不同资产类别收益率、标准差和相关性假设，结合投资对象的约束条件与市场前景分析，为委托方提供最优的资产配置方案。

企业年金面临着负债风险，表现为负债价值的波动，由于工资增长、通货膨胀等因素引起负债额的上升。制定企业年金投资目标和风险政策需要考虑企业年金的负债约束，明确未来一段时间内企业年金的支付要求和企业年金盈余规模。在企业年金盈余占总资产规模较大时，可以将投资目标定得高一些，风险政策宽松一些，以提高长期收益水平。在企业年金盈余较小时，为了保证企业年金的支付能力，需要严格控制风险水平，降低收益目标。

2. 监管法规的约束

多数国家企业年金监管从立法的高度对企业年金监管进行规范，建立起制度化的监管体制。政府对企业年金进行监管的理论化的一般性理由是存在着外部性、信息不对称等因素使得市场失灵，当市场失灵时应由政府来加以纠正。金融监管作为一种公共产品，是降低或消除市场失灵引起的损失的有效方式，通过监管能够增加社会公共福利。政府监管企业年金的首要目标是保证企业年金的投资安全，其次是建立一个有利于企业年金在可接受风险水平下取得最佳投资回报的市场环境。在企业年金管理中，"谨慎原则"是资产配置的基本原则，在谨慎原则基础上，企业年金投资已经形成了"数量限制"规则和"谨慎人"规则两种基本投资限制模式以决定资产配置。监管模式体现了政府对于企业年金资产配置的干预程度，在"数量限制"规则监管模式下，政府对企业年金的投资渠道和资产比例的限制具有普遍性，而在"谨慎人"规则监管模式下，政府仅对个别高风险投资品种予以比例限制。

"数量限制"规则的理论基础是：企业年金资产投资工具一般具有高价格波动性和低流动性特征。为了控制企业年金投资资产的风险，需要控制各类资产的具体投资比例。很多欧洲大陆国家和发展中国家中采用"数量限制"型企业年金投资监管规则。在这些国家中，其企业年金投资组合通常存在以下两方面的限制：一是企业年金的自我投资限制。即对企业年金投资发起人的股票或债券进行限制，以防范发起人的破产风险或利益冲突。二是各种投资工具在投资组合中所占的最高比例或最低持有额限制（主要是政府债券），有些国家还对最低收益率做出了规定。"数量限制"规则的核心是通过对企业年金资产投资的资产类型和比例限制，以达到控制投资风险的目的。作为一种规则，它关注的重点是投资资产的风险水平，但由于任何投资工具都是收益与风险匹配的产品，通常是高风险和高收益并存，因此，在对风险资产投资限制的同时，也将对投资收益产生不利影响。

与"数量限制"规则对应的是"谨慎人"规则，该规则要求受托人在进行投资时，必须像处理自身事务一样对受益人的资产进行谨慎、精明和小心的处理。"谨慎人"有两层含义：一是委托人应该表现出一个普通的谨慎人应有的技能和注意；二是善良管理人原则，即委托人应当表现出与其能力相一致的精明和小心。"谨慎人"规则通常不对企业年金的资产配置作太多的数量限制，但要求企业年金管理机构的任何投资行为都必须像一个"谨慎人"对待自己的财产那样考虑到各种风险因素，为企业年金构造一个最有利于分散和规避风险的资产组合。

"谨慎人"规则根植于英美法系国家的信托法，它是在以判例为基础的普通法中发展起来的。与"数量限制"规则关注的重点是单一资产类和投资结果不同，"谨慎人"规则的关注重点是参与人的行为方式和过程。在该规则的运用中，投资过程是受托人是否遵循谨慎原则的关键标准。"谨慎人"规则评估重点是检测基金经理、机构投资者的行为和投资决策过程是否符合谨慎原则。在检验中，重点评估投资决策是否进行了尽职调查和综合分析，投资管理机构是否有一致和明确的投资原则与政策，是否有完善治理结构和内部控制以及充分的信息披露，而不是资产组合的具体构成情况。此外,在"谨慎人"规则下,投资多样化也是是否谨慎的关键评价指标。

我国的企业年金投资才起步不久,对企业年金投资实行严格的数量监管。《企业年金基金管理试行办法》对企业年金基金的投资品种和投资比例均做出了明确规定:要求固定收益投资比例不高于基金净资产的40%,流动性产品及货币市场基金的投资比例不低于基金净资产的20%,股票投资比例不超过基金净资产的20%。在运用模型计算企业年金战略配置比例时,需要把相关法律法规对资产投资比例的限制条件置于最优化计算过程中,以保证由模型得到的最优配置比例符合法律法规的要求。

3. 资产类别选择与投资期限

可投资的资产类别指的是企业年金可以运用的投资工具,可投资的资产类别越多,企业年金分散风险的途径就越多,投资决策的效率就越高。在金融市场发展和创新的推动下,企业年金可投资的资产类别不断拓宽。按照《企业年金基金管理试行办法》规定,我国企业年金基金投资范围比较广泛,基本囊括目前国内市场上主要的金融投资工具。《企业年金基金管理试行办法》将这些工具依照货币类、固定收益类、权益类、基金和保险产品进行了分类,这一分类方式具有前瞻性,与国际通行方法相符,也符合未来我国金融市场跨越式发展趋势。

投资期限是影响资产配置的重要因素,投资期限较长和投资期限较短的资产配置有着明显区别。当投资期限发生变化时,资产的收益和风险特征跟随变化,不同资产之间收益和风险的比较关系发生变化。理论上,时间是分散股票投资风险的有效工具,收益率具有时间上的可加性,随着投资期限延长,收益率增长的速度要高于收益标准差增长的速度,这样就会改变一些资产的风险和收益特征。如股票收益率的标准差随投资期限的延长而减小,说明时间能够分散股票投资的风险。由于企业年金是长期性资金,这意味着如果企业年金投资于股票,长期风险比短期风险要小一些。这与债券正好相反,债券是短期风险较小,而长期风险更大一些。

(三) 企业年金战略资产配置模型

1. 静态资产配置与动态资产配置

根据期间是否可调整来划分,战略资产配置可分为静态资产配置与动态资产配置。其中,静态资产配置是指仅在起初做资产配置,当中不对期初制定的资产配置进行调整，属于单期决策模型；动态资产配置是指在每期均重新配置投资组合的权重，属于多期决策模型。

马科维茨（H. Markowitz）[①] 提出的均值方差模型（MV模型）开创了资产配置理论的先河，同时MV模型也成为静态资产配置模型的代表，马科维茨利用投资组合的收益率、波动率及资产间的相关性，求出各资产的最优化权重，得到投资组合的有效前沿，其中落在有效前沿上的投资组合具有相同风险水平下投资收益率最高或相同收益率水平下投资风险最低的性质，即为最佳投资组合。Chopra 和 Ziemba（1993）对 MV 模型提出如下质疑：若资产收益率、波动率或资产间的相关性估计错误，将会导致模型结果不准确性，其中对预期收益率的估计错误造成效用损失的显著性最强。由于 MV 模型处理的单期的资产配置问题，因此基于历史数据估计出的收益率相关数据并不足以预测未来经济情况的变动。卡里诺和特纳（Carino and Turner, 1998）指出，传统 MV 模型存在两大限制：一是其注重单期（静态）资产配置分析；二是其只考虑对称性风险的资产，无法分析资产报酬分配的偏度问题。实际情形下，资产配置为不确定条件下的多期决策问题，MV 模型已不足以解决多期决策的复杂问题。

莫顿[②]将动态规划方法运用于最优投资与消费选择策略的求解，给出了连续时间下两类资产的最优投资与消费问题的解决办法，以后的许多学者都运用了此方法，在梅奥（Meaon）模型中股票价格过程服从扩散过程，股票无红利，投资者也无非资本利得且效用函数为常数相对风险厌恶、常数绝对风险厌恶等。其后，Duffle（1996）、Karatzas 和 Shreve（1998）对莫顿模型进行了进一步的扩展与应用。

2. ASLC 战略资产配置模型

生命周期假说理论由美国经济学家弗兰科·莫迪利安尼（Franco

[①] 1952 年，作为现代资产组合理论的发端，马科维茨发表了其论文《资产组合选择》。1959 年，马科维茨又将其理论系统化，出版了《资产组合选择》一书，试图分析家庭和企业在不确定的条件下，如何支配金融资产，使财富得到最适当的投资，从而降低风险。该书标志着现代投资组合选择理论的诞生。

[②] 莫顿（Metron, 1969, 1971, 1990）。

Modigliani)① 提出，该理论将消费与个体一生收入和财产联系起来，理性消费者的目标是一生的效用最大化，以此原则来分配一生的消费与储蓄。生命周期假说将人的一生分为年轻时期、中年时期和老年时期三个阶段。一般来说，因为年轻时期收入低，且预期未来收入会增加，因此这一阶段往往会把收入的绝大部分用于消费，甚至举债消费，导致消费大于收入。进入中年阶段后收入会增加，但因为需要常怀青年阶段的负债，并且需要将一部分收入储蓄起来用于防老，因此这个阶段的消费在收入中所占的比例会降低，收入大于消费。老年阶段，由于退休以后的收入下降，消费又会超过收入。

生命周期假说理论已经被应用到很多领域，如个人理财、企业生产等，核心内容是根据个人（或家庭、企业）生命周期各个周期的特点，建立个人的效用函数，解决如何将资源合理分配在不同的领域（如消费、投资、生产等），以达到效用最大化的决策结果。博迪、梅奥和萨缪尔森②构造了一个跨期消费—投资组合模型，通过求解一定市场环境下的风险资产投资比例使消费和投资效用最大化。模型的研究表明，个人金融资产投资在股票上的最优比例在正常情况下随年龄增加而递减。

我国企业年金采取的模式为缴费确定型模式，不同于收益确定型模式保持账户平衡的管理目标，缴费确定型模式的企业年金管理目标为在控制风险前提下为年金获取更高收益，员工退休时能够提取的年金金额完全取决于投资管理绩效，在缴费确定型模式下企业年金基金的资产配置问题可以利用生命周期理论结合动态资产配置策略来进行建模。随着员工工作年龄的增加企业年金账户资金不断累积，年金管理人根据员工的年龄、效用函数、账户资金状况将资产分配至不同的投资工具，并随着时间的推移动态调整投资组合，实现效用函数最大化的目标，这是一个典型的有限生命周期下的动态优化模型。

MV 模型中的固定利率假设已经不适合于较长生命周期的动态资产配置模型，因为对于企业年金而言个人账户的存续时间往往在 20 年以上

---

① 弗兰科·莫迪利安尼第一个提出储蓄的生命周期假设，这一假设在研究家庭和企业储蓄中得到了广泛应用，弗兰科·莫迪利安尼于 1985 年获诺贝尔经济学奖。
② 博迪、梅奥和萨缪尔森（Bodie, Meaon and Samuelson, 1992）。

(比如25岁开始工作，55岁退休)，因此管理人在进行资产配置决策时既要考虑市场风险，也要考虑基本面风险，市场风险是指金融资产价格波动的风险（如利率、风险资产价格的变动），基本面风险是指资产价格波动之外的风险（如工资、通货膨胀的变动）。正如上所描述，莫顿 (1969, 1971, 1990)、Duffle (1996)、Karatzas 和 Shreve (1998) 解决了只考虑市场风险而没有考虑基本面风险的连续时间资产配置问题，将基本面风险加入模型中之后，整个的随机偏微分方程的求解就复杂了很多，但是由于工资收入水平在缴费确定型年金计划的资产累计过程中的重要性，因此需要考虑工资、通货膨胀等因素对缴费确定型年金计划资产配置的影响。

遵循 Bettocchio 和 Menoncin (2002) 的基本框架建立企业年金基于生命周期的战略资产配置模型 (Allocation Strategy of Life Cycle, 简称 ASLC 模型)，同时有如下假设：(1) 无风险利率服从奥伦斯坦 - 乌伦贝克 (Ornstein - Uhlenbeck) 过程；(2) 企业年金基金可投资的资产为三类：无风险资产、风险资产及债券资产；(3) 考虑通货膨胀及工资水平的变动过程；(4) 不考虑投资过程中的交易成本；(5) 假设市场有效，且不存在做空套利的机会，该假设主要通过具体参数设置来实现。运用布朗运动原理及 Ito 定理来对动态随机利率及各类资产进行定价，考虑在固定时间区间 $[0, T]$ 的无摩擦完全金融市场中（$T>0$ 表示退休时间），该金融市场的不确定性可以用两个定义在完全概率空间 (Ω, f, p) 上的独立标准布朗运动 $z_0(t)$、$z_1(t)$ ($t \in [0, T]$) 来描述，其中 $f = \{f(t)\}_{t\in[0,T]}$ 为投资信息集，p 为概率测度。

首先，对无风险利率进行描述主要有两类期限结构模型：一般均衡模型和无风险套利模型。一般均衡模型以 CIR 模型 (Cox, Ingersoll and Ross) 为代表，CIR 模型的一个最基本的特征是利率变动过程的内生性，且利率变动过程是一个时间连续的一阶自回归均值回复过程。利率期限结构的无风险套利模型以 Vasicek 模型为代表，在 Vasicek 模型中，即期利率过程被设定为一个奥伦斯坦 - 乌伦贝克 (Ornstein - Uhlenbeck) 过程 $dr(t) = \alpha_0[\mu_0 - r(t)dt + \sigma dz_0(t)]$，该模型为均值回复的自回归过程，也是一个正态分布的增量马尔科夫过程，α_0 称为弹性随机游走，表示即期利率恢复到长期利率的速度。μ_0 表示长期利率水平，相对于随机游走（维纳过程）随着时间的推移将无限发散的不稳定性 $\alpha_0[\mu_0 - r(t)]$ 代表着保持该过程趋向长期均值 μ_0 的力量，以防止其大比例偏离该均值。由于 σ_0 是一个常数，即期利率围绕着长期利率水平作方差为 σ_0^2 的上下波动。

其次，三类资产中的无风险资产价格 $X_0(t)$ 可以根据利率模型表达为：
$$dX_0(t) = r(t)X_0(t)dt$$

风险资产 $X_1(t)$ 服从分布：
$$dX_1(t) = X_1(t)\{[r(t)+\mu_1(t)]dt + s_0\sigma_0 dz_0(t) + \sigma_1 dz_1(t)\}$$

式中，$r(t)+\mu_1(t)$ 表示风险资产回报均值，$\mu_1(t)$ 为排除无风险回报之外的风险溢价回报均值，此处假设风险资产的风险溢价严格为正，即 $\mu_1(t)>0$，$s_0 \neq 0$，表示无风险利率扰动对风险资产扰动的影响系数，$\sigma_1 \neq 0$ 为风险资产独立于无风险资产部分的波动率，则风险资产的整体波动率即为 $\sqrt{s_0^2\sigma_0^2 + \sigma_1^2}$；债券资产以零息债券来表示，给定上文的无风险利率分布，假设存在一个交易任意到期日 $\tau \in [0, T]$ 零息债券的自由交易市场，但无限期零息票据是不太实际的，而且利率分布的扰动项只取决于一个随机源 $dz_r(t)$，可以通过复制一个零息债券来实现长期投资。如果所有债券都被看作外生变量 $r(t)$ 的衍生物，则这些债券可以由共同的风险因子进行定价[①]。

现在假设市场上存在一只基础债券，到期日为 τ_k 的零息票据，且服从如上的分布。则可以通过这只基础债券 X_k 和变量 $r(t)$ 求出所有债券的价格。该到期日为 τ_k 的零息债券的价格为：
$$\frac{dX_k(\tau r)}{X_k(\tau r)} = [r(t) + a_k\sigma_0\mu_2(t)]dt - a_k\sigma_0 dz_0(t)$$

式中，$a_k = \dfrac{1 - e - \alpha_0 \tau K}{\alpha_0}$。

再次，影响到确定缴费型年金计划账户资金累积的关键因子工资同样需要通过随机微分方程来模拟价格走势。假设员工工资水平上 $L(t)$ 遵循过程：
$$dL(t) = L(t)[r(t) + \mu_L(t)dt + s_{L0}\sigma_0 dz_0(t) + s_{L1}\sigma_1 dz_1(t) + \sigma_L dz_\pi(t)]$$

式中，$r(t)+\mu_L(t)$ 为工资水平的名义涨幅，$u_L(t)$ 为工资水平的实际涨幅，S_{L0} 为表示无风险利率扰动对工资水平扰动的影响系数，S_{L1} 为表示

[①] Björk (1998).

风险资产扰动对工资水平扰动的影响系数，σ_L 为工资水平排除无风险利率、风险资产扰动外的标准差，$z_\pi(t)$ 为标准布朗运动，与 $z_0(t)$、$z_1(t)$ 为 I.I.D.（独立同分布）。

若企业年金的年缴存金额为当年工资水平的固定比例 c，则缴存金额 $C(t)=cL(t)$，转换成动态模型为：

$$dC(t) = c \cdot dL(t)$$

同时，企业年金通过员工每年的固定缴款汇集资金，通过投资组合的构建使基金资产获得增值保值的目的，在实际世界中不得不考虑通货膨胀对财富的稀释效应。假设通货膨胀水平可以通过无风险利率及市场风险回报水平来计算，可以建立随机偏微分方程：

$$\frac{dp(\tau)}{p(\tau)} = [r(t) + \mu_\pi(t)]dt + s_{\pi 0}\sigma_0 dz_0(t) + S_{\pi 1}\sigma_1 dz_1(t) + \sigma_\pi(t)$$

来表示通货膨胀水平。式中，$\mu_\pi(t)$ 为通货膨胀扣除利率上升因素的平均涨幅水平，$s_{\pi 0}$ 表示无风险利率扰动对通货膨胀扰动的影响系数，$s_{\pi 1}$ 表示风险资产扰动对通胀水平扰动的影响系数，σ_π 为通胀水平排除无风险利率、风险资产扰动外的标准差。

最后，按照莫顿模型的思想，投资者的效用函数一般为两类函数形式：常数相对风险厌恶函数（Constant Absolute Risk Aversion，CARA 效用函数）、常数绝对风险厌恶函数（Constant Relative Risk Aver-sion，CRRA 效用函数），CARA 效用函数单纯从个体自身心理状态考虑其厌恶风险的程度，而与该个体所拥有的财富关系不大；而 CRRA 函数则是在考虑了个体财富的基础上衡量个体风险厌恶程度的指标。确定缴费型年金体制下员工的效用与退休时所获得的企业年金基金资产价值直接相关，因此应用 CRRA 函数来作为效用函数更为适合，$U(R)=\eta e^{-sR}$，其中，$\eta<0$，$\sigma>0$。根据如上分析，可以建立优化函数：

$$\max E_0\{U[R(T)]\} = E_0[\eta e^{-sR(T)}], R(t) = W(t)/p$$

$$\text{s.t.} \begin{cases} dr(t) = \alpha_0[\mu_0 - r(t)]dt + \sigma_0 dz_0(t) \\ dX_0(t) = r(t)X_0(t)dt \\ dX_1(t)/X_1(t) = [r(t) + \mu_1(t)]dt + s_0\sigma_0 dz_0(t) + \sigma_1 dz_1(t) \\ dL(t)/L(t) = [r(t) + \mu_L(t)]dt + s_{L0}\sigma_0 dz_0(t) + s_{L1}\sigma_1 dz_1(t) + \sigma_L dz_L(t) \\ dp(t)/p(t) = [r(t) + \mu_\pi(t)]dt + s_{\pi 0}\sigma_0 dz_0(t) + s_{\pi 1}\sigma_1 dz_1(t) + \sigma_\pi dz_\pi(t) \end{cases}$$

三 企业年金战术资产配置

战略资产配置策略确定下来后，投资者就会把注意力转到政策确定的正常资产组合的实际偏差的概率上来。如果偏差与资产组合比例的决策以对价值进行严格客观的衡量为基础，就称为战术资产配置。战术资产配置是投资者在实施战略资产配置的过程中，通过预测分析资本市场的中短期走势，主动把握投资机会，适当偏离战略资产配置基准，以期战胜基准获取超额收益的资产配置决策。这种配置是通过在资本市场可获得的收益模型的改变而引起的投资组合资产构成的偶然性改变来实现的。

（一）战术资产配置的必要性与可行性

通过战略资产配置，企业年金为未来相当长一段时间内的投资活动建立了业务基准，这个基准就是战略配置基准，其内容包括长期投资的资产类别、大类资产的最优长期投资比例，各种大类资产的市场基准。企业年金在实施战略资产配置的过程中，有两种投资策略可供选择：一种是被动投资策略。即在按照战略资产配置建立投资组合后，忽略资本市场的各种短期信息，不因短期内资本市场的频繁波动而主动调整大类资产的投资比例，仅当投资组合的实际资产配置比例偏离战略资产配置基准达到再平衡临界条件时，才进行资产配置再平衡，将实际资产配置比例重新恢复到战略配置基准。另一种策略是积极投资策略。即在按照战略资产配置构建投资组合后，不放弃市场的中短期投资机会，通过分析预测资本市场的中短期走势，在一定程度上主动偏离战略资产配置基准，对预期收益较高的资产加大投资比例，对预期收益较差的资产减少投资比例，通过承担一部分主动投资风险，以期获得超额收益。后者利用中短期市场机会进行积极配置的策略就是战术资产配置的主要内容。

积极配置和被动配置两种策略的根本区别在于是否相信资本市场的有效性。积极投资自从金融市场诞生以来就存在，包括资产配置、选股甚至技术分析，主要的基础是假定通过某种分析方法可以战胜市场。20世纪50年代，诞生积极投资管理的基金，其后积极管理的投资基金得以迅速发展。消极投资出现得比较晚，但是成长性非常快，这是随着投资者对市场的逐渐认识而出现的，消极投资主要是指数型投资，是按照某种指数（或类指数）构成的标准购买该指数包含的证券市场中的全部或者一部分证券，其目的在于复制与该指数同样收益水平的一个投资组合。

战术资产配置就是一种积极的投资策略，但现代金融理论的有效市场假说对于解释战术资产配置必要性是一个难以克服的障碍。按照有效市场假说的解释，企业年金在按照战略配置构建投资组合后，最好的投资策略就是跟踪战略配置基准，对组合进行被动管理。试图利用市场的公开信息和历史信息来分析市场走势，进而进行战术资产配置的努力并不能实现战胜市场的预期目标。相反，由于占用大量的人力、物力和财力来分析跟踪经济和市场信息，会大大增加企业年金的管理成本，导致在扣除管理成本后的实际收益水平低于被动投资的收益。总之，从有效市场假说得到的结论是，企业年金进行战术资产配置是不必要的。

如果从战略和战术资产配置的功能入手，其实可以很好解释战术资产配置的必要性。战略资产配置是长期配置计划，战略资产配置比例是依据资产的长期收益和风险特征计算得出的。由于投资期限较长，不确定程度很高，对未来的资产状态难以把握，因此，对资产的长期收益和风险的预测主要参考了资产在均衡状态的收益和风险，所包含的具体资产状态的信息较少。此外，由于均值方差模型的自身约束，在处理多期问题时假设未来投资机会均等化，这样就把对未来资产状态的预测平均分配到每一年，使得资产的长期收益和风险的预测更加偏向均衡状态下的特征。而在投资过程中，资产在短期内的状态往往是偏离均衡状态的，这样就导致资产在短期内的收益和风险特征与战略资产配置中预计的收益和风险特征有明显不符，也就是说，企业年金的长期最优配置比例在短期内并不是最优的。要弥补战略资产配置的这个内在缺陷，企业年金就很有必要针对短期内资产状态与长期均衡状态的不一致进行战术资产配置，通过预测分析短期内资产的收益和风险特征，重新调整短期的资产配置比例，使资产配置计划更好地符合未来一段时间的资产状态。总之，战略资产配置的功能性质决定了战术资产配置的必要性，战术资产配置是实施战略资产配置的有效路径。

实证研究已经表明，一定程度上资产价格在中短期的趋势是可以预测的，因为战术资产配置决策依赖投资者的预测能力和资产收益率的可预测性。当投资者预测能力较大和资产收益可预测性较强时，意味着投资者具有较高的获得超过平均投资收益率的超额收益率；当投资者预测能力较小且资产收益可预测性较弱时，则意味着投资者投资失败可能性急剧增加。通过分析宏观经济和资本市场的基本面，掌握那些影响资产价格的主要变量，如经济周期、宏观经济政策、企业盈利变化、市场估值水平等，企业年金有可能以较高的置信水平来预测分析中短期内资产的状态，从而实现战胜投资基准的目标。但在实施战术资产配置决策之前必须做好两件事：第一，建立可信的分析模型，来反映各资产类别期望收益率的各个经济变量。模型中的经济变量可以包括：衡量价值的股息收入、衡量投资活动的GDP增长率、衡量货币政策的货币供给变化等变量。第二，需要拥有大量可信的信息，来弥补动态再平衡过程中所需支付的交易费用。可信的信息越多，战术资产配置决策的效果越好。

（二）提高战术资产配置效率的途径和手段

通过业绩归因方法可以看到企业年金基金的总体业绩可以分解为资产配置贡献和股票选择贡献两个部分。很多对美国市场的研究发现，资产配置决策对基金收益的解释程度很高。IK[①]使用1988—1998年美国晨星所列明至少有10年数据的94只共同基金的平均月度收益率和1993—1997年58只养老基金的季度收益率的数据，发现从时间序列上，资产配置对共同基金的解释程度的中位数为87.6%，资产配置对养老基金的解释程度的中位数为90.7%。在基金业绩横截面解释程度的研究方面，IK对养老基金的10年期收益率和共同基金5年期收益率也作了分析。他们发现，资产配置对养老基金在横截面上的收益率的解释程度为40%，对共同基金在横截面上的收益率的解释程度为35%。

由于我国于2005年下半年才颁发第一批年金投资管理人资格，真正意义上的年金基金还没有形成较完整的、能够进行实证研究的数据。此处选取有代表性的，在中国市场中成立时间超过5年的开放式基金的净值数据和基金分红数据。根据证监会颁布的《证券投资基金信息披露》编报规则第1号《主要财务指标的计算及披露》中第八条本期单位基金净值增长率的计算公式计算单支基金 i 在第 t 季度基金净值增长率（$TR_{i,t}$）。

---

① Roger G. Ibbotson 和 Paul D. Kaplan（简称IK）2000年在《金融分析家杂志》上发表了题目为《资产配置政策解释了40%、90%或者100%的绩效》的著名文章。

该计算公式如下：

本期单位基金净值增长率($TR_{i,t}$) =（本期第一次分红前单位基金资产净值÷期初单位基金资产净值）×（本期第二次分红前单位基金资产净值÷本期第一次分红后单位基金资产净值）×…×（期末单位基金资产净值÷本期最后一次分红后单位基金资产净值） - 1

式中，分红前单位基金资产净值按除息日前一交易日的单位基金资产净值计算，分红后单位基金资产净值等于分红前单位基金资产净值减去单位分红金额。

我们采用IK方法将基金净值增长率（$TR_{i,t}$）分解为资产配置收益率和主动性选股收益率。定义基金i在第t季度的资产配置收益率（$TR_{i,t}$）为基金i在该t季度的平均股票仓位和该季度股票市场收益率的乘积，即

$$PR_{i,t} = [(W_{i,t-1} + W_{i,t})/2] \times R_m$$

式中，$W_{i,t-1}$为基金i在$t-1$季度末投资组合中股票市值占基金资产净值的比例，$W_{i,t}$为基金i在t季度末投资组合中股票市值占基金资产净值的比例，R_m为股票市场指数收益率。由公式所见，$PR_{i,t}$为基金经理不作选股仅作资产配置所能够获得的收益。$PR_{i,t}$可以理解为基金经理按照$(W_{i,t-1} + W_{i,t})/2$的仓位比例购买股票指数基金所能够获得的收益率。

由于基金净值的实际增长率为$TR_{i,t}$，因此基金净值增长率（$TR_{i,t}$）与资产配置收益率（$PR_{i,t}$）的差就是基金经理的主动性选股所带来的收益率，我们定义$AR_{i,t}$为主动性选股收益率，则

$$AR_{i,t} = (1 + TR_{i,t})/(1 + PR_{i,t}) - 1$$

在时间序列分析中，我们将单支基金的每季度基金净值增长率（$TR_{i,t}$）对资产配置收益率（$PR_{i,t}$）作回归。回归中的调整后的可决系数R^2可以代表资产配置决策对基金的净值在时间序列上的解释程度，该解释程度也可被称为资产配置决策对基金收益率在时间序列上的贡献程度。

在横截面分析中，对每支基金计算基金净值年累计收益率，计算公式为：

$$TR_i = \sqrt[n]{(1 + TR_{i,1})(1 + TR_{i,2})\cdots(1 + TR_{i,T})} - 1$$

式中，TR_i为基金在考察期的基金净值年累计收益率，n为该考察期的年份数。

基于同样的方法，我们计算基金资产配置年累计收益率（选时收益

率)，计算公式为：

$$PR_i = \sqrt[n]{(1+RP_{i,1})(1+PR_{1,2})\cdots(1+PR_{i,T})}$$

将所有股票型基金的年累计收益率对资产配置年累计收益率作横截面回归，所得到的调整后的可决系数 R 可以代表资产配置对基金净值在横截面的解释程度，该解释程度也可被称为资产配置决策对基金收益率在横截面上的贡献程度。结论表明，在中国市场，资产配置对基金净值在时间序列的解释程度的平均值高于美国市场的共同基金，而略低于美国市场的养老基金。从平均值分析，中国市场与美国市场养老基金的解释水平基本相当。但从中位数分析，中国市场的解释水平与美国市场养老基金和共同基金的解释水平基本相当。具体如表4所示。

表4 美国市场和中国市场资产配置对基金收益率时间序列解释程度对比

类 别	布林森	伊博森和卡普兰	伊博森和卡普兰	中国市场
基金类型	养老基金	养老基金	共同基金	共同基金
基金项目	82	58	94	12
样子时间	1977—1987 年	1993—1997 年	1988—1997 年	2005—2009 年
R^2 平均值	91.5%	88%	81.4%	87.88%
R^2 中位数	—	90.8%	87.6%	89.09%

而将5年期横截面所得到的研究结果与美国市场的研究结果作对比分析可以看到，在中国市场，资产配置对基金净值在横截面的解释程度的显著低于美国市场的共同基金和养老基金。K 的研究显示，在美国市场，资产配置可以解释40%左右的养老基金收益率和35%左右的共同基金收益率，而在中国市场，资产配置也可以解释47%左右的基金收益率（见表5）。

表5 美国市场和中国市场资产配置对基金收益率横截面解释程度对比

类 别	伊博森和卡普兰	伊博森和卡普兰	中国市场
基金类别	养老基金	共同基金	共同基金
基金项目	58	94	12
样本时间	1993—1997 年	1988—1997 年	2005—2009 年
R^2	40%	35%	47.04%

国内学者熊军等则使用信息比率指标说明了提高战术资产配置效率的途径。信息比率（IR）指标是指超额收益均值与超额收益标准差的比率，借以评价积极投资的机会，反映了企业年金承担1个单位的主动风险所获取的超额收益，IR可进一步分解为信息系数与策略广度的乘积。信息比率分解式为投资者提高积极战术资产配置的效率提供了思路。战术资产配置的效率取决于信息的广度和信息系数，这意味着投资者有两条路径来提高战术资产配置的效率，一条路径是提高信息系数，即更加准确地分析预测各类资产走势的变化；另一条路径是增加决策的广度，即增加独立投资决策的次数，这可以通过提高决策的时间频率和增加资产类别来实现。最终所表明的观点是：对未来预测的准确性不是决定战术资产配置效率的唯一因素。提高战术资产配置效率有三种途径：一是提高对未来的预测能力，即提高信息系数的值；二是战术资产配置决策的频率，其他条件不变，将战术资产配置的频率从每年1次提高到每个季度1次，能够提高战术资产配置的效率；三是大类资产的细分，以大类资产细分后的风格资产作为决策对象比仅以大类资产作为决策对象能够提高战术资产配置的效率。第二个和第三个途径是通过提高决策的广度来改善战术资产配置的效率。

（三）ARPA战术资产配置模型

相对于静态战略资产配置，动态战略资产配置考虑了生命周期过程中的市场风险和基本面风险因素，但即使是动态的多期战略资产配置其调整周期仍然是以年计，战略资产配置是根据风险偏好及效用函数的长期目标值对资产配置做出一种事前的、整体性的规划和安排。在企业年金基金的日常投资管理中，还须制定能够应对瞬息万变的资本市场变化、有效控制投资组合"盯市"风险的战术资产配置策略。战术资产配置是在大类资产比例基本确定的基础上，深入特定资产的内部，进行更为完善的细节构造，同时根据对市场趋势的判断以及不同资产的收益变化，对组合进行适时调整。由于企业年金养老保险体系的"第二支柱"作用，企业为员工建立年金是基于为员工提供一定程度退休收入保障，企业年金基金管理运作也应以年金安全性为前提，因此本部分构建风险限额下的战术资产配置模型（Asset Risk Position Allocation，ARPA）。

首先，根据企业年金基金战略资产配置的要求将年金生命周期划分成

T期，战略资产配置模型确定每一期期初的资产配置比例，而在期间内由于资产价格波动与战略资产配置模型中设定的波动参数有一定的差异，导致资产净值的频繁波动成为常态，管理人需要通过资产投资比例的及时调整来控制波动风险，因此战略资产配置所确定的投资比例并不能在期间内保持不变，一方面战略资产配置可以确保实现生命周期的效用最大化目标，另一方面战略资产配置为战术资产配置提供了风险控制前提。将战略资产配置比例转化为置信度 β 下的风险承受水平：

$$RT_\beta(t) = NORMINV_\beta \cdot \sqrt{\theta' \sum \theta}$$

式中，为 $NORMINV_\beta$ 置信度为 β，即标准正态分布下概率为 β 的分位点，如当 $\beta=0.95$ 时，$NORMINV_\beta=1.65$ 时，当 $\beta=0.99$ 时，$NORMINV_\beta=2.33$，$\sum$ 为企业年金基金所投资资产的协方差矩阵。

其次，风险承受水平是以期初资产价值的损失比例表示，此比例乘以期初资产价值即为企业年金基金资产在该期内的容忍损失值：

$$RE_\tau = E_t \cdot GRT(\beta,t)$$

式中，E_t 为 t 期期初企业年金基金资产价值，$RE_\tau = E_t \cdot GRT(\beta,t)$ 为 t 期 β 置信水平下战略资产配置风险承受水平。企业年金基金在该期内的目标安全底线为：

$$U_t = E_t - RE_t = E_t[1 - GRT(\beta,t)]$$

目标安全底线 U_t 为 t 期间内企业年金基金资产的允许最低价值水平，目标安全底线有如下两种使用方法：（1）固定不变，即目标安全底线在 t 期内自始至终都为固定水平，期间不进行调整，不会随着资产价值的变动而变动；（2）期间调整，目标安全底线跟随期间内资产组合的调整而调整，每次调整按最新的资产价值水平重新确定新的目标安全底线，前提是期间内调整后的目标安全底线始终不会低于期初制定的目标安全底线水平。如果资产价值为正增长，将最新的资产价值乘以某一固定比例作为新的安全底线，如果资产价值为零增长或负增长，则目标安全底线保持原有水平。方法（1）为绝对目标安全底线，不考虑资产组合调整过程中资产价值的波动，而方法（2）是一个更加稳健的策略，将期间内资产组合波动、调整效果考虑进去，期间内可以设置新的非负增长的目标安全底线。对方法（2）进一步进行优化，如果资产价值为正增长，将目标安全底线设定为：

$$U_t(\tau+\Delta\tau) = U_t(\tau) \cdot [1 + \varepsilon \cdot \max(\mu_\tau, 0)]$$

式中，$U_t(\tau+\Delta\tau)$ 为调整后的目标安全底线，$U_t(\tau)$ 为调整前的目标安全底线，μ_τ 为资产价值在 $\tau \sim \tau+\Delta\tau$ 时间内的增长率，ε 为将资产价值增长累加目标到安全底线的比例。

再次，设定了企业年金基金资产在期间内的容忍损失值、目标安全底线初始值及调整方法之后，即可计算可投资于风险资产的比例及调整策略：

$$RI_t(\tau+\Delta\tau) = m_t(\tau) \cdot (E_t) - U_t(\tau)/E_t(\tau)$$

式中，$m_t(\tau)$ 为风险乘数，风险乘数通过预测未来一段时间内（如一年）风险资产可能面临的最大损失（VaR）来决定，此最大损失的倒数即为风险乘数 $m_t(\tau)$。最大损失可以通过历史数据、蒙特卡洛（Monte Carlo）模拟进行预测，也可以将对未来一段时间内宏观经济、政策预期、市场趋势、市场信心等主观判断作为辅助依据。

最后，根据以上方法，企业年金基金资产配置期间内动态调整策略包含如下几个步骤：

（1）在建立了企业年金基金战略资产配置策略的基础上，在战略资产配置的每个期间，利用集体资产风险承受水平计算企业年金基金资产在期间内的容忍损失值、目标安全底线初始值。

（2）将期间分成等分的资产组合调整周期，如每月、每周甚至每天，按照如上的方法计算每次期间内资产组合调整时新的目标安全底线、风险乘数，明确企业年金基金资产投资于风险资产的比例调整限制。

（3）定期监测资产组合的运作情况、市场状况或者有可能发生初始预期之外的变化，此时需要重新调整影响投资组合的各参数值，及时应对预期之外的变化。

四　实证分析与研究结论

（一）参数设定

第一，企业年金基金战略资产配置每年调整一次，战术资产配置每月调整一次。

第二，员工每年缴纳一次年金，假设年缴存金额为当年工资水平的固定比例 c：12%。

第三，风险资产应用沪深 300 指数数据，债券资产应用国债指数数据，无风险资产应用货币市场基金收益率数据，样本空间为 2006 年 1 月 1 日至 2009 年 12 月 31 日，其中缺少 2006 年之前的货币市场基金收益率数据，本部分应用同期一年定期存款替代缺少部分（见表6）。

表6　　　　　　　　各资产的协方差矩阵

	风险资产	债券	无风险资产
风险资产	0.09	-0.0002472	1.11194E-05
债券	-0.0002472	0.001225	4.09837E-06
无风险资产	1.11194E-05	4.09837E-06	0.0001

第四，期初工资水平为 L_0：100。工资水平涨幅采取每年国家公布的居民收入指标中的城镇居民人均可支配收入涨幅（见表7）。

表7　　　　　　　城镇居民人均可支配收入涨幅

	2005 年	2006 年	2007 年	2008 年	2009 年
同比增长率（%）	11.37	12.07	17.24	14.47	8.83

第五，通货膨胀率采用每年的 CPI 指标（见表8）。

表8　　　　　　　　历年的 CPI 指标

	2005 年	2006 年	2007 年	2008 年	2009 年
CPI 涨幅（%）	1.8	1.5	4.8	5.9	-0.7

第六，不考虑交易成本，不能卖空。

（二）实证结论

1. 动态战略资产配置优于静态战略资产配置

不管是否考虑战术资产配置 ARPA 策略，马科维茨模型的效果都不是很理想，因为静态战略资产配置策略决定了不管时间的长短资产投资比例都是一成不变的。由于每年调整一次,动态战略资产配置策略充分显现出具有较高的超额收益比,其中 ASLC 模型效果比莫顿模型有更好的实证效果(见表9)。

表9　　　　　　　　　　　实证结论一

		收益率	波动率	夏普伯
无 ARPA	马科维茨	0.1132	0.1175	0.7081
	莫顿	0.1402	0.1364	0.8079
	ASLC	0.1421	0.1376	0.8149
有 PRPA	马科维茨	0.1672	0.1703	0.8056
	莫顿	0.1945	0.1437	1.1447
	ASLC	0.1949	0.1434	1.1504
基准指数	沪深 300 指数	0.3357	0.3930	0.7779
	混合基金指数	0.3015	0.2660	0.0207

2. 战术资产配置的重要性不亚于战略资产配置

在战略资产配置基础上,本部分根据企业年金基金收益状况以及市场环境的变化,利用资产组合的动态调整策略对企业年金的战术资产配置进行了研究。研究结论表明,战略资产配置可以起到控制全局风险的作用,而战术资产配置则可以在控制风险前提下有效提高企业年金基金投资的有效性。战略资产配置和战术资产配置的根本区别在于,战略资产配置是正常市场条件下的最优配置比例,而战术资产配置是针对短期内主观情景状态的最优配置比例。如果投资者有较好的预测分析能力,那么战术资产配置就能够有效地弥补战略资产配置的不足,利用短期内资产对均衡状态的偏离来获取超额收益。

第一,战术资产配置可以抵御极端风险。战略资产配置通过集体风险承受水平对企业年金基金构建组合提供了较强的约束,可以有效控制企业年金基金的投资风险。但仅凭战略资产配置,能否使年初制定的投资组合在这一年里完全抵御未知的市场风险,答案是否定的。实证分析表明在连续单边下跌的市场中,如果不进行战术调整,企业年金基金资产期末价值都跌破了期初所设置的目标安全底线。而利用战术资产配置策略的效果很明显，可以有效避免期末价值都跌破目标安全底线。

第二，战术资产配置可以使企业年金基金获得更高超额收益。实证分析充分表明战术资产配置策略除了可以抵御市场的极端风险外，还可以使企业年金基金的投资组合拥有更高夏普值，可以使企业年金基金获得更高的单位风险超额收益。

第三，采取合适 ε 值的战术资产配置可以增强投资效率。在企业年金基金战术资产配置模型中，参数 ε 值表示在前期已经实现一定盈利的前提下，目标安全底线进行非负增长调整的比例，该比例越大表示管理人越保守，前期盈利有越大的可能被保护，该比例越小表示管理人越激进，管理人更注重利用已有盈利进行再投资获得更高收益。实证分析结果表明，较小的 ε 值可以提高投资组合的灵活度，风险资产的投资比例限制相对较小，可以提升投资组合的获利能力，但同时投资组合的波动率也相应大幅提高，因此夏普值的表示不尽如人意。而较大的 S 值可以有效提高投资组合的单位风险超额收益，ε 值越大越能保护前期获得的收益，但较大的 ε 值也促使投资组合舍弃了较多获利的机会，因此选择较适中的 ε 值既可以有效保护前期获利成果，又不至于丧失太多的获利机会（见表10）。

表10　　　　　　　　　　实证结论二

		收益率	波动率	夏普值
ε = 0	马科维茨	0.1805	0.1989	0.7567
	莫顿	0.2254	0.2083	0.9381
	ASLC	0.2329	0.1921	1.0561
ε = 0.5	马科维茨	0.1672	0.1703	0.8056
	莫顿	0.1945	0.1437	1.1447
	ASLC	0.1949	0.1434	1.1504
ε = 1	马科维茨	0.1038	0.0921	0.8013
	莫顿	0.1387	0.0921	1.1802
	ASLC	0.1396	0.0909	1.2059

第四,提高战术资产配置动态调整频率可以改善投资效果。

投资组合的调整频率对战术资产配置的效率影响较大,研究结果表明投资组合动态调整越频繁(如每日调整),投资组合的单位风险超额收益越高,投资组合动态调整越不频繁(如每月调整),投资组合的超额收益越低。但投资组合的调整频率需要与 ε 值相匹配,因为不同 ε 值下动态调整的频率影响性不一,当 ε 值较小时投资组合的风险收益特征变化较小,ε 值较大时投资组合的夏普值变化显著性有所提高,而 ε 值取较适中的数值(如 $\varepsilon=0.5$)时投资组合调整频率的提高可以非常显著地提高企业年金基金投资效果(见表11)。

表11　　　　　　　　　实证结论三

		收益率	波动率	夏普值
$\varepsilon=0$	马科维茨	0.1445	0.1490	0.7685
	莫顿	0.2013	0.1433	1.1954
	ASLC	0.2094	0.1498	1.1969
$\varepsilon=0.5$	马科维茨	0.1037	0.1005	0.7333
	莫顿	0.1239	0.0701	1.3395
	ASLC	0.1246	0.0694	1.3634
$\varepsilon=1$	马科维茨	0.0598	0.0518	0.5753
	莫顿	0.0910	0.0472	1.2924
	ASLC	0.0911	0.0469	1.3028

五　政策建议

(一)完善企业年金投资运作的制度建设

与发达国家完善的企业年金制度相比,我国的企业年金正处于发展之中,目前的法规规定了我国企业年金发展的基本框架是由委托人、受益人两类主体与受托人、托管人、账户管理人、投资管理人四类机构组成的委托代理关系。很显然,这五个不同责任主体在企业年金的运营过程中分别发挥着不同的作用，各自所追求的最终目标不是完全一致的，特别是现今的企业年金集合运作性质决定了个体账户间的资产配置策略是无差异性的，而员工之间存在着年龄、收入及效用函数的差异性，在现今的体制下员工对个体账户没有资产配置的自主决策权，导致企业年金的投资运作就像大锅饭一样缺乏效率。因此，需要建立合理完善的企业年金制度，让每个参加年金的员工对个体账户有一定的资产配置决定权。

（二）适当调整投资范围和比例

从资产配置的角度考虑，多样化的投资品种有利于降低投资组合的风险，可以实现投资资金的有效配置。投资组合保险策略的实现，也需要衍生产品市场的配套发展。我国证券市场正处于飞速发展中，市场投资品种不断推陈出新，以市场为主导的投资品种创新机制正在确立之中。应该大力探索年金基金投资于股票和债券相关的新品种及其衍生产品的实践。此外，进一步拓宽投资范围，允许企业年金资金投资于海外发达资本市场，实现在全球范围内的资产配置，这也是降低年金投资风险，提高收益率的有效途径。

（三）鼓励投资管理人的市场化竞争

年金投资管理运作水平的高低直接决定了今后受益人的给付水平，因此选择优秀的投资管理人某种程度上成为年金计划成功的关键因素。决定一个投资管理人运作水平的因素很多，从投资管理能力方面，不仅要考察投资管理人的过往业绩如何、风险控制能力水平，以及风险调整后的收益分析，还要从业绩来源上分析投资管理人，判断其投资管理中的优势和劣势，从而让优秀的投资管理人脱颖而出。而这一切都需要在一个市场化的环境中才能够得以实现，构建一个良好的市场竞争氛围，必须各方共同配合才能达到。首先，监管机构应制定相关的法规来规范年金市场中各运作机构的行为，使各竞争主体有法可依。其次，加强年金投资业绩评估的理论研究，运用科学、合理的绩效评估方法来指导实践工作，促进年金投资业绩评估方法的发展。此外，可以借鉴国外的经验，鼓励专业性的年金评级机构开展第三方的评级服务。国外的资产管理业发展得较早，目前已有许多专门对基金、养老基金和其他资产组合的评价机构。例如弗兰克·拉塞尔（Frank Russell）旗下的 Russell/Mellon Analytical Services，专门进行基金评级服务的 Morning Star，为投资管理人评级的 Fitch Rating 等。它们在基金评估方面，已经形成了一套比较完整的体系和方法。专业的评级机构对年金基金的评估目的是提供一套比较客观、公允的标准和结果，以供投资者作投资决策之用。同时，通过研究建立"中国企业年金指数"来分析评价企业年金基金管理绩效，进而对管理人业绩进行科学的评估。

（四）提高年金运作机构的投资管理能力

加强投资管理人在年金运作上的投资管理能力，对年金资产实行专业化管理，始终是实现年金资产保值增值，确保受益人权利的有效渠道。实现以上目标，就必须提高年金运作机构的投资管理专业能力，加强年金资产的资产配置能力，运用现代的投资组合技术，实现低风险承受下的年金资产收益性目标，确保将来在既定的资产负债规模下实现对受益人有效支付。具体来说，可以从以下几个方面考虑：

第一，加强风险控制，确保年金资产安全性。安全性始终是年金投资运作中首要保障的前提。建立年金的最终目的是为了满足未来的支付需要，年金资产的特殊用途决定了其低风险承受能力的特征。确保年金资产投资运作中的安全性，就必须保证投资资本金能够全部收回，并能取得预期收益。从本部分的实证研究结论可以看出，从两个方面可以加强年金投资运作的管理：（1）开发合理的动态战略资产配置与战术资产配置方法；（2）建立风险承受能力指标及明确的目标安全底线，资产投资组合的调整须以风险可控为前提。

第二，引入年金投资管理的收益保障制度。我国目前的企业年金采取市场化的模式，由商业机构运作。它不同于基本养老保险由财政担保，拥有极为可靠的保障。因此，需要建立有效的收益保障制度来保障年金资产的安全性和最低收益水平。设立收益保障制度也是发达国家和地区企业年金成功运作的经验，如可参照香港强积金 MPP 的规定，"所有强积金计划必须提供保本基金，保本基金的投资回报须超过积金局所公布的订明储蓄利率，强积金机构才可从基金中扣除费用。有关收费不可高于投资回报超越订明储蓄利率的部分"，建立类似的风险补偿机制，作为保障年金基金积累水平、保护受益人利益的坚实防线。

参考文献

1. Davis，E. P.，*Pension Funds，Retirement - Income Security and Capital Markets：An*

International Perspective, Oxford University Press, 1995, Oxford.

2. Brinson Gary, L. Randolph Hood and Gil Beebower, Determinants of Portfolio Performance, *Financial Analysts Journal*, 1986, 42 (4): 39–44.

3. William F. Sharpe and Andre F. Perold, Dynamic Strategies for Asset Allocation, *Financial Analysts Journal*, 1988 January/February: 16–27.

4. Menoncin, F., Optimal Portfolio and Backgroud Risk: An Exact and anApproximated Solution, Insurance: Mathematics and Economics, 2002.

5. Battocchio, P. and F. Menoncin, Optimal Portfolio Strategies with Sto–chastic Wage Income and Inflation: The Case of a Defined Contribution PensionPlan, Working Paper CeRP, 2002, N. 19–02, Torino.

6. 401 (k) Plan Asset Allocation, Account Balances and Loan Activityin 2008.

7. OECD Pension Statistics: Pension Markets in Focus, 2010, No. 1, February.

8. 邓大松、刘昌平：《中国企业年金制度研究》修订版，人民出版社2005年版。

9. 邓大松、刘昌平：《改革开放30年中国社会保障制度改革回顾、评估与展望》，中国社会科学出版社2009年版。

10. 孙建勇主编：《〈企业年金基金管理试行办法〉释义》，中国财政经济出版社2004年版。

11. 达斯特：《资产配置的艺术》，段娟、史文韬译，中国人民大学出版社2009年版。

12. 殷俊：《中国企业年金计划设计与制度创新研究》，人民出版社2008年版。

13. 熊军：《中国养老基金资产配置需要处理好五对关系》，《国有资产管理》2009年第7期。

14. 邱虹、熊军：《养老基金资产配置的主要类型和功能》，《国有资产管理》2009年第8期。

15. 邵蔚、熊军：《正确认识养老基金战略资产配置的重要性》，《国有资产管理》2009年第12期。

16. 李一、周心鹏、李琦：《再平衡策略及对社保基金投资的建议》，《金融与经济》2010年第2期。

17. 高赫：《养老基金投资中的生命周期资产配置研究》，《消费导刊》2010年第3期。

（原载《2009—2010中国社会保障改革与发展报告》　作者：邓大松　张义波）

论我国社会保险基金的运用

社会保险基金能不能有效地运用？如何运用？一直是各国讨论的热点。我国的社会保险经过20年的改革和实践，已初步建立起具有中国特色的城镇职工社会保险体系。但在社会保险基金为何和如何进行投资、怎样才能增加社会保险基金积累和确保社会保险偿付能力等问题的研究上，远未做出令人信服的阐释和得出明确的结论，仍将是今后社会保险界进一步探索的主题。本文试图就此问题，透过国外的经验教训，结合中国的实际，谈几点粗浅意见。

一 社会保险基金的构成及其运用的意义

社会保险基金，是指社会保险专管部门通过法定或契约的筹集方式，由企事业单位和个人缴纳保险税费和政府资助而建立起来的一种社会后备基金，按照规定，社会保险基金只能用于社会保险项目的补偿或给付，不得以任何理由挪作他用。可见，社会保险基金是一种具有特殊用途的专款专用基金，通常由以下四个部分构成：

第一，国家拨款。社会保险是以政府为主体举办的强制性保险，因此，社会保险的最终财政责任由政府承担。国家为履行社会保险职责，每年都需要向社会保险部门拨付一定量的资金，以备急需。政府的社会保险拨款一般分三种：一是将社会保险支出纳入国家预算的预算拨款；二是根据社会保险项目的实际需要，分项补助的专项拨款；三是临时拨款，即根据意外事件发生需要的应急性拨款。政府拨款有两种方式：一是事先拨付，即按社会保险发展规划预先向社会保险部门支拨；二是事后拨付，即待社会保险部门收付后，如有缺口，由政府拨款填补，这就是通常讲的

"国家扮演最后出场的角色"。但国家不论采取哪一种拨款形式,所给出的资金都构成社会保险基金的一部分。

第二,企业或个人缴纳。由企业或事业单位和被保险人个人按规定向社会保险机构或国家授权单位缴纳的税费。在国外,企业按本企业工资总额和个人按本人工资的一定比例缴纳社会保险税。除工伤保险外,其他险种均由企业与被保险人共同缴纳。例如,1997年美国养老残废和死亡保险规定,企业按工资总额的6.2%、职工按本人工资的6.2%缴纳保险税;意大利则规定,企业按工资总额的7.35%、劳动者按本人工资的2.625%缴纳保险税。我国的社会保险也要求企业和被保险人共同承担缴费义务。如基本养老保险规定,企业按工资总额的20%左右缴纳保险费,被保险人最终按本人工资的8%缴纳保险费;企业约按工资总额的6%和2%缴纳基本医疗保险费和失业保险费,被保险人按本人工资2%和1%缴纳。企业和个人缴纳的社会保险费构成我国社会保险基金的主要部分。

第三,社会捐赠。由社会团体、经济组织和个人自愿向社会保障部门捐款。在西方国家,个人慈善性捐款是每个公民和家庭的基本义务,由此所募集的资金,成为社会保障收入的重要组成部分。据美国1993年统计,收入在10000—19999美元的家庭,家均捐款460美元,占家庭收入的3.1%;收入在60000—74999美元的家庭,家均捐款2006美元,占家庭收入的3%。1993年全美个人慈善事业基金达1262亿美元,相当于1980年的486亿美元的2.6倍。有关统计显示,1997年我国民政部接受境内外救灾和扶贫的社会捐款物达14.1亿元人民币;1998年高达70多亿元人民币;1998年10月至1999年3月,除常规福利彩票外,仅赈灾彩票专项募集就达15亿元人民币,社会捐赠按规定一般用于灾区重建和人民生活安排。但某些捐赠款在未支出之前,仍可作为社会保险基金的组成部分。

第四,投资盈利,即社会保险基金运用所获得的收益。在发达国家,社会保险基金投资的回报率较高,投资收益相当可观。仅以美国的信托基金形式为例,1980年老年和遗属保险信托基金228亿美元,收入利息18亿美元;到1993年,上述险种的信托基金增加到3693亿美元,收入利息达270亿美元。据有关方面测算,尽管我国社会保险基金的数量不多,银行储蓄利率不高,但如果将全部社会保险基金作为定期储蓄存入银行,一年也可获得十几亿元名义人民币的回报。在通常情况下，这十几亿元名义人民币可全部用作充实社会保险基金。

社会保险基金的运用，是社会保险机构的重要工作和主要任务，对于进一步健全、完善社会保险体系，促进社会经济的全面发展具有深远意义：

第一，有助于加快积累实质性社会保险基金。国外商业性保险和社会保险发展的经验表明，积累保险基金可以通过扩大覆盖面、增收保险税费的方式来实现。但是，以增收税费的方式积累保险基金，相应加大了保险机构所承担的风险，并且，这种保险基金积聚得越多，风险就越大。因此，通过收付方式积聚的保险基金是一种非实质性保险基金。积累实质性的保险基金主要依靠保险机构管好、用活已有的保险基金，争取投资盈利。在西方国家，投资收益成为有效社会保险基金积累的最重要来源。同样，我国通过正确运用社会保险基金，也必将能够累积巨额实质性社会保险基金，建立起强大的承担社会保险责任的资金后盾。

第二，有助于降低社会保险税费率，减轻企业的经济负担，提高企业的竞争力。现阶段，我国社会保险所需经费主要由企业负担。在"收付"式社会保险制度下，随着社会保险业不断发展，社会保险支出水平逐步提高，迫使国家必然相应提高社会保险税费率，从而加重企业的经济负担。相反，在"经营"式社会保险制度下，通过有效地运用社会保险基金并获取预期投资回报，就能降低企业的社会保险成本，提高企业在国内市场乃至国际市场的竞争力。

第三，能直接支援经济建设，提高社会保险在国民经济中的地位。社会保险基金由社会保险专管部门掌握，按照国家有关法规、政策进行各项投资活动，不仅加大了社会保险的偿付力度，而且为资金投放企业的风险管理、技术改造和扩大再生产提供了可靠的资金来源，有效地支援了经济建设。同时，社会保险基金的有效运用，能使各行业从中全面看到社会保险调节国民经济的作用和支持社会保险事业的发展。

第四，有利于完善资本市场，提高资金的使用效率。在发达的市场经济条件下，社会保险基金进入资本市场是资本市场本身发育的必要条件。据统计显示，某些发达国家仅养老基金就占资本市场资金的 1/3 以上（如今美国的养老保险基金达 4 万多亿美元），可以说没有养老基金的投入,就不可能形成完善的资本市场。我国的资本市场,由于各种原因,发展时间短,发育程度低,资金相对匮乏。如能将大部分社会保险基金投入金融或经营性事业,必然加快完善我国资本市场的步伐。此外,社会保险基金的运用,使其投资者成为资本市场的稳定力量和竞争对手,定当打破资本市场保持的原有平衡,给资本市场增添新的竞争活力。这不仅能增加经济增长所必需的资本投入,增大长期资本投入的比例,而且还有助于投资者实行稳健的投资策略,适时调整投资结构,加强和改善投资管理,提高投资质量和效益。

二 社会保险基金运用的方式与原则

以何种方式运用社会保险基金,直接关系到社会保险基金运用能否带来理想的预期回报。综观各国社会保险基金运用的情况,其运用方式主要有三种:一是储蓄存款。社会保险机构将集中的社会保险基金存入银行,以收取固定利息作为投资回报。二是对外贷款或进行不动产投资。这种资金运用方式通常由社会保险主管机构或有关部门成立的资产托管委员会或资产托管局操作。三是有价证券投资。是指利用社会保险基金购买国家债券、企业债券、股票等有价证券。

社会保险基金是社会公共基金和建设基金的重要组成部分,同时又是人们的养命钱。因此,在运用社会保险基金进行各项投资活动时,必须遵循以下原则。

第一,社会性原则。社会保险基金的运用,首先必须考虑资金的投向应符合国家有关投资法规和投资政策的规定,有利于社会发展进步和国民经济增长,有利于提高劳动生产力水平。简言之,社会保险基金的运用必须讲求良好的社会效益。那些违背法规和只顾及眼前利益和个别利益而忽视整体利益和人民长远利益的投资活动,应坚决摒弃。

第二,风险分散原则。任何投资都具有一定的风险。为使社会保险基金的投资风险降低到适当的程度,保证投资相对安全,就必须将社会保险基金投资的风险分散。风险分散的办法有两种:第一,将社会保险基金分别投向多个项目,以避免风险集中和造成重大损失。第二,根据社会保险基金的具体用途，分类进行投资。①

就社会保险基金使用而言，一般分为三类：第一类是随时用于支付退休金、失业救济金和医疗、工伤保险金的部分，这一部分基金要求具有高度的流动性或变卖性。第二类是准备应付突发事件和国家调整社会保险待遇的部分，这一部分社会保险基金也要求有较好的流动性。第三类是用于将来支付保险金的部分，这一部分基金不要求及时变现和具有较好的变卖性，它可用于长期积累和投资。

根据社会保险基金分类，社会保险投资机构可采取不同的投资方式。第一类社会保险基金要求流动性极强，因此，基金既不能投资于货币市场，更不能运用于资本市场，只能用作储蓄存款。第二类社会保险基金依其用途和要求，可投向货币市场，用于资金短期拆借、购买银行可转让大额存单，或对商业票据进行贴现、购买一年期或一年期以下的国库券和企业债券等。第三类社会保险基金则可用于中长期储备性投资，如购买一年期以上的国家特种债券、国库券、企业债券、上市股票，以及信托委托贷款、各种直接投资等。至于各类投资占总投资的比例，应根据现时需要和将来承担的偿付责任做出合理的安排。总之，分类投资既保证了社会保险基金的正常支付，又分散了投资风险，保证了基金运用的流动性和安全性，并为社会保险基金保值增值提供了可能性。

第三，收益性原则。社会保险基金运用的直接目的是使基金增值，加大基金积累，扩大社会保险的实际偿付能力。为此，在保证投放资金能够安全回流的前提下，还应尽可能地选择那些能带来可观投资收益的项目，唯有这样，才能使社会保险基金在不断积累过程中逐渐雄厚起来，为社会保险制度的发展和完善奠定经济基础。如今，在其他国家，尤其是经济发达国家，社会保险基金投资于第一类基金的方式的比例相当小，其根本原因是，把社会保险基金存于银行，不仅不能使社会保险基金增值，就是保值也很困难。以我国为例，在1985—1993年连续9年中，有4年的养老保险基金各期存款利率低于通货膨胀率，1986年、1991年和1993年的3年期以下的存款利率也低于通货膨胀率。于是，养老保险基金即使全部按最长期限定期存储也很难保值。社会保险基金投资于第二类基金的方式也

---

① 参见《美国统计摘要》，1995年，第393页。

不多，因为购买银行大额存单、对商业票据进行贴现、购买一年期或一年期以下的国库券和企业债券，使社会保险基金保值没问题，但增值就很难保证。大家知道，以上短期投资，除了各种风险因素外，投资成本也太高。社会保险基金投资于第三类基金的方式（尤其是投资于长期债券和股票）占全部投资的绝大部分。例如，美国的退休金计划通常将基金的40%投资于债券市场，60%投资于股票市场；1997年瑞士各职工养老基金组织向股票市场投资的平均比例（包括国内外投资）为45%，加拿大魁北克政府将包括养老保险基金在内的公共基金的37%用于股票投资；1998年英国的职工养老基金用于股票投资的比例却高达70%—80%。将大部分社会保险基金投资于债券与股票市场，是因为这种投资方式能够使社会保险基金增值，是实现社会保险基金运用的收益性原则的最佳方式。据计算，1926年在美国的长期国库券市场投入1美元，到1996年可涨为33.75美元；如果1926年将1美元投资到美国标准普尔指数500家大企业股票市场，到1996年年底，就可涨到1371美元，是同期长期国库券投资的40.6倍。[①] 它表明，从长时期看，债券投资是可以产生效益的，同时，如果投资人能在股票市场上作长线投资，得到的收益肯定会高于其他任何形式的投资。

三　社会保险基金运用值得思考的几个问题

第一，风险与收益。在投资决策过程中，备受投资者关注或使投资者考虑最多的就是投资风险与投资收益的关系问题。几乎所有的人们都认为，社会保险基金是一部分必要劳动的积聚，是人民的养命钱。因此，将社会保险基金运用于投资，应投资在那些回报率高而风险较低的项目上。其实，这样的投资根本就不存在，只不过是人们的良好愿望罢了。林肯国民投资公司总裁杰夫瑞·尼克曾风趣地说："为什么不存在高收益、低风险的投资呢？如果有这种机遇，那么，谁提供这种机遇，谁家的门槛就要

[①] 参见徐滇庆等主编《中国社会保障体制改革》，经济科学出版社1999年版，第392—393、390、266页。

被踩烂了。"提供投资机会的人们十分清楚,为了使自己获取最大的利润,同时又避免为数众多的投资人挤上门来,他们必定会提高投资的价码,使其投资回报率与其他对等风险的投资回报率相当。不论在哪种制度下,只要存在这种投资,提供投资机会的人一定都会作这样的调整。正如杰夫瑞·尼克反复强调的那样:"由于竞争的原因,在投资领域,从来就没有'免费午餐'。"[1] 这就说明,投资收益与投资风险成正比例关系。试图获得一定的投资收益,就必须冒一定的投资风险。如果投资者根本不愿承担任何风险,收益率也就微乎其微。如前所述,第一类基金的投资方式,风险极小,但不仅不能保证社会保险基金保值增值,相反,它还会使基金贬值。第二类基金的投资方式,风险不大,但至多使基金保值,无增值可能。只有第三类基金的投资方式,由于风险高,获利机会大,才有可能保证社会保险基金增值。当然,高风险投资并不能保证一定就有高回报,但它提供了获得高收益的机会。

第二,公营与民营。社会保险基金是否需要经营?回答应当是肯定的。但是,社会保险基金由政府统一经营,还是由民间投资机构经营,或是由政府和民间合作经营,是当今世界绝大多数国家还在继续探索的问题之一。从各国的实践看,社会保险基金由政府统一经营,具有便于风险控制和管理,基金安全性、社会性和流动性强等优越性。但是,由于政府经营受自身统筹兼顾、全面协调等宏观政策的约束,加之投资者背上国家财政"兜底"的包袱,以及缺乏外在的竞争压力和内在的经济利益激励机制,其经营的收益性同民营相比,就低得多,某些国家甚至还出现负收入。例如,1980—1990年,美国民营养老保险基金的实际收益率为8%,英国为8.8%,荷兰为6.7%。而同期公营养老保险基金的实际收益率,美国为4.8%,马来西亚为4.6%,新加坡和印度为3%。而肯尼亚的实际收益率则为-3.8%,厄瓜多尔为-10%,埃及为-11.7%,委内瑞拉为-15.3%,赞比亚为-23.4%,土耳其为-23.6%。[2] 中国的社会保险基金如何运用?由谁来运营?正在酝酿之中。在这种时刻,笔者认为,外国的经验是值得借鉴的。

---

[1] 《中国养老保险制度改革国际研讨班背景材料》,1998年,第70—71页。
[2] 同上。

诚然，民营社会保险基金不论是从资金投放，还是从投资收益支配的角度看，都面临较大的风险。为规避投资风险，使民营社会保险基金按照增值的目标运行，国家还必须为其提供一定的条件，其中包括：一是国家应赋予各投资机构有运用社会保险基金的权利，并有权决定基金投向与运用方式，同时允许统筹基金和个人账户基金有权自主选择信得过的投资公司或代理人，这是民营社会保险基金的前提。二是建立健全有关社会保险投资法规，保证各投资机构运用社会保险基金的合法地位和权益，保证社会保险基金运用的各项原则得以实现，保障社会保险基金投资所获得的收益不因其他原因而受侵害，这是民营社会保险基金规范运作和良性发展的基石。三是建立和完善资本市场以及发展多种金融工具，为社会保险基金从储蓄顺利地向投资转化，或从闲置资金向生产资金转化提供优越的外部环境，这是民营社会保险基金的关键条件。除此之外，各投资机构内部有较强的投资意识和承担风险的胆量，投资者通晓金融市场信息，熟悉投资业务和投资基本技能，是民营社会保险基金的重要条件。

第三，专管与监督。社会保险基金运用还必须有一个运用载体。如今，世界多数国家社会保险基金的运用载体主要有两个：一是由有关部门和人员组成的各种投资管理委员会。如美国由财政部部长、社会保障署署长和劳工部部长等5人组成的社会保障信托基金委员会；瑞典、巴哈马、多哥等许多国家由政府、雇主和职工代表组成的基金管理委员会。二是专门设立的社会保险基金投资机构。如日本的信托基金局、加拿大魁北克的投资储蓄银行、荷兰的养老基金投资公司、智利和阿根廷的养老基金管理公司等。在国外，社会保险基金就是通过以上投资载体进行专管和运作的。为实现社会保险基金运用预期目的，在各投资载体内部或外部还相应成立社会保险基金运用的监察机构，对资金投向、投资方式、投资收益的处理和投资原则的执行情况等进行监督和稽核，以保证社会保险基金安全、高效运行。

目前，我国金融市场尚待完善，有关投资法规也不健全，尤其是社会保险机构内部掌握投资技术的人才缺乏，如果社会保险从业人员直接进行经营性投资，必然会面临较大的投资风险。根据这种情况，应考虑在我国建立专营与管理社会保险基金运用的载体——社会保险基金投资公司或社会保险基金管理公司。投资公司可以是社会保险部门的具有相对独立性的附属机构，也可以是独立于社会保险部门之外的自主经营、自负盈亏的法人经济实体。投资公司接受社会保险主管机关的委托，经营管理社会保险基金，负责社会保险基金的投资营运，并为优化投资组合，降低投资成本，提供优质高效的风险管理服务，为增强社会保险基金未来的偿付能力谋求更大的资本增值。另外，如同其他国家一样，在社会保险基金投资公司内部相应设立有社会保险部门及主管机关和职工代表参加的投资监督机构，监督和审计基金投资公司的投资活动和执法情况，保证投资公司稳健经营，更好地担负起社会保险人和广大被保险人所托付的重大责任。

（原载《经济评论》2000年第4期）

论政府的养老基金监管职责

为克服养老金制度面临的危机，最近二十年，世界多数国家对本国养老金制度进行了改革调整，许多国际组织也对此给予极大关注，提出了各种改革建议。综观当前养老金改革，不难发现，世界上多数国家都采取了一致的行动——养老基金投资运营，并依据各国的现实条件对养老基金投资实行各具特色的监督和管理模式。同时，养老基金管理与资本市场的协调发展、放松监管和增进运营效率等也成为这一时期养老金制度改革尤为引人注目的发展趋势。应当看到，对多层次养老基金营运的监管，仍是一个在世界范围内面临的崭新课题。我们应当立足于我国国情，综合借鉴欧美发达地区、拉美及东欧国家、东南亚国家业已形成的初步经验，从战略和长期发展的高度，注重养老基金监管体系的观念创新、制度创新，逐步探索出适合我国国情的养老基金监管体系。

一 政府监管养老基金的理论基础：市场失灵

在存在外部性、信息不对称、报酬递增等因素的情况下，市场机制就不再是完全有效的，因而就会发生市场失灵。当市场出现失灵时，就要由政府来对其进行弥补。社会保险发展一百多年的历史告诉我们，社会保险是政府干预社会生活领域、克服商业保险市场普遍存在的逆向选择等"市场失灵"在特定社会历史条件下的一种制度安排，通过政府的直接干预和体现收入再分配原则对低收入者提供最低生活保障。养老基金市场也不例外，在养老基金运营中也需要通过政府监管措施来弥补市场失灵的缺陷。

(一) 外部性

当某些代理人的行为对其他代理人产生了无法价格化的后果时，就会产生外部性。这种外部性在金融领域的典型表现就是：当一个金融机构由于某种原因而倒闭时，其他金融机构的风险也就随之增加。养老基金业与金融系统（和整个经济）其他领域存在密切的联系，由于养老基金的流动性较低，它们可能会受到银行危机的影响，这些危机会导致资产价格狂跌，使养老基金失去偿付能力。从一定程度上讲，如果养老基金管理人是银行的附属机构，还会存在养老基金资产被侵蚀的风险。最后，整体经济衰退也会使养老金计划举办人的财务状况恶化。在由雇主举办的养老金计划安排中，提前退休和集体退休也可能会导致超乎预料的支付需求，这将会影响养老基金的期间结构和减少缴费积累。

(二) 信息不对称

在金融领域存在着不同程度的信息不对称问题。作为一个金融服务的买方或者消费者，在资本市场中投资的养老基金，事实上很难得到有关这个服务的质量高低的充分信息，因此，就很容易处于信息不对称的不利地位，导致委托—代理风险。为了消除资本市场以及委托—代理人市场之中的信息不对称，避免养老保险缴费人在其代理人那里处在一个信息不利地位，政府可以向养老基金提供关于资本市场及代理人市场的更充分信息。

最明显的代理风险是欺骗、不履行、错误履行或公开盗窃资产等行为。另外，在支付各种各样的经费和佣金中（包括经营、会计、资产管理和交易费用以及与养老基金有关的其他费用），也有可能发生代理风险。

(三) 垄断

在一个缺乏管制的环境中，养老基金，尤其是职业养老基金，就很可能会被实施计划的雇主用以作为控制雇员的一种手段。比如，雇主可以通过控制养老基金账户转移权，限制雇员转换工作，从而控制雇员采取"用脚踢票"的方式对养老基金治理主体或管理人施加压力。另外，雇主可能会不受限制地使用这笔养老基金，而不是努力使养老基金资产保值增值。这也是由于雇主相对于雇员而言处于垄断地位而产生的一种市场失灵现象，但是，仅仅依靠雇员自身的努力并不足以消除这种由于雇主的垄断地位而产生的市场失灵，政府监管成为必要。

二 政府监管失效与政府的监管边界

西方国家社会保险普遍陷入危机和改革的事实充分表明：政府对社会保险领域的过度直接干预会导致"政府失灵"。西方国家在20世纪80年代，尤其是90年代以来养老保险市场化、私营化的发展走势，正是政府缩小直接控制的公共养老保险，鼓励和促进补充养老保险、个人储蓄养老保险和商业人身保险，增大法律、法规的间接控制作用的具体体现。西方社会保险的改革经验，有助于我们对政府监管职责的界定。

（一）监管失效：非市场的无效率

当政府机构也无法生产和提供充分信息或者是当政府生产和提供这种信息的短期成本较高，从而激活政府机构本身对较高的时间贴现值的偏好时，或者政府作为一个特定的组织而其行动被自身的内部目标所支配时，作为一个理性人的政府对资本市场的监管，有可能导致一个"非市场的无效率"。当政府是出于某种内部的目的而决定对养老基金实施某一管制措施的时候，其结果往往可能是报酬递增的。例如，管制成本的存在，可能会使政府并不采取成本最小化的方式，而是继续加强管制，以寄希望于能够从中获取更多的收益，弥补管制成本。在类似的情况下，政府管制本身就会产生一种自增强机制，逐渐使管制的范围变得越来越大，最终使其边界超出原先足以弥补市场失灵的范围。

新制度经济学认为，在贯彻公共选择的制度结构—官僚机构中，官僚在经济中也与其他任何人一样，企图通过利用现存制度实现自身利益最大化。他们的具体的行为目标可能并不是社会福利最大化，至少不是单纯的社会福利最大化，而很有可能是"最大化预算收入"。同时，监管者作为一个特定的组织也有自身的利益，监管者有可能不按照追求委托人利益最大化的路径实施监管，而是按照自身利益最大化目标行事，甚至可能设立一种"造租"的制度安排；当监管权力过分集中的时候，通过监管权力保护下的特许权所获得的收益就会大于"租金"的成本，理性人会通过"寻租"的方式谋求这种"超额收益"。因此，不仅要对养老基金管理的主体实行监管，同时也有必要防范监管者不按照追求委托人利益最大化的路径施加监管权力,因为不受限制的权力所导致的福利损失并不见得小于市场失灵所造成的损失。

(二)政府监管的边界:政府应成为真正的"裁判员",而非"运动员"

从政府与市场的关系角度来说,新制度经济学认为现代市场经济的制度基础和政府行为发生了质的变化。现代市场经济的制度基础是法治,法治的第一个作用是约束政府,即约束政府对经济的任意干预;法治的第二个作用是约束经济人行为,其中包括产权界定和保护合同与法律的执行,公平裁判,维护市场竞争。这通常要靠政府在不直接干预经济的情况下,以经济交易第三方的角色来操作。养老基金的运营是纯粹的经济行为,政府应该以第三者的身份出现,而将养老基金运营的权利交给具有独立性的事业机构和民间机构。因此,养老基金监管制度的构建应能使政府的经济职能真实化,使政府成为真正的"裁判员",而非"运动员"。这将有利于促进养老保险制度实现最优化运行。否则,就会像现行制度那样出现因政府角色错位而导致的问题。

在养老基金监管方面,政府应该做的是:提供一个合适的制度框架、提供有关的立法与司法制度、在保障基本生活收入的范围内发挥再分配的作用、提供一个良好的外部制度环境以及监管制度,而不是亲自经营养老基金,因为民间资本在经营养老基金方面更具优势。

三 政府在养老基金监管中的主要职责

当前世界多数国家在养老基金监管中的主要职责包括:

(一)设立养老基金业的准入标准与审批

准入标准不仅包括允许运作的法律制度模式,而且包括最低资本金要求和"恰当而合适"测试。因此,其基本目的是只允许最能胜任的申请人进入养老基金业,以限制未来的代理风险和因外部性导致的制度风险。具体的准入标准在不同国家存在着一定的差异。只允许基金管理公司运作开放式基金的国家(如拉美国家)会十分重视基金管理公司的资本实力和营业资格(可能包括作为母公司的银行和保险公司在本行业的地位)。

这些国家的监管机构一般通过利用与资本金和储备相关的烦琐的准入程序来限制代理人的进入和提高安全性。由于实行这种深入的、切合实际的监管，只有相当少的代理主体才有权进入养老基金业。以信托基金或基金会的方式建立的养老金计划（如美国）对养老基金管理人较少实施严格的职业证书要求（而是把这些纳入"审慎性"标准之下），并且基本上没有资本金和储备要求。而是，通过不给那些有犯罪记录的人签发职业证书或对违反养老金法律的人给予终身排除在养老基金业之外的惩罚，监管可以以更间接的方式进行。当然，还存在其他监管方法，例如，在美国，对多方共同管理的资产有一些附加要求，并且养老基金管理权需要监管代理机构的赞同，欧洲的做法也一样，较少引入拉美国家那样严格的财务要求。

（二）选择适合本国的监管模式

养老基金的监管模式的选择受多方面因素的影响，其中包括制度的历史演变、宏观经济发展水平、资本市场的发展状况、监管制度的完善程度以及法律环境和政治文化背景等。综观当前世界性养老基金监管实践，可以将养老基金监管模式分为两种："审慎人"法则和严格定量限制。

"审慎人"监管的前提是经济发展已经很成熟，金融体制比较完善，并且基金管理机构也已得到一定程度发展的国家。这种模式的特点是：（1）强调基金管理者对雇员的诚信义务和基金管理的透明度；（2）要求资产多样化经营，避免风险过度集中；（3）鼓励竞争，防止基金管理者操控市场和避免投资组合趋同。在这种模式下，社会保障部门和基金理事会（或董事会）较少干预基金的日常运作，只是在有关当事人提出要求或基金出现问题时才介入，基金的监管很大程度上依赖独立受托人，如资产保管人、外部审计师、精算师、法律顾问以及资产评估机构和新闻媒体等中介组织。

在定量限制监管模式下，监管机构独立性较强，一般都是成立专门机构进行监管。这种模式除要求基金管理人达到最低的审慎性监管要求外，还对基金的结构、运作和绩效等具体方面进行严格的限量监管：（1）要求成立专门养老基金管理公司，不允许其他金融机构参与养老基金的投资经营，并对养老基金管理公司实行严格的特许经营权管理制度，严格控制基金管理公司的数量和质量；（2）要求养老基金管理公司只能从事与养老基金有关的投资经营和服务业务；（3）对基金管理公司提出严格的限量要求。这种模式一般适用于经济体制不够完善、管理制度建立较晚、市场中介机构不够发达、法律不够健全的国家。

(三) 提供最低收益率担保

为防止因计划受托人、投资管理人、保管人的管理不善或违规行为而使养老基金受益人承担超过正常水平的投资风险,确保基金投资收益能够为受益人退休后的生活提供充足保障,许多国家都在对基金投资的各个环节采取相应风险控制措施的基础上,建立了相应的风险补偿机制,以作为保障基金积累水平、保护基金受益人利益的最后一道防线。如,德国针对基金制补充养老金制度的个人账户资产实行货币基础担保计划;智利针对供款基准制(DC)计划建立的最低真实收益率担保;阿根廷和波兰针对DC计划建立的最低名义收益率担保;就连英国也建立了一个专门针对职业养老金计划的养老金补偿委员会(the Penssions Compensation Board, PCB)去管理一个补偿计划。

(四) 重视信息披露与社会监督机制的构建

为实现养老基金营运的有效监管,基金管理人的信息披露和社会监督是不可缺少的重要环节。在养老基金行业,信息披露要求在不同国家和养老金类型之间存在着实质性的差别。信息披露要求在强制性供款基准制计划(特别是那些允许不受限制的个人选择的计划)中十分重要。大部分拉美国家的开放式基金都存在广泛的信息披露要求,通常包括每日以市价为基础进行资产评估,每年向成员作几次账目说明,监督机构通过季报和年报公布养老基金业的内容广泛而详细的信息。而且,拉美养老金计划能够凭借管制者直接对财务报告的准确性进行核实。这种内容广泛的信息披露目的是为了使职工能够作出有根据的选择,并向基金经理施加竞争压力,还使得转换建立在公平的基础上。

建立健全独立保管人、外部审计和社会监督体系对实现养老基金的监督具有重要意义。独立保管人原则也是限制代理风险所必不可少的。独立保管人原则就是通过适当的安排,基金管理者和(或)资产经理不再直接对养老基金资产拥有法定所有权,而是要求一个规定了责任的独立的团体实施全部的交易活动,以减少或控制欺骗和盗窃的机会。而且,通过拒绝实施违反投资限制和其他规则的交易活动,独立保管人还有助于强化谨慎性监管。尽管外部审计的范围和质量在各国之间存在着重大差异,但对养老基金进行外部审计是所有国家的基本要求。在不发达的法律制度环境中，外部审计没有提供对基金形势独立而客观的评价，审计人的法律责任也不清晰或不易实施。在发达国家，外部审计不仅提供了准确而独立的评价，而且构成了监督的最重要的工具。审计人要向监管者汇报所有问题，否则将承担法律责任。

（五）采取补救和惩罚措施

补救性和惩罚性制裁措施的运用通常是每一监管计划最难办的部分。在那些更多地采取事前监管方式的国家，非常强调通过向监管机构提供基金投资方案和指南，以及监督检查等方式来预测未来风险。而在事后监管方式中，补救性和惩罚性措施就显得特别重要，更像是民商法诉讼。在这种监管方式中，举报信和更正式的法律控诉是经常采取的措施，但这些都是以提供给监管者比较少的直接权力为特征。实际上，所有计划都允许法院解决最有异议的问题，都要对监管者的职权进行检查。此外，计划成员和受益人也应当有权使用其他非正式的制裁和惩戒机制，以确保治理主体能最有效地管理养老基金。非正式的渠道包括内部争端处理程序、独立仲裁者、监管主体等。

四 对我国实行养老基金监管的启示

在我国特定的经济、社会及制度环境下，尤其是在多层次养老金的构架中，既要考虑基本养老保险的监管，又要考虑企业年金的监管，设计科学的养老基金监管制度，合理界定政府监管机构的养老基金监管权限，对于我国养老金制度的健康有序发展和风险防范具有十分重要的意义。

（一）加快培养中介机构，强化外部监督机制

精算、会计、审计师事务所和各种风险评级公司等中介机构的目的是向各机构和公众提供信息服务，使他们能够获得并准确理解有关基金运营的信息，从而加强对基金监管。鉴于我国目前市场中介机构很不发达，离独立、客观、公正的标准还有很大的差距，应加快中介机构市场化改革的进程，加强对中介机构管理的立法及监督。

(二) 选择合适的养老基金监管模式

考虑到目前我国还不具备按照审慎性监管原则进行管理的法律、制度和经济环境，因此，在改革之初应实行严格的限量监管，即由专门养老基金监管委员会对养老基金进行全面监管。监管的内容可以包括：市场准入标准、外部托管人、投资限制、收益担保、资本储备要求等。监管的方式包括：审查账目和报告、实地查察、特别审计、进行调查、组织审计等。但随着发展，应逐步地放松管制，实行审慎性监管。

(三) 完善养老保险立法

养老保险自身的运行特点决定了必须依法对养老保险制度的全过程尤其是养老基金运营实施管理，国家应通过制定社会保障法、养老保险法、养老基金管理法等法律法规，对养老保险费的征缴、基金投资营运与管理、养老金给付、养老保险计划的安全保障实施法律监管。

(四) 建立养老基金担保机制

从维护受益人利益出发，有必要向养老金受益人提供最低投资收益保证。可以考虑：其一，成立专门的中央基金担保公司，专事所有社会保障基金的担保业务。其二，中央基金担保公司向每个获权经营养老基金的投资管理人收取保险费，保险费按照由权威评级机构评定的每个投资管理人的风险等级进行差额缴纳。其三，最低收益标准也应是市场平均真实收益率，企业年金基金最低投资收益保证以市场年金基金过去24个月的平均真实收益率的50%或低于真实平均收益率2%为准。其四，当基金实际回报率低于最低投资回报率时，清偿的顺序是盈余准备金—风险准备金—担保基金—清算，即首先用盈余准备金弥补；其次用风险准备金弥补；最后，已动用完盈余准备金和风险准备金后，投资管理人仍无法弥补收益率差额时，由中央基金担保公司补齐所有差额，但该投资管理人必须被清算，其委托的所有年金基金转移给其他投资管理人。

(原载《中国行政管理》2003年第10期　作者：邓大松　刘昌平)

中国企业年金基金治理研究

　　企业年金是指在政府强制实施的公共养老金或国家养老金制度之外，企业在国家政策的指导下，根据自身经济实力和经济状况建立的，旨在为本企业职工提供一定程度退休收入保障的补充性养老金制度。企业年金的主要特点是：第一，企业年金既不是社会保险，也不是商业保险，而是一项企业福利制度，是企业人力资源战略的重要组成部分，其补充性、商业化或市场化运作的特征不影响也不能改变其本质属性。第二，企业年金是社会保障体系的重要组成部分，是实施养老保障"多支柱"战略的重大制度安排，企业年金与公共养老金或国家养老金、个人储蓄性养老金一起构成多支柱养老保障体系。第三，企业年金的责任主体是企业，是企业依据自身经济状况建立的企业保障制度，企业或职工承担因实施企业年金计划产生的所有风险；国家或政府作为政策制定者和监管者不直接干预企业年金计划的管理和基金运营，其主要职责是制定规则、依规监管。

　　企业年金基金治理是企业年金计划运行的保障，是企业年金基金安全的基石。从广义上说，企业年金基金治理可以被设计成一系列制度安排，包括用于保护计划参与者利益的法律和监管框架。一个完善的治理体系将给予所有计划运作和监督的主体有效的激励，确保其代表计划参与者的最佳利益。

一　企业年金计划的类型与相应的治理要求

　　企业年金计划是通过基金制方式筹资的，那么就提出了一个问题：如何构建合适的基金治理结构？研究企业年金基金的治理问题首先要研究企业年金计划的类型，不同类型的企业年金计划需要不同的治理结构和治机制。由于划分的依据不同，企业年金计划的类型有不同的分类方法，并且各种类型又相互重叠。

（一）按计划的给付刚性、举办方式和选择自由度划分

第一，按企业年金计划的给付刚性，可以分为受益基准制（Defined Benefit，DB）、供款基准制计划（Defined Contribution，DC）或二者混合。企业年金计划分为 DB 型企业年金计划和 DC 型企业年金计划。在 DC 计划中，计划发起人或受托人不承担企业年金计划中的任何金融风险，计划的受益由基金积累额和投资收益决定。唯一的治理问题是供款和受益的及时支付、基金资产的管理（包括绩效测算和评估）、向监管机构报告，以及向计划参与者披露相关信息。在 DB 计划和混合计划中，计划发起人或受托人承担各种形式的金融风险，提供最低投资收益率或年金化收益率的担保，或者保证给付一定比例的工资替代率。各种担保形式的存在也提出了附加的治理问题，特别是，它要求更严格的内部控制和监督，以保证计划偿付能力。

从风险分担的角度来看，DB 与 DC 计划在积累期的差异和受益充足性的风险是完全不同的，DC 计划更注重制度设计引起的成本效率问题，计划参与者承担计划的所有风险；而 DB 计划更注重精算方法和精算成本，计划发起人或企业为预定的年金受益水平提供担保，也为计划参与者在退休之前发生的残疾和死亡风险提供保障。从缴费激励的角度来看，DB 计划的给付与职工退休前的缴费没有直接关联，职工有不缴费或"搭便车"的动机；而 DC 计划的给付水平取决于职工退休前的缴费积累和投资收益积累水平，职工有很强的积极性（动机）为自己的个人账户缴费。

从美国企业年金发展的历史上看，DB 计划早于 DC 计划出现，其资产比重一直大于 DC 计划。但是，从 20 世纪 80 年代以来的发展趋势来看，DC 计划的发展速度要远远高于 DB 计划。在 1998 年，DC 计划资产所占的比重首次超过 DB 计划，成为美国企业年金的主要形式。

第二，按计划的举办方式，可以分为职业年金和个人养老金。在职业年金计划中，企业是计划参与者与计划相关主体之间的调解人；个人养老金计划则由金融机构在零售市场上直接提供。在这些计划中，企业的责任主要是供款，而治理问题主要是要求提供养老金计划的金融机构向计划参与者披露相关信息。

第三，按选择的自由度，可以分为强制性企业年金和自愿性企业年金。由于强制性计划对计划的管理和基金的充足性提出更加严格的要求，其结果是强制性计划的治理主体比自愿性计划有更多法律责任。

（二）按计划的法律形式划分

所有企业年金计划都有一个治理主体或受托人，它是对企业年金基金的运作和监督负责的自然人或法人。治理主体可能是企业年金计划外部的也可能是内部的，这依赖计划的法律形式。它可能自己承担所有职能，也可能将部分职能委托给其他主体，如顾问、精算师、账户管理人、基金托管人和投资管理人。

按计划的法律形式，可以分为机构型企业年金计划和契约型企业年金计划。机构型企业年金计划是独立的法人实体，其治理主体是内部的；契约型企业年金计划由没有法人资格的不同的企业年金基金共同组成，并由外部治理主体管理，外部治理主体可能是标准的金融机构或专业化的养老金管理公司，其自有资产与企业年金基金资产分离。这两类企业年金计划还可以根据资产所有权的法律特征作进一步细分。

第一，机构型企业年金计划的三种法律形式：一是公司型。计划参与者对企业年金计划资产有处置权，治理主体通常是公司的执行委员会。公司型的例子包括德国的储蓄养老保险（通常是作为共同保险协会的形式建立）和企业内部银行（作为有限责任公司或团体建立）、匈牙利的强制性和自愿性企业年金制度的基金（类似于共同储蓄协会）等。二是基金会型。除非计划发起人破产，否则计划参与者对企业年金基金资产没有处置权。计划参与者是基金投资的受益人，治理主体通常是基金的执行委员会。例如，比利时、意大利、瑞士、丹麦、芬兰、荷兰、挪威和瑞典的封闭型企业年金基金都是属于这种类型。三是信托型。在信托型中，企业年金基金资产的处置权被授予计划受托人，他是基金的治理主体，必须代表计划参与者（依据信托合同，将成为受托资产的受益人）的利益管理信托资产。信托法的基本原则是："每个信托的资产必须与受托人所托管的其他资产，以及自有资产严格分离"。所有的盎格鲁－撒克逊国家，如澳大利业、加拿大、爱尔兰、新西兰、英国和美国等，都把信托作为企业年金基金的唯一的法律形式。

第二，契约型企业年金基金的两种法律形式：一是个人契约型。计划参与者对企业年金基金资产有处置权，波兰、葡萄牙、西班牙的开放型企业年金基金和封闭型企业年金基金、意大利的开放型企业年金基金都以这种法律形式建立。二是团体契约型。计划参与者是企业年金基金资产投资的受益人，日本税收优惠年金计划的基金和韩国的补贴支持计划的基金都是采取这种形式。在日本，支持新的 DC 计划的企业年金基金也采取这种形式，并且由企业年金基金管理公司管理（见表1）。

表1　　　　　　　　　　企业年金基金的主要法律形式

	对企业年金计划 资产有处置权	对企业年金计划 资产没有处置权
独立的法人实体（机构型） 非独立的法人实体（契约型）	公司型 个人契约型	基金会型、信托型 团体契约型

企业年金计划的法律形式决定了治理主体与计划发起人、计划参与者之间的利益冲突的差异。以个人契约形式建立的企业年金计划中，企业年金计划资产所有权非常明晰，计划参与者对企业年金基金有处置权，三主体之间基本上没有利益冲突。在公司型计划中，公司自有资产与企业年金计划资产之间的区分有点模糊，特别是当企业年金计划是 DB 型时。在基金会、信托或团体契约型企业年金计划中，计划参与者是受益人，不是企业年金基金资产的所有人（除非在特殊情况，如计划终止、计划发起人破产），DB 计划和其他有企业年金承诺的计划参与者不可能要求基金资产的处置权，因而较易产生冲突。为了窃取基金盈余，计划发起人用较强的激励去终止一个 DB 计划，或者采取长期拖欠供款的方式，这可能危害到计划的长期偿付能力。当基金来自 DC 计划时，计划参与者对来自自己供款的基金资产总是有所有权，但他们对于企业供款的所有权则取决于既得受益权原则。

（三）按计划的成员特征划分

（1）封闭型养老基金。计划成员仅限于某一个雇主或某一群雇主（行业或商会等）所辖的雇员，一般是 DB 类型，养老基金常常较多地投资于雇主的公司，比如，在瑞典和芬兰，养老金计划的资金可回借给雇主，并通过破产保险防止雇主的破产风险。

（2）开放型养老基金。基本上以契约型基金的法律形式存在，任何人都可以参加，包括个体户，不存在固定的出资人和保证人，缴款主要来自成员的 DC 类型供款。开放型计划有多种形式：保险公司以保险协议的形式提供的协议福利、互助会形式、单位信托基金形式、开放式投资公司形式等。

封闭型和开放型养老基金在便利程度和个人选择的自由度方面是不同的，封闭型基金的便利性仅被限定在更换工作和转换到新养老金计划两种情况，但是，雇主可以建立有不同风险—收益特征的多个封闭型基金，允许雇员在其中选择。开放型基金允许个人自由转换，尽管监管者为了减少营销费用而可能限制转换的频率，计划成员却发现在开放型基金下可以很容易地采取"用脚踢票"的方式来惩戒治理主体。

封闭型基金比开放型基金有成本优势，因为它们有稳定的成员，无须利用营销和广告费用来吸引成员。开放型基金必须依赖代理人、销售代表、广告公司等招徕成员。

在封闭型养老基金中，雇主对使用养老基金作为内部筹资来源或通过将养老基金投资于本公司股票的方式使养老基金成为提高雇员生产率的激励机制，但是，这样可能导致基金资产随公司破产而完全丧失，著名的"安然事件"就是对这个问题的最好说明。在开放型养老基金中，因为个人养老金计划在零售市场销售，额外的利益冲突可能发生在分配和营销方面。英国的个人养老金计划的误售证明缺乏信息的购买者可能遭受那些只关心自身利益的个人计划提供者带来的损失。

二 中国企业年金基金治理结构

随着备受瞩目的《企业年金试行办法》和《企业年金基金管理试行办法》（简称《试行办法》）的正式颁布，有关企业年金的属性、管理方式、运作模式等争论已久的政策问题终于得以明确。企业年金制度的建立不仅意味着我国多支柱养老保障制度终于形成，也标志着我国企业年金基金管理终于走上了法制化、规范化和国际化发展方向，预示着我国的货币市场、资本市场和保险市场将迎来一次历史性的发展机遇[①]。

我国《信托法》规定,信托具有长期财产管理与资金融通功能:在信托关系中,信托财产的运作一般不受受托人经营状况和债权债务关系的影响,具有独立的法律地位;信托财产与受托人所有的财产相区别,不得归为受托人的固有财产或者成为其固有财产的一部分;受托人有权根据信托文件的规定处理信托事务;受托人的更迭一般不影响信托的存续等。这些法律规定为受托人长期管理和运用信托财产,为委托人实现转移和管理财产的长期安排提供了制度保障。这种制度保障恰恰与企业年金计划的运营管理要求相吻合。《信托法》保障了委托人和受益人的权益,使受托人的权利和义务充分对等,同时也保障了信托关系中相关角色之间职能的清晰界定。因此,建立以信托关系为核心、以委托—代理关系为补充的治理结构更适合中国的企业年金制度。《信托法》应成为规范中国企业年金管理,明晰企业年金管理中相关角色定位及职权范围的基本法律之一。[②]

(一)我国企业年金计划治理结构:信托型管理模式

信托型管理模式具体见图1。

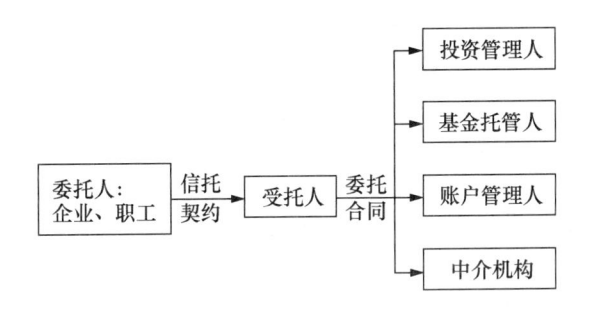

图1 中国企业年金计划信托型管理模式

企业和职工与计划受托人之间建立信托关系,依照《信托法》的有关规定执行;计划受托人与投资管理人、账户管理人、基金托管人和有关

---

① 刘昌平:《做大企业年金"蛋糕",实现金融资源融合》,《上海证券报》2004年4月27日第13版。

② 劳动保障部社会保险研究所、博时基金管理有限公司:《中国企业年金制度与管理规范》,中国劳动社会保障出版社2001年版,第102页。

中介机构之间建立委托关系，按照《合同法》的有关规定执行。计划受托人可以是自然人组成的理事会，也可以是一个依法成立的法人机构。计划受托人承担最终责任，自己承担基金投资和账户管理等职责，如果受托人缺乏基本条件和管理能力，也可以将部分或全部职能委托专业管理机构承担，但基金托管人职能必须对外委托，这是当前世界性企业年金发展的主流趋势，也应适用于我国的企业年金管理。专业管理机构接受计划受托人要求和合同约定的内容提供基金托管、投资管理和账户管理服务（见图1）。

当前国际上企业年金的管理模式主要分为信托型、公司型、基金会型和契约型四大类，四类管理模式各有优缺点，而信托型是当前国际上的主流模式。我们的信托型企业年金计划管理模式是在参照国际上的主流模式信托型的基础上，通过改造公司型、基金会型和契约型的基础上构建的。我们的企业年金基金受托人分为法人受托机构和企业年金理事会两类。法人受托机构是依据我国法律建立的合法的法人机构，而企业年金理事会是企业代表和职工代表以及部分专家组成的，依托企业年金计划存在的自然人的集合。法人受托机构型吸收了公司型的优点，而企业年金理事会吸收了基金会和契约型的优势。因此，当前我国的信托型企业年金管理模式是在吸收国际上信托型、公司型、基金会型和契约型的优点，避免四大管理模式的缺陷的基础上构建出来的，是一种最新的管理模式。

（二）我国企业年金基金运作模式的分类标准和分类方法

第一，企业年金基金运作模式分类标准：以受托人为出发点。从法理上讲，受托人是企业年金基金运作的主体，关于如何管理企业年金基金，其拥有全权，运作模式实际上是受托人行使权力的一种结果。应该特别强调的是，即使账户管理、托管和投资管理等业务由第三方法人机构担当，受托人的"分权行为"也不存在对信托权的"转委托"，受托人还须对其他当事人的行为进行监督并承担信托财产的全部责任。所以，我们选择受托人为出发点，研究企业年金基金运作模式是科学、合理的。

第二，企业年金基金运作模式的分类方法。根据企业年金基金运作模式的分类标准，企业年金基金运作模式可以从两个层面进行分类：（1）理事会受托模式与法人受托模式。《试行办法》规定了企业年金理事会和法人受托机构都可以做受托人，担当受托人的各项权责。由于分类的出发点是受托人，按照受托机构的组织性质，可以分为理事会受托模式和法人受托模式。法人受托模式是指企业年金计划的委托人（企业和职工）将企业年金基金运作管理等相关事务委托给一个符合国家规定的法人受托机构，由其行使处置和管理企业年金基金的相关职责。理事会受托模式是指举办企业年金计划的企业和参加该年金计划的职工将企业年金基金的管理权和相关事务委托给企业内部年金理事会，由其行使处置和管理企业年金基金的相关职责。(2)"分拆"模式与"捆绑"模式。按照《信托法》，企业年金理事会和法人受托机构作为企业年金基金财产的受托人，具备管理和处分企业年金基金财产的全部权利，但是这不意味着企业年金基金受托人具备管理和处分企业年金基金财产的资格和能力，当企业年金基金受托人不具备法律法规规定的资格和行为能力的前提下，企业年金基金受托人必须将企业年金基金的账户管理、托管和投资管理职能"外包"，即委托给具备法律行为能力的机构；但是，按照《试行办法》，企业年金基金托管人职能必须委托给外部法人机构。如果企业年金基金受托人将账户管理人、托管人和投资管理人全部职能委托给外部管理机构或其中的一项或两项管理职能委托出去，我们就称这种方式为"分拆"；如果企业年金基金受托人将账户管理人、投资管理人职能全部由自己承担，或将其中的一项职能由自己承担，我们称之为"捆绑"。只有符合有关法律法规的规定，并经过有关监管部门同意和批准，取得企业年金基金管理服务主体资格的法人机构才能承担企业年金基金的受托人、账户管理人、托管人和投资管理人职能。

假如我们将受托人、账户管理人、托管人和投资管理人视为单一的个人，那么，"分拆"与"捆绑"就意味着四人之间的排列组合。以受托人为出发点，受托人与账户管理人或投资管理人组合就是 1+1=2，受托人与账户管理人和投资管理人组合就是 1+1+1=3，受托人将账户管理人、托管人和投资管理人职能全部委托的情况就是 1。

企业年金理事会作为企业年金基金财产的受托人具备管理、处分企业年金基金财产的全部权利，但是，由于企业年金理事会是一个由企业代表、职工代表和有关专家组成的自然人的集合，因此，按照《试行办法》和金融监管的有关规定，企业年金理事会没有承担企业年金基金账户管理、托管和投资管理的资格和能力。因此，在理事会受托模式下，企业年金理事会只有选择全分拆的基金运作模式，即将企业年金基金账户管理、托管和投资管理职能委托给外部法人机构管理。

与企业年金理事会相比，法人受托机构的管理资格和能力就要强很多。依据有关法律法规，法人受托机构只要具备账户管理人和投资管理人资格，就可以承担账户管理人或投资管理人职能，但托管人职能必须"外包"。因此，在法人受托模式下，法人受托人机构可以依据自身的资格条件选择职能四种模式：与理事会受托模式一样，将账户管理人、托管人和投资管理人职能全部外包，即法人受托全分拆模式；法人受托机构与账户管理人捆绑的部分分拆模式；法人受托机构与投资管理人捆绑的部分分拆模式；法人受托机构与账户管理人、投资管理人捆绑的部分分拆模式。

(三) 我国企业年金基金运作模式

按照中国企业年金计划信托管理模式的要求，结合我国现行政策法规环境，我们主要分析全分拆式企业年金运作模式、全捆绑式企业年金运作模式和部分分拆式企业年金运作模式三种。

(1) 全分拆式企业年金运作模式。所谓全分拆式运作模式就是由企业年金计划受托人将账户管理人、托管人和投资管理人职能全部对外委托。这种模式可以分为理事会受托全分拆模式和法人受托全分拆模式。理事会受托全分拆模式将成为我国企业年金发展的主流趋势。采取全分拆运作模式的计划受托人不具备账户管理人和投资管理人资格或者不愿承担账户管理人和投资管理人职责。全分拆式运作模式的优点是：其一，计划受托人、托管人、投资管理人、账户管理人之间职责分工明确，有利于实现专业化分工协作，提高基金运营效率，分散投资风险。其二，委托专业性投资管理人、托管人和账户管理人可以增加服务的竞争性，增加管理的透明度，也便于计划受托人实施外部监督。其三，计划受托人作为信托资产所有权的代表，能够对投资管理人的投资行为形成有效约束。但是，这种模式也存在许多缺陷：首先是这种模式的委托—代理链比较长，委托—代理关系比较复杂，可能存在严重的信息不对称问题；其次，因为所有管理职能都聘请外部管理机构，企业年金计划受益人承担的管理成本较高；最后，这种运作模式的前提条件是各相关主体必须具有完备的内部控制制度和相当程度的行业自律，并且监管机构也必须有较强的监管能力。

第二，全捆绑式企业年金基金运作模式。所谓全捆绑式运作模式就是在金融集团的框架下，由集团内的企业分别承担受托人、账户管理人、托管人、投资管理人职能,只有在法人受托情况下存在全捆绑模式。全捆绑式运作模式的优点是:计划受托人、账户管理人、托管人和投资管理人集中在一个金融集团内部,委托—代理链较短,委托—代理关系比较简单。但其缺点是:其一,计划受托人职责过大、过宽,不符合专业化分工协作的发展趋势,不利于投资效率的提高;其二,计划受托人承担的风险太大,不能分散管理者破产的风险;其三,对计划受托人的管理能力和监管能力要求较高。全捆绑式运作模式是当前企业年金发展的主流趋势,但在我国当前的政策法规之下,许多金融机构实施这种模式仍然有一定的法律障碍,必须对当前金融业实施整合,发展金融集团。

第三,部分分拆式企业年金基金运作模式。所谓部分分拆式运作模式就是由企业年金计划受托人将账户管理人或投资管理人职能之一对外委托,只有在法人受托情况下存在部分分拆式模式。在企业年金发展的初级阶段和我国当前政策法规环境下,这种模式在相当长时期将是一种比较普遍的模式。

三 中国企业年金基金治理机制研究

企业年金计划应该有合适的控制机制、信息披露机制和激励机制,以鼓励各治理主体做出正确的决策,正确履行职责,定期讨论和评估。

(一) 内部控制

"自我约束"机制作为增强金融业安全稳定性的重要手段之一,得到了各国普遍重视。从监管的体系来看,监管当局的监管是全方位的、外在的监管,维护基金业正常秩序,防止出现系统风险和制度风险;行业自律的功能在于实现行业内部的自我管理、自我约束,保护行业的整体利益,防止行业之间的恶性竞争导致的消极后果;而内控制度的作用在于防范和规避风险,实现稳健与审慎经营。倘若金融机构不能自我约束,那么再完美的法律都将是一纸空文,再严格的政府监管也难以避免"上有政策;下有对策"情况的出现。

企业年金计划法人受托机构、账户管理人、基金托管人和投资管理人必须建立相互制衡的内控机制。这是有效管理和控制企业年金基金投资风险，防范关联交易和内部人控制的重要环节。企业年金计划的法人受托机构、账户管理人、基金托管人和投资管理人必须是按产权明晰、权责分明、政企分开、管理科学等现代企业制度要求建立起来的规范化的股份制公司；必须是真正意义上的自主经营、自担风险、自负盈亏、自我约束的法人实体；必须真正建立起股东会、监事会、董事会和经理等分层设置的组织机构和权利系统，形成协调所有者、法人代表、经营者和职工之间关系的制衡和约束机制；必须将自有资产与企业年金基金资产分账管理，自有资产的使用不得与企业年金基金利益发生冲突，不得用于抵押、担保。

（二）委托限定：独立托管人

独立托管人原则也是限制代理风险所必不可少的。独立托管人原则就是通过适当的安排，投资管理人和（或）基金经理不再直接对企业年金基金资产拥有法定所有权，而是要求一个被规定了责任的独立的团体实施全部的交易活动，以减少或控制欺骗和盗窃的机会。而且，通过拒绝实施违反投资限制和其他规则的交易活动，独立托管人还有助于强化审慎性监管。要保障独立托管人保护基金资产的有效性，必须不间断地控制从计划参与者到基金或资产经理的现金流。然而，由于某些计划受托人失职为企业年金基金的滥用留下了空间，因此，设置独立托管人是限制代理风险不可缺少的措施。由于基金托管人的主要职责是保管基金资产，按国际惯例，都是由具有一定实力的商业银行来担任。为了确保企业年金基金资产的安全，必须要求商业银行成立单独的基金托管部，托管资产与信贷资产严格分开。同时，要求企业年金计划的基金托管人应适应企业年金计划基金托管的要求，建立健全相关内部管理制度和风险管理制度[①]。

（三）信息披露和报告制度

完善的信息披露制度是世界各国企业年金计划监管成功的经验，它一方面可以通过市场来监管有关当事人，有效防范违法、违规行为的发生；另一方面也可降低监管部门的监管成本。信息披露制度应有完善的体系，是企业年金计划信息披露涵盖运作的主要环节，可以避免"暗箱操作"；应加大信息披露的力度，使企业年金基金信息披露能满足计划委托人、受益人、受托人和监管机构的需要，并与市场发展相适应。

[①] 邓大松、刘昌平：《中国企业年金制度研究》，人民出版社2004年版，第386页。

信息披露制度它自成一体，一般不独立存在，而是渗透在有关的法规和信息披露的规范文件之中。因此，完善的企业年金计划的信息披露制度实质上就是企业年金制度相关法律、法规文件的完备。企业年金计划信息披露的基本原则是：充分性原则、有效性原则、及时性原则和公开性原则。企业年金计划的信息披露的范围远远超出会计信息的简单发布。首先是报告制度。计划受托人、账户管理人、托管人和投资管理人应当按照规定向监管机构报告情况，并对所报告内容的真实性、完整性负责。其次是会计信息披露规定，主要包括会计报表、报表附注、补充报表、精算报告、注册会计师（CPA）审计报告、财务状况说明书及其他相关会计信息，它们构成了完整的财务报告体系。

（四）中介机构监督机制

独立审计师（会计师）、律师、精算师、信用评级机构和咨询机构等中介机构是发达国家资本市场形成公开、公平、公正市场环境的必要因素。通常情况下，企业年金计划的受托人、账户管理人、投资管理人、基金托管人的财务报表和基金财务报表必须接受独立审计机构的审计；受托人必须聘请外部精算师对其偿债能力进行评估；计划受托人、账户管理人、投资管理人、基金托管人的资信等级必须经信用评级机构的评定。中介机构的这种市场监督、社会监督作用是其他监管形式所不可替代的。著名的"安然事件"就是对其重要性的最好例证。

经过近20年的发展，我国的社会中介服务市场已经取得了长足的发展，建立了具有一定规模的中介服务队伍（专业人员和服务机构），市场规模逐步扩大，对促进我国经济发展和加快市场经济体制建设起到了不可替代的作用。但是，在其快速发展过程中，也出现了一些不容忽视的问题，严重制约和阻碍着社会中介服务行业的健康发展。鉴于我国目前尚无高信誉的独立社会中介机构，社会中介机构很不发达，离独立、客观、公正的标准还有很大的差距，应尽快引进和培育高信誉的独立的审计机构、律师事务所、精算机构、基金评级机构和咨询机构，加快中介机构市场化改革的进程，完善社会中介服务行业的自律管理机制，提高执业队伍整体素质和整个行业的组织化程度。

（原载《公共管理学报》2004年第3期　作者：邓大松　刘昌平）

建立有效的中国养老基金监管制度
——来自国外监管实践的启示

只要你选择了基金积累制,就必须有相应的投资手段。一旦实现养老基金个人账户实账化,积累起来的养老基金就必然要面对通货膨胀的风险,同时部分积累的前提条件是养老基金的收益率应高于通货膨胀率和社会平均工资增长率之和,否则,就会出现制度给付能力不足的风险。因此,这些内在风险性的存在迫切要求养老基金通过投资获取较高的收益率。但是,在养老基金运行的三大环节——保险费征收、基金投资和养老金发放会涉及诸多风险:委托—代理风险、投资风险和市场风险。这些风险性的存在以及制度的重要社会意义又迫使政府不得不对养老基金运营进行监管。

一 国外养老基金运营监管的实践

(一) 养老基金运营的框架

第一,专门养老基金管理公司经营。大多数拉美国家的养老基金只允许专门成立的养老基金管理公司管理养老基金,实行"一人一账户"、"一公司一基金"的管理制度。其优点是透明度高,养老基金资产和管理公司资产明确分离,有利于规避基金公司自营业务的风险扩散。其缺陷是成立专门基金公司的创建成本、交易成本和营销成本都很高。一般认为,在金融市场不发达、金融机构自律水平较低、内控制度和监管制度不健全时易于采取该模式。

第二,信托和投资基金经营。大多数发达国家的补充养老保险基金都是交给信托和投资基金进行管理。许多国家的法律规定:补充养老保险基金的资产必须被分离出来,成为一个具有"明确、单一目的"的法律实体。

第三,政府部门直接经营。有些国家的养老基金完全由社会保险部门进行运作,实行包括基金管理权、经营权、监督权三权合一的管理模式。这种模式的优点是具有较低的管理成本和交易成本,政策的执行也较灵活。但最大的缺陷是可能出现政府与基金所有者利益不一致,制度运行缺乏透明度。

(二) 养老基金运营中面临的风险

与其他金融机构一样,养老基金的监管起源于风险的甄别与评估。尽管养老基金所有者易于遭受各种风险,但这些风险大致可分为投资风险、代理风险和制度风险三类。

投资风险包括非系统风险(可分散风险)和系统风险(市场风险)。合适的投资组合将消除非系统风险,仅留下市场风险。监管的主要目标之一是确保投资组合得以很好的分散,也就是说从各种投资机会中消除风险性和不流动性资产。但是,基金所有者仍可能遭受由于资产价格的正常波动、泡沫经济和市场崩溃、未预期到的通货膨胀等原因导致的市场风险。

当基金管理人和基金经理的利益与基金所有者不完全一致时就会产生代理风险。复杂的长期投资组合、基金经理与基金所有者之间信息不对称、法制不完善和基金所有者对金融市场不了解都会导致制度无效率运行。代理风险的类型依养老基金的管理制度结构不同而各异,最直接和明显的代理风险是欺诈、渎职、贪污以及违纪、违法等。如英国马克斯韦尔(Maxwell)案、20世纪60年代和70年代初期美国通过有组织的犯罪辛迪加转移养老基金资产的案件等。

制度风险产生于养老基金业与金融其他领域的联系。虽然相对于银行经营来说养老基金有更低的流动性要求,但其易于受银行危机的影响。这些危机可能导致资产价格的急剧下降,产生连锁反应,导致众多银行产生清偿问题。特别是当基金经理是银行或保险公司的附属时,养老基金就会存在资本损失的风险。

(三) 养老基金运营的监管模式

养老基金运营的监管模式的选择受多方面因素的影响,其中包括制度的历史演变、宏观经济发展水平、资本市场的发展状况、监管制度的完善程度以及法律环境和政治文化背景等。从当前国外的监管实践来看主要分为以下两种模式：

第一，审慎性监管模式。审慎性监管的前提是经济发展已经很成熟，金融体制比较完善，并且基金管理机构也已得到一定程度发展的国家。模式的特点是：(1) 强调基金管理者对雇员的诚信义务和基金管理的透明度；(2) 要求资产多样化经营，避免风险过度集中；(3) 鼓励竞争，防止基金管理者操控市场和避免投资组合趋同。在这种模式下，社会保障部门和基金理事会（或董事会）较少干预基金的日常运作，只是在有关当事人提出要求或基金出现问题时才介入，基金的监管很大程度上依赖独立顾问，如外部审计师、精算师、法律顾问以及资产评估机构和新闻媒体等中介组织。

第二，严格监管模式。监管机构独立性较强，一般都是成立专门的监管机构进行监管。这种模式除要求基金管理者达到最低的审慎性监管要求外，还对基金的结构、运作和绩效等具体方面进行严格的限量监管。一是要求成立专门养老基金管理公司，不允许其他金融机构参与养老基金的投资经营，并对养老基金公司实行严格的特许经营权管理制度，严格控制基金公司的数量和质量；二是要求养老基金管理公司只能从事与养老基金有关的投资经营和服务业务；三是对基金管理公司提出严格的限量要求。这种模式一般使用于经济体制不够完善、管理制度刚刚建立、市场中介机构不够发达、法律不够健全的国家。

二 拉美国家养老基金监管制度存在的问题

（一）严格的投资限额和最低收益原则导致养老基金管理公司（AFPs）投资组合趋同

如果 AFP 没有达到 AFPs 的平均水平，则该公司会受到严格的惩罚；如果 AFP 的运作超过了 AFPs 的平均水平则该公司不会得到政府的补贴。因此，AFPs 都力求达到一个平均水平，从而导致投资组合趋同。有资料显示，1998 年 12 家 AFPs 在股市上的投资组合（作为投资组合总资产的比例）的平均差为 14.9%，标准差为 1.18%；在债券和其他固定收益证券上的投资组合的平均差为82.03%，标准差为2.95%。实施这种严格规定的目的是为了在制度创建之初防止因投资工具的不同而导致不同的AFP的收益率的差异。但制度运行18年中，这种临时的管制措施阻止了AFPs之间的竞争。

（二）养老基金特许经营权的垄断导致金融服务市场分割和产生很高的创建成本、管理成本和交易成本

由于不允许现存金融机构参与养老基金的运营导致养老基金市场垄断，形成市场分割。从创建成本和交易成本来看，组建专门的AFP需要花费大量的成本，并且由于AFPs不具有其他金融机构的服务功能，养老基金的征收、发放和划拨都必然要产生大量的本可降低的交易成本。从管理成本来看，由垄断而必然产生的市场分割阻止了一个"金融超市"的建立，使个人无权选择他们认为最好的金融服务。

（三）允许雇员在AFPs之间不受限制的自有转换导致很高的营销成本和AFPs间的恶性竞争

从AFPs的费用结构来看，允许雇员在AFPs之间不受限制的自由转换导致很高的营销成本。由于投资监管和费用、佣金规定，各AFPs提供的产品之间的差异性很低，因此，各AFPs都试图通过提供礼品和其他激励吸引雇员转换AFPs。1995年有25%的雇员转换AFPs，而希望转换的雇员达到37%，这迫使AFPs的营销代理人增加到15432个，从而大大增加了营销成本。不考虑营销成本被低估的因素，AFPs的年均营销费用占总成本的45%左右。从养老基金市场的发展演变来看，规模经济是通过兼并实现的。允许个人自由选择AFP和进行零售管理导致整个养老基金规模不经济、AFPs之间恶性竞争。1981年改革之初，AFPs的数目是12家，20世纪90年代初期达到最高的21家，此后不断下降，1996年为15家，1997年年底为13家，其中三家最大的AFPs拥有68.8%的个人账户。

（四）收益担保原则产生消极作用

智利规定AFP的实际基金投资收益不得低于AFPs平均收益率的50%，这一规定产生了消极影响：一是担保程度过高，在国家财政不出资的情况下，势必造成基金向中央担保基金缴纳更高的担保费，或基金管理者向持有人征收高额管理费，这两种情况都会降低持有人的净收益。二是不利于持有人增强风险意识，加强对基金管理者的监督。特别是如果收益

担保的储备金由基金而非基金管理者缴纳,基金管理者更有可能忽视风险管理,导致严重后果。

三 启示:建立有效的中国养老基金管理和监督制度

对作为"养命钱"的养老基金的管理工作,国务院一直都非常重视,先后颁布了一系列的文件和条例对养老基金运行全过程的管理和监督行为进行规范。但是在实践中,我国养老基金的监管制度的运行出现了一些问题:一是虽然国家从宏观角度确定了养老基金的监管框架,但在实际中却没有建立相应的组织体制。二是严格的基金投资政策虽避免了投资风险对养老基金的冲击,但造成了基金的实际低收益率,减少了基本养老保险制度的收入。同时这种严格的投资政策也不利于资本的形成,阻滞了养老基金对经济增长的促进作用的发挥。三是基金管理透明度低,缺乏监管。由于信息披露制度不健全,对基金的监督处于"真空"状态,加上内控薄弱,导致养老基金被挤占、挪用、挥霍、投资不当等现象时有发生。

就目前来看,我国养老基金进行投资运营的必要性和可能性都已具备,养老基金进行投资运营已成为必然趋势。因此,为养老基金进行投资运营做好充分的制度准备,探讨建立有效的养老基金投资运营监管制度有非常重要的现实意义。

(一)建立独立、高效的社会保险基金监督和管理委员会

在一个养老保险制度中,养老基金的监管是建立公众信任的关键部分,因此,监管机构必须独立于政治压力,监管机构的执行官的任命或选举程序必须是高度透明的。应建立全国社会保险基金监督和管理委员会,直属国务院领导。监管委员会由劳动和社会保障部和财政部的领导、专业人员,基金业代表,以及雇主和雇员代表共同组成,实行委员会制。监管委员会按城市设立地方监管办事处,垂直管理。目前的"全国社会保障基金理事会"并不是一个监管机构,只是最高层的资产管理机构,其存在的不足是:其一,还不能表现出较强的独立性;其二,没有雇员和雇主的参与,因而不能为养老社会保险基金的最初委托人和最终收益人提供一个表达意愿的空间;其三,该制度目前仅为清偿转制成本而设计;其四,

该制度所管理的资金主要是国有股减持、国有资产置换以及财政拨款形成的基金,而没有涉及制度供款;其五,没有建立完备的体系。

(二)建立专业性养老基金管理局

第一,社会统筹账户是公共账户,具有再分配的功能,同时社会统筹账户仍然是受益基准制,即制度承诺受益人的给付水平,所以,政府是公共账户的最后责任人,对社会统筹账户的管理不只是对资产的管理,同时也是对负债的管理,这两个方面的原因使得统筹基金不宜交基金管理公司管理。

第二,社会保险基金管理上行政权与经营权的分离是养老基金完整性的重要保证,社保部门不能既是基金管理政策的提供者同时又是基金运营的主体,所以应建立独立于政府的社会保险基金管理局运营社会统筹账户基金。

(三)选择合适的养老基金监管模式

由于目前我国还不具备按照审慎性监管原则进行管理的法律、制度和经济环境,因此,在改革之初应实行严格的限量监管,即由专门养老基金监管委员会对养老基金进行全面监管。监管的内容可以包括市场准入标准、外部托管人、投资限制、收益担保、资本储备要求等。监管的方式包括审查账目和报告、实地查察、特别审计、进行调查、组织审计等。但随着发展,应逐步地放松管制,实行审慎性监管。

(四)培育外部监管机制

加快培养精算、会计、审计师事务所和各种风险评级公司等中介机构,强化外部监督机制。中介机构的目的是向各机构和公众提供信息服务,使他们能够获得并准确理解有关基金运营的信息,从而加强对基金监管。鉴于我国目前市场中介机构很不发达,离独立、客观、公正的标准还有很大的差距,应加快中介机构市场化改革的进程,要求中介机构与原挂靠单位脱钩,促使它们通过市场竞争提高服务质量。

(五)加强社会保险立法的进程

世界各国的经验表明,社会保障立法是社会保障制度建设的依据和起点。目前我国正在建立和完善社会保险制度,制定健全的《社会保险法》已成为社会保险制度改革成功的关键。因此,在立法的过程中应着重考虑以下几点:

（1）明确个人缴费积累和投资收益的产权，将个人账户做实，同时应考虑基金积累具有法定继承性。

（2）明确界定"三方负担"制度安排中各方的权利与义务。目前社会保险费征缴难的原因之一就是没有明确企业供款的法定义务，导致保险费的征缴过程中产生高昂的交易成本。因此，应立法明确企业的法定缴费义务，并赋予社会保险机构行政执法权利。

（3）严格规定各项费率。当养老基金出现收不抵支时，政策制定者首先想到的提高缴费率，如1999年为平衡社会保险基金收支实行的"增收和扩覆"政策，事先并没有考虑养老保险缴费率每提高一个百分点会对宏观经济产生什么影响，会对企业生产计划产生什么影响，会对个人收入预期产生什么影响。社会保险制度的各项费率都应在一个较长时期保持稳定性，给企业和个人一个合理预期。

（原载《就业与社会保障》2004年第1期　作者：邓大松　刘昌平）

对重构我国现行社会保障基金制度的思考

世界银行的一份报告指出，在未来的35年内，世界人口中60岁以上人口的比重将从9%上升到16%。由于预期寿命延长和生育率的降低，发展中国家的人口比工业化国家的人口老龄化得更快。人口老龄化的问题以及由之引发的社会保障体系改革问题，已经成为世界各国政府最为关注的问题。

目前，我国的社保基金已经达到一定规模。然而，在实现转变的过程中，社保基金的筹集始终面临两大压力：一是人口老龄化高峰；二是个人账户"空账"的历史包袱。

一 人口老龄化

人口老龄化是一个世界性危机。就我国而言，人口基数大，老龄化来势猛，经济发展水平不高等因素，决定了我们化解这个危机的难度更大。近年来，我国人口老龄化的步伐在不断加快。1964年第二次人口普查时我国65岁以上老年人占总人口的比重为3.56%，1982年人口普查时为4.9%，1987年1%人口抽样调查时上升为5.4%，到2000年第五次人口普查时比例已达到6.96%。是年，我国进入老龄化社会。

2003年，根据国家统计局人口抽样调查统计，上述比例进一步跃升至8.34%。同年，中国人口研究中心预测了2050年前我国的老龄人口比例和老龄人口规模。根据这项研究，从现在到2035年，中国老龄人口呈加速增长的态势，60岁以上和65岁以上人口的年均增长率分别为3.53%和3.73%，远高于2000—2005年间的2.18%和2.64%。2035年以后，虽然老龄化的增速有所放缓，但是老龄人口的比例和绝对规模仍然继续加大。到 2050 年，我国 60 岁和 65 岁以上的老年人口数将分别达到 4.5 亿和 3.36 亿，占总人口的 32.7% 和 24.4%。这意味着到那个时候，每 3 个中国人中就有 1 人在 60 岁以上，每 4 个人中就有 1 人在 65 岁以上，65 岁以上的人口数（3.36 亿）大体相当于目前欧盟 15 国的人口总和。相关研究还表明，中国人口老龄化的速度大大高于世界平均水平。2000 年，全球和中国 60 岁以上人口比例均为 10% 左右，二者大体相当。到 2030 年，全球的这个比例是 16%，中国的这个比例则高达 24.5%。另外，全国老龄委员会 2006 年 2 月 23 日公布的 21 世纪《中国人口老龄化发展趋势预测研究报告》表明，2001—2020 年，我国平均每年将增加 596 万老年人口，年均增长率达 3.28%，大大超过总人口 0.66% 的增长速度。到 2023 年，我国老年人口将达到 2.7 亿人，与 0—14 岁少儿人口数量相等。到 2050 年，这一数目更是超过 4 亿人，老龄化水平推进到 30% 以上。[①] 随着人口老龄化的迅猛发展，社会保障方面的支出需求也将越来越大。

由此可见，我国老龄人口规模很大、老龄人口比例很高，老龄人口增长很快。这意味着今后相当长的一段时间内，一是需要供养的老人很多，担子很重；二是面临着老年人口的赡养比例（老年人口与劳动力人口的比例）逐步加大的不利条件，分摊到每个劳动力身上的养老义务比以往更重；三是养老负担持续快速加大，来势很猛，这是刚刚起步不久的中国养老体系面临的一个严峻考验。

总体来说，人口老龄化反映了社会的进步，但也给社会带来一系列老龄问题，尤其表现在社会养老制度上。可以预见，随着中国人口老龄化程度的加重，养老金的收支缺口呈现加大的趋势。

二　历史包袱

20 世纪 80 年代中期以前，我国实行以企业（单位）为载体的"现收现付制"养老保险制度。在逐步建立和完善社会主义市场经济体制的进程中，国家以养老保险制度为重点对传统的社会保障制度进行了重构。自

---

① 梁捷：《老龄化，我们准备好了吗？》，《光明日报》2006 年 2 月 27 日。

1993年起，我国开始从"现收现付制"向基本养老金的"部分积累制"转轨。

新制度框架下的养老保险模式主要包括：(1) 以企业缴费为主建立社会统筹基金。(2) 由职工和企业缴费为主建立个人账户。2006年1月1日前，基本养老保险个人账户按职工本人缴费工资11%的数额建立，其中8%为个人缴费，3%从企业缴费中划入。为与做实个人账户相衔接，从2006年1月1日起，个人账户的规模统一由本人缴费工资的11%调整为8%，全部由个人缴费形成，单位缴费不再划入个人账户。(3) 政府负担养老保险基金的管理费用。这种社会统筹和个人账户相结合的半基金制有利于应付中国人口老龄化危机，逐渐分散旧制度到新制度的转轨成本，逐步实现由企业养老保险制度到个人养老保险制度的转变。但是在实践中，这种养老保险模式却出现了下述问题：

问题之一：以统筹基金弥补隐性债务导致社会统筹基金的资金缺口。"部分积累制"正常运行的前提是"社会统筹"部分的基金应能够满足没有缴纳退休金但已经退休或将退休人员的退休金需要。然而，由于实施基金积累制前已经退休的老职工（老人）和新制度实施前参加工作的职工（中人）在过去的工作年限里并没有直接为自己进行养老金积累——他们的贡献被转化为当期政府收入并凝固在国有资产中——制度转轨后，这批"老人"和"中人"过去的养老金积累事实上就形成了国家对他们所负的"隐性债务"。1995年劳动部社保所对隐性债务的测算结果为28753亿元；世界银行于1996年的测算结果为19176亿元；2000年，国务院体改办得出的债务规模为67145亿元；同年，劳动和社会保障部的预测结果为18000亿—28800亿元。尽管在不同的测算方法下所得的结果不尽相同，但隐性债务的规模之巨是毋庸置疑的。

目前，政府采用企业缴纳的社会统筹基金来偿还旧制度中的隐性债务。一些地方也被迫提高企业缴费率，有的地方高达30%以上。同时，大量职工提前退休也大大增加了企业的养老金统筹账户缴费数额。结果是企业负担过于沉重，逃费欠费情况严重，养老保险基金收支状况每况愈下，社会统筹账户出现了严重的资金缺口。这种状况一直延续1997年。为此，我国政府采取一系列措施平抑过高的企业缴费率，并将其控制在20%左右。但是，企业缴费率降低后，养老金收入相应减少，收支缺口扩大。据世界银行人类发展部的测算，在一定的假设条件下，2001—2075年，我国基本养老保险的收支缺口将高达9.15万亿元人民币。

问题之二：挪用个人账户导致"空账"。为保证养老金按时足额发放，弥补社会统筹账户之不足，各地社保部门只好挪用个人账户资金用以发放"老人"的养老金。"新人"个人账户被逐渐挖空，个人账户有名无实。这就是我们常说的"空账"。据《劳动和社会保障事业发展第十一个五年规划纲要草案》提供的数据，到2005年年末，"空账"数目已达8000多亿元，养老金缺口达2.5万亿元。据测算，从2004年到2050年，社会统筹年平均缺口近2900亿元，到2020年个人账户空账将高达51200亿元。

三　社保基金的三大渠道

根据2001年5月国务院颁布的《减持国有股筹集社会保障基金管理暂行办法》（简称《减持办法》），全国社会保障基金的资金来源包括基金投资收益、财政预算拨款和彩票公益金收入、国有股减持收入。下面我们来具体分析这些渠道的筹资效率。

（一）基金投资收益

2001年年底，经国务院批准，财政部、劳动和社会保障部联合发布《全国社会保障基金投资管理暂行办法》（简称《暂行办法》），作为现阶段全国社保基金管理和投资运作的主要法律依据。该文件规定，社保基金只能投资于国内银行存款、债券、证券投资基金和股票等几个品种，且有严格的投资比例限制。

从实践来看，目前我国的社保基金主要投资于国内资本市场，投资品种包括银行存款、国债和股票等；投资方式有直接投资和委托投资两种。银行存款、国债等风险较小的投资由社保基金理事会内部专业人员直接运作；股票等风险较大的投资则委托给专业投资机构投资运作。（见表1）然而，近几年来，银行存款和债券的收益率不高，股市又长期在低位徘徊。这种现状导致我国社保基金的投资收益并不乐观（见表2）。

表1　　　　　　　　全国社会保障基金投资组合比例表①

单位：%

年份	银行存款	基金、股票	债券（含企业债、金融债、国债）	利息	委托投资
2001	64.59	1.57	33.56	0.28	—
2002	75.60	1.02	22.54	0.84	—
2003	45.30	—	29.54	1.09	24.07
2004	38.28	6.80	18.21	0.91	35.80

资料来源：根据2001—2004年全国社会保障基金年度报告计算整理。

表2　　　　　　　　全国社保基金投资收益情况②

单位：%

年份	经营业绩	已实现收益	通货膨胀率	扣除通胀后经营业绩
2001	2.25	2.25	0.7	1.55
2002	2.49	2.75	−0.8	3.29
2003	3.57	2.71	1.2	2.37
2004	2.61	3.32	3.9	−1.29
合计	11.37	11.49	5.04	6.33

（二）财政拨款和彩票公益金

财政预算拨款是全国社保基金的主要来源之一。面对严峻的社会保障形势，我国政府调整财政支出结构，在中央与地方财政预算内安排养老保险支出，而且规模逐年增加（见图1）。同时我们应该看到，尽管近年财政收入占GDP比重逐年提高，但这项收入的前景恐怕不容乐观（见表3）。此外，彩票公益金一年收益也仅数十亿元，远远满足不了需求的缺口。

---

① 黄晓：《我国养老金投资策略途径的思考》，《特区经济》2006年第2期。
② 任波：《社保基金：在"边缘化"边缘》，《财经》2005年第19期。

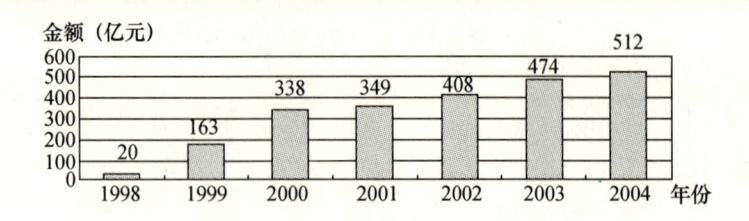

图1 1998—2004年中央与地方财政预算内养老保险支出

表3　　　　　　　　历年中央财政拨入全国社保基金情况表

单位：亿元人民币、%

项目	2000年	2001年	2002年	2003年	2004年	2005年 1—8月	共计	占拨入资金比重
中央财政预算	200.00	473.48	303.91	—	170.97	—	1148.36	70.73
国有股减持	—	121.78	88.10	4.08	47.04	38.80	299.80	18.47
彩票公益金	—	—	23.75	45.00	60.53	46.05	175.33	10.80
合计	200.00	595.26	415.76	49.08	278.54	84.85	1623.49	100

资料来源：刘建熙：《谁来充实社保基金》，《财经》2005年第19期。

（三）国有股减持

社保基金理事会成立之初便确定了以减持国有股补充养老金缺口为目标的方案。2001年，国务院颁布《减持办法》，规定凡国家拥有股份的股份有限公司在首次发行和增发股票时，要按融资额的10%出售国有股，将收入划入全国社保基金。不巧的是，该办法实施后不久，正值国内股市下滑。于是同年10月，国有股减持在A股市场被迫停止。到2002年6月23日，国务院已决定对国内上市公司停止执行《减持办法》中利用证券市场减持国有股的决定。此后，向社保基金提供资金的国有股减持，一直是通过为数不多的境外上市的国有企业来实现的。

然而，根据党的十五届四中全会对调整国有经济行业布局的要求，对于不需要国家绝对或者相对控制的一般竞争性行业，国有企业要通过"资产重组和结构调整"逐步退出。据有关资料统计，我国经营性资产在国有资产总量中所占的比重已经由1998年的75.9%下降为2002年的

65.0%;工业国有资产净值由 1997 年的 48588.2 亿元减少到 2001 年的 29055.3 亿元,下降了 40.2%;汇编的规模以上国有及国有控股企业户数由 1997 年的 26.2 万户缩减为 2001 年年底的 17.4 万户,减少了 35.6%;地方国有企业的资产总额在全部国有企业资产总额中所占的比重从 1997 年的 61.1% 下降到 2001 年的 56.1%。很明显,单靠这些为数不多的境外上市的国有企业来担当充实社保基金的重任无疑是难以为继的。①

四 充实社保基金的建议

为应对老龄化和"空账"给社保基金带来的严峻挑战,国家必须通过逐步做实个人账户,真正实现由现收现付向部分积累的模式转换;通过强化基金征缴,切实做到应收尽收;通过继续积极调整政府财政支出结构,增加财政特别是地方财政对社会保障的资金投入;通过做大全国社会保障基金,增加中央社会保障的战略储备。

(一)国家投资企业股权收益提成

目前国有企业收益基本上都留在企业,比如中国石油作为国家控股的上市企业,2005 年度公司净利润 1333.6 亿元,盖过日本丰田公司成为亚洲最赚钱的公司,但无论是国家财政,还是作为管理国有企业的国资委的收益权并没有落实。也就是说国有企业赚多少都是国有企业的,国家一分红利都分不到。国有企业有难时,国家财政要拿钱补贴,赚钱时利润却并不上缴给国家,国家的投资收益只是不能支配的账面收益。有人认为,利润交给国资委转投资,还不如放在国有企业内继续保值增值,但如果不从盈利的国有企业中收回一些利润,不仅影响国家对其他企事业项目的投资,而且也使国家无力偿还国家对养老统筹基金的历史欠账。因此,国务院应根据国有企业发展情况和养老统筹基金缺口情况,从国家投资企业股权收益中提取一定比例的资金用于养老统筹基金缺口,偿还历史欠账。此种方式,不需改变国有企业的股权结构,操作简便,可以普遍适用于有国

---

① 李格平等:《跟进国有经济战略性调整,加快补充社保基金》,《国有资产管理》2004 年第 8 期。

家投资的各种有限责任公司、股份有限公司及其他各种形式的国有投资企业。据财政部公布的资料显示，2005年，除金融企业以外的12万多户全部国有企业盈亏相抵后实现的利润为9047亿元，同比增长25%。如果每户提取10%的税后利润，则可以有9亿多元。

对提取的国有股分红的管理，可以根据分级管理的原则确定。即国资委直接管理的企业分红提成，交由中保基金管理。省级以下地方政府管理的国企分红提成由省社保基金管理委员会管理

（二）上市公司国有股权划转让

为拓宽中保基金的资金来源，有专家提出将部分国有股股权划转部分给中保基金。在实践上，为支持社会保障事业的发展，2003年10月，党的十六届三中全会明确提出，要"采取多种方式包括依法划转部分国有资产充实社会保障基金"。2004年9月，国务院批准成立了包括国资委、财政部、证监会和社保基金会等部门组成的划转工作小组。2005年4月29日中国证监会发布《关于上市公司股权分置改革试点有关问题的通知》，股权分置改革试点正式启动。股权分置作为国有企业改革的关键步骤，其初衷在于改善国有企业的公司治理结构。与此同时，基于传统渠道的限制，我们还可以而且应当抓住这一有利契机，把划转部分上市公司国有股充实社保基金作为与资本市场股权分置改革的一项配套措施。

这种方式带来的主要问题是：（1）由于国有股权分散在众多公司中，划转后中保基金持有的股权太分散，难以管理；（2）如果持股比例较大，可能引发更多的关联交易。

针对上述问题，国家可以将可能影响决策的股权或股份在划转时转为优先股。这样既可以保证优先股股东收益较稳定，又可以限制他们参与公司的日常决策与管理，在一定程度上缓解国有股在表决时一股独大的问题。

（三）国有土地出让金分成

目前各级政府收取的土地出让金用于基础设施。建议国有资产管理部门分级持有划转。属于地方国有资产管理的公司股权按一定比例划转给统筹地方社会保险基金管理机构。

（四）中央财政对省级养老金缺口的补贴

中央财政对省级养老保险基金缺口的补贴数量，应根据各省在职人员

投保情况确定,征缴工作做得好的省份,提高补贴比例,征缴不力的适当减少补贴比例,以督促各省加强征缴工作。因为只有确保应缴尽缴,才能保证基金的资金来源,才有利于为企业提供公平的市场竞争环境。

(五) 建立健全多层次统筹基金管理体制

首先,完善社会保障基金的管理目标责任制,提高保值增值能力。其次,建立省级统筹基金投资管理机构,负责管理统筹基金的保值增值。资金来源包括参保单位和职工缴纳的保险费、省管国有股分红、国有土地使用权转让提成。地方以短期投资为主,中保基金则以长期投资为主。最后,要加强养老保险基金的日常征收和支付管理,加强征缴监管。

(原载《长江论坛》2006 年第 4 期　作者:邓大松　张三保)

协同管理：对企业年金基金风险监管的探讨

一 对企业年金基金风险的分析

风险是客观存在的，企业年金基金作为金融领域的重要组成部分，必然也面临着众多的风险，如何从本质上区分这些风险是投资和风险管理的前提，也是企业年金基金保值增值的前提。随着金融体系的发展，金融市场和金融产品的不断复杂化，企业年金基金所面临的风险也会更复杂。

企业年金基金风险主要分为内部风险和外部风险。

（一）外部风险

第一，政治风险。政治风险不仅仅是指政治动荡，主要是指政府行为的变化而带来的投资回报变化。

第二，政策风险。是指国家通过货币政策、财政政策、产业政策等宏观调控手段影响证券市场，导致价格波动，从而影响投资收益。

第三，经济周期风险。经济周期风险是一种市场风险，表现在证券市场上是牛市和熊市的交替而引起的风险，它是由多种系统因素作用而发生的，大多数证券价格会因此而共同波动。

第四，通货膨胀风险。通货膨胀是造成购买力下降的基本原因，会使实际投资收益下降，甚至可能为负值。

第五，自然风险。是指由于自然力对经济的破坏而形成的风险。

（二）内部风险

第一，委托—代理风险。企业年金存在着复杂的委托—代理关系。一方面，参与企业年金计划的企业和职工作为委托人，委托企业年金计划受托人管理基金资产，形成第一层次的委托—代理关系；另一方面，计划受托人将企业年金计划的账户管理、投资管理和基金托管等业务委托给外部（内部）专业机构运作，形成第二层次的委托—代理关系。委托人、受托人、账户管理人、托管人和投资管理人是具有不同利益的经济主体，各个主体为实现自身利益的最大化而决定自己的行动。如基金挤占、挪用，进行高风险投资；实施不利于计划参与者和受益人的关联交易或为第三者谋取利益等。他们之间的委托—代理关系如设计不当，代理方的行为很容易损害委托方的利益。

第二，投资风险。是指由于投资管理人决策失误而带来的企业年金基金投资回报变化。

第三，流动性风险。是指某项资产投资者由于某种原因急于脱手往往会接受较低的成交价而遭受损失。

第四，破产风险。是指企业、法定受托人、账户管理人、托管人和投资管理人等企业年金计划参与者由于破产而给计划受益人所带来的风险。

一支企业年金基金必须就它准备如何承担风险作出决策，而这些风险按照能不能通过投资分散化来降低的标准，还可以划分为系统风险和非系统风险。一般来说，系统风险来自投资对象的外部，与市场的整体运动相关联，非系统风险则来自内部的管理和具体的投资对象。

另外，从风险控制角度看，由于企业年金基金积累规模巨大，企业年金基金与资本市场的关系日益密切，如果两者之间处于良性互动将促进企业年金基金与资本市场获得"双赢"。如果两者之间关系出现问题，势必导致企业年金基金受损和金融市场动荡，严重的还可能影响到国民经济运行和社会的稳定性。

因此，为加强对企业年金基金风险的控制，保护计划参与者和受益人的利益及促进社会和经济的发展，必须对企业年金基金实行有效监管，限制其运营风险，来切实保障企业年金计划的规范运作。

二 企业年金基金监管的理论基础：从公众利益理论到公共选择理论

"监管"一词近年来越来越多地出现在我国的经济生活中。从经济学和管理学意义上看，它对应于西方经济学和管理学文献中的"regulation"。监管普遍存在于西方经济生活中。在市场经济发展过程中，监管是政府干预和调控经济和社会发展的一种必然现象。一般认为，监管是指运用法律手段来实现社会政策和经济政策目标的行为。企业年金基金的监管本身并无独立的理论体系可言，从实践来看，其思想基础源于一般的监管理论。监管理论主要经历了从公共利益理论到公共选择理论的演变过程。

（一）公共利益理论

公共利益理论源自对"市场失灵"的分析。西方微观经济理论认为，在存在外部性、垄断、信息不对称、报酬递增等因素的情况下，市场机制就不再是完全有效的，因而就会发生市场失灵。而政府监管则是对市场失灵或低效率的一种反应。该理论假设监管服务于社会公众利益，监管者是仁慈的和具有无限知识的法律与政府法规的忠实代理人，他们的目标是防止由于市场失灵所产生的价格、产量、分配等变量的扭曲，从而实现保护消费者利益和社会福利的最大化。监管是为了使人们从不公平和无效率的市场中解脱出来而出现的，它强调消费者的利益。

公共利益理论从理论上分析了政府监管的理由，为政府加强监管提供了基本的理论依据，然而该理论却缺乏事实的支持，大量的事实与该理论不相符合。理查德·波斯纳（Richard Posner，1974）指出："经过大约15年的理论和实证研究，经济学家得出的结论是：监管与外部性的存在、自然垄断市场结构不是正相关。"[1] 由此可见，公众利益理论是不完善的，至少存在两个方面的缺陷：一是公共利益理论从消费者利益的角度出发，提出要政府进行必要的监管，但它没能解释公众为得到社会福利而产生的监管需求如何转化为政府的行动。使得原因和结论、需求和结果之间缺乏连接的机制，因而理论是不完整的。二是该理论只提出通过政府机制来代替市场机制，但没有注意到有可能发生"政府失灵"，或非市场的无效率。也就是说政府对市场的干预会弥补原有的市场失灵，但有可能引起新的非市场失灵。由此可见，公共利益理论并没有深入研究政府监管和市场机制的相互关系，因而是不彻底的。

---

[1] 转引自刘妍芳《寿险投资及其监管研究》，博士学位论文，中国社会科学院，2000年。

（二）公共选择理论

以詹姆斯·布坎南（James Buchanan）和戈登·塔洛克（Gordon Tullock）为代表的公共选择学派提出了公共选择理论，运用古典主义经济学的分析方法研究政治问题，在批判公共利益理论的基础上，阐述了政府干预经济的局限性，并用公共选择的理论和方法对政府干预的范围、过程和结果有了新的认识。

公共选择理论的基本出发点是"经济人"假设的推广。"经济人"的概念最先是由亚当·斯密提出来的。这一假设是指个人参与经济活动的动机是利己心，他们一切经济行为的目的都是个人利益最大化，作为消费者要实现效用最大化，作为生产者要实现利润最大化，他们在追求自身利益的同时促进了社会福利的增长。但是，传统经济学分析人们的政治行为时，并没有运用"经济人"假设，而是把政府当作摆脱了利己心而专为社会谋取福利的公共机构，政治家更是无私献身的人。布坎南认为，政治家和政府官员也是经济人，在利益取舍面前选择，他们一样会选择那种能为自己带来较多好处的方面，一样会追求个人利益的最大化。因此，应把政府活动纳入经济人假设的分析框架之内。而且，在政府的公共决策中，决策机制并不能够使得政府通过权利保护绝大部分公众的利益，由于"利益集团"频繁的"寻租"行为和"院外活动"，政府决策往往有利于某些利益集团，仅仅体现"中位选民"的需求；政府决策的优劣主要取决于约束决策过程的规则的合理性，规则决定结果。企业年金基金运营是纯粹的经济行为，政府应该以第三者——"裁判员"的身份出现，而将企业年金基金运营的权利交给具有独立性的外部管理服务主体。政府的作用在于制定企业年金基金相关管理规定，依规实施监管。这将有利于促进企业年金制度实现最优化运行。

三 协同论在监管中的应用

协同论又称协同学或协和学，其创立者是德国斯图加特大学教授、著名物理学家赫尔曼·哈肯（Hermann Haken）。它是研究不同事物共同特征及其协同机理的新兴科学，是近 20 年来获得发展并被广泛应用的综合性科学。它着重探讨各种系统从无序变为有序时的相似性,即从系统演化的角度研究开放系统在外部一定条件的作用下,其内部各要素、各层面和各子系统之间,如何通过非线性相互作用而形成协同效应,自组织(指事物或一组变量从无联系的状态进入有联系的状态的过程)成为一个协同系统内部机制和规律。协同论自产生以来,它在科学、技术、社会、经济领域的应用,取得了广泛的成果,同时它给现代科学管理提供了新的视角和启迪。它主要包括四个特点:(1)协作性。是指在复杂大系统内,各子系统的协同行为产生出的超越各要素自身的单独作用,从而形成整个系统的统一作用和联合作用。(2)整体性。是指任何系统都是由若干相互联系、相互作用的要素构成的有机结构整体。在功能上,整体的功能不仅仅是各种部分功能的总和,还包括各部分相互联系形成结构产生的功能。(3)动态性。是指系统的结构决定系统的功能,不同的结构可以产生不同的功能,要重视系统各要素的合理组织,重视系统的有序程度,动态把握与控制,发挥系统可能的功能。(4)反馈性。是指系统中各子系统通过外界即其他系统对自己的认识、体认,确定其应有的位置,并根据所处的位置调整或重新确立目标,以期达到应然状态。

协同论的核心思想是协同导致有序,有序是协同的产物。所谓有序无序,就是指有无整体的协同运动,而形成整体协同运动的一个关键的条件就是系统内子系统间的有机联系、协作和配合。如果系统中各要素彼此独立、互不相干,那就不会形成任何有序结构。目前,我国企业年金计划是信托型的运营模式,其治理结构有两种,即理事会受托管理模式和法人受托管理模式。而涉及的企业年金基金管理当事人包括一些专业机构、金融机构和保险机构。因此,也就会出现劳动保障部与中国银监会、中国证监会和中国保监会共同监管问题。企业年金基金市场与货币市场、资本市场和保险市场存在着互动和共同发展的关系,对其进行监管会涉及很多方面。因而其实质是多个子系统共同作用的过程。企业年金基金的监管系统既然是一个大系统,则不论系统的正常运行,还是考虑系统的相变状态,都要作整体研究,局部的修改和改良都难以达到最优效果。企业年金是一项重要的制度创新,我们要建立各类市场有机结合、协调发展的机制和协同性监管制度.然而,由于各监管机构受监管范围的限制和各自监管侧重点的差异,监管信息的共享程度较小,监管协同性不足。这样就无疑会加大企业年金基金的运行风险，以及由于金融系统的风险而波及企业年金计划。按照协同论原理，我们可以通过以下途径来完善企业年金基金协同监管机制：

（一）建立独立、高效、统一的企业年金基金监管委员会，实行协同监管

监管委员会由劳动保障部、三大金融监管机构、用人单位、劳动者和企业年金基金各管理当事人派出人员联合组成，并直属国务院领导。监管委员会按城市设立地方监管办事处，实行垂直管理。委员会的成立将会实现由机构性监管向功能性监管的转变。简单化地划分机构所属监管范围，既不利于监管配合也不利于管理明晰。而功能性监管摒弃了传统的以机构为主体的监管模式，加强对跨市场风险和系统性风险的检测和分析，制定防范危机处理应急预案，实现宏观调控与审慎监管的有机结合，更具一致性和连续性。从而会降低监管成本，减少监管效率。

（二）加快监管网络建设，实现信息传递渠道的畅通

建立畅通的信息通道，从而保证信息的真实有效性，是进行监管的重要依据。在完善监管机构设置的基础上，围绕增强监管效能目标，逐步建立完善覆盖全国的企业年金基金监管信息技术系统。通过建立科学的、网络化的信息，实现监管信息共享，真正提高监管的协同程度。保障监管的及时性、经常性和有效性。主要包括：一是加快监管主体系统内的信息系统建设，确保监管的即时性和监管信息上传下达的即时性；二是在企业年金基金各当事人之间建立信息共享接口，为实现协同监管架设信息通道。

（三）完善不同管理服务机构之间的相互制衡制度

企业年金基金监管既有外部监管，也包括内部控制。应加强不同管理服务机构内部的相互制衡，即受托人可依据合同法有关规定，委托相关金融机构管理基金个人账户、托管基金财产或负责基金投资管理。账户管理人、托管人和投资管理人之间存在一种制衡关系。账户管理人主要负责核对缴款汇总数据，接触不到基金财产。托管人主要负责保管基金财产，监督投资管理人的投资行为，没有基金财产支配权。投资管理人主要负责基金投资，具有保值增值职责，但没有基金使用权，也接触不到基金财产。这样就可以实现一种既相互协同又相互制约的平衡关系。

（四）强化中介服务机构的协同监管作用

在企业年金基金监管体系中还包括为基金提供中介服务的中介机构，具体有会计师、精算师、律师以及投资咨询机构等。这些中介机构分别在部分阶段内参与部分外部监督活动，但是，从长期上看，在企业年金运作的各个环节都有中介机构监督的参与。中介机构向各机构和公众提供信息服务，使他们能够获得并准确理解有关基金运营的信息，从而加强对基金的监管。目前，我国社会中介机构很不发达，离独立、客观、公正的标准还有很大的差距，应尽快引进和培育高信誉的独立的审计、精算、基金评级和法律服务等各种机构，加快其市场化改革进程，完善中介服务行业的自律管理机制，从而提高其协同监管作用。

（原载《社会保障问题研究》2006年　作者：邓大松　李建平　吴小武）

企业年金基金管理费模型的优化选择

一 引言

在我国现有企业年金制度体系下，企业年金基金资产的投资运作是通过全权委托给专业管理机构来实现的，管理人与委托人之间是典型的委托—代理关系，通过对中国企业年金运作现状的研究，不难发现，这种委托—代理关系存在着风险责任不对等的问题，企业年金基金资产净值的投资损失完全由委托人承担，而管理人在获取管理费收入的同时却不用承担任何投资风险。管理费是管理人利益驱动主要来源，设置合理的管理费模式，可以在一定程度上解决企业年金基金管理中的委托—代理问题。

Record 和 Tyuan（1987）[①] 指出，基金管理费主要有三种收取方式：(1) 固定金额收费法，即不论基金业绩的好坏，基金管理人都收取一笔固定金额作为管理费；(2) 资产比例收费法，即基金管理人根据基金净资产价值收取固定比例的管理费；(3) 激励收费法，即基金管理人根据基金业绩相对于业绩基准二者间的差额，收取固定比例的管理费。Ippolito（1992），Sirri 和 Tufano（1998），Coles、Suay 和 Woodbury（2000）[②] 的研

[①] Record, E. and M. Tynan. Incentive Fees: the Basic Issues [J], *Financial Analysts Journal*, 1987, January – February: 39 – 43.

[②] Ippolito, Richard A., Consumer Reaction to Measures of Poor Quality: Evidence from the Mutual Fund Industry [J], *Journal of Law and Economics*, 1992, (35): 45 – 70.

Sirri, E. and P. Tufano, Buying and Selling Mutual Fund: Flow, Performances, Fees and Services [R], Working Paper, Harvard University, 1993.

Coles, Jeffrey, Jose Suay and Denise Woodbury, Fund Advisor Compensation in Closed – end Funds [J], *Journal of Finance*, 2000, (55): 1385 – 1414.

究证明以基金净资产价值作为收取管理费的标准具有一定的可取性，但并不是最合理的激励制度，因为基金业绩优劣或许是因为市场本身的强弱，基金净资产的高低与基金管理人的努力程度并不能完全画上等号，他们建议以基金的相对绩效衡量管理人的努力程度，并以此作为基金管理人的收费标准。Margrabe（1978）、Sirri 和 Tufano（1993）[①] 等就相对绩效计算基金管理费的方式建立了模型，当基金业绩优于基准业绩时，管理人提取超额收益的一部分作为管理费；反之管理人则无管理费。Margrabe（1978）模型存在着一个较大的缺陷，管理费与基金相对绩效完全线性相关，管理人可能肆意提高投资风险以博取高额管理费，使基金处于超常风险状态之中。Chiu（1992）、Chevalier 和 Ellison（1997）、Kritzman 和 Rich（1998）等[②]针对 Margrabe（1978）模型风险函数的线性问题，建立了一系列基金管理费的非线型激励模型。台湾学者王健安（2003）、周丽娟（2004）等[③]证明了即使使用非线性函数，如设置管理费上限、设立相对与绝对双重标准等，仍然无法从根本上解决道德风险问题。周丽娟（2004）建立了基于双重绩效标准基础上的动态价值保障模型来解决该类问题，该模型延续了 Kritzman 和 Rich（1998）双重绩效标准的概念，但要求基金合同存续期内的任一时点，基金业绩均不得低于最低保障标准，否则视合同提前到期。内地学者武凯（2005）[④] 基于基金委托人与基金管理人的效用函

[①] Margrabe, W., The Value of An Option to Exchange One Asset for Another [J], *The Journal of Finance*, 1978, (33): 177-186.

Sirri, Erik R. and Peter Tufano, Costly Search and Mutual Fund Flows [J], *Journal of Finance*, 1998, (53): 1589-1622.

[②] Chiu Shean-Bii, Multi-Period Agency Problems in Portfolio Management [J], *NTU Management Review*, 1992, (3): 279-309.

Chevalier Judith and Glenn Ellison, Risk Taking by Mutual Funds as a Response to Incentives [J], *Journal of Political Economy*, 1997, 105 (6): 1167-1200.

Kritzman, M. and D. Rich., Risk Containment for Investors with Multivariate Utility Functions [J], *The Journal of Derivatives*, 1998, (5): 28-44.

[③] 王健安：《绩效诱因费契约的设计对基金经理人调整操作风险行为的影响》，《台湾管理学刊》2003年第3期。

周丽娟：《基金管理费之评价模式》，《台大管理论丛》2004年第14期。

[④] 武凯：《基金管理费制度安排的激励效应与优化选择》，《证券市场导报》2005年第8期。

数特征，比较了固定管理费与浮动管理费制度下基金管理人的行为选择，并提出了优化的混合管理费模型。龚红（2006）[①] 通过分析基金管理费的激励契约对基金经理努力程度与风险选择的影响，并结合对中国封闭式基金的实证检验，为中国证券投资基金业基金管理费激励方案的完善提供了经验证据。现有的研究成果中所指的基金比较宽泛，而基金的具体类型很多，本文将以前人的研究成果为基础，将研究对象缩小到对绝对绩效要求较高、风险承受能力较弱，追求长期安全增值的企业年金，研究并设计此类基金管理费的定价模式。

二 基金管理费模型引入与再设计

（一）现有的基金管理费模型

第一，互换选择权模型。该模型在评价基金管理费收取时，先确定一个适当的业绩基准，当基金的业绩优于此基准时，管理费收取标准等于两者表现的差额再乘以某一百分比；反之当基金的业绩落后于业绩基准时，管理人则无管理费，据此在 T 期时刻的管理费公式为：

$$F_T^M = \alpha A_0 \cdot \max[(1+R_T^P) - (1+R_T^B), 0]$$
$$= \alpha \cdot \max(A_T^P - A_T^B, 0)$$

式中，R_T^P 表示基金投资组合在 T 时的收益率，R_T^B 表示基准业绩在 T 时的收益率，A_0 表示基金在期初时的价值，A_T^P 表示基金在 T 期时的净资产价值，A_T^B 表示基准业绩在 T 期时的净资产价值。

资产价值假设服从几何布朗运动：

$$dA_t^i / A_0^i = \mu_i dt + \sigma_i dz, \ (i = P, B)$$

式中，P 表示基金投资组合，B 表示基准组合；而 μ_i 表示单位时间投资组合 i 的收益率期望值，σ_i 为单位时间投资组合 i 的收益率标准差。

第二，双重绩效模型。双重绩效模型指出管理费的收取不应只是考虑相对绩效，同时应该设立绝对绩效标准，基金的业绩表现不应只是优于业

[①] 龚红：《基金管理费激励对基金经理投资行为及绩效的影响》，《理论及对中国基金业的实证研究》，第三届公司治理国际研讨会，2006 年。

绩基准，基金期末的资产价值也应大于绝对绩效，在此双重绩效标准均得到满足情况下，管理人才可以收取到管理费。在双重绩效模型的框架下，管理人期末 T 时刻的支付形态为：

$$F_T^{KR} = \alpha \cdot \max(A_T^P - A_T^B, 0), 且 A_T^P \geqslant H$$

式中，H 为绝对绩效标准。

第三，动态价值保障模型。动态价值保障模型引进了美式期权概念，要求基金存续期间内的任一时间点，基金业绩均不得低于绝对绩效标准 H 值，否则视合同提前到期，其期末 T 时刻管理费的支付形态为：

$$F_T^P = \begin{cases} \alpha\max(A_T^P - A_T^B, 0) & if \quad \forall A_t^P > H, \ 0 \leqslant t \leqslant T \\ R & if \quad \exists A_t^P \leqslant H, \ 0 \leqslant t \leqslant T \end{cases}$$

管理人于合同期间 T 内，保证基金净资产价值（A_T^P）一直高于所要求的最低资产价值（H），则期末时，根据管理人所管理的投资组合价值（A_T^P）相对于基准业绩价值（A_T^B）的差距，收取 α 比例的管理费。而当管理人的管理绩效不佳，其所管理的基金资产净值只剩下所要求的最低资产价值时，该合同提前到期，管理人只能收取固定金额的管理费 R。

（二）优化模型设计

以上几类基金管理费模型在一定程度上解决了委托—代理的问题，属于以基金相对绩效约束为主，绝对绩效约束为辅的管理费模型，企业年金基金管理的特性应当是在基金资产保值的基础上实现有效增值，对基金管理的绝对绩效要求较高，不太适合照搬以上现有的基金管理费模型。因此本文在比较评价现有的基金管理费模型的基础上针对企业年金基金的业务特性，建立如下基金管理费优化模型：当基金期末资产净值低于绝对绩效时，管理人不仅得不到管理费，相反会支付一定的惩罚费用，尽量保护基金委托人的资产价值，相对现有的基金管理费模型，该模型更加注重基金资产本金的安全性，较适合企业年金基金的业务发展特征。

优化模型期末管理费的支付形态为：

$$F_T^P = \begin{cases} \alpha\max(A_T^P - A_T^B, 0) & if \quad A_T^P > H \\ -\beta(H - A_T^P) & if \quad A_T^P \leqslant H \end{cases} \tag{1}$$

如果期末基金投资组合（A_T^P）的价值大于绝对绩效（H），同时基金表现战胜业绩基准，管理人可以获得超出基准业绩（A_T^B）的部分乘以 α

比例的浮动管理费。当基金投资组合的价值低于绝对绩效时，则管理人不但收不到任何管理费，还将承担基金期末资产净值与绝对绩效 H 现值的差额部分乘以 β 比例的赔偿责任。

将（1）式分解为 $F_T^P = F_T^P(1) + F_T^P(2)$，式中，$F_T^P(1)$ 对应（1）式中的 $\alpha\max(A_T^P - A_T^B, 0)$ if $A_T^P > H$ 部分，$F_T^P(2)$ 对应（1）式中的 $-\beta(H - A_T^P)$ if $A_T^P \leqslant H$。

$F_T^P(1)$ 即为双重绩效模型，在期初时 $F_T^P(1)$ 对应的期权价值为：

$$F_0^P(1) = \alpha\{A_0^P e^{-q_P T} N_2(z_1, z_2, \bar{\rho}) - A_0^B e^{-q_B T} N_2(z_1 - \sigma\sqrt{T}, z_3, \bar{\rho})\}$$

式中，$z_1 = \dfrac{\ln(A_0^P/A_0^B) + (q_B - q_P + 0.5\sigma^2)T}{\sigma\sqrt{T}}$,

$z_2 = \dfrac{\ln(A_0^P/H) + (r - q_P + 0.5\sigma_P^2)T}{\sigma_P\sqrt{T}}$,

$z_3 = \dfrac{\ln(A_0^P/H) + (r - q_P - 0.5\sigma_P^2 + \sigma_P\sigma_B\rho)T}{\sigma_P\sqrt{T}}$,

$\bar{\rho} \equiv cov\left[\ln A_T^P, \ln\left(\dfrac{A_T^P}{A_T^B}\right)\right]T = \dfrac{\sigma_P - \sigma_B\rho}{\sigma}, \sigma^2 = \sigma_P^2 + \sigma_B^2 - 2\sigma_P\sigma_B\rho$。

式中，ρ 为基金收益率与基准业绩收益率之间的相关系数，σ 表示基金组合收益率相对于基准组合收益率差异的标准差，即差异化程度；q_i 为投资组合的股息率，$i = P, B$，$N_2(\cdot, \cdot; \bar{\rho})$ 表示二元标准正态累计分布函数，$\bar{\rho}$ 表示基金绝对收益率与相对收益率的相关系数。

$F_T^P(2)$ 相当于管理人卖出了执行价为 H，比例为 ξ 的部分欧式看跌期权，因此，$F_T^P(2)$ 在期初时对应的期权价值为：

$$F_0^P(2) = -\beta\{A_0^P \times e^{-q_P T}[N(d_1) - 1] - He^{-rT}[N(d_2) - 1]\}$$

式中，$d_2 = d_1 - \sigma_P\sqrt{T}$。

三 实证研究

由于较难获取企业年金基金净值表现的公开资料，因此本文选取投资风格与企业年金基金相似且有较长管理历史的富国天源平衡混合型证券投资基金进行实证研究,通过计算该基金在不同基金管理费模型下的管理费形态,比较各管理费模型对管理人投资决策行为的影响。设定 $A_0^B = 100$, $A_0^P = 100$, $H = 80$, $\alpha = 0.2$, $\beta = 0.2$, $R = 0.5$, $r = 0.05$, $q_B = 0$, $q_P = 0$, $T = 1$。

表1　　　　　　　　　富国天源平衡基金的实证研究

	2003年	2004年	2005年	2006年	2007年	2008年	2009年	2010年
基金表现							
基准期末价格 A_T^B	108.25	90.55	98.48	170.40	188.36	51.02	155.00	100.61
基金期末价格 A_T^P	116.83	101.05	97.43	173.75	143.86	56.25	142.84	124.00
基准波动率 σ_B	0.1280	0.1343	0.1334	0.1422	0.2351	0.3032	0.2208	0.1525
基金波动率 σ_P	0.1048	0.1232	0.1354	0.1580	0.2212	0.2566	0.2135	0.1562
相对收益标准差 σ	0.8581	0.9398	0.9137	0.9085	0.9059	0.9528	0.8528	0.8848
互换选择权模型							
管理费期权期初价值	0.5259	0.3669	0.4458	0.5269	0.7969	0.7780	0.9413	0.5915
管理费到期实际价值	1.7161	2.0997	0.0000	0.6694	0.0000	1.0460	0.0000	4.6782
双重绩效模型							
管理费期权期初价值	0.5232	0.3619	0.4424	0.5236	0.7380	0.6177	0.8960	0.5839
管理费到期实际价值	1.7161	2.0997	0.0000	0.6694	0.0000	1.0460	0.0000	4.6782
动态价值保障模型							
管理费期权期初价值	0.5576	0.4231	0.2419	−0.0037	1.0444	0.7963	0.6092	0.2128
管理费到期实际价值	1.7161	2.0997	0.0000	0.6694	0.0000	0.5000	0.0000	4.6782
优化模型							
管理费期权期初价值	0.5206	0.3519	0.4233	0.4767	0.5372	0.2901	0.7196	0.5399
管理费到期实际价值	1.7161	2.0997	0.0000	0.6694	0.0000	−4.7493	0.0000	4.6782

资料来源：Wind、富国基金公开资料。

在互换选择权模型下,管理人的管理费收入只取决于基金业绩是否战胜了业绩基准,管理人的最优策略是采取较高的 σ（基金收益率相对于基准收益率差异的标准差）,基金组合与基准组合的差异化程度越高,管理费期权价值越高。管理人单纯地追求超越基准组合的基金收益,会使管理人陷入一味追求高风险投资的局面，因为基金收益率的差异化程度 σ 是一个双刃剑，既有可能给基金带来超越基准组合的额外收益（如2003年、2010年），也有可能使基金遭受不必要的额外损失（如2007年）。

在双重绩效标准激励模型下，相对绩效与绝对绩效都是决定管理人到期时是否能拿到管理费的因素，相对绩效与绝对绩效只要有一项不能够满足要求，管理费即为零。相比互换选择权模型，该模型可以有效防止管理人采取过度的差异化投资策略而导致基金组合面临不必要的风险。但双重绩效标准激励模型可能导致管理人的两类消极行为选择：一是当基金的业绩已经落后于相对绩效时，超过相对绩效需要付出极大的努力，但是管理费的期权价值却很低，管理人有可能产生自暴自弃的行为选择，消极管理的后果就是使基金资产越来越落后于业绩基准（如2007年），甚至亏损；二是当基金已经远远跌破绝对绩效，特别是在如2008年的极端下跌行情中，即使基金表现超越了业绩基准，管理人依然拿不到任何的管理费，管理人极有可能采取消极行为，就是与市场同步，导致市场跌多少基金就跌多少的结果。

在动态价值保障模型下，美式期权的存在使基金组合投资状况可以随便被监控到，提前终止的合同方式可以及时控制风险。但在如上的实例研究中，管理人被提前终止还能获得固定的管理费收入（如2008年），而一直将净值保持在绝对绩效之上按约到期的情况下，管理人倒有可能拿不到任何管理费（虽然保证了净值不跌破绝对绩效，但没有超越业绩基准的收益）。理性的管理人将更注重相对绩效，因为即使基金净值跌破绝对绩效 H 值，大不了被提前终止合同管理人还可以拿走一笔固定费用，如果运气好基金安全到期且大大超越了业绩基准，管理人就可以获得不菲的管理费收入。

在优化模型下，由于加入了惩罚性的条款，基金净值如果跌破了绝对绩效 H 值，管理人就面临着支付罚金的惩罚。在单边下跌行情下（如2008年），管理人应该不会放任基金净值跌到56元，因为他将面临高达4.75元的大额罚金。而在其他几类模型中，即使基金净值跌到了56元，管理人不但没有受到惩罚，还依然领取了一定的管理费；在单边上涨行情下（如2007年），优化模型中的管理人也不需要一味地追求超额收益，即使没有跑赢业绩基准，管理人依然可以获得一定的管理费，而在其他几个模型中，只要基金净值跑输了业绩基准，管理人的管理费都将为零；在震荡行情下，如 2003 年与 2010 年业绩基准收益率都为微正，基金净值表现超越了业绩基准，并实现了较好的绝对绩效，在所有模型中管理人都能够收取较高的管理费，但优化模型将给予管理人获得更高管理费奖励的机会，因此与其他几个模型不同的是，优化模型更注重绝对绩效的地位。

四　研究结论

从实证分析结果来看，优化模型解决了企业年金基金委托人与管理人存在的如下委托—代理问题：通过浮动管理费与惩罚机制的设置，管理人更加注重基金资产净值的本金安全与资产增值，管理人在获得合理的管理费的同时，也承担了基金净值损失带来的赔偿风险，解决了风险责任不对等的问题。相比固定比例管理费模式，以及其他几类管理费模式（如互换选择权、双重绩效、动态价值保障等），优化模型更加注重年金资产的安全性，将管理人与委托人的风险责任充分绑定之后，管理人将同委托人一样重视委托资产的本金安全，真正将年金资产当作委托人的"养老钱"来管理。在应用前景上，优化模型将受到企业年金基金委托人、管理人的青睐，也可作为企业年金监管的有力工具。同时，该模型也可推广到所有追求长期安全增值以绝对收益为目标的基金，包括企业年金、社保基金、保险资金、基金会的基金等。

（原载《财经科学》2011 年第 11 期　作者：邓大松　张义波）

关于加强我国社会保障基金监管的几点理论思考

社会保障基金包括全国社会保障战略储备基金和社会保险基金，既是参保人的"血汗钱"和"养命钱"，更是社会保障制度的物质保证。为此，必须加强对社会保障基金的监管。本文认为，加强社会保障基金监管必须从理论上加深认识以下问题。

一 厘清社会保障基金管理风险源是加强社会保障基金监管的前提

社会保障基金作为社会保障制度的物质保证，其公共性、安全性、公正性与有效性至关重要。在体制转轨背景下，我国当前的社会保障基金监管面临着诸多公共风险。明晰风险来源，是加强社会保障基金监管的基本前提。当前，我国社会保障基金管理的风险主要来源于以下三个方面：

（一）地方政府财力缺乏与社会保险基金节余同时存在使得"挪用"、"挤占"社会保险基金成为可能

1994年分税制财政体制改革以来，地方财政在全国财政收入中的占比总体上呈下降趋势，而体制转轨时期地方政府面临着与日俱增的事权支出，财权与事权严重不对称导致财政吃紧，而社会保险基金的存量盈余成为地方政府在制度外汲取财力的重要来源，从一定意义上来说，社会保险基金构成地方政府弥补一般性财政收入不足的隐性"蓄水池"与后备"供血库"，根据人力资源与社会保障部的统计数据，截至2011年年底，我国基本养老保险、失业保险、城镇基本医疗保险、工伤保险和生育保险五项社会保险基金累计结余总额2.87万亿元，巨额的社会保险基金节余

为地方政府在财力不支时开辟了越入"雷池"的操作路径，使得截留、挪用社会保险基金的行为成为可能。

（二）社会保障基金管理的委托—代理链条过长加大了风险

目前，社会保障基金的投资渠道包括存入银行、购买国家债券，以及投资金融工具等，除银行存款和购买国家债券外，其余投资均委托专门管理人运营和托管人管理，这其中包含了多层次与多环节的委托—代理关系。根据委托代理的内在运行机理，代理关系中存在着诸如信息不对称、激励不相容、道德风险与逆向选择等问题，冗长的委托—代理链会弱化社会保障基金管理的公共导向。社会保障委托人的初始目标是以保安全、低成本获取高收益，而代理人则期望实现佣金与利润最大化，最终目标的对冲减损了公共资金管理的正向激励，而由于缺乏对代理人败德行为的实质性约束，如对证券公司失信行为的惩罚限于剥夺其代理资格，导致社会保障基金在实际管理运营中的安全性与效益性不足。

（三）转轨时期财经秩序的混乱助长了社会保障基金管理的风险

严格的财经制度是社会保障基金有效管理的法治基础。但在转轨时期我国财经体制处于重大调整的背景下，财经秩序仍有诸多不尽如人意之处，在财经法制建设上，重实体规范、轻程序规则，重事后监督、轻事前预防与事中控制；在监督方式上，凸显运动式的突击与直接检查，淡化对被监督对象有效财经信息的实质性掌控，缺乏对社会保障基金委托—代理格局的深度监控；在责任追究上，以对单位的经济处罚为主，对直接责任人的行政责任、刑事责任追究较少；在非正式约束方面，人治意识浓厚，权力制约与权利保障的法治观念相对薄弱。这些都严重弱化了现有财经制度下社会保障基金管理的有效性与绩效，加大了社会保障基金管理的风险。

二 完善社会保障制度顶层设计是加强社会保障基金监管的基础

完善的社会保障制度顶层设计，是社会保障基金有效监管的体制基石。"十二五"时期，我国体制改革的战略理念是"完善顶层设计"。社会保障制度是国家"完善顶层设计"的一部分，应顺应我国深化改革的趋势，完善社会保障顶层设计，从而为加强社会保障基金监管奠定基础。

当前，我国社会保障制度顶层设计存在以下影响社会保障基金监管的因素：一是社会保障法律体系不健全导致社会保障基金监管的规范性依据不足。一方面，作为社会保障法律体系最为核心部分的《社会保险法》对社会保险基金的监督管理仅作了原则性规定，实际监管工作中可操作性差。另一方面，对各项社会保险基金的监管主要以部门规章以及规范性文件为依据，不仅立法层次较低，而且没有系统性。二是社会保障权属关系的强行政化制约社会保障基金监管的有效性。虽然我国初步确立了基于职能分工的社会保障组织体系，但实际运行中，我国政府主导的社会保障组织格局不利于社会保障基金的有效监管。尤其是社会保障部门既是经办者又是监管者，这种集运动员与裁判员身份于一体的安排，大大降低了社会保障基金监管的有效性。三是全国统一社会保障号码制度的缺失使社会保障基金监管的实效性大打折扣。

为加强社会保障基金监管，应从以下几个方面完善社会保障制度顶层设计：一是进一步完善社会保障法律体系。社会保险基金的征缴运营与监管必须有明确的法律依据，以实现其运营的法治化与制度化，为强制性的社会保障基金监管提供规范依据。二是明晰的社会保障权属关系，为社会保障基金监管提供组织保障。在社会保障制度体系内，征缴、管理与监督等清晰的职责分工是社会保障制度良性运转的组织基础，明确的职能分工有助于打散权力的集中性，抑制寻租与腐败。《社会保险法》规定，社会保险费征缴由社会保险经办机构办理，全国社会保障战略储备基金由全国社会保障基金管理运营机构负责管理运营，国务院财政部门、社会保险行政部门、审计机关对社会保障基金的收支、管理和投资运营情况实施监督，基本确立了权力制约与职责分工的组织体系。今后，应在现有基础上，进一步明晰社会保障权属关系。三是适时建立统一的社会保障号码制度。社会保障制度建立的出发点与归宿点是捍卫公民个体的平等权利与尊严，尤其是社会中低端收入阶层，当其在市场竞争中遭遇不利或天灾人祸时，社会保障制度通过铺设社会一般安全网络保障其基本权利，但由于个体是流动的，为防止开宝马车领"救济粮"等社会保障受益结构"倒挂"现象，需要建立全国统一的社会保障号码，通过与银行、企业、各政府相关部门的信息联网与共享,将社会保障受益人的资金流与行为流信息汇集到统一的社会保障号之下,强化社会保障基金监管。

三 构建"三位一体"的社会保障基金监管体系是加强社会保障基金监管的关键

我国现行的社会保障基金监督体系主要是以社会保险、财政等行政部门为核心,审计等部门为补充的监督模式,其特点是以行政监督为核心,立法监督、社会监督有待加强。这一监管体系存在以下突出问题:一是多头监管、职责不清、独立性差。目前,我国的社会保障基金监管涉及社会保险、民政、卫生、财政、审计等部门,各个部门之间的监管职责划分不清,容易出现"政出多门,各行其是"的局面。同时,由于社会保险经办机构、社会保险费征收机构大多隶属社会保险行政部门以及社会保障尚未实现全国统筹、社会保障基金监管受制于地方政府等因素,导致社会保障监管独立性差,且往往是一种运动式的监督,监管力度和效果大打折扣。二是内部监管及风险预警机制缺失。目前,社会保险行政部门肩负着管理与监督的双重责任。而社会保险经办机构、社会保险费征收机构大多隶属社会保险行政部门,这种集监督管理于一身的管理模式,内部关联性强,必然带来社会保险行政部门对社会保险经办机构、社会保险费征收机构的监管不力。三是信息透明度低,社会监管不到位。在我国,社会保险基金长期处于相对封闭运作之中,造成了基金的来源、运作、增值等信息披露不完全,信息透明度低。而管理机构与社会公众之间信息的不对称,又造成了社会监督缺失。社会保险基金缴款人作为委托人、受益人,应是最具有参与社会保险基金监管热情的。而在我国,由于社会保险的参保人对社会保险基金管理情况没有足够的知情权,社会监督参与度低。

借鉴国际经验,结合我国国情,针对当前社会保障基金监管存在的问题,我国应构建由内部监督、外部监督和社会监督构成的"三位一体"、涵盖社会保障基金运行全过程的立体式的社会保障基金监管体系。

首先,明确监督主体。构建"三位一体"社会保障基金监督体系,首先要明确监督主体。内部监督的主体是社会保障基金各相关管理机构，主要指社会保险行政部门及其经办机构：全国社会保障基金管理运营机构，其通过加强内部监管，以规范资金的收缴使用，提高资金使用效率。外部监督则包括立法监督和行政监督，其主体则包括各级人大和财政、审计等相关政府部门。为解决我国现行社会保障基金监督多头监管、职责不清、独立性和协调性差的现状，可尝试建立全国统一的监督管理委员会，实行直属监管，提高监管的独立性和统一性。社会监督则应以社会保险参保人为主体。要以严格规范的信息公开制度为基础，让社会保险参保人直接参与到社会保险基金的监督中，形成全面的社会监督体系。

其次，明确监督客体及对象。构建"三位一体"社会保障基金监督体系还要明确监督的客体和对象。内部监督主体主要通过加强内部监督，加强社会保险费用的征缴和严格规范社会保障基金的使用，及时足额征收社会保险费用和按需足额发放社会保障基金，杜绝侵占、挪用社会保障基金的行为。外部监督主体则主要通过建立日常监管机制和开展专项检查，加强对社会保障基金预算和决算的监管，并针对发现的问题开展专项检查，确保社会保险基金应收尽收和安全、规范、有效使用。社会监督则通过建立严格的信息披露制度，增强社会保障基金运作及政府监督的透明度，调动社会保险参保人参与监管的积极性，充分发挥社会监督的作用。

四 完善社会保险机构内控制度是加强社会保障基金监管的重要环节

社会保险机构与社会保险参保人实际上是一种委托—代理关系。参保人定期、足额地将保费缴纳到社会保险机构并授权其对社会保障基金进行管理。为了保证基金的安全、稳定与保值增值，更好地保护参保人的权益，社会保险机构需要建立一系列的内部控制措施。

我国早在2007年就颁布了《社会保险经办机构内部控制暂行办法》，开始构建社会保险机构的内部控制制度，但从实际情况来看，《社会保险经办机构内部控制暂行办法》执行情况并不理想，社会保险机构在内部控制方面还存在以下问题：

一是业务运行不规范，档案管理混乱，直接影响到社会保险基金管理和社会保险业务的正常运行。

二是内部控制制度不健全，内部监督缺少专业人员，突出表现为财务独立性和规范性差。我国近年来发生的众多社会保险基金挪用案件的共性就是内部控制的弱化。

三是信息化水平低。安全性差。特别是部分省市的社会保险基金管理系统仍较为落后，严重制约了内部控制的有效执行。

目前，我国正在积极推动行政事业单位建立健全内部控制制度，并发布了《行政事业单位内部控制规范（征求意见稿）》。社会保险机构应该根据有关制度，认真落实《社会保险经办机构内部控制暂行办法》，建立健全内部控制制度。

一是构建内部控制框架。根据国内外内部控制的成功经验，社会保险机构内部控制的要素包括内部环境、风险评估、控制活动、信息与沟通以及内部监督。社会保险机构应根据这一框架，培养内部控制环境，建立内部风险评估机制，开展包括预算控制、不相容岗位分离控制、内部授权审批控制、业务流程控制、资产保护控制、会计系统控制、信息技术控制等控制活动，建立信息沟通机制，完善内部监督制度等，构建内部控制框架。

二是突出内部控制的核心环节。社会保险机构内部控制的核心和关键在于各项业务及业务经办的各环节之中。对于社会保险机构来说，规范操作规程是建立管理科学、运转规范、监控有效、考评严格的内部控制体系的重要保证。社会保险机构要按照经办、管理及监管业务的要求，详细制定各个环节的业务范围，明晰各个环节的具体要求和权力职责，确保形成权责明确、流程连贯、分权适度的科学管理体系。

三是积极推进信息化管理，为内部控制提供技术支持。当前，信息化工作已是社会保障事业发展不可或缺的基础保障条件。全面推行"金保工程"，切实构建统一、高效、安全的信息系统应用支撑平台，实现各项业务领域之间、各地区之间的信息共享、业务协同和有效衔接，形成统一规范的信息化公共服务体系和科学有效的决策支持体系，为建立健全社会保险机构内部控制制度提供技术支持。

五 增强社会保障基金透明度是加强社会保障基金监管的有效举措

阳光是最好的防腐剂，公开是最好的监督。社会保障基金信息公开透明是加强社会保障基金监管的有效措施。一方面，信息公开透明是预防违规行为发生和保证基金安全的有效途径。信息公开是最好的监督方式。如果信息不公开不透明就容易形成暗箱操作，滋生贪污腐败、挤占挪用社会保障基金等违规行为。另一方面，社会保障基金信息公开透明是加强社会保障基金监管尤其是发挥社会监督作用的基础和保障。只能把社会保障基金信息公开了，才能保证有关监管部门和社会公众能够跟踪了解基金的动态，从而实施监督。

当前，我国社会保障基金信息公开情况却存在诸多问题，主要体现为信息公开不充分、不规范、不主动。社会保险机构日常信息公开的内容非常有限，主要是个人缴费信息，而对基金收支、投资收益等关键信息却较少。这种信息公开只是为了方便缴费者查询个人缴费信息而已，而无意让社会监督基金安全。上海财经大学公共政策研究中心从2008年开始持续三年对全国31个省（区、市）的基本养老保险、基本医疗保险、失业保险和工伤保险四类基金的收入、支出、资产以及负债等信息进行了调查，调查发现当前社会保险基金信息公开透明过程中存在基金运营信息透明度低、信息被动公开、信息公开缺乏制度性且随意性大、信息公开缺乏规范性等问题，如对于投资情况，31个省（区、市）中只有3个省完全公开信息，且信息披露不充分——银行存款周期、国债年期、收益状况等都不透明。

因此，要加强社会保障基金监管，必须增强社会保障基金的透明度。具体来说应采取以下措施：一是严格执行相关法律和信息披露制度，为信息披露提供制度平台。2007年，劳动和社会保障部发布了《关于建立社会保险信息披露制度的指导意见》，但从目前的情况来看，这一制度并没有很好地执行，相关法律和制度的缺失或者没有被严格执行是社会保障基金信息披露不到位的重要原因，必须严格执行信息披露的相关法律制度，加强对相关机构的问责。这样，才能逐步改善信息披露的状况，争取做到主动、客观、规范和制度化的信息披露。二是加强网络等基础设施建设，为信息披露提供设施平台。要充分发挥信息技术的优势，增强监督的技术含量，提高社会保障基金信息透明度。为了节约成本和照顾民众信息查询的习惯，建议在当前民众个人缴费信息查询系统基础上添加社会保障基金监督功能，并建立社会保障基金监管数据库，通过网络实现数据信息共享，统一统计口径，提高信息公开的规范性、真实性和效率。三是建立健全社会保障基金独立审计制度，保证所披露信息的真实性和规范性。为了提高外部独立审计的客观性和科学性，外部独立审计团应该由注册会计师、精算师、资产评估师和风险评级师等组成。

（原载《财政监督》2012年第18期　作者：邓大松　柳光强）